中国抗战广播史料选编

赵玉明 艾红红 主编

中国广播影视出版社

出 版 说 明

2015年是中国人民抗日战争暨世界反法西斯战争胜利70周年，为了声讨和清算日本侵华在广播领域的罪行，我们选编出版了《日本侵华广播史料选编》一书。一部中国近现代历史告诉人们，有侵略，就会有反抗，有斗争。古今中外，概莫能外。在广播领域也是如此。1931年九一八事变以来，随着中国局部抗战的开始，广播领域的抗日活动，也如火如荼地逐步开展起来。在国难当头，国共合作共同抗日的大背景下，无论是国民党官办广播电台，还是不同类型的民营广播电台，乃至后起的中国共产党办的广播电台，同仇敌忾发出了"中华民族到了最危险的时候……"的怒吼声，谱写了中国现代广播史上的悲壮篇章，值得人们永远怀念。

今年是日本侵华发动七七事变、中国全国抗战爆发80周年，为了纪念这一具有历史意义的事件，我和艾红红教授特地选编了这本《中国抗战广播史料选编》，献给关注广播领域抗战活动的人们。

本书根据所选抗日广播史料的性质和内容，分为七个部分。第一部分为"抗战广播书摘"，我们从海峡两岸出版的《第四战线——国民党中央广播电台掇实》（汪学起、是翰生编，中国文史出版社1988年7月出版）、《中广四十年》（吴道一著，台湾中国广播公司1968年8月出版）、《中国民营广播史》（艾红红著，台湾花木兰出版社2016年3月出版）、《中国宗教广播史》（艾红红著，台湾花木兰出版社2014年9月出版）和《新修地方志早期广播史料汇编》（上、下卷）（赵玉明、艾红红、刘书峰主编，中国广播影视出版社2016年3月出版）等五部著作中节选的有关抗战广播的章节。第二部分为"抗战广播文汇"，其中第一类为国民党统治区及沦陷区广播回忆文章，第二类为中国共产党领导下的人民广播回忆文章。第三部分为"抗战广播讲演选载"，收入各方面代表人物发表的抗战广播讲演十余篇。第四部分为其他广播史料，收入有关文件、档案材料及报刊消息等二十余件。第五部分为抗战广播大事年表。第六部分为附编，收入赵玉明《中国抗战广播史略》《日本侵华广播史略》及庞亮、高铁军和谢鼎新所写有关书评和研究文章。第七部分为参考书目及文目。入选史料来自我和艾红红教授、谢鼎新教授、戴美政研究员的多年收集。对于收入本书中各类史料的作者及收藏处，主编者在此谨表谢意。书中收入的部分史料影印收入书中，以保持原貌。全书每篇史料的题注中说明史料的来源及出处。由于史料来自多处，作者的经历和认知也各有不同，相信读者自会分析判断、研究引用。抗战广播史料极为分散，我国抗战广播历史有关档案的开放程度尚难满足研究的需求，加以海峡两岸抗战广播史的研究有待交流，故本书入选的史料只能反映抗战广播的概貌。全面、准确地反映抗战广播的全貌的史料，只能有待后来的研究者了。

目前，我国既无一本系统全面批判揭露日本侵华广播史的专著，也无一本相应地全面反映抗战广播的专著。我们先后出版的这两种《选编》仅是引玉之书。期盼有志于研究中国现代广播史的后起之秀，能够承担起编纂专著的重任，为中国抗战广播留下一份宝贵的历史财富。

中国广播影视出版社责任编辑贺明同志及相关编校人员为本书的问世付出了辛勤的劳动，谨此致谢。由于编者水平所限，本书编选不足之处，尚望识者指正。

赵玉明
2017 年初春
时年八十有余

目录
Contents /

第一部分　抗战广播书摘

（一）

《第四战线——国民党中央广播电台掇实》节选 ················ 3
 救亡呼声响四方 ································· 3
 围绕西安事变的"广播战" ························ 7
 罗家伦"无话可说"的话 ························· 9
 冯玉祥大声疾呼 ································ 13
 防空宣传和日军轰炸 ···························· 17
 告别金陵　西迁重庆 ···························· 23
 "重庆之蛙"大振声威 ··························· 28
 共产党人的呐喊 ································ 32
 向日本人广播 ·································· 35
 庆祝"联合国日" ······························· 39
 蒋介石夫妇对美国的一次广播 ···················· 43
 宋美龄对美国的一次特别广播 ···················· 45
 纪念苏联卫国战争一周年 ························ 49
 "美国祈祷日"和于斌大主教 ····················· 52
 吴保丰的道路 ·································· 54

重庆——南京——东京　最重要的广播 59
　　战后"接收" 65
　　"还都"南京 68

（二）

《中广四十年》节选 72
　　（十一）赶装洛阳中波台 72
　　（十七）筹设强力短波台 73
　　（十八）正音压制东洋声 77
　　（二十）殉国三烈士 79
　　（二十一）播音集募爱国捐 81
　　（二十二）首度拆毁中央台 83
　　（二十三）六十千瓦昆明台 85
　　（二十四）重庆的XGOA 87
　　（二十五）抗战期间广播网 93
　　（二十六）敌伪所建广播网 105
　　（二十七）合作制造收音机 107
　　（二十八）广播器材修造所 110
　　（二十九）西南国门迎器材 112
　　（三十）巴山夜雨赶计划 114
　　（三十一）协助军中播音总队 116
　　（三十二）创设电波研究所 117
　　（三十三）骤闻日本投降 118
　　（三十四）胜利前夕中广概况 120
　　（三十五）东进北上办接收 134
　　（三十六）抗战期间沪地民营台动态 148
　　（三十七）复员声里回故乡 151

（三）

《中国民营广播史》节选 157
　　第三章　各为其"主" 157
　　第四章　汇入抗战的洪流 162

（四）

《中国宗教广播史》节选　198
　　第三章　战时宗教广播的转型　198

（五）

《新修地方志早期广播史料汇编》节选　231
　　一、上海各广播电台　231
　　二、江苏·南京·中央广播电台　234
　　三、湖北·汉口市广播电台　235
　　四、湖南·湖南（长沙）广播电台　236
　　五、广东·广东广播电台　238
　　六、广西·桂林、粤西广播电台　238
　　七、四川·重庆·中央广播电台、国际广播电台　241
　　八、云南·昆明广播电台　242
　　九、陕西·西安广播电台、延安新华广播电台　243

第二部分　抗战广播文汇

（一）

对于时事播音的一点意见／茅　盾　247
从舞台到播音室／廖沫沙　249
广播剧运动的"前哨战"／于　伶　250
郭沫若为抗日救亡呐喊／张晓红　252
碧血红心映孤岛／张义渔　李　飞　罗义俊　255
国际主义广播战士——绿川英子／赵玉明　261
抗战时期的 XGOA 和 YGOY／万　宪　李忠禄　265
我在 XGOY 的片断回忆／周存爱　268
抗战时我到重庆国际广播电台工作／何　允　269
宋氏三姐妹对美广播／陈廷一　271
抗战收音轶闻／张　彦　黄文轩　279
战斗在敌伪广播电台／刘　新　282

在上饶广播电台的日子里／范小梵 ……………………………………………… 291
在重庆广播日本投降消息／靳　迈 ……………………………………………… 307
偷播日本投降的新闻／谭宝林 …………………………………………………… 309
蒋介石发表"八一五"抗战胜利广播讲话前后／安　平 ……………………… 311
胜利还都与我国广播事业／吴道一 ……………………………………………… 316

（二）

第一座红色广播电台／傅英豪 …………………………………………………… 318
延安台早期日语广播的回忆／毛动之　等 ……………………………………… 323
我所听到的天皇的广播
——回忆当时的延安／【日】野坂参三 ………………………………………… 330
恢复播音的日日夜夜／傅英豪 …………………………………………………… 333
哈尔滨广播电台诞生前后／赵乃禾 ……………………………………………… 337
记张家口新华广播电台的诞生／林　明 ………………………………………… 338
争取日侨合作　创建人民广播／白全武 ………………………………………… 344
关于承德新华广播电台的回忆／【日】酒井重作 ……………………………… 350

第三部分　抗战广播讲演选载

第五次广播演说：告日本军阀／马相伯 ………………………………………… 359
在西安广播电台的广播词／张学良 ……………………………………………… 361
抗战与觉悟／郭沫若 ……………………………………………………………… 363
中国走向民主的途中／宋庆龄 …………………………………………………… 369
新生活运动与抗战／邵力子 ……………………………………………………… 372
争取更大的新的胜利／周恩来 …………………………………………………… 376
二期抗战的重心／周恩来 ………………………………………………………… 380
全国同胞起来粉碎伪组织／冯玉祥 ……………………………………………… 384
抗战以来中国工业的进展／曾昭抡 ……………………………………………… 387
关于世界反法西斯斗争和中国抗日战争的广播讲演／毛泽东 ………………… 390
孙中山与中国的民主
——为在美国举行的孙中山纪念日所作的广播演说／宋庆龄 ………………… 392
抗战胜利告全国军民及全世界人士书／蒋介石 ………………………………… 394

目 录

第四部分　其他抗战广播史料选载

（一）

上海市各界抗敌后援会宣传委员会战时广播电台统一管理办法 …………………… 399
上海市各界抗敌后援会宣传委员会拟订播音工作要点和外国语广播宣传大纲 ……… 401
上海市各界抗敌后援会宣传委员会国际宣传部第二次部务会议记录 …………………… 405
《申报》关于抗敌后援会宣传委员会更改外国语播音时间的报道 …………………… 407
上海市职业界救亡协会等团体关于呈请恢复播送救亡歌曲签名单 …………………… 408

（二）

失陷地区民众宣传办法纲要（摘录）/（国民政府军事委员会政治部） ……………… 410
各省普设收音机及运用办法 …………………………………………………………… 411
各省政府设立收音员训练班办法大纲 ………………………………………………… 413
防止沦陷区民众参加伪组织宣传办法（摘录） ……………………………………… 414
抗战期中之广播宣传 …………………………………………………………………… 415

（三）

陕甘宁边区每日广播 …………………………………………………………………… 423
新华社启事 ……………………………………………………………………………… 423
延安新华广播电台四月一日开始播音放送中共中央重要文件等 ……………………… 424
中共中央关于统一各根据地内对外宣传的指示 ………………………………………… 425
中共中央宣传部关于电台广播的指示 …………………………………………………… 426
中共中央宣传部关于党的宣传鼓动工作提纲（摘录） ………………………………… 426
一九四一年工作总结（摘录） …………………………………………………………… 427
延安广播电台即日开始广播 ……………………………………………………………… 427

第五部分　抗战广播大事年表

中国抗战广播大事年表 …………………………………………………………………… 431

第六部分　附编

（一）

中国抗战广播史略／赵玉明 ………………………………………… 441
日本侵华广播史略／赵玉明 ………………………………………… 450

（二）

从零起步　从细入手　开展抗战广播史研究／赵玉明 ……………… 457
让历史说话　用史实发言：评赵玉明主编《日本侵华广播史料选编》／庞　亮 …… 459
一块沉甸甸的基石
——评赵玉明教授《日本侵华广播史料选编》／高铁军 …………… 463
抗战时期国人的"广播战"研究／谢鼎新 …………………………… 465
抗战时期彭乐善的《广播战》研究／谢鼎新 ………………………… 473
从抗战史研究看抗战广播史研究／高铁军 …………………………… 476
全面认识抗战历史　大力弘扬抗战精神／赵玉明 …………………… 482
对日皇裕仁《终战诏书》的剖析／赵玉明 …………………………… 488

第七部分　参考书目及参考文目

参考书目 ………………………………………………………………… 493
参考文目 ………………………………………………………………… 495

第一部分

抗战广播书摘

（一）《第四战线——国民党中央广播电台掇实》节选[①]

汪学起　是翰生　编

救亡呼声响四方

1931年9月19日，中央广播电台一名男播音员以沉痛、愤慨的语调，播出了一条震惊人心的消息：9月18日夜，日军在东北发动突然袭击，占领沈阳等地……20日，这座电台又播发《中国国民党中央执行委员会为日军侵华对各级党部的训令》；22日，播发《中国国民党中央执行委员会告全国同胞书》。

这一突发事变，引起了中国政局和亚洲形势的重大变化，全国各地抗日救亡的呼声，似汹涌澎湃的怒潮，涌进了首都南京，也涌进了这座中央广播电台。

（一）

吞并满蒙，占领东北，这是日本既定的"大陆政策"的第一步，所以东北危机已非一日。然而，南京国民党政府长期以来第一位的事情是一门心思地"剿共"，对日本，只是想方设法钝化矛盾，避免冲突。所以，九一八事变发生时，出现两个重要情况：在南京找不到"党国"首脑蒋介石，他正"赴赣督师"，在江西忙着围剿共产党红军；而东北方面，二十几万国民党部队，面对万余名日军的挑衅，恪守蒋介石指示，抱定"不抵抗主义"，"恭恭敬敬地让出了沈阳城"，坐视大片国土沦陷敌手。

面对这一切，全国人民包括很多正直、爱国的国民党人，都义愤填膺、同仇敌忾，一致呼吁抗日救国。据"党国"要员、后来死于西安事变的邵元冲的日记记载：9月22日上午，南京市国民党员在中央大学集会，先一日晨由江西风尘仆仆赶回南京的蒋介石前往演说，会场群情激愤，难以抑制，"中有一人施讥弹，季陶即叱令缚跪，介石亦顿足怒骂。是亦不可以已乎。"可见当时国民党人情绪之一斑。全国各界人民群众的请愿、抗议活动更是此起彼落。最突出的是捣毁外交部的一次。原来当时的外交部长王正廷，

[①] 中国文史出版社1988年7月出版。

为"事变"事向国际联盟送交的抗议书,竟是非不分,说什么"据报日军侵入沈阳,与华军冲突",这个"国联"则据此一说却要中日两国军队各退原防。对此,连一些爱国的国民党要员也斥之为"一言丧邦"。9月28日,中央大学及上海学生代表约800人,冲进外交部捣毁器具,将这位王部长揍得头破血流,自此以后,全国各地来京请愿的学生及民众团体络绎不绝,而使国民党当局每每穷于应付。那时,常常由汪精卫出来接谈。此人出语圆滑,伸缩得不可捉摸,常常激起民愤,难免出危险。为此,中央党部于11月27日晚召开临时会议,成立几个委员会专事接待。当时,南京城和全国一样,到处都在沸腾。

在全国人民同仇敌忾的气氛中,国民党一些高层人士仿佛也受到了感染。即如蒋介石,11月19日于外交委员会发言宣称,他本人"愿不日即可北上,收复失地,以挽回国民对党国之信用云云。词甚激昂,众多感动"①。第二天,国民党代表大会第六次会议"决议一致拥护国民政府之外交方针,并准备作最大之牺牲奋斗,赞成介石之北上收复失地等政策"②。

抗日救亡的热潮对国民党当政者的影响毕竟有限,他们总是九九归一,要同日本力求妥协,而念念不忘"剿共"。但是,抗日的潮流是不可阻挡的,救亡运动仍然日益广泛地展开了。这就是中央广播电台开展救亡宣传活动的政治背景。

(二)

九一八事变、"一·二八"第一次淞沪抗战,这一股股强大的政治浪潮接踵而来,抗日救亡的呼声响彻四方,中央广播电台的节目也发生了重大变化,特地改订了播音时间。新闻节目中原来"剿共"内容占重要位置,这时主要报道抗日政局和前方战况,并增加关于日军侵华的特种报告;还开始增设日语广播,"一面揭露日寇的阴谋,一面安定人心""鼓励士气,唤醒民众"。电台一度停止音乐节目,平时那种慢敲细打、喜庆升平的音乐节目,被铿锵激越的军乐所代替,充满了战斗的气氛。很快,群众性的抗日歌咏活动开展起来了,他们经常来中央广播电台演唱,艺术水平虽非上乘,但发自群众内的呐喊,意义自然不同。其演讲节目,也多是激昂慷慨宣传民族大义,痛斥日寇侵略罪行。

但是不久,这种抗日救亡宣传的势头,发生了微妙的变化:在日本方面"取缔排日"的强大压力下,只提"救亡",而不言"抗日",很多文章,对日本只能提某国某方;重弹"剿共"老调,将"剿共"纳入"救亡"的范畴。那汇订成册及至压在发音室玻璃台板下的"警策语",时时插播。例如,有两条蒋介石的警句,颇能说明这个问题:"果真我们的内政能够统一,国基能够稳定,世界上无论哪一个强大的国家,都要

---

① 据邵元冲日记。
② 同上。

对我们发生敬畏，我们只要真正能统一，就没有哪个敢做我们中国的敌人"；"和平未至绝望时期，决不放弃和平，牺牲未至最后关头，绝不轻言牺牲。"① 这就是所谓先"安内"而后"攘外"的指导思想。

然而，随着国难日益深重，人民日益觉醒，团结抗日的呼声也在广播中日益高涨。很多广播节目则逐步侧重于激发爱国主义精神和民族自强自立的意识，并向民众进行军事教育，普及军事常识；很多有识之士包括一些国民党高层人士也不断发表救亡图存的演说。最为难得的是，就连那个给娃娃们听的《儿童节目》，也办得颇有声色，它用强烈的爱国主义思想影响着这一代人。

1934年8月20日，《儿童节目》播出了一篇题为《"九一八"的余痛》的讲话："……讲到'九一八'这个日子，诸位一定要想到民国二十年的'九一八'吧！在民国史上，这一个九一八事件发生，其间所经过的事实，我国所受的损失，所蒙的耻辱，留下的创伤，增加的痛苦，想大家还能够记在心里，印在脑里……在当时固然是非常痛心，非常难受。事隔三年，想起过去的事实和三年所有的悲痛，以及现在的实情，怎能不痛定思痛……要晓得一个人身体上受了创伤，或是被旁人无故地剜掉一块肉，甚至割去一条腿或是一只膀子，他的疼痛，当然痛到不可说的地步。九一八事件同这种情形正是相同……要想止掉疼痛，减少疼痛，那就要我们努力地去想，努力地去做……那么疼痛可以无形地消灭，创伤可以无形地完好，身体可以成功一个完整无缺的身体，国家可以成为一个完整无缺的国家。诸位，快点团结起来，努力去干，总有达到的一天。"

想来确也不同寻常，同孩子们竟然说出一番大人之间说的话来。但这一番宏论，引起了广泛的共鸣。处在国难期间，孩子们也似乎早熟了。他们关心国家的兴亡，也拿起笔，放开歌喉，走上广播舞台，说出了、唱出了他们心底的积愤和向往未来、为国赴难的壮志。例如同年10月30日，南京市崇淑小学学生来到中央广播电台，播唱一组抗日歌曲，有《上战场去》《为国而死》《战歌》等，赞美华夏之魂，呼吁与敌抗争，颂扬为国捐躯。其中一首题目叫《民族精神》，其歌词如下：

塞北华南，蓦一片炮声起，惊醒了华族之魂。提枪向前，拔刀冲锋，民族魂复兴。谁是天纵的骄儿，谁敢侮华胄神明？来杀向前去，求生来啦，民族英雄！

辽沈淞沪，好一片火光起，烧沸了华族之心。提枪向前，拔刀冲锋，民族魂复兴。谁是天纵的骄儿，谁敢侮华胄神明？来杀向前去，求生来啦，民族英雄！

当时的中央电台节目中救亡调子是非常压抑的，但在这个"娃娃节目"里，孩子

---

① 《广播周报》1936年7月18日第95期。

们倒常常发出救亡的强音。这大概是"童言无忌"吧。所以,这样激昂的调子在这个节目里一直地唱了下去。

(三)

卢沟桥七七事变一声炮响,打破了这个密云不雨、压抑沉闷的空气,人们可以无所顾忌地大声疾呼"打倒日本帝国主义"了。中央广播电台的播出节目也立刻实行了战时宣传体制,空前的"发扬蹈厉",充满了战斗气息。除了新闻和抗日演讲外,其他专题节目全部停止;音乐节目只保留军乐,但更多的是播放抗日歌曲。因为一时创作接应不上,抗日歌曲非常缺乏。于是,播放聂耳创作的《义勇军进行曲》,终日不息。当时还没有录音器材,依赖"蜡盘"片放音,易于磨损,有时放出来的声音走腔走调。尽管如此,这铿锵激越的歌声,使得无数军民热血沸腾,受到了社会的热烈欢迎。

民族大义化成音乐家们的创作热情,一批救亡歌曲应运而生,并由南下的青年学生带到了南京。于是,《大刀进行曲》《救国军歌》《热血》等歌曲,在日本飞机盘旋俯冲的呼啸声中,在敌人炸弹的爆炸声中,也通过这强力电波,化作民族抗争的有力呼喊。

1937年9月,正当上海鏖战和日机轰炸南京最紧张激烈的时候,平津流亡同学会宣传股歌咏队到了硝烟弥漫的南京,他们来自中国的北方,亲眼看见国土沦陷和日寇的残暴,怀着切肤之痛和与敌不共戴天的深仇大恨,一路南下,用抗日歌声唤起民众。一到南京,他们就广为宣传,到处歌唱,受到广大市民的欢迎。

9月11日,他们第二次来到中央广播电台——中央党部大院。此时,这个大院已是一片悄悄然,一处处防空工事提醒人们,这个城市正在经受生与死的考验;中央广播电台已经实行分散播音。可是就在这大演播室里,却是另一番景象:人们严肃而又忙碌,仿佛不是演播歌曲,而是举行一场悲壮的仪式,歌声饱和着泪水升起来了……听,赵启海的《松花江上》,张瑞芳的《牧童歌》,谭兴枢的《九一八小调》,雄浑的大合唱《打回老家去》《前进歌》《救国军歌》等。这歌声,飞向千家万户,飞向喋血战场,飞向防空掩体,使多少中华儿女抛洒下激愤的热泪。特别是那曲《九一八小调》,那浓重的东北乡土的韵味,使人悲怆、愤怒而又令人深思:

高粱叶子青又青,九月十八来了日本兵,先占火药库,后占北大营,杀人放火真是凶,杀人放火真是凶!东北的父老有三千万,时时刻刻都在痛苦中!

这首小调,唱出了日本侵略者的罪恶,唱出了东北人民的苦难,也唱出了不抵抗政策的荒谬。

人们在深深思考,中央广播电台的一些同仁也在深深思考:为了宣传抗日,曾走过了多么不平坦的路程!

围绕西安事变的"广播战"[①]

西安广播电台的设备人员，均来自河北广播电台。这座河北广播电台位于北平市，1934年10月下旬试播，同年12月1日正式成立，功率虽小，却已为日本方面所不容。彼时华北局势日益危急，日本步步进逼，向国民党提出无理要求：罢免抗日将领，解散排日机构，撤退军事力量，取消河北党政机关。面对日方的蛮横无理，国民党当局居然忍气吞声，一一做出退让。次年6月10日，国民党中央执行委员会秘书处电告坐镇北平的何应钦：河北省各党部即日起卸牌撤退。于是，国民党河北省各党部，平、津两市党部均奉命结束。皮之不存，毛将焉附？存在仅七个月的河北广播电台也就于1935年6月中旬打点动身，同东北军一起，撤到西安，在西安南院门陕西省党部内改建为西安广播电台。1936年5月完竣，6月下旬试播，8月1日才正式成立，至当年12月12日，也不过几个月的时间。

西安广播电台台长叫王劲，字中权，江苏无锡人，早年交大出身，同中广处、中央广播电台领导人吴保丰、吴道一、范本中等为前后期同学。他原为中央广播电台工程师，建设75千瓦大电台时，曾同刘振清赴德国监造机器。他奉命到北平主持河北广播电台台务时，目睹日军气焰逼人，国民党忍辱退让，早已心存不满，常常溢于言表。1935年6月奉命撤退，曾抛洒了一掬热泪。

正是由于这般原因，王劲等人对张学良、杨虎城发动的西安事变积极拥护。于是，西安广播电台便成了张、杨的喉舌。他们亲自到西安广播电台发表广播演说，向全国人民反复说明事变真相和解释抗日救国的八项主张。这样，就形成了西安广播电台同中央广播电台对垒的局面。南京方面大肆宣扬要"出师讨伐"，西安电台则于12月15日和16日播出张学良、杨虎城两将军针锋相对的广播讲话。

张学良将军在广播中，痛陈国难危机，晓以利害，义正严地表示了不为任何压力所惧，必欲促成团结抗日的决心："……东北沦陷已经五年了，华北也几乎名存实亡，西北的危机也一天比一天地加深，整个中华民国眼看就要沦为日本帝国主义的殖民地了。我们的隐痛，已经到了最后关头！近来国际情势越发危急，我们再不起来向我们最大的敌人反攻，恐怕以后再没有机会了。""学良追随蒋委员长多年，为公为私，实在不忍坐视蒋委员长……走上自误误国路上去，不得不实行最后的诤谏，希望蒋委员长有最大的反省。""我们这次举动，完全是为民请命，决非造成内乱，一切办法决诸公论。

[①] 1936年12月18日《中央日报》。

只要合乎抗日救亡的主张,个人生命在所不计。若有不顾舆情,不纳忠言,一味施行强力压迫者,即全国之公敌。我们为保存国家民族一线生机打算,不能不誓死周旋,决不屈服于暴力之下。即不幸而剩一兵一卒,也必用在抗日疆场上……"

杨虎城将军的广播讲话慷慨激昂,铿锵有力。他说:"……这次举动完全出乎救国救亡的热诚。我们的愿望是在抗日的旗帜下,全国同胞一致团结,不但不分派别,即就是不抗日的,我们也希望唤醒他们来抗日。""我们就是剩一兵一卒,必用在抗日疆场上,虎城也是这个决心。只要我们中华民族能够争得生存,为功为罪,虎城是不计较的……"

在那风风雨雨的日子里,眼看内战一触即发。中央广播电台频频散发出"讨伐"的火药味,广播了各地将领"请缨出师"的消息。在此情况下,西安广播电台即由曾扩情播出一篇广播讲话。这位曾扩情,正是在日本人的强大压力下,于1935年6月1日被北平军分会撤去政治训练处长职务的,对日本人的咄咄逼人和国民党的步步退让深有体会。他系黄埔军校出身,在军界中有不少同学、朋友。他当时任"西北剿总"政训处长,负责"剿共"军队的政治训练工作,以"绝对拥蒋"和"坚决反共"。为思想灌输的主要内容;并负责监视和调查东北军、西北军官兵的思想行动。事变发生后,他看到张、杨胸怀坦荡,人民群众坚决支持,特别是中共方面豁达大度,完全以民族利益为重,思想起了重要变化。于是,曾先生来到西安广播电台向全国广播,大意是:蒋委员长在张副司令和杨主任关心照顾下,很为平安。西安事变是一个政治事件,只要南京方面派有关人员来西安,同张、杨两将军开诚协商,问题就会得到迅速解决。特别呼吁黄埔校友要信赖张副司令,万不可各走极端……

周恩来作为中共代表到达西安以后,非常关心电台的宣传工作,于百忙中亲自审阅每周宣传纲要,并指示中共地下党员搞好广播宣传。为了向国外听众开展宣传,西安广播电台决定开办英语节目,但苦于尚无合适人选。为此,周恩来请正在西安的著名美国进步记者史沫特莱女士协助。这位女记者欣然应允,和当年担任英国报纸记者的新西兰人贝特兰合作,承担起该台英语广播任务。

当时的西安广播电台的功率并不大,只有500瓦(呼号XGOB,1290KC)。然而机器性能极佳,传播很远,特别是到了深夜,就连南京、上海一带也能收听,使广大民众了解真相,理解张、杨和中国共产党的抗日救国的政治主张,所以在社会上造成了很大影响。

对西安广播电台唱的对台戏,国民党当局自然不能容忍。中央广播电台一方面加紧宣传,另一方面奉命抵制,"以安定东南各省人心"。于是,就手忙脚乱了一阵。先是设法临时变动南京、河南、山东三台的频率,并延长中央台播音时间,以便干扰对方。然而忙碌一周,收效甚微。无奈之下,决定将南京电台机件,专机运往洛阳,扩大装置,和西安电台同一频率,予以遏制。

罗家伦"无话可说"的话

"……今天是国耻日,也就是我们无话可说的时候。不说话,要比说话的意义深沉得多。现在我们在无话可说之中,要同大家来说话……"这是1936年5月9日中央广播电台播出的一篇深沉、抑郁的广播演讲。演讲者是国民党中央委员、中央大学校长罗家伦。

(一)

这位罗家伦,在当时可谓是学贯古今,才高八斗的大学者,颇善言词,所以是中央广播电台的常客,在名人演讲中,往往少不了他的一席之地。

罗家伦,浙江绍兴人,1917年入北京大学文科。当时,他是学生中的活跃分子。1919年即与傅斯年等成立"新潮社",出版《新潮》月刊,仿效《新青年》,鼓吹"伦理革命",得到当时北大文科学长陈独秀和文科教授胡适的支持,李大钊和鲁迅都在其《新潮》上发表过文章。五四运动时,22岁的罗家伦是个活跃分子,曾做过学生代表。然而不久,他的一腔热血开始冷却了,主张"一本诚心去做学问"。于是出了洋,先后留学于美国的普林斯顿大学、哥伦比亚大学、英国的伦敦大学、德国的柏林大学、法国巴黎大学。1926年回国,当时革命洪流汹涌澎湃,使得这位学者很难"一本诚心去做学问"。于是,他参加了北伐战争。文人从戎,仍是舞文弄墨。他先后任国民革命军总司令部参议、总司令部编辑委员会委员长、中央党务学校副主任、总司令部战地政务委员会委员兼教育处处长等职。1928年8月,年方31岁的罗家伦当上了清华大学(在此之前为清华学校)校长。后来几经辗转,1932年8月被任命为南京中央大学校长。他上任不久,适逢中央广播电台强力电台正式开播,罗家伦以国民党中央委员、"中大"校长身份,同陈果夫、戴季陶、何应钦等参加"开幕典礼"。这便是他同中央广播电台结缘的开始。

(二)

1936年5月9日,罗家伦来到中央广播电台。

这位名人其貌不扬:黑而且麻,身材矮小,衣着朴素。但这并不妨碍他受到这里人们的注重。谁都知道,他有着超群文才和官场上的地位。平日里,他来到电台,经常同一些人打招呼,甚至一些编辑就此机会去请教他一些咬文嚼字之类的问题。但今天则不然,他心事重重,满脸忧郁。大家都知道,今天是"国耻日"。这个"国耻日"的由来,乃是臭名昭著的北洋军阀头子袁世凯接受日本灭亡中国的"二十一条"之日,其时为 1915 年 5 月 9 日。既然当年给中国以"国耻"的对象是日本，而就今天来说更具有深一层的含意。就最近几天而论，中央广播电台的新闻不断传出一些令人担忧的事情：日本向华北增兵，"冀察政务委员会""蒙政会"等日见活跃……华北危机日甚一日。当此"国耻"之日，罗家伦的讲话必有一番见解，中央广播电台事先决定将他的讲稿留存。而这位大学者与其他名人不同，每每讲话是"讲"而无"稿"，全凭现场发挥。当时又不具备录音条件，少数一点灌片的"蜡盘"，只是为蒋介石这样的首要的人物用的，所以特地指派传音科的陈镜秋、陈沉两个"快笔头"，做现场记录。

罗家伦的这次讲话，用了一个极有寓意的起兴。他说："各位，我们最近看到阿比西尼亚（即今非洲的埃塞俄比亚——作者注）国王在吉布地（即今吉布提）乘舰离开阿国的时候，他们的大臣在码头上送别，好几分钟内是相对无言，是无话可说。这种相对无言、无话可说的痛苦，其意义之深沉，实在出千言万语还要惨痛些！今天是国耻纪念日，也就是无话可说的时候，不说话，要比说话的意义深沉得多。现在我们在无话可说之中，要同大家来说话。"

接着，便触及了正题："个人觉得，我们弄到如此境地，只是叹惜、怨恨、叫嚣是无用的。孔子说：'君子不怨天，不尤人，下学而上达。'怨天是无用的，今天是我们最好的反省日子。我们有这么多的人口，这样大的土地，为什么处处受敌人的压迫、欺凌、侵略到这个地步呢？各位，这不是无因的。我们有什么罪过？我们国家太弱，弱就是罪过，弱就是人家判决我们死刑裁决书！别国弱小尤可说，我们弱大是最难允许的！"

罗家伦对中国积弱的原因，做了如下分析："1. 许多年来没有彻底从事科学，没有把科学的事业当作事业，没有把科学的精神贯注在一切办事做人的方法上去……近代的国家欲从事国防建设，若不彻底从事于科学，是没有办法的。不但要把科学的精神用于国是上，还要把科学的精神用在人事上……2. 我们最吃亏的一点，是没有紧凑的灵活的社会政治机构，这也被别人看透了我们的，各事不一致，不团结，松散，因此政治社会的机构没有严密的组织，人家讥笑我们是一盘散沙、无组织的国家，这是最大的耻辱……我们中国好比是一个大胖子，手足都不甚灵敏，蚊子在头上咬，不能灵活地运用他的手来扑灭它。不但是蚊子，就是毒虫、老虎来了，也不能捍卫。这四肢百体不能灵敏地活动……就是政治社会不健全的关系，以后要强，非从政治社会的机构改进不可，我们非要有紧凑的、灵活的政治社会的机构，就不能求国家的进步。我们看甲午之战，并不是中国与日本打，是北洋同日本打，再退一步说，不是北洋同日本打，是李鸿章及其下属和日本打，而日本以举国之师来进犯，焉得不败？又何况抵抗的不过是北洋大臣，而北方的民众是否听其运用还是一个问题，又焉得不败……3. 我们近几十年的历史是时代上落伍的悲剧……但时机给予我们未始不多，可是没有一次，没有一件不是错过好时光，现在急起直追就很感觉吃力了！例如，从历史上说，中国军事上，洋枪队是打太平天国时候就有的,远在日本维新之前。再如,中国的航政、招商局成立年代,不在日本大阪邮船之后,人家的航线是多少,现在我们招商局的航线又怎样?再如,兵工事业,上海的制造局,未始不是远东的大的兵工制造场所,但是现在人家的兵工厂远在我们之上,生产力量之大,实在超过我们百倍以上。再如航空,中国算是在远东最早的,前清末年,载涛就办过,应说成绩很可观,但人家的比我们在十倍二十倍以上……我们若再因循,再不把握时代,则将来的命运不知要到如何的惨境!各位:时代是川流不息的,我们现在说话的时间已成为过去,我们要把握住现在,虽一分一秒都不可放过,现在要实现无限的将来,切切不可忽略过去。"

罗家伦对有些人在强敌压境时仍不知奋起,甚至醉生梦死,尤感愤慨:"……前清有人作诗,以吴越比较,有两句是'台畔卧薪台上舞,可知同是不眠人'。各位,其时吴国的实力比越国强,一个不眠的是卧薪,一个不眠的是跳舞。现在我们的敌人强盛,我们是弱者,人家尚且卧薪,我们还是跳舞,正是人家台畔卧薪,而我们在台上跳舞了……记得从前有人讲明末时将军刘某说:'不斗身强斗歌舞',就是明末时不能抵抗满洲的原因。现在也有人'不斗身强斗歌舞',以致丧失土地,想来是最伤心的故事……"

最后,罗家伦大声疾呼:"现在是生死关头,我们要打破环境,打破奴隶的道德,创造价值,创造新的价值表,创造主人的道德,要强健,要进取,以科学来培养实力,以社会政治的机构,调整步骤,以自强不息的精神,把握着一息不停的过去的时间。过去的一切罪过是'弱'。各位:愿意做弱者吗?现代,弱者是无生存余地的!各位:今天是最沉痛的日子,正是千言万语说不出的时候。最后,命望大家一致向前,打破弱者的地位,打破囚笼,打破奴隶观念的道德,建设起主人的道德,自强不息,从奋斗中夺取民族的生存!"①

这篇讲演,谈古论今,痛陈中国近代国难惨祸,论述颇有见地,加上罗家伦从学生时代起练就的演说口才,一时曾产生不小的影响。

(三)

罗家伦的不少演讲,颇具文采,有较大的鼓动力和感染力。在西安事变前,他赴北平出席中法教育文化基金委员会会议,并赴绥远视察义务教育,正值内蒙古伪政权在日本和伪满政权支持下大举犯绥,绥远省主席傅作义将军等率军杀敌。罗家伦不避弹矢,坚持去前线视察,于激愤之余,在1936年11月12日发表一篇题为《慰勉武装同志书》,将民族大义与其文采融为一体。现引全文于下:

---

① 《广播周报》1936年5月16日第86期。

绥远前线各军武装同志：经我们血染的山河，一定永远为我们所有，民族的生存和荣誉，只有靠自己民族的头颅和鲜血方得保持。这次我看见各位将士塞上的生活，已认识了我们民族复兴的奇葩正孕育在枯草黄沙的堡垒中等候怒放。我深信各位不久可以使世界认识我们中华男儿还是狮子，并非绵羊。我们全国同胞的热血，都愿意奔放到塞外的战壕里，助各位消灭寒威，激励忠勇愤慨。现在筹奉国币1000元，本欲供各位杀敌前一醉，但是想起这是长期斗争，并非一次的慷慨赴难，所以愿将这些小的款项改为医药卫生设备之用，备各位壮士裹创再战。现在整个民族的命运，抓在我们手里，我们大家都无逃于天地之间。只有我们血染过的山河，更值得我们和后世的讴歌和爱护。我诚恳热烈地向各位致敬，更愿代表国立中央大学3000教职员和学生向各位致敬。①

短小精悍，然而扣人心扉，所以一时为人传诵，在广大民众中，曾起过一定的激励作用。

罗家伦不仅常常著文演讲，还写过一些抗日军歌，中央广播电台也曾予以播出。

1935年2月21日9时整，中央广播电台播出专门讲授中国文学的《国学丛谈》节目。一位男播音员宣布，此节目介绍罗家伦先生的两首军歌，接着便声调昂扬地朗诵起来：

中华男儿血，应当洒在边疆上。不管雪花涌，不怕朔风狂，我有热血能抵挡。炮衣褪下，刺刀擦亮，冲锋的号响！冲！冲过山海关，雪我国耻在沈阳！

中华男儿，义勇本无双。为国流血国不亡！抵抗！抵抗！沙场凝碧血，尽放宝石光，照着民族生路上，灿烂辉煌！

中华男儿血，应当洒在边疆上。飞机我不睬，重炮我不慌，我抱正义起抵抗。枪口对好，子弹进膛，冲锋的号响！冲！冲到鸭绿江，雪我国耻在平壤！

中华男儿，义勇本无双。为国流血国不亡！抵抗！抵抗！凯旋作国士，战死为国殇，精忠常耀史册上，万丈光芒！②

这首歌激昂慷慨，掷地有声，经男播音员一番淋漓尽致地讲解发挥，在当时的政治形势下所起的鼓舞激励作用是可想而知的。

（四）

罗家伦是一个"拥蒋"派。以当时形势论，他的政治主张主要有两点：其一"拥蒋"，其二"抗日" 1945年日本投降，"抗日"已不存在，剩下的就是"拥蒋"了。正

---

① 1936年11月15日《中央日报》。
② 《广播周报》1935年2月23日第23期。

因为如此，他始终感到"国是艰难"。他1947年5月出任国民政府驻印度大使，没有亲见这个政府风雨飘摇的最后阶段。但1949年12月印度宣布承认中华人民共和国，他心情抑郁地回到台北。以后，他为国民党中央党史编纂委员会主任委员，兼任台湾当局考试院副院长。1969年12月25日病故于台北。

在长期"拥蒋"的政治生涯中，罗家伦自然会在"有话可说"和"无话可说"时，说过不少这样那样的话。但是，在可查见的他在中央广播电台的讲坛上，确实发表了不少抗日救国的言论。《慰勉武装同志书》，正值国民党鼓吹两个"剿匪"战场，即一是绥东，一是陕北，而罗家伦能站在民族立场上，只谈绥东，未及陕北。再说1935年2月21日播出的那两首军歌，背景更意味深长：当时，东北抗日联军风起云涌，日本压迫中国政府取缔"排日"言论和行动。仅播出的前一天，汪精卫在中央政治会议报告外交方针，宣称"中国愿意与任何友邦保持友谊与和平，中日两国所发生的纠纷，可用诚意来解决"；王宠惠访日外相广田弘毅称："中国排日风潮渐次消灭，远东和平实赖中日多作亲善。"而罗家伦的军歌却大声疾呼"炮衣褪下，刺刀擦亮""抵抗！抵抗！""冲……"当然，中央广播电台作此安排也是难能可贵的，而罗家伦在妥协的思潮中掀起这一抗争的浪花，更是值得记述的。

冯玉祥大声疾呼

1936年3月31日，下午8点多钟，中央广播电台来了一位作"要人广播"的演讲者。可是，他除了那魁伟的身材，别无引人注目之处：既无锃亮的汽车，又无簇拥的侍卫，剃着平头，穿着布鞋布裤，那件土布棉袄，几乎长及膝盖。他很和气，随便遇着什么人都不断地点头招呼。大家都很奇怪，怎么一点没有"要人"的那种来头和气派。可是一听他的名字，人们怔住了：他竟是大名鼎鼎、叱咤风云的冯玉祥将军。

是的，来人正是中国国民党军事委员会副委员长冯玉祥将军，今天是他第一次来到中央广播电台，就是这么"土味"十足地登上了这座声播寰宇的政治舞台。自此，这位将军多次来到这里，在麦克风前慷慨陈词，为团结抗日、共赴国堆大声疾呼，谠言伟论，激昂忠烈，铮铮有声。

（一）

冯玉祥将军是人所共知的中国近代史上的一位杰出的爱国者。推翻清朝，反袁战争，廊坊誓师，驱逐张勋……冯将军功名显赫。这次来南京，颇有一些缘由。

1933年，为了拯救民族危亡，冯将军和中国共产党合作，在张家口组织拥有十多万人的察哈尔民众抗日同盟军，开赴前线，抗击敌人，一连收复察北的沽源、多伦等四县。然而国民党最高当局认为这是"破坏整个国策","妨碍中央统一政令"。这样,就在内外压力下,这支抗日同盟军的爱国行动归于失败。冯将军于这年 8 月归隐泰山,奋发读书,探求救国救民道理。1935 年 9 月,蒋介石电请冯玉祥去南京商讨"党国要计"。冯即回电,陈述政见:"国事至此,惨过于印度,耻甚于高丽,如不急谋补救,来日大难,实有不忍言及者……"他在电文中提议:开放党禁,开放言论,真正团结,奖励抗日精神,起用抗日将领。不久接到蒋介石回申:"……尊论诸端,皆先得我心者也……务盼即日命驾……"这样,为了团结抗日,他不计前怨,于 1935 年 11 月来到民国首都南京。12 月中旬,就任国民党军事委员会副委员长。

既是抱定救国一念,在当时国民政府迟迟未下定抗日决心的情况下,冯将军就四方奔走,到处呼吁,自然就要充分利用这个"党国喉舌"了。

(二)

话题还回到 1936 年 3 月 31 日这第一次广播讲演上来。

时针指向 8 点 30 分,发音室门前红灯亮了,广播里响起冯玉祥将军那洪亮的声音:"……我们整个的国家,整个的民族,都已经到了生死存亡的最后关头,这个沉重地压在我们每个国民心头上的问题,时时刻刻地使我们想到,如何才能免去亡国灭种的危险?如何才能获得民族的生存和发展……在国难期间,我们全体同胞都应该把我们的物质生活、精神生活,放在民族生存的目的上……所以应该把一切私人的仇恨和意见,谁对谁不对,完全忘掉。谁不对,也比我们的民族的敌人好。先贤说,'躬自厚而薄责于人',如此一切自相冲突和抵消力量的行为,就立刻取消,而为民族的生存来共同行动,由不一致而求一致。无论何人,都应坚强地联合起来,组织得像一家人一样,联合得像一个人一样,为国家民族的生存而奋斗……如此,我们才能对得起我们的总理在天之灵;如此,我们才对得起我们的祖先,对得起我们的子孙,对得起我们自己生在世上一回!"①

很清楚,这篇讲话强调救国,要救国,就要团结。这在当时内战不息的形势下,是勇敢直言,极富现实意义的。可是,在这以后,内战照样进行。这年 5 月 5 日,进入山西抗日的陕北红军,遭到蒋介石、阎锡山重兵夹击。红军为顾全大局,发表"停战议和,一致抗日"的回师通电,由山西撤回黄河西岸。冯玉祥对此深感痛心,不能自抑。

这次事件的七天后,即 1936 年 5 月 12 日,他又来到中央广播电台。这次播讲的题目就是《如何建立我们的自信和互信》,演讲一开始就接触到问题的实质:"上一次的广播,我说到在我们整个民族最后关头的现在,我们应当把全部的物质同精神拿出来争取民族的生存。全国上下一切个人的意见,及以往的成见,因为民族危险的缘故,都应

---

① 《广播周报》1936 年 4 月 4 日第 80 期。

该统统放弃。一切自相冲突、自相抵消、浪费精力的行为,都因为救它的缘故,把它停止。大家紧紧地团结起来,要团结得像一家人一样,要团结得像一个人一样。只有这么办,才能够'多难兴邦',只有这么办,才能够挽救我们整个民族的危难……我们的国家弄到现在的地步,原因非常复杂。对于这些原因,大家的看法很不同,因之也就缺少互信。另一方面,因为国难时期拖延得这样长久,它的程度又在加深,于是使得这些人陷入一种失望和悲观的境地里面,觉得前途黯淡,难以挽救,这又是没有自信的结果。这两个现象,意义是非常严重的……"

他最后疾呼:"……只有全体一致地奋斗,才能解脱亡国的命运,只有坚决地抵抗,才能开拓光明的前途。所以我们全国上下,都应赶紧树立自救救国的坚定信仰,树立相互间的信赖……"[1]

他的这个思想是贯彻始终的。当时明白军事委员会副委员长,实是空头挂名。那么力所能及的事情,就是利用自己的威望和影响,多做抗日宣传。

这年9月27日,他又在中央广播电台做《节约运动的一点见解》的广播演讲,号召"人民和政府",学习苏联的榜样,节衣缩食,艰苦奋斗,"我们的最后一滴血,最后一个铜板,都用到求独立生存的民族战争上去"。

时隔不久的12月1日,冯将军在电台播讲《大家起来,保护国土》。这是一篇披肝沥胆、力排众议的演讲。当时,内蒙古一些民族败类纠合各色反动武装,在日军和伪满政权支持下,大举进犯绥远,于是爆发了绥东剿匪之战。但是国民政府偏偏将绥东剿匪和陕北"剿共"混为一谈,坚持两个剿匪战场,蒋介石则坐镇西安,"督剿"陕北红军。冯玉祥对此敌我混淆,令亲者痛、仇者快的做法极为不满,但又无力左右局势。于是他不请自来,在中央广播电台发表《大家起来,保护国土》的讲话。他从政治、军事角度分析了绥东之战于救亡图存的重大意义,赞扬了前方军队前仆后继、为国赴难的精神和取得的辉煌胜利,号召全国人民以实际行动支援前线。他接着说:"……我们要大家都奋发起来,用全国的力量保护绥远,用全国的力量来继续抗争,收复失地。只有这样,胜利才有最确定的把握……尤其重要的,是我们全国的同胞这时要确确实实地精诚团结,紧密地携起手来,即使从前对于某一件事有意见不同的地方,在敌人用武力压迫我们,在我们前方将士正在做浴血战争的时候,我们必须把这些不同的意见统一起来,共同去对付敌人……只要国内没有丝毫自己消耗力量的举动,全国所有同胞都能把前方的胜利当作最大的利益,敌人的失败,自然是不成问题的事……最后的希望,就是责己而不责人,一心一意地毫不疑惑地精诚团结……时机太急迫了,民族国家的生死存亡,就要看我们每一位同胞最近努力的程度。我们要一分钱一文钱也不浪费,一分钟一

---

[1] 《广播周报》1936年10月3日第106期。

秒钟也不空过，集中一切力量，共赴国难，我愿和诸位同胞共同努力。"①

冯将军的这番话，就是号召团结、抗敌，这个敌，就是日本侵略者，就是受日本指使的匪伪军。这显然不合国民党当局的两个剿匪战场的精神。也许是为了抵消冯玉祥将军这篇讲演的影响，七天以后，中央宣传部长方治在中央广播电台做了演讲，题为《对于慰劳剿匪将士捐输救国的一点意见》，竟然将红军与匪伪军并列；他算是为"剿匪"正名：一手打匪伪军，一手打共产党。

显然，这是两种不同的意见。冯将军也清醒地意识到他的主张为某些方面所不容。但是，团结抗日已深入人心，救亡洪流滚滚向前。不久便爆发了西安事变。

（三）

七七事变后，救亡呼声响彻中华大地，抗战烽火燃遍长城南北。不久，爆发了第二次淞沪抗战。冯将军履行了自己的诺言，为民先锋，亲历前哨，冒着敌人的炮火硝烟，指挥军队，同日军展开殊死的搏斗。

更为难得的是，这位常以"丘八出身"自谦的将军，在大战前夕又到中央广播电台发表广播演讲，针对当时的一些混乱思想，慧眼别具，从理论上、实践上澄清了一些颇有深度的问题。他提出了一个新颖的见解：正确地认识日本。其一，划清日本军阀和日本人民的界线，"侵略中国的是日本帝国主义凶横残暴的日本军阀"；其二，要正确地估计日本，"我们对于敌人的力量估计得太高或太低，都是错误的。估计太高了，结论只有等待做亡国奴，或是甘心情愿地做汉奸；估计太低了，不免要受许多不必要的失败和损失，反而增加了敌人的闪焰"。他从理论上和前一段抗战的实践中，归结为"敌人的物质力量并不可怕"，但要准备进行"全面的持久战"，"是一个长期的艰苦巨大的工作"，"战争的结果，只要我们彻底抗战，失败者必定是日本，最后胜利者，必定是我国"。他号召打破"以为日本帝国主义的侵略还有止境的幻想"。最后他说："我们要把精神，把金钱，把物力，都贡献给抗敌战争上去，以拼死的战斗打击我们的敌人。现在世界上还无所谓什么真理及和平，谁的力量大，真理和平就在哪一边。现在是我们全体国民为公理，为正义，为生存，为和平，为国家，为民族，为自己，为子孙，牺牲一切精神物质的最后关头，要人人起来参加抗战，方可生存，不然则亡。所以希望全国人民，都在政府的统一领导之下，实行坚强，持久的抗日民族革命战争。敌人是不足怕的，一次两次小失败，也是不足虑的，只要我们全体国民愈接愈厉地抗战下去，胜利终是我们的！"②

冯将军心口如一，肝胆照人。以后在大后方的艰苦岁月里，始终坚持团结抗战的立场，做了许多有益的工作；他不怕戴"红帽子"，同住在重庆的中国共产党领导人周恩来

---

① 1936年12月7日《中央日报》。
② 1937年8月7日《新民报》。

过往甚密，探讨抗日救国的问题，甚至准备亲赴延安，直接参加抗战。他充分利用广播电台这一舆论工具，经常发表演讲，唤起民众，激发士气。汪精卫叛国后，他义愤填膺，在"讨汪大会"上，大骂汪精卫是王八蛋，主张开除他的党籍，予以通缉，并连续在广播中发表题为《粉碎汪逆的卖国密约，战斗到最后的胜利》《团结抗战，粉碎日汪协定》等演讲，痛斥汪逆投敌卖国。1940年7月7日，值抗战三周年，抗战进入更加艰苦的阶段，日伪一方面加紧军事进攻，另一方面频频诱降。冯将军来到中央广播电台，做纪念抗战三周年广播讲话。讲演中痛斥日伪的无耻阴谋："……汉奸汪兆铭就发表无耻言论，他在《南华日报》的一篇文章里，要我们学习法国的失败，学法国的投降……这种无耻的言论，在他卖国的罪恶上又添加了一笔……我们的前途是胜利，是光荣，而不是奴隶的和平……"接着指出："武汉会战以后，目前是敌人的最后挣扎，只要我们能够粉碎敌寇汉奸的军事政治阴谋，日寇就难再猖獗起来……可见妥协投降的思想，是'三民主义'的大敌人，是全民族全体同胞的大敌人。如果发现了这种言论，必须毫不宽容地给以严厉的驳斥。同时无论在战区，在大后方，或者在游击区，都要加强肃奸工作。"他再一次呼吁："今后我们要做到心口如一，责己而不责人，更要互相原谅，大度包容，不许有一丝一毫自己抵消力量的事。要更加自信信人，一心一德地集中全国力量……"最后他说："全国同胞们，明天就是抗战第四年开始了，离我们的最后胜利又更近一年了。让我们更加百倍的努力完成我们光荣的胜利吧！"[①]

防空宣传和日军轰炸

"敌机96架，昨（25日）上午9点30分至下午4点30分，分五次袭击南京……江东门外中央广播电台亦被炸，机件亦被毁……"

这是《南京日报》1937年9月26日的报道。

1937年，随着秋天的到来，一场自空而降的灾难将南京城笼罩在一片血与火之中。我们从中央广播电台在此前后的活动，可以对这一页血肉模糊的痛史有更深切的了解。

（一）

空军的出现，始于第一次世界大战。它的杀伤、破坏力，它在战争中的重要作用，已深入欧美民众的心里。鉴于此，中国民主革命的伟大先行者孙中山先生早在20年代就提出"航空救国"的口号。可是岁月蹉跎，国民党当局对内加紧"剿共"，对外却疏于防范。至于防空和建设空军，"……在一切落伍的中国，对于这件事向来就漫不经心。

---

① 1940年7月8日、9、10日《扫荡报》。

一直到晴天霹雳的国难突如其来,东北、淞沪一带,在敌机肆行轰炸之下,血肉横飞,一片焦土,这才认识了空军的威力,而深深感觉到防空的重要。经这一次残酷的事实教训,我们才来提倡防空,本已有亡羊补牢之憾……"这是中央电台1934年11月24日《广播周报》《防空专论》的一段论述。

有鉴上述,并由一些有识之士的倡导,中央电台这座庞大的宣传机器开始发出了"航空救国"的呼喊,并突破对日本一味委曲求和的格调,于1934年发出了激烈的评论:"最近日本帝国主义者,更是明目张胆地来了,做各图侵华的敢死队,不择手段、不顾一切地杀到我们家里来了。我们只有抵抗,没有第二条路……自然救国之道,不仅限于航空一途,然而比较收到最速而功能最大的,就只有发展航空了……"此外,组织了一些专题广播讲座,向民众普及基本认识和基本知识。如1934年4月,中央军官学校编译处长吴光杰连续播讲《都市防空》,系统地论述了防空指挥、监视、防空飞行队、阻塞气球队、地面火网、逓讯系统等组成,以及警报、灯火管制、伪装、避难、消防、救护等。防空学校校长黄镇球于10月21日和23日连续讲《地面防空和空中防空》《心理上的防空和物质上的防空》等。这两个讲座影响较大,算是给民众上了初步的一课。

这场宣传逐步深入,"航空救国"引起了社会各界的关注,有些团体还积极组织稿件到电台广播。如南京市鼓楼小学创作了一首《空军歌》,该校小学生歌咏队曾来中央电台演唱。这首歌词是:

国防重航空,健儿多在空军中。拨云雾,御罡风,纵横天上,唯我称雄。

雪我祖国耻,完成克敌功,敌机销匿亚洲东,国威凌霄汉,阵势压长虹。光荣,光荣!努力做空中飞将,天上英雄。[①]

1934年11月中旬,国民政府组织"首都防空演习",同时开展"首都各界防空宣传周",中央台也掀起了一次防空宣传的热潮,首都防空宣传委员会敦请一些名流、专家到中央电台发表一系列广播演讲。如国民党中央秘书长叶楚伧11月19日播讲《做、普、助》,提出防空要由民众与政府、军队相结合,"……我们应当永远做!普遍做!帮助国家做!方不失这次防空宣传的使命。"此外,居正、倪弼、徐朗秋以及侨务委员会等,都分别在这期间播讲"国民与防空""防空与华侨"等,介绍空军的威力、防空的重要以及对中国防空的认识和动作。

1936年则形成又一次的宣传高潮。中央广播电台除了防空内容,则突出强调建设

---

① 《广播周报》1934年10月20日第6期。

空军、发展中国航空事业。除了外请名流演讲，中央电台本身还汇集资料，编成系列稿件，进行连续播讲。

如前所述，1936年10月31日中央电台对"献机祝寿大会"进行了实况转播，并于此前后组织专辑广播。当然，拥蒋是重要内容，但建设空军、"航空救国"的基调毕竟是很强烈的。

（二）

在"航空救国"的宣传中，名流学者、党国要人纷纷来到中央电台，发表谠言伟论者有之，抒发忧国忧民情怀者有之，假托名义欺世盗名者亦有之。这里，要特别提到两个人，两个截然不同的人物。

1934年11月17日，一个着军服、长靴的中央要人来到电台，他就是褚民谊。中央电台他已不是第一次来了。在这里播音室的麦克风前，他不但讲过话，而且雅兴大发时还播唱过平剧。此人早年多次出洋，先后留学日本、法国、比利时，有着博士、学士诸多头衔，曾在南洋当过报馆主笔，曾在法国里昂创办中法大学并任副校长。在中国，算得上是见多识广的学者了。这次之所以由他来做广播讲话，无疑是要借助他的声望，加强宣传效果。此人善于辞令，无须讲稿，笔直地站在麦克风前，用带着明显苏南口音的普通话，口若悬河般播讲起来："……因科学的进步，平面的战争一变而为立体的战争。陆、海军之外，更有空军……我国土地广大，从前国防准备过于疏略，屡遭敌人的侵害……我国空军方在萌芽时代，一方面当然是要积极地设备一切，一方面也就要预料着敌人前来袭击。我们如何去避免这突来的损害，这些事就属于消极的设备了……"此论可谓言之有理。谁料数年以后，此人竟投入日本侵略者怀抱，认贼作父，成了汉奸。

另一位是著名的军事学家和军事教育家杨杰将军。他是坚定的主战派。"九一八"以后，他奉命到北平坐镇，在长城一线布防，力主还击侵略者。因国民党最高当局奉行委曲求和政策，未能实现夙愿，于是愤然回到南京。他经常发表抗日言论，每每来中央电台演讲。他身体魁伟，精力充沛，讲话生动活泼，感人至深。1934年11月20日，他在中央电台播讲《为什么要防空？》，从理论上、实践上充分阐述，并结合自己赴欧洲考察军事的所见所闻，大声疾呼中国要急起直追，加强防空，建设空军，实行抗战，争取民族解放。这篇广播讲话其言也诚，其情也切，充分表达他内心的深深忧虑和不安。他的若干意见同最高决策者相左，所以后来在重庆赋闲。抗战胜利后，杨杰将军积极反对内战，1948年，中国国民党革命委员会成立，他即为创始人之一并当选为中执委。1949年9月19日，正当他准备赴北京参加第一届中国人民政治协商会议时，不幸被国民党特务暗杀于香港轩尼诗道303号A4楼临时住宅中。

当然，这些都是后话了。

（三）

西安事变以后，随着中国统一战线的形成，日本在华北方面侵华益亟。1937年卢沟桥一声炮响，使得多年来民国政府委曲求和政策彻底失败。不久，日军云集上海，时有异动，大战一触即发，淞沪——首都南京的门户处于危急之中。在国民政府的核心地带，即所谓京、沪、杭"黄金三角区"，如何应付敌人来自地面、海上、空中的立体进攻，已是迫在眉睫了。

国民政府所经营的空军，力量仍很薄弱。据中央电台1936年11月公布的统计材料，当时日本空军拥有飞机在2000架以上，居世界第六位，而中国空军却属于不满千架未予列入的国家。日本是用铝矾土拼命地造，而中国则是筹集资金在国际市场买。所以，后来双方的发展差距是可想而知的。且国民政府从美国购置的飞机，往往受军火商的诓骗，不少只能平飞竞速，升降能力差。中日两国实力相比，显然悬殊，制空权操在日本人手中。这种局面的形成，固然有历史的原因，但是也有重要的现实原因：很多本来可以建设国防的人力、物力、财力，却在"剿共"内战中消耗掉了。党国要人，后来沦为大汉奸的陈公博，1937年7月23日在中央电台做了一次几乎是对日本剖明心曲、请求宽容的广播讲话，不妨引一段以作佐证："……现在敌人最巧妙的借口和宣传，就是他们的侵略是为防共，而中国政府有共产倾向这一点了。自民国十七年以来，我们要统一中国，要巩固中华民族，所以不许'三民主义'以外的主义存在，所以不惜对内用兵。'九一八'以前是如此，'九一八'以后到去年还是如此。这一段数年用兵的经过，所消耗的军费，所伤亡的员役，世界没有不知道的，日本更没有不知道的……"①

既然弄到如此落后的地步，就要准备挨打，空中难以匹敌，地面上就忙起防范了。1936年下半年起，南京频频举行防空演习，地面房屋纷纷加上保护色，并到处构筑防空工事。1937年8月初，蒋介石亲自过问此事，限令各机关于8月10日完成"防空设备"，没有完成的"严惩主管长官"，并预定8月10日"实行检阅"。

中央广播电台是重要的宣传阵地，日军忌恨地称其为"怪放送"，且两座发射铁塔高达120米，目标显著，当然地成为防空的重点单位。该台发射台位于南京水西门外的江东门附近，发射机房系罗马式建筑，以耐火砖为墙，厚铜板为顶，颇为壮观。为了防空，这座建筑被涂上了一层灰黑色，四周并筑起高齐屋檐、厚逾1丈的土墙，以防弹片击伤。机房内发射机的重要部分，请准专款，搭起坚固架子，安放1寸半厚钢板和1尺半厚沙包各三层，以抵抗直接击中的中小型炸弹。呼号为南京短波广播电台的500瓦发射机由江东门机房移设东郊灵谷寺，以为该处林木幽深，又属中山陵园区，日机必不会轰炸。至于丁家桥中央党部内的播出中心，除了搞一些人防工事，还在新街口、中央通讯社等处建了三个临时播音室，采取分散播音的办法。此外，还请准首都卫戍司令部指

---

① 1937年10月24日《南京日报》。

派高炮部队，驻扎发射台附近，以资守卫。

但是当时另有一股舆论，对日本帝国主义者的疯狂性、野蛮性仍估计不足。1937年8月7日，南京《新民报》发表《首都安全保障问题》的社论，认为南京系"国都所在，非到最后关头，必不敢轻易掷弹……南京不是重工业区，不是金融市场，也不是军事重镇，就是所谓政治中心，到了战时，也将随领袖移动而移动了。所以除了几座衙门和空无所有的学校而外，实在够不上敌机的轰炸……南京并不如一般想象之危险，我们希望大家沉着镇静一点好了"。事情的进展，证明这种估计是大错特错了。

1937年8月14日，也就是日军挑起淞沪战争的第二天，中央电台播发了国民政府《自卫抗战声明书》。午间，防空警报骤然而起。日本空军木更津队重轰炸机16架飞临南京上空，疯狂投弹，把雨花台军区炸得稀烂。这是抗战史上南京首遭日本空袭。

自此，敌机频频来袭，防空警报不绝于耳，南京民众一日数惊。敌机的轰炸，剧烈的空战，地面的炮火，使这座古老的城市处于颤栗之中：8月15日，日机大举来袭，爆发剧烈空战，19日，日机两度来袭，被击落3架；21日晨，日机来袭，受狙击而未成；23日，敌机来袭被中国空军击退；24日，敌机9架来袭，被击落2架；26日，敌机12架来袭，被击落2架；9月19日，大队敌机来袭，被击落7架……

日机几乎每次都以中央电台江东门发射台为重点目标，然而奇怪的是，120米铁塔高耸云天，赫然在目，偏偏被击而未中，仅旷地内所埋设的地网线若干根被炸断，损失轻微，毫不影响播音。而在丛林蔽野中的灵谷寺附近短波发射台反而落下炸弹。那是8月24日夜，月色朗朗，9架敌机凭借天光，窜入南京上空。一时，警报大作，探照灯光柱、地面火网、炸弹爆裂，交织一片。野蛮成性的日寇轰击东郊军区，根本不顾及中山陵园，炸弹落到了灵谷寺附近的南京短波广播电台工地。该台负责人、青年工程师蒋德彰被弹片击中颈部，血流如注，颓然倒地。待到中央电台本部派车前来救护，他已人事不知了。那时市郊道路崎岖不平，汽车不便急驰，一路颠簸行至中央医院时，伤员已经停止了呼吸。这位蒋德彰系上海交大电机硕士，1936年5月奉派赴伦敦监造中央电台订购的35千瓦短波发射机8个月，回国不久，便来东郊主持短波台工作，不想就这样成了中国广播界在抗战中殉难的第一人。

局势愈来愈险恶了。日军在上海的攻势，遭到中国军队的有力抵抗，几易其帅，久久未能得手。为了向国民政府施加压力，决定大规模轰炸南京。9月19日，驻上海的日本第三舰队司令官长谷川清狂妄地发出警告，声称将于9月21日午后对南京大举轰炸，要将南京50万军民化为灰烬。日本驻沪总领事将这一警告通知英、美等国外交人士，要各国尚居留南京及具附近的使馆人员及侨民尽于21日正午前撤出。日本这一行为，遭到很多国家的反对，英、法、苏拒绝日本的要求，美国还将其使馆人员全部召回南京。

国民政府利用美、英等国的姿态,在报纸上、广播里大造舆论,希望以此抑制日军暴行。事实上,极端疯狂残忍的日本帝国主义者对于所谓"国际反应"根本不予理睬:日方警告的第二天,即9月20日,50架敌机来袭,被击落5架;在英、美、法向日本提出反对轰炸南京的当天,即9月22日,来袭敌机达72架……轰炸在逐步升级,日寇猖獗然不断发出威胁。

南京城陷入了极度的恐慌。数月来,这座百万人口的城市,大量疏散;近日内,更有不少人逃离危城;中央电台内,也有部分员工自请遣散。但是迄今为止,全城仍有数十万军民,而防空工事根本不敷使用,特别是那些贫苦阶层的民众,就业难、吃饭难,掏腰包搞防空工事,谈何容易?然而,穷家难舍,故土难离,只能将血肉之躯置于敌人的铁与火的威胁之下。

(四)

1937年9月25日,是空前灾难的一天。

前两日的满天阴霾,带来两天的平静。可是今天,秋风习习、蓝天明净,异常晴朗。这使得南京市民人人心头笼罩愁云,因为通过普及防空知识教育,谁都知道这样的气候条件,正是敌机空袭的大好时机。市面已一片萧条,正常的社会活动几乎全部停止。但是,中央电台仍在广播,除了前方的战况和有关中日战争的政坛新闻,便是那铿锵有力的军乐……时间在异常缓慢地延宕着……

上午9点30分,凄厉的防空警报响彻全城。敌机果然出动了!

这一次,日军出动96架飞机,分五次进行持续的袭击。特别是前两次,每次都是30多架,气势汹汹,不可一世。中国空军升空拦截,地面高炮织成火网。广大官兵受到社会各界抗日呼声的影响,激于民族义愤,同敌人展开殊死战斗。特别是空军战斗员,虽然缺乏战斗经验,但敢打敢拼,不畏强敌。他们这种精神,确是在内战中所没有过的。因此,敌机多数被堵截逃窜,但仍有相当数量进入南京上空。这帮杀人强盗,实施狂轰滥炸。哪里人烟云集,哪里就是他们的袭击目标;数十万南京军民,都是他们的屠杀对象。他们投下了200余枚炸弹,机枪扫射不计其数。直至下午4点30分,才解除警报。

劫后的南京城,到处房倒屋塌,浓烟蔽日;呻吟之声、恸哭之状,到处可闻可见。全市被轰炸特别严重的有三四十处。中央通讯总社和中央大学文学院全被炸毁。此外有首都电厂、卫生署中央医院一带、四牌楼卫生事务所分所、广东医院、中山码头等,法国哈瓦斯通讯社南京分社亦中弹被炸。其他居民区被炸的更是难以统计,不少同胞罹难。仅江东门、三条巷、边营、中山东路几处,初步收敛和救起的死伤者就达71人。

翌日,南京各报发了中央电台被炸毁的新闻,如《新民报》载:"中央广播事业管理处所建设之中央广播电台XGOA,位于南京西郊江东门,其功率为75启罗瓦特,昨天于敌机袭击时,机件被毁。兹闻该处新建之金陵广播电台,呼号 XGZ 即日开始播音,波长仍用 660KC 波云。"其实,当时敌机确实对江东门发射台轮番投弹。也许是由于地面炮火猛烈还击,也许是由于这帮强盗投弹技术欠佳,竟无一发命中,落到了电台铁丝网外面,有的落到江东门居民区,造成六死十伤的惨重后果。但这次袭击,可以看出日军誓必摧毁这座电台的企图。为了麻痹敌人,所以放出这样的新闻,中央电台仍然在播出,"金陵广播电台"当时纯属子虚乌有。

(五)

敌人的这次轰炸,根本没有达到预期的目的。

南京的中国军队激发了高昂的战斗精神,同来袭敌人展开殊死搏斗。9 月 25 日这一天,击落了敌机 5 架。有一位空中英雄,在座机受伤的情况下,仍咬住已逃出南京的敌机不放,最后终将它击落。另有一架被击中的敌机,就坠落在南京城内南市的张府园,成千上万的人前往围观,亲眼看到机上的日本强盗葬身火海,化为灰烬。

敌人的毒焰吓不倒有血气的中国人。当时有一位这样的知名人士,身居上海,得知敌人狂妄宣称将大规模轰炸南京,要将 50 万中国军民化为灰烬的消息,偏偏在 23 号清晨抵达南京,赶上了敌人的轰炸,亲眼看到日本法西斯的暴行,更看到了敌机被中国军队击落、拖着浓烟烈火化为灰烬。他于激愤和痛苦中写了一篇《看谁化为灰烬》的短文,发表在报端,用满腔仇恨控诉了敌人,激励了同胞。这位有血气的中国人,就是刚刚为蒋介石特赦由日本回国的郭沫若。

9 月 25 日以后,日军对南京的轰炸在继续。这铁与火、生与死的威胁,使得国民政府中一些人"和平解决"的梦想归于破灭,进一步促成国共两党合作抗日。中央广播电台的广播没有中断,那高耸云天的铁塔天线播发出中华民族的呐喊与抗争:9 月 10 日,国民政府通电全国,誓以必死决心求最后胜利;9 月 22 日,发表《中国共产党为公布国共合作宣言》;9 月 23 日,蒋介石对中共发表国共合作宣言发表谈话:承认中共合法地位,国共两党共同抗日;10 月 2 日,国民革命军新四军成立;淞沪、忻口前线,中国军队不断重创敌军……最意味深长的是,中央电台播发八路军一一五师平型关大捷的消息:伏击日军板垣师团第二十一旅团主力,击毙其精锐 1000 余人,击毁汽车 82 辆,马车 100 余辆。细心的人注意到这次战斗的日期正好是 9 月 25 日——日本空军最大规模轰炸南京的同一天。天理昭昭,日寇播下了仇恨的种子,化为烈火,燃遍了中华大地,要将日本军国主义化为灰烬!

告别金陵　西迁重庆

1937 年七七事变以来,中央广播电台逐步实行战时宣传体制。节目中的平剧(即京剧)、杂剧等被取消了,一般歌曲和乐曲代之以军乐、军歌及警策语。特别是淞沪战役开始后,则随时播报前方战况。广播节目里战火纷飞、军歌嘹亮,这座电台开始了一段令人振奋的悲壮历程。但出乎意料的是,战局急转直下,日军占领上海,很快就威胁到南京。1937年11月23日,中央广播电台告别金陵,西迁重庆。

(一)

1937年8月14日起,日本空军频频轰炸南京。当时广播器材有赖进口,价格昂贵,且海运不易。为了避免损失,便开始将部分器材运往长沙贮存。11月,上海战局骤紧,中央电台一方面奉命疏散自愿返乡的同仁,另一方面派部分员工尽量携上不急用的广播器材,前往长沙,加强长沙广播电台的工作,只留少数人员留守南京,坚持播音。

形势日紧,中央电台播出了一连串令人忧虑的新闻:11月2日,日军攻占上海;14日,侵占常熟、太仓;15日,侵占昆山……东洋强盗下一个打劫的主要目标,显然是南京了。

金陵城真的是兵荒马乱了。自11月18日起,国民政府各院部络绎迁往汉口、重庆。11月20日,中央电台奉命广播出一条重大新闻——《国民政府移驻重庆宣言》:

自卢沟桥事变发生以来,平津沦陷,战事蔓延,国民政府鉴于暴日无止境之侵略,爰决定抗战自卫,全国民众敌忾同仇,全体将士忠勇奋发,被侵各省,均有剧烈之奋斗,极壮烈之牺牲。而淞沪一隅,抗战亘于三月,各地将士,闻义赴难,朝命夕至,其在前线,以血肉之躯,筑成壕堑,有死无退。暴日倾其海陆空军乏力,连环攻击,阵地虽化灰烬,军心仍如金石,陷阵之勇,死事之烈,实足昭示民族独立之精神,而奠定中华复兴之基础。迩者暴日更肆贪黩,分兵西进,逼我首都。察其用意,无非欲挟其暴力,要我为城下之盟。殊不知我国自决定抗战自卫之日,即已深知此为最后关头,为国家生命计,为民族人格计,为国际信义与世界和平计,皆已无屈服之余地,凡有血气,无不具宁为玉碎,不为瓦全之决心。国民政府兹为适应战况,统筹全局,长期抗战起见,本日移驻重庆,此后将以最广大之规模,从事更持久之战斗,以中华人民之众,土地之广,人人本必死之决心,以其热血与土地,凝结为一,任何暴力不能使之分离,外得国际之同情,内有民众之团结,继续抗战,必能达到维护国家民族生存独立之目的,特此宣告,惟共勉之。

这条消息一经传出,中央党政人员纷纷乘轮西上。中央电台又一批人员也撤离南京去长沙。这次的撤离,简直是逃亡了。他们好不容易弄到了江南汽车公司的客票,很多人行李都未顾上带,但车上已人满为患,秩序大乱,最后是砸开玻璃窗爬了进去。当时人心惶惶,但偏偏有一位与众不同者,名叫王景和,原籍南京,曾居广东潮州,在中央电台任潮州语播音员。在这大难将临之际，这位40多岁的男子汉，偏偏不走，自愿留在南京家中。他后来竟在日军大屠杀中九死一生得以幸存，便以养蜂为生，抚养五个子女，历尽艰难，拒不入汪伪中央电台任事，直至抗战胜利后复归中央电台搞广告节目。

眼下，南京城几乎成了一座兵营，从淞沪前线涌来的伤员和溃兵，更使人感到局势的严重。中枢机关、文化团体走得精光了，尚在播出的中央电台向何处去？吴道一日夕思虑。他作为一台之长，不能不去想很多。他比谁都了解，这些广播器材耗用国家巨资，花费大量外汇，实在得来不易，难道甘于落入敌手？而一座广播电台的搬迁谈何容易！绝非一般官府衙门，拍拍屁股一走了事。不得已，他找到陈立夫。这位当年的"小陈"，如今是留京的国民党中央常务委员。他沉吟半晌，作出了决断：中央广播电台11月23日停止播音。

1937年11月23日，夜幕重重，除了新闻，中央电台已没有什么好广播的了。最后是记录新闻，无非是太湖沿岸、沪杭一线的，敌我交战等。在新街口的临时播音室，几位同仁神色忧郁地在忙着做最后的收尾工作了。女播音员刘俊英因视力急降，吃力地看着手上的稿件。午夜，她用那无限深沉而又不失庄严的声音，作了"告别广播"。大意是鉴于时局发展，奉中央之命，本台即日起停止播音而西迁……最后，她是说不下去了。这次播音简而略之，是的，此时此景，应该是无话可说的了。

广播机件停止运转了，搬迁工作日夜兼程。在江东门发射台，面对75千瓦发射机及其附属设备这些庞然大物，十几位同仁犯了愁，不知如何下手。在吴道一看来，这里的一切都应该带走，包括两座120米铁塔。但事情迫在眉睫，犹豫不得，好不容易联系上的中央组织部调查科的江轮，在下关码头很快就要起碇了。于是作出决断，分门别类进行处理：凡笨重器材，如600马力柴油引擎发电机、数十千瓦直流电动发电机、巨型变压器等，概予破坏，使敌无法在短期内使用，其他重要而可搬移的器材，则分装入预制的数十只木箱内。那两座直插云霄的铁塔，带走不成，破坏不忍，只能望塔兴叹了。他们把这批装箱器材急如星火地赶运至下关码头，那艘江轮已经升火待发。船上难于再装更多的货物了，一来乘客众多，二来船上人心惶惶，一刻也不能停留了，江东门还有不少器材未及装运，实在无可奈何了。

汽笛一声长鸣，船头划开江面，向上游加足马力行去，别离了行将战火纷飞的南京。

（二）

11月27日，这艘逃亡的江轮行抵武汉。不料，又发生了新的情况。

原来，军事委员会委员长蒋介石尚留南京，部署首都的防务。他不同意中央电台全部撤离，命军委会秘书厅发来急电，说首都地位重要，中枢虽已撤离，仍应成立南京电台，以资对外宣传。吴道一由设在武汉河街的中央党部临时办事处获得这一消息，当即复电遵办。

话虽这么说，可是派谁去办理？如何办理？南京的情况，人人心里一本账，眼下在那里办一座广播电台，谈何容易！但这位吴道一向来对上峰是有令必行的，何况这一次是党国首脑蒋委员长的亲谕。无论如何，南京是非去不可了。考虑再三，他决定委派工程师叶桂馨为南京广播电台台长，前往筹备一切。其理由是叶原籍南京，人地熟悉，万一到了紧急关头，可以往亲友处暂避。在这种情况下，难得又有四个人自告奋勇，愿意冒险先行。这四人是传音科长范本中及陈驭六、钱瑶章、张伯勤。吴道一看着他们，一向刻板的脸上也微微浮起了感激的神色。

11月29日，四个人坐上一艘商轮东下。偌大的客舱，乘客已寥寥无几。吴道一环顾四周，不无动情地同四人一一握别：相机行事吧，如果环境变化，无法建立电台，则将江东门剩余可移动的器材拆卸装船，兄弟当由汉口派轮迎接。互道珍重后，起航了。吴道一伫立江边，直看着这艘商轮慢慢地溶入烟波浩渺的大江之中。

范本中一行顺水东下，12月1日晚便抵达下关。数日之内，一切都发生了巨大变化。日本方面，11月29日，攻占江阴、宜兴、武进，12月1日攻占溧阳，向南京急速推进；中国方面，在南京一线集结大量军队，11月28日，南京卫戍司令长官唐生智发表谈话，决与南京共存亡；11月30日，蒋介石巡视南京全城防务。昔日号称钟山龙蟠、石城虎踞、百多万人口的民国首都，已经面目全非，除了战车、大炮、马匹、辎重、军队、伤兵拥塞街道旅舍外，那些平日里歌舞升平、繁华竞逐的去处，只落得冷冷清清，门可罗雀了。显然，这六朝古都，行将成为喋血战场，建立南京广播电台的使命绝无可能进行了。于是，他们在江东门再度从事拆机工作。正巧武汉方面通了电话，得知这些情况，当即知照他们觅雇木船，装运西上，武汉方面派轮接应。

范本中等人日夜加班，全力以赴，将部分器材装箱，又进行了有节制的破坏，即搞得不让敌人一时修复，又不至于将来绝难恢复。此时的南京水电完全失常，交通工具奇缺。到处寻觅，好不容易在北河口雇得帆船两艘。左等右盼，不见武汉方面音讯。风闻日军已占丹阳，并向南京上游安徽地段迂回疾进。再稍延误，就有沦落敌手的可能了。情急之中，只得张帆西上。

再说武汉方面，吴道一也为雇船而犯愁。本来，已有一艘陞大轮可用，偏偏在这节骨眼上，冒出个新的问题，陈立夫要他火速派船去安庆接运陈果夫全家。原来陈果夫任江苏省政府主席兼全省保安司令，驻节镇江。在日军进逼的情况下，他卸任而交割他人，携家经扬州、六合入皖，滞留安庆。他是党国元老、中央广播电台的仰仗所在，自然更是耽搁不得的至关重要的大事。陞大轮就这样直放安庆（陈立夫亦于12月2日由九江乘该轮同陈果夫汇合西上）。这一放不要紧，再找船就千难万难了。不得已，请中央党部临时办事处致函汉口市船舶调配所,可是商洽多艘小轮,都因获悉日军已沿京杭公路进逼句容而不敢启碇。最后出以重金,方雇得一艘。

12月3日,吴道一偕新委任的南京广播电台台长叶桂馨等坐轮东驶。一路之上,但见迎面而来的大小船只络绎不绝,而顺江东下者,竟似凤毛麟角。12月7日傍晚抵芜湖,由凛冽的阵阵江风中,已闻到了日本侵略军的火药味了,该市遭日机轰炸而引起的大火,余烬尚存。次日清晨,在芜湖下游江面寻着了那装运广播机件的两艘帆船。于是用缆绳系住,一齐逆流而上。

12月13日抵达汉口。这时他们方才得知,命令他们到南京设台的蒋委员长,已于7日飞离南京赴南昌。他们到汉口的这一天,正巧南京城破陷敌,日军开始了惨绝人寰的大屠杀。

(三)

南京局势紧张时,中央广播电台人员和器材就纷纷迁往长沙。一来是疏散,二来是充实长沙广播电台以作中央电台后援。1937年11月23日,中央电台停播,长沙台即以10千瓦功率接替而衔接上了。

但是,国民政府决策中心实际上暂在武汉,无疑这里要有"中央喉舌"。所幸,中广处于1937年年底在汉装成250瓦广播电台,呼号XGX,频率9730千周,于是将该机与汉口市政府原设在中山公园5千瓦中波机联合播音,临时成为中枢对外发言的喉舌。此外,利用交通部汉口电信局的4千瓦XPJ报话两用机向国际播音。

武汉三镇位于长江、汉水汇合口,当时为仅次于上海的工商业城市和水陆交通中心,素有九省通衢之称。其时,不但国民政府暂迁在此,中国共产党也在这里设立长江局,以武汉为中心展开各方面政治活动和军事指挥。日军对武汉虎视眈眈。日相近卫的智囊团"昭和研究会"提出《关于处理中国事变的根本办法》:"为了彻底打击国民政府,使它在名义上、实质上都沦为一个地方政权","首先为了摧毁抗日战争的最大因素——国共合作势力,攻下汉口是绝对必要的。所以占了汉口,才能切断国共统治区的联系,并可能产生两党的分裂。"战火,眼看要追逼而来了。国民政府作了应战准备。可是有人提出武汉政治上不如南京,经济上不如上海,军事上不如徐州,文化上不如北平,既然这些城市放弃了,何必再防守武汉?

显然,对于中央广播电台来说,武汉不是久留之地了。一方面在武汉继续播音,另一方面将南京转移来的广播器材分批经宜昌转往重庆,同时派员分驻香港、广州、汉口、宜昌,积极转送由英轮运来的35千瓦短波机部分器材,装轮西上抵渝。在重庆,一边加紧强力短波广播电台的筹备,一边突击建设中波广播电台,在离办公室南面800尺外的丘陵上重庆牛角沱陶瓷职业学校原址侧屋内,将运到的器材先行装配成10千瓦中波机一座,费时55天,于1938年3月10日,中央广播电台在这里正式恢复播音。呼号仍为 XGOA，频率因地位所限，采用 200 尺高的单杆天线而改为 1450 千赫。

当年 10 月 25 日，武汉沦陷，国民政府西迁，山城重庆成了"陪都"，这里陆路有延绵不断的崇山峻岭，水路有急流险滩的巴东三峡，除了敌机轰炸，确实是万无一失的大后方了。于是，这座"党国喉舌"又在巴山蜀水渗淡经营，开始了八年之久的陪都岁月。

"重庆之蛙"大振声威

现代战争，即使是"大后方"也并非乐土，"陪都"重庆也并不太平。日军的飞机频频袭扰，他们凭借"空中优势"，将无数吨炸弹倾泻到这座山城。差不多每次轰炸，都以广播电台为重要目标，然而始终未能摧毁。日本东京报纸曾有这样的记载："我皇军飞机大炸重庆，那里的青蛙全都炸死无声。为什么那个扰人心绪的中央电台，还是叫个不停？"

日本军国主义者既迷信武力，也很重视"心战"。中央广播电台被日本广播界诬之为"重庆之蛙"。日军对于这样一个敌对的"心战"工具，自然必欲除之而后快。然而，这个"重庆之蛙"却能在战火中不断壮大。……

(一)

长期以来，国民党政权将广播电台目为重要的战争宣传工具，予以高度重视。1937 年年底，南京一撤退，事先已得充实的长沙广播电台即于 11 月 24 日暂时接替中央广播电台播音，接着便在武汉加强了广播电台的建设，"临时为中枢对外发言的喉舌"。而更远的眼光已经落在了重庆，在这里着手建立功率强大的电台了。

1937 年年底至 1938 年年初，重庆还处于一片忙乱状态，中央广播电台即在上清寺中央党部新址范庄附近聚兴村六号赁为办公室。战争的神奇力量，创造出了工作的惊人效率。前后只 55 天时间，人们就将运集而来的设备装配成一部 10 千瓦中波发射机，因陋就简，利用距办公室 800 米丘陵上的重庆牛角沱陶瓷职业学校旧房，并架设 200 尺高的简易拉杆式天线，因"地位所限"，频率改为 1450KC（1939 年 1 月改为 1200KC）。1938 年 3 月 10 日，这座新的"党国喉舌"便在这里恢复播音。播音语言有国语、英语、蒙语、藏语、回语。后来，商得交通部同意，借用重庆电信局 7.5 千瓦电报电话两用机，作短波广播，加入联播行列，并且因之增添了厦门语、粤语节目。这样，算是初步立定了脚跟。

为了扩大功率，1941 年 2 月，中广处请准国民党中央，由财政部分配英国贷款

13.5万英镑，托由中国驻伦敦购料委员会，依据指定程式，向英国标准无线电公司购妥50千瓦中波机一座和20千瓦短波机两座。根据商定意见，1942年年底陆续出厂交货。由于日寇的加紧进攻，大后方也有不保之虞，国民党中央对这强力电台的建设一度做过新的批示：因目前战局动荡，可改设于正待开发的西昌。后来，更由于欧洲大战和太平洋战争爆发，英伦三岛战云密布，太平洋上炮声隆隆，越南、缅甸等陷入日军之手，所以生产困难，运输更困难。直至1944年，这些设备才运到印度。至1945年年初，随着整个战局的改观，中印公路通车，才派员前往印度着手内运。

投入使用的这10千瓦与7.5千瓦中、短波机器，以后曾有更新，中波功率始终没有突破这一功率标准。至1944年年初，除去专作国际宣传的35千瓦强力短波电台，共有两个中波、两个短波同时播送，总功率为31.5千瓦。虽然比不上南京时代的功率，然而在当时的中国，仍不失为一座强力电台。

（二）

这座"党国喉舌"在抗战时期更大的成就，是建成了功率强大的短波"国际广播电台"，功率达35千瓦。到1945年6月抗战胜利前夕，已加强为45千瓦。

说起短波电台建设，可以追溯到1928年建台之初。陈果夫并非无线电专家，但他早就经人介绍知道短波传送距离远，即使功率较小，其结果也事半功倍。再者，陈果夫和其他一些要人，倒是着眼世界的，总是要搞对国际的宣传。所以，他力倡短波建设。中央广播电台早期500瓦机开播后两年，即1930年，台内同仁即自行设计制造了一部50瓦短波机，算是这座电台短波广播的开始。后来虽因忙于大电台的建设而中辍，但这个小小短波广播试验，也取得了较好成绩，已给人造成了深刻印象。到1935年便又旧事重提，着手装置500瓦短波机，于1936年2月23日正式播音，这便是南京短波电台（XGOX），除转播中央广播电台节目外，还自办一部分节目，用国语、英语、厦门语、马来语等广播，在南洋乃至新西兰一带亦能收听。

但是，更大的计划还要建立一座"远被全球"的强力短波电台，这是陈果夫所坚决主张的。因为要进行广泛的国际宣传，500瓦当然不敷使用。数年之间，各国无线电广播迅速发展，以日本而论，事业规模已为中国的二三十倍。昔日"东亚第一，世界第三"的中央广播电台，已失去东亚老大地位，而且易被别台干扰，特别到夏日雷雨季节，更显严重。于是陈果夫约同叶楚伧力促国民党中央准建强力短波电台。在当时国际风云变幻，"播音侵略、播音壁垒"的形势下，1936年春，与英国马可尼公司签订购买35千瓦短波发射机全套设备的合同（包括360马力蒸汽引擎发电机一部，200尺高铁塔两座，不定向天线四套等）。但是，南京地处沿海，上海"一·二八"事变的余悸犹在，经反复斟酌，决定于四川重庆建台。嗣后抗日战争爆发，"国府"西迁，工程建设即快马加鞭，于1939年2月6日（一说3月6日）使用上清寺国府路临时发音室正式开始播音，定名为中央短波广播电台。

这座空前的强力短波电台的出现，使得短波广播、国际宣传顿时改观，大大地弥补了中波广播的不足。它根据国际时差以及不同的季节，采用几种定向天线，向本国和北美、欧洲、东亚、南洋、印度等广大区域，分段广播。强大的音波，传向四面八方。这使得日本方面很为震惊，以至在中国沦陷区内，日军采取严厉的政治措施和技术措施，禁止民众收听短波广播。

这座电台影响如此之大，他的归属问题曾经迭次变动。开始，它完全从属中央广播电台，称为中央短波广播电台。1939年6月1日，完全合并为中央广播电台。1940年1月15日，又划出移交给中央宣传部国际宣传处，定名为国际广播电台，呼号、频率不变，多加一个英文名字"VOC"。但仅过五个月，即1940年6月17日，复归中广处。所以，它的呼号曾用过XGOA，但长期使用的是XGOY、XGOX（对北美），通常叫XGOY。国际广播电台的台长叫冯简，即当年在江东门主持强力中波电台建设的中央广播电台总工程师。以中广处、中央广播电台长期处、台合一的体制而论，这个XGOY应该仍是中央广播电台的一个分支。

（三）

中央广播电台是名流荟萃、要人毕集的去处。特别在当时的重庆，又是对国际人士开放的所在。然而它在重庆开播时，却屈居于陋室之中，实在有碍观瞻。再者，颇为分散，不利于工作。所以刚在重庆立定脚跟，就着手建设"广播大厦"。选址在上清寺聚兴村对面叫火烧坡的地段。1938年年中就开始兴建。那时重庆空袭不断，而地面上则是边炸边建。就这么惨淡经营，到1940年年底完竣。

这座大厦位于高出地面一丈多的小丘上，临街一面，砌以条石厚垛，倒也整齐划一。因丘顶面积有限，汽车无法驶抵大门，只能在石垛一端拾级而上。该厦共三层，考虑到空袭因素，以块石为墙，底板及土顶为厚约一尺的钢筋混凝土。上层为中广处办公室，二层及底层除了安排中央、国际二台办公室，还有大、中、小七个发音室。大发音室高2.4丈，供大规模乐队演奏、平（京）剧彩排、歌咏合唱等特别节目之用，同时可容观众350人。底层四间发音室各高1.2丈，二层两间发音室则高1.7丈。都用油毛毡、刨槽杉木板、厚纸板为隔音设备。虽不甚美观，但隔音效果甚佳。在当时的情况下，就地取材，不独经济，亦能适应战争需要（该处现为重庆市广播电视局、重庆人民广播电台）。

这样的一座三层建筑，在当时也算巍巍然了。它不但是广播电台的中心，也成为当时许多政治文化、社会活动的场所。就在这个建筑里，许多叱咤风云的知名人士、外籍人士，接踵而至，在话筒前慷慨陈词，写下了一页页重要的历史。

（四）

在那个年代，中华大地战火纷飞，大后方亦备极艰难。但也正因为如此，这场抵抗异族入侵的战争激发起了人们强烈的民族意识，人们拼命地工作，才使得这座"党国喉舌"在战火里，在废墟上存在下去并日益发展。

运输是垒筑这座宣传舞台堆以克服的障碍。当时，大型无线电机等设备赖以从欧、美进口。反法西斯战争全面爆发以后，水运几乎不可能，多是由印度、缅甸一带翻越崇山峻岭抵达重庆。如太平洋战争发生后，为了抢运存在缅甸的器材设备，员工不辞辛劳，除了少数铁塔材料因长度过量无法上路外，他们克服千难万险，将100吨器材花去数月时间，运往重庆，而仍有一部分器材因缅境战事突变未能抵达国门。至于由印度境内起运，无疑更是旷日持久的跋涉了。

一土一木如此得来不易，所以人们对广播器材倍加珍惜。如在1941年抗战进入更加艰苦阶段时，为了维持大型真空管的寿命，延长使用时间，渡过国外补给困难阶段，国际广播电台一度曾缩短广播时间。当年的苦况，由此可见。

日军的轰炸，更是巨大的威胁，破坏和建设几乎是同步进行。如1938年8月28日和9月3日，中央广播电台沙坪坝短波机房和土湾电力厂接连被炸，中弹十多枚，损失约32万元的器材。1939年的大轰炸，使得开播不久的XGOY的备用蒸气发电机厂房屋坍毁殆尽。1940年5月28日和29日，位于上清寺、牛角沱的广播电台四周落弹甚多，也造成了一定损失。1941年5月至8月，该台遭到日机十次轰炸，发音室被迫转移，室外传送线路随毁随修。

为了抵御空袭，人们大规模地修筑地下工事。1940年9月底，中央、国际两台机器移入坚固的地下室内，使得主要设备有了安全保证。所以，尽管日机肆虐，广播未有一天中断，"重庆之蛙""还是叫个不停"。

这血与火中写就的历史，绝不是效忠"党国"的精神所驱使。须知，当时的形势是国共合作，全国人民的抗日怒涛汹涌澎湃。面对日本法西斯的毒焰，激于民族义愤，凡有血性的中国人，无不起而抗争。所以，在内战时表现出来的意志消沉，此时竟化作可贵的忘我精神。

（五）

"重庆之蛙"日夜不停地向全中国、全世界广播，使用的广播语言有国语，方言有粤语、沪语、闽语、厦门语、客家语、台山语、台湾语；少数民族语言有蒙语、回语、藏语；外语有英、法、德、日、意、俄、荷、印库、阿拉伯、马来、朝鲜、泰、缅、越等语。重庆有着许多国家的驻华使团，频繁往来着外国军、政、文化等代表团，聚集着国内的很多知名人士。中国共产党也派出了杰出的领导人周恩来率领中共代表团驻在红岩村，承担起发动和指挥中国抗日战争的重任。就这样，这座"党国喉舌"便成了公共舞台。除了"党国"大员，外国使馆人员、驻华记者、来访外宾等频繁来到这里，亲自撰文并向本国人民播讲，国民党中一些坚决抗战、反对内战的优秀人物，如宋庆龄女士、冯玉祥将军等,在这里发表很多著名演讲;周恩来同志也曾在这里慷慨陈词,宣传中国共产党关于战胜日本法西斯的战略思想。诚然,"党国喉舌"的属性,使它不可能从根本上站到广大劳动人民一边。但在那个特定的历史年代和特定的政治条件下,它的炮口主要是向着日本帝国主义的。

这座政治大舞台在巴山蜀水拉开了帷幕,在日本炸弹的爆裂声中,时时播送出为中华民族的抗争、为世界反法西斯战争的胜利而迸发出的强有力的呼声。

共产党人的呐喊

1939年5月31日,中央广播电台来了一位不同寻常的演讲者。随行的不是国民党军警便衣,而是八路军雄赳赳的战士。他,正是举世闻名的中国共产党杰出的领导人周恩来。

(一)

1939年,抗日战争进入了新的阶段。

1938年10月,日军相继攻占广州、武汉。日本仅在一年多时间内,便鲸吞了半个中国,气焰甚嚣尘上。然而,战区的扩大,战线的延长,兵力的分散,也使日本法西斯陷入了无法克服的捉襟见肘的窘境。日寇迫于无奈,停止了战略进攻。即使在沦陷区内,日军也只能占领城市和交通要道,而在广大的区域内,中日军队之间的战斗一天也未曾停止。更重要的是,中国共产党广泛地发动群众,开辟了众多的敌后战场。中日战争进入了相持阶段。

显然,日本"三个月内灭亡中国"的迷梦已经彻底破产。面对这一新的形势,日本方面在战略上作了重大调整,即"尽力把民族矛盾引向主义的对立",对国民党政权加紧诱降活动。就在这年3月,日本首相平沼在国会演说中提出:"蒋介石将军与其领导的政府,假使能重新考虑其态度,与日本共同合作,谋求东亚新秩序之建立,日本则准备与之作中止敌对行为之谈判。"显然,他力图使当时的中国政府就范,一起去反苏反共,而不反日。美、英两国对这种"主义的对立"的新策略,本能地表示了很大的兴趣。于是,一起向国民政府开展了劝降活动。如英国驻华大使卡尔,就在这年4月间,往返于中日之间,积极策划中日议和,一个"东方慕尼黑"阴谋在一步步实施。在对日的这一极其敏感的问题上,国民政府出于种种考虑,慎之又慎。蒋介石曾对斡旋于中日间的德国大使陶德曼表示,如果他接受了日本灭亡中国的条件,他的政府就会被舆论的浪潮所冲倒。但即便如此,仍派出密使前往日本商讨此事。

重庆在战云密布、硝烟弥漫之中,又升起了一股神秘的空气。

第一部分 抗战广播书摘

(二)

正是在这种政治背景下,周恩来应中央广播电台之邀,从重庆的"小延安"(红岩村和曾家岩"中共代表团"办公处)来到上清寺附近的当时十分简陋的这座广播电台。他这次演讲的题目是《二期抗战的重心》。

广播里响起了略带苏北口音的、清晰有力的声音:"全国同胞们……必须先弄清二期抗战的重心在哪里……不论从敌我及国际哪一方面来看,二期作战的重心都在敌后。武汉陷落以后,敌人指出新阶段的战争,是建设战争,这说明重心是在敌后。我们南岳会议,最高统帅的指示,如'政治重于军事''民众重于士兵''宣传重于作战''游击战重于正规战''精神重于物质''节约重于生产'等,以及决定以几分之几的人力兵力财力深入游击区域,也都是重视敌后的明证……"

接着,他以巧妙的方式抨击了投降反共的思潮和日寇的难以得逞的诡计:"……敌人速战速决的方针既归失败,于是进而便以诱降的手段,发表近卫声明,企图速和速结。这个声明虽然勾引了卖国贼汪精卫的响应,但禁不住委员长驳斥声明的当头一棒,打得近卫下台,汪精卫暴露了卖国投降的原形。速和速结既又失败……这半年来,敌人的方针便转向以战养战,作战重心便转向敌后。所谓以战养战,便是企图拿中国的人力、物力、财力,补偿它的失败,继续来打中国……首先军事方面,半年来敌人是扫荡重于进攻……在经济方面,敌人是开发重于封锁,建设重于破坏……在政治方面,敌人已知南北傀儡政权全无作用,故极力勾引汪精卫,企图以汪来组织伪政府来分化我国……在精神方面,敌人是欺骗怀柔已渐渐重于残暴屠杀……但不管怎样,仍然是建设东亚新秩序、东亚意识、东洋思想、共同防共那一类话。以上这一套法宝,便是敌人重视敌后以战养战的具体计划……我们可以说,基本上半年来敌人并未达到他以战养战的预期效果……汪精卫叛迹愈显,他的欺骗作用也就愈小,离死期也就愈近。精神欺骗只要我们随时揭穿,警觉着大家不要上当,则和平便是投降,反共即是灭华的至理名言,将永远为我们抗战的戒条。并且汪精卫叛国的勾当做得愈多,敌人的一切阴谋诡计也愈易暴露,愈难收效。即使过去敌人有一些收获,也都因为我们自己有些弱点,有些缺点,并非敌人已强所致。"

他以精辟的论述,明确指出今后抗日的战略:"争取敌后的方针,便是扩大发展游击战争,也可说是开展敌后的全面战争。敌后游击战争的任务有二,一个是建立游击根据地,一个是消耗敌人的有生力量……假使我们在敌后创造出一二十个游击根据地,每一个根据地像五台山、中条山一样,牵制敌人四五万,则二十个根据地,我们可牵制敌人侵华的全部兵力;假使我们每一个游击部队,每天平均能消耗敌人十个,则全国有一百个这样的游击队,便可消耗敌人一千,一年便可消耗敌人三四十万……则变敌后为前方,积小胜成大胜的战略方针,可完全达到成功,争夺敌后的任务,也可完成大半。重心认定,二期抗战一定可进入有利于我的相持阶段,以争取最后反攻的到来。因此,我们今天的要求,是全国最好的兵力,最优秀的人才,都应该深入敌后,争取敌后。在那里去建立根据地,到那里去消灭敌人,以争取二期抗战的胜利!"①

(三)

早在1937年年底,鉴于国共统一战线的形成和抗日形势的发展,周恩来即根据中共中央委派,率领中共代表团到南京而武汉再撤退到重庆。在这里,他广泛团结各界爱国人士;并努力做好许多国民党上层人士的工作,同许多人交了朋友。如著名的爱国将领、国民党军事委员会副委员长冯玉祥,对周恩来非常钦慕,往来频繁,常常派人接周恩来到他住所去讲述抗日形势和革命道理。这对冯玉祥将军的思想产生了极大的影响。

周恩来也十分重视广播宣传的作用。在武汉期间,当时这里是中国抗日的领导中心,武汉广播电台也成为宣传抗日的重要喉舌。1938年4月,武汉各界举行抗战扩大宣传周活动。周恩来在《新华日报》发表专文指出,宣传周首先要利用每天的广播演讲鼓舞前线浴血奋战的将士。4月11日,他还到汉口广播电台作《争取更大的新的胜利》的广播讲演,肯定了台儿庄胜利的意义,号召进一步巩固全民族的团结,为争取彻底打败日本法西斯而努力奋斗。周恩来还非常重视收听国外广播,从中了解国内外反法西斯战争的军事和政治形势。同时也收听敌台的广播,以掌握敌方宣传动态。1939年1月30日,他在《新华日报》上专门刊文,驳斥日寇在广播中所散布的种种荒谬言论。他当年所使用的一台收听广播的收音机,至今还陈列在中国人民革命军事博物馆中。

在周恩来的提倡和影响下,共产党的一些领导人如彭德怀、邓颖超、吴玉章等也先后在国民党武汉、重庆、成都等地的广播电台发表广播讲演。又如郭沫若,当时充任国民党中央军事委员会政治部第三厅长,主管抗日文化宣传活动。他也曾利用中央广播电台,为团结抗日做了大量宣传工作:1939年1月6日,播讲《坚定信念与降低生活》;1月28日正值"一·二八"淞沪抗战七周年,也是世界反侵略运动代表大会在伦敦开幕之日,他播讲了《世界新秩序的建设》;此后,到了1940年3月21日,又作了《汪精卫进了坟墓》的广播演说,等等。

而这一次,周恩来作为一位中国共产党的高级领导人,登上了长期进行反共宣传的国民党的"党国喉舌"——中央广播电台这座政治大舞台,还是前所未有,其意义自然非比寻常。周恩来在这次广播中,考虑到当时复杂的政治形势,以巧妙委婉的言辞,坚定不移的政治立场和对抗日战争胜利的充分信心,准确地分析了当时形势,指出了今后努力方向,宣传了我党关于救亡图存的战略思想,并且痛斥了为虎作伥的汉奸,抨击了以反共代替抗日的反动思潮,其政治效果无疑是人心大快,人心大振,也是给日本帝

---

① 《广播周报》1939年8月7日第173期。

国主义和投降派的当头棒喝。

向日本人广播

中日之间刀兵相向,广播战线也是战火纷飞。

1937年10月,淞沪一带已成喋血战场,中日两国军队在作殊死拼搏。日军海陆空一齐出动,此外还将"放音机"携带到阵地前,以华语向中国士兵广播,进行蛊惑、欺骗宣传。"党国"要人陈果夫获知这一情报,于10月21日写信给中广处长吴保丰:"……吾人似亦应有准备,在阵地建筑一地下室播日本话,以电线架放音器至最前线向敌宣传,此可减少敌人之力量,如其用满洲兵,则以华语鼓动之尤为有效。此在长期抗战必须预备之物,请速准备为荷。"

陈果夫这一动议,由于技术条件以及战局逆转等原因而"暂不举办"。但是提出了一个重大问题,就是如何使广播直接为战争服务。中广处在复文中主张日后以无线电广播方式,"最好与敌方传递音讯之军用无线电相近之波长或即用中波,则敌军阵地、后方必能收音也……"

果然,中央广播电台不久即担负起向敌方直接宣传这一特殊任务。

(一)

第二次世界大战不同于上次大战的显著特点之一,就是利用无线电广播对垒,开展所谓"广播战"。

战争一开始,参战各国的广播体制和节目结构纷纷发生变化,或作蛊惑宣传,或干扰对方。如意大利在边境上设立很多电台,不断发出"嘀嘀嘀"的声音,同频干扰敌方广播电台的播音;德军围攻波兰首都华沙时,假冒"华沙广播电台二台"进行广播,宣称该城弹尽援绝,动乱迭起,不日将陷敌,致使人心惶惶,造成大混乱。绅士派英国人,本来对宣传二字不感兴趣,尽管苏、德两国早就开始多种语言的对外广播,它仍不动声色。但在大战形势下,也很快改变这一保守政策而增设了外语节目,劲头十足地打开了广播"心战"。1939年9月3日对德宣战的当天,张伯伦首相于上午11点15分即用广播发表声明,宣布对德进入战争状态;当晚6点,英王乔治六世也站在话筒前宣布对德作战。英国广播公司不久便和西线英法联军司令部取得密切联系,由司令部随时用无线电向伦敦提供德国俘虏和德国伤亡官兵的姓名,伦敦广播电台则从广播里转告德国公众,纳粹政权很为之头痛。日本侵略者对无线电广播也极为重视,它在南京搞的电台,主要就是进行蒙蔽、欺骗宣传和奴化教育,它的报道部长说得很清楚:现代战争,在某种意义上,亦可称为"思想宣传之战"。

中央广播电台在九一八、"一·二八"事变后，就曾开办日语广播，着重向日军和日本公众说明战争真相和中国政府的态度。七七事变以后，这种敌对宣传更趋激烈。不论正义或非正义一方，或颠倒是非、混淆黑白、动摇人心，或澄清真相、唤起公众良知，以广播为工具，都开足马力，大打一场"心战"。

（二）

1939年5月26日，晚7点多，位于上清寺的中央广播电台临时发音室来了一位青年男子。他叫植进，是日军的一个上尉。不过，此时他已不是"大日本皇军"的军官，而是一名战争俘虏。今天他来到这里，是做一次讲话，向仍在屠杀中国人民的日本军人和他的国内同胞做一次广播讲话。

这位上尉神情严峻，仍然是一副军人气派。1939年5月，正值日本飞机轰炸重庆的高潮，这座山城到处是房倒屋塌，烟火冲天。他来广播电台的一路上，断垣残壁、破瓦碎石到处可见，其间散发出的一缕缕硝烟，随着晚风向四处飘散，发出一股刺入鼻息的气味。不过，这一切对于他来说，见得太多了。正因为如此，才唤起了他的良知。如他自己所说，"我这次到中国内地来，看到许多中国老百姓，家屋被日本飞机炸毁，并看见许多无家可归的难民时，我真难受。为什么日本军部这样残酷？他们为什么老是要炸中国的老百姓呢？据我亲眼所见的被炸的地方，全是和军事机关毫无关系的商店、民众……"现在他来到的这座中央广播电台，只不过是在一块颤栗的土地上一个角落里的一所极为简陋的房子。但是他也看到，中国人民没有屈服，极有耐心、极有毅力地在废墟上重新建设，那座正在兴建的广播大厦仿佛不曾有过轰炸似的每天都在增高。

此刻，广播里正在播出他所熟悉的日本家乡的音乐歌曲。他被告知，到了19点40分，这几个唱片一完，便是他的节目。

时间到了。植进坐在话筒前，用日本话讲道："……这次被征到中国来作战，在某地被捕时，我每日想着将来一定会被杀的。但是到现在，中国军队不但不杀我们，反优待我们，这是我所想不到的……这次我们由安徽省××县移动到此地的路上，格外承中国各界的优待。例如经过某县时，某县长还特别来慰问我们，县里老百姓也有许多人来看我们……我们在日本时，日本军部不断地宣传着：（一）中国充满着赤化思想；（二）日本为了防御赤化思想，而来和中国战争；（三）中国人不和邻国的日本人亲善，却借外国力量来虐待在华日本侨民；（四）中国军队如捕到日本兵时，随即会施行惨杀……"

植进用自己亲身经历，一一驳斥了日本军部的这些欺骗宣传，指出日本国民正因为相信这种"恶宣传""现在正在走盲目的路"。接着说："在这次的战争中，中国国民的心理状态，正酷肖日俄战争时日本国民的心理状态。他们完全是为了拯救自己民族的生存而抗战的。他们不想打到日本杀害我们的百姓，却只是不屈不挠地抵抗日军的进攻。这是大陆生长的中国人民伟大性的表现，真使我们非常感动。我们同胞现在正是为着日本军阀牺牲着，万一日本果真打了胜仗，在我们一般国民，尤其是老百姓的我们，究竟能够得到什么东西呢？所有的利益，不是都由日本军阀和财阀们独占去了吗？日本国民现在不是正在被征收、被榨取着庞大的军费吗？要缴纳的税金，又那么多，现在国内的物价又是无可形容的那么贵，生活又那么苦。最后我们可爱的孩子、兄弟、丈夫、父亲也在战场送了命，结果换来的不是如玩具一样的毫无价值的徽章吗……去前线的日本兵不是每天正在受日本军部的压迫而表明不满吗？我还听到中国来的日本兵和很认识中国的日本国民……都觉得这次战争是毫无意义的，我们日本国民已变成日本军部的牺牲品了。这样想，并且还听到了许多日本兵想为东亚和平而投降中国军队，参加中国的抗战……"

最后他呼吁："我们亲爱的同胞，我们应该早日觉醒。我们的敌人不是中国，却是日本军阀。如以上所讲的，实际破坏东亚和平的，就是日本军阀。现在我们应该逃出无谓的牺牲，而来和和平中国国民握手，对日本军部表示反抗。积极方面即参加中国抗战，共同努力，争取东亚的真正和平。这正是日本国民的第一急务啊！"①

本来，植进这一代军人，长期受军国主义毒素的灌输和武士道精神的熏陶，满脑子的征服世界的"八纮一宇"思想，熟记效忠天皇的《军人训诫》和明治天皇颁布的《军人敕谕》。但是战争使不少日本军人看清了世界：现时的日本，并不是"日出之国，光照世界"，而是给人类也给自己造成了灾难。一个人，总难逃脱认识论的规律的。

但作这样的演讲，仍是要点勇气的。日本是个厉行法西斯统治的国家，它既会残酷地对待别国人民，也会无情地对待本国人民。再者，狭隘的民族主义，毕竟也是难以摆脱的束缚人的思想的绳索。这样的广播以后还进行了多次，话筒前还演出过一些鲜为人知的悲喜剧。例如 1945 年 8 月 15 日广播了日本裕仁天皇的投降诏书。中央广播电台曾从日本俘虏营——"大同书院"，找来一个日俘广播这条新闻。他接到稿子，一边看，一边双手发颤，泪如雨下。一再警告他不许哭，他仍禁不住声音颤抖，勉强坚持播完稿子后，竟哭得死去活来。当然，这也许是一种很复杂的感情，是包含多种因素在内的一种表征。但在是非曲直这一点上，大多数日俘还是有所认识的，这是他们走进播音室去作反战广播的重要原因之一。

（三）

除了让日俘讲话，还曾采取了其他多种广播形式。

---

① 《东亚和平被日本军阀破坏》，见《广播周报》1939 年 7 月第 173 期。

例如，中国军队在山西北部某地一次夜袭中，曾获得不少日军的日记和信件，其中不少反映出日军的思恋故乡和日本国内人民生活困苦、经济恐慌的信息。这些材料由军政部门转来，于是成了很好的广播稿件。

其中有一位叫加藤子的贫苦妇女，她于昭和十三年（1938年）7月1日给远征在中国的丈夫写了一封信。信上是这么说的："加藤甚夫君：故乡每天都下雨，讨厌极了。这是13年来未曾有过的淫雨。关东、关西的水灾是非常厉害的，死者和失踪者合计已突破2000名以上。山形是没有关东、关西那么厉害，但是长崎街附近的最上川水已涨至1丈2尺，水堤有决溃的危险，现在警戒中。内地商人因为材料的高价，加之以商品的不足，所以很难维持。木棉一束约三四十钱，市内的打铜街、天平、火夹等地的商品，已不许制造了，同业者一齐跑到县所去请愿。还有机器业也是一样的受限制而到县所请愿。听说打铜街变为军事工业场所，确已陷进了不景气的深坑里，一袋米涨至13.4元的高价，真难过活了……"①

一位叫竹田助藏的写了这样一封信："大岩挂助君：6月20日前后，15岁的弟弟结果也被征去了——是当工兵。在国家总动员之下，木棉制造也被禁止了，铁、橡皮、木材那样的东西也被限制了……还有强收各户限制的贮金，每户各出一百一钱（即一元一分——译者注），学生各人出1元5分，形成贮金的制度。这是集取全国国民的金钱方法……"②

此外，在榆林战斗中，中国部队缴获一张破碎的油印品，是三位日本小朋友写的一篇文章："……每逢星期三那天，先生带我们参拜观音寺，慰问荣誉战死的灵魂。最初去时因为死者太多，使我吃了一惊，寺中的正面、左侧、右侧都是堆着白布包着的小箱子，这样勇敢的强壮的身体，被那样小的箱子收藏着。已成了骨灰箱里的人们，也许有了像我们这样年纪的孩子吧？想起死者遗留下来的孩子们时，心里直觉难过，他们也许是记挂着父亲很平安地凯旋归国，可是想起现在由白布箱子送回来时，泪珠也滚下来了。那些孩子再怎样喊爹爹，也得不到他们的回声了。梅组的和甲斐君的父亲是在通州事变时死的。当我们谈到甲斐君时，一定要去参拜祈祷着快些和平！"③

在播送这一类材料时，都要夹一些议论，加强了"心战"宣传效果。

所谓宣传效果，它不比枪弹那样具体和立竿见影，然而其潜移默化的作用，是无可估量的。

以上"心战"广播，后来国民党当局称之为"第四战线"的战斗，即海、陆、空之外的"广播战"。

---

① 《东亚和平被日本军阀破坏》，见《广播周报》1939年8月7日第173期。
② 同上。
③ 同上。

庆祝"联合国日"

1942年6月14日，时当初夏，素称长江三大火炉之一的"陪都"重庆。已是溽暑蒸人。这一天的政治气候更为热烈，全市披虹挂彩，26个联合国家以及墨西哥的国旗迎风飘扬。耸立于市中心的"精神堡垒"张挂起巨型壁画，大街小巷，断壁残垣，都张贴着各式标语："伸张人类正义""打倒暴力侵略""打倒轴心国家""打倒日本军阀""同舟共济，争取胜利""加强联合国团结""拥护联合宣言"……最为引人注目的标语则是"庆祝联合国日"。

是的，今天是"联合国日"。国民党当局为此大事庆祝，召开"重庆市民众庆祝联合国日大会"，组织国际运动员参加竞技运动，外交部举行茶会（游园会），招待驻渝的联合国国家外交人员及"各机关首长"。在嘉陵宾馆举行的庆祝晚会，则将这一天的庆祝活动推向高潮。

中央广播电台、国际广播电台为此庆祝活动忙得不亦乐乎：众多的"党国"要人接踵而至，在电台发音室发表对外广播讲话；现场转播一些纪念活动的中外人士的广播演说；收转某些联合国家领袖人物的对华广播等。

实际上，这是一次声势浩大的政治宣传活动。

（一）

何谓"联合国日"？这有一段历史缘由。

6月14日这一天，本为美国的"国旗日"。美国人第一次庆祝"国旗日"，是在1861年。当时只在康纳狄克州的哈特佛特城举行了一次小规模的仪式。1916年5月30日，威尔逊总统正式颁令将每年的这一天定为美国的"国旗日"。1942年，世界反法西斯战争全面展开，这年元旦，有26个国家在美国首都华盛顿发表联合宣言，结成世界反法西斯联合阵线（墨西哥于这年5月加入）。在这种形势下，美国总统罗斯福提议将这一年的"国旗日"改为"联合国日"，下令不仅纪念美国星条旗，同时对于其他签字于联合宣言的各个国家的旗帜同时表示敬意。联合阵线各国积极响应，遂形成了民主阵营环球性的庆典。因为聚会华盛顿发表联合宣言的是26个国家，所以习惯称其为26国宣言。加上5月份参加的墨西哥以及6月14日当天庆祝活动开始前几小时申请加入的菲律宾，一共是28个国家。

中国政府的态度尤为热烈。太平洋战争的爆发，美国和其他一些国家陆续参战，从而结束了中国一国对日作战的局面。这对"弱大"的中国来说，是一个值得庆幸和珍惜的变化。因而决定举行广泛的、盛大的庆祝，对内对外集中组织广播宣传。很显然，加强联合国家的团结,激发本国和各参战国家的民气,表示对美国这么一个强大盟邦的敬意,争取更多的国际援助,便是这次庆祝,宣传活动的根本目的。

(二)

中央广播电台迁渝以后,宣传方面一个重大变化,就是担负起繁重的对国外广播任务;还专门成立了功率强大的国际广播电台。为了组织对外节目,倒也煞费苦心。好在战时的重庆成了东方的一个政治中心,各国外交人员云集,访华使团络绎不绝,是请他们来电台做对内对外广播讲演的有利条件。这次活动正是一个难得的机会。为此,中央广播电台作了充分的准备。于6月14日这一天,各路人马奔赴预定地点,投入热烈紧张的广播宣传工作。

"重庆市民众庆祝联合国日大会"于上午8时在夫子池"新运广场"举行。与会的有重庆市和国民党中央机关首脑人物及各界代表,文化团体,对外友好组织有关人士及各方面群众。中央广播电台在会场扩音,并在市中心的"精神堡垒"上安装扩音喇叭。那个时期,日机常常飞临重庆上空轰炸,所以会开得很紧凑,9时半即告结束。但这次参加大会的仍超过一万人,聚集在街头听广播的更不计其数。天上有飞机散发传单和联合国家旗帜,地上万众欢腾。

这一天,中央广播电台还进行两次重大的现场广播活动。

其一是"新生活运动总会"主办的联合国代表演讲会,于上午10时在"新生活运动总会"的忠义纪念堂举行。重庆市市长吴国桢首致开会辞,大意是:"……中国系首遭侵略之国家,以劣势配备,独自抗战四年余,而重庆复为民主国家首都中遭受轰炸最久最剧烈者。今见自由大纛为27国之旗帜所环绕,并蒙各贵宾莅此,衷心的愉快。此次战争,可称为一具有世界性新生活运动……实系各联合国共具之荣誉。我们最后胜利,已无可疑。"接着英国大使薛穆爵士、捷克公使米诺夫斯基、印度专员萨福来爵士、苏联大使馆参赞列费诺夫、美大使馆参赞范宝德,比利时大使馆秘书史迈斯等先后讲述各国战时情形,及对于联合作战之贡献。"新生活运动总会"副总干事辛楚等四人担任翻译,由中央广播电台实况向全国广播。

其二是嘉陵宾馆晚餐会,由13个国际文化团体主办。这是1942年以来重庆市国际团体最大的盛会。

晚上7时,山城重庆还沐浴着夕阳的余晖,位于嘉陵江畔的嘉陵宾馆一带已是车水马龙。宾馆大厅内布置一新,27个联合国家的国旗灿烂夺目。大厅正面墙上为大"V"字图案(代表Victory,即胜利)。左壁悬挂着一条英文红字标语:"打破私心,完成团结,争取自由。"右墙则为:"新的人们,新的国家,新的世界!"后壁亦有英文标语数条。为:"继续战斗,待吾人打到南京、柏林、罗马、痛饮黄龙!"等。有孔祥熙、何应钦、陈绍宽、王世杰、谷正纲、张治中、吴国桢等与会;外国来宾有主要联合国家的外交使节和军事、文化人员,共500多人。

在那个艰苦岁月里,为体现"新生活经济饭之风致",聚餐形式为中菜西吃,分为四长列,外宾亦由各国外交代表领先,一一至台前自行盛取,然后就座。

8时30分,开始对世界各国广播。首由中央秘书长吴铁城播讲:"今日为誓死捍卫人类文化的伟大同盟国家致敬之一日。中国置身于此赫赫同盟中,殊为荣幸。本人当藉此最适当之机会,重申中国必将竭尽其能力,击败轴心国家之决心。虽然过去某一时期为孤军苦战,然而我们仍能抵抗侵略,赓续未辍。现在我们已是同盟国家中之一员,为一共同目标而奋斗,并共以最大信心一致向前击败轴心。敬祝同盟国家万岁!"

其后,苏、美、英大使,澳、捷、比公使,荷代办(一说为公使),及印度代表共8人,先后各以一至一分半钟的时间发表广播演说。

苏联大使潘友新的讲话,特别引起公众的兴趣。他概要地介绍了苏联人民浴血抗战的情况,表达了彻底战胜希特勒德国的决心:"……今天,我可以特别向诸君引证今年5月1日斯大林颁布的文告。斯大林说,'至于我们的国际关系,最近是从来未有的增强了。一切爱好和平的人民都已参加了反对德帝国主义的阵容。我国人民为自由荣誉和独立而进行的英勇斗争,已唤起一个有进步的人类的景仰……在这些爱好和平的国家中,首先是英、美两国,他们已与我国建立友谊和同盟的联系,而且予我国以日渐增多的军事援助,来对抗德国法西斯的侵入者'……虽然我们的敌人还是一个强大的寇仇,但我敢断言,斯大林交给整个红军的任务,一定能够实现,那就是——使1942年成为德国法西斯军队最后挫败和苏联国土从希特勒匪徒之下解放出来的一年,苏联将与所有盟国和友邦共同庆祝击败敌人的最后胜利。"

这次演讲,由事先装置的转播机将信号传送至中央广播电台国际广播电台,用多种频率向全球发射。

(三)

为了庆祝"联合国日",中央广播电台自晨至昏,夜以继日,不停地播出重要广播节目。位于上清寺附近的广播大厦,常常警卫森严,锃亮的黑色小汽车川流不息,"党国"要人频频而至。

第一流的"党国"要人如此集中于同一天来电台进行广播讲话,这实在是罕见的。考虑到中国同欧美的时差,一系列对外讲话均安排在夜晚进行。晚7时,国民政府主席林森对各联合国家广播,国语讲毕,继以英语译述。晚7时30分,考试院院长戴季陶对印度广播,同样地在国语演说完后用英语译述。晚8时30分,播出上述嘉陵宾馆"晚餐会"上的几篇演讲。晚10时30分,监察院院长于右任对苏广播。于右任先生用国语演讲毕,继以俄语译述。15日凌晨4时15分(即英国时间14日下午9时15分),由立法院院长孙科、中央秘书长王宠惠及英国驻华大使薛穆作一刻钟的英语集体演说,对英国广播。15日凌晨4时45分，（即美国时间14日下午4时许），行政院副院长孔祥熙及夫人宋霭龄以英语对美国广播。

这些广播讲话，介绍了中国抗战概况，呼吁团结一致，联合作战，彻底战胜法西斯并建立战后的世界和平、稳定新秩序。其中林森的讲话颇有一些新的见解："……此次战争实始于民国二十年9月18日，即日本开始侵略中国之日。十年前，日本用武力占领我东北数省，就开了侵略的先例。因之墨索里尼的侵略阿比西尼亚，希特勒的强占捷克斯拉夫与欧洲其他国家等事，便相继而至，迅至发展成第二次世界大战。此种事实，显然表示着世界上爱好和平的国家倘使对于集体安全缺少完全有效的组织，则一个侵略国家的行动，便可以使全人类蒙受空前的灾祸。"

尤其值得称道的是于右任先生的广播演讲，敞开胸怀，情真意切，一扫多年来流行于世的对苏联的偏见，高度评价苏联革命和苏联人民的领袖斯大林。他说："伟大的、英勇的苏联军民们：16年前，我到贵国，看见贵国革命后建国的努力，各种印象至今还像是新鲜……苏联建国后，世界大政治家对苏联立国精神认识最早并最清楚的是中国的国父孙中山先生。在世界被压迫民众自由解放的战争中，中苏两国应该携手并进，这是国父中山先生的遗训。俄国革命是世界人类文明的希望，这也是中山先生很早的观察……苏联军民对纳粹暴徒的苦战，现在已及一年，这一年苏联军的民的英勇牺牲，全世界对之敬慕钦佩，中国民众对之尤具深切的同情。中国对日的抗战，至今足足五年。苏联战场中战争之猛烈，与中国战场中战争之长久，是此次大战中特殊之点。不是苏联战场那样的猛烈战，不是中国战场那样的持久战争，今日东西侵略者的凶焰，不知要高涨到何等地步。可是苏联一年的猛烈战争和中国五年的持久抵抗，终将侵略者凶锋顿挫下去，现在已快近扑灭的日子了。日寇就是东亚的希特勒，希特勒的溃败，无疑会牵到日寇的覆灭；同样日寇的减缩，会促成纳粹的崩溃……你们的天才领袖，受举世崇敬的斯大林先生，在20年中，在政治、文化、经济、国防各方面，领导贵国人民有今日这样的成就，可算是人类历史上的奇迹……中苏两国战场，必定是决定联合国家整个之成败，中苏两国也必然共成未来世界和平的重要基础……"于先生的这次广播讲演，正值苏联欧洲地区的最佳收听时间，在许多苏联公民中，引起了热烈的反响。

在此前后，也转播了联合国家一些领袖人物和高级官员的对华广播。如美国驻澳大利亚公使（前驻华大使）詹森在墨尔本对我国的华语致辞；美国副总统华莱士于重庆时间14日下午7时45分对中国人民发表的广播演说。华莱士在演说中高度赞扬中国人民抗日战争，指出："日本意图征服中国，对于本世纪生活之障碍，乃一种强暴力量之象征，必须设法予以克服，然后全世界重新踏上和平之路。一般民众方能重享安居乐业之福……我们虽操不同之语言文字，我们之若干风俗习惯虽属各别，然我深信中美两国人民均能相互了解……我们有一共同目标，且我们必能达到此一目标。"

电波纵横以每秒 30 万公里的速度向八方传播,将共同反对法西斯的各国政府和人民联结在一起,更加坚定了彻底粉碎德、日、意这个 20 世纪人类社会最反动势力的决心。这就是"庆祝联合国日"的积极意义所在,它将永远载入第二次世界大战的史册。

蒋介石夫妇对美国的一次广播

1942 年 6 月 1 日,夜幕沉沉,频遭日机轰炸的"陪都"重庆,此刻显得分外宁静。然而,位于上清寺附近的广播大厦一带却是另外一番景象:荷枪实弹的卫兵组成了长长的警戒线,携械巡弋的武装人员在马路上阻断了交通,不准任何行人通过。凌晨 2 点多钟,一行黑色轿车鱼贯而来,在广播大厦的台阶前停了下来。车门开处,走出了国民党首脑蒋介石和夫人宋美龄以及美国军事人员。早已等候在那里的中央广播电台台长吴道一等人,将他们迎进电台二楼发音室。俄顷,一次特别的对美国广播节目开始了。蒋介石、宋美龄、美国军事代表团空军首席军官比塞尔将军以及美军人员仑得斯白、雪凯斯特等相继做了广播讲话。

(一)

这次特别广播,是应美方邀请而专门安排的。

1942 年,世界反法西斯战争已经全面打响,长期以来,美国对日本采取暧昧态度,不愿挺身而出进行有力制裁。日本军阀利用美国的这种麻痹状态,于 1941 年 12 月 7 日突然出动庞大的海空力量,全力偷袭珍珠港,将美国太平洋舰队葬身海底。于是,太平洋战争爆发。至此,美国对中国这个盟国的长期抗战作出了重新估价,对中国的幅员辽阔的国土和众多的兵员有了新的认识。在中国方面,抗日战争进入了最艰苦的阶段。新四军、八路军根据地军民浴血奋战。此外,在东部的浙江、东南部的福建、西南部的云南及邻邦缅甸,北部的鲁、晋,国民党军队也在抛洒热血,与敌周旋。国民党政府急需国际军援,特别对美国寄予重望。正是在这样的背景下,美国陆军部邀请蒋介石夫妇于美国陆军纪念日向美国广播。

美国方面则安排国家广播公司(HBC)于陆军特别节目中向全美转播。

(二)

午夜后的 2 点 53 分一过,蒋介石、宋美龄便进入发音室。时钟指向 2 点 54 分,红灯亮了。特别节目开始。这次播音是又一次的夫妇合作,如 1940 年 7 月 8 日对美播出一样,蒋介石用华语讲演,宋美龄用英语译出。

蒋介石在这次讲话中,简单介绍了中国抗战情况,但主要是呼吁美国加速以军备援华。他说:"……我们这五年以来的战争,差不多只凭藉我们军民的血和肉,与敌军的飞机、战车来奋斗……但是我们的同盟国要对倭寇得到最后的共同胜利,就非供给我们以机械化的重武器不可。今天我们中国军队若能得到你们美国现在所制造的十分之一的武器,我相信太平洋同盟国作战,就可以发生十分的功效……我今天以你们美国战友的资格,以中国战区统帅的资格,特向我们同盟美国的军民再提供保证,我们中国军队如能得到他所需要的适当配备,中国军队不独更能持久抗战,得到最后的胜利,而且为我们同盟国获取共同胜利的一个决定因素……"①

宋美龄为蒋介石翻译完后,继而用流利的英语作了简短的广播演讲,内容很集中,就是澄清日本方面的一个"奸谲宣传":"……敌人说,中国拥有大量的武器,现在故意按兵不动,使美国来替它争取胜利。这显然是一个挑拨离间的阴谋,目的在毁坏我们的亲睦的邦交……中国向来注重发挥自己的力量,自将继续尽它应尽的责任。在过去,中国已不假思索地贡献它整个国力,为同盟国家共同的前途而努力。它现在当然不会迟疑,将来更不会顾虑。中国能立国五千年,就靠我们能坚守某种道德的信条,使我永远保持着光明的态度,敌人屡次向我们求和,暗示欧美民主国家利用中国为工具,而日本却愿与中国合作,并以平等相待来欺骗我们。中国断然拒绝了这种和议。就这一点事,已足以证明我们对美国的诚意、信心是不可动摇的了……"

接下来播讲的原拟安排的是美国军事代表团团长史迪威将军。也许是他同蒋介石的关系微妙,没有赶来,而由该团空军首席军官比塞尔将军作他的代表。这位将军讲话很简短,他对来华的各方面美国人员同中国的良好合作大加赞扬,认为是美国的光荣。再就是呼吁美国援华:"……中国军队急需军火、医药用品,美国航空运输应将这些物资源源运来,也是美国的光荣……中国有忍耐艰苦的能力,有不折不挠的坚韧性,足为全世界的表率与鼓励。美国得与中国为盟邦,尤其是莫大的光荣!"②

最后走进发音室的是两个有趣的美国小伙子。一个是史迪威将军部下的技术士兵仑得斯白,一个是"飞虎队"(中国空军美志愿航空队)的无线电技术员雪凯斯特。他们讲得很自然,也很有个性,就如同凯旋回乡同家人说故事,一个人说了在缅甸为史迪威将军装设电台遭日军袭击的故事;一个人说了美空军在仰光机场上空击落19架日本飞机的故事。那位仑得斯白在他的演讲末尾说道:"……对于中国及中国民众还没有十分认识,但我接触的中国士兵却很多。可以说,他们都是强毅勇敢的战士。至于我个人,我唯望国内的同胞,加紧努力援助我们,从速战胜,让我早日回家与妻子见面!"

(三)

这次播出开始时间,在重庆是6月1日凌晨2点54分,而在美国约为5月31日下午3点左右,是一个比较好的节目时间,所以很多美国军民都收听了这次广播。听众来

---

① 1942年6月2日《中央日报》。
② 1942年6月2日《扫荡报》。

信如雪片一样飞向中央电台国际广播电台。美国陆军部长马歇尔将军给电台发来的电报称："此次贵台播送之特别节目，在美国转播结果，十分良好，引起美国千百万听众之热烈兴趣及好感。"① 援华问题，在舆论界也得到了重视。如费城《征询报》于6月2日为此发了一篇社论称："中国军队如能得到美国现在所造的十分之一的武器，就可以发生十分的功效，有人能怀疑此语之真实性乎？当此装备不全之华军，对日作战业已数载之时，吾人诚无可置疑……目前虽常发生一问题，谓当此欧洲方面与希特勒作战之中途，吾人有何办法在对德作战方面抽出若干力量支援中国乎？然此项问题，并不能妨害使中国获得整齐武装抗日之时间，不能无限延长此一项问题之存在……"

这次节目虽系对美国广播，但在其他一些国家也引起了一定的反响。以英国为例，艾登外相在议会答复质询时，赞扬中国军队在缅甸同英军一起所做的拖延战中确有很大的实际贡献，并提出了英国对华援助及保持友好关系的保证。伦敦各界对此表示热烈拥护，认为同盟国家应加强援华，畀以充分及时之助力。英国《每日先锋报》于6月4日发表社论称：吾人对于政府如此赞誉此勇敢而横遭压迫之同盟国，实表欢迎。该报还发表施伯德少校文章称：同盟国只需予中国以比较上并非巨量之援助，即可使日本陷于窘迫，而使中国趋于坚强。吾人可自阿萨密以少数之轰炸机与运输机每日运送物资200吨供给中国，此实有重大可能。如接济物资之数量充足，则每日运输千吨，亦非难事。

1942年6月27日，美国总统罗斯福与英国首相丘吉尔于会谈后发表联合声明：加紧援华，制服暴日。当然，这是当时整个形势决定的，但这次"特别节目"动员广泛的社会舆论力量，也是不无作用的。

宋美龄对美国的一次特别广播

"校长麦加菲先生暨各位朋友……" 1942年6月13日深夜，中央广播电台国际广播电台播出宋美龄那一口流利的英语讲话。这是一次名为纪念宋美龄毕业于美国魏斯里女子学院25周年而安排的特别节目，它的特定收听对象本为该学院学生和校友，实为广大美国听众。此时在太平洋彼岸，正是红日朗朗之时。该节目在当时中国的这个盟邦里产生不小的反响。

（一）

1917年6月13日，创办于18世纪下半叶的美国魏斯里女子学院，举行了第39届毕业典礼。在众多的手捧文凭的金发碧眼女郎中，有一位娴静而又不失活泼的东方姑

---

① 1942年6月4日《中央日报》。

娘。她，就是宋美龄。那时，她年方20岁。

那个年代，美利坚合众国还盛行着种族歧视，往往要凭借肤色、头发和眼睛来确定人的身份地位。尽管中国人以"契约华工"的形式到美国已有几十年历史，但在一般美国人眼里留下的主要是修筑太平洋中央大铁路、垦拓荒地、开设洗衣店和"唐菜馆"的印象。在美国国会，限制华工入境的争吵还没有完全结束。所以，这个中国女大学生，在那时并不是为人注目的人物。美国也是一个崇拜名人的国度，一旦成名，人们即趋之若鹜。但你在成名之前，是不会受到人们青睐的。

世事变化，可谓莫测。十年过后，这位宋美龄女士同中国国民党首脑蒋介石联姻，由此进入政治舞台，成了风云人物。中国的第一夫人引起了她的母校的高度重视。魏斯里女子学院为培养了一位"智慧而明白的思想家"、中国的女界领袖而引以为荣。甚至有人去研究她成名发迹的道路，连当年不足挂齿的小事情，也被看成为一个个大课题。中国国民党也利用了宋美龄同美国的这种特殊关系及同美国社会的广泛联系，不断密切同这个世界强国的来往。"七七"抗战后，宋美龄女士就曾于1937年9月在尚设于南京的中央广播电台发表过对美国的广播讲话，呼吁美国对华援助以抗击日本。总之，双方都将这位特殊人物看作是打开中美关系的一把钥匙。

1942年6月，即珍珠港事件半年后，世界反法西斯战争发生重大的变化。日本飞机、舰队横越大洋，直闯珍珠港，说明太平洋已经不太平，美国再也不能隔岸观火。这年元旦，26个国家在美国华盛顿发表联合宣言，结成了国际反法西斯联合阵线。于是，美国同中国正式结成了同盟之邦。但是，东洋强敌仍在蹂躏中华大地，国民党政府无力收复国土，便寄重望于美国的对华援助。这一次由宋美龄对美广播，可说是又一次紧急呼吁。

（二）

1942年6月13日，浓重的夜幕笼罩着山城，宋美龄来到了警戒森严的中央广播电台，进了发音室。陪同她的是"新生活运动会"总干事、身材高大的黄仁霖。按规定，发音室在播音时间内是绝不允许其他人入内的。但宋美龄每次都是例外，这位黄先生总是以军人的姿势笔直地站立在她的身后。

在这篇广播的开头，宋氏表示了虔诚的谢忱之意："今天母校以我的名义设立奖学金，以及给我个人的光宠，我觉得很难找寻适当的言辞，来表示我的谢意……我脆弱的肩头，是否能负荷这样沉重的光荣，我似乎有点怀疑。这不禁使我兢兢恐惧。"

然后，讲话很快接触到事情的实质。她说道："此刻我虽是对校友说话，可是我知道我的话音，将达到每一位听我广播的美国朋友的耳鼓里。所以我的话，同时也是对他们说的……到7月7日，中国抗战已进入第六个年头。你们一定会猜想，这五年来的困苦艰难，究竟把我们折磨成什么样子。我可以简告诸位，现在中国只要能得到必需的武器，千难万苦，我们中国同胞咸有克服与应付的能力与决心……中国军队的配备与敌人比较起来，实在说不上有机械化的部队，也从未扬言能与敌交锋。因为缺少这种军队，所以不得不采取磁铁战术，吸住了敌人，使他们进退维谷。我们未被敌人征服。我们配备不良的军队，已经挡住了敌人的这些年数，一旦获得我们所急需的飞机大炮，立刻就可以把他们击退出去。我国民众谁都认识他们的抗战……也为了别的国家……我们可以想一想，中国的抗战对于其他民主国家究竟有怎样的意义？最近日本在伪满征募19岁起的壮丁以服军役。试想中国倘使不是如此英勇抗战，或是不能支持抗战，将是怎样一个局面，则我四万万五千万的人力，以及幅员广于整个欧洲的全国资源，将为联合国的敌方利用，而不像现在这样有助于联合国了。设使如此，而仍不足影响联合国的失败，至少可以使战争拖延若干年月……当初我告诉同胞，战后将出现一个新的世界秩序。他们想到了1931年的事情，不禁怀疑起来了，显然诺言是并不一定兑现的。当我东北数省被日本侵略的时候，我可明告诸位，我当时非常惶惑，因为我领土主权的完整虽有条约的保证，但没有一个签字国作任何有效的行动……有些国家的外交代表，傲慢地对我说道，他们仅有本身不破坏条约的责任，而他们本身并不是国际警察……这种不合逻辑的态度，就产生了珍珠港、马尼剌、新加坡等处必然的悲剧……中国虽为各国的共同目标而牺牲，凡是主持公道者，一定会坚持中国在战后胜利和平的会议席间，对于重新组织世界秩序，她有更多的发言权利。因为中国是第一个武装以抗侵略的国家……我记起我们国父孙总理的话来。他说世界一切民族均起于平等，进步的民族，对于落后的民族，道义上有扶助的义务……国家亦复如此。无论它如何得天独厚、倘使只为自己打算，而不贡献其能力为人类共同谋福利，也是不会成功的。我们用肤色或眼睛的式样来评定一个人或一国优势的时代，已经过去了……国家也像个人一样，必须愿意慷慨资助别人，方能永享其利益。说来虽近迂阔，这却是真理。如果涓滴不放，不肯嘉惠别人，结果反会失掉，历史已一再证实这个道理了。帝国主义胺人肥己等一切战前世界的错误行为，都须扫除无遗，在这方面你们可以有无穷的贡献。许多美国朋友写信问我，如何才对中国及对我作最大之帮助。我现在可以答复你们，你们只要竭尽你们的力量，使美国也来出力，给世界一切民族以你们自己所享受的自由、正义及平等，这就是对于中国、对于世界最大的帮助，同时也是对我们最大的帮助……在结束以前，我想对魏斯里母校的朋友们说几句话。我今天与你们虽是远隔重洋，但是精神却在一起，我说这句话丝毫没有文饰，这是内心的真情。我常常深切纪念着我从前肄业大学时的快乐日子，以及与我志同道合的朋友们。在这奋斗以维护自由的时候，我们前面诚有更大更严重的问题，但我们确信我们必将以泰然自若的勇气，继续抗战，为人类造永久的幸福，以实现我母校的理想，我们不役于人而自己做自己的主宰。再会。"①

---

① 1942年6月14、15、16日《中央日报》。

这篇讲话,中央电台国际广播电台以功率强大的短波频率发送,越过高山大洋,直抵美利坚合众国。

(三)

事情说到美国。

为了转播、收听宋美龄这篇广播讲话并相应举行一系列活动,有关方面作了细致的组织工作。历史悠久的魏斯里女子学院,有一大批校友已成为美国的知名人士,不少人热衷于此事,成为这次活动的组织者。这一天,美国哥伦比亚广播公司所属全美各地广播电台全文收转,向美国公众播发。若干城市,在魏斯里学院等主持之下,均组织收听并集会庆祝。纽约、华盛顿、洛杉矶、群德蒙、亚特兰大、波士顿、芝加哥、底特律、明尼阿波利斯、堪萨斯城、圣路易、俄荷马、布法罗、罗彻斯特、辛辛那提、克利夫兰、普罗维敦斯、那什维尔、达拉斯、密尔窝基等地,均举行庆祝集会。集会时间,均有一定,以便聆听宋美龄广播讲话。并且魏斯里学院院长麦加菲在旧金山电台广播致答词。

宋美龄母校自然是主要活动场所。13日这一天,魏斯里学院举行了校友会,出席的女校友约500人,他们遵照旧例,先集队到塔庭草场,由1917级校友80人领队,一律白衣,项上配蓝色"V"字,裙上绣着两个"X"蓝字,意即25次集会,她们收听了宋美龄的广播讲话,频频鼓掌欢呼。

嗣后,校长麦加菲发表答词称,"我们对蒋夫人最有效之报答,当为继续训练其他妇女,使其能负荷重任,及享受自由公民之权利。本校有此校友,足证教育乃对于全世界之服务,蒋夫人足为后来学生之模范。"

与会校友还决定为设立宋美龄奖学金募捐1万美元为基金。奖学金之目的,系以演说及展览中国书籍、艺术品之方法,在魏斯里学院鼓励学生研究中国东方文化之兴趣。

在纽约,举行了魏斯里学院校友聚餐会,与会者有1200人,主席为全美妇女服务会主席摩尔夫人。收听广播一结束,便当场集资5200美元救济中国难民。接着便举行谈话会。拉铁摩尔、林语堂、麦加菲等都作了讲话。拉铁摩尔声称,美国颇可取法中国女子协助男子改造中国之命运。名记者鲁斯夫人总结各方面意见,指出魏斯里学院对于中国最大之贡献,莫若发动美国舆论、积极援华。大会终了,集体联名致电罗斯福总统,请求以飞机不断援华。

这次广播后两天,即1942年6月15日,魏斯里学院举行第64届毕业典礼,以荣誉法学博士学位授予宋美龄。授学位时的颂词称:"彼以蒋委员长夫人之地位,从事求取其本国需要与理想之实现……彼曾向其西方友人宣扬彼国人民之英勇精神,而彼个人之勇毅,亦获得东方无数友人之推崇……彼为本校校友,彼因履行母校之训,而为母校增辉。中国与世界新生活之肇始,实归功于本校此一校友。盖彼应用其所受之教育,不断求取本身与本国人民生活之革新……"

此后一段时间,可谓余波不息。在许多城市中,有集资捐款的,有呼吁援华的。当然,对宋美龄个人也尊崇备至。还要提及的是,一些不相干的学府,也向宋美龄送来桂冠。如佛罗里达州德兰城的斯梯生大学,即授予其文学博士学位。

这次美国掀起的"宋美龄热",在人事上、感情上更加深了宋氏同美国社会的联系。

纪念苏联卫国战争一周年

1942 年 6 月 22 日,是苏联抵抗希特勒德国武装进攻一周年纪念日。国民党有关当局组织了较大规模的宣传,在广播大厦举行了有众多高级官员及外国贵宾出席的茶会。立法院院长、中苏友好协会会长孙科并于当晚发表了对苏广播讲话。

(一)

本来,社会主义的苏联一向被美、英等"自由世界"视为异端,是对他们的根本威胁。中国国民党政权背弃了中山先生的"联俄、联共、扶助农工"的三大政策,也加入了反苏行列,国内的"剿共"和国际上的"反苏",几乎同时进行。然而,由于世界大战的爆发,世界上的政治力量重新组合了。在德、意、日法西斯势力的共同威胁面前,"自由世界"与社会主义的苏联逐渐"冰炭同炉"。1942 年元旦,美、英、苏、中等 26 个国家在华盛顿发表联合宣言,结成反法西斯联合阵线。当年 5 月 26 日,英国与苏联签订了同盟条约;6 月 11 日,美国与苏联签订了关于互助及反侵略战争的原则上的协定。苏联的战争实践,表明了自己的强大,一年抗战,消灭 200 万左右的德国侵略军。至此,谁都看到,社会主义的苏联是战胜纳粹德国并最后击败日本的举足轻重的力量。自然,中国国民党政府也"化敌为友",在远东战场上,更要借助于苏联的战略威慑力量。这真是历史的辩证法。

(二)

6 月 22 日,在广播大厦举行纪念苏联抗战一周年的隆重而盛大的茶会。这次活动是以中苏文化协会的名义召集的,该会会长孙科具笺,邀集"陪都"党、政、军、妇女、文化各界代表以及苏联和各同盟国驻渝使节、军事代表团团长、新闻记者共 200 多人参加。

广播大厦门前一带洋溢着喜庆景象。大厦门首高悬着中苏两国国徽。走进过道,当门有一幅绿色的巨大的"V"字,衬托着中、苏、美、英、澳、捷、比、荷、印九个国家的国徽。广播大厦礼堂内也布置一新。主席台的正中,用彩纸剪成的一圈绿叶之中,嵌着一个绿色的大"V"字,"V"字下面并悬着上述九个国家的国旗,色泽鲜明,灿烂夺目，为会场增添了庄严气象。主席台前，悬有"苏联抗战一周年纪念大会"红底白字横幅。其他三面墙壁，布置着用红、蓝两色、中英文对照的大幅标语："中苏邦交万岁""民主国家胜利""最后的胜利是属于同盟国的""恢复世界和平与秩序，必须消灭轴心匪徒"。此外，还有一个专栏，上书"今年此时""去年今日"，展出苏联军民一年来抗击德寇的照片七幅，苏德战争第一天的电讯文告剪报一幅。礼堂里摆着一横四直五张长桌，桌面覆盖洁白的台布，上面放着花瓶、茶点，染成彩色的米粒堆积出"庆祝胜利"的字句。

下午两时许，与会者陆续进入会场。会议的主持人是孙科，自然正中就座。其他则分坐左右两个长列上。一面是苏联大使潘友新、英国大使薛穆、美国大使高思，再次是军委会副委员长冯玉祥、行政院副院长孔祥熙、中央秘书长吴铁城、参谋总长何应钦。另一侧是潘大使夫人、宋庆龄女士、冯玉祥夫人李德全女士及荷兰公使白鲁德、澳大利亚公使艾格斯顿、捷克公使米诺夫斯基、比利时代办史密斯、英国军事代表团团长布鲁斯、印度专员萨福莱。其他还有教育部长陈立夫、中宣部长王世杰、政治部长张治中、外交部次长傅秉常、社会部长谷正纲、军委会办公厅主任商震、重庆市市长吴国桢、总司令刘峙、中央通讯社社长萧同兹、中央日报社社长陈博生。文化界、妇女界到会者是：郭沫若、张西曼、王芃生、王昆仑、汪竹一、谢仁钊及孙科夫人陈淑英、贺耀组夫人倪斐君、梁寒操夫人黎剑虹。中共代表团团长周恩来夫人邓颖超也应邀出席。

孙科首先致辞，他高度评价了苏联对德战争，强调了中苏友好合作和广泛的国际团结，最后，以"预祝苏联爱国战争完全胜利，中国抗战胜利，同盟国胜利"作结。

在一片热烈的掌声中，苏联大使潘友新作了慷慨激昂的演讲。他回顾了一年来艰苦卓绝的战争历程，控诉了德寇的暴行，表明了苏联人民抗击法西斯的决心。他接着说："……苏联人民在日益增长的国际同情的条件之下，已经作战一年了。斯大林在五一劳动节的文告里说道：'至于我国的国际关系，最近空前未有地增强了。一切爱好自由的人民，都团结起来，反对德国帝国主义。他们的眼光都注视着苏联。我国人民为着自由，为荣誉和独立而进行的英勇斗争，引起全世界进步人士的赞美。'在这些爱好自由的国家里，首先是英、美两国，他们已经同我们建立了友好和同盟的关系，并且对于我们的军事援助，一天一天地增加起来，来对抗法西斯侵略者……过去的一年，对于我们，对于我们的盟国和友邦，是最严格受了考验的一年，是伟大的英勇和不可磨灭的一年。新的考验还在等待着我们，我们随时准备去受考验。我们面前是唯一无二的光明大道，就是战斗和胜利……我相信中国人民经得起这伟大的考验，一定会强大、自由、独立的。"①

孙科和潘友新大使的讲话，分别由卜道明、季泽晋、费德林（苏使馆三等秘书）、彭乐

---

① 1942年6月22、23日《中央日报》和《扫荡报》。

善译为英、俄、中三种语言。潘大使的讲话,受到异乎寻常的欢迎,一再响起热烈的掌声。

英、美两国大使作了简单的演说,希望加强合作、消灭轴心,奠定世界和平基础。

在一阵雷动的掌声中,宋庆龄女士被邀请以来宾资格致辞。孙夫人操一口清晰流利的英语,表示有机会参加苏联抗战一周年纪念茶会,与苏联友人会聚一堂,聆听各种有关苏联人民一年来的英勇战绩,至感欣幸。至于苏联抗战经验中,得到一种宝贵教训,即抗战之胜利,须在国家、人民,主权统一之基础上,始能获得。孙夫人以其崇高威望和品格,一向受人尊敬至深。她这次讲话言简意赅,听者屏息,一片肃然。

最后,由李德全女士向苏联潘友新大使夫人献上湘绣横额一面,系由中苏文化协会征集的孙夫人及全国妇女各界代表等33人赠送苏联反法西斯妇女委员会的,上绣"并肩克敌"四字。

对这次活动,中央广播电台、国际广播电台均以重大新闻做了报道,并播出一些讲话内容。

(三)

在6月22日前后,中央广播电台、国际广播电台还做了广泛的宣传报道,如播出了参谋总长何应钦、中宣部长王世杰关于苏联英勇作战及其重要性的谈话内容,孙科致苏联领袖斯大林及全体军民的贺电等。6月22日这一天,还专门广播孙科的对苏演讲。

那是6月22日夜幕初垂山城之时。孙科来到广播大厦发音室。一切都经悉心安排,稿子早已拟就,播讲时间为15分钟。

孙科在讲演中说:"今天是苏联爱国战争的周年纪念,全世界爱祖国、爱自由、爱正义的人士对于这个日子都表示了诚挚的欢迎……我曾经几次访问苏联,会见过你们英明的领袖,看到过你们伟大的建设工作。像你们这样伟大坚强的一个民族,我相信,正如我相信我的国家一样,是永远不能失败的,永远不会被敌人征服的……至于从前对苏联有所误解或怀疑的人士,经一年来事实的证明,亦已彻底了解,不再有所隔阂。时至今日,不但中苏关系日趋密切,全世界绝大多数的人民都成为你们和我们的朋友了……百年来,日本军阀的陆军的假想敌,就是苏联与中国。你们远东红军的设防,曾经常牵制着它数十个师团,中国五年的抗战更消耗并吸住了它百万大军。我们在客观上早已是相互扶持着的。目前,我们在奋勇作战,苏联在欧洲积极反攻之余,还能不断增强东方防务。正说明我们人同此心,心同此理……在反侵略战争中,我们引以为荣的是中苏两国数万万人民,曾经各自尽下最大力量,但是在战胜以后,一定还有更值得我们引以为荣的,那就是两国人民和世界进步人士联合在一起,创造出一个自由幸福的大同世界……"①

---

① 1942年6月22、23日《中央日报》和《扫荡报》。

这次的对苏的友好姿态，在社会上激起强烈的反响。这是不奇怪的，因为这座电台长期以来是将苏俄作为"中共"的"祸根"来贬斥的，正所谓时也势也，时势所使然也。不想数年以后，东洋强敌既倒，中国内战又开，这座电台老调重弹，苏联又变成了他们誓死翦灭的中国共产党的"国际背景"，是世界"赤色威胁"的"祸根"了。

"美国祈祷日"和于斌大主教

1942年5月18日，国民政府主席林森、行政院长蒋介石收到一份不同寻常的电报。它来自大洋彼岸的美利坚合众国，发报人是美国天主教联合会主席弗莱根。弗氏来电略称：鉴于中美友好和目前战争形势，特代表全美天主教学生传教事业联合会百万会员，请求中国教友为全美人民举行一次大规模的祈祷，为美国人民祝福。正在致力于中美友好、吁美援华的国民政府，对此事自然非常重视，当即以行政院和外交部名义，致函大主教于斌，请他统筹一切。于是，出现了盛大典礼和于斌的对美广播。

（一）

这位于斌大主教，是中国宗教界赫赫有名的人物，同胡适先生被称作蒋介石的两大"国宝"。他早年留学意大利，获得哲学博士头衔，并同天主教结下了不解之缘。1936年，他被罗马教皇任命为中国南京地区大主教。当年9月底，教皇代表葵宁总主教在北平为于斌举行盛大宗教授职典礼，参加大典的教友达万人之多，可谓称盛一时。然后南下赴宁，也是声势赫赫。10月4日晨6点30分到达浦口车站，京沪各地教友和于斌同学会暨东三省同乡会员，特乘上海大通航业公司正大专轮前往迎接渡江，7点30分，从下关乘欢迎车到石鼓路教堂。当天，这位大主教在石鼓路教堂举行大礼弥撒，各界均有代表参加盛典；南京各界人士并于"首都饭店"举行了盛大的欢迎宴会。这几个举动，轰动京华，于主教的大名也就张扬开来了。

宗教迷信和科学昌明，在西方国家并行不悖。宗教势力，实际上是一支强大的政治力量。而于大主教又曾久往罗马，与天主教王国梵蒂冈有着密切的联系，绝非一般的宗教人士。他的背后，岂止是罗马教皇，还有民国政府有所依赖的西方列强这些政治力量。故而，国民党当局对他另眼相看。这位于大主教也就不囿于传经布道，一脚踏上政治舞台，成了一个"政教合一"式的风云人物。

（二）

话还说回到美国祈祷日。

于斌得到行政院、外交部的函请，自然就统筹一切起来。经多方商榷并同美国联系，定于当年7月7日庆祝耶稣赡礼为全美人民祈祷。在此之前，他亲自来到中央电台国际广播电台，向美国进行广播。

那是 6 月 3 日下午 8 点多，这位神界人物冒着山城溽暑，穿着宗教礼服，乘车来到上清寺广播大厦二楼发音室。9 时整，他开始作"美国祈祷日"的广播演说。这次演讲，自然少不了"罗马""耶稣"，但更多的是谈时局，谈战争，谈中美友谊。他虔诚地请求上帝赐福，祝福美国人民在这场战争中取得胜利，并在战后创造一个幸福美满的社会。这次既是广播演说，又是公开祈祷。

为了使他的广播讲话得到广泛传播，美国方面做了细致的准备工作。三藩市（即旧金山）中国收音台还将收听信号制成留声机片，航寄位于辛辛那提的美国天主教学生传教事业联合会，然后再向全美广播。所以，这篇讲话在美国民众中特别是宗教界影响确实不小。

6 月 7 日这一天，于主教更为忙碌了。清晨 6 点 30 分，他即行了庄严的弥撒礼。7 点 30 分，天主教文化协会举行盛大仪式，全体会员为美国人民背诵"念珠祷"。接着，由美国赶来的弗莱根向会员作了讲演。下午 4 点，在教堂为美国人民祈祷。监理会陈主教为响应于大主教，特令全国监理会所属各教堂同时于 7 日为美国人民举行祈祷。

这些活动，中央广播电台、国际广播电台都作了重要报道，弄得声势十分浩大。显然，这已不是单纯的宗教活动，而是紧密配合当时形势的政治活动了。

（三）

这儿祷声阵阵，在远离中国的浩瀚太平洋中的中途岛一带却是炮声隆隆。美国海军太平洋舰队正在同日本海军联合舰队展开一场殊死的决斗。在这场战斗中，日本出动各类舰只 200 多艘，消耗油量相当于和平时期日本海军一年用油量的总和，可谓不遗余力。而美国方面所能集结的仅有 3 艘航空母舰、3 艘巡洋舰和 14 艘驱逐舰。战斗从 6 月 4 日凌晨打响，结果美国大获全胜，使日本损失航空母舰 4 艘，重巡洋舰一艘，飞机 400 多架，兵员 3500 人。美国海军创造了海空战奇迹，成为太平洋战争的一个战略转折点。

胜利捷报传来，美国举国欢腾，中国举国欢腾，全世界反法西斯联合阵线亦皆欢腾……以科学眼光看，这场胜利应归功于美国海军切斯特·尼米兹将军的正确指挥，再就是当时不便于公布于世的因素：他的作战情报处的情报专家出色的工作——他们破译了日军密电，使美国对日军行动了如指掌，稳操了胜券。

但是宗教界人士和一些民众却将这一次胜利同"美国祈祷日"、同于斌大主教的活动扯到了一起。这些人相信于斌代表了中国为数众多的宗教徒为美国祈祷胜利，感动了上帝耶和华。上帝的力量，将日本舰队送入海底，于是才出现了这次以少胜多的奇迹。为了这件事，美国宗教界非常感激，《福利报》主教号召全美教友，"于十日间择日"为中国祈祷，作为回报。这么一来，于斌的名声更是大噪于世了。

吴保丰的道路

1950年8月的某一天，坐落在上海市北京东路外滩的华东人民广播电台接待了一位不同寻常的客人。他50来岁，中等微胖身材，近视眼镜架在圆圆的、一团和气的脸上，一派学者风度。接待人员取过他随带的中共中央华东局统战部介绍信，不无惊异：是他？吴保丰！

来者正是吴保丰——国民党中央广播电台的元老，昔日的国民党中央广播事业管理处处长，中央执行委员会委员。如今，到人民广播电台报到上班了。

世界上的路千条万条，这位旧中国广播界的显要人物，是怎样地曲折萦回，叛离原来的阵营，走上新的道路的呢？

（一）

吴保丰又名吴嘉毅，1899年生于江苏省昆山县。优裕的家庭条件，刻苦的学习精神，使他顺利地读完小学、中学而进入上海交通大学电机系。1921年毕业后，当了两年中学教师，便漂洋过海到了"科学昌明"的美国。先是在西屋电机制造厂做工，两年后成为密西根大学的研究生。他虽不热心政治，缺乏从政能力，但深受"救国"呼声的感召，欲奋发读书，探求自然科学的奥秘，学成之后，去救自己"弱小"的祖国。

当时在美国的中国留学生中，盛行"三民主义"思想，以中山先生的信徒为时尚。他们时有聚会，或抒发去国怀乡的愁思，或畅谈将来回国的理想。吴保丰并不擅长社交，但在那高鼻隆准、碧眼金发的异族人海中，遇着了黄皮肤的炎黄子孙，自然有一股"他乡遇乡亲"之感而合以为群了。由此，他结识了匹兹堡大学的一位颇为活跃的留学生——陈立夫，并经他介绍，又认识了后来成为国民党上层人物的曾养甫等，加入他们的小团体"健社"。这个"健社"只有20多人，本是个留学生修身励学、聚会联谊的组织，但其中不乏热衷政治的人物。特别是陈立夫，他有个令人瞩目的政治家族：叔叔陈其美（即陈英士），是革命党领袖，民国革命的风云人物；其兄陈果夫，已在中国国民党中身居要位……在这位小陈的推动下，吴保丰加入了国民党。就这样，在异国他乡，这位青年学子迈进了政治门槛，并由于陈立夫的关系，开始了日后20余年的仕途生涯。

（二）

1925年冬，① 吴保丰与陈立夫、曾养甫等人同乘一轮，由美国西海岸横越太平洋，

---

① 吴保丰档案中记载为1926年。

回到了中国。

其时，北伐战争行将开始。他凭着洋学者的头衔、国民党员的身份、炙手可热的陈氏关系，很快进入广州中山大学任秘书。1927 年，转而由陈立夫的哥哥陈果夫的关系来到南京，进入了政界，先后任国民党中央组织部总干事、普通科科长兼秘书、南京市党部委员、江苏省党部委员。

1932 年，中央无线广播电台管理处成立。经国民党第三届中央执行委员会第十七次常委会会议决定，吴保丰出任处长。自此，他进入广播界。

这一年，中央广播电台扩建成 75 千瓦大功率电台，同时福州、洛阳等广播电台相继出现，统一管理，势在必行。陈果夫本是搞组织工作的，但是十分重视舆论宣传。中央广播电台的成立和扩建，均为他发起并亲自过问。无疑，谁主其事，这是陈果夫必然要考虑的问题。吴保丰除了自身的条件，同陈立夫关系如此密切，由他出任中广处长统管中央电台及其他各台工作，这就不无缘由了。

中广处与中央台是处台合一的体制，处长的职位是重要而又忙碌的。然而，陈果夫所定的人选远不是强有力的。吴保丰优柔寡断，暮气深沉；对于人，一团和气；对于事，满脸难色。宣传工作方面，总是不得要领；用人行政，往往又乏章法。仿佛他的头脑里除了数理公式、电子符号、外语词汇，再难吸取更多的别的东西了。而副处长吴道一，虽也是交大出身，不但精于事业建设，其他如宣传大计，驾驭部属，比吴保丰要胜出几筹。他整天板着面孔，生就一副令人敬畏的长官形象，实际大权被他操于一手。当时，中央电台内曾有人认为吴保丰论资历、来头都较吴道一硬很多，这样下去，迟早会闹翻，只要吴保丰向陈果夫告上一状，就会解决问题。但这种估计错了，实际上两吴竟相安无事。吴保丰简直是甘心大权旁落了。下面的人背地叫他为"傀儡处长"，讥他"无用而又糊涂"。其实他未必完全糊涂，人跟人不同，他就是这个人，既然别人越俎代庖，他倒也落得清闲自在。

有这样的秉性的人，别人往往不以他为政治对手。这一点，倒使他在政治夹缝中得以生存和升迁。在政治场中，强中更有强中手，强手相克的现象并不少见。这位处长算哪一类人呢？当时国民党中央系非常重视文化结构，吴保丰算得上佼佼者；但实际能力、政治权欲，他又落于人后。综而合之，中庸者也。但倒应了"中庸者居上"这条规律。他居然以突出多的票数当选为国民党中央执行委员会委员。这可是吓人的头衔。有此一层，他在广播界的位子更稳实了。吴道一尽管实实在在地抓权，但对他仍是恭而敬之。每逢遇到难办的事，则要运用他的影响；再不然，让他去找陈果夫，准能顺利而行。无疑，他成了中央电台这座庙宇里的一尊偶像了。

在一般人眼里，这尊偶像的肚皮里生就一副菩萨心肠。他无摆架子的恶习，无训斥人的癖好。所以，大家有什么事情要帮忙，有什么过失要宽容，常常去求他，而他是有求必应。但也闹出不少笑话来。当时中央广播电台对新进人员，一般要求是国民党员，尤其是传音科，每个人都要参加国民党。所以重党票的人，也往往寻到他的门下。而他依仗中央执委的地位，一律应承，闭着眼睛盖章。这些人以他这位中央执委介绍为荣耀；而他自己却闹不清楚一共发展了多少人，都是些什么人。

这位处长，似乎没有更多的事可干了，或者说难于插手其他更多的事了。

（三）

1936年，吴保丰突然忙碌起来。一来是因为副处长吴道一游历欧美，考察广播事业，旁落的大权回到他的手上；二来是因为又有了新职——中央广播事业指导委员会副主任委员。

当时，中日矛盾日益尖锐，中央电台抗日宣传有所审慎地加强，经常需要各地广播电台统一转播重点节目。但是广播界存在一个中广处权力不能达到的领地——一大批受辖交通部的民营电台。这些民营电台事业建设混乱，更主要的是节目宣传不能尽如国民党当局的口径。于是中央电台酝酿成立一个具有更大权力范围的组织，对各个广播电台实行统一管理。自然，这得捐出一个大人物来压台。此事由吴保丰找到了陈果夫，在陈的力促下，这年2月成立了中央广播事业指导委员会，中宣部、海外部、交通部、教育部、中央社、中广处等为单位委员，主任委员为陈果夫，副主任委员为吴保丰。

这个"中指会"负责统制全国广播电台的节目和建设。首先是节目，对播出内容和形式作了若干规定，诸如"不得播送诲淫诲盗、迷信荒诞之故事及歌曲唱词"，也不得播送"有干禁例或偏激言论"。这就是说，"扫黄""防共""抗日"同时并举。为具体贯彻、实行各电台节目预告送审制度，并成立侦察组侦听、监督。仅此一项，那源源函送的广播节目内容就令吴保丰头痛了。但是自有三下五除二的办法：技术方面由交通部执行，节目方面由中广处执行。这后一项工作，实际上又回到中央广播电台。这里精于文辞者大有人在，事情自然好办。

吴保丰在考虑全国的广播网建设方面，发表了不少见解。早在美国留学时，他就对广播事业发生浓厚兴趣，并着意考察了美国的全国广播事业结构、组织方法，他把美国这一套结合中国国情，提出了不少建设性意见。诸如建立大区台和省市台以及少数的一等县、普通市的广播电台，同中央电台连接成广播网，实行连锁广播，互换节目，减少征集困难，方便听众收听，便于管理和指导监督；各县普设收音机、演讲机（即扩音机），建成收听网；研究制造各类无线电机，减少进口，节省外汇；实行征收收音机月捐制度等。这些思想，可见于他所著《建设全国广播网计划草案》和《十年来的中国广播事业》。可惜他生不逢时，在那兵连祸结的年代，再好的设想也必然成为一纸空文。

但他毕竟是国民党人，在国共问题上，他在相当时期无疑是国民党的中坚分子。在所著《十年来的中国广播事业》中，谈到"广播事业今后应取之途径"，提出："新闻方面，应注意迅速与准确，所编评论，持论应公正，凡涉及夸大偏激，带有造谣及煽惑性者，一概禁播。"这其中，隐隐可见其话锋所向。而另一篇广播讲话，则是他当时政治思想的最充分的表达：为庆祝蒋介石五十寿辰，吴保丰于1936年10月29日作了广播演讲。首先表示对蒋介石家世、品性的极大敬重，并借用蒋介石的话说："介石之性，举动异乎常人，如出地蛟龙，脱羁神骏，母爱之教之，故名之曰'中正'。"接着便将颂蒋和反共一体化了："可是历年以来，国内暗礁，时起时伏，而最为心腹之患的，就是共产党×的蠢动，加以外患日亟，帝国主义者乘机进逼……委员长以攘外必先安内，深感共产主义一天不灭，民生一天不得安宁，国防一天不能稳固。……"这篇稿子还很快刊于《中央日报》上。

这就是当时的吴保丰。可是物换星移，他慢慢地变成了另一个人。

(四)

在重庆的年代里，吴保丰主要任事的"广指会"名义上得到加强，增加政治部、军令部、国际宣传处等为单位委员，但实际上变得形同虚设。"侦察组"倒是正常运转，不断向吴保丰呈上侦听有关电台播出的简单内容记录。其中延安电台的播出内容引起了他的兴趣。这个意外的特殊窗口透进来不少新的信息，使他得以对中国共产党及其领导的根据地有一定的了解。不知不觉之中，他感觉到"陪都"空气的污浊；官场上的明争暗斗；有些人大发国难财……他自己在广播界也甚不得意，入川后，曾经负责筹建昆明电台，每每在社会上兼职，而在中央电台却难于插手。他自认是政治弱者，无意在名利场上同谁去争夺。这样，便萌发了脱离政界、广播系统的念头。1941年，他兼任交通大学校长（已迁重庆）。置身于那一群群热情、单纯的青年学生中间，他仿佛又回到了自己的年轻时代，由衷地感到舒畅。在这个灵魂被污染的世界上，他庆幸自己找到一小块清洁之地。于是，他呈文请辞广播界的职务。1943年2月，国民党第五届中执会第220次常务会议批准他的辞呈，任命吴道一为中广处长，另调交通部彭精一为副处长。至此，吴保丰回到了母校，脱离了工作11年的广播界。不想这一步竟成了他生活的一个新起点。

抗战胜利后，吴保丰随交大迁回上海。教育部长朱家骅与陈立夫矛盾很深，而吴保丰又被目为陈系CC派人物。所以，这位教育部长对交大经费常常克扣，并派三青团的李熙谋任交大教务长，独揽大权。吴保丰这么多年已看透了这一套，深恶痛绝。看来又要大权旁落了。但是，交大学生非比中央电台员工，他们无私无畏，主持公道，反对李熙谋用政治手腕治校。这样，吴保丰得到了群众支持，并有更多的机会接近学生和教职员工。

1947年年初，陆续有学潮发生。这年4月，美商德士古洋行的汽车辗死交大学生贾子平，而市政当局出于盟国友邦考虑，处理不力。广大师生义愤填膺，向市府请愿。

吴保丰这样脾性的人，意外地表示自己的愤怒，公开支持学生的行动，要求美国洋行赔偿损失。就这样，他跨出了第一步。

时隔一月，因教育部要停办交大某些系科，并克扣经费，交大师生员工爆发了一场"护校运动"。这位校长在思想上也加入了这一阵线。矛盾急骤尖锐。学生们乘火车去南京请愿，国民党当局在真如破轨堵车，事情闹大了。李熙谋闯进校长办公室，提醒吴保丰这是"中共分子"鼓动所致；教育部长朱家骅、上海市市长吴国桢、中宣部长方治纷纷来电话、电报，要吴保丰务必阻止，否则负全部责任。吴保丰心里很清楚，撇开是非不论，事情到这地步，是阻而不止的。他无可奈何地沉默。这位教务长建议立即开除有中共党员嫌疑的学生，吴保丰又是一阵愁眉苦脸地沉默。看来，沉默未尝不是一种斗争的方法与手段。这场斗争，迫使朱家骅答应了学生的条件，护校胜利了。

在此后的反饥饿、反内战运动中，吴保丰看到了大棒和流血，这更加唤起他的正义和良知。他深深理解，这些学生是无罪的，正如自己当初在这方校园里求学时一样，胸膛里只有一颗报国之心。而为自己所不及的是，他们许多人为了国家、社会，奉献了自由和热血，乃至随时准备奉献宝贵的生命。出于激愤、他挺身而出，以他这样知名人士的身份，去警察局将被捕学生全部领回。斗争更加深入了。军警根据事先确定的逮捕名单，日夜监视，有计划地抓人。吴保丰思想活动更加激烈，那呼叫的警车，龙华的枪声，使他为同学们的生命安全悬着心。阵线越来越分明，他受到"上峰"的压力也越来越大。看来他要作出抉择：是在服从"上峰"和同情学生之间，也是在助纣为虐和主持正义之间。他沉默、犹豫，但最终还是作了后一种选择。他毅然地将自己的专用小轿车借给了中共交大地下组织，将受到监视和面临逮捕威胁的学运领导人转移出校。校长的专车，麻痹了军警、便衣。事情成功了。不几天后的一个晚上，3000军警包围学校，气势汹汹地去校园里搜捕。他们来迟了，搜捕对象16人已全部转移出校了。

交大的学潮引起国民党最高当局的注意。吴保丰被召到南京，蒋介石严加训斥，指责他治校无方。

他怀着异样的心情离开南京。校长的职务算是丢了，对此他已无所萦怀。但想了其他很多问题。他意识到自己这颗心离开南京越来越远，离开青天白日旗也越来越远了。

到了上海，他立即写辞呈。他决计离开上海。不久经一老同学介绍，北上天津，当了开滦矿务总局的顾问。离沪前，他整理行装时，取出了中国国民党特字0081号党证，20余年往事尽到心头。他把它烧了，怔怔地看着它化为灰烬，在升腾的气流中翻飞飘零。

中共交大地下党组织没有忘记曾经保护过他们的老校长，不时派人与他联系，介绍形势，说明政策，这使他的心更明亮了。

(五)

改天换地的日子来临了，一个新的社会诞生了。经交大地下党的介绍，华北人民政府主席董必武、天津市长黄敬接见了他，并欢迎他参加新社会的建设。1949年6月底，他持黄敬市长的亲笔信到上海华东军管会和上海市人民政府报到，受到陈毅市长的接见。

中国共产党人敞开宽广的胸怀，接纳了这位老资格的国民党人，对他作了公允的评价和妥善的安排。1950年8月，他被邀参加上海市第一届人民代表大会，1955年3月，他担任了上海市第一届政协委员会委员。饶有趣味的是，中共中央华东局统战部根据他本人意见，于1950年7月介绍他担任华东新闻出版局广播事业顾问，在华东人民广播电台（即今上海人民广播电台）工作。当年他心灰意冷地离开了广播界，七年后，已过"知非之年"的他，主动要求回到广播战线，以有生之年，为人民广播事业献计献策。

1958年，他与世长辞了。老年人在卧病期间，几乎有个共同的习惯，就是回首往事。最使他不安的是，他曾领导的那座中央广播电台，简直把共产党人宣传成青面獠牙的怪兽，把解放区宣传成人间地狱，而与自己在新社会的所见所闻和亲身遭遇，相差何止千万里！他也曾想到，自己本不是政治型人物，然而误入仕林，一转悠就是多少年月，之所以能安然无事，特别是在历史转折的重大关头能作出新的选择，也许正是非政治型素质挽救了自己。正义和良知不灭，名利场中能退则退，遇事要有所为而又有所不为。多年的实践，他悟到了许多人尚未悟到的这一层道理。

最后，他安静地闭上眼睛。

重庆——南京——东京　最重要的广播

1945年，是人类历史重大转折的一年，也是中国历史重大转折的一年。设在重庆的中央广播电台频频播发反法西斯战况的捷音：5月2日，苏联红军攻入柏林；5月8日，法西斯德国无条件投降，欧洲战场反法西斯战争胜利结束；7月26日，中、美、英发表波茨坦公告，促令日本法西斯无条件投降；8月6日，美军向日本广岛投下原子弹；8月8日，苏联对日宣战；8月9日凌晨，百万苏联红军分四路突入中国东北，向日本关东军发起全线攻击，同日，美国第二颗原子弹袭击日本长崎……

日本是否接受《波茨坦公告》？何时宣布投降？这成为举世瞩目的最重要的事情。特别是仍处于日寇铁蹄下的沦陷区人民，望眼欲穿地期待着胜利的到来，千千万万个家庭盼望着亲人团聚，重建家园。

人们翘首以待战况信息,从报纸上,尤其是从传递迅捷、飞越国界的广播里。

(一)

重庆,中央广播电台。

人人情绪昂奋。每天的中央通讯社、美国新闻处的新闻稿一到,大家都争相了解最新的时局进展。但是,困兽犹斗,战争仍在进行。看来,日本人还想把这场危害人类的战争打下去。希望和失望,交织在人们的心头。

8月9日,传来了令人振奋的消息:日本可能无条件投降!中央电台传音科科长何柏身、播音股长吴祥祜当即安排播音员靳迈、潘启元彻夜加班,等候确凿消息。两个小伙子怀着兴奋的心情,度过了一个充满期待而又令人焦躁不安的通宵。可是,音讯杳然。

8月10日下午,这两位播音员从睡梦中被叫醒了。电台里人声鼎沸,从同事们的表情里,一望而知期待的佳音来了。果然,日本内阁通过瑞士政府正式向中国政府转达无条件投降的请求!一股巨大的感情冲击波使他们全身为之颤栗,不由得大大舒了口气:终于盼到这一天了!

电台立即着手播音准备工作,新闻稿很快写好了。按中央电台惯例,重大新闻全部由男播音员播送。这次具有重大历史意义的播音任务,仍幸运地落到潘启元和靳迈的身上。

当晚,这举世震惊的消息播了出去。这是一个激动人心的场面:中央电台很多工作人员静候在播音室门外和走廊里,许多人默默地流着泪,任凭感情的狂涛在胸膛里撞击,人们都屏住气息,静得没有一点声音。显然,大家并非要得知这业已得知的新闻,而是"先听为快",以享受这胜利的喜悦。播音室的红灯亮了,两位播音员庄严地坐在麦克风前,一时竟心潮难平,涕泪纵横。他们一再努力使自己平静下来,几次用手绢抹去那难以遏止的泪水,轻轻地按着剧烈起伏的胸脯,扭动了送音开关。那无法控制的激情,都随着那激越的、微微颤抖的声音一齐喷涌而出:各位听众,现在播送重大新闻……日本无条件投降了……

这声音以每秒30万公里的速度传遍中华大地。重庆沸腾了!昆明沸腾了!贵阳沸腾了!西安沸腾了!延安沸腾了……长城内外、大河上下、长江南北,炎黄子孙的感情统统沸腾了!

然而在沦陷区,特别在汉奸汪伪控制下的南京,却是另一番景象。南京民间拥有很多收音机,但大多数性能低劣,只能收听当地电台的中波广播,对少数进口收音机,日本人一律登记拆查,并剪断短波线圈,贴上封条。日本人严禁收听短波广播,以此封锁消息。所以,这里仍死一般沉寂:城头仍高挂太阳旗,墙上仍张贴着"把大东亚圣战进行到底"的标语,"皇军"的刺刀仍在中国同胞面前晃动。

这惊天动地的消息毕竟是阻隔不住的。当时报纸未及发表,重庆中央广播电台自8

月10日晚反复播送,直至次日凌晨5时。不想由此一端,一桩令人震惊的事件在南京发生了:日本人严密控制的汪伪"中央广播电台"技术员谭保林甘冒杀身的危险,转播了这一胜利的消息!

(二)

南京的汪伪"中央广播电台"系在抗战前中央广播电台的基础上建立的,发射台仍在水西门外的江东门,播音中心由丁家桥迁到了中山东路祠堂巷(现分别为江苏人民广播电台发射台和播音大楼、江苏省广播厅办公处)。该台实际上处于日本人的严密控制之下。

谭保林,这是一位安徽青年。1942年为生计所迫,考进南京日伪"中国广播事业建设协会"做无线电技术员。1945年6月起,在汪伪"中央广播电台"控制室值班。当时一起值班的五个技术员,多系谭原先的同学和同事。虽然身处敌伪机关,但都怀有一颗爱国之心,民族感情是互通的。他们常常心照不宣地利用收转设备暗中收听重庆或盟国的广播。1945年春天以后,一系列反法西斯战争的胜利消息使他们深受鼓舞,明显地意识到长夜即将过去。谭保林心中常常萌动着一个强烈的欲望:我能为国家、民族做点什么?

8月10日晚,他和老同学苏荷先值班。8点钟,是敌伪电台"大东亚联播"节目时间,照例转播东京广播电台的新闻。这个时间也是重庆中央广播电台播放新闻的时间。在东京电台节目开始后,谭保休即将另一部转播机调到重庆电台的位置上,抢听头条新闻。耳机中突然传来日本政府通过瑞士发出照会,请求无条件投降的惊人消息。他顿时热血沸腾,来不及考虑许多,决意将这消息转播出去,告诉中国同胞:我们胜利了!他立即同江东门发射台电话联系,得知此时机房内并无日本人。"好极了!"他暗暗高兴,就毅然地卡断"大东亚联播",改播重庆电台的新闻,胜利的消息顿时弥漫开来……

这一阵惊雷,唤醒了无数市民。爆竹声、欢呼声从四面八方升起来了。谭保林经大行宫、太平路回到白下路住处,沿途看到同胞们奔走相告,额手相庆,他感到由衷的喜悦。

他彻夜难眠,思绪万千。这是一个多年来不曾有的欢乐之夜,他当然应该高兴,自己用行动传播了振奋人心的喜讯,遂了长期以来的意愿,总算无愧于作为一个中国人的良心。但同时,一个可怕的忧虑隐隐升起:日本人会做出什么反应?自己将被捉,还是被杀?看来,日本人不会善罢甘休。

谭保林没有想错。第二天,金陵城陷入一片恐怖气氛之中。日本宪兵紧急出动,一辆辆警车呼啸而过。到处张贴日本人布告,大意是:"近日出现谣言,凡传谣、闹事者,均以扰乱社会治安罪论处!"更严重的是,日军进驻广播电台祠堂巷播出中心,四周架起了机枪,一片腾腾杀气。日本败局已定,但在这胜利前夕,自己将被如何发落,不得而知。谭保林思来想去，为了苦难的同胞，为了苦难的祖国，即使赔上自己这条性命，值！既然横了心，倒也无所畏惧了。他照样进了电台。在二楼控制室，日本人技术科长吉川对他严加盘问，但一无所获，因为谭保林的回答是：一切按常规播出，没有什么情况。

日本人居然没有对谭保林立即拘捕。看来，他们要彻查此事，还需要时间。但还有一个更大的可能：他们从国际、国内得到什么信息，扰乱了行动的决心。

事情复杂而令人悬心。在南京，就在8月10日晚还收听到东京广播电台播发的两项声明。一是陆军大臣阿南唯几大将授权发表的，依然气势汹汹，号召把"圣战"进行到底，即使食草、咽土、露宿，也在所不惜。另一个是内阁发表的，已经措辞混乱、有气无力了。显然，和耶？战耶？日本国内就这个问题两派闹得一团糟，一个日本在向另一个日本开战了。但南京的日军司令部气焰依然，中国派遣军总司令冈村宁次大将发回国内的电报呼吁："我们应该为实现战争目标战斗到底，即使全军覆灭也在所不惜！"

显然，日本一旦刹住无条件投降的步子，南京的"皇军"又要抖擞精神彻查"抗日分子"，收转重庆电台广播就将是罪不可赦，谭保林必然要被"明正典刑"了。

谭保林的性命系于一发。

风云变幻，戏剧性的急剧变化在东京发生了。

（三）

日本帝国首都东京。

经美国空军的连续大规模轰炸，这座城市的繁华建筑只落得焦土瓦砾和断壁残垣；葱茏树木已变成黑色残皮和萧瑟秃枝；那到处燃烧的火，似乎永无熄灭之时。日本已被揍得爬不起来了。在那熊熊大火中燃烧的，何止是那些木结构建筑，而是大日本帝国的僵直的尸体。

然而时至今日，如何收拾残局，还有两种截然不同的意见。主战的狂热分子居然不顾死活地要突入冲天大火，抢出这具僵尸，而主和的、稍有理智的一派，在为它忙着准备后事了。

吵闹、争斗乃至兵变，连续不断。但不正视现实是不行的。8月14日，天皇正式下令向盟国无条件投降，拟就投降诏书，并于午夜时分完成了《告忠良臣民书》的广播讲话录音。他要晓喻臣民，并向全世界宣布日本历史上首遭败绩。至8月15日上午，反对投降的少壮派军人的短命政变也得以平息，日本度过了历史上最长的一天。

公元1945年8月15日，这是个重要的日子。坐落在东京市外一里半的日本广播协会大楼里里外外戒备森严，驻守了大批负责保卫东京和关东平原的东部军官兵和宪兵。

7点21分，播音员立野守男开始广播预告："天皇陛下发表了一份诏书，将于今天中午广播。让我们恭听天皇的声音吧！""对平时白天收不到广播的地区，我们加大输送功率，请各火车站、邮局、政府和私人办公室准备好收音机。广播将在中午 12 点开始。"东京电台反复播送这一预告，与此无关的节目全部取消了。

11 点 30 分，诏书的录音片送到了第八播音室。日本最有名气的播音员和田信贤坐在桌前，面对着麦克风，神色紧张，脸色苍白，开始试放录音了。一名负责警戒的宪兵中尉听到"朕已饬令帝国政府通告美、英、中、苏四国，接受其联合公告"，他那歇斯底里的"大和魂"一下子出了窍，拔出佩剑冲向播音室，狂呼："不让他们广播，我要把他们全干掉！"幸得东部军铃木少佐采取果断措施，才避免意外事故发生。

播音室里，静，死一般的静。和田双眼盯着面前那只精度相当之高的钟。分针与时针在 12 点重叠了，他那沉重的、为日本国民所熟悉的声音响了起来："马上要播送最重要的广播，请全体起立……"

全国腿脚灵便的人当中，有一个人没有起立：裕仁本人。这位身材不高、温文尔雅的天皇，此时低着头坐在皇宫办公室的椅子里，神态异常，黯然失色的目光，透过眼镜片注视着面前的收音机。侍从们担心他支持不住而倾倒下来，紧挨着他恭立两旁。

日本在颤栗。全国的机关、兵营、私人宅第、公共场所……不论男女老少，人们垂首恭立。

广播在继续："天皇陛下将向全国颁布诏书。我们受命转播他的御音。"在日本国歌《君之代》后，接着便是天皇的讲话……

全世界许多国家的广播电台都在同时收转。

穷兵黩武的日本帝国寿终正寝了。结束罪恶的战争，就要品尝和平的甘果了。全世界人民无不为之狂欢。

日本人民，也从战争的重负下获得解脱而思索着明天。

然而，一些为"武士道"毒素所麻醉的日本顽固分子，就在这广播开始前后，形成了一个自杀高潮：手枪崩裂了花岗岩脑袋，军刀捅出了歹毒心肠。

(四)

在南京，尽管冈村宁次呼吁战争，然而投降的消息几天来已越来越被证实。8 月 14 日夜，他们收到了以陆军大臣阿南唯几大将和大本营参谋总长梅津美治郎大将名义起草的陆军省电报："……天皇御旨已定。陆军要求全体官兵服从，决不擅自行动，以免有损皇军的光荣传统以及赫赫战功，举止行动应无愧于子孙后代的评断。望以行动增添日本皇军在全世界人民心目中的光荣和荣誉……陆军大臣和参谋总长谨以悲痛的心情发布此令；陛下本人明日中午 12 时将宣读终战诏书，望能体察御意。"

徒呼奈何！胜败问题，本已在战场上清楚地回答了，可偏不死心。至此，一切完结了。南京的日本人，也该忙忙自己的后事了。

同日本国内一样，在南京的这些日本人，在兵营、在机关、在私宅……一律毕恭毕敬地立候天皇的广播了。这天，也是8月15日。

设在中山东路的冈村宁次司令部，官兵们集中在空旷的操场上。尽管烈日暴晒、暑气蒸腾，一个个像步兵操典棍一般地立着。冈村等人佩着勋章、挎着军刀、戴着白手套，他们还要来一次耀武扬威。然而，那犹如灰烬般的眼睛里，却只有绝望和哀怨了。

中午12点，东京时间中午12点，从那冥冥的空中传来东京电台播放的"神鹤之天声"：

兹告尔等忠良臣民：

朕深鉴于世界大势与帝国之现状，欲以非常措置收拾时局，兹告尔等忠良臣民：朕已饬令帝国政府通告美、英、中、苏四国，接受其联合公告。

夫谋帝国臣民之康宁，偕万邦共荣之乐，斯乃皇祖列宗之遗范，亦为朕所拳拳服膺者……然交战已历四载，朕之陆海将士勇敢善战，百僚有司励精图治，一亿众庶奉公，各尽所能。惟战局未必好转，世界之大势亦不利于我。加之敌使用残虐炸弹，频频杀伤无辜，残害所及，诚不可测，且若继续交战，不但我民族终告灭亡，且人类文明亦必被毁。如斯朕何以保全亿兆赤子，谢皇祖皇宗之神灵。是故朕命帝国政府接受联合公告。

……今后帝国所受之苦难固非寻常，朕亦深知尔等臣民之衷情，然时运之所趋，朕欲忍其所难忍，堪其所难堪，以为万世开太平。

……宜举国一致，子孙相传，确信神州之不灭，念任重而道远，顾全力于将来之建设，笃守道义，坚定志操，势必发扬国体之精华，不致落后于世界之进化。尔等臣民其克体朕意。

在天皇面前，所有日本人莫非臣民。因此天皇不能说，也不应说街头、人家甚至大学里听到的那种语言；他的语言是一般人不熟悉的正式的古体宫廷日语。但这一次，天皇讲话的要旨是再明白不过的了。

这些日本人绝大部分从来没有听过天皇的"御音"，只是听说天皇1928年在皇宫行登基大典，电台无意中播录到他朗读诏书的声音，还差点犯了欺君之罪。17年后，想不到在别人的国家里聆听"神鹤之天声"。这，应该说是有幸的。但不幸的是这样的一篇讲话，大日本帝国真的咽了气，这算是报了确切的噩耗。

场上一片哭声。这些杀人不眨眼的日本武士，原来也懂得悲哀，也有哭泣和眼泪。当然，也有人没有哭，冷漠？歹毒？暴怒？一副莫可名状的表情。

一些顽固分子是至死不悟的。他们为天皇悲哀。在他们眼里，天皇不是人，不是神，甚至也不是皇帝，而是他们誓死捍卫的神圣祖国的化身，是日本万世不灭的象征。如今，这位天皇却要屈尊俯就外国司令官的权威了。这是无法接受的现实。然而现实是消灭不了的,那么就只有消灭自己,仿佛一死而百了,看不到世界,世界就不存在了。于是,他们用手枪指向脑门,将军刀刺向胸膛……更有一些"忠勇之士",赶到南京五台山的日本神社,行了自戕的仪式。刽子手举起杀人的手,是不愿轻易放下的,宁可落下来以杀己而告终。于是脑浆四溅,五脏俱裂。汗水、泪水和着血水;抽泣、哀号伴着狂呼,交织在一起。

广播在继续,是那熟悉的日本军乐,还是那亲切的家乡小调?不管如何,总是给眼前这一幕悲剧配上了颇具讽刺意味的音乐效果,这真是历史的嘲弄和正义的惩罚!

与此同时,饱受八年磨难的南京中国同胞万众欢腾。爆竹声、欢呼声又响起来了,较之前数日十倍、百倍地起来了,更有趣的是,有人击响了鼓,吹起了唢呐……全城掀起了一阵又一阵欢腾的浪潮。

世界得救了,中国得救了,南京得救了,那个冒着生死转播重庆中央广播电台胜利消息的谭保林,也得救了!

广播在继续……

重庆在广播,用国语、日语……这些用日本话广播的,是"大同书院"的日军俘虏;

南京在广播,不再是往日的陈词滥调,是转播重庆的节目;

延安在广播,西安在广播,昆明在广播……胜利的广播,欢乐的声浪,弥漫了全中华。

战后"接收"

1945年8月,日本宣布无条件投降,中国人民抗日战争胜利结束。在一片锣鼓鞭炮声中,中央广播电台显得更加忙碌起来:着手"接收"敌伪广播电台。

(一)

早在1943年,世界反法西斯战争不断取得重大胜利,日本军队败象已呈。在此情况下,中央广播电台即制定了"接收"和"复员"的计划。1945年8月10日,中央电台歇台子收音台截获日本以降求和的消息,即考虑到广播器材价格昂贵而有关事业发展,必须对各地敌伪电台予以控制。于是,8月14日晚,中央广播电台向敌伪各广播电台发布广播命令,严饬伪方工作人员努力保护机件器材,听候派员接管,允予立功自赎。同时,拟订广播"复员"紧急措施,转呈国民党中央核定实施,并择其要点经中央广播事业指导委员会转呈蒋介石。很快,蒋介石作了如下批示:敌伪广播电台接收事项,准由处(中广处——作者注)派员随同各省市政府前往统一接收。

根据广播"复员"紧急措施，首先要控制汪伪的"中央广播电台"，将其暂改名为"南京广播电台"。于是，中央电台工程师兼工务科长叶桂馨被委为京沪区"接收"专员，随国际台台长、京沪区接收特派员冯简教授火速飞宁。叶桂馨是1937年11月，中央电台在日军兵临城下前夕，仓皇撤离时，被委为南京广播电台台长的，然而未及设台，南京已陷敌手。不想八年之后，这位挂名的南京台台长当真要走马上任了。

当时重庆派出的接收大员多若牛毛，纷纷乘机东去。飞机再多，也人满为患。无可奈何，这位叶台长命一部分人候江轮返宁，他只随带美国空军工程师纳德瑞克和中央广播电台少数工程技术人员前往湘西芷江中国战区美国空军基地，会同政府机关所派人员，分乘美方专机四架，凭借南京汪伪"中央广播电台"电波导航，直向南京飞去。这位叶台长看着舷窗外的茫茫天宇，不禁想起撤离南京时的那些不堪回首的往事……数小时后，便降落在光华门外飞机场了。这一天是1945年8月30日。

（二）

此时的南京，陷入了一片混乱。在这新旧交替之际，有人欢喜有人愁；还有一些人，则在趁火打劫——在钱财上打劫，在政治上打劫。

南京为汪伪"国府首都"，又是日本侵华总司令冈村宁次驻节地，政治、军事控制甚严。对于他们来说，日本的投降实在太突然了，简直毫无思想准备。连起码的应变措施也未及考虑。所以，"八一五"裕仁天皇的投降诏书一广播，南京市面一片混乱，伪府军政机关顿时陷入瘫痪状态。"重庆分子"则纷纷冒头，乘飞机的自天而降，地下的破土而出，一霎时，军统分子，中统分子比比皆是。更有一班依附日军的人员，此时也摇身一变，成了"地下分子"。如伪府无锡专员公署周镐率领伪财政部警卫队长杨叔丹，树起大旗，自称"南京市行动总队长"。他首先抓到伪府军政部长萧叔宣，用手枪将萧击伤，拖至新街口毙命。一时间，真伪莫辨，好坏难分，到处发生抓人抢东西的事。覆巢之下，焉有完卵。此时的汪伪"中央广播电台"也到了穷途末路。

日伪的广播机构，近似国民党的广播组织。"中国广播协会"相当于国民党的中广处，基本上同"中央广播电台"在一处办公。"中国广播协会"理事长原为汪伪宣传部长林柏生，下设四个常务理事，伪方为韦乃纶、梁秀余（均为"宣传部"司长），日方为中田和留职去任的日本军人浅野；"中央广播电台"台长为王荫康。1944年11月，巨奸汪精卫死于日本，这使得伪政权内部钩心斗角更趋激烈。结果，汪精卫的心腹人物林柏生离开"中宣部"和"中国广播协会"去了安徽，韦乃纶也丢下"中国广播协会"常务理事位置随之去了蚌埠。1945年年初，眼见得大势已去，王荫康卸去"中央广播电台"台长职务投奔林柏生，日本的两个"常务理事"也拍拍屁股走了路。眼下撑着这个破烂摊子的"中国广播协会"由日人内山清为常务理事代理理事长，黄燧为"中央广播电台"台长。这一对异国的难兄难弟，日坐愁城，真可说是度日如年了。此时，

"中央广播电台"已经取消了"中央"的呼号,几乎停止自办节目,全部转播重庆"中央广播电台"的广播。在编排节目上,他们已无事可做,电台内部更是一片混乱,甚至连日军平时控制极严的江东门发射台也遭到社会游民的抢劫和破坏,因为,他们对此已无能为力。显然,除了等待接管,别无他途。他们就这么犹如等候审判的罪犯,提心吊胆地等待着……

(三)

1945年8月31日,"接收"专员叶桂馨出现在内山清、黄燧的面前。出乎他们意料的是,来人毫无盛气凌人的架势,甚至缺少胜利者起码的气度。叶桂馨给人的第一印象是中等身材,长得微胖,那副浅度的近视眼镜后面是一双温和的眼睛,与其说是政府官员,不若说是一位造诣颇深的学者。他见到了这两个失败者,甚至点头为礼。倒是随行的那位美国空军工程师纳德瑞克提醒了他:我们是胜利者,对投降的对手要注意自己的身份,弄清谁跟谁的关系。这么一来,叶桂馨才稍稍改变了那种近乎探视访友、接洽工作的气氛。

但毕竟时也势也,那个黄燧自不必说,日人内山清也失去了往日高傲的气派,他的脊梁变得软绵了。他知道,在这出收场戏中,自己应该扮演的是一个什么角色。

总之,这场"接收",是在双方都说得过去的氛围中进行的,一切尚属顺利。

这汪伪中央广播电台,除了使用国民党中央广播电台江东门发射台,还在廖家巷二号增设一发射台(曾为日军"南京广播电台")。播出中心已不在丁家桥,迁到了祠堂巷25号战前中国财政部关务署。这里也是日伪"中国广播协会"办公地址。叶桂馨等一行先去江东门发射台。但见耸峙地面120米的两座发射铁塔未改当年雄姿;披上一层防空的灰色铜板盖顶的发射机房大致完好。但试验室楼房的门窗地板均被拆去,仅遗屋顶残垣,好几排宿舍被拆一空;宽敞的发电机房一片狼藉,其间,二楼一度成为日军奸污中国妇女的罪恶场所。原来的庄园别墅式大院,只落得乱石荒草,满目疮痍。根据1943年所得情报,该台装有20千瓦中波发射机及50千瓦短波发射机各一台,其中波音浪,在重庆歇台子收音台收听相当响亮。目前留存机房的仅有3000瓦中波机一座。经查悉,中波机确是20千瓦,因多月来经费支绌,仅以3000瓦电力应付;末级器材,早被日本军方拆去。所谓强力短波机,仅有装置计划,并未付诸实施。就是廖家巷500瓦中波发射机,实际上也仅以200瓦输出电力播音。可见日伪的日子也是很不好过的。

9月18日,"接收"人员由南京市党政"接收"委员会领到字第85、86、87号接收证三纸,即指江东门和廖家巷发射台以及祠堂巷发音室三处。

接收工作直至9月30日完竣。这最后一幕是在祠堂巷25号进行的。那天,内山清还着意穿戴修饰了一番;可是身材瘦小的黄燧再也提不起精神来了。双方在点交清册上一一签名。估计所有机件、材料、家具,约值时价90999.83万元,以当时物价指数

1500倍计，折合战前国币60.6655万元。至于各种档案文卷，内山清称已全部散失，实际上是在"接收"人员到达之前被他们全部销毁了。

接收工作拉上大幕，黄燧等候裁定，内山清则准备卷起铺盖返回东洋老家了。

与进行"接收"的同时，后继人员陆续到达，对伪台节目予以严格控制，对已残破不堪的机件，组织人员日夜赶修。10月1日，正式以南京广播电台呼号（XGOB）开始播音。

（四）

中央广播电台的"接收"工作，是国民党整个"接收"工作的一个组成部分，除了自身的"接收"，更要为这一总体工作服务。

早在广播日本裕仁天皇投降诏书的前一天，即8月14日晚，蒋介石即通过中央广播电台国际广播电台播送致日本侵华总司令冈村宁次大将的通知，着其所属部队按照指定地点"接受投降"。8月15日，蒋介石亲自到坐落在重庆上清寺附近的中国广播大厦，通过电波向全国军民发表抗战胜利文告。此后一个时期内，这座电台不断播出国民党要人及中枢各部、院、会、处等对光复区发布的训谕及重要文告。其中重要内容之一，就是要各地敌伪维持"秩序"，等待国军"接收"，而限制中国共产党所领导的抗日军队的行动。细心的人从这些言谈话语里，已经隐隐预感到内战在即了。不久，国民党当局即将大批军队运往敌伪地区，抢占地盘。说来也怪，广播电台除了发挥喉舌作用，此时竟也配合这运送部队的事儿了。原来国民党当局要将大批队伍在短期内运往"接收"区，借助了在华美军的空运力量。于是，中国战区美国空军总部致函中央广播电台，要求各地广播电台播音导航，不断报告频率，便于飞机寻找地点顺利着陆。中央广播电台就于8月27日晚分别广播通知南京、上海、汉口、杭州、北平、广州等各广播电台于指定日期内妥善从事导航任务。同时，还分头派出人员到很多电台去监督执行。直至9月底，这些电台在广播节目的同时，执行了这一特殊的任务，有的电台每天24小时广播不辍。于是，在电波的导航下，美国飞机遮天蔽日地纷纷出动，运载大批国民党战斗部队飞向全国各地。

眼看着中华大地又要腾起新的战火了。

"还都"南京

重庆本是战时首都，称为"陪都"。抗战胜利后的八个多月，即1946年5月5日，国民政府"还都"南京，中央广播电台也随之回到了它的创始地——古城金陵。

（一）

"大后方"名副其实的大。在"还都"声中，重庆机场，飞机频频起落；朝天门码头，大小船只纷纷启碇。可是，尽管这番你来他往，竟装运不了那挤在这山城里的中枢衙门的各部、院、会、处，名目繁多的军事指挥机关，还有那种种各有关"党国"要人支撑着的社团。到处都挤满了人，到处都堆满了物。看来，要彻底"还都"还有待时日。

中央广播电台非同一般衙署，不仅有人，还有庞大的设备。到胜利时止，除了35千瓦的国际广播电台，中央广播电台另有两个中波、两个短波同时广播，总功率达到31.5千瓦。这许多物资器材，大都是八年抗战中由国外辗转运来，经香港、缅甸、印度，或水路迢迢，或越过崇山峻岭，动辄一年半载，始达重庆。如今短期内要装运南京，在当时情况下谈何容易？确实，他们做过种种谋划，飞机根本不可能，甚至包一条轮船，也挨不上。

但事情有急迫之处，不容重庆犹豫等待。被委为京沪区接收专员的中央广播电台工程师兼工务科长叶桂馨，在南京已撑起了"南京广播电台"的门面，于1945年10月1日开播。可是，敌伪丢下的发射机功率过小，且质量低劣，不敷使用。南京台此时虽为地方台，但不久这里将重新成为国民政府首都。这种状况总不能任其下去。为此，这位叶台长叫苦不迭，时时呼吁。

鉴于上述情况，中央广播电台做出两步走的计划。其一，为应付南京之急需，将重庆大田湾地下室的10千瓦中波及4千瓦短波两机，先行拆除，设法运往南京；其余大队人马、大宗设备另想办法。这后一步的办法，想来想去，还不得要领。这时，总务科总干事张维和想出一条绝招：与其雇船久候，不若购买木料造船。虽然造船工程不小，但比起遥遥无期的等待，还是一条捷径。再说天府之地，木材丰富，价格低廉，将来船到南京，就是拆来变卖，非但不会亏本，反可盈利。于是，采办木材，雇佣工匠，历时数月，造成了四条大船，客舱货舱，一应具备。有了运输工具，一旦"还都"令下，便可张帆东去。

（二）

1946年年初，中央广播电台成立了"还都委员会"。本以总务科主办其事，但个个不愿出头。其原因，长江万里，巴东三峡，急流险滩不去说它，沿途常有盗匪出没，行抢打劫，听了令人毛骨悚然。电台各种设备何止万金？此去风浪莫测，谁敢担这个干系？推来推去，这个"美差"居然落到了同这类行政组织工作不相干的人身上：由升任音乐组组长的甘涛，负责此事，为"还都"总领队。

1946年4月，开始向南京进发了。这是一支庞大的队伍：除去乘飞机走的台长和一般高级职员，工作人员连同家属共500多人，各种机器设备和办公用品，整整装了四大船。前后各两艘，中间是向民生公司雇得的一艘拖轮。汽笛长鸣，船队徐徐离岸。别了，山城！别了重庆！很多人悲喜交加。八年离乱，去国怀乡，一旦踏上返回故里的路程，怎不令人感慨万千啊！

果然，一路上险象丛生。如此庞大的船队，在过三峡时，眼见得一条船就要触岩，已准备水手斧斩断缆绳，所幸擦边而过，只在船沿留得一道深深的擦痕。过了三峡，风闻洪湖一带有武装盗匪沿江打劫。本来，这船队配有一个班装备精良的武装警察，但听说盗匪人多势众，配备有枪支武器，连中央银行的船队也被抢了，这就便人人闻之咋舌。所以行驶到沙市时，只得抛锚暂泊。

　　到此发生了一桩有趣的事。总领队甘涛，前面谈过，出身金陵望族，其祖上多出将入相，为名士洪儒，除战国时甘茂、甘罗，三国时甘宁等外，还有最为市井传闻的清雍正、乾隆年间的勇士甘凤池，在江湖上颇有名气。于是，甘涛托了朋友，备上礼物，在沙市一带拜会了两个著名的袍哥头子。这两个绿林好汉，有匪气，也有豪气、义气，摸清了甘涛的家谱，顿时肃然起敬。他们这些人，颇具一些粗浅的中国历史知识，从乡间说书场和舞台上，也知道不少前朝历代的人物。特别是那位被神化了的武林高手甘凤池，他们引以为同道，甚至膜拜为师祖。当下应允手下留情，通知各路小兄弟放行。谈判成功了，约定次日8时开航。话虽这么说，甘涛还是放心不下。同众人商定后，第二天提前在5时启碇。沙市一带，江面宽阔，船队远离江岸而行。在最为险要的一段，命令一个班的武装警察，取出手枪、步枪、机关枪，于薄雾冥冥之中，一齐"乒乒乓乓"朝天开火，加足马力，闯了过去。

（三）

　　电台人马安全抵达南京了。

　　中央广播电台的装机工作日夜兼程，江东门发射台忙得热火朝天。中央广播事业管理处回到丁家桥中央党部大院内原址办公，中央广播电台发音室、控制中心，均安置在祠堂巷25号，但这里一分为二，另一只脚插的是关务署，对方坚持要物归原主。

　　1946年5月5日，中央机关已各就各位，首脑人物已聚集金陵，这便是所称的"五五还都"。这一天，中央广播电台以XGOA的名义，用10千瓦中波、四千瓦短波，于离别8年5月又11日的江东门恢复播音。

　　1946年5月5日，是孙中山先生建立广州革命政府25周年纪念日，加之国民政府举行盛大的"还都"仪式，所以，金陵全城处处张灯结彩，旌旗招展。沦陷八年，而终至从日寇铁蹄下解放出来，国民政府正式"还都"，就一般民众的民族意识上说，确实欢欣鼓舞，希望从此品尝和平的甘果了。

　　中央广播电台上上下下呈现一片喜庆而忙碌的景象。今天是"还都"开播的第一天，自然非同寻常。同时，安排有重要的广播内容：上午现场转播"庆祝国民政府还都及广州革命政府成立纪念典礼"；晚上，蒋介石来台作广播讲话。

　　"典礼"于上午9时在中山陵举行。这里聚集了文武大员及各界人士约5000人，100多名中外记者，纷纷赶来采访。中国共产党和民主同盟也派出代表4人参加。8点

45分，蒋介石偕夫人宋美龄抵达陵园。这位"党国"首脑身着陆军常服，左胸佩五枚勋章，显得神采奕奕。宋美龄内穿黑底紫花绸质旗袍，外穿玄色呢子大衣，胸际佩勋标两枚，戴黑色丝质手套。9时正，在军乐声中，典礼开始。地上101响礼炮轰鸣，天空飞机散发传单，场面甚为壮观。在隆重的谒陵仪式后，蒋介石步出灵堂，立于台阶，向全体谒陵人员致训，追念八年苦难史迹，提示今后努力方针。

中央广播电台已事先做了充分准备，现场扩音，并利用转播设备，将这一重大新闻和蒋介石的讲话传播全国。

这边典礼一结束，"党国"要人纷纷乘车赶往长江路国民大会堂，参加10点30分举行的"首都各界庆祝国民政府还都大会"。蒋介石、宋美龄走上国民大会堂主席台，并立于麦克风前，向与会者颔首致意。由南京市临时参议会议长陈裕光恭请蒋介石致训辞，经中央广播电台的扩音装置，传达于会场内外。

当晚，华灯初上时，中央广播电台所在的祠堂巷一带早已警卫林立，而观者如堵。7时多，一个庞大的车队鱼贯而来，进入中央广播电台大门。依照事先安排好的节目，是蒋介石亲临中央广播电台将他在上午"首都各界庆祝国民政府还都大会"上的训辞向全国军民广播。

8时正，广播里响起了蒋介石那浓重的浙江口音："……八年抗战，赖我全国同胞始终一致拥护抗战国策，服从中央命令，百折不回，再接再厉，浴血牺牲，历久弥坚，卒能获得今日最后胜利，而且取消了一切不平等条约，涤除了我们中华民族百年来的国耻……但是回想到民国二十六年12月13日南京沦陷时，首都同胞惨遭大屠杀的悲剧，我们就应该痛定思痛，时时不忘我们八年来在敌人铁蹄之下所受的奴隶牛马暗无天日的生活，更不能不警惕黾勉、自立自强了。……抚今思昔，更觉我们获得胜利之艰难，建国机会之可贵。务希我国全体同胞，同心一德，实事求是，人人以刻苦耐劳，笃实践履自矢，以共同一致，互相合作相勉，务使我中华民族黄帝子孙，永永远远不再受过去八年间那样异族侵凌蹂躏的惨祸与耻辱……"

细心的人尤其注意这篇讲话的其中几句："……我们今日沈阳虽已收复，而东北整个的行政与主权的完整，还需要我们全国同胞为国家、为民族，精诚合作，继续努力奋勉，来保持我们最后胜利光荣的战果。唯有如此，方能安慰我们八年来为了抗战革命而牺牲的军民同胞在天之灵……"①

显然，在这似乎一派升平之中，使人隐隐地感到潜藏的危机。东北的战事，已非一日了，而目前，"山雨未来"已涨风四起——百物腾贵，货价飞涨。对一般民众来说，喜庆升平，何喜之有啊！

---

① 1946年5月6日《中央日报》。

（二）《中广四十年》节选[1]

吴道一著

（十一）赶装洛阳中波臺

十七年八月中央電台成立後，因每月經常費稍有節餘，陸續採購無線電器材，由技術科同人在管機件之暇，自行研裝小型播音機，以增經驗。先從五十瓦特開始，完成後，增添材料，使天線輸出電力抵達一百瓦特，進而於二十年底，完成二百五十瓦特中波機，雖係土製，外形粗大，但音質音量，和舶品不來相上下。二十一年一月二十八日，日本軍閥在上海虹口挑釁，我十九路軍及第五軍，奮勇抵抗，中央國府於三十日宣告中外，遷往洛陽辦公。中央電台奉命趕建洛陽電台，以資應用。當即派員攜帶自製中波機隨往，在洛陽西宮，利用交通部已廢的長波發報台鐵塔及附近房屋，于十天內趕裝播音，同時携去收音機五十多架，分置於公私機關及熱鬧市區商舖內，開放給民眾收聽。至於節目來源，則於晚間詳細抄錄中央電台消息及中央通訊社電訊，並重播中央電台從二十年九月十八日，暴日侵佔我國東三省後的所有特種報告，以揭發日本陰謀。同時響應中央電台，呼籲全國同胞踴躍輸將，並接受各方捐獻。三月一日起的本黨二中全會，及四月七日起的國難會議，都在洛陽召開，全由該台送往上海前線慰勞國軍。五月中，滬戰結束，中央各項會議返京舉行，但該台仍照常播音，直至十二月初，中央台正式宣告遷返首都，隨之撤囘。

---

[1] 台湾中国广播公司 1968 年 8 月出版。

（十七）籌設強力短波臺

中央廣播大電臺播音後，逢到夏季，接着不少遠地聽衆及收音員來信，因爲電波衰落，或天電干擾關係，很難清晰聆聽。另有海外僑胞，尤其是居留南洋地區者，渴望能在收音機中獲得祖國消息。爰于二十三年夏季，開始向歐美著名無線電廠商，徵集強力短波播音機資料，擬加強對外宣傳，團結僑胞意志，建立二十瓩強力短波電臺于首都，需款約逾百萬元，提經廿四年一月三十一日第四屆第一五六次中央常會論討。經批示「會同中央宣部、中央財務委員、外交部、交通部、軍事委員先行審查」。當于二月十二日召集審查會，由葉委員楚傖主持，僉以尚乏的款，無從具體規劃，決定先請無線電專家選擇機件。即將德商德律風根、美商亞爾西愛、英商馬可尼、美商標準公司等四家，所供詳細資料，擬具說帖，分函國內無線電專家十四位，請就機件材料、天線電力、經濟原則三方面，分別優劣，提供意見。並於五月二十四日，在管理處會議室召開專家評議會，都認英商馬可尼公司所供機件優點較多，且有新穎設計，天線電力，可提高爲三十五瓩，當即列舉需要增減各點共三十二項，分函各公司詳行補充。

二十五年一月，呈准中央將原擬在首都設立的強力短波電臺，移設四川重慶，即於月底召開第二次專家會議，經暫定選擇馬可尼、德律風根兩家，限於兩週內德商壓低價格，英商提高電力，候中央作最後決定。結果中央常會授權管理處，于二月十六日和英商馬可尼公司簽訂購置三十五瓩短波廣播機合同，包括三百六十四馬力蒸汽引擎發電機一所，二百尺高鐵塔兩座，不定向及定向天線各四套，架空電纜十五公里，高度靈敏全波收音機兩架，菱形收音天線四付，供給我國工程師五人在英廠監造機件各八個月的費用等項，總計英金四萬三千六百鎊。四月底，派工程總務人員前往重慶，選覓電臺用地，勘定重慶西郊小龍坎沙坪壩爲播音臺，歇臺子爲收音臺建築地點，圈界待用。十二月初，本人從歐美考察廣播事業回來，接奉中央指派，兼負中央短波電臺籌備責任，即電請前任總工程師馮簡教授來京襄助。二十六年春，馮教授首途重慶，依法補償。計購妥小龍坎民地二百三十畝，歇臺子民地一百一十畝，總價爲四萬九千五百多元。派赴英廠實習及監造機件的五位工程師，曾分兩批前往，亦均先後事竣返國。運輸方面，計分十五批材料，由英國倫敦運來，首次兩批，爲笨重的蒸汽引擎發電機及天線鐵塔等項，于六七兩月在上海進口，立即轉輪運往重慶。七七日寇啓釁，八一三淞滬戰起，所餘器材，改由廣州進口。而于廣州、漢口、宜昌三地派駐專員，從事運轉工作。馮教授則在重慶，督率員工，積極建造房舍。因爲爭取時間，未克將機房建於地下，僅僅入土三尺，仿照江東門中央臺例，四週圍以八寸徑的柏木四百數十根，高與簷齊，外塡以頂寬八尺底寬倍之的土堤一道，上覆面積逾一百四十方的鋼絲網，再加五層竹網，而以軍用僞裝網全部遮蓋之，另向軍政部請到高射機槍兩架，高射砲兩尊，分布附近警衞，同時檢驗運到器材，分別裝置。迨二十七年十月底，所有播音、收音、發電、輸電、通話電纜等設備，全部裝竣，惟依照合同，需由馬可尼公司派遣工程師來臺查勘校驗。因所需外滙稽遲，延緩兩個月，于年底始能試驗播音，用一七·八，一五·二，一一·九，九·五兆週四種頻率，在使用前二種時，呼號定爲XGOX，使用後二種時，定爲XGOY。並規定每年從春分到秋分期間，用一七·八兆週對美，用一一·九兆週對歐。從秋分到春分期間，則對美用一五·二兆週，對歐用九·五兆週，綜計全臺建設費用，爲一百六十五萬餘元。

二十八年二月六日，正式以中央短波電臺名義，向北美、歐洲、我國南部、南洋羣島、日本、我國東北部、蘇俄東部等地區，用十二種語言，每天十一小時又四十分的定向播送。節目內容爲新聞報告、時事論述、中西音樂、時事演講等項，因事前已奉總裁手諭，與中央宣傳部國際宣傳處，聯合組織國際廣播宣傳計劃委員會，商定統籌國際廣播宣傳辦法七條，嗣因事實需要，另行商訂調整國際廣播辦法七條，于五月二十九日施行。所有播音節目，除新聞、音樂外，概請國際宣傳處負責。六月一日起，取消中央短波電臺名義，與XGOA中波電臺合併爲中央廣播電臺，在上清寺國府路辦公，另增每日凌晨二時到四時二十分的紀錄新聞節目，以不定向天線播出，供當時淪陷區內同胞收聽。自從開播來，接得英、美、德、法、匈、葡、捷克、瑞典、澳洲、印尼、加拿大、印度等地聽衆，寄來許細報告，都說清晰可聽，因之日本軍閥視爲眼中釘，於八月二十八日，集中轟炸沙坪垻機房，幸該房早已巧妙僞裝，僅相距三百公尺的材料室，中彈焚燬，九月三日，兩公里外的土灣電力廠，亦被炸去廠房一角，而發電機無恙，所以對外播音，未受影響。

十二月底，中央廣播事業指導委員會第十次會議時，陳主任委員提出報告，爲便利國際宣傳起見，擬將原中央短波電臺移交中央宣傳部國際宣傳處管轄使用，依 總裁指示意見，係將前定該臺預算每月三萬元劃交，所有擔任工作之人員，毋庸更動，該臺及其他各廣播電臺宣傳節目，有相互關係，或國際國內有普遍性質者，均仍應相互轉播。復經繕單簽奉 總裁侍秘渝號代電復准照辦，即由本會分轉中央廣播事業管理處及國際宣傳處遵行辦理，檢同移交各件單報告。旋經討論決定，原中央短波電臺改名為國際廣播電臺。當由國際宣傳處依照原設計的防空保護方案，向中央請款六十三萬餘元，將小龍坎重要播音機件及土灣電力廠，移裝地下。二十九年五月中，國際電臺又遭日機轟炸，大門口命中一彈，幸機房無恙，照常播音。五月底，中央廣播事業指導委員會召開第十四次會議時，陳主任委員報告，中央宣傳部董副部長顯光，爲求國際宣傳運用適當，並調整廣播組織機構，擬飭國際宣傳處，將五月前接管之短波電臺，仍交中央廣播事業管理處管理，擬具辦法，附加意見，呈奉 總裁筱代電核准，業經通知管理處及國際宣傳處會商遵辦，因之這一件移轉管轄公案，獲得圓滿解決。三十五年，勝利還都，國際電臺仍留重慶，每天以國、粵、英、泰四種語言，播送六小時又四十分，其中每晚九時的十五分鐘英語新聞，則由管理處所轄四十所大小電臺同時轉播。

（十八）正音壓制東洋聲

二十五年四月，第十一次中央常會核准中廣的請求，轉函行政院通令各省縣市公立電臺及各地民營電臺，從本月二十日起，除星期日外，每晚八時至九時五分，一律轉播中央電臺簡明新聞、時事述評、名人演講、學術叢談、話劇、音樂六項節目，其無轉播設備者應於該時停播，上海西人所辦電臺，則於八時至九時半轉播。經指派人員按時偵聽，所獲結果尚屬滿意，如上海大部份民營電臺及平津漢杭各地公營電臺，多能遵照實行，有轉播成績甚為良好者，有屆時停播者。西人在上海所辦華美、其美、大東、奇開、法人五電臺，僅其美、奇開兩臺並未照辦，自播舞曲。當時中央廣播事業指導委員會，為整理各民營電臺節目起見，製定指導全國廣播電臺播送節目辦法，由交通部於十月二十八日公布，其要點首為所播節目之成分，凡屬於宣傳、教育、講演者，公營電臺應佔多數，民營電臺亦不得少於百分之一〇次為其娛樂節目，至多不得超過百分之四十節目之編排，各電臺須將擬定之每星期節目表，送指委會審閱。指委會為便利上海多數民營臺起見，于二十六年春除轉播中央臺外，應先編造預報表，送指委會審定。發現原為西人所辦，業已向我國交通部領有執照的二百五十瓦電力，特設駐滬通訊處，就地審查偵聽。大東電臺，已被日人以六千元代價購去，移設于虹口日人集中區，呼號為XQHA，頻率為五八〇千週，所播節目全用日本唱片，但並非為日僑收聽，而用國語報告，不斷播送損害我國國體之宣傳，造謠生事，跋扈異常，格於形勢環境，無法取締。遂由管理處選定虹口附近，裝設二百瓦電力正言臺一座，轉播上海交通部、上海市政府兩臺、或其他民營臺節目，用五八一千週頻率，和大東同時啓閉。因爲電力相差不大，而發射地點相距極近，所以對方的宣傳力量可說毫無作用。不過當時日本已在東京北部川口市鳩谷間，建造一座一百五十瓩中波臺，不久將竣工。又在我國長春，以僞滿洲國名義，裝就一百瓩強力中波臺，以對抗他們所稱的南京「怪放送」。

（二十）殉國三烈士

在二十三年底建議中央，設立二十瓩短波電臺以加強對外宣傳時，管理處技術科同仁，于固定工作之餘，着手自造五百瓦電力短波廣播機，經過研究改進，一年後，初步完成，二十五年二月，正式稱為南京短波電臺，呼號為XGOX，附設于江東門機房內，聯播中央臺全部節目。

那時日本軍閥侵華益亟，首都不時舉行防空演習，地面房屋紛加保護彩色，江東門的壯觀機房，亦塗上一層醜陋的灰黑色，並在四週，圍以高和簷齊，厚逾一丈的土牆，以防彈片。年底為避免萬一被敵機炸中，損失過重起見，將短波電臺移設中山林園靈谷寺，派交通大學電機學士，赴英監造三十五瓩短波機八個月，回國不久的工程師蔣德彰，主管其事。江東門機房內，所有重要發射機部份，請准專款，搭起堅固架子，安放一寸半厚鋼板，和一尺半厚沙包各三層，以資警備。二十六年七七事變起，八月十四日午間，首都備成司令部，指派高射炮隊伍，駐守機房附近，以抵抗直接擊中的中小型炸彈。另請首都警備司令部，被日機木更津隊初次轟炸，江東門電臺亦於數天後被襲，大約敵人技術欠佳，投炸命率極低，僅僅炸斷曠地內所埋銅線若干根，損失輕微，毫不影響播音。八月二十四日夜間，敵機藉明朗月色，空襲首都東郊軍區，中山陵園亦遭波及，主持靈谷寺短波機工作的蔣工程師，在工地被彈片擊中頸部，昏迷倒地。同事急電丁家橋管理處派車救護，因市區外道路崎嶇，不便急駛，待運達中央醫院時，終以流血過多，無法回生，成為中廣同仁在抗日戰爭中被犧牲的第一人，殊屬可惜。

江西廣播電臺，于二十八年底隨省政府移往吉安，三十一年省府再遷泰和，將電臺移交管理處接辦，當派工程師侯恩銘，由重慶前往，負責籌設。八月間，日寇逼近，南遷贛縣，詎於押運時，因躲避敵機空襲，失足墜落贛江而殉職。

福州廣播電臺，係於二十三年夏，管理處奉命派員接管十個月前閩變時所裝的二百五十瓦特中波機，加以整理改裝而成，臺址設在省會東北隅高地。二十七年三月，接受閩省政府建議，由臺長鍾震之，拆運閩西永安，六越月裝建完成，改名為福建廣播電臺。三十二年一月，在該臺所在地永安北門奎山，新建鋼筋混凝土地下機房告竣，正待遷移機件，猝遭敵機空襲，落彈數枚，鍾臺長暨眷屬三人，不幸罹難而殉職。

（二十一）播音集募愛國捐

二十五年十一月中旬，上海立報鑒於國難日深，民生日蹙，欲求生存，端賴武裝自衛，發起「一日運動」辦法，即請全國人民將一日所得的薪給捐獻政府，作充實國防所需。各地同胞本於愛國熱忱，聞風響應，關在江都縣獄裏的囚犯數十人，絕食一日，將應得伙食費作爲捐獻。因之中廣從二十一日開始，舉辦「一日運動」播音勸募節目，將各地推行該運動的新聞，隨時播報，代收各地愛國人士捐款，數目不拘多少，收到後掣給愛國捐收據，並將捐者姓名數額，逐日由中央臺播音公告，彙登銷路已逾兩萬份的廣播週報，以資徵信。集有成數，彙送中央財務委員會支配。二十五日第一天，收到捐款二百四十八元六角六分，計捐者八十一人，以一角爲最少，五元爲最大。二十六日得五十二元八角，計捐者有一九九人，以二元爲最高，一角爲最低。這項播音勸募，延續到三十六年三月十七日結束，共得二萬五千七百八十三元六角一分九厘。其中收款最多的一天爲十二月一日，計收二千零八十八元二角五分。最少的一天爲三十六年一月二十三日，計得十八元五角。此外尚有二百三十四打毛線襪，一百件衞生衣等實物。捐獻人數雖未經統計，大約在十萬人以上，因爲出錢五角以下者，爲數最多。

嗣後八・一三淞滬保衞戰開始，中央電臺立卽像二十一年一月二十八日滬戰時一樣，由播音同仁，不斷力竭聲嘶，呼籲國人提供財物，慰勞前線浴血將士。並聯合上海公民營電臺，派員訪問各部隊後勤部份，詢悉當時急需物品，諸如防風眼鏡、望遠鏡、有刺鉛絲、鋼板、鋼鏟、沙包、蔴袋等等，隨卽播音徵求，大都由滬市愛國廠商電話認捐，即偕軍部同人前往提取。這樣情形維持了兩個多月。那一段的播音工作，適逢大時代局面，眞所謂隨心所欲，有求必應，效率之高，達於頂點，遠超過原來的估計。

七八

(二十二) 首度拆毀中央臺

在二十六年日寇挑釁前四個月，管理處奉准於湖南長沙裝配自製十瓩中波電臺，每天播音八小時。七七事變起，即在南京新街口中央通訊社布置臨時發音室，派員隨時播報前線戰況，取消節目表中平劇、雜劇：歌曲諸項，改用軍樂，軍歌及警策語。八一四，首都被敵機轟炸後，即將部份廣播器材運往長沙存儲。十月滬戰危急，奉令疏散志願返鄉同人，當派部分員工前往長沙電臺，充實該臺業務。十一月二十日，敵軍已沿太湖南岸攻陷南潯、逼近宜興無錫，中央黨部，國民政府宣告中外，撤離首都，移駐漢口。所有黨政人員，大都乘輪西上。中央電臺雖仍照常維持工作，但節目來源漸告枯竭，經留京的中央常務委員陳立夫先生批准，于二十三日夜子時起停止播音，所遺任務由長沙電臺接替。當由十多位在京同仁，把這座東亞首屈一指，運用僅僅五年的偉大宣傳利器，在沈痛悲憤的情緒中動手拆毀，凡笨重器材，如六百匹馬力柴油引擎發電機，數十瓩直流電動發電機，巨型變壓器等，概予破壞，使其無法在短期內使用，其他重要而可搬移的材料，則裝入預製的數十只木箱內，趕運下關，搭乘調查統計局升火待發的江輪赴漢。終因該輪載重有限，旅客衆多，遺留在江東門的器材仍屬不少。二十七日駛抵武漢。翌晨，前往河街中央黨部臨時辦事處，獲悉國府軍事委員會秘書廳以奉委員長諭名義自南京拍來急電，說首都地位重要，中樞雖已撤離，仍應成立南京電臺，以資對外宣傳。當即復電遵辦，委派葉工程師桂馨為南京電臺臺長，因他原籍南京，人地熟悉，萬一遇到緊急，可往鄉間親友處暫避。另有范本中、陳馭

六、錢瑤章、張伯謹四位忠勇同仁，志願冒險先行，隨於二十九日晚坐商輪東下。臨別時，請他們相機行事，如果環境變化，無法建立電臺，則將江東門剩餘可移動的器材，再行拆卸裝船，當由漢口派輪迎接。

三十日，接洽原裝機件來漢的江輪東下，因該輪另有任務而未果，即請中央黨部臨時辦事處致函漢口市船舶調配所設法，經洽商多艘小輪，都以獲悉敵寇已沿京杭公路進逼句容，不敢啓椗。最後於十二月二日，以重金雇得一艘，當晚藉京漢長途無線電話，找到赴京的四位，悉他們於一日晚在下關首都電廠附近上岸，號稱龍蟠虎踞，居住一百多萬人口的石頭城，已面目全非，除了戰車、大砲、馬匹、輜重、壯士、傷兵擁塞街道旅舍外，所有平常熱鬧地段，全都門可羅雀，交通工具奇缺，水電完全失常，且敵軍已攻陷江陰、丹陽，向西挺進，設臺覓命絕無希望進行，現正從事再度拆機工作，亟盼派輪來接。當即知照他們，設法覓雇木船，裝運西上。我於三日偕新委的葉臺長和另外兩位同仁，坐輪東駛，沿途仔細尋找迎面來的大小船隻，絡驛不絕，而同方向行駛者，竟似鳳毛麟角。過安慶後，速率減低，餘燼尚存。八日晨在蕪湖下游江面，發現大型帆船兩條，緩慢上行，經駛近查詢，確係連日來所找尋的目標。該船於三日在北河口被雇，四日下午張帆西上。至于押運的四位同仁，因望眼欲穿不見接運的小輪，又得不到任何消息，在萬分苦悶氣氛中，于前一日傍晚乘裕溪口裝載淮南煤炭上駛的商輪去漢了。當即用繩纜將兩船繫住，拖向上游，于十三日首都陷敵當天，抵達漢口，連同初批材料，轉運重慶，裝配戰時首都應用的十瓩中央電臺。

(二十三) 六十瓩昆明臺

民國二十四年，李濟琛將軍主持廣東省政時，曾囑建設廳于二月十八日，向美商西方電氣公司，用十年分期付款方式簽訂合同，購買強力中波廣播電臺一座，並在廣州市東郊石牌地方與建規模宏偉的機房。未及一年，粵省府改組，繼任者無意續辦，除付過美商五千八百餘磅英金、裝就一小部份機器于石牌外，該案懸而未決。二十六年六月，管理處呈准中央常會與粵省政府洽商，轉購該機，拆移雲南昆明裝置，並和該機債權人西方電氣公司在南京詳細討論，八月，淞滬戰起而停頓。國府西遷後，改在漢口接洽，終於二十七年二月十一日，在漢口中央銀行與該公司簽訂契約，廢棄以前粵省府舊合同，償付該機總價英金三萬零六百磅，約合國幣五十一萬元，分四期付款，第一期於簽約時支付，扣去粵建設廳已付數目，餘三期于一年內付清，所有由粵去港經海防運往昆明等費用，概由處方負擔。當即成立昆明電臺籌備處，趕往昆明工作，並經中央核定籌備費為七十六萬九千元。四月間，選定城區西門潘家灣為發音室建築地點，沿大路西行、相距十二公里處、滇池北岸、碧雞關附近普坪村，購民地一百五十畝，備敷設地網，裝置天線鐵塔之用，另於北側五百公尺外的山谷裏，建築機房。鑒於中央電臺補建防空設備的費力，即擬將昆臺龐大機器，全部納入約需十一萬立方英尺的山洞中。但該地山石堅硬，連通風避潮設備，非一年以上時間不克完成。經詳加研究，參照防炸原理，用鋼筋混凝土及塊石，建築與山洞功效相同的機房一所。其建

八一

築方法，把全部底腳安放于開鑿出來一塊平坦的山腳石層上，四週圍以塊石疊砌，高十二英尺，長一百五十英尺，寬四十英尺，平均厚度約六英尺的石牆一道，牆上用鋼筋水泥做成四尺厚的半圓形屋頂，半徑為十五英尺，其上面再填相當高度（最薄處為十英尺，最厚處逾二百英尺）的泥土碎石，另舖一英尺半厚的鋼筋混凝土，及三英尺厚的塊石層，成斜面形，再舖草皮，兼植樹木，使其外表和原來山坡無異，確為防空的最好掩護體。如果有五百到一千公斤的炸彈命中塊石層，立即爆炸，或隨斜面滑去，而內部機房，可以不受損害。屋頂設有透氣管，用來流通內部空氣，至於調節氣溫的設備，則該地已高出海面二千公尺以上，終年氣候溫和，並不需要。是項建築於八月開始，迄翌年四月告竣，所用鋼筋水泥概向越南採購。

昆臺機器，亦于簽訂合同後五個月，由香港陸續啓運，經由業務極度繁忙的滇越鐵路及越桂新公路，轉運昆明。迄二十八年二月，始抵普坪村臺址。開箱檢驗整理後，於七月起將自立式鋼塔裝運於業已做就十四英尺高的四個塔基上，年底裝竣，使全高六百二十二英尺銀色天線鐵塔，聳立於碧綠無際的滇池北岸，無論滇池水位如何高漲，絕不會浸及塔身，影響電波的放射。同時一面安裝機件於洞內，一面興建潘家灣房屋，埋設十二公里長的鎧裝地下電纜，連接機房和發音室。於二十九年八月一日、亦即中央電臺成立十二週年正式開幕，每天播音七小時，用國、粵、廈、英、越五種語言，報導時事和評論，並用自製的二瓩短波電臺加入聯播。全部建設經費，共為一百九十八萬八千餘元。呼號為XPRA，員工六十人。

（二十四）重慶的XGOA

二十六年十一月二十四日，長沙廣播電臺暫時接替中央臺節目後，所有管理處由南京分水陸兩路抵漢的同仁，除留十位在漢，主持新裝的二百五十瓦特漢口短波電臺，與漢口市政府原設在中山公園的五瓩中波機，及利用交通部漢口電信局三·五瓩報話兩用短波機聯合播音，每天六小時，臨時成爲中樞對外發言的喉舌外，餘都於十二月六日起陸續西上，運來的廣播機器材，亦分批經宜昌轉往重慶。當在上清寺中央黨部新址范莊附近聚興村六號，賃爲中央廣播事業管理處辦公室。那時全部工作人員，共爲一百八十四人，計職員一百三十四人，練習生二十四人，技工二十六人。如以工作性質而分，則爲技術人員一百，節目四十六位，總務三十八位。如以所在地區而言，則重慶有一百十四人，長沙二十人，昆明十九人，漢口十人，福州十一人，西安九人，香港一人。每月經常費爲二三四六五元，因中央經濟困難，從去年九月起，九折發給，實領二一一八·五元。

在渝安頓後，一面加緊強力短波臺的籌備，一面就運到的器材，在離辦公室南面八百尺外的丘陵上，重慶牛角沱陶磁職業學校原址側屋內，先行裝配十瓩中波機一座，費時五十五天，於三月十日，恢復中央電臺的播音，呼號仍爲XGOA，頻率則因地位所限，採用二百尺高的單桿天線，而改爲一四五〇千週。每天上午七時半起，播送早操、國文教授、音樂、英語教授、新聞、國樂、歌詠、總理遺教、講送抗戰講座、兒童教育、戰時民衆常識、科學演講、軍樂、戰時學術演講、國樂、歌詠、總理遺教、講讀總裁演詞、新聞類述、紀錄新聞及請蒙藏委員會擔任的蒙語、藏語、回語等時事報導。迄晚十一時停止，總計每天播音七小時。四月底開始，為供後方及陷區內特約收音者聆聽清晰起見，每晨三時半起，播送紀錄新聞九十分鐘。五月間，接收前南京市政府樂隊二十一人，及管弦樂器四十三件，加入中央臺音樂組，從事訓練，參加演奏，因之管理處工作人員增為二百零五人，而節目方面，佔有六十七人。同時在聚興村對面名叫火燒坡地段，價購小丘一處，計劃與建廣播大廈，以供發音及辦公之用。九月起，商得交通部同意，借用重慶電信局七·五瓩報話兩用機，聯播中央臺節目，每日五小時，因之增添廈語、粵語，報告消息。

二十八年一月，中央臺頻率改為二二〇〇千週。同時三十五瓩短波機，在小龍坎沙坪壩機房裝建完竣，另在上清寺國府路二號民房內佈置的發音室，及接通發射機的架空傳音電纜，全部告成。呈奉中央核准，於二月六日，正式以中央短波電臺名義，XGOX、XGOY兩種呼號，對英、法、德、意、對北美、對本國東北部及蘇俄東部，對日本、韓國，對本國內部及南洋羣島，與對蘇俄等六種不同時間的定向播音、分用各該國語言和我國國語及僑胞所通用之方言共十二種，報告新聞、論述、演講等節目，平均每日播音逾十一小時。六月一日起，與中央中波臺XGOA合併為中央廣播電臺；依照中央第四十九次常會所通過之組織條例，設工務科、傳音科、音樂組、事務科四單位。將凌晨三時半起的紀錄新聞，提早於二時開始，並延長時間為一百四十分鐘，用不定向天線播出。節目人員又增添了語文專才十多位，每月經費亦奉核加三萬元。

二十九年一月十五日，遵照　總裁指示，及中央廣播事業指導委員會第十次會議之決議，國際宣傳起見，劃出中央廣播電臺之短波部份，移交中央宣傳部國際宣傳處管轄使用，除火燒坡在建築中的大廈如何劃分，俟工竣商辦，又管弦樂隊人員約定再議外，依照原移交單，將（甲）在壩之三十五瓩短波機全套，（乙）在土灣之發電廠一所，（丙）在國府路租用之臨時發音室辦公管理室及其內部設備，（丁）工作人員名册，（戊）用存經費等五項，造具清單交與中宣部國際宣傳處接收改名為國際廣播電臺，呼號仍舊。

二月間，商得軍政部同意，價讓馬可尼公司三‧五瓩發報機一架，並向交通部洽妥，交換尚未運抵國門的美國無線電公司四瓩報話機一座，即呈請中央撥款，將該機併裝中央電臺，以充實國內宣傳力量。經核發專款十六萬元，派員赴中越邊界同登接運，由貴陽轉渝。同時在中央臺原址側面大田灣，租用民地，開鑿山洞，於八月底裝竣聯播，並因加裝自備電源，計超支預算五萬四千餘元，中央第一四七次常會核准追加，另撥十一萬四千元，供十瓩中波機移裝地下之需，亦於九月底竣事。由於空防的注意，以後數年中，渝市遭迭日機大轟炸，而中央電臺播音節目，從未被迫中斷。未幾時，獲得中央允許，於向英國採購兩座二十瓩短波機時，加購五十瓩中波機一座，以加強中央電力。即請我國駐倫敦購料委員會，依據我們需要程式，向標準無線電公司洽辦。當時感到該機較為複雜龐大，製造運輸需時，乃以數月前獲得財政部同意，撥給管理處美國油錫餘款美金三十萬元內一部份，向美商無線電公司訂購十瓩中波機，七‧五瓩短波機各一部，估計半年內可以應用。但因滇越鐵路中斷，越桂新公路亦阻，須從臘戍經由二千二百多公里的長途運抵重慶，最早要在一年後始能達成希望。

十二月下旬，費時兩年又半與建的上清寺廣播大廈、全部竣工，管理處在渝各單位，相繼遷入。該廈位於高出路面一丈多的小丘上，臨路一面，砌以條石厚堰，頗有整齊劃一之感。因丘頂地位有限，汽車無法駛抵大門，行人只能於石堰一端拾級而上。該廈計三層，全以堅硬的塊石為牆，尺許厚的鋼筋混凝土為地板及上頂，僅有中間的大發音室，因為跨度較大，採用西式瓦屋頂。上層為管理處辦公室，二層及底層，除辦公室分給中央、國際兩臺應用外，共有大中小發音室七間，國際電臺使用二樓的中型一間。大發音室高二丈四尺，供大規模樂隊演奏，平劇彩排，歌詠合唱等特別節目之用，同時可容觀眾三百五十人，底層四間發音室各高一丈二尺，二層兩間發音室則高一丈七尺。都用牛毛氈，刨槽杉木板，厚紙板為隔音設備。以美觀而論，較舶來品為遜，經用儀器測量，其隔音效果毫無差別，因之採用當地材料，不獨經濟，而能適應隨時需要，誠當時一件快事也。

五十瓩中波機，經我駐英購料委員會訂購後，依約可於三十一年底前陸續出廠交貨，當於重慶四周尋覓適當臺址，兼顧防空及交通等因素，初步選定西南郊楊家坪地方，離九龍坡不遠，可將動力廠設在沿長江的小山石洞內，取水運輸均便。機房則建於半公里外的天鵝抱蛋小山，可鑿山洞，或仿昆明臺的建築方式。天線地網，則在附近平地上建立。經估計必需經費，於三十年七月，呈送中央核奪，接批示，因目前戰局動盪，可改設於正待開發的西昌。隨卽派員前往，察勘地勢，選擇臺址，草擬計劃，終因日寇於十二月八日，掀起太平洋戰爭，海運受阻，經中央黨務工作計劃委員會聯合審查，認為暫行保留而停頓。中央臺音樂組管弦樂隊，亦因經費困難而停辦。

三十一年三月，呈准中央撥款六十六萬八千元，為建築兩間地下發音室，加裝中央臺七・五瓩短波機所需地下機房之用。該短波機設計構造，均甚新穎，頻率範圍，可從二十二千週到二十二千週，高低週的末級強放皆用風冷管。全機裝進一座圍以流線型極美觀面板的鐵架上，管理尤感方便。於十月底裝竣試播，因渝市電力廠負載過度，電壓不穩，未能正式應用。直至三十二年一月，自製的電壓調節器完成，開始聯播。至於另一座十瓩中波機，則因在緬甸境內搶運上車時遺失一部分材料，雖亦運達重慶，無法運用。同時請准中央，在桂林八步私人工廠內，覓得德國出品六成新的一百二十匹馬力柴油引擎一部，以每匹馬力三千五百元，約當時值三分之一價格，購運來渝，裝於地下室，以供中央臺十瓩中波機，及七・五瓩短波機自備電源之需。五月間，接到倫敦購料委員會轉來標準公司函稱，五十瓩中波機，將於六月開始試驗，年底可裝箱付運。當即重行整編前擬預算，因抗戰將近六年，物價上漲不少，所需全部建設費，估計約為一千五百萬元，並建議戰局逐漸改觀，似宜改設重慶，以加強中樞宣傳。經呈奉中央第一二三二次常會核准，改裝重慶，隨於十月間，着手籌備。

一年前運抵重慶，因缺少零件未能運用的美國無線電公司出品十瓩中波機，亦因補件運到而於三十三年一月裝妥，使中央臺節目，有兩個中波、兩個短波、同時播送，總電力為三十一・五瓩。雖然尚未趕上戰前電力的一半，但在物質條件奇缺、運輸萬分困難、空襲頻繁的歲月中；逐漸建設起來，參加斯項工作者，亦可以和其他抗戰期間建國事業一樣，私自欣慰而微感自豪。又因六年前裝配的第一座十瓩中波機，使用多時，效率漸遜，迭經補充零件，改善天線，亦乏顯著的改進，經呈請中央撥款二百二十萬元，交由中央核准設立的管理處廣播器材修造所，設計裝配新機，於五月間，開始換用。至於五十瓩強力中波機籌備工作，則因好幾位高級同仁派往美國考察而遲緩進行。逮三十四年八月，日寇宣布無條件投降，一切工作重心移到廣播復員方面，當即拆除大田灣地下室的十瓩中波及四瓩短波兩機，先行裝箱東下，於三十五年五月五日勝利還都那天，正式以中央電臺XGOA名義，於別離八年五月十一日的江東門，恢復播音。

（二十五）抗戰期間廣播網

二十六年秋，抗戰軍興，管理處所屬各電臺，除中央臺隨政府西遷，在渝恢復播音外，福州電臺於二十七年夏移設閩西永安，改稱福建廣播電臺，呼號為XGOL，頻率為一〇三〇千週，並加裝三百瓦特短波機一座，每日聯合播音五小時二十分。一度成為中樞在武漢期間臨時喉舌的漢口短波電臺，則於十月間隨軍撤退而取消。長沙電臺，於二十七年秋湘北戰事緊急時，將十瓩機末級拆卸西運，留二百瓦特前級維持播音。迨十一月十二日夜，長沙大火，發音室被燬，小機亦損。當經商准湘省府，借用廢置年餘的小型中波機一部，添購材料，配成五百瓦電力，遷往湘西沅陵，改稱湖南廣播電臺，於二十八年十一月開始播音，呼號為XLPA，頻率為一〇〇〇千週，每天播送五小時十五分。西安電臺則於二十八月二日，移往南鄭，更名為陝西廣播電臺，八月間開始播音，呼號為XKPA，頻率為一二九〇千週，每天播送五小時節目。管理處稟承中央命令，積極在大後方各重鎮籌設新臺，依照中央廣播事業指導委員會討論通過的全國電臺系統及分配辦法，計劃在川滇黔、甘青寧、新疆、康藏四區，逐步設立後方廣播網。除四川成都，已有交通部所辦十瓩中波臺一座，及重慶設有中央臺外，就當時運輸較為方便的原因，將六十瓩強力中波機從廣州移置昆明，成為滇黔區的重心，詳情已見於六十瓩昆明臺一節內。二十七年春中央臺在渝播音後，技術同仁再就運渝器材中選出一部分，另裝十瓩短波機一座，決定設在貴州，即派員前赴貴陽察勘地點，並請准中央撥款二十四萬九千元，以供籌建之需，當在省垣北郊山地大吉宅，與建機房。六月中，新機前級五百瓦特部分，已在渝裝竣，運筑暫設於租賃民房內試播。十一月中，全機已在新機房內配成，另於市區借用省府房舍，布置發音室，於二十八年元旦，正式成立貴州廣播電臺，呼號為XPSA，其中S字係表示短波。所用頻率為六九七六千週，每天從下午五時半起，用國、日、粵、廈門，馬來五種語言，報告新聞、時評、敵情分析，並轉播中央電臺英語法語新聞及平劇歌詠節目，迄二十三時，連續播送五小時半。五年後，再由重慶運往新近裝配的五瓩中波機一座，用一千千週頻率，於三十二年三月，加入聯播，員工計三十三人。

甘青寧區方面，則於二十七年冬，奉准撥款二十八萬二千元，籌建十瓩中波甘肅廣播電臺，當在沙坪壩中央臺材料房內從事裝配。那時南京帶來器材，業已部分用罄，添購需時，以致進度遲緩。不料二十八年八月二十八日，中央臺短波機房。遭敵機襲擊，材料房中彈起火，甘臺已裝就的機件因而受損。到翌年三月，始將該機前級一百瓦特部分裝成，派員押運、由水路抵廣元，再行轉播。十月間興建中山林房屋，因物質條件較差，鄭家莊為發射臺址，經皋蘭縣府協助，購妥地畝。並選定蘭州城南中山林為發音地點，鄭家莊為發射臺址，經皋蘭縣府協助，購妥地畝。十月間興建中山林房屋，因物質條件較差，每日播送五小時。三十三年九月，改名為蘭州廣播電臺，呼號仍舊，頻率為八二〇千週，趕建鄭家莊機房及裝設機件，迄三十四年七月九日正式成立，中央核撥追加預算七十二萬一千元，頻率為一四〇〇千週，每日播音為七小時半。該臺籌備期間，遭遇困難最多，歷時最久，人事變動最大。化錢亦最鉅，計耗資一百八十二萬三千四百元。

康藏地区则于二十七年七月间，呈准中央拨款六万元，筹设一座中波西康电台，年底装配就绪，第一批器材于翌年二月初离渝，五月抵雅安，分批于八月间运抵康定。惟川康交通不便，公路尚未竣成，所有机件外壳铁架，无法驮运。第二批于是年七月启运，十月抵达雅安，同时在康定进行建筑工程。二十九年秋，公路完成。三十年四月，机件装妥，开始试播。第三批于十二月抵达电器损坏，改为五百瓦特短波，六月中再行试播。因物料涨价，工资增加，而电件又以外汇挂高，致添配补充溢出预算甚钜，送请中央追加，未获允准，因陋就简，勉行试播。加以康定无较大电力设备，市电很不充裕，仅限白天一部分时间供电台应用。经中央广播事业指导委员会决定。于三十一年六月撤销，将机件封存原处，添设收音机构。

当二十八年秋，西康电台第三批器材启运后，管理处技术同仁，设计为西昌广播电台装配一座短波机，经购料进行，已装成一百瓦特前级，其余因材料难买而延搁。二十九年六月，接奉总裁手谕，限期建立，当即将昆明电台二座短波机拆卸装箱，添配补充器材，冒着严寒风雪，分批用骡马驮运。三十年二月，抵达西昌，从事装置，八月间，资源委员会所办西昌电厂，开始供电，即进行试播。三十一年六月，原设康定的西康电台，奉准撤销，西昌台于十一月二十日起，改称为西康广播电台，至三十二年五月一日，正式播音，呼号为XRSA，波长三十七米，每天播音三小时半，宣传对象，暂以川康两省为主，计用去建设费四十二万一千元。

二十七年九月，管理处向中央广播事业指导委员会第六次会议，提出迅筹的款，添设广播电台，并增加原有電臺電力,以抗禦播音侵略一案。條列辦法五項,其中第四項爲設立新疆迪化五十瓩短波電臺,作爲廣播基礎,藉以號召北方淪陷區民眾,並聯絡國際間友情。經討論後,僉認從緩進行,先建西康甘肅兩臺。迄三十一年九月,管理處因緬甸淪陷,滇緬公路中斷,西北方面已形成抗建重心,而陸地運輸亦賴新疆爲主要國際路線,依照原擬抗戰時期後方廣播網之規定,新疆迪化確有設臺之必要,再向指委會第二十二次會議,提出改設十瓩中波機及一瓩短波機各一座計劃。因當時物資內運困難,擬向蘇俄採購,或搜買材料就地裝配,預計需款一百六十萬元,冀以一年完成。經決議請外交部先行調查蘇俄能否供給廣播機,並由管理處設法調查當地廣播機及收音機設置情形後再議。旋接外交部復稱蘇俄現在不能供給。處方向交通部及新疆省政府探詢結果,該省收音機尚多,均爲美俄出品,無線電報話臺已成立,廣播電臺尚無,頗屬需要。當將原計劃於三十二年六月,由指委會轉陳中央核奪,經奉復先將康定舊機,運渝整建,移裝迪化或嘉峪關。因機件轉運需時,而西南國際路線較前暢通,戰局亦逐漸好轉,新疆設臺一案,無形終了。

西安電臺,於二十八年二月,隨陝西省政府遷移南鄭,原址會留有四十瓦特小中波機一部,維持播音。嗣後戰局穩定,程司令長官電請擴充,經擬具擴爲一瓩,需要臨時建設費十一萬七千五百元計劃,於二十九年夏,奉中央第一四七次常會核准,即托中央信託局在香港採購,以資源委員會無線電器材廠報價美金七千五百元爲最廉,並可在昆明該廠交貨。經財政部核撥外匯,於三十年三月結滙中信局香港辦事處轉付並代訂合同,約定四個半月交貨。詎該廠因材料購運困難,及趕製美國志願空軍急需機器,同時遭受空襲影響,先後五度催交,直到三十二年二月始告完成。又因音質欠佳,責令改善,迄十一月底,始予接收提運,而西安臺始終以四十瓦電力,維持每天三小時十分鐘的播音,供城區收聽。

江西省政府所辦的江西廣播電臺,二十八年五月十一日起,以五百瓦特電力,XGOC呼號播音。管理處設在重慶歇臺子的收音臺,用精密機件、定向天線、於良好天氣時,曾多次收到。三十年七月間,該台隨省政府移往泰和,暫以二百五十瓦電力試播。旋贛省府因經費支絀補充器材困難,同時該機原係管理處技術同仁所裝配、於二十二年十月運往南昌行營安建的,爰函告處方,建議交還,並派建設廳技士來渝商洽移裝事宜。當於三十一年二月,呈准中央撥款三十三萬五千元,作為開鑿防空洞、架設播音專線、補充器材之用,即派工程師侯恩銘前往接收,負責布置。未幾,戰事驟緊,省府移往贛縣,正當覓尋適當臺址期間,不料侯工程師押運機件失足墜水殉職。

一面派員前往主持,一面續呈中央追加籌備經費。奉准一百萬元,在縣城東門外籌建。三十三年夏初,湘北戰事再起,復隨省府移往瑞金。日寇投降,遷回南昌。

二十九年一月,管理處呈請中央,於每一戰區設置流動電臺一座,採用英商馬可尼公司出品的TR六〇〇式報話兩用短波機一套,天線輸出電力為三百五十瓦特,分裝兩輛卡車,附有發音、擴音、發電設備,自備節目或轉播中央臺及其他戰區電臺播音,並可供各區軍政長官向軍民或敵人作宣傳講話之用,同時可藉以干擾敵偽電臺荒謬言論,鞏固我方廣播壁壘,每座售價美金一萬二千一百七十七元,折合國幣四萬一千餘元,每區另備交直流收音機五千架,供軍事機關應用,每架平均四百元。奉中央第一四九次常會核准，分期舉辦，第一期先購三座，由軍政部撥款補助。旋因軍費欠裕，先購一座，於三十年五月由上饒第三戰區派員來渝提運，即指定技術員同往裝運，並負責管理。八月一日起，正式播音，呼號爲XLMP，頻率爲九七一〇千週，每日播音三小時。嗣後因戰事關係，隨該戰區長官司令部遷移到建陽、鉛山、邵武等地，隨時工作。於三十四年抗戰勝利後，併入新建立的浙江電臺。

成都廣播電臺爲交通部於二十五年所建立，設於成都華西壩，發音室則設於市區電話局內，電力爲十瓩，呼號爲XGOG，頻率爲五六〇千週，每天播音六小時。

河南電臺，爲河南全省防空司令部所辦，設於洛陽龍門，電力爲二百瓦特，呼號爲GXOQ，每天播音三小時。因經費困難，材料缺乏，送請管理處接辦，當從二十八年三月起，由處按月補助經費二百元，並予以眞空管的補充。三十一年底，奉令結束。

原設在杭州的浙江省廣播電臺，係浙江省府所辦。七七事變後，隨省府移設麗水，改爲五百瓦特電力播音，呼號爲XGOD，頻率爲九九〇千週，每天播音三小時四十分。二十九年，由管理處補助經費五千元，附裝干擾機一架，以抵制敵僞上海臺的播音。旋因浙東戰事吃緊，省府經費支絀而停辦。

湖南省政府在抗戰期間省府所在地耒陽，設有九百瓦特中波機及三百五十瓦特短波機各一座，呼號爲XGOH，每天播音兩小時。

廣西省政府在桂林設有五百瓦中波機一座，每天播音三小時，呼號爲XGOE，頻率爲七〇〇千週。

廣東省政府則在韶關設有五百瓦中波機，二百瓦短波機各一座，呼號爲XGOP。

抗戰期間，我們用以對敵僞廣播的電臺，迄三十三年二月底止，共有二十三座，總電力爲一百五十四·〇九瓩，其中屬於中廣者計十六座，電力爲一百四十一·五九瓩。茲將當時根據資料所製成的統計表五紙，附列於後。

附件八

抗戰期間全國電臺電力統計表

截至三十三年二月底止　單位：座（電臺）／瓦（電力）

省市別	電臺 總計	廣播電臺 本處所屬	廣播電臺 其他所屬	電力 總計	廣播電臺 本處所屬	廣播電臺 其他所屬
總　計	23	16	7	154,090	141,590	12,500
江　西	2	1	1	650	600	50
湖　南	3	1	2	2,250	1,000	1,250
四　川	5	4	1	66,500	56,500	10,000
西　康	1	1	—	2,000	2,000	—
陝　西	2	2	—	540	540	—
甘　肅	2	2	—	10,100	10,100	—
福　建	2	2	—	450	450	—
廣　東	2	—	2	700	—	700
廣　西	1	—	1	500	—	500
雲　南	1	1	—	60,000	60,000	—
貴　州	2	2	—	10,500	10,500	—

資料來源：三十三年二月份全國電臺一覽表

說明：本表以已正式播音電臺為限

附件九

抗戰期間管理處所屬各臺概況

截至三十三年二月底止　單位：瓦（電力）公尺（波長）

臺　　別	臺址	呼　　號	波　　長	電　　力
中央臺　中波	重慶	XGOA	250	10,000
短波	〃	〃	30.84	4,000
短波	〃	〃	50.1	7,500
國際臺　短波	〃	XGOY	25	35,000
〃			31	
			49	
昆明臺　中波	昆明	XPRA	435	60,000
貴州臺　中波	貴陽	XPSA	300	500
短波	〃	〃	43	10,000
湖南臺　中波	沅陵	XLPA	330	1,000
福建臺　中波	永安	XGOL	315	250
短波	〃	〃	30	200
甘肅臺　中波	蘭州	XMRA	214	100
中波	〃	〃	366	10,000
陝西臺　中波	南鄭	XKRA	233	500
西安臺　中波	西安	XKDA	300	40
西康臺　短波	西昌	XKSA	37	2,000
流動臺　短波	鉛山	XLMA	40.54	600

資料來源：三十三年二月份全國廣播電臺一覽表
說　　明：本表內以已正式播音電臺爲限
　　　　　陝西臺在停播中，此外尚有籌建臺：貴陽中波臺　5000瓦
　　　　　　　　　　　　　　　　　　　　西安臺　　　1000瓦
　　　　　　　　　　　　　　　　　　　　江西臺　　　3000瓦
　　　　　　　　　　　　　　　　　　　　洛陽臺　　　1000瓦

附件十

抗戰期間各省市所設電臺概況

截至三十三年二月底止　單位：瓦（電力）/公尺（波長）

臺　別		臺址	呼號	電力	波長
新贛南臺	短波	贛縣	XLDA	50	49
湖南臺	中波	耒陽	XGOH	900	214.2
	短波	〃	XGOH	350	50
成都臺	中波	成都	XGOG	10,000	535
廣東臺	中波	韶關	XGOP	500	260.9
	短波	〃	XGOP	200	24.2
廣西臺	中波	桂林	XGOE	500	426

資料來源：三十三年二月份全國電臺一覽表

附件十一

抗戰期間管理處所屬各臺每日播音時間分類統計

三十三年二月份　　　　　　　單位：分

臺　別		總計	新聞	演講		樂	劇
				教育	宣傳		
總　計		3,830	1,630	245	620	1,335	
中央臺	中波	490	210	50	70	160	
	短波	510	295		60	155	
國際臺		460	285		60	115	
昆明臺		240	115	15	30	80	
貴州臺		400	150	60	55	135	
福建臺		330	125	5	85	115	
陝西臺		210		10	60	140	
湖南臺		310	110	25	45	130	
甘肅臺		300	115	40	45	100	
西康臺		210	55	15	30	110	
流動臺		360	170	15	80	95	

資料來源：本處各臺三十三年二月份播音節目表

附件十二

管理處歷年事業發展統計

截至三十三年二月底止　　單位：座（電臺）／瓦（電力）

年　　份	電　　臺	電　　力
17	1	500
18	1	500
19	1	500
20	1	500
21	1	75,000
22	1	75,000
23	3	75,750
24	3	75,750
25	3	75.750
26	4	85,750
27	6	20,990
28	7	46,790
29	8	120,990
30	12	124,470
31	12	128,550
32	16	141,590
33	16	141,590

資料來源：三十三年二月全國電臺一覽表
　　　　　本處沿單簡表
說　　明：本表內以已正式播音電臺爲限

（二十六）敵僞所建廣播網

二十七年，我政府遷都重慶，東南半壁，陷于敵手。未幾僞組織成立，由日寇協助，建設廣播網，分爲東北、華北、華東三大區，各設有中央電臺，而以「滿洲國」、「華北」、「中國」爲名的三個廣播協會，推進工作。從二十九年元月起，管理處在重慶歇臺子收音臺日夜偵察收聽，抄錄敵僞重要消息，密送中樞各負責長官參考。譬如三月二十三日，汪逆精衞在南京僞中央臺亦用XGOA呼號廣播，三十日，他和敵酋米內擧行交歡廣播，都于事前聽到節目預報，而於當時設法干擾。但敵僞在軍事佔領區廣播電臺統計表以多數電臺聯播，因此干擾作用不大。茲將截至三十三年二月底止，敵僞的總電力將近五百瓩，我們未及其三分之一。又因採購廣播器材的方便，敵僞于投降前，已於僞滿洲國區，增設承德、本溪河、安東、營口、錦州、撫順、鞍山七臺。華北區增設青島、石門、太原、大同、包頭、徐州、保定、烟臺、唐山九臺。華東區增設蘇州、廈門、廣州三臺。實力相當雄厚。

附件十三

抗戰期間敵偽在軍事佔領區廣播電台統計

截至33年2月底止　　　　單位：座（電臺）／瓩（電力）

台　名	呼　號		電		力	
總　計	19座			498.99		
長　春　臺	MTCY		10	100		25
大　連　臺	JQAK	JDY	1	1		10
奉　天　臺	MTBY	GBTY	1	1		
哈爾濱臺	MTFY		3	2	56	
延　吉　臺	MTKY			2		
北　平　臺	XGAP		100	50		10
天　津　臺	XGBP			5		
南　京　臺	XGOA		20	50		
上　海　臺	XGOI		10			
漢　口　臺	XGOW		20			
杭　州　臺	XQJF			1		
運　城　臺	XGJP			5		
濟　南　臺	XGCP		30			
廣　州　臺	XGOK		3	20		
雷　錦　臺	MTQY			1		
通　化　臺	MTTY			01		
北　安　臺	MTVY	MTVY		01		01
開　封　臺	XGHP					
蒙　疆　臺	XGCA		30			

資料來源：管理處傳音科資料　　32年7月軍令部第一廳第四處資料

（二十七）合作製造收音機

二十五年夏初，管理處鑒於國內廣播事業日益發達，收音機需要日增，但因器材缺乏，技術幼稚，未能自造，致外貨乘機暢銷。據海關統計，無線電材料進口，年逾二百萬金單位。又據國際貿易局發表，是年春季輸入的收音機，已值百萬元國幣。那時本人正在歐洲考察旅行，曾就近向荷蘭菲力浦無線電公司洽商投資遠東，無法進行較大規模的企業。那時本人正在歐洲考察旅行，曾就近向荷蘭菲力浦無線電公司洽商投資遠東，無法進行較大規模的企業。可是荷商無意冒險，僅願提供技術協助及設廠資料，使該廠規模能達每月製成礦石收音機五百架，交直流一燈至四燈機各二百架，五燈以上交直流式收音機五十架之能力。當將資料送回，提經中央廣播事業指導委員會第三次會議通過，轉陳中央撥款籌辦。旋奉指示，資源委員會已在湖南衡陽附近與建電工器材廠，規模宏大，應洽商合作。當于二十六年達成協議，由資源委員會、中央廣播事業管理處，湖南省政府三機構，各出資拾壹萬元，設立中央無線電器材廠，從事製造，以收音機爲主體，廠址設于湘潭下攝司，成立理事會、決定方針、而由資委會委任廠長，負責推動。嗣因戰事迫近，遷設桂林。

中央廣播事業指導委員會經過多次集會討論，于二十八年六月第八次會議決定「增設各縣市收音機推行方案」。（甲）收音機之裝置。⑴各縣市政府成立收音室，派專人主辦收音及傳布消息，機件已裝有損者速修，未裝者即于一年內裝設。所需收音員，各省政府自辦訓練班，由管理處派員協助輔導。⑵

各地方黨部一律于民國二十九年年內裝設收音機，協助政府辦理收音機事宜。(3)各級學校及社教機構，分年裝設，五年內普及。(乙)經費之籌措。(1)各地方行政機關裝設費，統由各縣市政府負責籌給，其經常用費，則由各該機關事業費內撥支，並自二十八年度列入經常費預算。(2)各學校及社教機構之設機費，以自籌為原則，不足者得呈由縣市府設法補助，或轉呈教育廳局請求之。(3)教育部增籌播音教育費。(4)呈請中央，指撥專款訂購收音機。(丙)收音機構之職責，並由內政部、中央宣傳部、教育部各就所屬，分別執行，所有新裝收音機，概由管理處以半價供應。該方案奉中央第一四二次常會通過，轉國防最高委員會送政府頒行。

管理處即向中央無線電器材廠，訂購交直流式各樣收音機一千架備用，增設收音督導科，專司推進後方收音事宜。並編具預算，呈請中央補助千架收音機總價半數三十萬元。奉國防最高委員會核改，于二十九年度列支半數十五萬元。千架收音機訂購後，為便利該廠交貨起見，劃出沙坪壩國際電臺餘地二十畝，建設重慶分廠，專造收音機。可惜在四月十三日，一艘滿裝該廠由桂林運渝材料的利濟輪，在四川雲陽下小龍角觸礁沈沒，損失極重，致影響預定交貨計劃。三十年度，因無線電材料飛漲，每架收音機連補充器材的價格，由去年的六百元，升達一千五百元，當再編造預算，請准中央撥發三十七萬五千元，充作收音事業補助費，嚴催中央無線電器材廠趕製供應。

該廠于二十六年成立後，應時勢之需求，數度擴展，二十九年增資為二百四十萬元，三十年為九百萬元。三十一年經理事會決定,再增九百六十萬元,由三方面各負擔六百二十萬元的資金。但因事機迫切,卒由資源委員會先行墊撥,湖南省府因省款不裕,無力追隨,處方共計請准中央核撥三百四十萬元。該廠爲維持業務,並因軍方能供給器材,轉以製造軍用無線電收發報機爲主,而收音機則以購料困難,無法按期交貨,迄三十一年六月止,共交四百三十架,分裝後方各省,其中以雲南省新裝一百四十架爲最多,湖南七十六架次之,最少爲青海一架。依照原約規定,尚欠五百多架,經往返協商,最多再供三分之一。管理處不得已,乃向財政部請得外匯,購進美國無線電公司出品,交流及直流兩式各一百架,分發應用。受了時勢環境的支配,仍然回到採購舶來品的老辦法,絕非合作設廠時所能預料。

一〇八

（二十八）廣播器材修造所

十七年八月，中央電臺成立時，職工共九人，屬于技術方面能動手裝修者有五位，除了值班、管機、修理故障外，都富研究興趣。同時電臺每月經費，稍有節餘，不斷從市場上採些零件，自行試裝小型播音機，以增經驗。二十一年日寇在滬挑釁，國府移洛辦公，奉命于十天內趕裝的洛陽臺，就是同仁們用手用腦的初度貢獻。嗣後五百瓦的西安中波臺，五百瓦的南京短波臺，二百五十瓦的漢口短波臺，相繼裝成供用。西遷重慶後，所有大後方新建電臺，除強力的渝昆兩座、及中央臺兩部短波機外，全屬自行設計製造。那時管理處技術科組織內設有修造室，負責工作，嗣因各地所屬電臺業務日繁，廣播機件之修理，逐漸加多，尤因戰局變動，國際運輸困難，專恃國內外廠商供給，不但曠日費時，且亦往往無法運輸。故於三十一年度工作計劃中，列有籌設廣播器材廠一項，藉以研究零件之製造，樹立自備廣播器材之基礎，同時訓練技術人才，而收事半功倍之效，擬請中央分期撥發基金一千萬元，以利進行。經中央審核批示「先發建築設備，購置機器等費一百十七萬元，其經常事務等費，俟正式成立後再議」。當即領取第一期基金，派定一部份員工，籌備進行。三十二年中央又核發第二期基金三百二十五萬元，業務亟待開展，但以設廠規模龐大，非當時財力物力人力所能一蹴而就，經決定先成立廣播器材修造所，以為將來擴充成廠的基模。即擬具組織大綱，人員編制，經費預算，提經中央廣播事業指導委員會第二十五次會議通過，轉陳中央常會備案。于三十三年元旦，正

一〇九

式成立，所址設在沙坪壩，額定員工一一〇人，其中技工及練習技工為八十五人，每月費經為八萬八千五百元。第三期基金五百七十五萬元，於四月中領到。迄年底止，裝成一班廣播機兩座，四燈收音機二十五架完成百分之八十五，五十瓦公共演講機四架完成十分之七。經常修理電臺送來各種大小損壞機件二〇三六件，並對外服務承造大小變壓器五十三件。

三十四年五月，因有關廣播急需補充器材，屢次請由美國租借法案內撥款併辦，不料美方主辦者堅持廣播不屬軍事範圍，不肯通融。其實心理作戰，何嘗不是軍事的另一面，但那位握權者強詞奪理，無法說服。當由陳委員果夫報請總裁核准，指撥美金外匯三十二萬五千元，現款訂貨。其中有收音機零件一萬套，預備發交修造所裝配。六月間，中央又撥發第四期基金一千一百萬元，即趕裝甘肅電臺一班短波機，以增加西北方面廣播力量。八月中日寇無條件投降，據九月間所派平津區廣播電臺接收專員報告，偽華北廣播協會，在北平設有真空管製造廠，變壓器製造廠、收音機廠各一所，業已分別接收。經囑查報該三廠原有設備存貨存料，擬具成立廣播器材所北平分所計劃，呈候核定，連同各地接造所建造材，及國外購到之物資，統籌支配，充實設備適應復員建國之需。旋于三十五年七月，正式成立廣播器材修造所北平分所。同時在南京向中央信託局標購上海虹橋路一九二號土地十一畝三分，供修造所建造廠房辦公室之用，總值七千一百萬元。十一月間，該所由重慶遷入上海新址，成立總所，而將沙坪壩原址改為分所，專事修配工作。該所滬平渝三地共有員工一百五十五人。從三十六年起，將由美採購的飛歌牌收音機零件第一批五千套及其他廣播器材，交由滬平兩地裝配，供各機關團體備價採用。另製中廣牌收音機，擴音機應市。兩年中，未再發給週轉金，而以物資交付製造，已於訓練人才改進技術方面，具有相當成就。

（二十九）西南國門迎器材

二十九年，管理處運用中央核撥的英國信用貸款十四萬一千磅，和美國油錫餘款三十萬美元，分別向英美訂購強力中短波機三座，中型中短波機二座，國際臺備用真空管，各種測試儀器，及其他廣播器材，約重七百噸。當時進口地點，因越南海防早已失去作用，僅能從緬甸仰光上岸。三十年七月，根據西南運輸處估計，從仰光到臘戍，須付緬甸物資過境稅及運雜費五十餘萬元，臘戍到重慶，全長二千二百公里，連保險雜費約需四百萬元，急用器材，包機運費，約需四十萬元。擬具特別運輸費預算，於九月間呈請中央核撥。奉指示將南京運來拉礬天線的鋼絲繩，讓售財政部鹽政總局，供自流井提汲鹽水之用，得款二百三十一萬元，移充運費。是年十二月，日寇發動太平洋攻勢，並完成其南進政策，緬甸立受威脅。即於翌年元月，派專員馳往仰光，搶運已進口的器材，當托川中公路局代運十九噸半，於三月間抵渝，其餘分段搶運，四月底抵達昆明者共十八卡車，五十噸。由臘戍運抵遮放龍陵一帶者約四十噸。五月緬甸淪陷，我援緬健兒，退入印度，重新裝備。因軍事變突而未及運抵國門的器材，全遭損失，所幸國際電臺大真空管，及中央臺七‧五瓩短波機，十瓩中波機的大真空管，共有十八只，全已航運抵渝，留昆的五十噸，亦于數月後運達，並在海棠溪以南二十七公里處，興建材料庫房，予以存儲。嗣後外來物資，都由印度加爾各答進口轉運。

三十二年初，獲悉處方所購器材已抵印度者，將近六十噸。經呈准中央，將中央電臺停用的四十五四馬力煤氣引擎兩套，讓售四川鑛務局，得款二百三十八萬元，充作運輸費，指派工程師一人，前往印度，選擇器材中質量輕小而適合航運者，向我國駐印的運輸統制局商撥噸位，由飛虎隊內運。經商得配額，二月份兩噸，三月份一噸，四月份三噸，五月份五噸，剩餘者都係笨重部分，暫存該地倉庫。適英國政府電商借用我國所訂的二十瓩短波機兩部，保證于三十三年底交貨，我政府勉予同意，當將工程師召囘，而以未了事情，及以後續到器材，委託資源委員會駐印辦事處代爲辦理。嗣因軍運頻繁，處方未獲航空噸位，已逾半年，急需待用的唱片、小真空管等物，無法補充，經過多方交涉，始得軍事委員會運輸會議同意，每月配運兩噸。三十四年一月二十三日，中印公路正式通車，留印滯運器材源源內流，但處方貯存的七百五十多噸，雖經交涉，仍僅獲得少量配額。八月中，日寇屈膝，那條經過西南國門的繁忙通道，留供歷史上的囘憶了。

(三十) 巴山夜雨趕計劃

抗戰期間，重慶各機關同人，都在嚴重國難的壓力下，物質生活的貧困中，遇到新設計，新規劃，大都在夜雨淅瀝聲中，聚集有關幾位，草擬方案。尤其當敵機空襲時期，白天忙於日常工作，工作更變程序，就是中央重要會議，亦選傍晚或夜間，於巴山夜雨聲中舉行。所謂巴山夜雨也者，因四川盆地，為四面高山所繞，白天受日光照射，氣溫升高，日落後數小時，高層氣流，冷而下降，低層則受西側崇山峻嶺阻住，未能隨地球自轉運動而暢通，仍保相當溫度，冷熱相遇而成雨，翌晨陽光復現，上層溫暖而雨止。此種現象，因多季夜間，上下氣流的溫度相差小，不能成雨而變霧。重慶地區，每年須過農曆清明節，開始晴空萬里，秋風秋雨以後，山城漸隱霧裏，誠為防空絕妙的天然處所，當時所謂雷達轟炸技術尚在設計階段，因之襲渝敵機，僅能于夏秋間出動。

記得最初所擬計劃，為從二十八年起的三年計劃大綱，把工作項目、過去概況、計劃要點、所需經費，分別列出。經呈請核定，即擬第一年分月進度表，內列日常工作、新建工作兩大類，各分進行步驟、人員支配，經費估計、主管人員、備誌五項。月終編造各該月工作計劃實施報告表，亦列日常及新建兩類，分別敘明本月應辦事項及辦理情形。每三個月編造工作進度檢討報告表，內分工作項目、原定進度、工作之實施與檢討、下季應補辦及新增工作、備考數項。所有計劃報表，依照行政三聯制，都送中央黨政工作考核委員會，于年終實地考察後，評判成績。管理處曾於二十九年度，經該會核定總評為七三·一分，居黨務機關第二位，使工作同人，感感欣慰。

除了擬訂逐年逐月工作計劃外，尚有加強並改進廣播工作方案，多種，而所費時間及人力最多者爲：（甲）三十二年夏遵照　總裁所著中國之命運擬訂最近十年廣播事業進展計劃，包括全國廣播電臺數量電力之分配，十年間建設進度之預期，逐年購置收音機架數和分配，逐年購置公共演講機之數量，技術、播音、管理及製造人員之訓練、全部經費之預估等等。（乙）是年冬、奉命趕擬發展戰後工作方案，以企業化爲指歸，配合國際情勢、國防需要，制定五年廣播事業進展計劃，敘述目的、經營、運用三點，分列甲乙丙三種辦法，各附所需經費等。結果：（甲）案呈送中央轉國防最高委員會核議，（乙）案經中央黨務委員會審查，送中央設計局統籌，因附最初所擬的中國廣播公司組織章程草案在內，而奠定了中廣公司的名稱。

（三十一）協助軍中播音總隊

三十年八月成立的第三戰區流動電臺，是管理處遵奉上級指示主辦，而由軍政部撥款補助，實係軍中廣播電臺的嚆矢。原擬每一戰區設置一座，因戰局變動，運輸困難，尤以器材缺乏而縮手。三十二年六月，軍事委員會政治部代表出席第二十四次中央廣播事業指導委員會，提出奉委員長諭辦理對部隊播音及前線對敵偽播音宣傳，擬成立軍中播音宣傳網，業由文化勞軍運動委員會及軍事委員會撥款，向資源委員會訂購一批廣播機一部，十瓦小型流動廣播機四十部，收音機一百二十部，將在各戰區成立軍中播音隊，巡廻各地工作，於軍事委員會所在地成立播音總隊部，負聯絡指揮之責，擬請賜予技術上之指導協助，並在二十五公尺、四十公尺、七十公尺三種波段內，指定三個頻率，供裝在總隊部的一批廣播機使用。當經決議，頻率照撥，技術協助由管理處負責。三十三年三月，政治部訂購的一批短波機運抵重慶，參加工礦產品展覽會，陳列於求精中學，原定二十八日現場試播，因故中止。旋由播音總隊接收，安裝于沙坪壩機房，從六月中旬開始，每日下午三時，用一二二〇〇千週，試播一小時，當時是在試驗廣播機的性能，研究最低限度的發音室設備，及聽取各方面收聽意見，故節目僅限於簡單報告、唱片播放。連試多時，音質音量頗佳。晚間播音，則因市電壓力過低，三個月後，三相電源調節變壓器裝就開始。管理處對於該總隊，在物質方面，諸如大小發射真空管，電容器，蓄電器，各類唱片，凡有需求，悉予協助。

(三十二) 創設電波研究所

二十一年秋，中央大電臺進行試播時，德國派來工程師攜帶多種精密儀器，調整內部機件。另有一件大如桌面，兩人方能搬動的木箱，裝在卡車上，沿著半徑十公里範圍、公路可通地段，紀錄各點所得信號強弱數字，排列次序，在一張平面圖上繪就相連曲線，這是測試電臺地面電波的工作，藉以證明合同所載電力是否相符。因為中波電臺的播音效力是以地波為主，平時應加測試，如果發現不合規定，當查究原因，加以補救。

二十八年中央短波大臺成立，用不同頻率、在不同時間，向世界不同地區播音，對於收聽時，常有清晰或模糊之感。因為遠距離收聽短波，全賴天空數重電離層的反射得來，而電離層本身，則因季節、晝夜、早晚、經緯度的不同，有似狂濤猛浪，起伏不已。歐美先進國家，都在適當地區，對天空電離層進行較長時期的觀測，製成紀錄，以便選擇有效發射頻率，供短波通信或廣播之用。因之在重慶沙坪壩設立電離層觀測站，由馮簡教授負責，指定三數同人輔之，日夜做機械式紀錄，向天空找尋數字。旋和美國國家標準局所屬中央電波研究所取得聯繫，經常交換資料。三十一年呈准中央核撥首期經費五十萬元，採購多種工具儀器，包括電子顯微鏡兩套，從事電波的研究。同時在美國油錫餘款內提出五萬餘元美金，成立中央電波研究所，在國際電臺機房右側蓋建適當房屋，安裝新近運來的部分工具及器材，採用監波測試法，對電離層進行有系統之觀測。由是國際臺對美廣播所用頻率。十分適合。譬如三十二年七月七日，總裁告盟邦民眾書譯成英語播出，美國有五百多家報紙登載，一字不遺。

一二八

（三十三）驟聞日本投降

三十四年八月九日，日本長崎受到美國第二枚原子彈襲擊，未滿二十四小時，日政府向中美英蘇四國照會請降。消息公開傳布後，管理處同仁僉認廣播方面確有適應時機之必要，即擬具緊急措施辦法兩點：(1)派員接收敵偽所辦廣播電臺及其附屬設備。(2)請求核發旅運及器材補充專款二億元。尙赴南溫泉中央政治學校，請陳委員果夫簽呈　總裁核奪。十四日晚，日本正式無條件投降，即由中央、國際兩臺，用中日語重複播送中樞致日本侵華軍總司令岡村寧次、着將所屬部隊、按照指定地點、接受投降的命令。同時通知收復區光復區所有敵偽電臺員工，乘機贖罪，藉圖自效，努力保護機件，聽候接收。十九日接奉　總裁批復陳委員的未巧代電指示，各地廣播事業之接收工作，應由派往各地之政府機關統一接收，各部份不能單獨行動。廣播事業管理處，可先指定一二人，隨同各該地方政府，擔任接收工作。關於經費一節，暫時應以旅運及臨時必需費用爲限，可准先撥國幣乙億元，至其餘如購置電力材料及薪津等，俟接收後再核定編製，依照法定手續逐行請撥。除通知行政院撥款外，希分別洽辦。當即遵照準備一切。是日晚間，歇臺子收音臺聽到偽華北廣播協會所屬北平一百瓩XGOA及國際電臺XGOY聯播之新聞時評及英語新聞四十分鐘，取消原來演藝節目，轉播中央電臺XGOA及國際電臺XGOY中波臺，於八時四十分起，並聲明該會其他各臺一體轉播。迄二十三日，偵聽到設在華東之偽中國廣播協會南京上海兩臺，亦開始轉播中央臺節目一小時。因之，可以這麼說：廣播事業接收工作，在人員未抵達的旬日前，業已展開

第一部分 抗战广播书摘

了。旋准中國戰區美國空軍總部來函,爲了便於運送中國軍隊到東部各地擔任接收工作;希分飭各敵僞電臺,播音導航,不斷報告呼號頻率,使飛機找尋地點,順利着陸。乃於二十七日晚起,分別播音通知南京、上海、漢口、杭州、北平、廣州各電臺,於指定日期內奉慎從事導航任務,迄九月底止,始行結束。其中數臺,甚有晝夜二十四小時播音不斷者。

（三十四）勝利前夕中廣概況

（甲）組織：二十五年，四屆第三次中央常會通過的中央廣播事業管理處組織條例，設有技術、傳音、總務三科，編譯、報務兩室。二十六年八月，第四十九次中常會修正組織條例第三條，改設技術、節目、編審、事務四部，詳附件十四。同時通過中央廣播電臺組織條例，詳附件十四。中央短波電臺組織條例，設工務、傳音、事務三科及音樂組。二十九年一月，忽忽西撤，在渝恢復工作，沿用老名稱，設技術、傳音、總務三科。三十一年四月設立電波研究所，六月增設人事室，三十三年元月成立廣播器材修造所，三月設設計會計室，十一月增設收音督導科，三十四年四月添設會計室。詳附件十五。增設文書科。詳附件十五。

（乙）人員：三十四年六月底止，共有六百四十一人，較之初到重慶時的一百八十四人，約增三倍半。其中技術人員為百分之四十五，節目人員占百分之三十一，餘為行政人員。以地區而論則重慶有四百二十五人。詳附件十六。

（丙）經費：每月經常費為一千二百萬元，員工薪津由處統發，電臺重要補充器材亦由處統購，各臺經常費則充電力油料雜項之需。詳附件十七。

（丁）各電臺概況：綜計中波機十一座，短波機八座，分佈於重慶、貴陽、昆明、西昌、蘭州、南鄭、西安、沅陵、瑞金、永安、邵武等。詳附件十八。中央臺用國、英、韓、日、藏、厦六種語言播音，國際臺則用國、英、法、日、越、緬、粵、滬八種。該臺於三十四年元月二十八日中印公路開放時，播送我國 蔣主席及美國郝爾利大使講詞，華府收聽由舊金山轉播的成績，非常優異，美國情報局願以現貨五十瓩短波機一座運華，加強我方國際宣傳，兼供美軍對敵心戰之用，數度接洽，因時局好轉作罷。貴州臺用國、英、粵、潮、廈五種語言播音。昆明臺則用國、英、法、越、粵五種。該臺從三月份起，免費借給美國新聞處，供對敵宣傳使用。西康臺用國、藏、回三種，甘肅臺則用國、蒙、回三種語言播音。其他各臺則以國語為主。所有每日播音時間則詳附件十七。節目成份總分析則詳附件十九。各臺每月開機時間及耗電統計則詳附件二十。

（戊）後方收音網：從十七年籌設電臺起，因時代環境和目前完全不同，故當時曾把收音工作，亦看成一種事業，在京設立班級，訓練專用人員。國府西遷後，大後方的情形仍和十年前相同，因之協助各地政府，訓練收音人員，供應收音工具。迄三十二年九月底止，結業者一千餘人，詳附件二十一。依照收音員服務規程，分到各機構工作，專事收聽中央電臺所播紀錄新聞，繕送當地報館發表，以引起廣大羣衆注意，藉符設立電臺原意。處方收音督導科，經常分別聯繫，協助其解決困難，到三十四年六月止，有專人使用的收音機，為一千二百七十九架，見附件二十二。

（己）當時全國電臺分布及電力大小情形，詳附件二十三。

附件十四

中央廣播事業管理處組織條例

民國廿六年八月中央第四九次常會通過

第一條　中央廣播事業管理處直屬於中國國民黨中央執行委員會。

第二條　本處設立正副處長各一人，負責全處事務，由中央執行委員會任用之。

第三條　本處設技術、節目、編審、事務四部。

第四條　技術部之職務：

一、關於廣播機件、線路材料之設計、審核事項。

二、關於所屬各電臺建築工程之主持及日常工務之視察事項。

三、關於無線電學術之研究、試驗及工料之保管、分配事項。

節目部之職務：

一、關於徵集國內外播音材料、解答聽衆意見事項。

二、關於設計及改進所屬各電臺節目事項。

三、關於偵察稽聽所屬各電臺播音內容事項。

編審部之職務：

一、關於編輯本處各種刊物、中西文報告整理、本處各部室各屬臺報告事項。

二、關於草擬審核廣播法規事項。

三、關於繙譯歐美無線電名著事項。

事務部之職務：

一、關於撰擬文稿、收發文電、保管案卷、典守印信事項。

二、關於人事登記、採購、保管、印刷、出版及其他庶務事項。

三、關於編訂預算、決算、經費、出納、稽核、報銷、資產結算事項。

第 五 條　本處各部設主任一人、承處長副處長之命、主管各該部事務、並指揮所屬職員處理一切事宜。

第 六 條　本處技術部設工程師三人、技術員助理技術員、練習員若干人、並得雇用機匠、其數額隨時規定之。

本處節目部設徵集幹事、設計幹事各一人、助理員若干人。

本處編審部設編審幹事四人、編審員、助理員、繕校員若干人。

第 七 條　本處事務部設文書幹事二人、事務幹事、會計幹事各一人、助理員、繕校員若干人。

第 八 條　本處所屬各電臺其組織條例另訂之。

第 九 條　本處辦事細則另訂之、凡不屬任何一部之事務、應由處長副處長隨時指定職員辦理之。

第 十 條　本處依事實需要、得聘專家爲設計委員、或特約幹事、其數額隨時規定之。

第十一條　本條例如有未盡事宜、得由本處提請中央執行委員會修改之。

本條例自中央執行委員會決議之日施行。

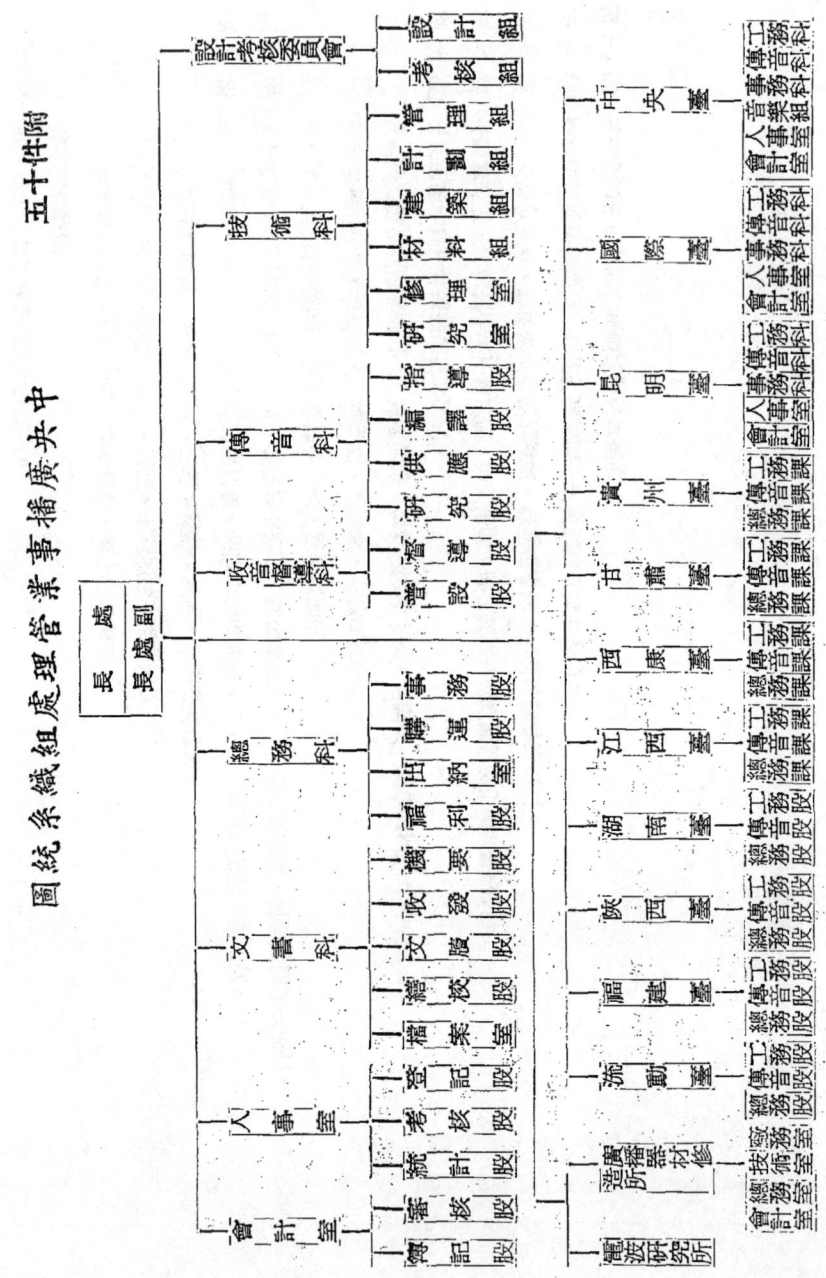

附件十五 中央廣播事業管理處組織系統圖

附件十六

管理處及所屬各臺所編制暨工作人員表

截至34年6月底止

單位別	編制員額	現有員額	比較 超額	比較 缺額
				77
總　　計	718	641	12	89
本　　處	141	130		11
中　央　臺	97	101	4	
國　際　臺	106	114	8	
昆　明　臺	63	61		2
貴　州　臺	38	32		6
甘　肅　臺	35	35		
西　康　臺	26	17		9
江　西　臺	35	14		21
陝　西　臺	16	15		1
福　建　臺	16	14		2
湖　南　臺	16	15		1
流　勳　臺	16	13		3
修　造　所	113	80		33

資料來源：根據各單位編制表及本處人事室登記簿冊整理彙製。

附件十七

管理處所屬各臺概況

（34年6月底）

臺別	呼號	波長（公尺）	週率（千週波）	電力（瓩）	每日播音時間數（分）	臺址	負責人	工作人數	每月經常費（元）	成立日期
中央臺	XGOA	250 / 50.7 / 30.86	1200 / 10 / 5918 / 10 / 9730	7.5 / 4	450 / 510	重慶	吳道一	101	600,000	17年8月
國際臺	XGOX / XGOY	19 / 25.2 / 49 / 31.1 / 41	15200 / 11900 / 6165 / 9805 / 7171	35 / 10	510	重慶	馮簡	114	900,000	27年11月
昆明臺	XPRA	435	690	60	420	昆明	寅天如	61	2,900,000	29年4月
貴州臺	XPSA	42.85 / 300	6990 / 1000	5 / 10	275	貴陽	潘志剛	32	180,000	28年1月

（续表）

甘肃台	XMRA	214 366	1400 820	.1 10	郴州	黄念祖	35	250,000	30年12月试播定 34年7月正式开幕
西康台	XRSA	37	8110	2	西昌	毕涌勋	17	110,000	30年6月
江西台	XLPC			3	迁建中停播	王溶如	14	80,000	30年11月开始筹建
陕西台	XKPA	233	1290	.5	南郑	黄翰馨	15	90,000	25年8月
	XKDA	300	1000	.04	西安				
福建台	XGOL	316 30	950 10000	.2 1	永安	薛散平	14	70,000	22年7月
湖南台	XLPA	316 322	950 930	1	沅陵	王治隆	15	70,000	26年3月
滇缅台	XLMA	40.54	7400	.6	邵武	刘士烈	13	70,000	30年8月

资料来源：本签据计股调製。

说　明：本表以每一电力最长表示电量一座。
共计电量19座电力169.94瓩。

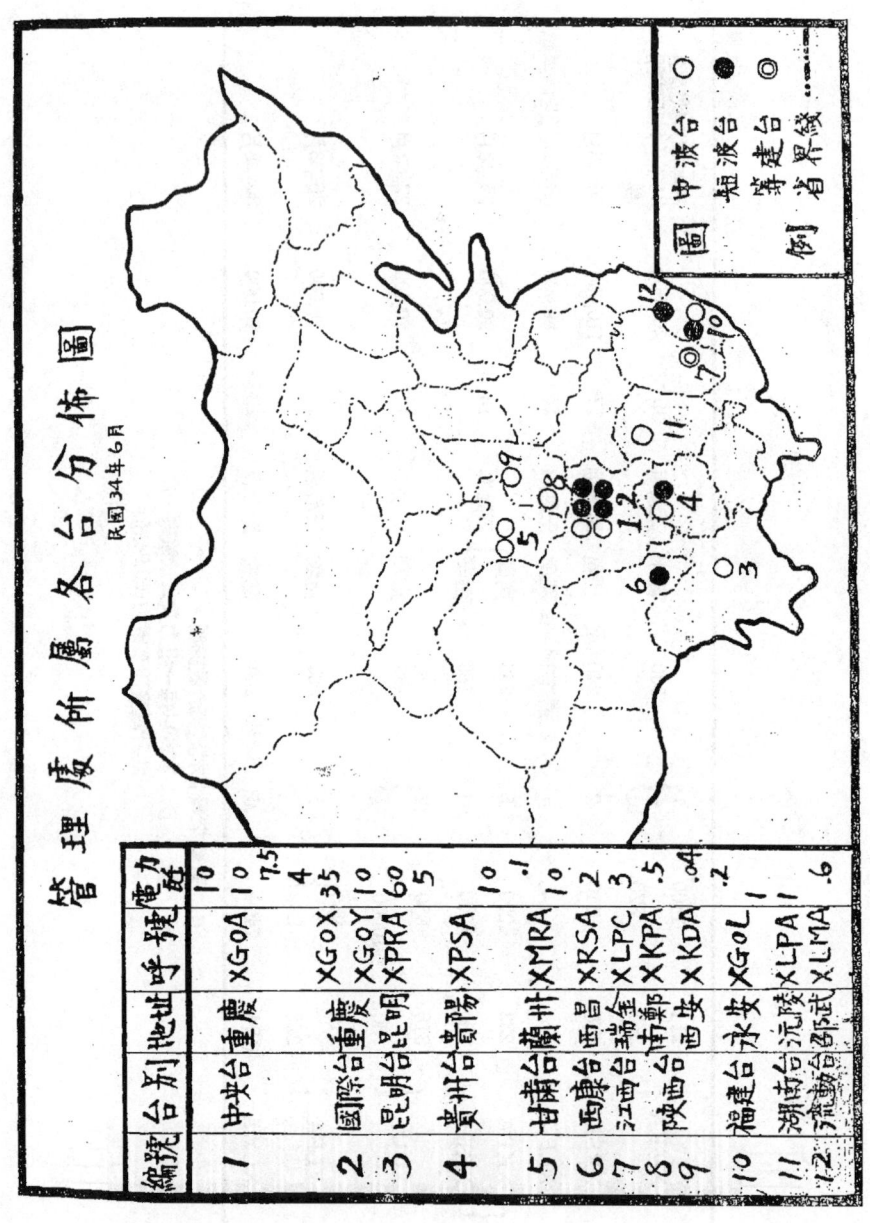

第一部分 抗战广播书摘

附件十九

管理處所屬各臺平均每月播音時間統計

民國34年1月至6月

單位：小時

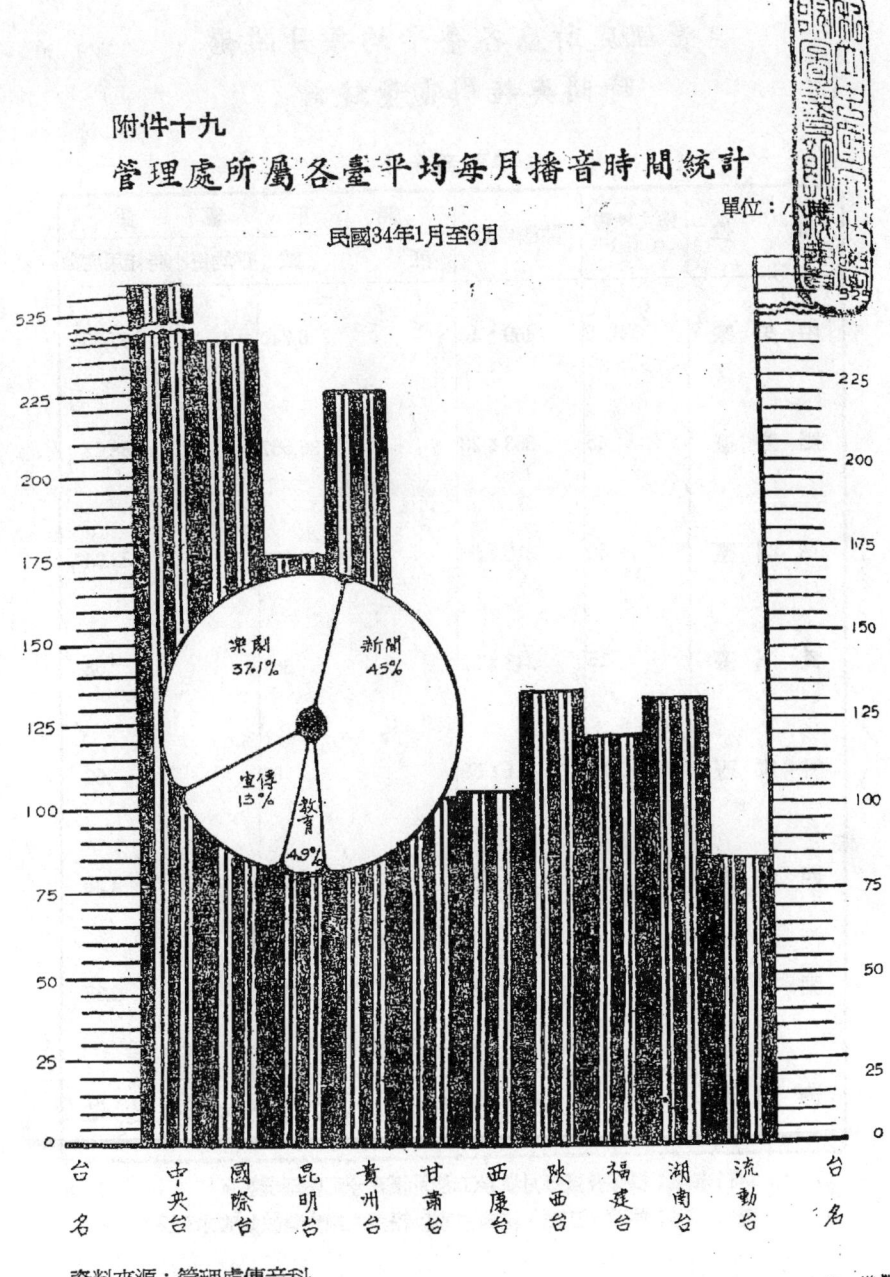

資料來源：管理處傳音科

說　明：1.本圖係就本年一至六月各臺實際播音時間，（包括新聞、教育、宣傳、樂劇及特別重要節目轉播時間在內），平均數計列。

　　　　2.陝西臺前以機件障礙一度停播，嗣於本年三月起恢復播音。流動臺前以戰事影響

附件二十

管理處所屬各臺平均每月開機時間與耗用電量統計

34年1至6月

單　位	電力總數（瓩）	開機時數	耗用電量 度　數	平均每小時耗用度數
中　央　臺	31.5	469：40	6,740	14.35
國　際　臺	45	263：23	36,552	138.72
昆　明　臺	60	210：56	27,851	132.04
貴　州　臺	15	248：31	667	2.68
甘　肅　臺	10.1	111：59	69	.62
西　康　臺	2	114：32	499	4.36
湖　南　臺	1	139：42	396	2.83
流　動　臺	.6	73：15	364	4.97

材料來源：根據各臺逐月填送工務月報表分別整理彙製。

說　　明：陝西、江西、福建三臺以報表未到資料缺如暫未列入。

附件二十一

管理處歷年訓練各省收音人員概況

訓練地點		時間 年、月	班數	名額	訓練班名稱	
總計			15	1053		
集中訓練	南京	18,3	1	19	本處收音人員訓練班。	
	南京	22,2	1	144	本處收音人員訓練班。	
	南京	22,8	1	192	本處收音人員訓練班。	
	南京	23,8	1	99	本處收音人員訓練班。	
分省調訓	河南	24	1	40	無線電技術人員養成所。	
	河南	24	1	150	無線電收音技術人員養成所。	
	廣西	29,8	1	44	中小學收音人員暑期補習班。	
	湖北	29,9	1	31	幹訓團收音訓練班。	*
	湖南	29,11	1	66	幹訓團收音訓練班。	*
	湖南	30,11	1	83	幹訓團收音訓練班。	*
	安徽	30,2	1	22	幹訓團收音訓練班。	
	安徽	30	1	21	幹訓團收音訓練班。	
	江西	30,6	1	45	幹訓團收音訓練班。	
	四川	30,9	1	48	幹訓團收音訓練組。	*
	甘肅	32,9	1	54	幹訓團收音訓練班。	*

資料來源：本處收音督導科及檔案室有關資料。
說　明：標*者係由本處派員充任技術教官。

附件二十二

全國公用收音機之分佈統計

（截至34年6月底止）　　　單位：架

省別	收到調查表數	經常與本處通訊聯絡機數	在工作之收音機數	中央補助機數
總計	1799	1202	1279	1083
江蘇	1	1	1	1
浙江	5	4	5	5
安徽	53	42	44	50
江西	99	62	90	32
湖北	26	20	23	26
湖南	124	59	84	99
四川	648	505	458	303
西康	46	31	46	42
山西	3	2	2	2
河南	89	46	52	10
陝西	81	55	66	56
福建	8	6	8	5
廣東	111	90	42	97
廣西	134	74	54	77
雲南	107	88	90	96
貴州	112	48	83	62
青海	12	10	12	6
寧夏	9	6	9	6
新疆	2	2	2	2
甘肅	123	48	102	103
綏遠	6	3	6	3

資料來源：本處收音督導科（各省市公用收音機調查表整理彙製）。
說　　明：1.四川省包括重慶市在內。
　　　　　2.上表數字係就已收到調查表及經常與本處通訊聯絡者爲限，其餘省份已淪陷無法調查。

附件二十三

全國電臺電力統計

34 年 6 月底

省市別	電臺			電力（瓩）		
	總計	本處所屬廣播電臺	各省市屬廣播電臺	總計	本處所屬廣播電臺	各省市屬廣播電臺
總計	27	19	8	184.44	169.94	14.5
江西	2	1	1	3.05	3	.05
湖南	3	1	2	2.25	1	1.25
四川	1	—	1	10		10
西康	1	1	—	2	2	—
陝西	2	2	—	.54	.54	—
甘肅	2	2	—	10.1	10.1	—
福建	3	3	—	1.8	1.8	—
廣東	2	—	2	1.7	—	1.7
廣西	1	—	1	.5		.5
雲南	1	1	—	60	60	—
貴州	2	2	—	15	15	—
重慶	7	6	1※	77.5	76.5	1※

資料來源：本處全國電臺一覽表及技術科資料。
編製日期：每半年一次。
說　明：「※」符號表示政治部軍中廣播電臺。

（三十五）東進北上辦接收

接奉 總裁批示由管理處派員接收敵偽廣播電臺公文後，即本服務桑梓的原則，在同仁中遴選接收人員，準備分路出發。第一路為京滬區：派定二十六年十二月初受命為南京電臺臺長，迄未到任的葉工程師桂馨為接收專員，會同佐理二人，隨接收特派員馮簡教授，於二十七日首途，前往湘西芷江中國戰區美國空軍基地。三十日會同政府機關所派人員，分乘美方專機四架，憑藉南京偽中央臺電波的導航，數小時後，降落光華門外飛機場。先召該臺負責人，詢悉一般狀況，次赴廖家巷二號，察看五百瓦中波機及發音室，又去江東門原中央大臺地點，見到聳峙地面四百尺高的兩座鐵塔未改往年雄姿，披上一層防空灰色的銅頂機房大致完好，試驗室樓房，僅餘屋頂殘牆，好幾排宿舍則蕩然無存。依據三十二年七月我方所得情報，南京裝有二十瓩中波機及五十瓩短波機各一座，中波的音浪，在重慶歇臺予收聽，相當響亮。不過目前留存機房者僅有三瓩中波機一座，經查悉，所謂強力短波機，僅有裝置計劃，並未實行，中波機確是二十瓩，因多月來經費支絀，至於二十瓩機末級器材，則早被軍方拆走云云。最後在城區祠堂巷二十五號，會見偽中國廣播協會常務理事代理事長日人內山清，初步交換接收意見。這祠堂巷西式洋樓，是戰前我國財政部關務署原址，由偽組織撥充廣播協會辦公室，兼供偽中央臺發音之用。九月十八日，由京市黨政接收委員會領到接字第八十五、第八十六、及第八十七號接收證三紙，即指江東門三瓩中波機、廖家巷

一三六

五百瓦中波機及祠堂巷發音室三處,依據內山清交來各項清冊,加以點收。十月一日起,改稱爲中央廣播事業管理處南京廣播電臺,呼號爲XGOB,頻率仍爲六六〇千週。估計所有機件材料傢具,約值時價九億零九百九十九萬八千三百元,以當時物價指數一千五百倍計,折合戰前國幣六十萬六千六百五十五元。

在守候京市黨政接收委員會準備接收憑證之際,馮葉兩員前往上海。先去四川路一三三號,原係英商卜內門鹼業公司大廈,經日軍沒收撥充僞中國廣播協會上海事務所應用,爲上海廣播電臺辦公室及發音室附設在內。找得僞臺長陳正章,詢悉該臺有八百瓦電力中波機一部,頻率九〇〇千週,四瓩電力短波機一部,又稱國際電臺,頻率一一.七兆週,都裝于滬郊大西路三號。另有協會管轄的(1)大上海路十九號黃埔廣播電臺,(2)跑馬廳四四五號東亞廣播電臺,(3)博物院路一四九號大東廣播電臺,(4)塘山路澄衷學校內於本年七月十七日被盟機炸毀剩餘之上海大東兩臺所有的廣播器材。當將內情通知上海市黨政接收委員會。九月二十三日,接到該會普字第五八號接收證明文件,並附准予接收各單位清單,上列:(甲)上海市敵僞所管轄之廣播電臺,㈠四川路一三三號舊上海廣播電臺,㈡大西路三號舊國際廣播電臺,㈢大上海路十九號舊黃埔廣播電臺,㈣跑馬廳四四五號舊東亞廣播電臺,㈤博物院路一四九號舊大東廣播電臺,㈥塘山路澄衷學校內炸餘之上海大東兩臺器材,㈦四川路一三三號僞中國廣播協會上海事務所。(乙)日軍部所管轄之意大利廣播電臺。當於九月二十五日開始接收,由僞臺長依照清冊移交完畢,並將博物院路二百瓦特中波的舊大東臺拆卸,運入大西路庫房保管。東亞及黃埔兩臺,戰前都係美籍

一三七

商人所辦，經美軍總部正式來函證明，即交由原主人處理。二十八日接收完竣，改稱為中央廣播事業管理處上海廣播電臺，呼號為XORA，將四川路大廈交還英商，發音室移往大西路，集中辦公。估計接收資產，連土地房屋在內，約值時價九億一千八百九十萬餘元，折合戰前國幣，將近六十一萬二千六百餘元。

偽江蘇省政府會在蘇州設立五十五瓦特中波機一部，九月初由南京派往的先遣軍接管，嗣因蘇省黨政接收委員會認為該機並非軍事物資，撥交省政府裝運鎮江，旋由葉專員接洽，並出席蘇省黨政接委會第八次會議說明，經決定轉由處方接收。十二月十四日，接得該會所發第一四三號接收證，辦妥手續，成立江蘇廣播電臺籌備處，進行建臺工作。接到的機件材料，估值時價三百七十餘萬元，折值戰前國幣二千五百餘元。

徐州方面，敵偽設有三十瓦中波機一部，稱為銅山電臺，因津浦鐵路在徐蚌間中斷，由葉專員商請第十戰區臨泉指揮所接收委員會，暫派第五組中校科長孔園人，與日方移交人莊司猛夫接洽。十月九日，點收完竣，請銅山縣府暫為保存，機件材料總值，約為戰前國幣二千餘元。三十五年三月，由縣府撥出彭城路南段戶部山空地房屋，成立徐州廣播電臺，呼號為XOPC，頻率為八〇〇千週，每天播音九小時。

第二路為平津區：調派甘肅廣播電臺臺長黃念祖，任平津區接收專員，隨帶技術佐理數人，於九月十八日，由重慶乘美軍專機飛平。先到西長安街偽華北廣播協會，找到負責人周大文，詢悉該協會設廣播電臺十二處：(1)北平臺。在通縣雙橋，裝有一百瓩中波機、十瓩短波機各一部，在城內蔴花胡同裝有五百瓦、一百瓦中波機及五百瓦短波機各一部，發音室則設于該協會本部內。另在南苑黃村成立收音臺、大覺胡同及德勝門大街，設有第一第二器材製造工廠，西便門外十方院則有電波研究所，其他服務部、職員宿舍、散於城區各地。(2)天津臺。在福島街裝置五百瓦、一百瓦中波機一部，南市華安街九十九號裝有一百瓦中波機一部，計中波機五百瓦、一百瓦各一部。(3)濟南臺。計有一瓩及一百瓦中波機各一部，裝置于經四路緯四路。(4)青島臺。設于朝城路七號、計中波機五百瓦、一百瓦各一部。(5)石門臺。裝置一百瓦、五十瓩中波機各一部，臺址在新民路。(6)太原臺。臺址在東後小河八號，計裝五百瓦、一百瓦中波機各一部。(7)唐山臺。有一百瓦中波機二部，設于財神廟街二十九號。(8)保定臺。位於民權街四十七號，計裝一百瓦、二十瓦中波機各一部。(9)開封臺。臺址在老府門，有五百瓦、五十瓦中波機各一部。(10)運城臺。有五百瓦、二十瓦中波機一部，裝於西大路。(11)烟臺電臺。裝有一百瓦、五十瓦中波機各一部。(12)北戴河臺。設有二十瓦中波機一部。所有節目，還從北平電臺中繼機播出，由其他十一處電臺，同時轉播。其設施概況，詳見附件二十四。當於二十二日開始辦理接收事宜。北平電臺清冊，十月九日點驗告竣，國慶日正名為中央廣播事業管理處北平廣播電臺，呼號為XRRA，頻率照舊。一百瓩強力中波機，每天從二十時十五分，十瓩短波機暫停使用，其餘三部中波機，則每天從九時起到二十四時，繼續播送不相同的節目。該臺資產，依據敵偽產業處理局估計，共值時價十一億一千五百三十二萬餘元，折值戰前國幣七十四萬三千餘元。二十五日，接收天津臺，改呼號為XRPA，五百瓦機每日播音八小時，兩部一百瓦機則為十六小時。財產總值約為戰前國幣二十七萬二千餘元。濟南臺，於日本投降後，即由山東省政府接管，經黃專員多次洽商，迄三十五年四月完成接收手續，改呼號為XRPB，一瓩中波機每天播音四小時，另一機則為七小時。三十六年起，改名為山東廣播電臺，全部資產，估值戰前國幣三萬九千九百餘元。青島臺，於十月十三日接收完竣，改呼號為XRPC，每天播音兩小時，資產估值戰前國幣一萬二千餘元，另有存儲在光喜洋行內無線電器材七千七百餘元，合計約值兩萬元。石門臺，於十一月七日接收告竣，改呼號為XRDS，百瓦中波機每天播音四小時，另一機為十一小時，資產總值，約為戰前國幣一萬二千元。太原臺，於日軍投降時被山西省政府接管，三十五年一月移轉完竣，呼號為XKPB，五百瓦機每日播音五小時，另一機為三小時。三十六年起，更名為山西廣播電臺，資產估值戰前國幣一萬六千四百餘元。唐山臺，十一月六日完成接收手續，改呼號為XRPM，每日播音八小時，財產估值戰前國幣一萬二千餘元。保定臺，於十月十五日接收告竣，更名為河北廣播電臺，呼號為XRPP，每日播音五小時，資產估值為戰前國幣一萬二千九百餘元。開封臺，於十二月十九日完成接收工作，更名為河南廣播電臺，呼號為XLPB，每日播音五小時三十分，資產估值戰前國幣七千餘元。運城臺，於日軍撤退時取去所用真空管，暫由運城專員公署派員保管。三十五年四月，管理處派員接管，恢復播音，每天三小時，呼號為XKDY，資產估值戰前國幣一萬一千餘元。旋於是年底撤銷，將器材移存山西臺。至於煙臺及北戴河兩處機件，都於日軍撤退時在紛亂中散失。

華北方面，除了該偽廣播協會所轄十二處電臺外，尚有日人建設的四處。(1)張家口臺，有十瓩短波機、五百瓦中波機各一部，裝置于東坡二號，發音室則在上堡蒙古營大街十二號。日軍投降時，稱為蒙疆電臺。

十一月由北平修造分所撥運五百瓦中波機一部，恢復播音，正名為察哈爾電臺，呼號為XRPK，每日播音六小時。房屋土地資產，估值戰前國幣五千餘元。(2)大同臺，地址在東大街，裝五百瓦中波機一部，三十五年二月由平津區接收專員派員點收，改呼號為XKDT，每日播音四小時又十五分。資產估值戰前國幣一萬三千餘元。(3)綏遠臺，位于大馬路姑子板村甲六十八號，裝有五百瓦中波機一部，三十五年三月，平津區黃專員商請綏遠省政府派員接管，更名為歸綏廣播電臺，呼號為XKRA，每日播音七小時三十分。資產估值戰前國幣一萬一千餘元。(4)包頭臺，位于城內永合巷十號，中波電力五十瓦特，發音室則設於富三元巷。三十五年五月，由歸綏臺派員點收，呼號改為XKDP，每天播音六小時四十分。資產估值戰前國幣八千五百餘元。

第三路為武漢區：指派中央電臺傳音科長何柏身為武漢區廣播電臺接收專員，隨帶技術佐理人員，於九月十九日乘輪抵漢，當赴黃陂路四十一號偽中國廣播事業建設協會，於該會理事日人今野留次報告中，獲悉漢口臺共有發射機四部，裝於該協會內者為十瓩及二百瓦中波機各一部，於西郊蕭家地者為一百五十瓦短波機一部，另有二百瓦中波機一部，則設于黃陂路六十九號，專供日語播音。從三十二年一月起，十瓩機縮減電力為二百瓦，盟機炸漢，日軍部即令拆遷蕭家地，和短波機合裝一處防空洞中。日軍宣布投降後，僅使用協會內的小中波機，餘均停止，因損壞頗重，須加整理。當于二十五日，按照移交清册接收竣事，改呼號爲XLRA，每日用一部二百瓦機播音四小時十五分。資產估值戰前國幣八萬二千餘元。

第四路爲廣州區：指派工程師鄭崇武爲廣東區廣播電臺接收專員，隨同技術佐理人員，於九月十八日乘機飛粤，翌日往各方洽詢接收事宜。悉該市日人強佔民房，裝有五百瓦短波機、五百瓦及二百瓦中波機各一部，發音室則設于沙面肇和路六十七號，維持播音。嗣經該區張司令長官奎令飭移交，當于九月二十七日會同廣州市府，首由陸軍新三十八師通信兵隊接管，仍管移交清册查點完畢，暫時共管，呼號改爲XTPA，每日播音四小時二十分。自十一月一日起，由市府撥交管理處專管。房屋機件材料傢具等，估值戰前國幣十五萬九千餘元。數月後，將三機移裝于連新路一百十五號，而把原機房歸還業主。

第五路爲浙閩區：指派收音督導科長陳澤鳳爲浙江區廣播電臺接收專員，隨帶技術佐理同仁乘輪去京轉杭。十月二日抵達，悉該地日僞設有廣播電臺一所。計五百瓦，一百五十瓦中波機各一部，三百八十瓦短波機一部，裝於英士街四十六號浙江省教育會會所內，業由中央宣傳部所派張中三先生于上月初接收，浙省敎育廳有意管理運用。兩部中波機都有故障，零件散失，以五百瓦機爲甚。一面和浙省府磋商，一面向上海電臺商撥配件，從事整修，延至三十五年二月，始克接收竣事。改稱爲浙江廣播電臺，呼號XOPB，每日播音七小時半。財產估值戰前國幣一萬二千餘元。

日僞所建廈門廣播電臺，發音室設於虎園路九號，二百瓦電力中短波機各一部則裝于虎園路廖花山。由福建廣播電臺派員于八月二十二日前往接收，經整理機件線路，布置環境，于十一月二十二日開始播音，每天四小時，呼號為XUPB，房地機件材料，估值戰前國幣三萬七千餘元。

第六路為臺灣區：指派國際臺傳音科專員林忠，為臺灣區廣播電臺接收專員，隨帶技術佐理同仁，于十月二日隨臺灣行政長官公署前進指揮所專機飛臺，和臺灣放送協會接洽，悉日人在臺灣設有電臺五處：(1)臺灣臺，發音室在臺北市公園路，一百瓩中波機裝於嘉義縣民雄鄉，十瓩中波機兩部，三瓩短波機一部，裝于板橋。(2)臺南臺。(3)臺中臺，都裝一瓩中波機一部。(4)嘉義臺，有五百瓦中波機兩部。(5)花蓮臺，有一百瓦中波機一部。臺北與民雄間，利用電信局長途電話線傳音，但民雄強力中波機曾被盟機炸過，部份受損。臺北市尚有未完成的廣播大廈一所，佔地面積較重慶上清寺大廈超過十倍。並自雙十節起，每晚轉播中央電臺一部份節目。旋於十一月十日，接收臺灣臺，改呼號為XUPA，每天播音時間為七小時半，其他四臺同時聯播，房地產機件材料傢具總值，處理局估價為九億七千一百六十五萬五千餘元，折合戰前國幣六十四萬三千餘元。十六日，接收臺中臺，改呼號為XUDC，資產估值戰前國幣五萬二千一百餘元。十八日，接收臺南臺，改呼號為XUDG，資產估值戰前國幣一萬一千五百餘元。二十七日，接收嘉義臺，改呼號為XUDB，資產估值戰前國幣一萬二千一百餘元。二十日，接收嘉義臺，改呼號為XUDH，資產估值戰前國幣一萬二千一百餘元。

第七路為東北區：十二月中旬，指派國際臺工務科長董毓秀為東北區廣播電臺接收專員，偕同技術佐理多位，隨接收特派員馮簡教授由渝飛平轉往，先調查偽滿洲國放送協會設施情況，經由東北行政長官公署獲得僞東北廣播電臺設施概況一紙，詳見附件二十五、二十六。悉共有大小電臺二十六處，規模最大的長春放送局，有一百瓩、十瓩中波機各一部，最近裝置的二十瓩短波機兩部，和莊麗宏偉的廣播大廈一所。董專員當于二月五日派員接收錦州臺的一百瓦中波機及五十瓦短波機各一部，改呼號為XQDC，每日播音五小時，該臺地址為錦州中正路，資產估值戰前國幣五千二百餘元。四月十日，辦妥設于瀋陽市馬路灣的瀋陽電臺接收手續，計有一百瓦中波機兩部，即改呼號為XQPA，頻率照舊，每天播音九小時二十分。另派員到鞍山、撫順兩處，檢得的一小部份剩餘器材，運存瀋臺。資產總價，估值戰前國幣五萬七千餘元。六月二十五日，接收設在長春市中正廣場的長春電臺巍峨大樓，及位於寬城子宏敞機房內的十瓩中波機一部，其餘一百瓩中波、二十瓩短波、和重要器材，都被蘇軍於撤退時席捲而去。當即正名為中央廣播事業管理處長春廣播電臺，呼號為XQRA，頻率仍用六四〇千週，每日播音七小時。房地器材等估值戰前國幣十二萬三千餘元。七月中，派員接收設在吉林東關大馬路的吉林臺，僅有五十瓦中波機一部，改呼號為XQDK，每日播音七小時。資產估值戰前國幣一萬二千餘元。另由瀋陽臺派員赴安東，接收殘缺不全，約值戰前國幣近千元的五十瓦中波機二部，運回存庫。

七路接收工作在不同情況下進行，難易互見，總共增加本黨黨營事業資產，約為戰前國幣三百五十四萬四千餘元，至於憑着這批宣傳工具所產生的力量和效果，那是難以數字估計了。

附件二十四

偽華北廣播協會廣播設施概況

截至34年9月底止

臺名	呼號	電力	週波(kc)	種別	用語	開始年月日
北平	XRRA	100 (kw) 500 (w) 100 (w) 10 (kw) ● 500 (w)	640 950 1350 6100(晝) 10260(夜) 15130(對日) 7380	第一廣播 第二廣播 特殊廣播 各地中繼 各地連絡	中 中日 中 中、日 中、日 中、日 日	27, 1, 1 27, 4, 1 28, 9, 1 30, 6,10 33, 5, 1
天津	XGBP	500 (w) 100 (w) 100 (w)	620 1110 820	第一廣播 第二廣播 特殊廣播	中 中日 中	26, 8, 1 28, 6,20 31, 2,11
濟南	XGCP	1 (kw) 100 (w)	860 1100	第一廣播 第二廣播	中 日	27, 3,21 27, 1, 1
青島	XGDP	500 (w) 100 (w)	1150 700	第一廣播 第二廣播	中 日	27, 3,21 28,12, 1
石門	XGEP	100 (w) 50 (w)	780 980	第一廣播 第二廣播	中 日	27, 5, 5 33, 1,25
太原	XKFP	500 (w) 100 (w)	720 940	第一廣播 第二廣播	中 日	27,11, 3 29, 1,25
唐山	XGGP	100 (w) 100 (w)	770 1130	第一廣播 第二廣播	中 日	26,11,23 33, 2, 1
保定	XGHP	100 (w) 20 (w)	730 990	第一廣播 第二廣播	中 日	32, 2, 5 33,11, 1
開封	XLKP	500 (w) 50 (w)	680 920	第一廣播 第二廣播	中 日	29, 8, 1 33, 6,15
運城	▲XGJP	500 (w)	810	第一廣播	中	28, 1, 8
煙臺	XGLP	100 (w) 50 (w)	740 920	第一廣播 第二廣播	中 日	33, 1,25 33, 1,25
北戴河	XGMP	20 (w)	850	第一廣播	中	33, 2, 1

說明：●在障礙中。
　　　▲真空管已被日人取去，正向二戰區交涉中。

附件二十五

伪东北广播电台设施概况

34年8月19日调制

台名	呼号	电力(KW)	週波(KC)	开始年月日	广播对象	所址	发电所在地	收电所在地
长春	MTCY	10 / 100	560 / 180	25,11,1 / 25,11,1	日华	大同大街	觉城子	孟家屯
瀋阳	MTBY	1 / 1	890 / 1250	17,10,1 / 27,10,1	日华	马路湾	同左	小南边门外
哈尔滨	MTFY	3 / 1 / 1	674 / 805 / 1280	52,-,1 / 29,7,1 / 31,12,8	日华俄	松花江街	马家沟	南岗长官公署街
大连	JQAK	1 / 1	760 / 1065	14,8,1 / 26,2,1	日华	圣德街	同左	同左
齐齐哈尔	MTLY	1 / 0.05	1075 / 835	27,4,10 / 27,4,10	日	觉宏街	三里岗	宽城
牡丹江*	MTGY	1 / 1	745 / 1100	26,6,1 / 31,1,15	日华	大平路	同左	同左
承德	MTHY	0.05 / 1	915 / 1270	26,7,22 / 30,12,15	日华	小修講	同左	同左

地名	呼号	功率	周率	开播日期	语言	地址				
安東	JQBK	0.05/0.05	805/1260	26,10,20 / 28,12,10	日華	大和區六番通	同	左	同	左
營口	MTPY	0.05/0.05	725/1100	28, 2, 1 / 28, 2, 1	日華	新市街千代田通	同	左	同	左
錦縣	MTOY	0.1/0.1	575/955	28, 4,14 / 28, 4,14	日華	向陽區昭和通	同	左	同	左
通化	MTTY	0.05/0.05	725/1100	29,11,20 / 30,12, 8	日華	大橋區	同	左	同	左
撫順	MTIY	0.01	725	33, 9, 1	日華	中央大衔	同	左	同	左
鞍山	MTJY	0.01	725	33, 9, 1	日華	長和	同	左	同	左
本溪湖	MTMY	0.01	725	33, 9, 1	日華	宮原興亞街	同	左	同	左
吉林	MTWY	0.05/0.05	725/1160	33, 4,15 / 33, 4,15	日華	賜明區大馬路	同	左	同	左
佳木斯*	MTNY	0.1/1	615/845	27, 4, 1 / 31, 3,20	日華	中央大衔	電電統合委信所	左	同	左
延吉	MTKY	0.2/0.05	1200/725	27, 4, 1 / 31, — —	日鮮	間島乙字街	同	左	同	左
當錦*	MTQY	0.05	1280	28,11, 1	華日	西南門外	同	左	同	左
東安*	MTVY	0.05/0.05	725/1270	31, 3,25 / 33,10, 1	日華	向陽區	同	左	同	左
海拉爾*	MTRY	0.5/0.5	935/1280	27, 4, 7 / 27, 4, 7	華日蒙	腰盧子	同	左	同	左

地名	呼号	功率(瓩)	周率(千周)	播音时间	语言	地址				
黑河*	MTSY	0.1 / 0.1	795 / 1100	27,12,20 / 31,-,-	日华	大 道	同	左	同	左
王爺廟	MTXY	0.05 / 0.05	725 / 1160	34, 6,- / 34, 6,-	华蒙	兴安街興安廣播電臺	同	左	同	左
北安	MTUY	0.01 / 0.01	725 / 1025	30, 2,10 / 30, 2,10	日华	省 公 署	同	左	同	左
阜新	MTZY	0.05 / 0.05	1160 / 725	34, 7,- / 34, 7,-	日华	海 州	同	左	同	左
孫吳†	MTDY	0.01	965	-,-,-	日华	吳孫北街孫吳匪	同	左	同	左
赤峰†	MTEY	0.01 / 0.01	257 / 1100	33,-,- / 33,-,-	日华	箭 亭	同	左	同	左

资料来源：東北行政長官公署。

说　明：* 因戰事現已被毀。
　　　　† 僅系時播並無播音設施。

附件二十六
偽東北廣播電臺分佈圖
民國三十四年八月十九日

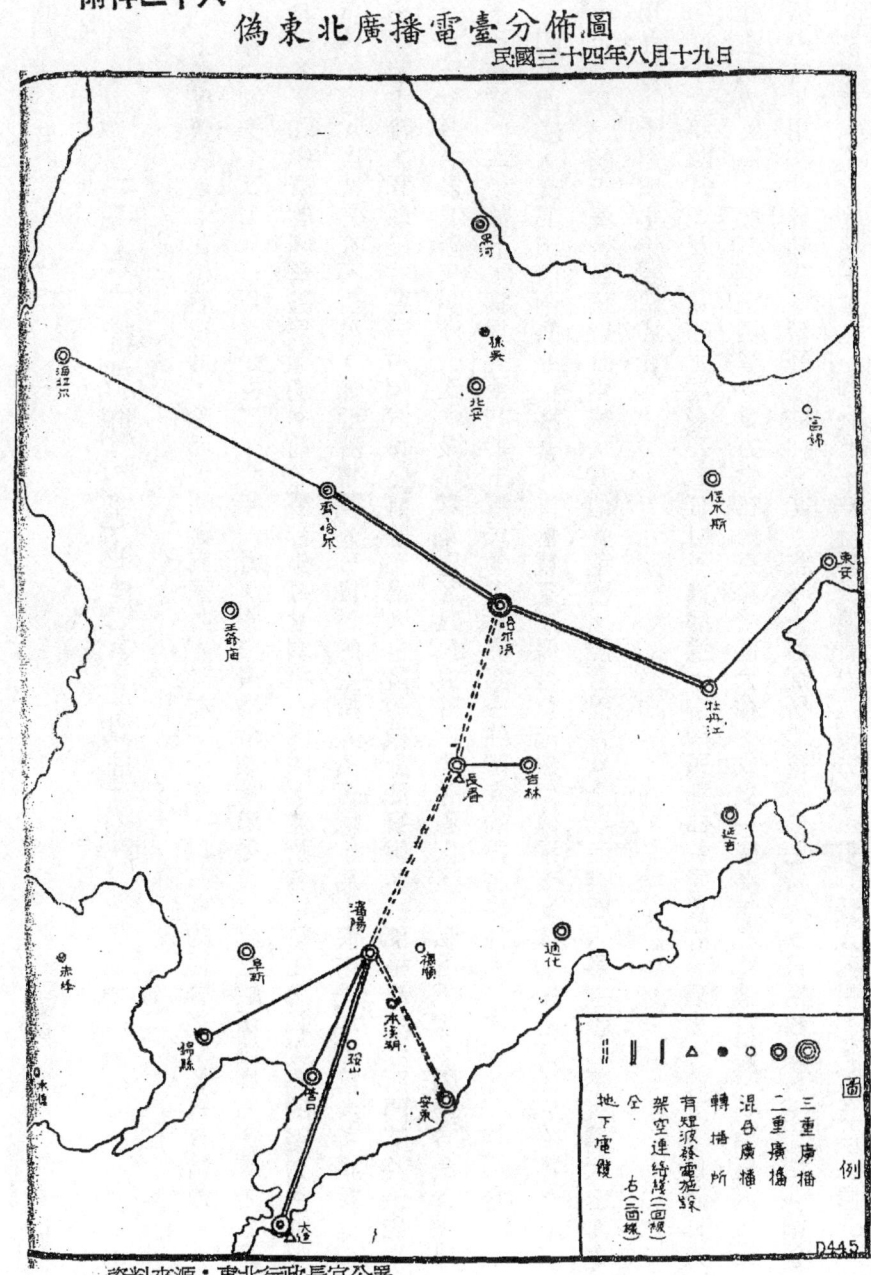

資料來源：東北行政長官公署

(三十六) 抗戰期間滬地民營臺動態

上海民營各臺，在抗戰以前，除西人所辦五家外，計有四十家，以一瓩的福音臺MXHD為最大，三十瓦之同樂臺XLHC為最小。二十六年一月，中央廣播事業指導委員會成立駐滬辦事處，查審各臺節目，各臺和中廣的聯繫甚為密切。前於播音集募愛國捐一節內，述及各電臺在滬戰勸募的努力。惟滬地良莠不齊，廣播界亦不例外，如亞聲電臺XHHN的主持人黃菊隱，為上海市民地方協會募捐接濟前方忠勇將士時，竟敢侵吞各方所捐汽車金飾等，被上海警備司令部槍決於老西門陳英士先生紀念塔下。另有該臺辦事員祝文豪，及華興電臺XHHP許勁先等數人，亦私吞捐款，因當時急於撤退，未及查究，幸免於刑，實為抗戰初期上海民營廣播界第一件不幸的污劣事件。

國軍西撤，交部市府兩臺停止播音。民營電臺能保持氣節毅然停播者，僅有一百瓦的華美臺XHHI，及一百瓦的上海臺XHHS兩家，其他各電臺，照常播音。全以商業廣告為主體。不久偽大上海電臺用九○○千週頻率，開始播音。

二十七年四月，五十瓦的元昌臺XLHM，為播送十字街頭插曲「思故鄉」唱片，於二十日經日方通知法租界當局，勒令停止播音。日方當在南京路哈同大樓，成立「廣播無線電監督處」，由日人淺塋一男主持，用郵件通知各民營臺，前往登記。當時上海民營電臺公會主持人，為常務委員王完白（福音）、蘇祖國（上海）、王緯之（利利），執行委員陳軒春（東方）、張元賢（元昌）、陳子禎（國華

一、陳愁甫（友聯）七位，用餐聚會名義商討應付辦法決定，寧為玉碎，毋為瓦全，拒絕登記，從四月二十三日起，全體停播。獨有一百瓦的李樹德堂XHHE電臺，藉口機件裝在越界築路地段，恐遭犧牲，照常播送。一五〇瓦的航業臺XHHZ，亦聲明係航運俱樂部設立，全屬娛樂性質，無須停播。另有一百瓦的中西電臺XHHH，對外聲稱因營業關係，故不停播，即被人周邦俊窘不堪言，隨即停止播音。

日人所設的「廣播監督處」施用壓力，和公共租界當局談判，結果由工部局通知各電臺前往登記，其實該局僅為一呈轉機構而已。於是有前因設備簡陋被交通部取締吊銷執照的同樂、周協記、敦本、安定、新聲、惠靈、市音、華光八電臺，先向日方請求，旋即更換名稱及呼號獲准播音者，計有清音XQHK、揚雪XHHT，大美XHHM、大來XHHJ、大雅XHHC五家。為抵抗登記停播，結果仍向工部登記而恢復者，計有建華、福音、新新、大中華、東陸、友聯、富星、李樹德堂、明遠、佛音、華泰、中西、東方、元昌、航業、國華、利利、華興、大陸、華東、鶴鳴等二十一家。另有若干商人，見播音廣告有利可圖而申請新設者，計有天聲、雷通、華盛、經研、商業、商友、天光明、民聲、大美、大亞等十三家。合計三十九家，都於限期內辦竣手續，從事商業方面的競爭。經過幾個月，福音電臺被日方視為敵產，予以沒收，大中華、佛音、東方、大陸、富星、麟記、鶴鳴七家，相繼自動停播。原來的上海民營電臺公會主持人，鑒於局勢特殊，人事混雜，不願與聞其事，因之偽公會乘機而起，其主持人為劉重恆（中華）、陳顯宗（華英）、王寅初（安華）、馬襄卿（大來）、秦德隣

（明遠）五家新電臺的業主，暗中受日人所設廣播協會的節制。

三十一年十二月八日，日軍進駐租界，偽公會亦停頓，全滬民營臺機件悉被查封拍照，數週後即由偽中國廣播事業協會以每臺五六千元至一萬元的價格，強迫收買，並通告凡有收音機者須向捕房登記。三十二年一月，更命令凡是收音機內有短波收聽設備者，一律剪去，並向偽協會按月繳納收聽費。

（三十七）復員聲裡回故鄉

在派員接收敵僞廣播電臺的同時，擬具計劃：(1)西康臺撤銷，機件運渝，房屋器具移贈當地民教館。(2)中央臺移囘首都。(3)湖南臺由沅陵遷返長沙。(4)江西臺從瑞金移裝南昌。(5)福建自永安搬囘福州。(6)流動臺由邵武東移杭州，併入浙江臺。(7)陝西臺則從南鄭返囘西安，而將四十瓦西安臺撤銷。並編造所需經費，將近三億元，呈准中央核撥。當於九月中遷移陝西、福建兩臺，十月間撤銷西康、流動兩臺，十一月遷建湖南、江西兩臺。中央臺裝在大田灣地下室四䣛短波機，則于十二月停播，拆卸裝箱。茲將三十四年十二月底止，中廣所屬各電臺概況列表於下，詳附件二十七。

三十五年一月，續將大田灣地下室十䣛中波機停播拆卸，連同已裝箱的四䣛短波機，搭乘二月間江輪運京。另有十䣛中波、及七‧五短波兩機，仍以中央電臺名義，維持每天九小時的播音，在充滿希望的情緒中進行。當時在渝中央各機關，紛紛從事復員工作，管理處及中央臺員工共有二百五十多位，連同眷屬，為數可觀，嘗不斷向全國船舶調配處，航空運輸處聯絡交涉，以冀早日疏運去京，無奈交通工具極感缺乏，未克應付需要。當將技術、播音、總務人員，分批陸續由水路、空路及自渝轉陝的陸路，趕于四月間返抵首都，在相別已逾八載的江東門原址，裝建從重慶移來的兩部播音機、短波機完全與在渝時相同，於五月五日中央規定的勝利還都日，正式以中央電臺名義恢復播音，呼號頻率，中波則改爲六六〇千週。當然兩機總電力，尚未及八年前五分之一。去年九月接收時所建南京廣播電臺及在渝的中央電臺，同時取銷。中央臺發音室則設於祠堂巷二十五號，財政部關務署二樓。丁家橋中央黨部內原址，則專供管理處辦公。大部份同仁眷屬，仍留重慶，等待自備交通工具東來。

二月中，據南京臺同仁函告，丁家橋辦公房屋需要徹底整修，而木材在京市已成奇貨，傢具木器價格之高，又屬駭人聽聞，來京復員同仁，能將家中用品搬運回去，不知比八年前高出若干倍，白米每石三萬元，匠人工資日須五千，最為上策。又說：此間其他生活必需品，一定可以節省公帑不少。當即經由處務會議決定動用復員款項一部分，向重慶下游些木材或傢具東來，訂造可裝一百三十噸貨物的木殼船兩艘，另替公家預備檜木製的辦公桌椅兩百套，私人需要添置傢具亦按價代辦。四月中，木船兩隻驗收完竣，雇用舵手，辦妥行駛長江手續，裝下壓艙嵐炭十多噸，于五月十五日揚帆順流東下。過三峽時，受到一些風險，於六月中，抵達江東門北河口卸貨，就是八年前再度由漢返京拆除中央臺剩餘器材的四位忠勇同仁，以焦急徬徨情緒，在滾滾東流飛鳥已絕的江面上極目搜尋，忽而找到僅有的兩條大帆船，藉以載運最後一批物資匆忙西上脫離虎口的同一地點，可謂巧合。

附件二十七　　　　　管理處所屬各臺概況
（截至34年12月底止）

臺名	呼號	波長 M.	週率 KC.	電力 KW.	臺址	負責人
中央臺	XGOA	250 250 50.9	1200 1200 5918	10 10 7.5	重慶	吳道一(兼)
國際臺	XGOY	25.2	11900	35	重慶	馮簡
昆明臺	XGOX	49 41	6140 7153	10	昆明	黃天如
北平臺	XPRA	435	690	50	北平	黃念祖(兼)
	XRRA	468 25 49 316 220 41	640 10260 6100 950 1350 7380	100 10 0.5 0.1 0.5 (1)		
臺灣臺	XUPA	294 400 31 448 49.8	1020 750 9695 670 6017	10 10 10 100 (2) 1	臺北	齊昌鼎(兼)
臺南臺	XUDB	289	1040	1	臺南	林忠

武崇	鄭	廣州	0.5 0.5 0.2	780 1650 1200	385 25.8 250	XTPA	廣州臺
鑽鶴	黃	西安	0.5 0.04	1290 1000	233 300	XKPA	陝西臺
平敦	薛	福州	1 0.2	950 10000	316 30	XGOL	福建臺
号 柏	何	漢口	0.2 10 (4) 0.15	800	375 49	XLRA	湖南臺
隆 治	王	長沙	1 (3)	955 930	316 322	XLPA	南京臺
屏 蒲薯(副)	彭	上海	4 0.8	11780 900	25 333	XORA	上海臺
馨 桂萊	陳	南京	10	660 9540	440 31	XGOB	南京臺
湘 潘(代)	陳	蘭州	0.1 10	1400 820	214 366	XMRA	甘肅臺
闽 總	潘	貴陽	10 5	6990 1000	42.85 300	XPSA	貴州臺
		重慶	0.5	1070	280.4	XUDG	重慶臺
		香港	0.1	1080	278	XUDH	香港臺
		中央	1	960	313	XUDC	中央臺

台长	地点	功率(kW)	周率(kHz)	波长(m)	呼号		地点
陈泽	杭州	0.1 0.5 0.6	900 900 7400	303 303 40.54	XOPB	台	浙江
孙国珍(代)	天津	0.1 0.5 0.1	820 620 1110	365 484 270	XRPA	台	天津
蔡瑞(象)	青岛	0.5 0.1	1150 700	262 429	XRPC	台	青岛
苑詹仪(代)	唐山	0.1 0.1	770 1130	391 265	XRPM	台	唐山
营世昌(代)	保定	0.1 0.02	730 990	411 303	XRPP	台	保定
王洛	南昌	3 (5)	1080	271	XLPC	台	江西
	济南	1 0.1	860 1100	349 272		台	济南
董毓	长春	10 100 (6)	536 1080	560 278		台	长春
杨柏	大连	1 1 10 (6)	282 394	1065 760		台	大连
吴融	瀋阳	1 1 (6)	338 240	890 1250		台	奉天
王時	哈尔滨	3 0.25 (6)	284 284	1055 1055		台	哈爾濱

台名	呼號				地點	台長
臨綏台	XKRA	368	815	0.5	臨綏	陳國威(代)
包頭台		366	820	0.05	包頭	
大原台	XKPB	461 / 31.6	720 / 9500	0.5 / 0.2	大原	趙化之(代)
石家莊台		385 / 306	780 / 980	0.1 / 0.05	石家莊	吳湘(代)
開封台	XLPB	441 / 280	680 / 1070	0.5 / 0.05	開封	孫繼鑑(代)
廈門台	XUPB	410 / 35.9	730 / 3348	0.1 / 0.1 / 0.04	廈門	黃懋炘(代)
徐州台	XOPC			0.03	徐州	孔園人

資料來源：本處傳音科及人事室。

說明：(一) 本表所列各臺係以本處所屬為限，此外成都電臺及政治部第一軍中電臺俱未列入。

(二) 註(1)障礙中(2)試播中(3)遷移中(4)修理中(5)籌備中(6)裝設中。

（三）《中国民营广播史》节选[1]

艾红红

第三章 各为其"主"

第四節 大事件中民營廣播的身影

中國民營廣播事業勃興的年份，正是中華大地外患未平，內亂不息的時期。民營電臺在平時歌舞昇平，但在重大突發性事件時，各民營電臺不僅如實報導事件進展，還以實際行動參與救援和賑災，表現出可貴的愛國精神和責任擔當。

一、非常時期的權威信源和民意出口

1931 年，日軍在東北發動「九一八」事變，第二年又在上海蓄意製造矛盾，挑起侵略戰爭，遭到駐防上海的國民革命軍第十九路軍奮力抵抗。戰事

---

[1] 台湾花木兰出版社 2016 年 3 月出版。

一開，上海各界都積極響應十九路軍的英勇抗戰，各大報紙卻因交通阻隔，無法及時輸送到江蘇、浙江各縣。亞美、大中華、國華等上海民營電臺見此情形，除積極捐款捐物輸送前線外，毅然選擇在敵機的盤旋下繼續播音，成為當時江浙地區獲知戰況的第一渠道。

戰爭一爆發，亞美電臺就獲知並第一時間報導了這一消息，迅速跟中央電臺、浙江電臺和蘇州電臺建立了空中聯絡。滬地其它七座民營電臺凌雲、大中華、李樹德堂、中西廣播電臺等隨即跟進。之後，上海國華、亞聲、鶴鳴、快樂、東方、大聲等也陸續加入，從早7點到晚9點滾動播發戰事消息，由此形成眾多民營電臺規模性播報戰況的局面。「當時日機轟炸，交通線路嚴重毀壞，汽車停開，鐵路運輸中斷，報紙傳遞受阻，傳送戰爭消息跟不上社會需要。在本市傳送也要延擱，運送外地則要耽擱幾天時間。廣播借助電子媒介技術，超越時空，能夠達到播報戰況與作戰現場幾近同步的效果；它的傳遞呈放射狀面向遠距離的多個聽眾的空間穿越，及時、快捷、便利的傳播特點，吸引了戰時民眾，引起社會廣泛的注意力」〔註108〕。上海各民營電臺報導新聞，勸募捐款，聲援十九路軍的前線抗戰，贏得了極高的社會聲譽。江蘇常熟東張市私立益眾圖書館每日按時收聽亞美電臺播送的戰事消息，聽者有千餘人。該館還將電臺所播消息記錄下來，隨時油印單張分發，使大眾明瞭真相。當時停泊在寧波港的海輪嘉禾號全體百餘名船員也自晨至深夜不停地收聽廣播，聞勝則喜，聞敗則憂。〔註109〕總之，30年代研究上海新聞史的胡道靜曾高度評價上海的電臺，「『上海事變中，廣播事業曾顯起報導的偉大功能』。電臺的戰況消息傳遞成為溝通社會民眾的極為有效的路徑之一。」〔註110〕南京政府也高度重視民營電臺的傳播作用，曾特派上海政治要員汪精衛、宋子文通過大中華電臺發佈消息。

此後，每年的「一二八」紀念日前後，各電臺都自覺舉行紀念播音。1933年1月23日至28日，上海各界開展航空救國播音宣傳周活動，由上海市長吳鐵城及社會名流分赴亞美、中西、大中華電臺演講宣傳。亞美電臺在「一二八」抗戰一週年之際還策劃播出了系列廣播宣傳節目，內容包括1月26日

〔註108〕汪英：《傳媒動員與一二八淞滬抗戰——以上海廣播電臺為個案的考察》，《軍事歷史研究》2007年第3期。

〔註109〕趙凱主編：《上海廣播電視志》，第176頁。

〔註110〕汪英：《傳媒動員與一二八淞滬抗戰——以上海廣播電臺為個案的考察》，《軍事歷史研究》2007年第3期。

（農曆正月初一）的《紀念播音開場白》及《「一二八」事變之始末》介紹，1月27日的《「一二八」戰事每日大事記》及播音劇《恐怖的回憶》，1月28日的特別節目《哭週年》，1月30日的航空救國宣傳以及1月31日的紀念播音結束語等。1934年1月28日，中外電臺一律停止娛樂節目，從10時至20時，由七位社會名流到各電臺進行愛國演講。1937年1月28日「一二八」事變五週年之際，上海元昌電臺播送紀念節目，9時播送警策語及防衛知識。15時30分播送愛國劇《「一·二八」之夜》、《李老大說夢》；22時30分播送愛國劇《爭奪記》、《收回》。

1937年「八一三」抗戰前夕，上海各民營電臺再次同仇敵愾，大力進行抗日救國宣傳。

應該看到，作爲自負盈虧的商業電臺，上述愛國之舉也並非完全舍利取義。亂世中求生的民營商業電臺，無時無刻不處在運營資金的困擾之中。以亞美電臺爲例，在「一二八」事件中，該臺一面積極報導，用從早至晚滾動播出新聞的方式，最大限度地發揮廣播媒體優勢，一面又爲本臺呼籲，希望因交通阻隔而得不到報紙的聽眾能把省下的購報費用以移助電臺，那些靠亞美消息編發號外獲利者也給電臺一定的經濟補償。遺憾的是，電臺呼籲了幾個星期，多數聽眾卻以沉默對之，只有極少數聽眾表達了支持的態度。後來亞美電臺又徵求聽眾意見，若長期早晨報告新聞，就需聽眾年交四元費用。這一動議仍因應者寥寥而擱淺。1932年3月23日，亞美電臺的早間新聞節目告停。

二、籌賑救災的主渠道

近代以來，中國社會內憂外患，官方的救助和賑災力量卻十分有限，各種救濟不過是杯水車薪，難以從根本上解決問題。由民間社會發起的慈善事業，彌補了官方實際能力的不足和在賑災方面的制度性缺失。這些民間組織中既包括前近代社會就已普遍存在的以地方士紳爲核心的慈善堂等傳統慈善團體，還包括近代出現的很多新的社會群體和組織，如孤兒院、紅十字協會等。現代大眾報業興起後，各民營大報如上海的《申報》、天津的《大公報》和北京的《世界日報》等也都自覺承擔起救災勸募等慈善事業的組織和宣傳工作。20世紀30年代，民營電臺在大城市逐漸發達，成爲救災募捐的另一個重要渠道。各電臺不僅帶頭捐款獻物，還主動提供宣傳平臺，爲募捐活動造勢，以實際行動支持各地災民。

1932年1月28日淞滬抗戰爆發後,亞美電臺通過廣播開展募集慰勞品、慰問金與賑濟金活動,有時早晨播音募捐,到中午就已將所需款項和物資收集齊全。住在上海戈登路(今江寧路)的10歲兒童致信亞美電臺說,他每天早晨上學前收聽廣播,知道「許多小同胞家內因為受了日本人的炮火,無家可歸,真正可憐,小生年小無力幫助為恨,將所積壓歲錢購做絲棉馬夾100件,計洋299.3元,已送往前線。又請母親將小生舊棉衣、棉袍撿出,共50件,請轉送受苦的各位小同胞應用。」〔註111〕從1932年2月17日到3月17日止,亞美電臺共收到捐款21000餘元,救濟物資無數,全部及時送往前方難民及傷兵處。為此,第十九路軍總指揮蔣光鼐、軍長蔡廷鍇及淞滬警備司令戴戟聯名致信,向亞美公司廣播電臺表達感激之情:「中華民國二十一年一月念八日倭寇犯上海,光鼐等率十九路軍本守土為國之義,禦之於吳淞、閘北,父老兄弟諸姑姊妹相與庇餱糧,輸財物,所以厚軍實,撫戰士者,無不至民族禦侮精神於以發皇。嗟乎,斬將搴旗已挫封豕長蛇之氣,節衣縮食深知仁人志士之心。謹識數言,永銘高誼。」〔註112〕當時有聽眾評價說,「無線電在中國也盡過二次相當重大的責任的,就是『一二八』、『八一三』的二次戰事中,許多播音臺和播音從業員不辭辛苦地為國家、為民眾們效勞,他們在空氣中那樣大聲疾呼去喚醒在睡夢中的糊塗蟲!」〔註113〕

　　1933年,日本加快了侵略中國的步伐,4月熱河〔註114〕全省淪陷,察哈爾部分地區也落入敵手,大量難民被迫流落南方。4月29日,全滬民營廣播電臺為救濟熱河、東北難民,組織募捐聯合播音,持續了36小時。〔註115〕

　　1935年7月3日至7日,鄂西和湘西北山地東側發生了歷時五天的特大暴雨,導致長江中游出現區域性特大洪水,澧水、漢江遭受極為慘重的洪水災害,14萬多人被淹死。《申報》、《大公報》等幾乎每日都報導這一事件的進展,不斷呼籲募捐和救災活動。上海播音業同業公會也發起宣傳賑災活動,

---

〔註111〕《舊中國的上海廣播事業》,第96頁。
〔註112〕殷訥:《上海廣播無線電臺之經過》,《無線電問答彙刊》1932年10月10日第19期《廣播特刊》。
〔註113〕羅才清:《上海播音業的盛衰》,《上海人》,中華民國二十七年(1938年)第13期。
〔註114〕1928年9月17日,國民政府正式公佈將熱河改為省,屬於關外東北四省之一,轄15縣和卓索圖盟、昭烏達盟的共20個旗,省會設在承德縣(現承德市)。由奉系軍閥湯玉麟擔任熱河省主席。
〔註115〕《舊中國的上海廣播事業》,第812頁。

利用各會員電臺擴大水災募捐宣傳。所捐款項的數額，每日下午八時由各電臺同時播音報告，「凡商號助捐100元者，得將廣告詞句三十份（以一百字爲限）連同捐款一併送交該公會，當由三十五家電臺免費報告一次；捐洋二百元者二次，多則類推。」〔註116〕這種廣播模式吸引了很多聽眾，各大小商號無不踴躍捐款。各民營電臺還聘請文藝界名人到電臺講演和義演，收入全部捐獻給災民。天津四大電臺也在天津救災聯合會的統一協調下，每日報導災區情形，喚起市民注意。

　　民營電臺在重大事件中嶄露頭角，是民營電臺的努力結果，其實也是廣播媒體的屬性使然。可以說，作爲一種面向不特定受眾的新聞媒體，在條件允許的情況下，參與公眾關心的重大議題，幾乎是出於其生存本能的一個必選項。

　　但遺憾的是，民營廣播至此已有了十幾年的歷史，卻沒有建立起自己的記者隊伍，只是報紙新聞的轉播臺和各種商業信息的匯總站。當無法預知的突發性事件來臨時，各大報紙如《申報》、《大公報》都紛紛派出記者，密切關注事件進展，並不吝版面，以醒目的標題或篇幅加以報導，推動事件解決。但由於各民營電臺普遍不設專職記者，沒有來自一線的實況報導，因此在大事尤其是重大突發性事中尚無法擔當「船頭瞭望者」（普利策語）的大任，只能成爲新聞信息的「二傳手」和社會動員的放大器。

〔註116〕《舊中國的上海廣播事業》第244頁。

第四章　匯入抗戰的洪流

　　1937年至1945年是中國人民保家衛國、捍衛主權並最終打敗日本帝國主義野蠻侵略的艱苦抗戰時期，也是民營廣播經受生死考驗的時期。抗戰初期，各民營電臺不惜毀家紓難，積極投入抗戰宣傳和募捐救濟中。但隨著戰事升級和日寇侵略的加深，在淪陷區，日本帝國主義及其扶植下成立的偽政權先是用各種卑劣手段，限制和打壓民營電臺，最後全面掌控了區內廣播事業，並取締了民間廣播的經營權。抗戰八年，民營電臺付出了慘重的代價。

第一節　國統區廣播電臺的抗戰宣傳

　　抗日戰爭全面爆發後，國民黨政府的廣播管制進一步收緊。它一方面進一步加強黨營電臺的宣傳力度，另一方面又通過對民營電臺節目欄目的審查，實現戰爭動員和輿論一律。國難當頭，民營電臺史無前例地與政府保持了高度一致，響應政府號召，做了力所能及的宣傳與勸募工作。

一、國統區的戰時廣播統制與官辦電臺的發展

　　非常時期到來後，基於戰時宣傳需要，國民黨政府對包括報刊、廣播在內的大眾傳媒都加大了管控力度，相繼頒佈了《戰時新聞檢查辦法》（1939年5月26日）、《對於新聞發佈統製辦法》（1939年9月15日）、《戰時新聞違檢懲罰辦法》（1939年12月9日，1943年10月4日再發）、《戰時新聞禁載標準》（1943年10月4日）和《各省市新聞檢查規則》（1943年12月24日）等條例，對於新聞報導給予最高規格的事先審查。在國難當頭的特殊條件下，

在共同一致的救亡大目標面前，國統區各大民營報刊、廣播電臺和通訊社幾乎無條件服從了這些近乎嚴苛的規定。

「七七事變」不久，國民黨中央廣播電臺即轉入戰時宣傳體制，「除了新聞和演講外，其它專題節目全部停止；音樂節目只保留軍樂，但更多的是播放抗日歌曲。」〔註1〕特別是淞滬戰役開始後，電臺隨時播報前方戰況。「廣播節目裏戰火紛飛，軍歌嘹亮，這座電臺開始了一段令人振奮的悲壯歷程。」〔註2〕但出乎意料的是，戰局急轉直下。1937年11月20日，中央電臺奉命廣播一條重大新聞《國民政府移駐重慶宣言》。11月23日，南京中央電臺停播，長沙電臺即以10千瓦功率續接。隨著國民黨中央西遷重慶，1938年3月，中央廣播電臺在「陪都」重慶恢復播音，呼號仍為XGOA，功率10千瓦。

在雙方交戰過程中，國民黨官辦廣播遭受了不同程度的損失，但仍然堅持播音，其國際廣播的發展甚至超過了戰前水平。

1939年2月，國民黨政府利用英國提供的廣播設備，在重慶建起一座中央短波廣播電臺，發射功率35千瓦，呼號XGOX、XGOY。1940年1月，定名為國際廣播電臺（英文名稱為「Voice of China」，簡稱「VOC」，意為「中國之聲」），臺長馮簡〔註3〕。該臺辦有對歐洲、對北美、對蘇聯東部及我國東北部、對日本、對華南和東南亞以及對蘇聯6套廣播節目，分別使用英語、德語、法語、荷蘭語、西班牙語、俄語、日語、越南語、馬來語、泰語、緬甸語、朝鮮語、印地語以及國語和廈門話、廣州話等語種播音，最多時達20多個語種（包括漢語方言），每天播音10多個小時。其節目主要有三類，「一為通常性質，以粉碎侵略迷夢，宣揚和平國策，及本黨之主義為主旨，計有演講、新聞、戰訊、時評及音樂等項。二為應戰時急需者，計有：甲，廣播信箱：在自由之中美人士，均可利用廣播作簡單通訊，由美方收聽抄錄送達。乙，雜誌論文：由在渝外國記者等就時事及地方背景所做報導，播由美方收

〔註1〕汪學起、是翰生編：《第四戰線——國民黨中央廣播電臺揭實》，中國文史出版社1988年版，第23頁。

〔註2〕汪學起、是翰生編：《第四戰線——國民黨中央廣播電臺揭實》，第96頁。

〔註3〕馮簡（1899～1962），字均策，江蘇嘉定人。1913年入南洋公學，由中學而升入該校電機科，1919年以優異成績畢業。1920年入美國康乃爾大學專攻無線電通信工程，獲碩士學位，並先後到美國奇異電氣公司及德國柏林大學進一步深造，又在德國AEG電氣公司工作。1924年回國後，奉命參與了中央廣播電臺的籌建工作。抗日戰爭時期，歷任中央廣播事業管理處總工程師、交通部電波研究所所長等職。

聽刊載雜誌。丙，密碼廣播：海外部外交部對國外之指示，在該臺用秘密電碼，供國外黨部及使領館收聽。丁，鄉情報告，由該臺用粵語報告各地鄉情，慰僑胞思家之念。戊，對遠東盟軍廣播，由駐華美國軍部及大使館在該臺播送新聞樂劇等，供各地盟軍收聽。三為特約廣播：因地方干擾太甚，該臺音波有時不能使美國人民容易接收，故特約美方 NBC、CBS、MBS 等廣播網，及 WLW、WMRA、WHO 等廣播臺，用精良機件，代為收轉，以期收穫最大效果。」〔註4〕在日軍持續的轟炸聲中，重慶中央電臺的廣播不曾有一天中斷，發揮了巨大的信息傳遞和鼓舞士氣的作用，以至於日本東京報紙載文稱：「我皇軍飛機大炸重慶，那裏的青蛙全都炸死無聲。為什麼那個擾人心緒的中央電臺，還是叫個不停？」〔註5〕

隨著日本帝國主義對中國侵略的加深，列強各國對在華利益愈加關注。在此背景下，國民黨政府考慮得更多的是外商辦臺引發的政治問題，認為他們「在平時固僅以牟利，非常時期則陰為間諜，不僅妨礙我國播音領空之主權而已。」若不從速「先行收回或撤銷國境內外人所設之電臺，恐將接踵設臺，以巨大電力擾亂我中央電臺與公營民營電臺之播音。並以之作不利我之宣傳，勢將無法制止或干涉。」1937年，國民黨中央常務委員會第39次會議通過《廣播教育實施辦法》，明文規定「絕對禁止外國人在中國境內設立廣播電臺」。〔註6〕但這一規定實際並未得到真正地貫徹實施。

此外，國民黨中央廣播事業指導委員會還曾在抗戰期間多次召集會議，修訂組織大綱和辦事通則，健全相關機構，下設指導組、考核組、偵察組和事務組。同時積極籌劃發展廣播事業，以增強戰時廣播宣傳實力，抗禦和反擊日本侵略者的廣播宣傳，先後通過了《迅籌款項添建廣播，並增加原有廣播電臺電力，以抵禦播音侵略案》、《添設流動電臺案》、《增設後方縣市收音機案》、《增加淪陷區廣播節目以利宣傳案》、《改進廣播事業，注重對敵宣傳以應需要案》、《切實推進收音事業方案》等議案，並根據蔣介石的指令，籌劃設立國際廣播宣傳計劃委員會。「指委會」還通過設置收音站，派專門人員偵測收聽各方廣播情況等多種手段，謀求擴大廣播宣傳效果。

〔註4〕中央廣播電臺：《戰前及戰時之我國廣播事業》，載南京中國業餘無線電協會《無線電世界》1946年第1卷第4～5期。
〔註5〕汪學起、是翰生編：《第四戰線——國民黨中央廣播電臺揭實》，第103頁。
〔註6〕《廣播週報》第134期，1937年4月24日出版。

1943年2月15日，重慶國民黨當局又頒佈《新聞記者法》，規定適用於本法的「新聞記者」是指「在日報社或通訊社擔任發行人、撰述、編輯、採訪或主辦發行及廣告之人。」而只有具備下列條件之一者，才有資格申請新聞記者證書：「一、在教育部認可之國內外大學或獨立學院之新聞學系或新聞專科學校畢業，得有證書者；二、除前款外，在教育部認可之國內外大學、獨立學院或專門學校，修習文學、教育、社會、政治、經濟或法律各學科畢業，得有證書者；三、曾在公立或經立案之大學、獨立學院、專門學校任前二款各學科教授一年以上者；四、在教育部認可之高級中學或舊制中學畢業，並曾執行新聞記者職務二年以上，有證明文件者；五、曾執行新聞記者職務三年以上，有證明文件者。」〔註7〕

　　這一法律體系表述完整清晰，反映出政府意欲對記者隊伍實行細化管理的良好初衷。但其中也有一個明顯缺陷，就是沒有包含在各廣播電臺尤其是官辦電臺的記者。這自然招致了廣播界的不滿。被稱為中國第一個廣播記者的陸鏗〔註8〕就曾公開撰文表示異議，認為「上面這種解釋，未免是太偏狹了，因為現代的完整的新聞事業，決不應亦不能所限於報業（包括通訊社）一端，而應該是報紙、廣播、電影三體合一的新聞事業。〔註9〕。但上述法規也表明，即使是在戰火紛飛的時代，在世界各國都重視廣播事業，以其作為宣傳主陣地的背景下，中國的廣播新聞在總體上卻仍未擺脫「報紙傳聲筒」的附屬地位，廣播新聞的獨立性仍有待提高。

二、民營電臺積極參與救國宣傳

　　抗戰初期，上海幾十座民營電臺積極配合廣大群眾的抗日救亡運動，投入到募捐救助和抗日救國的宣傳中。

　　1937年7月22日，上海市500多個團體共同發起成立了上海市各界抗敵後援會。「為統一步驟，集中力量起見」〔註10〕，8月，上海各界抗敵後援會

〔註7〕劉哲民編：《近現代出版新聞法規彙編》，學林出版社1992年版，第520頁。
〔註8〕陸鏗（1919～2008），號「大聲」，雲南保山人。曾任《中央日報》副總編兼採訪部主任，是資深的名記者。1940年畢業於重慶政治學校新聞專修班後，進入國民黨的中國國際廣播電臺，係中國第一個廣播記者。他在一次轉播宋美齡園遊會的節目中開始嶄露頭角，「二戰」時曾去歐洲進行過戰地採訪。
〔註9〕陸鏗：《談廣播記者》，《廣播通訊》1943年1卷6期。
〔註10〕《抗敵後援會宣傳委員會擬訂戰時廣播電臺統一宣傳辦法》，《舊中國的上海

與播音業同業公會共同擬訂了戰時廣播電臺統一宣傳辦法，並組成播音組，對各民營電臺節目的內容和時間進行統一安排，要求各廣播電臺「一律以下列各項為播音主要節目：1.時事報告（取材申、新、時事、大公、時事午刊、新聞夜、大公晚、申晚〔註11〕）；2.勸募救國公債；3.勸募慰勞物品及其它徵集事項；4.各類常識指導；5.外國語言演講及時事雜評；6.抗戰歌曲演唱；7.名人演講；8.遊藝勸募或宣傳」。〔註12〕同時規定第一項節目可由各電臺自由播送，惟須以受新聞檢查所檢查之報紙為限；第二項節目由宣傳委員會擬定宣傳稿件，並送各電臺播送；第三項節目由宣傳委員會依照慰勞委員會所需之物品及其它徵集事項，擬就稿件，通知各電臺播送；第四項至第八項節目一律由宣傳委員會特派人員播送。宣傳委員會還特別指定了五處電臺為監察電臺，隨時監察、糾正各電臺的廣播宣傳工作，並針對敵方的廣播宣傳，干擾敵臺的音波。從8月10日開始，上海各界抗敵後援會組織的籌募救國捐廣播演講陸續播出。每日13時40分起由社會各界4位名人分別在亞美、華美、大中華和中西廣播電臺演講，每次20至30分鐘，播音日程一直排到8月29日。吳蘊齋、黃金榮、張嘯林、嚴獨鶴、潘公弼、王芸生、潘公展、陶百川、曾虛白、董顯光、杜月笙等80餘人都參加了這次募捐廣播演說。9月，上海市各界抗敵後援會與中國特種教育會聯合舉辦無線電名人抗日救亡廣播演講，每日兩次。第一次從12時30分至13時，第二次從16時45分至17時15分。每次由兩人分別在兩處電臺同時演講，其它電臺轉播。上海文化界救亡協會則從9月11日到11月15日，請文化界名人在交通部上海電臺作救亡播講50多次；10月30日至11月7日，又舉辦「保衛大上海宣傳周」，113個團體組織的930個宣傳隊共計4690人參加了這一活動。這是上海各界救亡團體第一次大規模行動。在其組織下，每日都有幾十位輪流到各民營電臺發表抗日救亡的廣播演說，號召人們募捐救國。

為了讓世界瞭解日本侵略中國的實質及中國人民的抗戰決心，爭取國際社會的同情和支持，抗敵後援會宣傳委員會國際宣傳部還擬訂外國語宣傳大

廣播事業》，第265頁。
〔註11〕指《申報》、《新聞報》、《時事新報》、《大公報》、《時事午刊》、《新聞夜報》（由《新聞報》館於1933年2月26日創辦並發行）、《大公報》臨時晚刊（1937年8月14日戰事發生後，《大公報》上海館增出的臨時晚刊，每天下午出半大張）和《申報》晚刊。
〔註12〕《舊中國的上海廣播事業》，第265頁。

綱，針對日本國民、英美政府與人民、蘇法政府與人民，分別制定了不同的宣傳內容。自 1937 年 9 月初開始，每晚 19 時開始，分別用英語、法語、德語、日語、俄語、韓語進行 45 分鐘的對外廣播，直到上海淪陷。英語和日語播音每天都有，其餘時間為其它外國語播音。尤其是對日本廣播，每日下午都安排日語演講，圍繞中日關係、中國的立場、中日親善的基本條件、中日戰爭的起因、中日戰爭的影響等多個方面，向日本聽眾擺事實，講道理，說明日本的侵略戰爭與中國的自衛戰爭區別，要求日本人民明瞭戰爭是其國內軍閥對中國的侵略戰爭，非日本人民與中國的戰爭；凡日本愛好和平的人民都應該一致起來拒納捐稅，拒認公債，拒服兵役，反對戰爭。著名法學家吳經熊，滬江大學校長劉湛恩、上海各界救亡協會主席溫源寧、著名反法西斯戰士王安娜和她的丈夫王炳南等都先後到電臺演講。在上述節目播出時，上海市所有民營電臺一律放送。抗敵後援會下設的宣傳委員會廣播組還動員民眾利用收音機，把收聽到的抗戰消息或記錄下來編印成壁報張貼，或在親朋好友中進行傳播，以此來激勵廣大群眾堅持抗戰的信心和勇氣。有的民營電臺則將報紙內容以說書的方式向聽眾報告，便於不識字者及時瞭解國事。

　　上海的曲藝、戲劇、電影、音樂界救亡組織和愛國人士，也紛紛利用廣播電臺進行抗敵募捐宣傳。「八一三」滬戰一爆發，上海曲藝界救亡協會即分別在中西、華東、富星等電臺舉行募捐宣傳播音三天，參加播音的劇種有蘇灘、甬劇、越劇、滑稽、話劇、申曲、平劇（京劇）、彈詞等。9 月 24 日，上海戲劇界電影界聯合國難後援會為募集救國公債及慰勞前方將士舉行了平劇大會串播音，梅蘭芳、周信芳、李少春、高百歲等參加了這次演出，播音持續三天，募集捐款 13000 餘元。10 月 11 日，中國作曲家協會、上海戲劇界救亡協會話劇組在中西電臺聯合播音，每日 19 時至 20 時播出歌曲《出征歌》、《救亡之歌》、《募寒衣》、《保衛大上海》和話劇《保衛盧溝橋》；12 日演出了歌曲《中國的呼聲》、《中國空軍歌》、《傷兵慰勞歌》和鋼琴獨奏《少年中國進行曲》及話劇《保衛盧溝橋》第二幕。15 日，上海文化界救亡協會在中西電臺播送話劇《大家一條心》和教唱救亡歌曲，以後連續在中西和華東電臺播出話劇《青紗帳裏》、《最後一課》等。22 日，上海電影界與上海救濟委員會合作，連續三天在中西電臺播音募捐，救濟難民，播出了話劇、平劇及救亡歌曲。

　　在全民抗戰的熱潮中，上海市各民營電臺不僅放棄廣告收入，參加義務播音募捐，各臺還踴躍捐獻獻物，支持前線抗戰。上海電器公司開辦的友聯電臺捐獻 1000 件棉背心，並在每件棉背心裏寫有不同的激勵話語，其中一則寫道：「親愛的將士！我們眞不知該怎樣對你們表示感激，但只對你們作心內的感激是不夠的，我們應在後方給你們種種的援助。親愛的忠勇將士！你們安心地幹吧！你們不用後顧，你們前方需要的東西，我們都能盡力輸送。你們放心大膽地前進吧！直到把敵人全部趕出我們國境。」〔註13〕而各民營電臺爲捐助前線發起的募徵雨衣 5 萬件和募徵寒衣活動，也得到了全社會的大力支持。

就在萬眾一心支持抗戰的時候，卻有個別民營電臺趁機牟利，甚至侵吞捐款。亞聲電臺 33 歲的臺主黃菊隱，假借爲傷兵募捐名義，侵吞 8000 餘元（一說 9000 元）現金及一些金銀飾品，造成極壞的社會影響。經調查屬實，淞滬警備司令部以軍法判處其死刑，於 1937 年 10 月 26 日執行槍決，理由是，「黃犯所爲，原屬觸犯普通侵佔罪，但當此愛國人士正在救國倡捐，而爲不肖者所侵沒，雖不因此而阻其愛國熱腸，而憤恨敗類，殆人同此心。況在全面抗戰，前方將士正浴血拼命，後方接濟，不單爲國民應盡職責，也爲良心所驅使。黃犯昧著良心，其行爲顯係擾亂後方，依戰時軍律，自應處以極刑，以謝全市民眾，並使不肖之徒，知所警惕。吾知經此嚴懲，愛國人士，出錢必將更加踴躍，捐款救亡工作，將愈見順利。」〔註14〕

宗教電臺也表現出強烈的民族氣節和愛國情懷。上海淪陷後，日本侵略者在上海南京路哈同大樓設立「廣播無線電監督處」，勒令民營電臺限期前往登記。租界內的上海民營無線電播音業同業公會成員在王完白主席的帶領下，拒絕登記，福音電臺也轉由教會中的美籍人士向美國領事署登記，以求保護，實質上仍由上海基督教廣播協會主持，一直持續到1941年太平洋戰爭爆發。積極參加福音電臺的各項活動並曾在電臺發表抗日演講的滬江大學校長劉湛恩，則因一貫的反日立場而在 1938 年被日偽特務暗殺。而廣大中國天主教徒，甚至是一些西方在華的教會人士，也同情並支持中國人民的抗日戰爭。1937 年 12 月 20 日，羅馬教皇駐華代表馬利奧・蔡寧總主教〔註15〕發表

〔註13〕莫：《抗戰中的廣播電臺》，《救亡日報》1937 年 10 月 3 日。
〔註14〕徐志耕：《淞滬會戰大募捐時杜月笙爲何走在最前列？》。轉引自「鳳凰網讀書頻道」http://book.ifeng.com/shuzhai/detail_2010_11/04/3005499_5.shtml。
〔註15〕瑪利奧・蔡寧（Mario Zanin, 1890～1958），梵蒂岡外交家，出生於意大利，1913 年晉升神父，1926 年進入教廷傳信部，1933 年被任命爲宗座駐華代表，接替因病辭職的剛恒毅總主教。1946 年，教廷委任黎培里總主教爲駐華公使；

「耶誕節獻詞」的廣播演說，勸告國人「應該犧牲我們自己，獻身社會，以謀求中華民族的福利」，並號召「由東西各國來中國傳教的天主教神父、全國的教友，協同中華國家共同合作，以期達到中華民國國家和民族幸福之目的」。〔註16〕天主教人士的抗日廣播演說，在號召天主教徒投身抗戰救國方面起到了很大的引領作用。

佛教界人士也積極投入到抗戰募捐的宣傳中。淞滬抗戰爆發後，上海佛教界組織了在佛音電臺的大規模播音募捐活動，為前線提供物資援助。9月21日至23日，上海慈善團體聯合救災會和救濟災區委員會特邀戲劇界、電影界、話劇界在佛音電臺舉行大規模播音募捐。24日至26日，佛音電臺參與了上海伶界聯合會、國難後援會為籌集救國公債及救護傷兵、救濟難民、慰勞將士等款項而舉辦的平劇會串播音節目。佛教界人士還積極參與抗戰演講，黃涵之居士和王一亭居士曾在大中華電臺發表演說，呼籲大家踴躍捐款支持前線抗日〔註17〕。通過佛教組織和高僧們在電臺和報刊的大聲呼籲，很多佛教徒開始明白自己不能置身事外，作為出家人，為保衛國家而殺賊是不違反戒律的。一些青年愛國僧侶更是滿懷殺敵護國的熱誠，邁出佛門，走向抗戰的第一線。

1937年11月12日，中國軍隊全部撤離上海，只留下租界暫未落入敵手，一些原來在界外的民營電臺紛紛搬入租界，希望得到庇護。到太平洋戰爭爆發，「孤島」淪陷前，除了極少數電臺如大亞和大光明電臺仍堅持了一段時間的抗日宣傳外，絕大多數民營電臺都不再播出涉及抗日的政治性內容，而成了單純以娛樂和廣告為主的商業媒體。

但民營電臺救濟難民的募捐工作還在繼續。1938年11月1日，上海難民救濟協會勸募委員會成立，各民營電臺主任及遊藝界知名人士均為義務宣傳勸募委員。同年12月26日，全市播音界、遊藝界舉行聯合播音勸募認養難民活動，號召市民每月節省2元即可認養1名難民。1939年6月7日至25日，中國職業婦女俱樂部等團體還曾在大陸電臺、新新電臺舉行多次慈善義賣播

蔡寧遂返回教廷，於1947年出任教廷駐智利大使；1953年，調任教廷駐阿根廷大使。1958年8月4日，蔡寧病逝於布宜諾斯艾利斯。

〔註16〕陳金龍、傅玉能：《中國宗教界與抗日戰爭》，《長沙電力學院學報》（社會科學版）1999年第4期。

〔註17〕《大公報關於抗敵後援會舉行籌募救國廣播演講的報導》，《舊中國的上海廣播事業》，第266～267頁。

音，募集經費，救濟難民和支持新四軍。

第二節　淪陷區民營電臺的厄運

1937 年 7 月 29 日，日軍攻陷北平；次日天津淪陷。11 月，隨著中國軍隊棄守上海，上海除租界之外全部落入敵手。12 月，首都南京淪陷，國府西遷重慶。

覆巢之下，豈有完卵。「七七」事變後，「淪陷區電訊交通的破壞爲各交通工具之冠」。﹝註18﹞爲了形成「政令統一」的局面，日僞當局接收原國民黨的官辦電臺，改建爲自己的官方喉舌。對民營電臺則軟硬兼施，對順從者，允准其繼續營業了一段時間，不肯附逆者則直接取締或侵奪。一些商業電臺爲了避免更大的經濟損失，雖在日寇的刺刀下勉強生存，卻不得不放棄抗日愛國這一基本政治立場。有的則直接或間接淪爲日寇宣傳工具，爲日僞統治張目，成爲日後洗雪不清的歷史污點。

一、日僞當局對淪陷區廣播的控制

日本侵略者深知廣播宣傳效力強大，將其視爲控制人民思想和塑造意識形態的重要工具，因此在佔領一個地區後，會迅速對該地區的廣播事業實行嚴密管制，並建立起服務於其奴化宣傳體系的廣播網。從日僞統治時間最久的臺灣及東北地區廣播事業的發展情形，便不難管窺這一特徵。

日本侵略者在東北經營廣播的歷史可追溯至 1920 年代。1905 年日俄戰爭後，日本取代沙俄統治了大連地區。1925 年 8 月 9 日，日本侵略者在大連建立的大連廣播電臺開始播音，呼號 QAK，發射功率 500 瓦﹝註19﹞。這是日本帝國主義者在我國東北境內建立的第一座廣播電臺。該臺開辦之初，完全仿照日本的廣播電臺，且只有日語節目；後爲吸引中國聽眾又辦起了漢語節目。在當時日本還只有東京、名古屋等兩三座廣播電臺的情況下，就在中國建立廣播電臺，足見其對中國進行文化滲透和武力侵略的野心蓄謀已久。

「九‧一八」事變後，日本侵佔整個東北地區，並攫取了我國東北地區僅有的兩座官辦電臺，即瀋陽廣播電臺和哈爾濱廣播電臺。日本關東軍把瀋陽廣播電臺改爲奉天放送局，於 1931 年 12 月恢復播音；把哈爾濱廣播電臺

﹝註18﹞鄭克倫《淪陷區的交通》，《經濟建設季刊》（1943 年）第一卷第 2 期。
﹝註19﹞楊本成：《日本在東三省經營之電信事業》，《學術》，電報學術研究會編印。

改爲哈爾濱放送局，於 1932 年 7 月 23 日恢復播音。爲避免國際輿論的譴責，侵華日軍迫切需要尋找一個政治幌子，以顯示關東軍並非佔領東北，而是滿族請他們來幫助建立新國家，於是清朝末代皇帝愛新覺羅‧溥儀成了新「國家」元首的最佳人選。1932 年 3 月 1 日，在日本軍隊的支持下，溥儀從北平順利到達東北，成立了傀儡政權「滿洲國」，並將長春定爲「國都」，改名「新京」。其「領土」範圍包括今遼寧、吉林和黑龍江三省全境，以及內蒙古東部與河北省的承德市（原熱河省）。

日本侵略者認爲，「滿洲放送事業，給慰安、報導、教養固有使命中，更富有宣揚王道，促進協和之特殊使命」〔註20〕。正是因此，廣播成爲日軍控制東北人民思想的首要宣教工具。1932 年 4 月，關東軍命令滿鐵經濟調查會第三部第六班擬制《滿洲電信及廣播事業統制方案》；10 月，日本關東軍在長春設立演播室，建立廣播電臺，以「奉天放送局新京演奏所」的名義，通過長途電話線路，將廣播訊號傳輸到「奉天放送局」播出。1933 年 4 月 6 日，「新京放送局」開始播音，呼號 MTAY，發射功率 1 千瓦。「同年 8 月，根據日本政府和僞滿洲國當局簽訂的《關於在滿洲設立日滿合辦通訊公司協定》，在大連設立了『滿洲電信電話株式會社』，統一經營管理東北的通訊廣播。」〔註21〕成立這一機構的目的，就是爲了壟斷東北地區的電報、電話和廣播等通訊事業，以便更好地爲其殖民和奴化宣傳服務。1934 年 11 月，僞「新京放送局」啟用 100 千瓦的大功率發射機進行廣播，其覆蓋範圍可達東北大部地區。

從 1937 年開始，日軍把大連、奉天、哈爾濱等放送局升格爲「中央放送局」，並陸續在延吉、通化、黑河、佳木斯、海拉爾、營口、安東、錦縣、撫順、鞍山、本溪湖、阜新等地建立了小型的廣播電臺。1938 年，僞哈爾濱市協和會本部還建設了五座覆蓋範圍廣泛的無線電發射塔，目的是「使五十萬民眾，於此非常時局下，認識事變第七年之長期戰，鞏固思想動員起見，特由放送局逐次放送時局講演，促進國民思想向上運動」〔註22〕。1943 年 4 月，

〔註20〕《無線電放送之重要》，《濱江日報》1938 年 12 月 4 日第 3 版。轉引自曲廣華、於海波：《東北淪陷時期日本的殖民宣傳——以〈濱江時報〉爲中心》，《民國檔案》2010 年第 3 期。

〔註21〕吉林省地方志編纂委員會編纂：《吉林省志‧卷四十二‧新聞事業志‧廣播電視》，吉林人民出版社 1991 年版，第 13～14 頁。

〔註22〕《建設無線電塔》，《濱江日報》1938 年 7 月 13 日第 3 版。轉引自曲廣華、於海波：《東北淪陷時期日本的殖民宣傳——以〈濱江時報〉爲中心》，《民國檔案》2010 年第 3 期。

日本又把僞「新京中央放送局」進一步升格爲「新京放送總局」。

日本侵略者還不斷擴張其勢力範圍，在佔領一塊區域後，就通過扶植中國傀儡政權的方式以實現其幕後掌控的野心，先後成立了「冀東防共自治政府」、「蒙古軍政府」、「中華民國臨時政府」、「中華民國維新政府」、「察南自治政府」、「晉北自治政府」、「蒙古聯盟自治政府」等政權。汪精衛投靠日本後，於1940年3月在南京成立「國民政府」，將由「中華民國臨時政府」改制的「華北政務委員會」〔註23〕和「蒙古聯盟自治政府」合併「察南自治政府」、「晉北自治政府」而成立的「蒙疆聯合委員會」進行統合，由汪精衛本人作「代主席」兼行政院長及中國國民黨總裁，同時設五院院長及中國國民黨各級黨部，恢復了戰前國民政府的一切體制。

緊接著，1940年6月，僞「華北政務委員會」在北京成立了「華北廣播協會」，負責管理北京、天津、石家莊、唐山、太原、徐州、濟南、青島八座電臺，並於24日頒佈《華北廣播協會條例》。《條例》規定，「華北廣播協會爲中華民國財團法人，以經營左列各事業爲目的：一、廣播無線電事業；二、前項事業之附帶事業；三、對於前項經營各項事業所必須之其它事業之出資。」並規定「關於華北廣播協會之事業除特別規定者外，應免徵一切稅捐」；還提出「華北廣播協會因事業經營上之必要，得收用或使用他人之土地建築物及其它對象或權利或限制其權利之行使。」〔註24〕

爲了表示對汪僞傀儡政權的支持，1941年2月，日方與汪僞政府簽訂「共同聲明」，表示要歸還廣播無線電臺的行政管理權，並成立「中國廣播事業建設協會」作爲汪僞統治廣播事業的最高權力機關，任務是「以中日兩國基本條約之原則爲根據，而爲文化溝通，宣傳一致之具體化」，隸屬僞宣傳部管轄；

〔註23〕抗戰時期漢奸機構。1940年3月30日，原「中華民國臨時政府」名稱廢止，改稱「華北政務委員會」，大漢奸王克敏出任委員長。同日，汪僞國民政府發佈《華北政務委員會組織條例》規定：「國民政府爲處理河北、山東、山西三省及北京、天津、青島三市境內防共、治安、經濟及其它國民政府委內各項政務，並監督所屬各省市政府，設置華北政務委員會。」，並設最高法院華北分院。該委員會名義上歸汪精衛管轄，實際在汪僞政權中享有極高的自治權，擁有直屬的「治安軍」，並全權處理河北、山東、山西三省淪陷區及北平、天津、青島三個特別市的政務，河南省的豫北、豫東地區也歸華北管轄，承擔所謂防共、治安、資源開發及調節物資供求關係等方面的任務，除對外關係外，在內政各方面實際不受汪僞政府統制，是由日本實際控制的一個傀儡政權。

〔註24〕《華北廣播協會條例》，參見國家圖書館數字資源，「民國法律」部分。

規定「中國廣播事業建設協會的理監人選，由中日雙方確定後，以宣傳部名義報經行院核准聘請」。〔註25〕在雙方擬定的 11 名理事名單中，5 名為日本人；5 個常務理事中，3 名為日本人。而其制定的《廣播無線電臺計劃》則明確提出要「統一管理」淪陷區的廣播電臺，「民間不得再有廣播電臺」。〔註26〕

同年 3 月，日本軍方宣佈將廣播事業交還汪僞政權。僞「中國廣播事業建設協會」隨即「接收」了南京、上海、漢口、杭州、寧波、蘇州、鎮江、廣州、廈門等地的廣播電臺，但實際控制權仍掌握在日方手中。僞宣傳部長林柏生在回答記者提問時，曾說：「中國廣播事業建設協會除政府撥付經費外，並接受友邦放送協會的援助，依此關係，特請友邦廣播事業專家爲理事，參加工作，協助進行。在促進國家建設，復興東亞之前提下，使中日兩國廣播宣傳方針之一致。」〔註27〕到 1945 年日本投降前，日本按照計劃循序漸進，先後在中國本土建立起 60 多座廣播電臺，分佈於黑龍江、吉林、遼寧、內蒙古、北京、天津、河北、河南、山東、山西、上海、江蘇、浙江、湖北、福建、廣東、臺灣、香港等地區，發展速度和規模驚人。「這 60 多座日僞廣播機構，在侵華日軍的直接操縱控制下，瘋狂破壞中國五千年的民族文化，殘暴推行殖民文化，大力販賣法西斯文化思想，毒害聽眾，渙散中國人民的鬥志。」〔註28〕

二、民營電臺的厄運

盧溝橋事變是日本打開中國北大門的標誌，也是全面抗戰的開始。日軍侵佔北平後，取締了北平的所有廣播電臺，把各電臺的廣播設備集中到麻花胡同，改裝成 500 瓦、300 瓦和 100 瓦發射機，並盜用「北平廣播電臺」的名義繼續播音，「扼殺了十年來北京廣播電臺的正常發展。」〔註29〕

〔註25〕《日方交還廣播事業權，創立廣播事業建設協會，接辦各地電臺》，《平報》1941 年 2 月 23 日。轉引自馬光仁《日僞在上海的新聞活動概述》，《抗日戰爭研究》1993 年第 1 期。

〔註26〕《上海廣播電視志》，第 26 頁。

〔註27〕《日方歸還廣播事業權，林柏生招待新聞記者》，《平報》1941 年 2 月 25 日。轉引自馬光仁《日僞在上海的新聞活動概述》，《抗日戰爭研究》1993 年第 1 期。

〔註28〕薛文婷：《日僞淪陷區的廣播媒介控制》，《中國廣播電視學刊》2005 年第 8 期。

〔註29〕北京市地方志編纂委員會編：《北京志·新聞出版廣播電視卷·廣播電視志》，北京出版社 2006 年版，第 23 頁。

日軍攻陷天津後，四大廣播電臺中的東方電臺最先遭殃，電臺的器材設備被強行買走。仁昌、中華、青年會電臺又繼續廣播了一段時間，但生意日漸蕭條。1939年冬，幾家電臺全部停播。

1937年11月27日，日方宣佈對上海的郵政、電報、廣播實行管制。日軍首先「接管」了交通部上海廣播電臺和上海市政府電臺，並利用其設備，建立起日僞的「大上海廣播電臺」，用高薪誘使中國人爲其服務。據當時負責用廣東話播出新聞的鷗守機回憶，她16歲左右即通過考試，入職大上海廣播電臺，「每月工資有70元軍用票，當時敵汪時期是用儲備票，一元軍用票可作五元儲備票。」〔註30〕這筆收入在當時是相當可觀的。

利用這座電臺，日僞當局「對於中國及外國任意做種種荒謬之宣傳，所用之語言，有國語、廣州語、英語，任意捏造事件淆惑聽聞；而國語節目並做極端反英宣傳，如稱其軍隊係驅逐英國及其它各國勢力於中國之外等謬論。但中外多數聽眾，凡有常識者，並不致深受影響，徒增敵人之煩悶而已」。〔註31〕

1938年3月，「由於日本軍隊在華中活動的軍事需要」〔註32〕，日方在上海南京路233號哈同大樓316房間成立無線電廣播監督處，並宣佈自4月1日起管理上海市所有的無線廣播電臺，如逾期不往登記者，將以某種手段實行接收或封閉。其後又延長期限至27日。日方聲稱，成立無線電廣播監督處的目的是「防止上海及其周圍地區廣播電波的混亂，同時也爲了限制可能擾亂社會治安或妨礙日軍軍事行動的廣播節目」。〔註33〕日方威脅說，如果民營電臺逾期還不肯登記，廣播監督處「即認爲各廣播電臺自行拋棄登記所享有之一切權利。」〔註34〕同年7月15日，日軍廣播監督處公佈了《私人無線電發射臺管理條例》，規定任何人欲設立廣播電臺須先向廣播監督處提出申請，獲准後才可以進行裝設工作。

在此情況下，上海的民營電臺雖然剔除了反日的政治性內容和不利於日方的軍事消息，但仍朝不保夕，因爲只要不向日方登記，便「禁止播出」。雖

〔註30〕鷗守機：《上海閨秀：一個婦人的人生自傳》，上海文藝出版社2003年版，第56～57頁。
〔註31〕《上海廣播之現狀》（譯稿），《廣播周報》1939年9月14日第176期。
〔註32〕《舊中國的上海廣播事業》，第348頁。
〔註33〕《舊中國的上海廣播事業》，第331頁。
〔註34〕《舊中國的上海廣播事業》，第345頁。

然在 1938 年 4 月 15 日前日方廣播監督處還未干涉過民營電臺的日常工作，但各民營電臺仍如履薄冰，除少數電臺出於各種考慮，向日方登記並獲准繼續播音外，大多數停播觀望。1937 年 12 月 1 日，亞美電臺和華美電臺宣佈拆機停播，以避免為敵所用。但蘇祖國和蘇祖圭此後還是因為有抗日思想，且曾為供給政府留滬各機關通訊材料的關係，被日本憲兵隊拘禁，受盡了酷刑。1938 年 4 月，元昌電臺宣佈停播。同年停播的還有富星電臺和佛音電臺。1938 年 5 月，上海的日文報紙《上海每日新聞》刊登日方廣播監督處主任（一說處長）淺野一男少佐的聲明：「十五家電臺，其中包括新成立者，已在本處登記，我們準備更換中國交通部頒發的全部舊執照；不過從有利於管理的角度看，電臺數目減少至此，我們頗感滿意。」〔註35〕短短半年時間，上海民營電臺即銳減至此，可見其承受外部壓力之大。

太平洋戰爭爆發後，「孤島」淪陷。日軍報導部和憲兵隊專門組織接收隊伍，查封了一切利用租界庇護從事「敵性宣傳」的廣播電臺。日軍報導部平民少佐指揮第一班，接收了跑馬廳的華美電臺；松田少尉率領第二班，接收了華懋飯店四樓的民主電臺；淺野少佐帶領第三班，去博物院路 12 號接收了假託美商開辦的福音電臺；淺野中尉指揮第四班，接收了靜安寺路之電訊電臺。憲兵隊第一班，接收了法租界天主堂路 28 號之奇民電臺；第二班接收了愛多亞路 17 號之大美電臺。對被接收的各電臺，先行查封，禁止播音，然後清查財務，全部沒收。〔註36〕並建立起大東、東亞、黃埔三座日偽廣播電臺，統歸汪偽「中國廣播事業建設協會」管轄。1941 年 12 月 5 日，日偽報刊《新申報》又增設中文廣播電臺。啓事稱，「茲為謀更進一步敏捷廣泛之報導，特於南京路哈同大樓屋頂設置最新式大擴音機，自本日（15 日）起，隨時廣播時局重要新聞，務期全市民眾，先聞為快」。〔註37〕日偽還在「統一廣播事業」的口號下，通令全市民營電臺一律停播。至抗戰結束前，敵偽的法西斯廣播就壟斷了上海的電波空間。

為了混淆視聽，蒙蔽民眾，汪偽「中國廣播事業建設協會」還把偽「南京廣播電臺」改稱「中央廣播電臺」，呼號與重慶國民黨中央臺呼號一樣。

〔註35〕參見《舊中國的上海廣播事業》，第 287 頁。
〔註36〕馬光仁主編：《上海新聞史（1850～1949）》，復旦大學出版社 1996 年版，第 923 頁。
〔註37〕馬光仁主編：《上海新聞史（1850～1949）》，復旦大學出版社 1996 年版，第 925 頁。

對此，重慶國民黨中央廣播事業指導委員會進行了深刻的揭露和批判。

日偽統治時期，個別大城市也曾開辦過盈利性的商業電臺。這類電臺雖然實際由民間的廣告公司運營，但所有權仍歸日偽當局。如1942年2月1日，日軍在天津開辦了一個特殊廣播，也稱爲天津廣播電臺特殊放送節目或天津廣播電臺特殊廣播，是專播廣告的商業性電臺，實際是由北京廣益公司杜穎陶等人主持經營的，但掛的卻是日偽「天津廣播電臺」的旗號，是偽「天津廣播電臺」的「特殊電臺」。「該臺所有的商業廣告都由廣益公司包辦，廣益公司又分包給天津各廣告社。主要節目是曲藝節目、單人話劇、流行歌曲、西洋音樂、京劇唱片等。所有節目都是由要報廣告的商戶包訂播的。因做廣告的商戶多起來，又增加了分條廣告等形式。由於當時請到了不少有名的演員，要做廣告的客戶相當多，廣益公司獲利甚豐。」〔註38〕下面是天津廣播電臺特殊電臺1944年3月的廣播節目表：〔註39〕

9：00～9：10	唱片（音樂）
9：10～10：00	佟浩如評書《精忠報國》
10：00～10：30	唱片（西樂及新聞）
10：30～11：50	王佩臣鐵片大鼓
11：50～1：10	小蘑菇、趙佩茹對口相聲
1：10～1：40	唱片（西樂及新聞）
1：40～2：30	石慧儒單弦
2：30～3：40	侯寶林郭啓儒對口相聲
3：40～4：20	馬寶山奉天大鼓《二進宮》
4：20～5：00	李蒙（時代歌曲）
5：00～5：40	焦秀蘭西河大鼓《劉公案》
5：40～6：20	花小寶梅花大鼓
6：20～7：00	常澍田單弦

〔註38〕天津市地方志編修委員會辦公室、天津市廣播電視電影局、天津廣播電視電影集團編著：《天津通志・廣播電視電影志》，天津社會科學院出版社2004年版，第89頁。

〔註39〕載《天聲》創刊號（1944年3月版）。

7:00～8:20	戴少甫、郭啓儒對口相聲
8:20～9:00	唱片（西樂及新聞）
9:00～10:20	李昌鑒單人話劇
10:20～11:40	王豔秋京東大鼓《薛剛反唐》
11:40～1:00	陳士和評書《聊齋》

時年的電臺廣告，一般是由播音員或演員在各類節目中或間隔進行現場演播，特別以收聽率高的曲藝節目中插播爲甚。40年代初，馬三立在天津、北平演播的廣告相聲曾轟動一時。

1939年天津《廣播日報》刊載的曲藝界播音名人照片

三、被嚴密控制的廣播聽眾

沒有永遠的戰爭，卻有永遠的民眾生活。戰爭期間收聽電臺廣播，無疑是舒解精神壓力並與外界保持溝通的重要方式。但對日僞當局來說，中國人收聽外界的反日廣播，卻不利於其愚民統治。爲此，日僞當局不僅對淪陷區民營電臺大加摧殘，還將注意力集中在收音機用戶身上，一系列限制收聽的措施陸續出臺。

以「確保戰時治安及防範反動宣傳」的名義，汪僞政權和日軍在全國的淪陷區內大肆取締短波收音機，限制收聽外部廣播，強迫市民拆除收音機的短波線圈，規定七燈以上的收音機除特許外，一律不得使用或持有，收音範圍不得超出周波數。1941年6月26日，《武漢報》刊載了無線電收音機限期登記的告示，稱「遵照日前發表的漢口特別市管理無線電收音機規則，對全市無線電用戶限期進行重新登記，逾期不登記者將照章處罰。」〔註40〕1942年4月16日，汪僞宣傳部公布施行《裝設無線電收音機登記暫行辦法》，廢止國民黨政府交通部頒佈的《收音機登記暫行辦法》。6月25日，上海方面日軍最高指揮官通令上海地區無線電收音機用戶，不論國籍，均應於7月1日至8月31日向當局申請登記。12月，日本侵略者又以駐華派遣軍最高指揮官、中國方面艦隊最高指揮官的名義，頒發了《取締無線電收報收音機布告》，嚴禁民間「製造、使用、持有或轉讓」「七燈以上真空管」或「可收550千周至1550千周以外之周率」的高級收音機，違者「以軍法嚴懲不貸」。〔註41〕12月18日，汪僞政權宣佈實施《修正無線電收音機取締暫行規則條例》及《施行細則》、《各地違禁收音機特許委員會組織辦法》及《違禁收音機使用持有特許標準》，對收音機的型號、收聽波長範圍、內部裝置進行了嚴格規定。「未經許可製造、使用、持有或轉讓違禁收音機者，處一年以下有期徒刑拘役或三千元以下罰金，並沒收其全部有關之設備及機器。」〔註42〕按照這一條款，大量民間擁有的收音機成爲「違禁」用品，需要到僞政府指定的電料行進行設備「改造」，並分別支付25、30、35元不等的「改造費」。如果有演奏唱片設備的，則須加收15元。不到指定地點改裝的，還需到指定地點檢查認可，同時提交檢查費15元。1943年1月13日，上海日軍憲兵隊長頒發告示，重申對於違反取締違禁收音機布告規定者，「不問其國籍將採取嚴峻措置，切望未辦手續者，從速於限期前辦理。」〔註43〕1月18日，汪僞上海特別市政府通告實施取締違禁收音機。7月，汪僞機關經過縝密調查，發現上海市「違禁收音機不許可收聽者」名單共計46號，其中包括意大利新聞社等中外人士；而許可擁有短波收音機的用戶名單44號，包括陳群、丁默邨等人和一些特殊

〔註40〕 謝立文、張遠林、歐陽謹文：《罪惡的聒噪——武漢淪陷時期日僞漢口廣播宣傳》，《中國廣播》2005年第12期。
〔註41〕《舊中國的上海廣播事業》，第440頁。
〔註42〕《舊中國的上海廣播事業》，第435頁。
〔註43〕《上海廣播電視志》，第26～27頁。

機構。

　　與此同時，日偽政權還以行政訓令的手段，在淪陷區大肆推廣簡裝的日式收音機，以達到普及廣播，推行奴化宣傳的目的。1942 年 9 月，汪偽行政院訓令說，「中國廣播事業建設協會」已購置一批日本「優良收音機，以最低廉價出售」。〔註44〕1944 年，日偽華北廣播協會在北京成立「華北廣播協會收信機工廠」，採用日本運來的全套組件，開始以工業方式組裝三燈和五燈的電子管收音機。

　　不僅如此，汪偽政權還強制收音機用戶交納收聽費，用以「擴充設備、充實廣播內容、完成重大使命」。〔註45〕以上海為例，1943 年 9 月，汪偽宣傳部公佈實施收音機裝置許可制，並准許偽「中國廣播協會」自 10 月 1 日起得與收音機所有人締結《收聽契約》，按月收取聽費中儲券 10 元。第二年，上海的收聽費價格上漲到 100 元，改裝費則漲到了 300 元。〔註46〕1945 年 3 月 11 日，偽「中國廣播協會」發佈通告稱，對未交付收聽費的 30 家收音機用戶，即日起取消其《收聽契約》，並將收音機沒收。

　　日偽當局通過剝奪民營電臺的經營權、限制聽眾的收音權等辦法，意圖達到控制輿論、愚化民眾的目的。然而，「抗戰八年，淪陷區同胞與內地隔絕，惟有廣播電波，仍可每日照常收聽。日寇雖力事禁止，然聽者自聽，道者自道。八年來維繫同胞，人心不死，廣播的功績是不可磨滅的。」〔註47〕據業餘無線電專家吳觀周回憶，他在淪陷時期曾「私裝一隻短波收音機，每晚收聽舊金山電臺的新聞評述廣播，使在陷處的我，知道抗戰的實況不少。」〔註48〕

第三節　「孤島」時期民營廣播的畸形繁榮

　　國民黨軍隊撤離上海後，上海的華界以及公共租界位於蘇州河以北地區

〔註44〕汪偽上海市政府檔案，轉引自《舊中國的上海廣播事業》，第 430 頁。

〔註45〕謝立文、張遠林、歐陽謹文：《罪惡的聒噪——武漢淪陷時期日偽漢口廣播宣傳》，《中國廣播》2005 年第 12 期。

〔註46〕《上海廣播電視志》，第 27 頁。

〔註47〕《上海廣播事業一團糟》，原載北平《進步》革新號第一卷第一期，1947 年 3 月 8 日，轉引自趙玉明主編《中國現代廣播簡史》，中國廣播電視出版社 2001 年版，第 212 頁，

〔註48〕吳觀周：《播音界與新聞界打成一片》，《大聲無線電半月刊》創刊號（1947 年 3 月）。

被日軍佔領，而蘇州河以南的公共租界和法租界，卻因日本尚未向英、美、法宣戰而暫時保持「獨立」，市政之權仍掌握在租界當局手中。從1937年11月12日上海淪陷，到1941年12月8日日軍進駐租界前，前後共4年零27天的時間，被史學界稱爲「孤島」時期。〔註49〕「孤島」的範圍東至黃浦江，西抵法華路（今新華路）、大西路（今延安西路），南達民國路（今人民路），北近蘇州河。華界淪陷，幾萬名難民一下湧入了相對「和平」的租界，導致人口劇增，消費市場火爆。「蘇州河一水之隔，一邊是炮聲震天，一邊是笙歌達旦，每當夜幕降臨，租界內徹夜通明的電炬，透過幽暗的夜空，與閘北的火光連成一片，映紅了半邊天。」〔註50〕借助租界當局的庇護，「孤島」的民營廣播一度極爲繁榮。但「孤島」淪陷，日寇進駐租界後，民營電臺也全部被封閉。

一、租界當局對民營電臺管控方式的變化

早在上海淪陷前夕，公共租界和法租界當局即意識到形勢的嚴峻，爲不觸怒如虎狼環伺的日軍，已經加強了對界內電臺的監管。1937年8月16日，上海公共租界工部局發佈了《爲取締無線電臺濫播消息事》的「緊要布告」，指出「在此嚴重緊急時期，最易使人恐慌驚惶。茲爲公共利益計，特行通告所有廣播無線電台臺主，切勿播送任何未經該管當道證實之消息，否則當由本局警務處將各該電臺立時封閉。」〔註51〕接到上述通知後，民營無線電播音業同業公會次日即致函工部局，對這一布告的合理性提出質疑，強調「本會各會員電臺所報新聞，均根據滬上各大報紙。在報紙上既能披露，則在電臺方面想無不能宣佈之理也。」民營電臺同業公會還提醒租界當局，日本人才是擾亂上海廣播空間秩序的元兇，因爲「日人在虹口設立之電臺，頻頻有擾亂特區秩序之報告。」〔註52〕

但在強權面前，公理也蒼白無力。1937年11月27日，日軍宣佈對上海郵政、電報和廣播實行管制。次年4月1日，日軍在哈同大樓設立的廣播無

〔註49〕「孤島」一詞是國民黨軍隊撤退後，《大公報》滬版的一篇社論中首先提出來的。

〔註50〕轉引自吳曉波：《跌蕩100年——中國企業1870～1977》（下），第3頁，中信出版社2012年版。

〔註51〕《舊中國的上海廣播事業》，第280頁。

〔註52〕《舊中國的上海廣播事業》，第281頁。

線電監督處開始「接管原來交通部和中央執行委員會所進行的廣播管理工作〔註53〕」，並通知上海的20多家電臺於4月15日前申請登記，領取新執照。在此前後，租界內的大多數民營電臺都因「拒絕與日本人合作而寧肯犧牲自己的利益」〔註54〕，播音工作處於時播時停的狀態。鑒於日軍意欲控制和接收租界內民營電臺的企圖明顯，1938年4月11日，租界內20家電臺包括華東電臺、大陸電臺、華興電臺、利利電臺、國華電臺、航業電臺、元昌電臺、東方電臺、中西電臺、華泰電臺、佛音電臺、明遠電臺、李樹德堂電臺、富星電臺、友聯電臺、東陸電臺、大中華電臺、新新電臺、福音電臺和建華電臺等業主聯名簽署了呈遞兩租界當局的請願書，「敝電臺等自設立以來均繫民營性質，素無政治作用。當上海戰事西移，敝電臺等奉鈞局咨照，對於政治事件尤為慎重避免，迄今尚無不幸事件發生。惟查近日各電臺均有廣播無線電監督處名義來函二件，並限期於本月十五日前申請登記。查敝臺等皆處租界地域，此事一旦實行，或將引起其它不良事件之發生。」〔註55〕鑒於此，公共租界當局不得不派出巡邏隊，對所有電臺加以保護，以防遭遇不測。

對日方的各項指令，租界當局表現得敷衍塞責，同時與日方展開談判，不斷周旋，試圖以讓步換取日軍的諒解。但日方態度蠻橫，不僅中斷了與工部局在電臺登記問題上的會談，還給工部局一份備忘錄，表示不承認工部局對無線電廣播具有行使管理的權利，且無意與工部局共同進行管理，並不放棄對中國廣播電臺實行登記。一言以蔽之，就是「決不讓工部局僭取監督權」〔註56〕。5月4日，日軍監督處又發出第四號通令，要求各電臺最遲5月5日前必須登記，否則將嚴禁繼續播音。隨後日方當局即禁止未登記電臺播音，並聲明不承認新電臺或新過戶的電臺，甚至對擬搬到公共租界內的富星電臺也橫加阻攔，表示如租界當局同意遷入，「日本當局將不得不採取某種措施」。

無奈之下，租界當局對界內電臺的播音內容愈加嚴格審查。1938年5月14日，公共租界工部局下令租界內所有民營電臺均需遞交保證書，內容是「鑒於上海地區目前的特殊請況，本電臺自即日起自願不廣播工部局警務處認為

〔註53〕《舊中國的上海廣播事業》，第382頁。
〔註54〕《舊中國的上海廣播事業》，第285頁。
〔註55〕《舊中國的上海廣播事業》，第295頁。
〔註56〕《舊中國的上海廣播事業》，第286頁。

有妨礙的一切政治性的戲劇、歌曲、演說等節目。」﹝註57﹞同年 5 月 16 日，法租界公董局也頒佈《管理無線電話及無線電報章程》，要求停播所有政治性節目。

日方得寸進尺，步步緊逼。1939 年 6 月 10 日，日方廣播監督處又發出通知，要求各電臺通知播音遊藝員於 6 月 20 日之前向該處登記，獲得該處頒發的登記證，否則不許播音。

租界當局表面上對日方的肆無忌憚百般遷就，實際卻極度不滿。他們認識到，「日本人已經決定不顧中國主有的老電臺的權利和享有治外法權的外國人的種種權利，獲取廣播局勢的控制權。」﹝註58﹞他們也非常清楚，從法律上來說，無線電臺的控制權是屬於國民政府的，日本人宣稱「接收」租界廣播管理權，不僅未受到租界當局承認，「也未被在華享有治外法權的各國政府所承認。」﹝註59﹞但租界當局同其所依託的國家一樣，在自身利益未受到嚴重侵害時，只能屈從於日方的種種挑釁，容忍著在華日軍的作惡和囂張。

在前景不明的拉鋸戰中，最先犧牲的就是民營電臺的利益。抗戰爆發前，上海的民營電臺有 40 多家，到 1938 年 4 月 15 日日本當局的截止登記日期前，電臺數目銳減，只有 20 多家。爲了自保，明遠等十餘家電臺還不得不詳盡列出電臺設置情況，向租界當局登記備案。十餘家電臺均宣稱自己的主業是宣傳營業及廣告。後迫於日方壓力，工部局通知租界內的各電臺前往登記。「由誘惑而神經錯亂之結果，有六個中國民營電臺向該局登記，而其餘之各臺，至通告限期屆滿之日均停業，但不久又有意志薄弱之八個電臺重新廣播。」﹝註60﹞此時，曾被國民政府交通部弔銷執照的「同樂」、「周協記」、「敦本」、「安定」、「新聲」、「惠靈」、「市音」、「華光」等八家電臺向日方監督處請求更名復業。之後，一度停播的「建華」、「福音」等二十餘家也登記播音。但是，「歷若干時已向管理局登記之電臺亦漸入於痛苦不自由之境界。未幾即有一電臺，被迫變更意志，爲敵人做昧心之宣傳。」﹝註61﹞

鑒於租界的特殊地位，日僞當局無法像對付華界電臺一樣隨意佔領或取

﹝註57﹞《舊中國的上海廣播事業》，第 317 頁。
﹝註58﹞《舊中國的上海廣播事業》，第 343 頁。
﹝註59﹞《舊中國的上海廣播事業》，第 343 頁。
﹝註60﹞《上海廣播之現狀》（譯稿），《廣播周報》1939 年 9 月 14 日第 176 期。轉引自《舊中國的上海廣播事業》第 492 頁。
﹝註61﹞《上海廣播之現狀》（譯稿）。

締，於是用各種卑劣手段，逼其就範；對那些漠視或不理其通告的電臺，則想方設法迫使其停播。1938年6月1日，位於法租界的東方電臺恢復播音，但拒絕向日方監督處登記。該臺經理陳韌春為上海本地人，1932年創辦東方電臺後，即以「宣揚文化，使播國策，服務社會為宗旨，關於慰勞救濟等事宜，恒為同業之先導。」〔註62〕對其不肯向日偽低頭的行為，日方監督處立刻採取報復行動，將東方電臺正在使用的1080千赫波長劃給了一座新建的漢奸電臺永生臺，使東方電臺失去廣播效能。東方電臺被迫更改波長為1220千赫。由於此波段靠近波段末尾，聽眾人數減少，因而電臺收入銳減，經濟損失巨大。但日方仍不肯罷休，12月6日又將東方電臺的新波長劃歸新成立的美聲電臺，終於將東方電臺徹底逼上了絕路，於當月停止播音。另一家同樣位於法租界的華東電臺，也因不理會日方的登記要求，於1938年6月12日被日偽特務在門口投放一枚手榴彈，所幸並未爆炸傷人。1938年12月，東方電臺和華東電臺被迫出售給了一名英國人。大陸電臺同樣因拒絕登記，所使用的1320千赫被日方廣播監督處劃歸楊氏電臺，最後不得不改變波長，致使電臺廣告收入銳減。1939年1月，日本人發給日籍公民定次宮原的雷通電臺波長，則同法租界一直都在播出的大中華電臺頻率相同。佛音電臺也因自認節目既無政治意味，更無商業性質，內容僅為經聲佛號，「實無登記之必要，故拒絕登記」〔註63〕。於是日方設立了一座XQMW電臺，用與佛音電臺同一周率的周波加以干擾。日方還裝置了電波干擾設備，備有5架100至200瓦的播送機，用來製造噪音，擾亂聽眾收聽。「更常用劫掠手段將電臺機件完全劫去，巡捕房對此種非法舉動，未能加以阻撓或制止。」〔註64〕一些寧死不屈的民營電臺負責人只好另謀生路，如元昌電臺的負責人張元賢，就曾被日軍抓捕，受盡酷刑，出獄後被迫以經營雜貨攤為生。而大中華電臺負責人周廉清及其屬下兩名員工也被敵偽憲兵隊逮捕，重刑審訊，幽禁數月，荼毒慘痛，無以復加。

二、「孤島」民營廣播的畸形繁榮

作為中國東南沿海唯一的非戰爭地帶，孤島時期的工商業並不是一片蕭

〔註62〕湯筆花：《抗戰期間八家電臺》，《勝利》週刊第17期，1946年5月出版。
〔註63〕《上海廣播之現狀》（譯稿）。
〔註64〕《上海廣播之現狀》（譯稿）。

條、滿目瘡痍，而竟有過一段空前的畸形繁榮時期。大量難民從四下湧入租界，不僅為孤島帶來了大批的廉價勞動力，也順便引入了鉅額的資金、財產和市場消費。租界內工商業的繁華，尤其是零售業的空前興旺，使得媒體的廣告業務驟然增多，民營電臺的廣告收入也水漲船高。至太平洋戰爭爆發前，「海上的無線電廣播事業，則發達至於極點，海上電臺，在戰前不過十餘座，現已將至三十座，且皆沒有時間空檔，同時遊藝界，廣告生意，發展異常迅速，大有一日千里之概。」〔註65〕

1938 年上海兩租界內廣播電臺登記表：公共租界和法租界內廣播電臺名單（1938 年 10 月 17 日）

頻率	呼號	臺號和地址	附注
600	XMHA（美國）	跑馬廳路 445 號	
660	XQHA（日本）	大東，楊浦地區黃埔碼頭	
700	XMHC（美國）	《大美晚報》，愛文義路 1729 弄	
720	XHHB	建華，福煦路 504 弄 36 號	向監督處登記
760	XMHD（外國）	福音（基督教），博物院路 128 號	
800	XLHA	新新，南京路新新公司	
820	XQHB（外國）	奇開，法租界	
840	XHHU	大中華，公館馬路	
860	XLHG	東陸，浙江路 245 號	
900	XOJB（日本）	大上海，南京路哈同大樓	
940	XHHE	李樹德堂，白克路 250 號	向監督處登記
960	XHHF	明遠，湖北路 132 號	向監督處登記
980	XHHF	佛音（佛教），赫德路 418 號	
1000	XQHT（意大利）	商業廣播電臺，天津路 405 號	
1020	XLHB	華泰，廣東路 161 號	向監督處登記
1040	XHHH	中西，福州路 313 號	向監督處登記
1080	XHHJ	永生，勞合路 81 號太湖大樓 204 號房間	向監督處登記

〔註65〕吟風野禪：《新聞事業與廣播事業》，《廣播無線電》1941 年第 6 期。

1100	XHHA	新華,南京路 470 號	向監督處登記
1120	XMHJ	大來,湖北路迎春坊 7 號	向監督處登記
1140	XHHM	大美,靜安寺路 1 號	向監督處登記
1160	XHTM	精美(機件不良還未播音)	
1180	XHHZ	航業,廣東路 93 號	向監督處登記
1200	XHHN	國華,廣東路 535 號	向監督處登記
1220	XHHG	東方,虞洽卿路 120 號	
1240	XHHY	利利,靜安寺路 395 號	
1260	XHHP	華興,青島路 19 號	向監督處登記
1280	XHHC	大亞,九江路 545 號	監督處發出許可證
1300	XQCT(瑞士)	南京路 454 號	
1320	XHHT	楊氏,牯嶺路 145 弄 23 號	監督處發出許可證
1340	XHHK	大陸,北京路 851 號	
1360	XQHD	華東,廣西路 465 號	
1380	XQHK	金鷹,浙江路 159 號	監督處發出許可證
1400	FFZ	法國電臺,(在法租界)	

由於戰爭阻隔,當日報紙時常出不了上海,報刊廣告的效力無形中大為降低,而報紙徵收的廣告價格卻不降反升。相形之下,「無線電播送廣告之效力,則因四分各地,收聽日多,據各無線電收音機發賣行之估計,去年(1940年)四個月以來,流入內地之收音機,於數萬座……故無線電廣告之效力,遠較報章為大,亦為一不可否認的事實也明甚,而且取費也遠比報紙低廉。」〔註 66〕

各電臺接收的廣告過多,播音員的嘴「簡直被商人利用做了商人的宣傳器。播音的藝員也是如此,一面做了商人的宣傳器,一面又做了人家玩具,此外就不准你多說一句。」〔註 67〕有時為了拉廣告,播音界同行之間互相跌

〔註 66〕吟風野禪:《新聞事業與廣播事業》,《廣播無線電》1941 年第 6 期。
〔註 67〕孫永康:《播音員的嘴》,《播音潮》1939 年第 5 期。

價，彼此擠軋，自己降低了廣告費，結果兩敗俱傷，拉不到的廣告自然什麼也沒有，拉到廣告的卻是價格極低廉，「兜攬了許多商店來合做一檔節目，並且又兜了許多廣告，在節目之間像機關槍一般的迅速地報告一陣，播音臺的營業發達自然在意料之中了。」〔註68〕1938年12月25日的《上海無線電》曾刊載《漫話電臺廣告》的文章，指出某電臺一個40分鐘檔的節目，實際只有15分鐘的內容，其餘時間都是播音員在介紹產品，或勸說收音機前的聽眾去哪裏買東西：

> 恐怕沒有一個國度的廣告播音會像上海若干國貨播音臺那麼多而且濫。每隻唱片播送之後，便有大批商品的廣告開始播送，連篇累牘地口誦著，過了半刻鐘或一刻鐘之後口誦完畢，方才把無辜的聽眾從壓迫中解放出來，讓他們再聽一隻唱片，或是一個歌曲。幾分鐘播送完畢，又是一大篇商品廣告的口誦。當我們聽了一曲《四郎探母》的名曲後，我們的廣告播音員便急促地發出沙音的警告，叫聽眾要趕緊到xx路、xx號針織廠去買絲襪，要買的原因是該廠絲襪特別便宜，不買的便記好該廠的電話號碼；接著又叫你去買醬鴨和肉骨頭；又叫你去買祖傳的人參補藥。把你麻煩一陣子之後，方才肯給你再聽《貴妃醉酒》的名歌。這是播音臺安排給一般聽眾的恩賜。〔註69〕

令聽眾尤為不滿的是，1938年國內瘟疫盛行，一些播音人員竟在電臺大事鼓吹賣藥，廣為推銷。「若干絕無醫藥經驗與學識者製造藥品出售，貽害良民，而其欺蒙大眾，唯利是圖，心實可誅。」〔註70〕

一些播音員對電臺的這種節目安排也頗有怨言，但迫於生計，又別無選擇。「每天依樣畫葫蘆地念著各商號發來的廣告詞，」在十分短促的時間裏一口氣要報告十家甚至二三十家廣告，根本無暇顧及聽眾是否聽得懂聽得清。「若是承認報告員還是一個有血有肉有情感的人，是一個和一切中國同胞同樣的『一品大國民』，則在『此時此地』整天在話筒前嘩啦嘩啦，說的大半是廢話，則意識到正有許多人在聽著你的報告，這內心的苦悶更有無從宣達之

〔註68〕東廡：《播音臺上的苦悶者》，《申報》，1938年12月12日。
〔註69〕柳絮：《無線電聽眾的煩悶》，《申報》1938年12月15日，轉引自《舊中國的上海廣播事業》，第480～481頁。
〔註70〕浦藝修：《播音員與良善風俗》，《上海無線電》1938年第17期。

苦。」〔註71〕

　　除了大量廣告及少數教育性節目外，戲曲、故事、音樂和經濟報導是「孤島」內多數商業電臺的常規內容。據 1939 年 1 月 1 日的各廣播電臺節目表所載，上海市 29 座電臺中，有 23 座設置故事播講節目，其中 5 座電臺一天安排 2 次以上故事節目；最多的為金鷹電臺，安排了 4 次故事節目。處在戰火包圍中的上海，播音員的生活也受到很大影響。因為故事類節目的鐘點往往都安排在夜裏，做完節目已是凌晨，加上大街上到處都有戒嚴，播音員往往只能在播音室坐以待旦，或者在沙發、地板上睡一下，等到天亮才回家。

　　一批滯留「孤島」的藝術家也常常到電臺參加播出。1939 年，袁雪芬開始在上海的民營電臺播唱越劇，受到聽眾的熱烈歡迎。次年在推出新戲《恒娘》前，馬樟花、袁雪芬、傅全香在電臺預唱《恒娘》唱段片斷，連唱三天造勢，然後才對外售票，《恒娘》未演先熱，票房火爆，連演 64 場。1942 年，上海滑稽戲演員江笑笑、鮑樂樂組建的滑稽劇團「笑笑劇團」根據獨腳戲內容敷衍而成的滑稽大戲《火燒豆腐店》公演前，同樣通過電臺預先造勢，聲稱電臺播唱的《火燒豆腐店》固然精彩，「可惜只聞其聲」；「今天搬演舞臺，有聲有色，噱頭更多，電臺聽眾不可不看」。江笑笑還與鮑樂樂共同合作《滑稽道中》，其開篇唱道，「三伏炎熱熱煞人，中國都說氣不景，只有上海頂愜意，不過現在市面也不靈。有銅鈿個朋友真快樂，日裏吃吃冰淇淋夜裏出去看戲文，梅蘭芳尙小雲程豔秋荀慧生四大名旦時常到春申；還有那跑狗場、跑馬廳，跳舞場一夜開到大天明。一半是上海婦女尋樂處，一般是洋鈿鈔票多勿過，恐怕強盜要來搶，用脫一眼可以保太平。其實還是開開無線電，聽聽說書與滑稽，雅而不俗樂而不淫，倒可作補助教育指南針。」〔註72〕

　　周璇、白虹、黎莉莉等流行歌手演唱的歌曲也借助各電臺的反覆播放，迴蕩在上海的上空。1938 年夏天，從東南亞巡迴演唱到上海的周璇，與未婚夫嚴華參加了「爵士合唱團」，每天奔波於上海各民營電臺播音演唱；1938 年秋又簽約上海國華影業公司，開始了新一輪的拍片熱潮。周璇一天幾場「唱電臺」，每檔節目要 40 分鐘，除了介紹廣告外，至少還要唱四五首歌，而且

〔註71〕報告員：《閒話幾句》，《播音潮》1939 年第 5 期。
〔註72〕江笑笑、鮑樂樂：《滑稽道中開篇》http://www.ewen.cc/earbook/bkview.asp?bkid=125606&cid=371266。

不能每天唱同樣的曲子，於是嚴華約了一些朋友，爲其專門作詞和譜寫新曲。但因爲在拍片和電臺播音之間左右奔波，懷有身孕的周璇不幸流產。當時藝人對電臺收入之倚重，由此可見一斑。

娛樂節目既塡補了知識精英離開上海後形成的文化空白，給戰火包圍中的人們以慰藉，同時也迎合了日方佔領當局對文化控制的政策要求。商業電臺整日裏弦絲叮咚，充斥著的盡是娛樂與廣告。電臺廣播在上海一枝獨秀，成爲「三百六十行之外的娛樂事業」〔註73〕，其實只是歷史大環境造就的一段小插曲，並非播音員、遊藝人員或電臺的經營者可以自行抉擇的。而在如此特殊的時空條件下，復播後的華泰電臺因唱片儲備多，能滿足聽眾的任意點播要求而成爲「孤島」民營電臺中的翹楚。〔註74〕而華東電臺爲方便聽眾點播唱片，還從1939年起印行《無線電特刊》，把本臺「灌音部自行灌製，專供華東電臺播送之用，外間並不售賣」的唱片曲目按筆畫順序列舉出來，供聽眾點播時參考。〔註75〕

商業廣播的牟利天性使其不斷標新立異，吸引聽眾關注。此時，新新公司「玻璃電臺」迎來其歷史上最好的時期，一躍成了「孤島」數一數二的商業電臺。不同於其它廣播電臺的只聞其聲，不見其人，新新公司的玻璃電臺可以讓客人就餐時，一方面有茶點供應，有冷氣開放，能聽廣播，還能一睹播音者眞容。這一招極大地刺激了新都飯店的生意，有的人爲了一睹某位歌星的芳容，或看一段戲劇，每天光臨，固訂座位，新都飯店一時門庭若市，生意大好。〔註76〕當時的上海電臺，一般都只有國語和上海話節目，但作爲廣東人爲主體的新新公司電臺卻同時辦有粵語節目和廣東音樂節目，而且還有鄉情報導，吸引了大批來自廣東的忠實聽眾。新新電臺還建立了一支由本公司職員組成的廣東樂隊，常常爲慈善機關賑災籌款表演。1941年，新新玻璃電臺「爲鼓舞兒童興趣，提倡兒童教育起見」，特在「兒童節」（4月4日）期間，舉辦「第一屆兒童國語演講廣播比賽」，參賽講題以「名人少年故事」爲範圍，凡十五歲以下在學兒童均可報名參加，一時參與者眾多。新新電臺

〔註73〕一從業員：《怎樣使廣播事業永恒發展》，《播音潮》1939年第5期。

〔註74〕《華泰電臺》，《上海無線電》1938年9月第25期。

〔註75〕參見四而社編印：《無線電特刊》第一卷第1～12期（1940年1月印），第201頁。

〔註76〕黎志剛：《李承基先生訪問紀錄》，臺灣中央研究院近代史研究所2000年版，第179～180頁。

趁機大作宣傳，在報刊上連續刊登參賽者的文章和獲獎者名單及照片。

這一時期，鑒於租界內特殊的政治和經濟環境，連平素本就嚴謹規範的宗教電臺也小心翼翼，儘量不觸碰戰爭等敏感話題。福音電臺的播音時間明顯縮短，新聞節目只有兩檔，且全部用英語播報，以顯示其「外國人」辦臺的身份和聽眾定位。

亂世之中，福音電臺仍一如既往地關注衛生教育和婦女兒童，在1938年冬季出版的《福音廣播季刊》第三卷一、二合刊中，專門闢出了《收音機畔的女信徒》板塊，其中有王完白的介紹文章，「就通信和會面的聽眾看起來，多數固屬男性，然而女界收聽受感的，確乎占著很高的數目，因為家庭中日常能坐在收音機旁的，似乎女性居多，無論識字與否，無不易於領受，我以為電臺勝於報紙的地方，這也是很有力的一點。就本社已出版的八期季刊中，檢查女界信主的記載，已經不少，現在專就已經知道的女信徒，再提出十位，證明主的奇妙救恩。」〔註77〕

福音電臺還以曲折的方式，表達自己不屈從日偽當局的立場。1934年至1949年，蔣介石政府曾發起「新生活運動」；1938年，竺規身牧師在福音電臺發表演講，支持「新生活運動」，並尊稱蔣介石為國家的「領袖」，他說，「我國領袖，自從信主耶穌以後，每晨讀經祈禱，他受了聖經的話感動，年來竭力提倡新生活運動。這是我們中國最大的希望。這新生活，換句話說，就是要棄舊換新，『作新人』。」〔註78〕演講看似在談基督宗教，談人格完善，實質又表達了該臺一貫的政治立場。聯繫到租界當局嚴格限制政治性節目的播出，違者將被關閉電臺這一背景，福音電臺的這種政治「擦邊球」，實際也是需要很大勇氣，承擔一定風險的。

總體上看，由於戰爭導致的人們出行等問題上的滯礙，加上普通人對戰爭的恐懼心理，孤島時期的上海人，只能沉溺於各種安全的室內娛樂，尤其是收聽電臺的節目中。電臺播放的各種娛樂節目，恰好迎合了這種社會情緒，也滿足了部分聽眾的需求。但對具有清醒家國意識的知識分子而言，這種歌舞昇平的景象，無疑更增添對時局的失望。在一篇名為《無線電聽眾的煩悶》

〔註77〕《福音廣播季刊》第三卷第一二合刊，中華民國二十七年（1938年）秋冬兩季。

〔註78〕《福音廣播季刊》第二卷第三期，中華民國二十七年（1938年）1月至3月份。

的文章中,作者則以一個普通聽眾的身份,表達了對民營電臺廣播節目和播音員的雙重不滿:

> 這些老气橫秋的播音家,似乎多半是痰迷專家。終年患著傷風咳嗽,時常把咳聲和吐痰聲播送出來,讓聽慣咳嗽吐痰聲的本國聽眾隨時可以聽見。幸而播音機決不會播送微生蟲和病菌到聽眾家裏去,這是可以放心的。然而老牌播音家中似乎還有不少是黑籍同志,他們在飽餐福壽膏之後,走到播音機前,吐了幾口痰之後,便張開尊口,從寬弛的喉呢裏發出一種低調的龍鍾之聲,或是外加沙音,聽眾恭聆之下無需利用電視,便可以領會到又是一位瘾君子在提腔發話了。比較敏感的時代聽眾,至少會發生厭惡的感覺。因為這種播出的聲音是代表一種不健全的聲音,病態的、不合衛生的。

〔註79〕

不只如此,一些藝員把在戲院劇場中習用的粗俗不堪的用語直接帶到話筒前,一些誨淫誨盜的內容在滑稽、彈詞、蘇灘及話劇中比比皆是,即使是一些業內人員也覺得有傷風化,有的則大聲疾呼應改善播音內容,提高節目質量,以促進廣播事業的健康發展。〔註80〕

三、「孤島」時期的播音明星

「孤島」時期繁盛的空中電波,使從事播音工作的人員劇增。1941年11月,「專以播音為生涯的遊藝員,據我們所知道向電臺公會登記的約近四千左右。」〔註81〕其中,湯筆花、唐霞輝和萬仰祖等都是當時知名度很高的播音明星。

日偽廣播監督處重點審查的,是「有損於大東亞民族的尊嚴」或「傳播共產主義,宣揚迷信、離間民族間友好關係、危及公共安全和造成其它不良影響」〔註82〕的節目,而對不涉政治的娛樂性內容卻放任自流,甚至希望借娛樂製造歌舞昇平的假象。在嚴酷的現實面前,民營商臺為了聲存,只能苟且偷生,靠播放那些醉生夢死、燈紅酒綠的低級庸俗的娛樂節目以招徠聽眾,

---

〔註79〕柳絮:《無線電聽眾的煩悶》,《申報》1938年12月15日,轉引自《舊中國的上海廣播事業》,第480頁。
〔註80〕一從業員:《怎樣使廣播事業永恒發展》,《播音潮》1939年第5期。
〔註81〕《報告員》,《廣播無線電》1941年第18期。
〔註82〕《字林西報》,1940年3月14日。

一到深夜則鬼故事盛行,「什麼僵死、摸壁一類鬼魂統在此時出現」。〔註83〕湯筆花就是其中最著名的一位鬼故事播音員。

湯筆花(1897～1995),原名湯福源,浙江蕭山人。〔註84〕早年在故鄉私塾、海寧中學讀書,1915年考入上海商務印書館,繼而又在中華書局、中美圖書公司任職。因愛好文藝,考入上海中華電影學校,畢業後躋身文壇和影壇,改名湯筆花。曾任上海《民國日報》、《影戲春秋》、《影戲生活》、《羅賓漢》等報刊的編輯、主編。湯筆花還是一位業餘的電臺播音員,從1933年開始充任電臺廣播的報告員及故事員。他曾在元昌電臺播講《聊齋》故事,在新新、國華、東方、大中華、亞美、麟記等10多家電臺播講《伊索寓言》故事、《岳傳》歷史故事、《人猿泰山》冒險故事、《霍桑探案》偵探故事以及《紅樓夢》、《玉梨魂》、《談奇說怪》、《兒女英雄傳》等故事。

長期的播音工作,使湯筆花熟知播音界的行情和掌故。在發表於《申報》1939年2月3日、5日的《播音生活》中,他不僅講述了播音員的工作內容和報酬情況,還詳細介紹了電臺的運作方式和播音員在其間擔任的角色。對

〔註83〕土土:《時代的鬼》(1939年6月18日),《上海無線電雜誌》1939年6月18日第63期,轉引自《舊中國的上海廣播事業》,第490頁。

〔註84〕參見章達庵:《記九一老人湯筆花》,中國人民政治協商會議蕭山市委員會文史工作委員會編印,《蕭山文史資料選輯》(第一輯),1988年版,第70～72頁。

於播音員的甘苦,湯筆花也深有體會,「不佞對於播音生活快近六年了,所播的節目是故事,幸虧是業餘性質,當作兼職,否則,哪能生活。看到許多播音員的生活,實在太覺淒慘。」〔註85〕

與湯筆花不同,唐霞輝(1918~1991)是上海本地人,16歲時因父親去世而中斷學業,以縫手套等掙錢養家糊口,同時還業餘補習英語並自學會計。1936年前,唐霞輝進入民營的華東無線電公司任記帳員。一次偶然的機會,三友實業社聘請的在華東電臺播音的越劇名家袁雪芬(主要是在電臺播唱越劇,中間穿插三友實業社的藥品廣告)因病不能登臺,一時找不到合適的替代人選,廣告部主任就讓唐霞輝去頂檔,誰知一舉成名,從此與廣播結下不解之緣。〔註86〕唐霞輝以上海話播音,在主持節目時除播廣告外,還有新聞、故事及傳授「夫婦之道」,有時還請演員唱滬劇、越劇,並為電臺灌製唱片,隨時回答聽眾的來信。她口齒伶俐,語調婉轉,播音風格親切而自然,絕無矯揉造作,「在報告時常帶一種輕微而莊重的笑聲,更是美妙,在別人聽得沒精打彩的時候,你就來一聲笑聲。聽眾們就會像打了一針嗎啡針似的,立感興奮」〔註87〕。相較於那些常以插科打諢為噱頭的報告員,唐霞輝的播音則顯得清純典雅,活潑天真。如講到做丈夫怎樣才算「內行」時,她說:

> 諾!最要緊要懂得孝順爺娘,會得和睦親鄰,懂得生活原理,還有,夫人的知識假使不足,會得補充她,習慣不良的,能夠糾正她,品性不善的,會得開導她,夫人的言語、行動、品性,要統統能夠負責,還要做樣子給她看……好了,我末這樣瞎講講,聽眾也只好瞎聽聽,因為我根本不是內行……〔註88〕

在播商業廣告時,唐霞輝注意把資料重新組織編排,播得頗有情趣,與眾不同,逐漸引起一些欲作廣播廣告的公司重視。不久,三友實業社和童春堂國藥店邀請她每晚主持播音兩小時。在主持這一類節目時,有次一位聽眾無錢買藥,向唐小姐求助,她即在廣播中動員大家捐助,聽眾紛紛響應。從

〔註85〕湯筆花:《播音生活》,《申報》1939年2月3日、5日,轉引自《舊中國的上海廣播事業》,第489頁。

〔註86〕《歌訊:餘音嫋嫋》,《影舞新聞》1936年第2卷第6期。

〔註87〕見《無線電特刊》第一卷第1~12期,四而社編印,1940年1月出版,第436頁。

〔註88〕唐小姐講:《夫婦之道(丈夫章)》,《無線電特刊》,第一卷第1~12期,第210~211頁。

此間病求醫的信件像雪片般飛向華東電臺。為此電臺特設「唐小姐秘書處」，專事處理聽眾來信，並聘請一位醫師任醫藥顧問，唐小姐根據他提供的資料，在廣播中耐心回答聽眾的提問。由於知名度高，寧波、無錫、南京等地的聽眾來信時只要寫上「上海唐小姐收」，這封信就會絲毫不差地到達唐霞輝手中。三友社老闆更是藉此大做廣告，特請屈伯剛、徐卓呆、范煙橋、李肖白等著名國學家為唐小姐上國文課，規定凡電話購貨滿 50 元者，可請唐小姐朗誦「滕王閣序」等古文一段，電話購貨滿 1 元者，贈「唐小姐問答集」小冊子一本。「當時究竟印贈了多少本的《唐小姐問答集》？我僅記得秦老先生說笑過，『這數量，足夠壓得死一個人』。」〔註89〕聽眾稱唐霞輝為「唐小姐」、「萬能小姐」、「上海之鶯」、「報告皇后」，也有人稱她「上海空中情人」〔註90〕。當電臺播送她的節目時，常有人站在某無線電的店門口，「鵠立在人行道上，呆呆地向擴音器望著，魔力不小。」〔註91〕

但隨著日軍對孤島控制的加強，1940 年 11 月，唐霞輝因不願聽從日軍命令，填寫「忠誠登記」及「志願者」表單而離開電臺，自此惜別了心愛的播音事業。1941 年出版的《萬象》雜誌第一期以《唐小姐的情書》為題，回顧了這位當時家喻戶曉的播音明星：

> 『上海之鶯』——唐霞輝小姐，提起了她，應該是大家所熟悉的吧！？過去，她曾在華東電臺擔任過一個長期的播音工作，有時候講幾句笑話，有時候讀一遍《滕王閣序》。她的清輕流利的聲容笑貌，在每一個無線臺聽眾的腦海裏蕩漾著，她擁有很多群眾……而她的『阿是』的口頭禪甚至成為一種作風似的被沿用著。

解放後因主持上海電臺方言節目《阿富根談生產》而聞名全國的萬仰祖也在這一時期嶄露頭角，是與唐霞輝齊名的滬語播音員。萬仰祖（1919～2005），上海人。1937 年，年僅 18 歲的萬仰祖進入上海民營電臺當滬語播音員。此後，新成立的上海華明煙草公司（1940 年創辦）為推銷自己的「大百萬金」牌香煙，就在廣播電臺買下固定的時間段開闢《大百萬金空中書場》的冠名節目，並聘請萬仰祖主持。當時評彈在上海擁有很多聽眾，電臺空中

〔註89〕唐霞輝：《這些美麗憂傷的過去》，《播音天地》1949 年第 6 期。

〔註90〕本刊記者鳳雛：《上海空中情人唐小姐新婚燕爾》，《上海特寫》1946 年第 3 期。

〔註91〕三友人：《上海之鶯：唐小姐》，《藝海周刊》1939 年第 1 期。

書場可以讓他們足不出戶地在家中收聽，萬仰祖專門約定評彈藝人排練節目，逐日連續播放評話的彈詞，在播放中插播廣告。由於萬仰祖聲音沉著，滬音清楚，言語簡練，且對評彈熟悉，語言詼諧，與評彈藝術家們的演出珠聯璧合，大受聽眾歡迎。因為電臺只能聽聲不能見人，有的電臺為了加強聽眾與說書者的聯繫，還特別印製萬仰祖和《大百萬金空中書場》說書人的合影照片，供聽眾寫信索取。經過這種別有風格的宣傳，華明廠的「大百萬金香煙」名噪一時。這也是上海首創的評彈空中直播節目。

在戰爭的動盪不安中，身處「孤島」的民營電臺同仁，雖然尚可苟且偷安，甚至還有豐富的廣告源。但基於各電臺之間的激烈競爭和日方監督處的蠻橫干涉，各電臺只能小心翼翼，小本經營；一座電臺幾個人，每月收支幾百元。在如此惡劣的環境之下，難有更大發展。

明遠等廣播電臺設置情況一覽表（1938年4月）〔註92〕

電臺	創辦人	創辦目的	電臺組織	發電機電力	播音室	呼號	周率	工程師	播音人
明遠	秦德鄰	為商業宣傳產品及廣告	電臺主任一人，報告員四人，每月收支約三百元左右	100	湖北路32號	XHHF	960	程志賢	各遊藝員
華東	李聲	宣傳商業廣告	事務員一人，報告員二人，會計由華東公司管理	200	廣西路456號	XQHD	1360	潘武鼎	各遊藝員
東方	陳蚓春	宣傳商業廣告	電臺主任一人，會計一人，工程師一人，報告員二人，收入約三百餘元，支出約四百餘元，收支不足之數由友誼電器公司貼補，作為廣告費	100	虞洽卿路120號	XHHV	880	張大煒	各演藝家
東陸	陸省悟	宣傳營業	每月收入約兩百元左右	100	浙江路245號	XLHG	860	程志賢	播音員黃元鼎，何鳳倩

〔註92〕趙凱主編：《上海廣播電視志》，上海社會科學院出版社1999年版，第303～306頁

中西	陳廷楨	宣傳產品，推廣營業並灌輸市民衛生生產常識	屬於中西大藥房營業範圍之內，不另立會計	100	福州路313號中西大藥房樓上	XHHH	1040	翁木良	播音員姚國英
華興	許勁先	為商業宣傳產品及廣告	主任一人，報告員二人，每月收支約三百元左右	100	青島路19號	XHHP	1260	許頸先	各遊藝員
新新	李澤、許頸先	為本公司推廣商業廣告宣傳	主任一人，報告員一人，每月開支由新新公司負擔	50	南京路新新公司七樓	XLHA	800	許勁先	各遊藝員

四、民營電臺公會的重組及其命運

　　上海淪陷後，原先由王完白、蘇祖國等人為首的廣播業同業公會解散，廣播界一時群龍無首。為了在無序的競爭中取勝，各電臺紛紛壓低廣告價格，誇大產品質量，並迎合商家要求，只贊自己的出品，卻大揭他家產品的短處；而在藥品宣傳方面，一些電臺誇大其詞，貽害病人，甚至花柳病藥品的廣告也在電臺中播出，讓聽眾深惡痛絕。缺少一定的行業規範，商業電臺的信譽受到極大損傷。

　　鑒於「同業陷於對內無以團結、對外又乏人應對壓迫，且事關電臺業數千人員生活所繫，同業等遂公決重組屬會，為同業法益之聯絡。」〔註93〕「孤島」的電臺同業人員遂公決由劉重恒〔註94〕、陳顯宗〔註95〕、馬襄卿〔註96〕、秦德鄰〔註97〕、黃寅初〔註98〕為常務理事，並向公共租界工部局登記，屬下包括28家民營電臺，於1938年組成了上海市民營廣播電臺公會。

　　公會組建後，多次召開理事會議，制訂廣播廣告、戰時募捐及播音員管

〔註93〕《舊中國的上海廣播事業》，第513頁。
〔註94〕劉重恒，中華電臺負責人，上海《廣播無線電》總編（1941年2月創辦，同年底停刊）。還有一說，是在民國26年11月日軍侵佔上海後，部分民營電臺負責人劉重恒、陳顯宗、馬襄卿等在日本廣播監督處指使下，另組上海市民營廣播電臺公會，自任理事，為敵偽工作。
〔註95〕陳顯宗，華英電臺負責人。
〔註96〕馬襄卿，大來電臺負責人。
〔註97〕秦德鄰，明遠電臺負責人。
〔註98〕黃寅初，安華電臺負責人。

理等行業規則。〔註99〕1941年2月，電臺公會創辦《廣播無線電》雜誌，意在「記述準確之節目，而有助於社會人士，收聽無線電之便利焉；其次，為記述無線電界同業，及播音人員等詳情，使社會人士，展此一冊之際，而對於最近無線電界進展情形，得以一目了然矣；復次，關於無線電學術，其進步，誠有如日新月異之感，而社會人士，從事研究於無線電者，固日趨眾矣，然有志研究而無從問津者，則尤為甚多，是以本刊特設無線電問答，以便已學者，得商量精進之機會，而未學者，更可以逐步知所學，而完成其夙志矣。其如論談、自修、常識、小說、消息、文藝、唱辭等欄，則尤為盡詳細記述之責任。」〔註100〕同年7月，電臺公會發起投票，選舉「播音皇帝皇后」〔註101〕；8月5日，公會裝滿兩卡車的食糧和藥品，赴上海南市賑濟災民，受到社會稱讚。公會理事們一鼓作氣，組織召開了上海28家會員電臺的大會，成立「上海市民營電臺公會慈善救濟委員會」，公開向社會募捐播音。12月，電臺公會又組織並成立了上海播音遊藝從業員聯誼社。

　　總體上看，電臺公會在當時還是做了一些有益的工作的。但由於其成立於特殊的「孤島」時期，沒有經過國民政府的批覆，同時一些會員電臺還與汪偽政權有著千絲萬縷的關係，有的則由於其負責人附逆而直接墮落為漢奸電臺。如黃浦電臺的負責人劉寶椿，本為洋行小職員，1937年「八一三」淞滬抗戰時期，曾在大美電臺管理廣告賬務。上海淪陷後，因大美電臺的主持人懼禍出走，敵偽就把該臺更名為黃浦電臺，交給劉寶椿經營管理，「是為劉寶椿報身侍偽平步青雲之始。〔註102〕」他在電臺，也替日偽做空氣中的宣傳。而該臺就是戰後又恢復為「大美電臺」名稱的孤島會員臺之一。1945年抗戰勝利，國民政府「收復」上海後，電臺公會曾上書國民黨中央廣播事業管理處申請復業：

> 數載經營，雖未能率同業明目發揚抗敵之宣傳，而兢兢業業苦心應對，以此廣大宣傳效力之公團終未被敵人所利用，然如募捐救災拯濟國人、輔助上海各慈善事業，則屬會率同業盡力於國人者誠不勝枚舉。殆至汪精衛提倡偽組織政府，偽宣傳部企圖利用屬會，

〔註99〕參見《會務撮錄》，《廣播無線電》1941年第2期。

〔註100〕《創刊詞》，載於《廣播無線電》第一期，1941年2月版。

〔註101〕《播音皇帝皇后選舉規則》，《廣播無線電》1941年第10期。

〔註102〕音人：《附逆劣跡昭彰，電臺業記得否？》，《秋海棠》1946年第8期。

經多方威壓，屬會歷盡艱辛拖延數月，終於嚴詞拒絕，保我同業之清白。及至太平洋大戰爆發之初，僞宣傳部乘此時機，唆使敵陸海軍竟將我二十八單位同業及工會會址無端封閉，且將同業機件全部沒收。屬會及同業一面受經濟之損失，而一面數千職工頓時失業，切齒心傷，徒喚奈何。旋由屬會同業集商，惟有靜待河山光復之時，由屬會召集同仁重謀復業，並將二十八單位沒收機件之一切損失具呈鈞處向敵所取賠償。」〔註103〕

但中央廣播事業管理處卻以該會「爲敵僞當道之意志推動一切，出版刊物，爲敵僞工作」，「確爲不合法之組織」爲理由，〔註104〕駁回了上述申請。亂世中難以自處的民營電臺，再次爲「錯誤」的政治選擇而付出了代價。

商業電臺的逐利天性和渴望穩定的職業需求，使這些隸屬中小資本家階層的經營者總想跟強者站在一起。但在波譎雲詭、政權更迭頻繁的大時代，此時的掌權者，往往彼時又成爲失勢者。處於利益搖擺中的民營電臺，一次次被迫或主動站隊，最終卻因「站錯」而被帶入歷史的泥沼。

〔註103〕《舊中國的上海廣播事業》，第513頁。
〔註104〕《舊中國的上海廣播事業》，第514～515頁。

（四）《中国宗教广播史》节选[①]

艾红红

第三章　戰時宗教廣播的轉型

　　1937 年「七七」盧溝橋事變後，中國進入艱苦卓絕的八年抗戰時期。此間日本侵略者一度佔領大半個中國，在這些淪陷區推行滅絕人性的政策，燒殺、姦淫、搶掠，國家和人民遭受著日寇的屠殺、迫害，經歷著巨大的苦難〔註1〕。宗教廣播作爲一項社會事業，也難免遭到戰爭的破壞，受到了巨大的打擊。戰爭考驗著宗教界的良心，也考驗著廣播界的應變能力。面對這一危局，宗教界人士紛紛走出家門，走向抗戰宣傳第一線。一些宗教界名人還借助廣播電臺，發表演說，鼓勵國民。抗戰時期宗教界名人的大量廣播演講，表明這一時期宗教廣播的現實性與政治性進一步加強。

第一節　概　述

一、抗戰期間宗教廣播的挫折

　　「八一三」抗戰爆發後，上海各民營電臺均停播廣告和頹靡歌曲，全力投入抗日宣傳。11 月國軍撤出上海，日軍隨即進駐並接管了官辦的上海廣播電臺。1938 年 3 月，日軍在上海設立廣播無線電監督處，通令上海各廣播電臺重新向該處登記。暫未被日軍占領的租界當局雖極爲不滿，但見日軍重兵壓境，且對抗日的聲音和活動極盡打擊迫害之能事，亦不敢掉以輕心。爲此，工部局董事會召開特別會議，責成警務處負責監督華商電臺的節目，對凡是播出反日或政治節目的電臺都予以關閉。經過商議，民營電臺公會王完白等

〔註1〕姚民權、羅偉虹：《中國基督教簡史》，宗教文化出版社 2000 年版，第 234 頁。

---

① 台湾花木兰出版社 2014 年 9 月出版。

電臺負責人決定拒絕向日方登記，並於 4 月 28 日起全體停播以示不屈。只有李樹德堂電臺照常播音。後迫於日方壓力，「工部局」通知各電臺前往登記。半個多月後，一度停播的福音、佛音、東方、建華、大陸等 20 餘家電臺登記播音，播音業同業公會的負責人則在敵僞人員把持下全部更換，王完白等人退出。到 1938 年底，上海租界內的廣播電臺增至 29 家，其中少數間或宣傳抗日的電臺常發生電波被干擾和機件被搶劫事件，處境極爲艱難。在公共租界播音的五家電臺，包括華東、大陸、東方、佛音、新新，因爲沒有向日軍的廣播監督處登記，1939 年底被日僞當局判定爲「違法」電臺而從註冊名單上註銷。日僞當局還將上述電臺所使用的載波頻率頒發給了向其登記的日本和外國電臺〔註2〕。這五家電臺都曾經播放過宗教節目。

1941 年 12 月太平洋戰爭爆發，上海「孤島」淪陷。日軍進入租界，將外國人開設的廣播電臺全部接收，國人創辦的廣播電臺全被封閉。此後上海僅有日僞所辦的大上海、大東、東亞和《新申報》廣播電臺等數家。福音、中西、國華、友聯等大部分設有宗教節目的電臺都在日本佔領該地後被日軍接收或封閉。

至於廣播事業較爲發達的北平、天津等地，也因相繼淪陷而使電臺業務受到了很大影響。

二、戰時宗教廣播的整體特點

總的來說，這一時期的宗教廣播仍然主要集中在上海。一方面，宗教廣播在抗戰中做出了巨大的貢獻，另一方面，抗戰也對宗教廣播的發展產生了深遠影響，使這一時期的宗教廣播呈現出鮮明的時代特色。

首先是宗教廣播的世俗化傾向。

抗戰期間，宗教廣播的總體數量較戰前大大縮減，內容也相對單調了很多。基督教的福音電臺和佛教的佛音電臺在上海堅持播出了一段時間後，就因有「反日」內容被日軍監督處查禁。天主教廣播雖有所發展，而且成立了專門的廣播社會團體，但在播音內容等方面進步不大。

抗日戰爭期間，整個中華民族處在生死存亡的關頭，人民經歷著巨大的痛苦。戰爭打破了我國各項事業的發展進程，使整個社會處於危機狀態。宗教廣播作爲社會事業的一部分，也無法擺脫這一現實環境的制約。戰爭一方

〔註2〕《上海公共租界工部局檔案》，1938 年 11 月 30 日，《舊中國的上海廣播事業》，第 357～358 頁。

面破壞了宗教廣播事業的順利發展，使得一部分宗教節目停辦，一部分廣播電臺關閉；另一方面也為宗教開闢了新的廣播領域和傳播內容，客觀上促進了宗教廣播的進一步世俗化。惡劣而艱難現實的挑戰，使宗教廣播不得不把視線轉向世俗人生，反映世俗環境，否則就會失去聽眾，無法繼續維持下去。

在戰爭環境下，宗教廣播世俗化的腳步最為迅速，表現也最為明顯。這一時期，中國宗教廣播的發展由於受戰時艱苦條件的影響，在數量上並沒有顯著增長，但在立場、視角及內容上發生了巨大變化。宗教界密切關注著國內外正在發生的戰事，思考著如何面對和回應所處時代的問題，在堅持宣傳宗教教義的同時，將宗教和社會現實相聯繫。

其次是宣傳抗日成為宗教廣播的一大亮點。一批宗教界人士的廣播活動，尤其是它們發表的大量廣播演講，成為戰時宣傳最重要的手段之一。

在戰爭環境中，宗教廣播的視角從對上帝、神明的仰望，轉向了對國家前途和百姓命運的關注。在宣傳內容上，不再單純的宣傳超脫世間，提倡天堂、地獄等內容，而是積極關心時事，瞭解形勢，投身於各種抗戰活動，以行動追求宗教對社會的實際貢獻。大批宗教界人士主動參加救亡運動，積極通過廣播發出抗戰聲音，在電臺為戰爭中受難的群眾徵集捐款，號召人們積極參加和支持慈善社會活動，為抗戰服務。由於一些宗教界人士是政界和文化界名人，容易在大眾心目中產生「光環效應」，因而當社會危機到來時，他們往往會利用這一普遍的社會心理現象，親自出面進行廣泛深入的輿論動員工作。

「光環效應」是一個社會心理學範疇的概念，指由於對人的某一品質或特點有清晰的知覺，印象深刻、突出，從而掩蓋了對這個人的其他品質和特點的印象。那些一開始便被強烈知覺的品質或特點，就像月亮形成的光環一樣，一圈一圈地向四周彌漫，擴散，掩蓋了其他的品質或特點，所以又被形象地稱為「暈輪效應」。這是一種十分普遍的認知偏見，表現為在個體的社會知覺過程中，不加分析地用對對方的最初印象來判斷、推論他（她）的其他品質。如一個人最初印象被認為是好的，那麼他（她）就被一種積極的有利的光環所籠罩，人們容易將其他好的品質也賦予他；相反，一個人最初被認為是不好的，他就會被一種消極的不利光環所籠罩，人們容易將其他壞的品質加給他。這就可以解釋為什麼許多商品、藥品的廣告都是由名人、明星來做，而許多聲譽不好的人明明沒做某件壞事，卻總是被人認定就是他做的。

政界名人的權威性也正是在這一心理基礎上被大眾建構起來的：由於他們向大眾展示的多是其立足全局、掌握眾生的一面，因而一般被認為對於關係國計民生的重大問題更有發言權。我們知道，每當重大的社會危機如戰爭、災難等情形發生時，輿論宣傳和輿論引導工作往往倚重於權威的新聞機構，而新聞機構的權威性則奠基於權威人士的參與和監督；這時候，媒體和政府就會借助這一關係鏈條，組織相關的權威人士積極參與，擔當社會動員的急先鋒角色，以最大限度地優化和提高傳播效果。演講作為發表政見、闡明觀點、批駁政敵、爭取盟友的有力武器，是他們在非常時期尤其是戰爭階段使用頻率很高的一種宣傳方式。

廣播演講則是 20 世紀 30 年代以來興起的一種嶄新樣式。名人尤其是各國政要在廣播中的演說，製造了一種虛擬的人際傳播環境。借助廣播，他們的思想、聲音、語氣和態度立體地呈現給了廣大聽眾。出於對領袖人物的崇敬心理和對戰爭的高度關注，名人演講在這時期所發揮的勸誘和施教功能是和平年代難以企及的。

而由於廣播媒介消除了人際傳播的空間障礙，使人類的聲音傳播首次實現了無遠弗屆，借助於廣播媒介的空中傳送，無疑把演講的輿論鼓動和輿情引導作用擴大了無數倍。在抗戰中，蔣介石、宋氏姐妹、孔祥熙、馮玉祥、馬相伯、于斌等大批著名宗教界人士，也把廣播當成了發佈政見、鼓動國民的首選媒體。他們頻頻在電臺「露面」，通過演講的方式接近信徒，說服聽眾，取得了良好的宣傳效果。

第三是宗教音樂在廣播中有增無減。

作為一種重要的布道工具，音樂節目在戰爭期間有增無減。一方面，由於戰爭期間節目時間縮短，節目內容受到經費等條件的限制，音樂節目則可以使用唱片這種可循環使用的媒介，可實現較少物質和人力消耗而大受歡迎。另一方面，戰爭時期的人們，也需要優美舒緩的音樂來緩解緊張惶恐的心情。因此，這一時期，宗教音樂更是大行其道。

第二節　關心世道人心的福音電臺廣播

抗戰爆發後，基督教廣播受到了很大破壞。在國統區，基督教廣播雖然可以繼續維持，但隨著國民政府西遷，原先以上海、天津、北京等地為中心的基督教廣播集中區相繼淪入敵手。侵華日軍對歐美背景的基督教實行壓制和打擊政策，大批教堂被摧毀或者佔用，一些未撤走的西方傳教士被逮捕拘押，致使歐美背景的基督教教會活動基本停止，只有少數中國自立基督教教會還勉強保持著低調活動。爲了進一步控制中國基督教事業，日僞當局還於1942年成立了一個「華北基督教聯合促進會」，由隨軍來華的日本基督教傳教士控制。此時的中國，戰爭導致經濟持續衰退，物資匱乏，資金緊張。基督教廣播的經濟來源本身就很有限，大多是依靠一些教徒的捐贈，而此時單從經費來源上就已經難以支撐，再加上動亂的社會環境等各種因素，基督教廣播數量上的銳減也是必然的。

這一時期，播出基督教節目的電臺幾乎只剩福音一家。1939年1月1日上海各廣播電臺播音時間節目表中顯示，有基督教節目的只有福音電臺。此外，上海東方電臺也曾設立過短期的基督教節目。

一、抗戰期間的福音電臺廣播

全面抗戰爆發後，上海各界迅速組成抗敵後援會，並在其下設立宣傳委員會，於1937年8月擬定了戰時廣播宣傳辦法，一方面邀請各界名流，舉行籌募救國捐廣播演講；一方面擬定國際宣傳大綱，加強對外宣傳。王完白、劉湛恩〔註3〕、宋子良〔註4〕等基督徒也積極參加了廣播界的各項抗日宣傳活動。王完白作爲民營廣播電臺同業公會主席，負責全面協調和組織上海市民營電臺的播音工作。劉湛恩被推舉爲上海各界救亡協會主席國際宣傳部的英語播音員。他廣泛聯繫在滬的國際知名人士和外國記者、作家，積極開展國際宣傳工作，主持支持前線、救護傷病號以及困居於租界的難民救濟工作；還通過上海青年會，發起組織上海學生救濟委員會，負責安頓平津等地流亡來滬學生的食宿。1937年9月，他又通過美國哥倫比亞廣播公司向美國公眾發表演說，宣傳中國的抗日形勢。宋子良則參加了8

〔註3〕劉湛恩（1895～1938），湖北陽新人。1918年赴美留學，先後入芝加哥大學、哥倫比亞大學，獲哲學博士學位。1922年回國，在南京東南大學、上海大夏大學和光華大學執教，曾任中華基督教育年會全國協會教育總幹事，1928年起任上海滬江大學校長。「九一八」事變後，積極參加抗日救亡運動，被推爲上海各界救亡協會主席。1938年南京僞維新政府成立，拒絕出任教育部部長，同年4月7日在上海遭日僞暴徒狙擊殉難。

〔註4〕宋子良（1899～1983），廣東文昌人，宋耀如之子，宋慶齡之弟。1899年生於上海。早年留學美國，畢業回國後曾任上海會文局局長、外交部總務司司長、中國建設銀行公司總經理等職。

月份各電臺組織的抗戰廣播演講。

上海守軍撤出後，日軍隨即進入並控制了租界之外的所有地區。1938年3月，日軍在上海哈同大樓316號設立「廣播無線電監督處」，宣稱將於4月1日起接管原來國民政府交通部和中央執行委員會所屬的廣播管理工作，並勒令民營電臺於4月15日前申請登記，領取新執照。上海民營電臺同業工會在王完白主席的帶領下，拒絕登記。福音電臺遂由教會中的美籍人士向美國領事署登記，以求保護，轉爲美商電臺繼續播音。此時的電臺仍由上海基督教廣播協會主持，一直持續到1941年太平洋戰爭爆發。

這期間，福音電臺的節目仍以宗教爲主，但播音時間明顯縮短。

福音電臺1939年的節目單〔註5〕：

時　　間	節　　目	備　　註
07：45	音樂	
08：00	晨禱	
08：30	音樂	
10：00	英文禮拜	星期日
12：30	音樂	
12：45	英文新聞	
13：00	英文布道	
13：30	滬語布道	
17：00	音樂	
	聖公會晚禱	星期日
	中華口琴會口琴	
	國樂	星期五（17：00－18：00）
17：30	兒童故事	星期二、三、四
18：00	聖經研究	
	國語布道	星期四
18：30	啓示錄研究	
	粵語布道	星期日

〔註5〕參見《上海無線電》雜誌1939年1月1日第39期所刊載的各廣播電臺播音時間節目表（1939年1月1日始），詳見：《舊中國的上海廣播事業》，第381～382頁。

19:00	王完白醫師 衛生常識	
	晚禮拜	星期日（19:00-20:00）
19:30	國語布道	
20:00	音樂	
	主日晚歌	星期日
20:30	英文布道	
21:00	英語新聞	
	俄文布道	星期日

和1937年7月前相比，福音電臺1939年的播音時間明顯縮短，內容設置更爲簡單。1939年，該臺早間的第一個節目從7:45的音樂開始，而1937年是從7:30開始，時間晚了15分鐘。1939年，每晚最後一個節目從21點開始（結束時間不詳），1937年則是21:35分開始，時間早了35分鐘。在節目數量上，周一至周六的節目由19檔縮減爲16檔，周日的節目由8檔減爲6檔。其中，周一至周六的音樂節目由8次減少到6次；布道次數由6次縮減到4次（周四爲5次），周日的布道次數仍然爲兩次。周日的禮拜次數減少爲兩次。兒童故事也由周一至周六每天播出一次，變爲只在周二周三周四播出。非常時期的節目類型也有所減少，除保留了兒童故事和衛生常識之外，之前的德育故事、勉勵會和家庭改良與人格訓練等節目都已取消。

雖然其它節目類型有所減少，但新聞的播出次數卻有所增加，這與在戰爭期間人們對信息的迫切需求有關，顯然也與福音電臺關心時事、積極入世的定位分不開。

這一時期的福音電臺，延續了之前對於社會熱點和重大事件的關注，並以基督教的立場來報導，爲其宗教宣傳的目的服務。

在日偽勢力控制大上海期間，福音電臺雖然沒有像一些媒體那樣旗幟鮮明地宣傳抗日救國，抵制汪偽當局，但其拒絕向日方登記本身即已宣示了不與日方合作的態度，日常廣播中也不掩飾該台的基本立場，那就是對蔣介石政府一如既往的支持。如1938年，竺規身牧師在福音電臺播發了《做新人》的演講，支持「新生活運動」：

　　讀聖經，以弗所書四章二十至三十二節。
　　我國領袖，自從信主耶穌以後，每晨讀經祈禱，他受了聖經的話感動，年來竭力提倡新生活運動。這是我們中國最大的希望。這新生活，換句話說，就是要棄舊換新，「作新人」。

不過新人談是容易的，做確實不容易的。作新人要有新人的標準，做新人的方法，更要有新人的力量。不然，畫餅充饑，徒有空望，而無實際。那麼，我們怎樣可以得到實際呢？唯有上帝的眞道，可以指教我們，幫助我們，做成新人……〔註6〕

演講首先從國民政府領袖蔣介石的日常生活與政治主張入手，提出新生活運動的主張，然後針對怎樣「做新人」，引用聖經，得出「作新人是要照上帝的形象，以上帝爲標準。」接著提出做新人的「十法」，都是基督教的經典和基督徒的行爲準則，將聽眾對新生活運動的興趣引導到依照基督徒行爲準則行事上來。演講看似在談基督宗教，談人格完善，實質又表達了該臺一貫的政治立場。因爲「新生活運動」的發起人蔣介石宋美齡夫婦此刻已放棄首都南京，遷都重慶，並宣佈與日方作戰。在日方控制的上海地區宣傳新生活運動，顯然有些不合時宜。聯繫到租界當局嚴格限制政治性節目的播出，違者將被關閉電臺；日本軍方虎視眈眈，對各電臺工作橫加干涉這一背景，福音電臺的這種政治「擦邊球」，實際也是需要很大勇氣，承擔相當風險的。

不僅如此，福音電臺還把爭取人心作爲戰時廣播的一個支點。在王完白看來，「宗教的眞正價值，是在人生對於他的實際體驗。因之，高深的學識固不足以稱宗教，玄妙的哲理亦無成爲宗教的可能。基督教之所以異於其他宗教者，尤在於他的積極入世觀；基督教決不空談懺悔，亦不妄呈禪機；在他，信心是必需的，信心之外，更需要行爲；懺悔是必需的，悔罪之外，還需要革新。對於聖賢帝王是如此，對於匹夫匹婦也是如此。」〔註7〕爲了更多地「救人靈魂」，1939年10月底，福音電臺開設了一檔新欄目——《聽眾見證》，時間爲每周三晚間19：20-19：30。在由25位聽眾固定播講半年之後，改爲臨時特別節目，不再固定播出。「所擬辦法，請聽眾將播音材料，寫成講稿，先行錄示，因初次播講，於事迹之選擇，時間之支配，若不預備，每難恰當，余於收集講稿後，爲之排定日期，以便依次播講，如是相繼不絕，至本年（1940年）四月終截止，適滿半年，得25人，結束以後，雖仍有來作證者，然日期不再固定，作爲臨時特別節目而已。」〔註8〕

〔註6〕《福音廣播季刊》第二卷第三期，中華民國二十七年一月至三月份。
〔註7〕王完白編：《見證如云：無線電聽眾之自述·序》，中華民國29年12月上海競新印書館印製，第1頁。
〔註8〕王完白編：《見證如云：無線電聽眾之自述·緒言》，第1～2頁。

這種讓聽眾到電台現身說法談「見證」的靈感,來自於王完白的一次美國之行。「過去之見證,皆有王完白照來函所述,代為摘要報告,或錄入季刊,去年(指1939年)因出席重整道德運動世界大會,赴美國一行,參加數大電臺之播音工作,見新型播音,皆集合數人,以簡短精彩之字句,現身說法。回國後,同人中有建議請聽眾到電臺做短時間播音者,余亦以為然,乃向聽眾報告,有因收聽播音而得靈性恩賜願親來作證者,當在每晚7時至7時半餘之日常播音中,特留星期三晚間之最後十分鐘,讓聽眾播講,聞此消息而自告奮勇願來應徵者,頗為踴躍,遂於去年(1939年)10月底,由華女士開始,每星期三晚間,皆有聽眾來福音電臺作證。」〔註9〕一些人自告奮勇,前來電臺「見證」,一些人則因聽了見證而「空中蒙召」〔註10〕,自此對耶穌基督產生了堅定信仰。還有一些原來信仰佛教、伊斯蘭教的人,也因聽了福音電臺的節目而改信基督教。

太平洋戰爭爆發前,福音電臺雖然憑藉租界之中立性且以美商電臺的名義得以繼續維持播音,但是隨著太平洋戰爭的爆發,福音電臺也難逃被接管的命運。1941年12月8日,日軍報導部和憲兵隊接收了六家「從事敵性行為之廣播電臺」,其中就包括福音電臺(另外五家是華美、民主、電訊、奇開、大美)〔註11〕。雖然不排除日軍欲加之罪的嫌疑,但從該臺所涉「罪名」看,倒也符合其一貫的立場和主張。

福音電臺被日軍報導部以「敵性電臺」為名接管後,1000瓦發射機被日方拆去,另由偽廣播協會就原址另設日製200瓦發射機,改為大東廣播電臺。大東電臺呼號XGOH,臺址設在博物院路(今虎丘路)廣學會10樓,由日偽廣播事業建設協會管理。該臺專用日語廣播。直到1945年9月25日,大東電臺才被國民政府接收。

二、抗戰期間基督教廣播的特點

首先,這一時期的基督教廣播,除各種日常性的節目外,對基督教會的一些重大事件和重要活動也進行了積極宣傳。

〔註9〕王完白編:《見證如云:無線電聽眾之自述·緒言》,第1頁。
〔註10〕《吳淞四少年空中蒙召》,見王完白編《見證如云:無線電聽眾之自述·緒言》,第3~4頁。
〔註11〕《〈新申報〉關於日軍報導部與憲兵隊接收從事敵性宣傳廣播電臺的報導》,《舊中國的上海廣播事業》,第407頁。

1939 年 12 月 1 日至 3 日，東方電臺和福音電臺對基督教的重整道德運動進行了廣播宣傳。重整道德運動的發起人是美國牧師法蘭克·卜克門博士。這一運動號召世界上每一個人，不論國籍，都開始過一種新生活——由上帝統治、受四條準則指導的生活。這四條準則是：絕對忠實、絕對純潔、忘我、博愛。本地中外基督教團體都響應了這個運動，王完白還出席了當年在美國召開的重整道德運動世界大會。對於這次運動，中西電臺雖然沒有直接進行廣播宣傳，但其主辦者中西藥房「在中國報紙上投稿宣傳與重整道德運動有關的廣播」。因為東方和福音兩個電臺都未向日本無線電廣播監督處登記，所以日方無線電廣播監督處認為中西電臺「與未登記的廣播電臺合作，宣傳重整道德運動」是「違反了管理登記的規定」，命令中西電臺暫停播音。〔註12〕1940 年，重整道德運動為了達到「全球有一萬萬人能聽從上帝以獲勝利之生活」，開始在世界範圍內開始做大規模的推動，其中在上海的宣傳就得到王完白和福音電臺大力的支持。「王完白和其同道在上海利用租界內的有利形勢，積極推動和宣傳重整道德運動。他們借助英美力量，使得重整道德運動在租界內盛行一時。」〔註13〕仁濟醫院的福開森醫師也在福音電臺誦讀卜克門博士的演講詞，題目是《世界危急中之曙光》。〔註14〕

　　從 1940 年 7 月 13 日起，福音電臺又為基督化家庭運動〔註15〕做前期宣傳，來配合這一運動的開展。基督化家庭運動主要包括「在建造人格上，高舉基督，以基督為標準，實現家庭與教會的通力合作；提倡家庭閱讀經典類、醫藥常識類、日報類、書報類、文藝作品類等著作。」「每星期六下午六時半至七時，假福音廣播電臺，播音演講家庭教育及家庭衛生問題。」〔註16〕

〔註12〕參見《工部局警務處關於廣播監督處命令中西廣播電臺停止播音的報告（1939 年 12 月 6 日）》，上海公共租界工部局檔案，資料來源於《舊中國的上海廣播事業》，第 385～386 頁。

〔註13〕王淼：《王完白與孤島時期上海重整道德運動》，《抗日戰爭研究》2013 年第 4 期。

〔註14〕《重整道德運動在上海的宣傳》，《真光》第 39 卷第 2 號，1940 年 2 月版，轉引自陳文文，徐翠：《上海福音廣播電臺——中國空中福音的先聲》，《科技信息》2009 年 25 期。

〔註15〕由中華全國基督教協進會（The National Christian Council of China）發起和推動，1930 年 1 月正式起步，規定每年十月最後一星期日起至十一月第一次星期日止，全國教會一致舉行基督化家庭運動周。

〔註16〕《關於家庭運動周材料及家庭問題播音通告》，《中華歸主》第 207 期，（1940 年 6 月），轉引自陳文文，徐翠：《上海福音廣播電臺——中國空中福音的先聲》，《科技信息》2009 年 25 期。

其次，一些著名的基督徒到電臺發表抗日廣播演說，大大提升了基督教廣播干預現實的能力。

面對日本侵略者對中國的步步侵略和蠶食，基督教中很多愛國人士積極參加抗日救亡運動。1931年「九一八」事變後，基督新教教會就聯合抗議，並把9月27日定爲「國難祈禱日」。基督教廣播則成爲聯繫基督教人士和現實社會的一個紐帶和橋梁。此時的基督教節目，在內容上更加貼近中國實際，更爲本土化，和中國的現實環境緊密相連，眞正成爲了和中國同呼吸共命運的本土化廣播。

抗戰全面爆發後，雖然民營電臺也積極地加入到了救國宣傳中，但礙於自身的發射功率以及戰時的混亂環境，基督教廣播在民營電臺播送的影響力很有限，而一些官辦電臺憑藉政府的經濟和政策傾斜，在此時所發揮的作用更大一些。在國民黨官辦電臺中，演講是抗戰時期最具特色的廣播節目，也是最爲重要的內容之一。國民黨的各大電臺都組織了名人演講節目，這其中就包括信仰基督教的名人，如1937年8月6日有「基督將軍」之稱的馮玉祥在中央電臺發表《我們應如何抗敵救國》的演講。

1938年4月16日，也即耶穌復活節的前夕，身爲基督教徒的蔣介石在國民黨中央電臺發表《爲什麼要信仰耶穌？》的長篇廣播詞，對基督教給以極高的評價，並把耶穌說成是「民族革命的導師」、「社會革命的導師」、「宗教革命的導師」。他還號召教徒，在國難之際，抱定「犧牲」的決心，「勇敢地向十字架邁進，促進三民主義獨立、自由的新中國的實現，亦就是實現耶穌理想中的大同」。他把孫中山和自己都看成是基督事業的繼承者，曾多次說過「基督教是革命的宗教，而眞正信仰基督教的人，也一定就是革命家」。蔣介石對教義的闡釋不免有些牽強和附會，其中不乏自我吹噓和標榜，但他將宗教與中國政治鬥爭結合起來，賦予基督教以「革命」的意味，足見其內心對基督教的重視〔註17〕。

這一時期，基督教廣播在對外宣傳中也發揮了重要作用。一些基督徒利用廣播發表以基督教爲信仰基礎的演講，來爭取國際支持和援助。抗戰爆發後，宋美齡曾以中國「總播音員」的身份，向全世界揭露日軍的暴行，批評西方國家對日本的縱容政策，展示中國將士英勇抵抗的決心，爭取美國朝野對中國抗戰的支持和同情。從1937年9月12日起，她在南京通過美國廣播

〔註17〕張慶軍，孟國祥著：《蔣介石與基督教》，載於《民國檔案》1997年第1期。

網直接用英語向美國民眾發表廣播演說，講述發生在中國的一切。她在其中一段對美廣播中講道：「美國的朋友，祝你們早安。我只用幾分鐘的時間講這段話，是要請一切愛好自由的人們知道中國應該立刻得到正義的援助，這是中國的權利。諸位，你們在無線電波中，或許可以聽到大炮的聲音，但是這裡還有受傷者苦痛的叫喊，還有垂死者彌留的呻吟，你們聽不到，我希望你們能想像得到。」她還說：「請告訴我，西方各國坐看這樣的殘殺和破壞，噤無一詞，是不是可以算作講求人道，注重品德，尊尚仁義，信仰耶穌文明的勝利徵象呢？再則，現在第一等強國，袖手旁觀，好像震懾於日本的暴力，不敢出一語相詆評，是不是可以看作國際道德、耶穌道德或所謂西方優美道德墮落的先聲呢？」

宋美齡一系列聲情並茂的廣播演說，通過電波傳向世界，對美國朝野產生了極大的觸動。蔣宋夫婦不僅被美國《時代周刊》評選為1937年「時代年度風雲人物」，還成為該刊1938年第一期的封面人物。理由是：「1937年，世界上最引人注目的國家是中國。在陸地，在海洋，在天空，中國人同入侵的日本人展開了殊死搏鬥。尤其是在上海，中國軍隊連續十三周阻止了日本人的前進。在這個關鍵時刻，領導這個國家的是一位最能幹的領導人蔣中正和他的傑出夫人宋美齡。」1939年7月7日抗戰兩週年紀念日，應美國反侵略會的邀請，宋美齡發表了對美廣播，敦促美國及其他西方國家履行條約義務，實行對日經濟制裁，呼籲美國對中國進行物質援助。1940年，日軍對重慶實行大轟炸。宋美齡再次對美國國會議員發表廣播演說：「我不知你們國會議員是否想到過，如果中國屈服於日機，那將發生什麼樣的情況？無疑，日本將利用中國的資源轉向美國進軍，美國也將受到自食其果的懲罰。支持野蠻的日軍侵略戰爭，本身就是不義的。」1941年4月28日，宋美齡用英語向英國公眾播講中國的救濟事業，爭取英國的支持。11月10日和12月4日，宋美齡又在無線電廣播中向美國發出呼籲：「我覺得美國這一個國家，決不會因勢乘便，以作便利自己的打算的。美國決不像法西斯國家那樣認為犧牲弱小是正當的行為。」宋美齡想努力喚起美國正義感，推動美國堅定支持中國。據統計，抗戰時期，宋美齡頻繁地發表對外廣播演講，其中對澳洲1次，對英國4次，對加拿大2次，對印度3次，對美國26次。1943年，宋美齡再度登上《時代》雜誌的封面。

此外，1937年10月20日，當時在上海的宋慶齡也親自到美商RCA廣播電臺發表了題爲《中國走向民主的途中》的英語演講。她在演講中大義凜然地宣稱：「不管日本軍閥是怎樣的瘋狂，必定在我們的領土上遭遇滅亡，中國人都準備以最後犧牲，來保衛祖國。」〔註18〕

作爲基督徒的宋氏姐妹在面向基督教文化的西方國家發表廣播演說時，往往不忘強調「耶穌文明」、「耶穌道德」，試圖尋找共識，製造平等對話的氛圍。歷史已經表明，這些演講對上述國家瞭解中國，援助中國的抗日戰爭起到了很大的作用，也爲中國爭取了更多的世界盟友。

第三節　天主教廣播的發展

受戰爭環境的影響，天主教廣播在抗戰期間並沒有明顯發展。但在這一時期，除「上海公教廣播」繼續播音外，還出現了其他語言的天主教節目以及專門的播音社。

一、繼續播音的「上海公教廣播」

這一時期，上海公教廣播依舊播音，內容仍然是天主教方面的。例如在1938年9月～1939年6月的節目中，討論了宗教問題，包括神與人的關係，新經的默示，基利斯督的使命、特點及基利斯督教會的四大特性等。

「爲維持公教廣播於久遠」，上海公教廣播在1939年還成立了專門化的組織——公教廣播聯合會組織。〔註19〕

二、新創辦的天主教節目

天主教組織還借上海的電臺開辦了多種語言的廣播節目。

1. 上海耶穌會士主辦的英語天主教廣播節目（The Catholic Hour）

1937年，在上海的美國加利福尼亞省耶穌會士主辦了天主教的英語廣播節目（The Catholic Hour）。節目借上海美國電臺——西華美電臺播出，時間爲晚上19：30 - 20：00，每兩周播送一次。1941年12月太平洋戰爭爆發後該臺被封，通過上海主教惠濟良的周旋，改在上海法國電臺播送，時間爲19：00 - 19：30，每周一次。節目內容不詳。

〔註18〕《宋慶齡選集》（上卷），人民出版社1992年版，第208～213頁。
〔註19〕寵光社上海通訊《上海公教廣播之成績》，《公教學校》1939年第5卷第11期。

2. 黃鍾播音社的中文傳教節目（又稱上海天主教播音社，或上海公教廣播節目）

1941年9月，天主教上海主教、法國人惠濟良〔註20〕創辦了黃鍾播音社，社址初設徐家匯聖心報館，後遷震旦大學。黃鍾播音社要求播音員不帶一點黨派色彩，不談政治問題。節目內容是純宗教的，論調完全以羅馬公教的立場爲立場。〔註21〕該社借上海法國電臺（抗戰勝利後改名爲國泰電臺，呼號XFFZ）播送中文傳教節目，內容是邀請名人用國語廣播「益世道人心之社論」〔註22〕，時間在星期日晚，起初每兩周一次，後每周一次，節目原長45分鐘，後增爲兩個半小時。

1941年9月14日19：00-19：45，播音社舉行了開幕典禮，開播節目的主講者爲震旦大學教授張維屏司鐸，之後還播送了名家音樂及公教新聞。〔註23〕黃鍾播音社社長吳應楓致開幕辭，強調了播音社的立場和播音內容的純宗教性，還鼓勵聽眾對其節目提出意見。〔註24〕

黃鍾播音社的中文傳教節目內容及主講人〔註25〕：

節　目	主講人	主講人身份
講座（包括宗教知識、教理、醫學衛生講座等）	王仁生、蔡石方、吳應楓	耶穌會中國神父
	沈造新、張維屏、丁宗傑	教區神父
	吳雲瑞、周渭良	震旦大學醫學教師
青年講座	王振義、顧梅生	震旦大學學生
天主教新聞		
音樂		

〔註20〕惠濟良（Auguste Alphonse Pierre Haouisée S.J.1877~1948），法國籍羅馬天主教耶穌會（Societas Jesus）會士，天主教南京代牧區助理主教（1928~1931），南京代牧區主教（1931~1933），天主教上海代牧區主教（1933~1946），天主教上海教區主教（1946~1948）。
〔註21〕吳應楓：《黃鍾播音社開幕詞》，參見《聖心報》第55卷第10期（1941年）。
〔註22〕《上海黃鍾播音社成立》，《聖心報》第55卷第10期（1941年）。
〔註23〕《上海黃鍾播音社成立》，《聖心報》第55卷第10期（1941年）。
〔註24〕吳應楓：《黃鍾播音社開幕詞》，參見《聖心報》第55卷第10期（1941年）。
〔註25〕根據 http://www.shtong.gov.cn/node2/node2245/node75195/node75203/node75285/node75299/userobject1ai91990.html 資料整理

3. 君王堂主日唱經彌撒的轉播

1938年12月起，每星期日11時，蒲石路君王堂爲滬上外僑教徒舉行的唱經彌撒，通過廣播電臺進行轉播。君王堂又名帝王堂，位於蒲石路（法租界中心，今盧灣區長樂路）165號，建於1928年。該堂有聖堂、神父住宅、出租房各1座，內設彈子、乒乓和羽毛球房、網球場和茶點室，爲其它教堂所無。建堂初期有教徒1700餘人。1933年起，成爲法租界內使用英語的外籍教徒專用堂口，多爲洋行外籍職員。遇聖誕節等大節日，有外國領事、軍官及其家屬參加。中國教徒經抗爭才准入內。

4. 天主教法語廣播節目（Le Radio Catholique）

1943年4月開辦，假上海法國電臺播音，時間每星期日21時至21時30分。主講者有震旦大學法國神父喬典愛、傅承烈等。具體節目內容及停播時間不詳。

這一時期播出天主教節目的電臺情況：

臺名	呼號	波長（米）	功率（瓦）	主辦單位、負責人	開辦時間	停辦時間及原因	地址	歷史沿革	備註
法人	XFFZ	224	250	法商法文協會	1932年8月19日		霞飛路（今淮海中路）193號		播出黃鍾播音社的天主教節目
西華美	XMHA	500	500	美商無線電工程有限公司	1931年	1941年12月8日被日軍接管改名「東亞」電臺	跑馬廳路（今武勝路）445號	抗戰勝利後復播，1947年2月被電信局封閉（不准外商在華設臺）	播出英語天主教廣播節目

三、中外天主教愛國人士的抗戰廣播演說

抗戰爆發後，廣大中國天主教徒，甚至是一些西方在華的教會人士，都表現出強烈的反戰護國之情。1937年8月10日至29日，上海市各界代表組成的抗敵後援會邀請了上海各界名人包括吳雲齋、洪深等80多位，輪流在華

美、大中華、中西等電臺舉行籌募救國捐廣播演講〔註26〕，其中就有上海知名企業家、同時也是天主教徒的陸伯鴻先生〔註27〕。他曾在8月21日在上海電臺下午三時三十分起至四時進行了演講。

1937年12月20日，羅馬教皇駐華代表蔡寧總主教〔註28〕，在廣播電臺發表「耶誕節獻詞」的演說，勸告國人「應該犧牲我們自己，獻身社會，以謀求中華民族的福利」，並號召「由東西各國來中國傳教的天主教、神父、全國的教友，協同中華國家共同合作，以期達到中華民國國家和民族幸福之目的」。〔註29〕

其中最著名的莫過於愛國老人馬相伯的廣播演說。

馬相伯（1840～1939），原名建常，後改名良，字相伯，又作湘伯或薌伯，晚年號華封老人。著名的天主教徒，近代中國著名教育家、政治活動家、愛國人士。他於清道光二十年三月十八日（1840年4月17日）生於江蘇丹徒（今鎮江），出生不久即受到天主教洗禮。清同治九年（1870年）獲神學博士銜，加入耶穌會，授司鐸神職。任神父期間，馬相伯與耶穌會發生數次衝突。清光緒二年（1876年），因自籌白銀2000兩救濟災民，反遭教會幽禁「省過」，憤而脫離耶穌會還俗（但仍信仰天主教），曾先後去日本、朝鮮、美國、法國和意大利等國。1897年，馬相伯通過補贖獲得耶穌會的赦免。重返教會後，馬相伯熱心於教育事業，先後創辦震旦學院、復旦公學，參與創辦天主教輔仁大學，是中國教會的建設者和教會自主運動的先行者，是中國人心目中愛國主義和民主主義的典範。〔註30〕他在鴉片戰爭的炮聲中來到人世，又在日本鐵蹄蹂躪我大好河山之際含恨去世。作為飽經滄桑的百歲老人，他一生具有強烈的民族意識和愛國情感，年歲越大，愛國愛教之情彌篤。馬相伯的廣播情緣可追溯到「九一八」事變後。

1931年9月18日，日本關東軍經過精心策劃，炸毀了南滿鐵路柳條湖附近的一段路軌，卻誣稱是中國軍隊所為。遂以此為藉口炮轟瀋陽北大營中國

〔註26〕艾紅紅：《抗戰時期的廣播演講》，《中國廣播電視學刊》2005年第8期。

〔註27〕陸伯鴻（1875～1937），原名陸熙順，20世紀上半葉中國知名企業家、慈善家和天主教人士。

〔註28〕瑪利奧·蔡寧（Mario Zanin），天主教外交人士，1933年至1945年期間，任宗座駐華全權代表。

〔註29〕陳金龍，傅玉能：《中國宗教界與抗日戰爭》，《長沙電力學院學報》（社會科學版），1999年第4期。

〔註30〕朱維錚主編：《馬相伯集·內容提要》，復旦大學出版社1996版。

軍隊駐地，製造了震驚中外的「九・一八」事變，之後又在短短的4個多月裏侵佔了東北三省。已退隱十幾年不聞政事的馬相伯，聞此消息拍案而起，手書「還我河山」，呼籲全國團結，一致抗日，並發表《為日禍敬告國人書》，主張「立息內爭，共禦外侮」。他又親自揮毫，作榜書和對聯進行義賣活動，並將所得10萬元全部捐獻，以實際行動支持抗日義勇軍。1932年「一・二八」事變後，他發起組織了中國民治促進會、江蘇國難會、不忍人會等，主張抵制日貨，號召為抗日將士勸募義勇捐；又擔任丹陽旅滬同鄉會會長，領導同鄉救濟戰區被難同鄉3000餘人；還勸兒媳等親友成立上海婦女勤儉社，多方支持東北抗日義勇軍和上海的19路軍抗戰。與此同時，他三天兩頭接見上海《民力周刊》、《申報》、《大晚報》等報社記者，頻頻發表演說。〔註31〕在他家裏召開救國會第二次執委會時，他特地書寫了「恥莫大於亡國，戰雖死亦猶生」聯語，同與會者共勉。

　　1939年馬相伯百齡大慶，國民政府對他發褒獎令，稱之為「民族之英，國家之瑞」。中共中央發賀電，稱他為「國家之光，人類之瑞」。當年風靡中國的《良友》畫報歷來憑藉時髦的封面女郎吸引讀者，卻在馬相伯百歲大壽時以他的照片做了封面。此刻，這位老人儼然已成為這個國家的象徵。他的救國熱情與國難同在，直到生命的最後一息還念念不忘抗戰，他因此被于右任尊稱為抗日「老青年」。〔註32〕同年11月4日，馬相伯病逝於越南諒山。噩耗傳出，舉國哀悼。弟子于右任敬挽：「光榮歸上帝，生死護中華」。

　　馬相伯有「中國第一大演說家」的美譽〔註33〕。面對外強內侵，山河破碎的苦難現實，為了使救國倡議得到社會響應，喚醒國人的民族意識，從1932年11月到1933年2月期間，他以90多歲高齡之軀，先後作了12次國難廣播演說，每次演說都長達一小時左右。他的廣播演說情詞懇切，痛快淋漓，條理清晰，旁徵博引，論證有力，或痛責日寇、

「七君子」出獄後在馬相伯家合影

〔註31〕李旻：《簡論馬相伯的愛國思想和實踐活動》，華東師範大學碩士畢業論文。
〔註32〕于右任：《百歲青年馬相伯先生》，《中央日報》1939年4月6日。
〔註33〕1906年，馬相伯赴日，在日本學會成立典禮上發表演說勉勵留學生：「救國不忘讀書，讀書不忘救國。」張之洞將此語引為至言，譽他為「中國第一位演說家。」

或抨擊不抵抗主義、或言民治治國，其愛國之情和救國之心感人肺腑。1937年「七七」事變後，他又到中央廣播電臺（一說上海廣播電臺）發表了《鋼鐵政策》的廣播演說，呼籲國人立即行動，誓死抗擊日本侵略。

馬相伯的廣播演說，始終圍繞著抗日救國這一主題。他不僅痛斥日本侵略中國的罪行，分析了中國遭受日本侵略的內因和外因，同時還就如何抵禦日寇提出了自己的主張，即停止內戰、全民抗日、實施民治、重建民國。其每一篇演說稿都有許多的反問和感歎，表達出強烈的憂國憂民之情。他的演說，幾乎每次都是吶喊：「我們如果昧了天良，忘了天責，低首下心做亡國奴去！實在千不該，萬不該，死也不應該！我人奮鬥，決不投降！我九三老人，喊一聲『為人道主義奮鬥』而死；死也瞑目！」而在第八次演說中，他開頭就發出呼喊：「諸位！時候不早了！醒一醒！」之後又說：「諸位，醒一醒！枕頭旁邊放了火藥，我們能睡麼？房子裏面有了小賊，我們能睡麼？」可以想像，老人在演說時的情緒是多麼激動。〔註34〕

馬相伯的廣播演說，始終貫穿著天主教的思想。

馬相伯引用《若望福音》第八章第四十六節的救世主聖訓「予言真實；曷弗信予」作為系列演說的開場白。之後，他不僅常引用《若望經》、《若望福音》中的內容，還提到一些宗教界人士的許多事例以及他們的宗教精神。他多次提到要為人道而戰，稱東北義勇軍的抵抗是「為維護世界人道而戰」，號召大家為人道而戰，要發揚仁愛精神。

馬相伯的廣播演說不僅體現了他的宗教信仰和愛國熱情，也揉和了古今中外有關治國的理念。這一系列演說引起了多家媒體的關注。上海《申報》、《大美晚報》等都對馬相伯的廣播演說作了報導。

四、抗戰時期天主教廣播的特點

抗戰期間的天主教廣播呈現出以下幾個特徵：

一是專門播音社的出現。這一時期，出現了教徒組織的專業播音社——黃鍾播音社。播音社自己組織節目，然後借助其它電臺來播送節目。這種新的播音運作方式，避免了在一個電臺被封閉以後無法繼續播音的弊端，能夠更為靈活和持續地實施布道。

二是沒有專門的天主教廣播電臺。雖然不同語言的天主教廣播節目出

〔註34〕參見本書附錄六。

現在不同的電臺,但是查閱資料,卻沒有發現這一時期專門的天主教廣播電臺的記錄。這其中的原因或許正如姚耀思在《廣播傳教術與北平公教廣播事業》一文中所說「自辦電臺固然可以不受外界限制,但公教色彩便未免太濃,同時開銷也太過於浩大。」另外,在其它的非天主教電臺播放天主教節目,更容易使教外人士接觸到天主教,這樣也能夠擴大天主教的影響力。

三是一些天主教人士紛紛發佈抗日廣播演說。在這一時期的廣播演說大潮中,天主教人士也積極參與,表達愛國抗日的態度。如于斌主教、馬相伯、陸伯鴻的抗日廣播演說,對外界關注中國的戰爭形勢起到了很大作用。

四是出現了天主教新聞節目。抗戰期間,廣播中出現了「天主教新聞」這一節目類型。這也開闢了天主教徒瞭解本教國內外消息的另一渠道,說明廣播及時傳播信息功能得到了天主教組織的重視。

五是節目語言的拓展。這一時期,針對不同語言的受眾群體,出現了英語、法語、中文三種不同語言類型的天主教廣播。說明那時聽眾的範圍比較廣,不僅有中國人也有外國人,另一方面,也體現了天主教廣播的受眾細分意識。

第四節　相對繁榮的佛教廣播

抗戰爆發後,中國的佛教徒經歷了一次重大的思想洗禮。佛教事業從「寺僧佛教」向「社會各階層民眾佛教」進一步轉型。「民國二十六年,這一年,可以說是中國佛教由舊趨新的一個轉折點,這一年中,中國佛教風氣,開始轉變,步上新的機運。由於日本軍閥在我國盧溝橋施放槍聲,發動侵略訊號,所謂『七七』事變之後,太虛大師慨念國難教難面臨嚴重關頭,於廬山發出『銑』電,號召佛弟子群起救亡,共赴國難,電中有三個指示:一、懇切修持佛法,以祈禱侵略國止息兇暴,克保人類和平。二、於政府統一指揮之下,準備奮勇護國。三、練習後防工作,如救護傷兵,收容難民,掩埋死亡,灌輸民眾防空防毒等戰時常識。接著,『八·一三』滬戰爆發,正式掀開戰爭序幕,中日兩國入於全面戰爭狀態,我駐軍發動英勇的抗戰。當戰爭烽火燃燒之時,全國各地佛教僧青年,受愛國熱情的驅使,響應太虛大師的號召,齊集到上海，英勇地、果敢地把他們的身心性命奉獻給國家民族，為爭取自由而奮鬥，表現了大乘佛教積極入世的精神。」〔註35〕在生死存亡的危急關頭，佛教廣播也顯示出關心現實、注重社會人生的一面。尤其是太虛大師的抗戰廣播演講，更是感召無數人投身抗日救國的洪流中。

由於佛教是當時中國影響最大，信仰人數最多的宗教，也是日本和其他東亞、東南亞地區人民信仰的主要宗教，佛教所提倡的「隨喜、慈悲、慚愧、因果、戒律、信忍」精神與日本的殖民統治有一致之處，因此在淪陷區，日偽當局容忍佛教事業有一定程度的發展。但由於日偽當局對廣播事業的高度重視和對民間經營廣播的不信任，佛教廣播雖然比其他的宗教廣播相對繁榮，但最終仍不免落入敵手。如上海最大的佛教電臺佛音電臺，就只堅持播出了不到兩年，終因抵制日本廣播監督處重新登記政策而停播。之後兩家新創辦的專門佛教電臺也沒有維持太久。1941年12月太平洋戰爭爆發後，日軍接管了上海的西華美、福音、奇開、大美等廣播電臺，同時，之前向日本監督處登記的民營廣播電臺公會所屬的28家民營電臺也被封閉，佛教廣播暫時陷入沉寂。只有在日偽當局控制下的淪陷區官辦電臺中，還會出現類似「宗教問題」（上海廣播電臺）這樣的節目。

一、專門的佛教廣播電臺

（一）拒絕接受日方監督的佛音電臺

單從日常節目的設置而言，相比基督教、天主教廣播，佛音電臺的新聞意識和抗戰宣傳最為突出。佛音電臺於1937年7月11日特設佛教新聞欄目，每周一次，每次20分鐘；周四增加播音一次，時間為20分鐘。「上海佛教日報為謀弘法普遍，廣播佛教消息起見，特商得本埠赫德路408號佛音電臺之許可，於每星期至該臺報告一周間國內外佛教重要消息，已於7月11日開始播音，時間改於2點40分起，至三點止。並於星期四增加播音一次，時間1點40分起，至二點止。欲明瞭全球佛教大事者，至希於該時注意收聽。」〔註36〕

不僅如此，佛教廣播還同基督教廣播一樣，成為抗戰募捐的主渠道之一。

〔註35〕樂觀：《三十年來中國佛教的回顧》，張曼濤主編：《現代佛教學術叢刊·民國佛教篇（86）》，臺灣大乘文化版社1978年版，第333頁。

〔註36〕《佛教日報在佛音電臺播音》，《佛學半月刊》，1937年第156期，第20頁。

1937年「八·一三」事變後，佛教界就在佛音電臺舉辦了大規模的播音募捐，以此支持抗戰。1937年9月21至23日，上海慈善團體聯合救災會和救濟災區委員會特邀名票界、電影界、話劇界在佛音電臺舉行大規模播音募捐。23日晚，梅蘭芳參加了播唱。9月24至26日，佛音電臺播出了大規模的平劇會串播音節目，這次節目是上海伶界聯合會、國難後援會為籌集救國公債及救護傷兵、救濟難民、慰勞將士等款項而舉辦的。在這次播音節目中，佛音電臺特邀京劇名演員梅蘭芳、周信芳、李少春、高百歲等出席，三天共募得13000餘元。

上海淪陷後，處於公共租界內的佛音電臺一方面表示接受租界當局的監管，另一方面堅決拒絕向日方廣播監督處登記。因該臺主持者認為，電臺係宗教性質之廣播，並無政治意味與商業性質，所有節目且係經聲佛號，實無登記之必要。日軍上海廣播監督處幾次提出警告，該臺仍置之不理，繼續播音。

佛音電臺1939年1月節目表〔註37〕：

時　間	節　目	備　註
07：00	早課	星期一停
08：00	誦金剛經	
09：00	誦華嚴經	星期一停
10：00	講法華經	
12：00	講佛說仁王護國般若經	
13：00	講無量壽經	
14：00	講華嚴經	
15：00	講樂師經	
16：00	晚課	星期日停
17：00	講涅盤經	
18：00	粵曲唱片及胡章釗故事	
19：00	家庭教育	星期一、三、五
	廣東戲	星期二、四、六

〔註37〕參見《上海無線電》雜誌1939年1月1日第39期所刊載的各廣播電臺播音時間節目表（1939年1月1日始），詳見《舊中國的上海廣播事業》，第373頁。

20：00	唱片	
20：40	教授平劇	
21：20	林鳳閣：講短篇故事	
22：00	林鳳閣：講精忠奇俠傳	
23：00	京劇唱片	
	歌舞唱片	星期六

可以看出，在節目取材上，佛教節目的時長約 11 小時，與 1937 年 7 月份（佛教節目時長 4 小時 10 分鐘）相比時間多了近 7 個小時。與此同時，非佛教節目的時長和類型都有所減少，沒有了之前的醫學常識、警策語、防衛知識、話劇以及財經類商情類節目。娛樂節目的數量也明顯減少。

在時間安排上，白天（7：00－18：00）全部為佛教節目；晚上從 18：00 開始到次日淩晨結束都是非佛教節目。這種大段的時間劃分，使得佛教節目和非佛教節目各自保持連續性，白天全部是經聲佛號，晚上是其它內容；佛教節目不是夾雜在其它節目之中，可以使修行者能夠真正做到聽著佛音電臺的節目來修行，而不會被打斷。另一方面，以收聽其它類型節目為目的的那部分聽眾則可以在晚上連續收聽，而不至於被佛教節目打斷。

1938 年 5 月，大亞和大光明兩家電臺因為播出了抗日的內容，被工部局警務處罰令停播。但日軍廣播監督處的淺野少佐進一步提出，要注意包括佛音電臺和新新公司廣播電臺在內的 6 家電臺，因為一是他們「尚未向廣播監督處登記」，二是「淺野少佐斷言，上述六家電臺具有反日傾向，並要求警務處採取措施停止它們的播音，」〔註 38〕被工部局警務處拒絕。工部局同時承諾，將經常收聽這些電臺的廣播，一旦發現反日內容，立即令其停播。日軍見工部局不肯就範，就新設立了一個 XQMW 電臺，用與佛音電臺同一周率干擾其播出。1939 年，佛音電臺自動停播，未曾復業。

（二）抗戰時期新創辦的佛教電臺

抗戰開始後，白聖法師在上海創辦了一座「佛教光明廣播電臺」，以「空中弘法」為目的。白聖法師（1904～1989）為湖北應城人，俗姓胡，字潔人。18 歲時在安徽九華山出家，不久即受具足戒。曾於度厄、慈舟、智妙等處修學。後在武昌洪山掩關三年，嗣後畢業於上海法藏佛學院。先後任浙江、上

〔註 38〕《舊中國的上海廣播事業》，第 337 頁。

海等佛教分會常務理事、上海楞嚴佛學院教務主任、杭州西湖鳳林寺住持、上海靜安寺監院兼佛學院院長等職。1948年冬到臺灣,組織中國佛教會,並任佛教會理事長多年。八年抗戰期間,白聖法師日夜跟隨圓瑛長老,投身抗日行列,到處奔波,盡形勞苦,但期間也不忘弘法利生,創辦這座佛教光明廣播電臺的目的,就是利用廣播來弘法。1941年,上海地區的日軍控制電臺播送事業日益嚴苛,時常強制傳播一些詆毀中國政府、污蔑國民軍聲譽的言論,並不容拒絕。白聖法師不願播放攻擊自己政府的言論,而又不能拒絕,他乃乘夜將電臺設備全部焚毀,以橫遭火災報請停業。〔註39〕

抗日戰爭時期,上海出現的另一座專門的佛教電臺是妙音電臺。

妙音電臺的前身是光明電臺,光明電臺創辦於1940年7月,呼號XHHX,波長217.4米,頻率1380千赫,負責人陳志文,地址設在浙江路(今浙江中路)159號神州旅社,1941年10月改名爲妙音電臺,專門播出佛教節目,負責人周幹甫,呼號不變,頻率1300千赫。但是妙音電臺的播音僅僅維持了2個月的時間,1941年12月被日軍封閉。

光明電臺改名爲妙音電臺是爲了紀念對佛教極其虔誠的羅迦陵居士。羅迦陵是近代上海的英國籍猶太裔房地產大亨哈同的中國籍妻子。由於她篤信佛教,在私人花園愛儷園內建有佛教建築頻伽精舍,按照佛經中極樂世界的說法,設計七重行樹,七重羅網,七寶蓮池,八功德水,成爲上海的佛教聖地。羅迦陵晚年「性嗜佛,嘗刊行藏經,全部以傳世……好樓居,香一爐,水一瓶,經一卷,喃喃不知倦。」〔註40〕在光明電臺創辦之前,羅迦陵居士就注意到了廣播在弘法方面的優勢,曾邀請道根法師到李樹德堂電臺講經。「羅迦陵老太太恭請道根法師假座李樹德堂廣播電臺周

〔註39〕參見 http://www.hxfjw.com/Buddhism/mage/introduction/2011102018531.html。
〔註40〕張威:《大冒險家哈同與他的中國妻子羅迦陵》,《縱橫》2002年第10期。

波九四零於每日下午三時至四時講演楞嚴經四時至五時講演彌陀要解所願，各界善信隨喜聞法共沾法味，特此通告。」〔註41〕在她辭世後，爲了紀念其對電臺的貢獻，光明電臺於1941年10月改名爲妙音電臺，「每日自上午八時至下午八時，純屬佛教節目」〔註42〕。該臺有12種佛學節目，終日罄聲與木魚交響。

民國後期，「人間佛教」的思想開始逐步滲透至佛教界，佛教界更加關注現世問題，這在妙音電臺的演講節目中也有所反映。妙音電臺播出了許多社會問題，其節目剖析了家庭中的婆媳關係、社會的賭博問題，還提供了若干解決辦法。

幾千年來，中國處於正統地位的是儒家思想。在儒家看來，佛教排斥世俗的家庭和社會生活，出家的僧尼每天只是吃齋念佛，不問世事，這與儒家積極入世的思想是相違背的。在儒家的家族觀念中，「不孝有三，無後爲大」，佛教徒出家不能生子，無疑是一種大不孝。針對儒家對佛教的這些看法，妙音電臺曾做出解釋——佛教教義決不勉強改變任何人的生活方式，出家僅是佛教生活方式的一種，家庭才是佛教的根基所在。在佛學演講中，還談到了婆媳問題在中國的嚴重性，並嘗試找到解決問題的方法：「在中國的家庭制度中，婆媳間的問題向來是成爲一種僵局的……，我們若不把這原因研求出來，而把他盡量排除，就決難成功一個融合快樂的美滿家庭。」〔註43〕

當時的上海，日軍橫行，社會動蕩，一些富足的上層人士無意也無力改變社會現狀，每天醉生夢死，賭博漸漸成了大多數人茶餘飯後的消遣方式。妙音臺的演講節目對此大加批判。「諸位知道麼？中國現在有個普遍而嚴重的社會病，其弊足以害人害國的就是賭博。……近來不論工商仕女窮的富的，多有了這種嗜好。尤其是女界裏多有把它當作家常便飯似的，整日整夜的賭博，家裏弄得淩亂不堪……。」〔註44〕

妙音電臺的佛學演講，關注的是現實生活中常見的人際關係、休閒娛樂等方面的問題。雖然宣揚的義理仍然是佛家宗旨，但在具體問題上已經沒有了傳統佛教以經解經的痕跡，擺脫了傳統佛教以理苦勸的模式，將佛理與現

〔註41〕《道根法師講演楞嚴經及彌陀要解通告》，《覺有情》第126期。
〔註42〕《播音臺》，《覺有情》1941年第50～51期。
〔註43〕《家庭問題》，《妙音集》，上海大雄書局鹿苑佛學會1943年版，第43頁。
〔註44〕《害人誤國的社會病——賭博》，《妙音集》，上海大雄書局鹿苑佛學會1943年版，第48頁。

實人生緊密結合,「以解導行,以行証解,解行相應,澄清僧海」〔註45〕是當時佛教界探索人間佛教過程中力求宗教傳播大眾化的可喜成果之一。

二、上海「世界佛教居士林」主辦的早晚課節目

抗日戰爭時期,大來電臺和光明電臺曾分別播送早課、晚課節目,且均為世界佛教居士林主辦。

世界佛教居士林的前身即上海佛教居士林。1922年,上海佛教居士林一分為二,變成了「上海佛教淨業社」和「世界佛教居士林」。改組後的世界佛教居士林積極致力於發展佛教文化事業,開展講經活動。佛教廣播出現後,該組織又通過大來電臺宣揚佛法,通過電臺播送早晚課節目長達一年之久。「本市哈同路慈厚北里五十一號世界佛教居士林,自發起每日上午八時至九時二十分,假座大來電臺播誦早課,及每日下午五時二十分至六時假座光明電臺,播誦晚課已歷一載。」〔註46〕

此外,一些民營電臺如上海大陸、大亞、利利、大美、永生等,也都相繼播出過一些與佛教有關的節目。官辦的交通部成都電臺也曾播出過佛教講經節目。

抗戰期間佛教廣播一覽表〔註47〕:

電臺名稱	呼號	節目	時間	年份
佛音	XMHB	地藏經	20:00-20:40	1938年8月
		慧參法師:無量壽經	13:00-14:00	1938年12月
		早課	07:00-08:00 星期一停	1939年1月1日
		誦金剛經	08:00-09:00	
		慧參法師:普賢菩薩行願品	13:00-14:00	1939年2月

〔註45〕沈詩醒:《太虛大師──一位勇於改革、創新、自強、自醒的佛門大德(代序)》,向子、沈詩醒編:《太虛文選(上)》,上海古籍出版社2007年版,第6頁。
〔註46〕《贈送電臺早晚課本》,《佛學半月刊》第226期。
〔註47〕表中佛音臺只列出了部分佛教節目。各電臺佛教節目資料來源:《上海無線電》雜誌1939年1月1日第39期所刊載的各廣播電臺播音時間節目表(1939年1月1日始),詳見《舊中國的上海廣播事業》,第355~383頁;吳平:《無線電波傳法音》,《法音》,2001年第1期(總第197期)。

大陸	XHHK	仁慈法師： 楞嚴經	16：00 - 17：00	1939年1月1日
大亞	XHHC	中國佛教史略	09：40 - 10：20	1939年1月1日
		四明講卷	11：40 - 12：20	
利利	XHHY	趙孝本：宣卷	12：00 - 12：40	1939年1月1日
		趙孝本：宣卷	12：40 - 13：20	
		趙孝本：宣卷	13：20 - 14：00	
		尹世鶴：講卷	14：40 - 15：20	
		鮑孝文：講卷	15：20 - 16：00	
		張仁心：講卷	17：20 - 18：00	
		智度大法師： 華嚴經	09：00 - 10：00	1941年6月
		應慈法師：華嚴經	09：00 - 10：00	1941年8月
		慧耀法師： 六祖壇經	10：40 - 11：20	1941年8月
		通賢法師： 阿彌陀經	08：00 - 09：00	1941年11月
		慧耀法師： 無量壽經	08：40 - 09：20	1941年11月
大美	XHHM	鮑孝文：四明宣卷	08：40 - 09：20	1939年1月1日
永生	XHHJ	陶有生：宣卷	07：40 - 08：20	1939年1月1日
		胡潤魁：文明宣卷	09：40 - 10：20	
中西	XHHH	筱顯民：四明宣卷	19：20 - 20：00	1939年1月1日
華泰	XLHB	張仁心：四明講經	09：00 - 09：40	1939年1月1日
		張仁心：四明講經	09：40 - 10：20	
		潘芝卿、翁德興： 四明講經	10：20 - 11：00	
		馮慶芳：四明講經	13：00 - 13：40	
		小顯民： 四明宣卷玉連環	21：00 - 22：00	
明遠	XHHF	錢榮卿：宣卷	09：30 - 10：15	1939年1月1日
東陸	XIHG	張仁心： 四明講卷黃金印	11：00 - 11：40	1939年1月1日
		張仁心：四明講卷	14：20 - 15：00	

		張仁心：四明講卷	16：00-16：40	
		趙孝本：四明宣卷忠孝傳	20：40-21：20	
		趙孝本：四明宣卷忠孝傳	21：20-22：00	
		趙孝本：四明宣卷忠孝傳	22：00-22：40	
大中華	XHHU	劉心田：四明宣卷十美圖	12：40-13：20	1939年1月1日
		趙孝本：四明宣卷十美圖	16：00-16：40	
新新	XLHA	本寬：佛經	15：20-16：00	1939年1月1日
		本寬法師：大般涅槃經	17：00起	1939年4月
兩友	XQCT	慧舟法師：賢愚因緣經	14：00-15：00	1939年4月
		慧參法師：妙法蓮華經	10：40-11：20	1939年9月
		慧參法師：妙法蓮華經	10：40-11：20	1939年11月
		慧參法師：妙法蓮華經	10：20起	1939年12月
		道根法師：大乘妙法蓮華經	時間不詳	1939年
		慧參法師：妙法蓮華經	10：40起	1940年4月
		慧舟法師：釋迦譜	14：00-15：00	1940年7月
		道根法師：金剛經及楞嚴經	16：40分起	1940年7月
		道根法師：法華經	8：40-9：20	1940年11月
金鷹	XQHK	慧參法師：藥師琉璃光如來本願功德經	14：20-15：20	1939年4月
		慧參法師：地藏菩薩本願經	13：20-14：20	1939年8月

民聲	XMHO	仁慈法師：楞嚴經第九卷	16：00-16：40	1939年7月
華英	XHHD	道根法師：大乘妙法蓮華經	09：40-10：40	1939年8月
大來	XMHJ	周慧圓居士：誦金剛經	時間不詳	1940年2月
		世界佛教居士林：早課	08：00-9：20	1940年4月
光明	XHHX	世界佛教居士林：晚課		
		芝峰法師：彌陀要解	13：00-14：00	1940年10月
		慧參法師：楞嚴經	10：00-11：00	1941年3月
		道根法師：法華經	15：00-16：00	1941年6月
		世界佛教居士林：普門品	20：00-20：40	1941年6月
		慧參法師：楞嚴經	10：00-11：00	1941年7月
妙音	XHHX	慧舟法師：三昧水懺	13：40-14：20	1941年10月
		功德林念佛會諸居士：大佛頂首楞嚴咒	08：00-08：40	1941年11月
新聲	XLHE	道根法師：楞嚴經	10：40-11：20	1940年11月
交通部成都廣播電臺		廣文法師：講經	16：10起	1941年2月

三、太虛大師的廣播活動

太虛大師（1890～1947），法名唯心，字太虛，號昧庵，俗姓呂，乳名淦森，學名沛林，原籍浙江崇德（今浙江桐鄉），生於浙江海寧，是中國近代著名高僧，也是近代佛教改革運動中的傑出理論家和實踐家。太虛大師學識廣博，思想深邃，兼通內學外學、舊學新學，融會唯識中觀、法性法相，在佛學和世學理論上都提出了不少精深的見解。其著述等已由其弟子印順法師等彙編成《太虛大師全書》。

作為佛教界的「意見領袖」和新派佛教的倡導者，太虛法師以佛教演講節目活躍於各廣播電台。他利用自身的影響力，積極改善佛教界與國民政府的關係，為佛教在民國時期的順利發展做出了積極努力，也為佛教廣播的發展打開了一片天地。

太虛在佛教廣播起步階段就是積極參與者。1933年3月起，上海佛學書局首倡在永生電臺播送佛經，此後又請高僧、居士播講佛學，當年3月12日，太虛法師便受其邀請到該臺播講《佛法大意》，這是永生電臺最早的一期講經節目，自然要請當時德高望重的太虛來播講。

1933年，日軍佔領榆關，侵略熱河，國難日深，5月7日，太虛法師到永生電臺播講《佛教與救國》。他坦言佛法是「護國的根本」，號召僧眾發揚佛教精神，與全國人民同心協力，共同抵抗日本帝國主義的侵略。1937年7月，日本發動全面侵華戰爭。太虛發表《告全日本佛教徒眾》和《告全國佛教徒》的通電，指出全球性大難臨頭，佛教徒應以各種形式迫使侵略者止凶息暴。全國佛教徒紛紛通電響應，基本按他提出的要求投入到抗戰中。

太虛還無情地批駁了同為佛教國家的日本的行徑，希望通過日本佛教徒的努力來制止日軍暴行。1938年6月，太虛於成都無線電臺廣播《佛教徒如何雪恥》，向日本佛教徒發出抵制戰爭的呼籲。「日本的三千萬佛教徒究竟何在？有如此龐大數目的佛教徒，如何竟不能制止日軍的暴行？假使是真佛教徒，應當真切的知恥，體驗佛教宗旨，實現佛法精神，此是佛教徒應知之恥，和佛教徒應如此雪恥。」〔註48〕

太虛還從佛理上深入闡發中國抗戰的正義性，鼓勵佛教徒投身抗戰的洪流。太虛對佛教理論體系與修道體系做了全面的解釋，指出佛教徒的最高目標是成佛。但是，如果不在現世降伏日本這一凶魔，佛徒們就根本無法成佛。「中國為保國家民族而自衛，為世界正義和平，為遮止罪惡、抵抗戰爭而應戰，與阿羅漢之求解脫安寧不得不殺賊，佛之建立三寶不得不降魔，其精神正是一貫的。」〔註49〕

在一般信徒看來，佛教講究出世修行，戒殺生，而抗日救國則鼓勵殺死殺傷敵人，兩者有矛盾之處。但是正如法舫大師所說，「佛教本身，固無人我是非之分，但在世間之中安立佛教，自不能無情理也。」〔註50〕世間的佛徒也屬人類，而人類既有國家民族，當然要求能自由獨立。所以太虛認為，佛

〔註48〕太虛：《佛教徒如何雪恥》，《佛化新聞報》第55號。
〔註49〕太虛：《降魔救世與抗戰建國》，《海潮音》第9卷第7期。
〔註50〕法舫：《三屆泛太佛青會將在偽滿開會》，《海潮音》第18卷第4期。

教徒「爲保全其國家民族之自由獨立，抵抗強寇侵掠，解除外力拘壓，自屬合理之正當行爲。」〔註51〕對於戰爭中不可避免的「殺敵」與佛教徒要求的「戒殺生」是否衝突的問題，太虛也認爲二者並不矛盾。「佛教徒是反對殺任何生物爲食品的。但當侵略者破壞國家傷害人民時，則任何人皆負有抵抗之義務，爲正義而引起戰爭慘殺，雖甚遺憾，然實不得已之事」。〔註52〕

1941年，太虛大師爲出錢勞軍運動，在重慶中央廣播電臺作《出錢勞軍與布施》之呼籲〔註53〕，指出佛家所講的「布施」有「財施」、「法施」、「無畏施」三種，很適於當前抗戰的需要，「在今抗戰建國時期內的中國人，當以認清並宣揚國家至上民族至上之義爲最大法施；以抵抗侵略，驅除暴寇，達到軍事勝利爲第一的無畏施；能將意志力量集中於求國家民族抗戰勝利上，爲最扼要的財施」，他在廣播中熱烈呼吁，「每個人多少要有些貢獻，勿失中國佛教徒競修布施功德的最良機會。表示我們僧徒，比一般人加倍的愛國熱誠。」〔註54〕

除了利用廣播在中國本土廣爲宣傳抗戰，太虛的足迹還遠涉國外，通過國際間的佛教交流活動爲中國尋求援助。

與中國相鄰的東南亞友好國家大都支持中國抗戰。爲了遏制東南亞人民對中國抗戰的支持，日本當局在這些地方利用媒體等多種手段大造謠言，說中國政府是基督教政府，說「中國赤禍蔓延，共產黨毀滅宗教」，謊稱日本對華戰爭是「弘揚佛教的聖戰」。日本侵略者的陰謀對我國抗戰造成極大阻撓。爲了揭穿敵人的僞裝，1939年11月～1940年5月，太虛受國民政府之聘，組織佛教訪問團出訪緬甸、印度、錫蘭，宣傳中國抗日戰爭的真相和意義。

1940年2月，太虛抵達錫蘭（斯里蘭卡的舊稱），而後受錫蘭國家電臺邀請，做了《應破之迷夢與應生之覺悟》的演講，號召世界各國人民聯合起來，共同打破日本帝國主義的兩個迷夢：恃武力征服其它國家民族之夢和傷害其它國家民族以利益自己民族之夢。〔註55〕

〔註51〕太虛：《佛教的護國與護世》，《海潮音》第20卷第1期。
〔註52〕天慧：《美記者訪問佛教領袖記》，《海潮音》第26卷第5期。
〔註53〕太虛：《出錢勞軍與布施》，釋印順編：《太虛法師年譜》，宗教文化出版社1995年版，第265頁。
〔註54〕《太虛大師在渝廣播響應出錢勞軍運動》，《西北佛教周報》第23～26期。
〔註55〕《應破之迷夢與應生之覺悟》，南普陀在線——太虛圖書館：http://www.nanputuo.com/nptlib/html/200905/0715210373499.html。

太虛此行大體上爭取到了所訪問各國對中國抗戰的同情與支持,「日本向佛教國人民宣傳,稱中國此次抗戰,摧殘佛教,屠殺佛門弟子,肆意造謠,挑撥離間,企圖掩飾其侵略之兇殘面目,所幸吾人自出國訪問後,已改變近東佛教人民之觀念。」〔註56〕緬甸佛教徒還曾斷然拒絕日本誘其參加又一次東亞佛教大會之邀。

　　歸國以後,太虛大師利用廣播積極聯絡各國佛教徒,爲支持抗戰而努力。1942年,四川省佛教會發動勸募「佛徒號」飛機活動,國內積極響應,首日即募得千元。太虛大師在重慶中國國際廣播電臺的對緬甸廣播中,播送了這一消息,並應中央秘書處邀請,播送了中國抵抗侵略的演講。「國際廣播電臺,近接中央秘書處函電,召開對緬甸廣播會宣講談話,海外部代表繆培基先生謂緬人大都爲佛教徒,對緬廣播應以佛教爲宣傳中心,故特擬題爲(一)中國佛教之近況(二)揭破倭寇破壞中國僧寺之殘暴行爲(三)宣揚我國僧尼對抗建努力熱情(四)慶賀緬甸佛教節等,特請中國佛學會理事長太虛大師蒞臨廣播,或提供材料,聞太虛法師已將四川省佛教會,熱烈籌獻佛徒號飛機消息,對緬播送云。」〔註57〕

　　1942年2月8日,中國文化協會舉行緬甸日,太虛大師於國際廣播大廈對緬甸佛徒廣播。3月17日,中國文化協會舉行印度日,太虛又於國際電臺廣播《中印之回溯與前瞻》,認爲「印度對於中國片面之輸入,且僅爲佛教之傳承耳」。「然此次以蔣委員長偉大精誠之感召,印度人固已翕然與中國聯合,只須英、美能循此方針而繼續工作,必能得印度之衷心協力,達到民主自由戰勝軸心侵略之目的,而中、印兩民族亦同實現光明的前途,以期於世界人類的文明,較於過去有更大之貢獻」。〔註58〕同年「七七事變」五週年之際,太虛大師通過國際廣播電臺,向各佛教國家發表題爲「中國抗戰五週年之新意義」的演講,說明中國在反法西斯戰爭中地位的轉變,稱其「已爲同盟國擊潰軸心重建世界和平的主力」,而後又大力呼籲佛教國家共同努力,爲佛教創造一個平等自由的國際環境。「中國之抗戰目標,內求民族自由,外伸國際正義,此與緬甸、安南、暹羅、朝鮮、錫蘭等佛教國家所欲達之目標可謂完全相同。中國之藏、蒙、康等爲佛教區域,其餘各地人民亦多數信佛,當然

〔註56〕《佛教國家同情中國抗戰,太虛大師對南洋商報記者發表談話》,《海潮音》第21卷第5~6期。
〔註57〕《陪都國際廣播電臺敦請太虛大師對緬甸播講》,《佛化新聞報》第219期。
〔註58〕太虛:《中印之回溯與前瞻》,《中央日報》1942年3月17日版。

也可算佛教國家,同奉佛教故,同抱求達之目標故。今緬甸雖已或陷入魔爪或形格勢禁而別具苦衷,然為自求解脫羈絆,並發揚人類平等之佛法於全人類,造成未來的人間淨土,皆應與抗戰五年必勝無敗的中國,及其盟國之美、英、蘇等,取得親切的聯絡,尋覓各種可能的機會,共同努力,以期達與中國所欲達之同一目標,造成將來之平等自由的佛教國際。」〔註59〕

1943年5月,太虛又發表《佛教與國民外交》的廣播演講,大力呼籲各國佛教徒共同進步,抵禦外敵侵略。「今者,我同盟國已勝利在望,而勝利後之成立自由平等之和平國際,又皆同所期望。非降魔不能成佛,非克服侵掠不能建立和平。我全國佛教徒應如何聯合各國佛教徒,各國佛教徒應如何與各國佛教徒攜手偕進,以造成佛教徒之自由世界!此其時矣!」〔註60〕

1944年,日軍在太平洋戰場的形勢開始不斷惡化。而隨著次年5月德國的投降,法西斯勢力的最後時刻也行將到來。太虛大師此時按捺不住急切的心情,於7月發表《告日本四千萬佛教徒》的廣播講話,勸日本傚仿德國無條件投降(由福善代為廣播)。廣播詞說:「日本人今能有一部份人士,出而設法停止戰鬥,慨然無條件投降,當猶不失為意大利之續;如再任軍閥作困獸之鬥,必牽墮三島全民於阿鼻地獄,猛火洞燃,人物俱燼!此在日本誠屬自招之惡果,而三島全民則何必為軍閥之殉葬品乎?日本思想智識界人士大抵為佛教徒,寧忍令久受中國儒、道、印度佛化、近代科學所薰習浸漬之三島全民,永淪劫火乎?嗚呼!日本佛教之善知識,可以呼籲四千萬佛徒起來自救救國民矣。」〔註61〕在美國兩顆原子彈和蘇聯紅軍的巨大威懾之下,1945年8月15日,日本裕仁天皇通過廣播發表《終戰詔書》,宣佈無條件投降。

在民族存亡的危機關頭,太虛大師通過廣播與國內外的佛教徒交流、溝通,振奮了民族精神,激發了廣大佛教徒的愛國情操,為抗日戰爭做出了重大的貢獻。

四、抗戰期間佛教廣播的特點

(一)與基督教和天主教廣播相比,這一時期佛教廣播的數量相對還是比較多的,目前已經查到的有佛教節目播出的電臺達21座。不過這些電臺基

〔註59〕《中國抗戰五週年之新意義》,《時事新報》1942年七七特刊。
〔註60〕太虛:《佛教與國民外交》,《海潮音》第24卷第6期。
〔註61〕太虛:《告日本四千萬佛教徒》,《海潮音》,26卷第8〜9期。

本上都不是專門的佛教廣播電臺。太平洋戰爭前後，隨著這些電臺被取締或者停播，佛教廣播也陷入沉寂。

（二）佛教演講節目日漸興盛，關注的議題也不僅僅局限於對佛教教義的闡釋。妙音電臺的佛學演講節目多關注社會問題，這在當時的佛教廣播中獨樹一幟。

（三）抗日救亡宣傳成為佛教廣播的一大主旨。如前所述，抗日戰爭時期，佛教界的廣播演講節目在號召佛教徒投身抗日洪流方面起了很大作用。佛教界人士，包括出家人和居士，經常組織以募捐為目的的廣播演講。除了太虛大師，黃涵之〔註62〕居士和王一亭〔註63〕居士等都曾在上海大中華電臺演講，呼籲大家踴躍捐款支持抗日。〔註64〕

通過佛教組織和高僧們在電臺廣播中的呼吁，很多佛教徒開始明白，自己不能置身事外。作為出家人，為保衛國家而殺賊是不違反佛家戒律的。一些青年愛國僧侶更是滿懷殺敵護國的熱誠走上抗日戰爭的前線。而佛教界除了利用廣播大力號召佛教徒參與抗戰外，還在電臺廣為募捐，為抗戰提供物質支持。

綜上，抗戰時期，宗教界的廣播活動既有一以貫之的宗教教義宣傳，也增添了大量因應時代籲求的抗戰內容和社會人生議題。宗教廣播的本土化和時代性進一步增強。

〔註62〕黃涵之（1875～1961），現代佛教居士。名慶瀾，上海人。早年曾赴日本留學，回國後創辦南華書局。民國後歷任火藥局局長、上海高級審判廳廳長等職。後到上海任中國佛教會常務理事。1949年後，任上海佛教淨業社社長，1961年病逝。

〔註63〕王一亭（1867～1938）名震，號白龍山人、覺器，浙江吳興人，畫家，上海商界名人。一生虔信佛教，為近代上海著名居士。曾任中國佛教會執行委員兼常委，連任上海居士林副林長、林長，上海佛學書局董事長等職，並致力於各項慈善事業。

〔註64〕《大公報關於抗敵後援會舉行籌募救國廣播演講的報導》，《舊中國的上海廣播事業》，第266～267頁。

（五）《新修地方志早期广播史料汇编》节选

一、上海各广播电台①

（一）"一·二八"抗战中广播宣传

民国二十年（1931年），日本发动九一八事变，侵占中国东北。第二年1月28日，日军又在上海挑起侵略战争。蒋光鼐、蔡廷锴指挥的第十九路军奋起抵抗，给了日军沉得打击。上海各界人民积极投入支援十九路军的英勇抗战。

上海广播界的上海（亚美）和大中华、国华等少数广播电台坚持在敌机盘旋下继续播音，播送战况。这对于当日沪报不能到达之江苏、浙江各县尤其显得重要。江苏常熟东张市私立益众图书馆每日按时收听上海（亚美）电台播送的战事消息，听者有千余人。该图书馆将电台所播之消息记录下来，随时油印单张分发，使大众明了真相。当时正在宁波港停泊的海轮嘉禾号全体百余名船员自晨至深夜不停地收听广播，闻胜则喜，闻败则忧。

上海（亚美）电台通过广播开展募集慰劳品、慰问金与赈济金活动。有时早晨播音募捐，到中午就已将所需款项和物资收集齐全。住在上海戈登路（今江宁路）的10岁儿童致信亚美电台说，他每天早晨上学前收听广播，知道"许多小同胞家内因为受了日本人的炮火，无家可归，真正可怜，小生年小无力帮助为恨，将所积压岁钱购做丝棉马夹100件，计洋299.3元，已送往前线。又请母亲将小生旧棉衣、棉袍捡出，共50件，请转送受苦的各位小同胞应用。从民国二十一年2月17日到3月17日止，亚美电台共收到捐款21000余元及救济物资无数。第十九路军总指挥蒋光鼐、军长蔡廷锴及淞沪警备司令戴戟联名致信亚美公司上海电台电谢。

一·二八事变后，通过广播开展抗日救国共赴国难的宣传开始为各界所关注，每年在一·二八事变纪念日都要举行纪念播音。民国二十二年1月23～28日，上海各界开展航空救国播音宣传周活动，由上海市市长吴铁城及社会名流分赴亚美、中西、大中华电台演讲宣传。上海（亚美）电台在一·二八抗战一周年之际，播出了有一定声势的广播宣传节目。内容包括：1月26日（农历正月初一）为纪念播音开场白及一·二八事变之始末介绍；1月27日为一·二八战事每日大事记及播音剧《恐怖的回忆》；1月

---

① 节录自《上海广播电视志》，上海社会科学院出版社1999年11月出版。

28日为特别节目《哭周年》；1月30日航空救国宣传，1月31日纪念播音结束语。

民国二十二年2月4日起，上海国际宣传社为唤醒国人注意国际情形共赴国难，在永生电台举办国际问题演讲大会。同年5月18日，国货运动宣传大会在大中华电台播讲国货救国。

民国二十三年1月28日，中外电台一律停止娱乐节目，从10时至20时有7位社会名流到各电台做爱国演讲。

民国二十六年1月28日，一·二八事变五周年，元昌电台播送纪念节目，9时播送警策语及防卫知识。15时30分播送爱国剧《一·二八之夜》《李老大说梦》；22时30分播送爱国剧《争夺记》《收回》。

(二)"八一三"抗战中广播宣传

1. 概况

民国二十六年7月7日，日本侵略军进攻卢沟桥，发动全面侵华战争。8月13日，日军又把战火烧到上海，上海军民英勇抗战，到11月12日中国军队撤退，上海抗战历时三个月。八一三事变前后，上海广播界大力进行抗日救亡工作。无线电广播在宣传和动员中成了有力的对敌战斗工具。

民国二十六年7月22日，上海市各界团体在国民政府支持下，发起成立了上海市各界抗敌后援会。淞沪抗战爆发后，交通部上海广播电台每日有上海文化界救亡协会做救亡播音。上海市政府广播电台迁南市继续播音，节目有新闻、军乐、时事演讲、战事教育、爱国歌唱、外语演讲等。上海27座民营电台从商业广告为主转为救亡播音为主，同年9月8日，抗敌后援会宣传委员会与民营无线电播音业同业公会共同议定战时广播电台统一宣传办法，规定在战时各广播电台播音主要节目为：时事报告、劝募救国公愤、劝募慰劳物品及其他征集事项、各类战事常识指导、外国语演讲及时事杂评、抗战歌曲演唱、名人演讲、游艺劝募或宣传等八项。同时规定：第一项节目可由各电台自由播送，唯须以受新闻检查所检查之报纸为限；第二项节目由宣传委员会拟定宣传稿件送各电台播送；第三项节目由宣传委员会依照慰劳委员会所需之物品及其他征集事项拟就稿件通知各电台播送；第四项至第八项节目一律由宣传委员会特派人员播送。同时，宣传委员会又拟定非常时期的每周广播节目。

宣传委员会指定5处电台为监察电台，随时监察、纠正各电台的广播宣传工作并针对敌方的广播宣传，指定电台从事干扰敌台音波。

2. 救亡演讲

民国二十六年8月10日开始，抗敌后援会举行筹募救国捐广播演讲。每日13时40分起，由4位各界名人分别在亚美、华美、大中华和中西广播电台演讲，每次20分钟至30分钟，4时20分结束。播音日程一直排到8月29日，共有吴蕴斋等80人做了广播演讲。9月，上海市各界抗敌后援会与中国特种教育会联合举办无线电名人抗日救亡广播演讲，每日两次。第一次从12时30分至13时，第二次从16时45分至17时15分。每次由两人分别在两处申台同时演讲，其他电台转播。

上海文化界救亡协会从同年9月11日开始，请文化界著名人士在交通部上海电台作救亡播讲。到11月15日止，共播讲50多次。演讲内容有郭沫若的《抗战与觉悟》、钱俊瑞的《抗战胜利的基础》、胡愈之《抗战中的国际形势》、郑振铎《如何保持抗战的胜利》、萨空了《抗战中的宣传工作》、刘思慕《上海抗战后的日本国内社会经济》、恽逸群《抗战中的农民运动》、沙千里《抗战中的职业青年》、许广平《鲁迅与抗日战争》、施复亮《抗战与民主》等。

抗敌后援会宣传委员会国际宣传部拟订外国语宣传大纲，针对日本国民、英美政府与人民，苏法政府与人民不同对象，制定不同的宣传内容。每日19时至19时45分为外国语播音时间。每种外国语播音以10分至15分钟为限。英语和日语播音每天都有，其余时间为其他外国语播音。

民国二十六年10月20日，宋庆龄在美商广播电台以《中国走向民主的途中》为题，用英语向美国各界人士发表广播演讲，介绍并盛赞平型关战役的胜利。同时指出中国反抗日本法西斯侵略战争不单是为自己国家，也是为世界所有爱好自由民主的人们。

3. 文艺广播宣传与募捐活动

从民国二十六年8月13日日本侵略军进攻上海之日起，上海曲艺界救亡协会分别在中西、华东、富星等电台举行募捐宣传播音3天。参加播音的剧种有：苏滩、甬剧、越剧、滑稽、话剧、申曲、平剧、弹词等。民国二十六年9月24日，上海戏剧界电影界联合国难后援会为募集救国公债及慰劳前方将士举行平剧大会串播音。梅兰芳、周信芳、李少春、高百岁等参加演出。播音持续3天，募集捐款1.3万余元。10月11日中国作曲家协会、上海戏剧界救亡协会话剧组在中西电台联合播音，每日19时至20时播出。演出歌曲《出征歌》《救亡之歌》《募寒衣》《保卫大上海》；话剧《保卫卢沟桥》。12日继续播出歌曲《中国的呼声》《中国空军歌》《伤兵慰劳歌》；钢琴独奏《少年中国进行曲》；话剧《保卫卢沟桥》第二幕。15日，上海文化界救亡协会在中西电台播送话剧《大家一条心》和教唱救亡歌曲。以后连续在中西和华东电台播出话剧《青纱帐里》《最后一课》《吞下了一颗炸弹》等。22日，上海电影界与上海救济委员会合作，连续3天在中西电台播音募捐，救济难民。播出话剧、平剧、救亡歌曲等，其中有田汉编剧的《阿Q正传》《卢沟桥》，陈鲤庭等编的《放下你的鞭子》、欧阳予倩编的《曙光》、孙瑜编的《最初之一课》，蔡楚生编的《第七个"九一八"》以及周信芳与电影明星合演的《明末遗恨》等，这次募捐规定：捐款50元以上赠送一册明星签字纪念簿，首页由田汉题词。捐款100元以上可亲临播音室听唱。

上海市各民营电台不仅放弃广告收入，参加义务播音募捐，而且也参加捐献。友联电台捐献1000件棉背心，在每件棉背心里写有不同的话语，其中有一则是这样写的："亲爱的忠勇将士！你们安心地干吧！你们不用后顾，你们前方需要的东西，我们都能尽力输送。你们放心大胆地前进吧！直到把敌人全部赶出我们国境。"但在播音募捐中也出现个别的播音界败类。亚声电台台主黄菊隐假借为伤兵募捐名义，侵吞8000余元现金及金银饰品等物，经调查属实，以国难期间犯罪性质十分恶劣，被淞沪警备司令部以军法判处死刑，于民国二十六年10月26日执行枪决。

民国二十六年10月30日~11月7日，上海文化界救亡协会还举办"保卫大上海宣传周"。参加宣传周活动的有113个团体组织的930个宣传队达4690人。这是上海各界救亡团体第一次大规模行动。上海文化界救亡协会组织的名人在交通部上海电台演讲，有诸青来讲《保卫大上海》，章乃器讲《民众武装保卫大上海》，史良讲《全上海妇女动员起来保卫大上海》，萨空了讲《用我们全力保卫大上海》等。

同年11月12日，中国军队全部撤离上海，上海租界成为"孤岛"。中国人民抗日救亡运动在租界受到种种限制；到年底，上海的电台有的停播，有的转向，抗日救亡的广播之声，一时趋于沉寂。

但是救济难民的义务播音仍继续进行。民国二十七年11月1日，上海难民救济协会劝募委员会成立，各民营电台主任及游艺界知名人士均为义务宣传劝募委员。同年12月26日，全市播音界、游艺界举行联合播音劝募认养难民活动，当时上海有难民10万名，月需给养30多万元，号召市民每月节省2元即可认养1名难民。

民国二十八年6月7~25日，中国职业妇女俱乐部等团体假大陆、新新电台举行多次慈善义卖播音，募集经费救济难民和支援新四军。

二、江苏·南京·中央广播电台①

民国二十年九一八事变及翌年一·二八事变（第一次淞沪抗战）后，中央台一度停止平时"喜庆升平"的音乐节目，改为播放铿锵激越的军乐，以及群众性的抗日歌曲。

自民国二十一年11月12日75千瓦强功率发射台启用，中央台播音时间大增，除星期日外，每天6：30~22：30间歇播音11小时20分。其中，音乐节目占2小时30分。文艺类节目由此逐步向系列化、系统化发展。

民国二十三年9月起，中央台新制订节目时间表，设置文艺类节目有：《音乐》《西乐》《乐队奏乐》《故事》《弹词》《大鼓》《平剧》等。同年，中央广播电台传音科开展歌咏活动，组织演唱抗日救亡歌曲，这类歌曲是该台当时文艺类节目的重要组成部

---

① 节录自《江苏省志·广播电视志》，江苏古籍出版社2000年12月出版。

分。如10月30日，南京市崇淑小学学生在该台播唱一组抗日歌曲，有《上战场去》《为国而死》《战歌》等，赞美华夏之魂，呼吁与敌抗争，颂扬为国捐躯等。

民国二十六年七七事变爆发，中央台取消平剧、杂剧等，并以军乐、军歌及"警策语"代替一般歌曲和乐曲。当年8月13日淞沪战役后，该台广播节目里一片嘹亮军歌声。因抗日歌曲的创作一时接应不上，歌源贫乏，该台便终日播放聂耳创作的《义勇军进行曲》。其后，《大刀进行曲》《救国军歌》《热血》等一批名曲应运而生，救亡歌曲的播出日渐丰富。当年9月11日，平津流亡同学会宣传股歌咏队曾在中央台演唱《松花江上》《九一八小调》《打回老家去》《前进歌》《救国军歌》等。

抗日战争时期，中央台的广播剧取材广泛。最集中的主题是爱国、救国。其中很多题材取自历史，如《西施》《卧薪尝胆》《一去不还》（又名《易水别》）、《木兰从军》《塞上别》《风波亭》《文天祥》；以及现代题材的《五卅泪》《对垒》等。随着国难日益深重，广播剧社会影响愈加强烈，成为听众来信最多的节目。其中，根据陈大悲同名平剧改编的《西施》，借吴越春秋的故事大谈救国之道，使人们联想到当时岌岌可危的中华民族，全剧主调昂奋，于当年底播出后，获得好评。

抗日战争时期，据《广播节目演讲概述》一文记载："九一八事变发生，国难空前，继之一·二八上海抗战，京沪危殆，广播节目自此遂发生强大作用，每日除新闻报道外，增设日语广播，一面揭穿敌寇阴谋，一面安定恐怖人心，既鼓励军士勇敢杀敌，复唤醒民众踊跃输将，尽力实多。"早在民国二十年（1931）九一八事变发生以后，一些爱国人士就纷纷来到中央台做广播讲话，宣传抗日救国。爱国将领冯玉祥曾任国民政府中央军事委员会副委员长，多次到中央电台做广播讲话，呼吁团结抗战。七七事变，抗日战争爆发。电台除了新闻和抗日演讲外，其他专题节目全部停止。新闻节目增加了抗日政局及前线战讯的报道，又增加了夜间播音，专播抗日战讯，还增加了日语广播。文艺节目也改播军乐、军歌以及警策语，并播放抗日歌曲。如聂耳创作的《义勇军进行曲》。话剧《精忠报国》、广播剧《文天祥》以及中国民族英雄的故事等也经常播出。

三、湖北·汉口市广播电台[①]

1937年7月抗日战争爆发，11月，国民政府军政机关大都由南京先转移到武汉。当时国共第二次合作共同抗日，中国共产党代表团也驻在武汉。国民党中央广播电台在迁都过程中的广播宣传，一度由汉口市广播电台和汉口短波广播电台接替。当时广播节目由平时转为战时轨道，偏重于战争新闻的报道和国际局势的分析，常播放各界人士关于团结一致共同抗日的广播讲演。1938年4月17日，周恩来在武汉第二期抗战扩大宣

---

① 节录自《湖北省志·新闻出版》及《武汉市志·新闻志》分别由湖北人民出版社1993年4月出版，武汉大学出版社1991年3月出版。

传周的第五天，在汉口市广播电台发表题为《争取更大的新的胜利》的广播讲话；5月9日，郭沫若就悼念为国捐躯的王铭章师长而发表广播讲话，题为《把有限的个体生命融化进无限的民族生命里去》；以后还有邵力子作了《惟能闻胜勿骄，始能闻败勿馁》的广播讲话，著名日本作家鹿地亘曾在汉口市广播电台向日本国民发表广播演讲，申述中国之抗战并非对日本国民之仇恨，乃在打倒压榨日本国民之军阀，号召日本国民站在兄弟友好立场，共同消灭日本侵略者；中国青年救亡协会运用汉口市广播电台，组织广播演讲，鼓舞人们抗战斗志。抗日战争初期，一些爱国文艺团体和文艺工作者，到汉口市台、汉口短波台为前线战士演唱。1938年4月17日晚，艺人董连枝在电台演唱鼓词《八百壮士》，怒潮社管弦乐队和武汉合唱团举行广播音乐会，演唱《抗战歌曲》《军队进行曲》等，曲调慷慨激昂，听众为之振奋。

  1938年春夏，在保卫大武汉的宣传活动中，在武汉的著名人士冯玉祥、周恩来、彭德怀、郭沫若、邵力子、黄琪翔、张厉生等人，都曾到汉口市广播电台发表演说，激励民众的抗日斗志。在保卫大武汉形成高潮的三个月紧张的日日夜夜里，国际主义女战士绿川英子曾担任过汉口市广播电台日语播音员。1938年10月24日深夜23时30分，武汉被日本侵略军占领前，汉口市广播电台停止播音，5千瓦中波机拆迁至贵阳。

四、湖南·湖南（长沙）广播电台①

  抗日战争爆发后，南京国民政府西迁，长沙广播电台与武汉广播电台即相辅运用，暂时代行中央广播电台的使命。为此，长沙电台传音科配有粤、英、日语播音员。据《广播节目演讲概述》②载："迨抗战军兴，国都西迁，南京中央大电台停播，长沙台更为国中唯一之喉舌，抵制敌方虚伪宣传。当时上海《大美报》有长沙台驳斥敌方广播，为中日广播战之记载。"该台主要广播国民政府政令、地方政令和进行国内外时事，抗日宣传。新闻节目是转播中央广播电台重要节目，摘编中央通讯社新闻和各报刊文章，自办有简明新闻和记录广播，后者供各地收音室抄收、传发；同时，邀请军政界人士讲演和名演员直接演播。抗战初期，国共合作抗日，全民抗战的爱国民主气氛浓厚，电台顺应舆情，组织一些抗日爱国、民主进步的节目。民国二十七年（1938年）11月6日中共领导人周恩来在湖南各抗日团体召开的欢迎会上作《抗日第二阶段我们的任务》的报告，次日晚就此内容做了广播讲话。八路军驻湘代表徐特立做了《中共抗日救国十大纲领》的广播讲话。郭沫若等人也做过广播讲演，进步文艺工作者刘良模及演剧队等演播抗战歌曲和短小的文艺节目，如试播战斗剧社演出的话剧《打鬼子去》，《湖南通俗报》称此为"湖南广播剧之始"。又邀请儿童剧团、SOS剧团、难民剧团每逢星期

---

  ① 节录自《湖南省志·广播电视志》，湖南人民出版社1997年1月出版。
  ② 据中国国民党中央执行委员会广播事业指导委员会第13次和第14次会议记录撰写的《广播节目演讲概述》，文存广播电影电视部档案处。

三、六晚上轮流演播，同年7月底，该台传音科科长郑崇武邀集在长各剧团成立第一个广播剧组织——湖南广播剧团，为电台演播广播剧，每周播出4次。民国二十七年至二十八年举办世界语广播讲座，聘请世界语学者郑旦、陈世德任播音员，担负播送世界语国际宣传节目。如用世界语播送宋庆龄的文章《中国是不可征服的》《告英国人民书》，报道《在日寇铁蹄下的上海妇女》《皇军在南京的暴行杂记》《制止日本侵略者的暴行》《致世界学联的公开信》等。抗战开始后，长沙以及各县的收音设备有所增加、广播的影响日渐扩大。

武汉沦陷，长沙广播电台奉令将其广播机的末级及附件和柴油发电机组拆迁至贵阳和重庆，仍留它的前级和调幅部分在长沙继续播音。民国二十七年（1938年）11月12日夜播音结束后，遇"文夕"大火，仓促之间，仅将重要轻便机件拆卸运出，笨重器材事后运送。湖南省政府西迁沅陵，中央广播事业管理处以播音未可久停，旧有器材亟宜利用为由，派员磋商，决定在沅陵县筹建湖南广播电台，要求立即播音，以应前方及战区听众需要。后因发射机在运输途中损坏过多，不得不全部改装，以原湖南广播电台的500瓦旧机为主体，加上原长沙广播电台拆迁时留有的材料凑合重装1000瓦中波机。建台工程于民国二十八年（1939年）8月竣工，同年11月12日正式播音，呼号为XLPA，频率为859.6千周，后改为920、900千周。播音射程可及川、康、苏、闽、冀、鲁、豫、沪等省市，香港、泰国、越南等地亦可收到。台址设沅陵县城中山公园内。该台每天晚上播音1次，为5小时，主要内容多系中央通讯社的新闻电稿，也从美国新闻处的宣传报道中选摘一些材料编译成广播稿播出；文艺节目除播放唱片外，还组织当地文艺团体、学校演播一些节目。此外，传音组成员演播著名戏剧家张骏祥的话剧《万世师表》、沈浮的《重庆24小时》；演唱进步歌曲，如《嘉陵江上》，听众反响较大。据国民党中央广播指导委员会记录称："该台播音亦日渐充实。最近增播湘语话剧及有关青年问题之讲演……""该台工作正常，每次转播中央台及国际台节目，成绩尚佳。最近为充实儿童节目内容，召集该台所在地各小学负责人商讨进行办法。"该台先后担任台长的有王溶如（1939~1943）、王治隆（1945~1948）。

民国二十八年（1939年）春，湖南省政府由沅陵迁至耒阳。为扩大对湘南地区的广播宣传，于民国三十年（1941年）1月1日建立第一座湖南广播电台并正式播音。该台设有900瓦中波机及350瓦短波机各1台、呼号为XGOH，中波频率为1400千周，短波频率为6000千周。台址设在耒阳县北郊杜陵书院。房屋狭小，设备简陋。仅有话筒、唱机、增音机、唱片约100张。播音室没有隔音设施，每人自己发电播音2小时，内容主要是选播报刊上有关抗日的稿件和播放唱片。台长始由省无线电台总工程师王石暖兼任，后由副台长刘石如兼职。全台工作人员6人。

到民国三十四年（1945年）8月初，全国在后方坚持播音的广播电台共14座，湖南省就有 2 座，发射机总功率为 2250 瓦。其中在沅陵的属中央广播事业管理处管辖；在耒阳的属湖南省政府管辖。2 台每天播音时间少，总计为 310 分钟，其中新闻 110 分钟，教育 25 分钟，宣传 45 分钟，音乐和戏剧 130 分钟。

五、广东·广东广播电台[①]

1939 年 1 月 15 日，广东省会迁至粤北韶关曲江。1940 年在韶关河西（现市体育中心南面）建立了广东广播电台。隶属省府战时通讯所，全台 15 人，其中台长 1 人，机务室 5 人，广播室 8 人，伙房 1 人，台长叫江友民。机器是新从香港购进的，一台 500 瓦特中波机，供国内宣传用；一台 1250 瓦特短波机，向外宣传用。电台呼号为 XGOP。市民能收到中央广播电台（XGOA）和中央国际电台（XGOY）的播音。韶关沦陷时电台迁往连县，抗战胜利后撤回广州。

1941 年 4 月以后，直接由中共地下党领导的国民政府军事委员会政治部演剧队第七队经常被邀请到广东广播电台演播节目，唱抗日歌曲。当时在韶关的广东广播电台每天的播音时间还正常，上午 10 时 30 分开始，中午 12 时 50 分到下午 5 时休息，晚上 10 时 40 分结束，一天播音 8 小时。其中播音时间最长的是新闻，共 4 小时 35 分，分 10 次用国语、粤语、客语、日语、英语五种语言播出，最长的一次是晚上 9 时 35 分至 10 时 40 分的粤语纪录新闻或国语新闻，共 1 小时 05 分。其次是政治性的时事、形势广播，如 "报告" "长官讲话" "总理遗教" "研究" 等等，每天 7 次，共 3 个多小时。因为当时时局紧张，世界急剧演变，这类广播内容题目不能预早确定，临时根据政治需要，当天巧立名目登报向听众预报，请出有关要人或权威登场讲话，最长的一次是晚上 7 时 25 分至 8 时左右这段时间，中间安排 25 分钟转播中央台广播，如果报告过长就不转播。整天没有音乐、文艺之类节目。从下页登载在 1941 年 10 月份的《大光报》的几则广播消息就可见一斑。

抗日战争期间，广东省政府还在曲江建立一个有线广播台，1941 年以后，也成为人民解放军东江纵队第七战区政治大队话剧团经常演出的场地。每年 2 月 15 日全省戏剧界都在这里举行以抗战为主要内容的中华戏曲节演播活动，为抗日救国发挥了作用。

这个时期，我省汕头曾有一座发射功率 200 瓦的广播电台，后来机器被拆掉，详细情况未查明。这期间广州的民营电台受到日军的限制和破坏，停止播音。

六、广西·桂林、粤西广播电台[②]

桂林广播电台较突出地宣传抗日救亡运动。其形式：一是设置抗日救亡宣传节目，其中新闻节目有《抗战时势》，专题节目有《抗战教育》《抗战讲座》《抗战杂谈》《战

---

① 节录自《广东省志·广播电视志》，广东人民出版社 1999 年 1 月出版。
② 节录自《广西通志·广播电视志》及《桂林市志·广播电视志》分别由方志出版社 1999 年 4 月出版，中华书局 1997 年出版。

时常识》《防空常识》等。二是各方人士到桂林广播电台发表抗日救亡演讲。常到电台发表广播讲话的有李济深、李任仁、郭德洁、千家驹等人士。国民党军事委员会桂林办公厅主任李济深到电台发表广播讲话的题目有《纪念国庆应有之认识》（1940年10月10日）、《纪念国父诞辰与庆祝收复桂南失地意义》（1940年11月13日）、《"七七"第五周年纪念的观感》（1942年7月7日）、《饮食节约之要义》（1942年10月1日）、《最后五分钟的努力》（1943年7月7日）、《同胞们，起来吧！》（1944年5月15日）等。民国三十年8月，广西绥靖公署政治部提出"阐扬抗战国策，加强必胜信念的宣传办法"，每逢星期五由军政要人到桂林广播电台发表广播讲话。其中有国民党军事委员会桂林办公厅主任李济深（8月8日）、国民党军第四战区司令长官张发奎（8月15日）、国民党广西省党部书记刘士衡（8月22日）、广西绥靖公署政治部主任程思远（8月29日）等人到电台广播。三是开办日语广播节目，由中山泰德担任播音员，开展对日宣传。先后播出《告日本民众》《告日本士兵》等节目，揭露日本军阀侵略中国的罪行，忠告日本人民认清真正的敌人，参加反战运动，打倒日本军阀等。在日语广播节目中，邀请当时在桂林的朝鲜义勇队秘书周世敏、国民党军第四战区政治部日语播音队队长梁席珍等人到电台广播。四是在文艺广播节目中播放和教唱《保卫广西》《民族至上歌》等抗日歌曲，播出话剧《到前线去》等。

　　桂林广播电台和粤西广播电台均成立于抗日战争时期。因而在宣传上突出了抗日的主题，除了播发国民党中央和地方通讯社的电讯稿外，还设专人主持开展抗日救亡宣传工作，配合抗战形势和桂林抗战文化运动的开展，还不时邀请黄旭初、李济深、李宗仁、张发奎、程思远等军政首脑和欧阳予倩、千家驹、李四光、王文彬、郭德洁、熊佛西等知名人士到电台演讲。其中较重要的演讲有：民国二十八年（1939年）7月3日，王文彬演讲《满蒙空战与英日冲突》；二十九年5月4日，程思远演讲《今后青年运动的方向》；三十年"三八"妇女节，李宗仁夫人郭德洁发表广播讲话，号召广西妇女动员起来，积极投入抗战行列；同年12月31日，熊佛西演讲《抗战戏剧的新阶段》；三十一年7月，李宗仁演讲《我们应以贡献力量祭慰阵亡战士》等。

　　广播电台还邀请在桂林的国际反法西斯组织的人士到电台作反战宣传。先后有投诚的日本军官中山泰德、被俘的日本原驻河内领事馆秘书汐见正作用日语播讲《告日本听众》等，讲述日本俘虏在中国备受优待，揭露日本军国主义对中国的污蔑宣传；朝鲜义勇队秘书周世敏用日语向日军士兵介绍朝鲜义勇队到中国参加抗战的意义，号召日本士兵向中国军队投诚；《东方战友》社社长李斗山演讲《大东亚和平与各民族之使命》；中越文化工作同志会的越籍人士，用越语向越南听众宣传世界反法西斯战争和中国抗战的形势。民国二十九年8月，美国著名作家、记者史沫特莱到桂林，应邀在电台演讲，报告她遍访中国南北战场的印象，生动地描述了中国敌后战场艰苦抗战及沦陷区的情况。民国三十一年6月14日，美国合众社记者爱泼斯坦应邀参加电台纪念"联合国日"举行的招待茶会，对听众发表讲话："如果全世界的弱小民族，都像中国一般坚强地不怕一切苦难和侵略者战斗，那么，纳粹的末日就会到临。"民国三十三年1月，中外记者湘北战地考察团自衡阳抵桂林，随团采访的美国广播专家布宁应邀到电台演讲《常德之战》，叙述中外记者参观团亲历战地所见所闻，抨击日本侵华罪行。

民国三十三年2~5月，桂林举办规模空前的"西南剧展"，广播电台特设"大会动态"节目，报道剧展消息。同年6月，桂林文化界掀起声势浩大的"扩大动员抗战宣传周"。6月15日，国民政府军委会桂林办公厅主任李济深，到电台做"同胞们，动员起来"的广播讲话，号召八桂子弟组织起来，武装起来，粉碎日军的进攻。电台还配合这一活动，播出新中国剧社演出的广播剧《天下一家》以及各音乐团演唱的抗战歌曲等，并积极报道宣传周活动开展情况。

文艺节目 桂林台除播放唱片外，还设有桂林广播电台管弦乐队和歌咏、国乐、西乐、平剧、桂剧、话剧等组，经常邀请专业和业余音乐、戏剧团体和艺术家到电台演播。如广西省立艺术馆音乐部、新中国剧社、广西艺术师资训练班音乐组、抗敌宣传第一队、逸仙中学歌咏团、马师曾粤剧团以及外来的"米卡奇夏威夷吉他乐队"等亦到电台演播过。到电台演播过的还有桂剧名演员方昭媛、著名小提琴演奏家马思聪、钢琴家石嗣芬等；著名话剧演员朱琳在电台播唱了话剧《再会吧，香港》主题歌等。

民国三十年（1941年）2月，桂林广播电台所设的新闻性节目有：《新闻报告》《新闻类述》《本省新闻》《特别消息》《纪录新闻》；专题性节目有《战时青年讲话》《日语报告》《敌情研究》《时事评述》《英语教授》《公民常识》；文艺节目有《国乐》《西乐》《平剧》《抗战歌曲》等，每天播音2次，共360分钟。播音语种除国语（普通话）外，还有日语、英语、粤语和桂林话。民国三十年6月，桂林广播电台将每天2次播音改为一次播音，时间是18：00~23：00，共300分钟。所设节目有：《国语新闻类述》《粤语新闻类述》《国语简明新闻》《日语报告》《英语报告》《桂语纪录新闻》《儿童教育》《卫生教育》，文艺节目除本台合唱团演唱之外，还安排了国乐、西乐和平剧等。三个月后，桂林广播电台增设《时论介绍》《防空知识》《青年讲话》《日本音乐》以及教唱《农歌》和《保卫广西》等歌曲，并恢复每天2次播音，第一次是11：00~13：00，第二次是18：00~23：00。民国三十一年5月，桂林广播电台增设《民族英雄故事》《社会服务》《广西建设计划大纲讲解》《英雄报告》等节目，同时撤销《社会教育》《科学丛说》《省党部节目》。三十二年4月23日起，每周一至六下午18：40试转播KWID旧金山广播电台的广播，节目有国语时事述评、英语新闻及时事述评。

民国三十年6月，粤西广播电台设置《新闻》《时评》《音乐》等节目；除办固定节目外，还经常举办音乐广播节目，以充实广播内容。民国三十一年7月，为纪念七七事变五周年，粤西台举办了"黄河大合唱"文艺演播。三十一年9月，举办了铜乐、歌咏、口琴文艺演播，还邀请少年服务团到电台演播。

七、四川·重庆·中央广播电台、国际广播电台[①]

1937年秋，日本侵略军占领上海，向国民政府首都南京进逼。同年11月20日，国民政府宣布移驻重庆。3天后，中央广播电台奉命转移，取道长沙，迁至重庆。在重庆上清寺国民党中央党部新址范庄附近的聚兴村租赁办公室，利用牛角沱陶瓷职业学校旧房作机房，将从南京抢运来的广播设备赶修好，于1938年3月10日恢复播音，呼号仍用XGOA，频率1450千赫，发射功率10千瓦。1939年1月频率改为1200千赫。又借用重庆电信局7.5千瓦电报电话两用机，改作短波广播发射机，转播中波广播，供远地收听。国民党中央广播事业指导委员会、中央广播事业管理处亦迁至重庆。

1938年夏，中央广播电台在重庆上清寺聚兴村对面的火烧坡中山三路地段，开始兴建广播大厦，1940年年底竣工。该大厦共三层，上层作中央广播事业管理处办公室，二层和底层当作中央广播电台和国际广播电台办公室、编辑室，还有7个播音室。

1. 中央广播电台

中央台拥有中波和短波广播，中波广播的播音时间从每日2时至23时，间歇播出9小时30分；短波广播的播音时间，在原播出5小时的基础上，增加凌晨2时至4时20分一段时间播出。中波广播对国内听众，以国语、粤语为主；短波广播面对海外华侨，用粤语、闽语、英语、泰语和马来西亚语。中央广播电台播音节目，办有《简明新闻》《新闻》《记录新闻》《一周大事》《评论》《图文教授》《英语教授》《无线电杂谈》《文艺杂谈》《哲理杂谈》《儿童节目》《家庭节目》《国乐》《西乐》《评剧》等，还有《总理遗教》《讲读蒋委员长文稿》。

中央电台的宣传内容既有主张团结抗日、共御外侮的积极方面，又有鼓吹"曲线救国"、反共反人民的消极方面。中央广播电台一度邀请中共代表，抗日将领，国民党的抗战派，爱国人士和国际友人如周恩来、冯玉祥、李济深、郭沫若、沈钧儒、黄炎培、爱德华（印度援华医疗队队长）等发表广播讲演，号召国内广大同胞团结起来共同抗日，呼吁国内外反法西斯力量团结起来，打败德、意、日侵略者。1939年5月31日，中共中央代表周恩来应邀在《特约讲座》中做了《二期抗战的重心》的广播讲演。讲演稿很快被刊登在《广播周报》173期上。周恩来的广播讲演，阐明了中国共产党的主张，产生了巨大影响。

2. 国际广播电台

1939年2月6口正式播音，呼号为XGOY，简称VOC，对欧洲、澳洲及南洋等地区

[①] 节录自《四川省志·广播电视志》，四川科技出版社1996年7月出版。

广播。这座短波广播电台的主要任务是开展国际广播，而中央广播事业管理处当时无法提供各国文字的稿件和外语播音员，遂由国民党中宣部国际宣传处提供。1940年年初，短波广播电台划归国际宣传处直接管理。

国际广播电台播音的语种和时间，随国民党当局所提供的经费、人员、设备等条件而定。1939年2月开播时，仅用9种语言，到1941年增至17种语言播音。一类是本国语，有国语（普通话）、粤语、闽语、客家语、沪语等；另一类是外国语，有英语、法语、德语、俄语、日语、荷兰语、印度语、缅甸语、越南语、西班牙语、马来西亚语、朝鲜语等。在这些语种中，经常使用国语、粤语、英语播音；其他语种每天播音各约半小时。全台各语种每日播音一般有12小时，最长达16小时，以不同波长、频率，定向或不定向发射，对不同国家和地区定时广播。此外，国际广播电台每晚要转播中央电台国语新闻节目30分钟，而国际广播电台21时英语新闻节目，也要求国内各地的广播电台转播。

国际电台的节目内容，以新闻和时事述评为主，几乎全部采用中央社电讯稿和《中央日报》刊登的新闻、评论以及中宣部国际宣传处和美国新闻处提供的稿件。未设专职记者、编辑，仅设国语、英语、缅甸语等几个语种的播音员播送相关节目。其余节目皆由各国驻华记者到该台自编自播。美国国家广播公司NBC，加利福尼亚广播组织CBS、互通广播组织MBS、英国广播公司BBC等外国记者，通过国民党中宣部国际宣传处介绍，就可到国际广播电台直接播出自编节目，并通过该国自己的电台届时转播。每晚，办有对美国广播的英语记录节目1~2小时，由旧金山专门机构收录转播。

抗日战争胜利后，中央广播事业管理处和中央广播电台于1946年5月迁返南京，国际广播电台仍留重庆。

3. 军用广播电台

1943年6月，国民党军中播音总队在重庆成立，先属原国民党军事委员会政治部，后划给国民政府国防部。该总队经过两年筹备，于1945年在重庆遗爱祠建立"军中之声"广播电台，呼号为XMPA，担负对前线部队和对敌方的广播宣传任务。抗日战争胜利后，该台于1946年5月分批由重庆迁至南京播音。

八、云南·昆明广播电台①

昆明广播电台于1940年8月1日正式播音，呼号XPRA，波长435米，频率690千赫。

昆明广播电台开播时每天播音5小时，后逐步增加到7小时。1944年上半年，因滇缅交通中断，运输困难，真空管等重要器材一时不能补充。加上电费昂贵，超出预算甚

---

① 节录自《云南省志·广播电视志》，云南人民出版社1996年1月出版。

多,遂将播音时间调整为每天4小时。

昆明广播电台面对全国(含日占地区)和南洋各地华侨广播,除用普通话播音外,先后使用过粤、闽、厦、英、法、日、韩、越、缅、泰、印、马来等十多种语言播音,除转播中央广播电台和国际广播电台的英语广播外,有时还转播美国之声电台、联合国电台和旧金山广播电台的节目。

昆明广播电台自己办的普通话节目有:"新闻""时事解说""一周时事评述""本省要闻""本省施政报告""总理遗教""总裁言论""人物介绍""科学常识""杂志文章""家庭生活""妇女生活""青年节目""学术讲座""广播邮箱"以及"音乐""歌曲""戏曲"等。星期六晚上经常举办特别节目,请平剧、滇剧票友和名演员演播节目,有时也举办音乐会,请音乐界的名家和歌咏团体演出节目。

抗日战争时期,昆明广播电台的爱国抗日宣传占一定的比重,那时国内一些著名大学,如北大、清华、南开等都迁到昆明,许多学术界的知名人士和进步人士云集昆明,他们有时也为昆明电台写稿,到电台发表广播演讲,通过电台普及知识,宣传抗战,在鼓励民气,慰勉侨胞,唤起国际友情等方面起了积极作用,在国内和各沦陷区广大爱国同胞以及海外爱国侨胞中有一定影响。

九、陕西·西安广播电台、延安新华广播电台①

1936年8月1日,国民党西安广播电台开播后,每天除转播其中央台的新闻性节目(后来还增加转播美国之音台的华语新闻)外,自办的新闻节目每天有2次,共35分钟。另外还设有定期播出的《剿匪新闻》《施政报告》《国际大势》《一周大事述要》等新闻性专题节目。它们的内容,大部分是时政方面的。据当事者回忆,"新闻材料,白天(编者注:指自办新闻节目)全取自《西京日报》(播音员自择)。"②

1936年,12月12日国民党驻西北的爱国将领张学良、杨虎城将军为逼蒋抗日,发动了震惊中外的西安事变,并于当天接管西安广播电台,播出了抗日救国的"八项主张"。12月14日和15日,张学良和杨虎城将军先后到广播电台发表演讲。他们在演讲中报告了发动西安事变的原委,阐明抗日救国的主张,并且揭露了国民党亲日派造谣污蔑的可耻伎俩。张学良在广播演讲中还特别指出:"现在南京方面,把我们的电讯隔断,并且给我们造了好多谣言。他们不愿意国人知道我们在做些什么,真是一件不幸的事,我们希望国人明了真相。我们不愿意任何人利用机会制造混乱。"③

西安事变期间,西安广播电台曾举办《抗日救亡言论》《抗日救亡的理论与方法》和《时事述评》等新闻性专题节目,邀请各界知名爱国人士做抗日讲演,反复宣传抗

---

① 节录自《陕西省志·广播电视志》,中国广播电视出版社1993年5月出版。
② 丁明:《伪陕西广播电台介绍》,引自《陕西国统区广播资料选编》。
③ 转引自赵玉明:《中国现代广播简史》。

日救国的主张。与此同时,该台还增加英语新闻节目,扩大了西安事变在国外的影响。斯诺在《西行漫记》中曾写道:"西安事变期间,西安终日广播,为正义和和平而呼吁……一直到西安事变和平解决才终止。"

抗日战争时期,西安广播电台"最主要的是新闻报告,因为当时大家都很关心前线消息以及战争形势的发展。早、中、晚三节播音中都有新闻节目,它分《简明新闻》《地方新闻》《记录新闻》和《国际新闻》等,如果说当时西安台发挥了什么作用的话,在这一点上可能对传递消息、沟通情况,使听众了解战争形势起了一定作用"①。

在中国共产党领导下,创立于1940年12月的延安新华广播电台,同样以时政新闻为主要内容。1941年1月,国民党顽固派制造了震惊中外的"皖南事变",掀起新的反共高潮。事变发生后,国民党开动各种宣传工具,大肆造谣,颠倒黑白,诬蔑中共和八路军、新四军,歪曲事实真相;同时,对中共在重庆出版的《新华日报》实行严格的新闻检查,强行扣压、没收,禁止发行;妄图一手遮天,蒙蔽世人耳目。在这关键时刻,延安新华广播电台反复播送《中国共产党中央军事委员会为皖南事变发表的命令和谈话》,揭露事变的真相,声讨国民党顽固派反共卖国、破坏抗日、发动内战的滔天罪行,分析中国面临的危机,号召全国人民"以极大的警惕性,注视事态的发展,准备着对付任何黑暗的反动局面,绝不能粗心大意",及时粉碎了国民党顽固派的新闻封锁。在其后的两年多里,延安新华广播电台经常向全国听众报道正面战场和敌后战场的情况;报道八路军和新四军同日伪军英勇作战的捷报,报道抗日根据地的政权和生产建设,以及人民群众的支前情况;报道国民党统治区群众抗日运动蓬勃发展,世界反法西斯战争和其他重要国际新闻;播送中共中央的重要文件和党报的重要社论和文章,介绍共产党的方针、政策;揭露和控诉日本侵略者的血腥暴行和国民党顽固派消极抗日、积极反共、破坏团结,挑动内战的罪行,教育和鼓舞全国人民团结起来,夺取抗日战争的胜利。

1945年8月中旬,延安新华广播电台在停播两年之后,恢复试播,9月5日正式播音。试播期间,曾播出朱德总司令为日本投降事向全国解放区的武装部队发布的进军命令,朱德总司令8月13日、16日给蒋介石的电报和毛泽东为新华社撰写的评论《蒋介石在挑动内战》《评蒋介石发言人的谈话》等,号召全国人民提高警惕,"团结起来,壮大自己的力量",制止内战。

(原载赵玉明、艾红红、刘书峰主编:《新修地方志早期广播史料汇编》,中国广播影视出版社2016年3月版)

---

① 周旧邦:《关于西安广播电台的一些片断回忆》,引自《陕西国统区广播资料选编》。

第二部分

抗战广播文汇

（一）

对于时事播音的一点意见

茅 盾

无线电播音在抗战宣传上确实起了很大的作用，这方面的工作人员也确实尽了最大的努力，然而还不能说没有缺点。

上海战事发生以来，播音界确入了战时状态，平剧、大鼓、蹦蹦戏这一类的唱片不再播送了，代替的是救亡歌曲；风花雪月情调的开篇也没有了，代替的是有关抗战的新的东西；什么"桂圆大王"，什么化妆品的宣传也没有了，代替的是时事消息和慰劳品募集的成绩报告；讲解《古文观止》也停止了，代替的是防空防毒等常识的演说。

最受听众注意的自然是时事消息，这些消息的来源大都是当日的早报和晚报，除将文言翻成半文半白而外，别无贡献。这对于不大容易看到上海早报、晚报的地方自然很好。但当天重要新闻既有中央电台和交通部上海电台在负责报告也就够了，上海其他的民营电台很可以不必死板板地讲读报纸，很应该把作风变换一变换。

我们的战士在前线浴血奋斗，不是每天都有空前的壮烈的记录么？各报所载，或详或略，但综合以观，则一场血战时我军的英武实已跃然纸上，倘如演述，便是最感人的故事。我有一次曾经听到有将报纸上一段记载（述士兵的英勇的）用说书的方式在 retold，觉得既能通俗，又热情横溢，比之死板板的逐句讲读实在好多了。我以为每天的重要战事新闻也可以用这方法。例如，近日吴淞及罗店之战，据中央社的报道，已足演述为动人的故事。

但此事须得文艺界同人和游艺界同人（特别是说书人）联系起来干。文艺界同人担任把当天重要新闻编成故事式，在不背事实的原则下加一点想象和渲染是必要的；而为了使故事生动，加一点环境描写也是必要的。例如，我军进展至汇山码头，已将敌东西联络截断，一语便很可以把汇山码头的形势及附近的形势描写一下，使这条硬性的新闻变为生动的故事。余如罗店之战、南口之胜那就更容易发挥环境描写的特长了。这样编成了故事仍是一个大纲,在播送时尚须多加渲染,这一部分工作便可由游艺界同人应用他们特长的技巧来完成它。

  播送时消息也不应限于上海战事,北方的战局亦应播送,乃至英国政府的上海中立化的提议,美国当局对远东事态的动向都可以半报告、半解释与分析地编成了故事的形式。(廿六夜)

(原载《救亡日报》1937 年 8 月 28 日)

从舞台到播音室

廖沫沙

无线电广播是现代最便利的宣传工具之一。在都会中,只要是装有无线电收音机的地方,不论是工作的人们也好,休息的人们也好,不用号召,不用集合,什么时候都可以成为当然的听众,直接宣传的对象。通过无线电广播,无论是政治消息,时事演讲,生活常识,戏剧,音乐,无一不可以直接达于群众的听觉,群众在无线电收音机的前面,不阻碍工作,不浪费时间,不用奔走,不花代价,就可以获得教育常识,时事理解,艺术欣赏。这实在是一个两得其便的东西。

抗战时期的戏剧是要深入广泛的群众的,同时更要能在极便利的条件下达到于群众。无线电广播就是一个极好利用的东西:它不要舞台装置,不要灯光布景,不要化装道具,只要有口齿明白的几个演员,用抑扬顿挫的对白或歌唱,就可以把一个话剧剧本,一出歌剧向群众传达出来,这是戏剧何等便利的一个方式?自然,把戏剧从舞台移到播音室,戏剧的某些作用,某些特长,如光暗、色彩、动作、表情等等,不免要因此消失,但这里正可以使戏剧开拓一个新疆土,产生一种新方式:一种专门播送的戏剧。

抗战时期的戏剧运动不要放弃每一个机会,要利用每一种方式。只要它的效果能达到群众,就完成了它的任务的一半。所以无线电播音,也应该是抗战戏剧必须运用的工具。上海的话剧界看到了这一点,利用无线电台来播送话剧,成了他们的日常工作之一。我希望在武汉的戏剧团体也能不放松这一个工作:无线电广播。

(原载 1937 年 12 月 1 日《抗战戏剧》第一卷第二期。据《廖沫沙杂文集》排印,三联书店 1984 年 5 月第 1 版)

广播剧运动的"前哨战"

于 伶

中央和各省市电台从今年元旦开始,联合举办"全国广播剧展览月"。这使我想起早年剧作家搞广播剧的写作,那是洪深同志首先创导的。记得1936年9月30日,他写了广播剧《开船锣》,发表在当年由石凌鹤同志主编的《戏剧 电影》月刊上。这是我国最早期的广播剧之一,是剧作家洪深唯一的广播剧本,也是我最早读到的广播剧。内容是揭露为虎作伥的汉奸活动如何猖獗;揭露当时反动政府名为惩治汉奸而实际是暗中和汉奸勾结的情况。揭露是深刻的。编剧技巧蕴蓄而不浅露,内容耐人寻味,引人思索,结构谨严,文字流畅,而不是追求与卖弄曲折离奇的所谓情节。

夏衍同志于1937年7月29日,写作了广播剧《"七二八"那一天》。那是写七七卢沟桥事变之后与"八一三"抗战全面爆发之前这一段最紧张的时间的。剧作家充分运用了广播戏剧这一新颖而又最广泛的宣传教育作用的艺术形式,淋漓尽致地反映与歌颂了当时我国人民普遍的对抗战的要求与期望;同时揭露了反动政府专门造谣愚弄欺骗人民的恶行。这是我国早期仅有的少数广播剧中比较符合播音条件的剧本,调动了各种有效的手段为广播剧服务,收到了很好的播音效果。

我在1937年9月间所写的播音短剧《以身许国》,是在以郭沫若同志任社长,由夏衍与阿英同志负责主持的《救亡日报》编辑部的帮助下,当晚写了第二天见报的急就章。全剧人物是四个女性,主要是写一个女青年接到未婚夫从抗战前线来信前后的思想情绪的变化。这一对青年情侣相互勉励、公而忘私、以身许国的高尚情操与品德,在当时是相当真实而普遍的。这个小剧本虽是标明为播音短剧,实际上它跟我当时所写的一些抗战报告剧的写法一样,我并没有特意运用什么播音剧的技巧。严格说来,它作为广播剧是有点勉强的。

由于当时抗战政治形势的需要,前面所说的《开船锣》《"七二八"那一天》《以身许国》这样的广播剧,和田汉同志以及当时许多作者所发表的短剧本,都曾经在电台上广播过。那是我党所直接领导的上海戏剧界救亡协会组织的。留在上海的救亡演剧第十二、十三两队在电台开展宣传工作。根据有关电台得到听众反映,这些广播剧所取得的宣传教育效果是很好的。回忆起来,这些是党中央建立自己的革命电台(初名新华广播电台,后改名为人民广播电台)以前的旧事了。

记得一九四七年，话剧演员戴耘和温锡莹等同志，曾经组织过播音剧团。那是解放战争的前期，所播的只能是当时反动当局的审查机关所能通过的话剧。独幕剧一档节目播完，多幕剧是逐天连播。当时的上海私营电台很多，彼此间的商业性竞争激烈。广播剧团也不能不带着搞点商业性广告了。

　　琐琐道来，人事岁变，大家尊敬与怀念的洪深老夫子离开我们已经二十六年了。上海救亡演剧第十三队的队长辛汉文，和当时最善于跟私营电台老板们打交道开展播音工作的副队长王惕予也早都过世了。一九三七年时搞过广播戏剧的十二、十三队的队员，现在仍在上海的倒还不乏其人。如果约集这些健在的同志座谈回忆，总结一下四十多年之前搞广播剧的情况，我想也不是没有意义的。当时所搞的虽然不那么轰轰烈烈，没有多少可观的成绩，可总也好比是正规战之前的前哨战、游击战吧，多少也起过点战斗作用。

（原载《文汇报》1981年1月11日）

郭沫若为抗日救亡呐喊

张晓红

郭抹若曾说过:"党决定了,我就照办,要我做喇叭,我就做喇叭。"① 无论是在旧中国那抗击日本侵略的战争年月,还是在新中国这建设社会主义现代化的和平时期,他都始终如一地做党喇叭,吹出时代的强音,激励人们奋进。

1937年7月7日卢沟桥事变发生后,中华民族到了生死存亡的危急关头。在海外漂泊十年的郭沫若,怀着对祖国的赤子之情,别妇抛子,回到祖国,在党的领导下,开始了抗日救亡宣传工作。他刚从日本回到上海,即与夏衍等人根据周恩来的指示,筹办了《救亡日报》,自任社长,宣传抗日。同时,他还积极利用国民党的广播电台进行抗日宣传。1937年9月11日,郭沫若到国际电台作题为《抗战与觉悟》的讲演,鼓励军民认定"抗战是我们中国唯一的出路,只要我们抗战到底,只要我们继续做长期的全面抗战,最后的胜利一定是属于我们"。② 在战火纷飞的日子里,郭沫若经常出现在前线,鼓舞将士积极抗日,引起强烈反响,致使日本当局一时摸不准他的真实情况,居然在广播中说什么郭沫若"带了五万兵和中央军联合在上海前线作战"。③ 同年11月上海沦为孤岛,《救亡日报》被迫停刊。郭沫若到广州筹办《救亡日报》复刊工作。在广州,郭沫若针对国民党反动派片面抗战、积极反共的倒行逆施,多次利用电台发表讲演,积极宣传我党全面抗战的正确主张。是年12月20日,他应广州文化界救亡协会的邀请,在广州无线电台作的题为《武装民众之必要的》的演讲中,他对照北伐国共合作时期民气的高昂,分析了目前民众"沉默"的原因,揭露和控诉了国民党反动派的罪行。演讲结束后,他又加入群众示威游行队伍,站在队前的大旗下,在高昂的抗战歌曲声中和群众一同大步前进,还不时握着拳头喊口号。

在日本侵略者的疯狂进攻面前,全国人民要求抗日的呼声日见高涨,国民党政府迫于压力,在中国共产党的促成下,被迫实行第二次国共合作,并且成立了国民政府军事委员会政治部,下设四个厅,其中第三厅主管宣传。由于郭沫若在文化界的威望,陈诚

---

① 夏衍:《知公此去无遗恨》,《人民文学》1978年第7期。
② 讲演稿收入《沫若文集》第11卷《羽书集》。
③ 见《郭沫若年谱》(上),天津人民出版社。

电请郭沫若到武汉担任三厅厅长。根据抗日斗争形势发展的需要，我党对筹建三厅采取积极态度，拟把三厅建成一个统一战线的机构，扩大全面抗战路线在国统区的影响。因此，周恩来也赞成郭沫若任三厅厅长。可是郭沫若自己并不愿意在国民党支配下做宣传工作。周恩来劝他"不妨多听听朋友们的意见，在必要上我们也还须得争取些有利条件"。"老实说，有你做第三厅厅长，我才可考虑接受他们的副部长，不然那是毫无意义的"①。

郭沫若服从了党组织的安排，出任三厅厅长。在他的领导下，三厅动员和组织了文化界的一批有生力量，并集中了一批研究国际形势和擅长日语、英语、俄语、世界语的人才，曾被人们称为"名流内阁"。抗战时期，研究日本各方面情况和对日宣传是当务之急。为了从日本广播中收集有关情报，三厅专门有一位精通日语的工作人员，每天监听日本电台，然后整理成情报资料，送八路军办事处和国民政府军事委员会各部门。②在郭沫若的帮助下，日本反战人士绿川英子、鹿地亘、池田幸子等也先后来到武汉，积极配合三厅做对日宣传工作，开展对日广播，收到很好效果。

武汉时期，三厅七处（国际宣传）只有董维键、叶君健、朱伯琛、张兆林等几位同志英语好，他们做了大量工作。当时，国民党的中央广播电台每周给他们2~3次对外英语广播时间，这几位同志总是自己编写英语广播稿，自己去广播。重庆时期，英语对外宣传被国民党垄断，三厅就全力搞日语和世界语的对外宣传。③

在郭沫若主持下，第三厅展开了十分活跃的抗日救亡宣传活动。成立之初即举办了一个抗日宣传周，动员各界人士参加，各重要机关、团体协助，组织在武汉的进步团体和广播电台（包括中、英、日语对外广播节目）、报纸、刊物给予配合。在抗日洪流中，郭沫若多次奋不顾身地深入前线做战地宣传，组织抗敌演剧队去台儿庄前线慰问浴血奋战的将士，给受国民党阻挠的新闻记者签发前线采访通行证，同国民党顽固派的种种刁难和破坏进行了针锋相对的斗争。当1938年日本侵略军进逼武汉时，郭沫若又积极投入到保卫大武汉的战斗中，在5月至9月的5个月中就作了6次广播讲演。6月22日，他应中央广播事业管理处、汉口广播电台和汉口市广播电台的邀请，作了题为《抗战以来日寇损失概观》的讲演。针对国民党内部"速胜论""亡国论"的反动论调，他在讲演中概述了抗战以来日寇的重大损失，指出我们"愈打愈坚，我们受着敌人的猛打、狂打、毒打，已经快满一年，但我们的精神是愈见团结，我们整个国民的意志，和钢铁一样坚固了"。"抗战必胜，建国必成的决心，闻胜不骄、闻败不馁的精神，已经保证了我们已经的胜利，更将保证了我们今后的胜利。"《新华日报》于23日、24日连

---

① 郭沫若：《洪波曲》，当时周恩来为国民政府军事委员会政治部副部长。
② 阳翰笙：《第三厅——国统区抗日民族统一战线的堡垒》（三）载《新文学史料》1981年第2期。
③ 同上。

续刊登了郭沫若的演讲全文，并配发了郭沫若的头像。

8月15日晚，为纪念"八一三"抗战一周年，郭沫若在广播电合作《纪念"八一三"，保卫大武汉》的广播讲演，号召人民发扬大无畏的精神，准备牺牲一切，为抗战最后胜利而斗争。9月24日晚，为庆祝"九一八"七周年纪念扩大宣传周胜利闭幕，郭沫若作了题为《后方民众的责任》的广播讲演。讲演中，他报告了到前线采访的所见所闻，号召后方民众要加速募征医药、棉衣，多为前线将士服务，支援前线抗战。

1938年10月武汉沦陷，第三厅辗转迁到重庆。郭沫若领导的第三厅坚持党的抗日民族统一战线政策，为抗日宣传做了大量工作。为此，被国民党顽固派视为异己，多方限制、刁难和破坏。1940年9月政治部改组，三厅被撤销，成立了文化工作委员会，仍请郭沫若做主任。为了党的事业，郭沫若再次忍辱负重。他利用文化工作委员会的合法地位，抓住一切可能的机会，到处发表讲话、讲演和进行多种形式的宣传。就目前见到的材料，从1938年12月到1946年5月，郭沫若仅在广播电台发表讲演就有15次。如，1939年2月12日晚，他在电台作题为《巩固反侵略的战线》的演讲，从日本侵略军于本月10日在我海南岛登陆这一事实出发，深刻揭露了日本侵略者妄图吞并中国、独霸太平洋的野心，并指出这已"冒着诱发世界大战的危险"，因此，美、英、法三国应当和中国、苏联切实联合起来，巩固和平阵营，制止敌人侵略。① 又如，1940年3月21日，郭沫若在广播电台做批判投降主义的讲演，题为《汪精卫进了坟墓》。指出汪精卫在日寇扶植下筹组傀儡政权是"自己挖了坟坑，自己钻进去葬送"。恰好印证了汪精卫三年前所说的"南京便是我们的坟墓"那句话。号召"凡是中华民族的儿女，都应该体念着无名英雄的耿耿精忠，都应该克服着自己血液中的'陈璧君'与'汪精卫'，由当代以至永远永远"。②

在整个抗日战争时期，郭沫若以亦诚的爱国之心和昂扬的斗志，抓住一切时机，利用各种形式，积极开展抗日宣传。他那充满激情、富于鼓动的广播演讲，呼出了亿万人民救亡图存的心声，激励了成千上万的人民群众同日本侵略者做殊死的搏斗，同国民党顽固派的假抗日、真反共阴谋做坚决斗争。（下略）

（摘自《郭沫若的广播宣传活动》一文，原载《新闻研究资料》第58辑，1992年9月出版）

---

① 讲稿刊于1939年2月14日重庆《新华日报》。
② 讲稿刊于1940年3月22日重庆《新华日报》。

碧血红心映孤岛

张义渔 李 飞 罗义俊

1939年12月17日,上海万国殡仪馆沉浸在庄严肃穆的气氛中,悲壮的哀乐搅动着两千多名吊唁群众的心。灵堂上挂满各界团体和知名人士赠送的花圈、挽幛。有上海妇女团体赠送的"杀身成仁",有第七中华职工学校同学会赠送的"精神不死",还有署名"一群难童"的"同声一哭"挽联。在香港的何香凝同志特地派专人来上海吊唁。剧作家于伶同志的一副挽联特别引人注目:

继俚乃成仁　万人痛哭　孤岛孤女不孤
与鉴湖同仇　无限哀怨　秋风秋雨千秋

这是上海人民为被国民党特务谋杀的女烈士茅丽瑛同志举行的入殓仪式,其声势之大,在鲁迅先生逝世以后还是第一次。上海人民无限怀念这位把自己满腔热血洒在上海土地上的女烈士!

投身到斗争的行列中

1937年8月,上海沦陷后,这个花花世界似的租界地区变成了日本侵略者铁蹄下的"孤岛",人民痛不欲生。在海关工作的部分中国职员无法忍受亡国奴的屈辱生活,集体提出辞职,并组织了"海关华员救亡长征团"准备奔赴内地,参加抗战工作。年轻的英文打字员茅丽瑛毫不犹豫地投身到这个行列之中。

海关的职业在当时的上海被称为"金饭碗",工资待遇优厚,为人所羡慕。当茅丽瑛的同学、朋友听说她要参加救亡长征团时,都很不理解,几个好心的朋友跑来劝她:

"金饭碗丢了实在太可惜,何况再有几个月,你在海关工作就满七年了,还可以领到相当于你一年工资总额的奖金。"

另一个朋友接着说:"再说,你家里又有个年迈多病的母亲,伯母就你这么一个女儿,你真舍得离开她老人家吗?"

朋友们的好言相劝，使茅丽瑛陷入沉思：是呀，母亲多么不容易呀！父亲死后，遗下寡妇幼女，孤苦伶仃，为了谋生，母亲带着只有五岁的丽瑛从杭州来到上海投亲，靠在启秀女中做校工的微薄收入糊口，供她读书，好不容易熬到自己在海关当了一名打字员，丢掉了实在可惜。但茅丽瑛又转念想到：日寇的铁蹄践踏着中华大好河山，蹂躏着祖国几亿同胞，为了千千万万个母亲和儿女，必须奋起抗战，不当亡国奴。想到这儿，她对朋友们说：

"是的，我爱我的母亲，但我更爱我的祖国，危难的祖国需要我们青年的热血。母亲老了，她爱我，我更爱她，我们相依为命。但要为祖国尽力，就不得不暂时离开母亲，所以我还是选择前一条路。"

茅丽瑛的抉择感动了大家，也说服了母亲。她把平时省吃俭用积蓄下的一点钱交给了一位朋友，托她照顾自己的母亲。她脱下旗袍，换上征装，挥手向亲人、朋友告别，向大上海告别，毅然决然地迈着豪迈的步伐踏上征途。

茅丽瑛能做出这样的抉择并不是偶然的。由于家境贫寒，在中学读书时，很多有钱人家的小姐，都瞧不起这个"老妈子"的女儿。逆境和艰苦生活的磨炼，培养了茅丽瑛倔强豪爽的性格。她幼小的心灵种下了仇恨黑暗、追求光明、为穷人争口气的种子。她学习勤奋刻苦，待人诚恳热情，很快成为品学兼优的高才生，得到老师和同学们的喜爱。半工半读的中学生活结束后，她以优秀成绩考进了东吴大学法律系，准备将来当名女律师，为穷人伸张正义。但是，由于经济窘迫，她只读了半年就被迫辍学了。1931年3月，茅丽瑛凭着一口流利的英语考进海关任英文打字员，这在当时的上海是一件相当不容易的事。许多同学和朋友向茅丽瑛投以羡慕的眼光，劳碌的母亲也感到莫大的宽慰。茅丽瑛脱下学生装，满腔热忱地踏上社会，在人生的道路上探索，寻求真理和光明。

茅丽瑛到海关工作以后，亲眼看到外国职员在我国领土上耀武扬威横行霸道，妄图把海关变成帝国主义对我国进行经济侵略前哨的强盗行径，更加认清了帝国主义的侵略面目和国民党政府的腐败无能。这时，她在海关开始接触到地下党组织，并积极投入到各种社会活动中，不久，参加了党领导的海关职员进步团体"乐文社"。当时民族危机空前严重，我党领导下的各种进步团体纷纷创办各种进步刊物，举办读书会、报告会等，引导各界青年关心国家存亡，开展抗日救亡斗争。她团结一批要求进步的职业妇女，组织了"职业妇女会"（即"职业妇女俱乐部"的前身），并任首届主席。

为了团结教育妇女，他们经常举办各种"读书会""时事座谈会"，阅读和讨论一些进步书籍，学习讨论国际国内形势，宣传抗日救亡道理。她们组织了一次反对邮局不招收已婚女职员的斗争，保护了妇女在职业上的平等权利。她常对女友们说："不要把自己打扮成花朵一样，让人家叫我们花瓶，拿我们当花玩赏。"她号召大家用实际行动同歧视妇女压迫妇女的恶习作斗争，"挣断家庭锁链，到社会上服务，谋取经济上的独立，这是我们唯一获得完全独立、自由、平等的道路。"大家都很喜欢她，也很愿意和她接近，把她当成自己的贴心人。

在实际斗争中，茅丽瑛逐渐认识到"妇女解放要在民族解放中得到"，她带领职业妇女越出狭隘的女权运动范围，在"八一三"全面抗战爆发以后，她就投入了轰轰烈烈的抗日救亡运动。

茅丽瑛和海关救亡长征团的战友们跋山涉水，辗转南下，经过浙江、福建等省，直奔广州。他们沿途宣传抗日救亡的道理，过着每天只有七分钱的伙食标准生活。艰苦的生活使茅丽瑛受到教育和锻炼，侵略者的暴行和人民群众如火如荼的救亡斗争，更激励了她的爱国热情。但长征团到达广州后，由于计划改变而解散了。1938年3月茅丽瑛重新回到上海，在母校启秀女中任英语教师，同时继续从事抗日救亡运动。在斗争中她接受了党的教育和培养，于同年5月加入了中国共产党。

"为义卖而生，为义卖而死"

上海职业妇女俱乐部正式成立后，茅丽瑛被推选为主席。这时她的工作更忙了，整天四处奔波，回家还要照料重病在身的母亲。一天，她开完会回到家，发现母亲已经咽了气，她悲痛万分，抽泣地说："妈妈呀妈妈，女儿对不起您，我没能好好侍候您，没来得及给您送终，原谅我吧，妈妈!"茅丽瑛送别了唯一的亲人，揩干了眼泪，又投入到群众斗争中去了。

1939年年初，转战大江南北的新四军和抗日游击队的胜利消息不断传来，给上海人民带来了无限的希望。当时"上海各界民众慰问团"到皖南慰劳新四军，返沪后向上海各界代表介绍了新四军英勇抗战和缺衣少药等情况。当时，太平洋战争还未爆发，日本鬼子还不能随便到上海的英、法租界抓人。上海地下党随即决定，利用租界当局和日帝之间的矛盾，对抗日活动眼开眼闭的有利条件为掩护，发动群众，以"节约救难""义演""义卖"等各种形式来募集捐款、物资，以救济难民、支援前方抗日将士的公开名义，开展支援新四军的活动。

当时上海环境已十分险恶，日伪特务到处横行霸道，迫害抗日志士的恐怖事件不断发生。在这样严峻的时候，"职妇"决定发起举办物品慈善义卖会。茅丽瑛毅然投入了为新四军募集寒衣的战斗。

为了广泛动员群众，征募大批义卖物品和推销大批义卖代价券，她们准备借大陆电台举行平剧（即京剧）大会唱。

这天，一切布置就绪，马上就要播音了，电台突然收到一封恐吓信，威胁"职妇"立即停止广播，否则将对他们"不利"，信内并附有一颗子弹。显然，这是日伪特务机关干的勾当。面对敌人的威胁恫吓，大家义愤填膺，毫不畏惧。茅丽瑛对女友们说：

"怕什么，我要为义卖而生，也要为义卖而死。"

她沉着地主持电台播音，使电台播音按照原订计划一直到午夜12点钟。群众非常支持这次义卖活动，听到广播后，不少群众打电话要求认购代价券，几天之内，她们就推销了2000元的代价券。以后她们又组织了一次粤剧大会唱，两次广播都收到了很好的效果。

日伪特务机关破坏大会唱的阴谋没有得逞，他们又积极策划阻挠义卖会的举办。特务机关给"职妇"已借好的一家会场去了恐吓信，威胁他们不许将会场借给"职妇"搞义卖。由于特务的破坏阻挠，她们接洽了几家会场都没成。直到义卖会开幕的前一天晚上，义卖的会场还没有着落。

茅丽瑛很着急，立即召开职业妇女俱乐部紧急会议。会上，她分析了当时形势，揭露特务的阴谋，她说：

"斗争越接近胜利，环境就越险恶，我们要坚持斗争下去，绝不动摇！恐吓信算得了什么，只能说明敌人虚弱，我们要为义卖不惜牺牲一切！"

最后他们决定以本会所在地，作为义卖的场所。会议一结束，茅丽瑛就带领大家连夜布置会场，把捐来的大批物品陈列起来，会厅虽小，但布置起来也像个小百货商场。一切布置就绪，东方已经发白，茅丽瑛和战友们忘记了疲劳，带着胜利的微笑迎接义卖会的到来。

第二天，义卖会按期开幕了，还没有到点，会场附近就挤满了从四面八方赶来的群众，他们中间有青年人，也有中年人，连平时不出门的老太太也赶来了；人群中还有几位报纸新闻记者前来采访消息。9时正，义卖会正式开幕，整个会厅熙熙攘攘，热闹非凡。人们在购买义卖品时花的钱虽然多一些，但大家心里都非常清楚：这是在为抗日救亡尽一分力量。

义卖会正在高潮的时候，突然闯进两个暴徒，推翻了陈列物品的长桌，顿时会厅秩序大乱。茅丽瑛一面整顿秩序揭露敌人，一面带领群众扭捕了这两个捣乱分子，送往租界捕房，并亲自出庭作证，揭露敌人的阴谋。原来这两个暴徒也是受特务机关指使，破坏义卖会的。事后，茅丽瑛和战友们重新整理了会场和义卖物品，继续营业，保证义卖会按原计划照常进行，直至胜利闭幕。

在广大群众的热情支持下，"义卖"募捐活动取得了胜利，完成了为新四军募集棉衣的计划。这些活动的社会影响是相当大的，人们称赞茅丽瑛和她领导的"职妇"实现了上海人民心中的愿望。当时的许多家报纸也盛赞义卖活动的巨大声势，称它为"同情心的合流"。"职妇"的"义卖"活动像一颗耀眼的流星划破孤岛的夜空，散发着光和热。

战斗到最后一息

"义卖"活动的巨大影响，引起敌人的恐惧和仇恨。日伪特务机关对茅丽瑛恨之入骨。义卖会结束后，汉奸报纸公开威胁茅丽瑛，攻击她是共产党激烈分子。同志们担心她的安全，劝她暂时隐蔽一下，党组织也准备让她转移，离开上海。茅丽瑛并不畏惧，她说："除了革命工作，生命中没有可留恋的东西！不能让时间白白过去，我要抓住每一分钟，做一点有意义的事。"

正在茅丽瑛继续为党积极工作的时候，日伪特务机关酝酿了一场更大的阴谋。经过精心策划，两名女特务打进职业妇女俱乐部，刺探到茅丽瑛的住处和出入职业妇女俱乐部的时间。

1939年12月12日晚上，茅丽瑛开完会，刚刚走出职业妇女俱乐部，突然几名事先埋伏在门口的匪徒拦住了她的去路，向她连开三枪。茅丽瑛腹部、腿部中弹，身子不由自主地晃了几晃。她愤怒地盯着在黑暗中逃奔的特务，大声疾呼："快抓特务！"

当同志们闻声赶来，特务们已无影无踪。茅丽瑛倒在血泊中，忍着剧痛对战友们说：

"打死我是没有用的，工作会有人干下去的！"

她抽动的双手紧抱着皮包不放。战友们领会了她的意思，接过皮包。她断断续续地说："……是会议记录……保管好……"

同志们立即把茅丽瑛送到了公共租界的捕房医院——仁济医院急救。上海人民得知茅丽瑛被刺受伤的消息后，对日伪特务的卑劣行为无不愤恨已极，很多群众手捧鲜花来到仁济医院慰问茅丽瑛，但遭到拒绝。原来公共租界控制下的仁济医院借口茅丽瑛属于"政治暗杀事件"，不准任何人探望，并且三步一岗、五步一哨，戒备森严，封锁消息。医院曾有四名护士因偷偷探望茅丽瑛竟被医院开除了。

茅丽瑛入院后，经开刀查明，敌人用的是爆炸性子弹，把她的肠子炸了许多小孔。按当时的病情，茅丽瑛有被挽救的可能，但由于敌人蓄意谋害，终因"病情变化"，在她入院的第三天与世长辞了。茅丽瑛在生命垂危时，还设法通过一个党员护士带出了她的遗言：

"告诉妈妈（指党组织），我死了不要为我悲伤，我是时刻准备牺牲的！希望大家继续努力，加倍努力！"

这位年仅 28 岁的共产党员，把年轻的生命献给了党，献给了人民的解放事业，党和人民将永远怀念她！

（原载《红旗飘飘》第 23 集，中国青年出版社 1981 年 6 月出版）

国际主义广播战士——绿川英子

赵玉明

45年前，正当抗日怒涛席卷中国大地之际，一位风华正茂的日本女士在国民党"汉口广播电台"担任了播音员。她用那犀利流畅的日语，热情报告中国人民英勇抗敌的事迹，愤怒揭露日本侵略者的罪行，并且卓有预见地指出："这场侵略战争必将以日本帝国主义的失败而告终。"她的播音像锋利的钢刀直刺敌人的心脏，引起了日本侵略军极大的惊恐和不安——为抗日战争时期的中国广播史谱写了战斗的篇章。

这位国际主义广播女战士就是年仅26岁的日本世界语者绿川英子。

秘密来华，参加抗日战争

绿川英子，原名长谷川照子。她于1912年3月出生于日本的一个知识分子的家庭，幼年聪慧，颇有文学才能，学生时代就从事过文艺创作。在奈良女子高等师范读书时，她由于学习世界语而开始接触革命思想，并投身于反对日本军国主义的斗争。绿川英子刚刚20岁那一年，就以"思想问题"的罪名被日本反动当局逮捕。获释以后，她更加积极参加世界语组织举办的各种活动，并从事写作和翻译工作。其间，在1934年1月，曾经报考日本广播协会（NHK）当播音员，初试合格，后来她估计到反动当局对她的"特别关注"，肯定不会被录取，所以没有参加复试。

1935年2月，绿川英子应中国世界语组织的刊物之约，写了纪念"三八"国际劳动妇女节的文章，开始和中国世界语者发生联系。在广泛的交往中，她结识了中国留学生刘仁。追求真理，追求革命，反对侵略的崇高理想促使她冲破家庭的反对和阻挠，于1936年秋天，毅然和刘仁结婚。不久，刘仁离开日本回到上海，投身于如火如荼的抗日救亡运动之中。随后，绿川英子变卖了书籍和衣物，携带简单行李，在友人的帮助下，秘密乘船来到了后来被她称作"新的家乡"的中国。

在上海，绿川英子耳闻目睹日本侵略者的残暴罪行，怒不可遏。她下定决心"用世界语为中国的解放而斗争"。1937年夏天，她在文章中写道："如果可能的话，我愿意加入中国人民军队，因为它为民族解放而战斗，不是反对日本人民，而是为反对日本帝国主义者而战斗。""同时，我与同志们一起，向日本的弟兄们大声疾呼：——别错洒了热血，你们的敌人不在隔海的这里！""谁愿意叫我卖国贼，就让他去叫吧！我对此无所畏惧。"

"八一三"以后，日军占领上海。绿川英子和刘仁一起辗转流亡到广州，在那里又参加了世界语的活动。后来，国民党政府的宪兵发现她是日本人而加以逮捕。1938年2月底，她被驱逐出境，到达香港。绿川英子和刘仁在香港的贫民窟里流浪了四个月。她一心想投入反对日本侵略的斗争，但却被国民党当局视作"敌国人民"而加以迫害，此时此刻，作为一个国际主义战士的绿川英子的心里痛苦万分。

远在千里之外的绿川英子的好友、中国世界语者叶籁士向正在汉口领导文化界人士从事抗日活动的郭沫若反映了她的不幸处境。郭沫若推荐绿川英子担任国民党"汉口广播电台"的日语播音员，得到准许后，国民党当局发出了特别命令，绿川英子和刘仁才一起从香港来到当时抗战的中心——汉口。这时恰恰是七七事变一周年的前夕。

温柔的嗓音发出电闪雷鸣

1938年的夏天，国共合作共同抗日的局面初步形成，"保卫大武汉"的口号声响彻长江两岸。当时，南京失陷，国民党"中央广播电台"西迁重庆，"汉口广播电台"便成了当时抗日广播宣传的中心，重要的消息均由这里发出，重庆、长沙、贵州等台加以转播。"汉口广播电台"除了播送抗日救亡消息外，还经常邀请国共两党的领导人、爱国人士、国际友人发表广播讲演，呼吁全国人民奋起抗日，打败日本侵略者。当时正在汉口的周恩来同志就曾在我党创办的《新华日报》上发表文章，号召利用每天的广播讲演，激励前线抗日将士奋勇杀敌。他还于4月11日亲临"汉口广播电台"发表了题为《争取更大的新的胜利》的广播演讲。

在汉口，绿川英子参加了国民党中央宣传部国际宣传处对日宣传科的工作，实现了她一年多以来梦寐以求的愿望。她兴奋地写道："当我终于在战争第一周年的前夕，被允许公开参加中国抗战之时，我是多么喜悦和充满希望啊！"广播电台是她的战斗岗位，麦克风是她的战斗武器。整整三个月的时间，她忘记了酷暑的折磨，满怀着对侵略者的仇恨、对中国人民的深切同情，坐在播音室内，向侵华日军作广播宣传。除此以外，绿川英子还出席抗日集会，会见抗敌英雄，并在报刊上发表文章，工作紧张繁重，但是她的心情却十分舒畅。

1938年10月下旬，汉口失陷前几天，绿川英子和刘仁撤离到山城重庆。1940年，国民党当局消极抗日，积极反共，绿川英子无法在国际宣传处坚持工作，于是就转入郭沫若领导下的文化工作委员会的第三组（对敌宣传和敌情研究组）继续战斗。当时，她和刘仁住在乡下，主要从事世界语的写作，有时候也到城里的广播电台做对日广播。这时候，绿川英子的身体瘦弱多病，但仍然不肯放下手中的笔，她还开始撰写长篇回忆录《在战斗着的中国》。遗憾的是，这部著作只完成了在上海和广州战斗生活的回忆，使我们今天很难了解她在汉口和重庆从事广播工作的许多动人的情节了。

绿川英子的播音，在侵华日军中引起了强烈的反响。听到了她的声音，日军士兵低头沉默，思考着他们的命运和前途。在华日军的一名通信兵崛锐之助，写了一首日本短歌表达他听了广播以后的心情：

重庆广播，
偷偷倾听，
那流畅的日语，
心中不能平静。

一位笔名叫安偶生的朝鲜世界语者写了一首题为《和平鸽》的诗赞美绿川英子的播音。诗中写道：

如今你站在麦克风前开始翻译、播音，
向你的同胞们把真理预言。
你那温柔的嗓音，
却足以制造电闪雷鸣。
你句句金玉献给仍有良知的心灵。
你的声音是不会白费的呵，
因为它是能将那喝血入迷、制造痛苦的狼心打得粉碎，撕得干净。

中日两国人民的忠实女儿

绿川英子在汉口的播音，使得日本军国主义者恼怒万分。他们四处侦探，妄图获知播音员的姓名。直到占领汉口以后，才知道那口齿锋利的播音员就是长谷川照子即绿川英子。1938年11月1日，日本东京出版的反动报纸《都新闻》以"怪放送"（放送，日语广播之意）为题在头版显著位置刊登绿川英子的照片和有关报道，恶毒污蔑绿川英子是"娇声卖国贼""赤色败类"。由于搜捕不到绿川英子，日本军国主义分子甚至要逼迫她的父亲"引咎自杀"。

1941年7月27日，是绿川英子一生中永志难忘的一天。这一天是郭沫若回国参加抗战4周年纪念日。"文工会"在重庆城郊金刚坡下全家院子里举行小型庆祝会和聚餐。周恩来和邓颖超亲临会场。周恩来看到绿川英子时勉励她说："日本帝国主义者把你称为'娇声卖国贼'，其实你是日本人民忠实好女儿，真正的爱国者。"她激动地回答说："这对我是最大的鼓励，也是对我的微不足道的工作的最高酬答。我愿做中日两国人民的忠实女儿。"席间，周恩来领头向郭老祝酒后，又提议为在座的绿川英子同志和鹿地亘等日本朋友干杯。晚会上，绿川英子在周恩来题词的签名轴上留下了自己的名字。邓颖超在一位同志的白折扇上特意把自己的签名写在绿川英子名字的旁边，并且深情地说："我们并肩作战！"

"绿色的五月"长眠中华大地

绿川英子作为一位著名的国际主义战士得到了国统区和解放区人民的崇敬和热爱。她为着抗战胜利早日到来忘我地勤奋写作着。1945年8月15日，经过八年艰苦奋斗，中国人民终于获得了抗战的伟大胜利。绿川英子和中国人民一起，走上重庆街头高举火炬参加了狂欢游行。

战后，绿川英子和刘仁根据组织上的安排，离开重庆前往东北开展反对内战争取和平的工作。他们长途跋涉，克服反动派的重重阻挠，经过汉口、南京、上海、沈阳，在1946年冬天，来到了哈尔滨解放区，后又撤至佳木斯。在东北解放区，她先后担任东北教育委员会委员、东北社会调查研究室研究员。1947年1月10日，因人工流产手术感染，绿川英子不幸逝世，终年只有35岁。过了3个月，刘仁也因病去世，两人合葬于佳木斯烈士公墓。

绿川英子生前给自己起草了一个世界语的笔名维尔达·玛约（Vefda Majo），意即"绿色的五月"。这是一个象征着青春、生气和欢乐的名字。绿川英子为了中国人民获得解放奋战了一生。如今她的这一崇高愿望已在中国成为现实。获得了解放的中国人民将永远不会忘记绿川英子为中日友好、为中国抗日解放事业做出的重大贡献。中国的广播工作者同样也永远不会忘记绿川英子在抗战期间为中国广播事业做出的杰出成绩。在中日两国文化工作者的共同努力下，反映绿川英子光辉一生的电视片《望乡之星》出现在两国的电视屏幕上，记载和歌颂绿川英子光辉一生的文章和书刊流传在两国人民中间。

绿川英子永远活在中日两国人民的心中！

（原载湖北《广播电视资料汇编》第4期，1983年10月）

抗战时期的 XGOA 和 YGOY

万 宪　李忠禄

XGOA 是国民党中央广播电台对国内广播的呼号；XGOY 是当时中央短波广播电台（国际广播电台）对国外广播的呼号（对北美为 XGOX）。这两个电台均属国民党中央广播事业管理处领导。

国民党中央广播电台于 1928 年 8 月 1 日在南京建立。当时仅有 500 瓦功率。到 1932 年 11 月 12 日，发展为 75 千瓦的大电台开始正式播音。日本侵略军占领南京以后，国民党政府迁往武汉。后又迁都重庆。南京 75 千瓦的电台分别拆运和破坏。同时在重庆改装 10 千瓦的中波机，仍以中央广播电台 XGOA 的呼号恢复播音，抗战胜利以后迁回南京。

国民党中央短波广播电台于 1936 年在重庆开始筹建，系向英国马可尼无线电公司订购的 35 千瓦的短波广播发射设备。整个安装工程于 1938 年完成，1939 年初正式成立，开始以 XGOY 的呼号对国外播音。1940 年，XGOY 曾一度划归国际宣传处直接管理，台名正式改为国际广播电台。当时，播音语言除对国内用国语、粤语、闽南语、客家语和沪语外，对国外有英、法、德、俄、日、荷兰、西班牙、马来亚、印度、泰国、缅甸、越南等十多种语言，定时分别向欧洲、北美、苏联、日本、澳洲、南洋广播，每天播音共 14 小时 30 分。同时，该台还设置有传真机一部，每晚安排有几分钟对美国的传真节目，如在 1946 年的重庆谈判中，毛主席到达重庆的情景就是通过当晚的传真节目直接传到美国的。

抗战期间，特别是在抗战的前三年，XGOA 和 XGOY 在宣传抗战、揭露敌人和向全世界报道战况、争取世界舆论同情等方面，做了不少工作。许多关心中国抗战的国际友人，一般都从 XGOY 的广播中收听到一些他们想知道的信息。当时，在国际上被称为"中国之声"。据 1946 年《广播周报》复刊第一期记载，国民党中央广播事业管理处处长吴道一于 1946 年 5 月 5 日在南京中央广播电台发表的讲话中说："……广播事业在抗战期中，施展了最大的力量，充分尽到政府喉舌的责任。""至于广播事业的从业人员，在各自岗位上含辛受苦、奋斗牺牲、屹立不摇的精神，即使与前方的战士相比，也无逊色。""……最近数年，物价高涨，生计日难，广播工作人员还是能够忍饥耐寒，勤奋不辍，毫不懈怠……广播事业在获得胜利的进程中，是有其不可湮没的贡献的。"

抗战的最初几年，XGOA和XGOY在节目安排与设置上，都比较注意激发民众抵御外侮，保卫民族生存的爱国主义精神。XGOA和XGOY一般都用《中华之光歌》和《义勇军进行曲》作为每天的开始曲，用《满江红歌》和《总理纪念歌》作为每天的结束曲。

在节目设置上，为了配合抗战的宣传，XGOA较长一段时间都开辟有《抗战讲座》（每周四次），《抗战教育》（每周二次），《战地通信》（每周一次），《民族英雄故事》（每周三次）以及《敌情论述》《抗战歌曲》等节目。

除有关抗战的节目外，XGOA和XGOY每天还分别辟有《纪录新闻》《简明新闻》《新闻类述》《英语教授》《国文教授》《时事谈话》《儿童节目》《杂谈》等节目。辟有《党义研究》（每周三次），《科学常识》（每周四次），《自修讲座》（每周三次），《妇女讲座》（每周一次），《家庭常识》（每周一次），《青年讲座》（每周一次），《学术演讲》（每周三次）等节目。文艺节目除《抗战歌曲》外，每天都安排有一定数量的平剧、川剧、口琴和西乐等节目。

在《抗战讲座》节目中，当时的许多国民党军政要员经常发表广播讲话。如蒋介石、孔祥熙、何应钦、陈诚、张群、王宠惠、潘公展、翁文灏等。同时还有其他知名人士也在这个节目中发表过广播讲话。1939年5月31日，抗战已进行了两周年，正当日本的诱降政策加紧执行和国际投降主义者积极活动的时候，周恩来同志在XGOA发表了题为《二期抗战的重心》的广播讲话①，阐明了二期抗战的重心是在敌后的观点。冯玉祥将军也在XGOA发表了《全国团结起来粉碎伪组织》的广播讲话。还有郭沫若、李济深、沈钧儒等都在XGOA发表过广播讲话。

在XGOA和XGOY的各类新闻节目中，主要是采用国民党中央社的电讯稿和《中央日报》上刊载的新闻。XGOY的对国外广播，除设有几个英语、泰语、缅甸语播音员外，其余皆系各国驻华记者到XGOY进行自编自播。如当时的美国国家广播公司（NBC），加利福尼亚广播组织（CBS），互通广播组织（MBC），及英国大英广播公司（BBC）等组织的外国记者，经过国民党中宣部国际宣传处介绍，就可以到XGOY直接播出自己的节目（并通过该国电台定时转播）。此外，XGOY每晚并有对美国广播的英语纪录节目一至二小时，由旧金山收录转播。

XGOY在重庆开播后不久，日机轰炸重庆日趋频繁。1939年9月4日，供XGOY备用的蒸气发电机厂遭敌机轰炸，房屋坍毁殆尽。位于重庆小龙坎的XGOY发射台亦毫无防空设施。因此，XGOY在国际宣传处接管期间，即开始掘修防空机房。

防空机房呈圆筒形，长一百米，宽十余米，高十米左右，用一米厚钢筋混凝土建

---

① 周恩来同志1939年5月31日在XGOA的广播讲话全文，刊在1939年7月1日出版的《广播周报》第173期。

成，于 1940 年筑成投入使用。XGOA 在敌机轰炸最频繁时，也曾一度把机器由牛角沱山上迁到小龙坎防空机房内播音。

但是，从 1940 年 4 月起，XGOA 和 XGOY 改用了新节目时间表。在 XGOA 的节目表中，原来的《义勇军进行曲》，《抗战教育》《抗战讲座》和《抗战歌曲》等有关抗战内容的节目都取消了。新设置了《总理遗教》《总裁言论》《公民教育》等节目。仅在 XGOY 对外广播的节目表中，还保留有《抗战歌曲》的节目。说明 XGOA 和 XGOY 作为国民党的喉舌，在抗战前一阶段，对抗日宣传是积极的，宣传作用也较大，但随着国民党掀起反共高潮，抗战宣传就大大削弱了。

1945 年 9 月抗战胜利以后，XGOA 随国民党政府迁回南京，XGOY 仍留重庆播音。到重庆解放前夕，每日仅晚上播音一次（约 4 小时），播音语言亦减为只用国语、粤语、英语和越语四种了。

（本资料根据解放前国民党中央广播事业管理处出版的《广播周报》和 1984 年重庆广播电视局编印的《重庆的广播电视》初稿一书中有关章节辑录整理而成。）

（原载《抗日战争时期的中国新闻界》，重庆出版社 1987 年 7 月出版）

我在XGOY的片断回忆

● 周存爱

XGOY是国民党国际广播电台的国际呼号，又称"中国之声"。抗日战争期间，我曾在重庆国际广播电台工作，在国际宣传方面，竭尽绵薄。今阅第九零九号团结报二版何自潮同志的《忆保卫重庆国际电台》一文，引起了我对当年一些印象较深的片断回忆。

宋氏三姊妹到电台向美播音

一九四一年底，宋氏三姊妹联袂到电台向美国播音，并随带向美赠送的礼品熊猫一只。三位夫人雍容端庄，都不烫发而各梳发结，穿平跟皮鞋。孔夫人是一副大阿姊面孔，指手划脚地问这问那。孙夫人端重和蔼，同我轻握手后微笑问我："你是上海人？家里父母可好？"蒋夫人则活泼健谈，一会儿英语一会儿沪语同大家聊天。播音快结束时，黄仁霖忽异想天开，拍打熊猫笼子数下，要它吼叫几声，表示"向美国友人问好也希望美援滚滚而来"，可是那熊猫始终"守口如瓶"，什么声音也没发出。

用宁波蓝青官话为蒋介石引播

当时每逢"七七"抗战纪念，蒋介石照例要发表长篇文告。由于录音磁带尚未引进，唱片录音效果不很稳定，因此电台总是在七月六日晚上请他亲自向国内外播音。按照国外习惯，重要广播必须先由男声播音员引播。一九四一年七月初，国民党中央宣传部国际宣传处负责人董显光忽发奇想，要我届时给蒋介石引播。他的理由是我会说宁波蓝青官话，引播可达到"珠联璧合"之妙。我推辞不得，只好硬着头皮届时随同董氏和技术人员前往曾家岩官邸。播音时间到了，我随即先用英语继用宁波官话为蒋委员长引播，接着，蒋慷慨激昂地播讲了一小时左右。据反映这次播音效果尚佳，为此，我受到董显光的口头表扬。

请冯玉祥播音竟吃了"排头"

国际电台在巴中院内时，周围党政机关很多，冯玉祥副委员长也在同一院内办公。他老人家公余时经常骑脚踏车在院内奔驰锻炼身体，他跟电台工作人员有时还随便聊天，全无大官架子。有次他从外地劝募献金归来，我就请他在电台作一次十分钟的播音，他欣然应允。不料事后台长兼总工程师某君埋怨我"自作主张，不知轻重"，给我吃了一顿"排头"（上海俗语指受到别人的斥责叫吃"排头"）。本来我正联系请政治部周（恩来）副部长来台广播的，只能被迫中止。

我们最先获悉"珍珠港事件"

一九四一年十二月初，重庆国际问题研究所头头王芃生到电台来说，可能日寇要有新的军事冒险。请电台注意监听英、美、日广播。一有所知，彼此随时联系。重庆时间十二月八日晨四时，我们终于首先收听到英国伦敦BBC电台的特快要闻（FLESH）广播："日本大批飞机突然袭击珍珠港海军基地，美国损失……惨重"云云。日军的行动，意味着美国将对日宣战。我们在不到五分钟时间内，迅速写成了中、英文新闻稿，由彭乐善反复广播三、四次后，紧接着赶到巴县中学内董显光住处向他汇报。董得讯后在三分钟内披了外套离家奔赴蒋氏官邸面陈这一消息。随后我们联合中央电台反复播送这一要闻，又请王秘书写了一张两米见方的大字新闻贴在广播大厦的石墙上。读者众多，无不雀跃。

（原载《团结报》1988年9月27日）

抗战时我到重庆国际广播电台工作

何 允

我已是 90 多岁的耄耋老人了，观看抗战胜利 70 周年大阅兵，让我激动、感动，思绪万千，不禁想起抗战时的一段经历……

那时我十八九岁，满腔爱国热情，从沦陷区奔赴大后方，想用在无线电专科学校学到的技术，为抗战出力。1940 年夏天，经人辗转介绍，进入重庆国际广播电台当练习生。开始是在增音室做调音员。增音室在上清寺，增音室和两个播音室相连，中间隔着多层玻璃的观察窗，可以看到播音室里的一切活动。调音员在控制台前操作：开关话筒、调节音量、播放唱片等。当时国际台的主要任务是向全世界宣传抗日，播送新闻和评论，我记得当时有英、法、德、日、泰等各国的记者撰稿并自己播出；中文广播除普通话外有沪、粤、闽南、客家等地方语种。每天在不同时间用不同语言对不同地区播出。当时国民党政要也常来演讲。宋美龄主要用英语向美国广播，孔祥熙、宋子文、何应钦等有时也来播讲。蒋介石总是在双十节等重要节日时来向全国广播，那时还没有录音机，他都是自带录音员用蜡盘录音。那时还有一些来华协助抗日的著名记者：如爱泼斯坦、马彬和、鹿地恒等也常来广播。

1940 年秋天，上清寺播音室被日军飞机炸毁，就启用了小龙坎发射台的备用播音室。小龙坎发射台规模很大，发射机是英国马可尼公司为中国定制的，短波输出功率达到 35 千瓦。为防轰炸，地面机房右侧建造了一座 60 厘米厚的钢骨水泥拱形的地下机房，上面还覆盖了泥土和水泥炸弹起爆层。在发射台场地内，布置了多副定向和不定向的、不同波段、不同方向的天线阵。为了怕市电被炸而停电，在土湾地区山坳里还建造了一座自备发电厂。日本人对这座发射台恨之入骨，称它是"重庆之蛙"，多次重复对它进行狂轰滥炸，留下许多炸弹坑。在日机来轰炸时我们都躲避到地下机房，在下面还能清晰地听到敌机俯冲轰炸时的怪叫声，也感受到炸弹爆炸时剧烈的振动和冲击波。

1942 年后有美国飞机进驻重庆，日机轰炸才得以缓解。

1941 年年底，上清寺国际台广播大厦建成启用，增音室迁回市区，当时工务科领导见我动手能力较强，让我留在发射台修理一部废旧的 500 瓦广播发射机，准备给重庆防空司令部防空警报广播电台用。修理完成后运到歇台子的一个防空洞内安装调试。这时我住宿在国际台歇台子的收音台里，收音台主任见我技术不错，向工务科领导申请留我在收音台工作。

我到收音台主要任务是维护各种设备。收音台有两台马可尼公司的转播专用收音机和相应配套的接收天线等。为了克服短波接收时必然发生的衰落现象，采用分集接收技术。这种机器的多级高频放大器要分级调控，更换频率非常困难而复杂，而且必须两台收音机同步，很难掌握。我想了一些办法加以克服。

另一项重要工作是在美国广播电台网要转播我们国际广播电台的对美广播时，沟通国际台和美国在太平洋地区的转播台的联络。这项搜索美方转播联络台和传送等操作都由我负责。

那时我刚20出头，虽未进过大学，经过实践和学习，对增音、收音和发射等技术都拿得起，已经成为国际台的技术能手，国际台人事科一直追着要我填表加入国民党，我觉得国民党正在腐朽，不愿加入。我一直推托、拖延，后来实在回避不了了，在1944年夏天考取了重庆交通大学电机系，以留职停薪的名义离开了国际台。

抗战胜利后，我随交大回到上海。在交大时结识了中共地下党同学，对共产党有了认识。那时解放战争正在激烈进行，共产党也需要技术人才，在地下党的安排下，我研究生尚未读完就去苏北解放区参加革命了。

回顾这段经历，我虽没有真刀真枪上战场，但是用自己的无线电技术，对全世界宣传抗日，也觉得是有意义的。而且在国际台接触了广播电台各门技术，锻炼了处理各类技术问题的能力，也可以说为日后新中国广播电视事业出力作了积累和铺垫吧。

（何允，上海市文广影视局离休干部）

（原载《广电老年》2016年第1期）

宋氏三姐妹对美广播

陈廷一

飞渝机舱甩笑声

民国二十九年（1940年）3月31日。清晨。

香港。启德机场。

霞光射向跑道，一架客机缓缓滑行，加速，继而驶向空中。

宋氏三姊妹昨晚在香港高调亮相，今儿又转飞陪都重庆，进一步展示三姊妹捐弃前嫌、联手抗日的决心。

飞机穿过云层，透过机窗，白云翩翩，举手可掬，让人顿生情窦。

起飞后不久，宋美龄嚷着要打牌。她是有意为之，似乎这样可以拉近或弥补这多年姊妹分野造成的感情上的生疏。

霭龄说："就玩大压小吧。"

庆龄说："不，还是小时候玩的拔萝卜。"

姊妹们喜笑颜开，一阵阵"咯咯"的笑声，弥漫于机舱，甩给窗外之白云、晨曦。

打到第二盘，牌刚发到手中，机身一阵激烈地上下颠簸，之后又是猛的一沉，姊妹们的心亦为之一震。

宋庆龄毫无反应，惯性把纸牌甩到了座位上。

宋霭龄双眉一皱，紧攥手中的牌，下意识地去观窗外。

宋美龄的牌早撒了一地，本能地喊了一声："怎么回事?!"

副官从驾驶舱匆匆跑过来报告："这是一股受西南高压影响的强气流，很快就会过去。"

宋美龄没好气地说："我还以为被日机拦截了呢!"

副官说："夫人放心，航线完全在我们的制空区，不在日占区。"

宋美龄说："那就好！我的安危事小，今天孙夫人也在这趟班机上，必须保证她的绝对安全！"

副官敬了个标准军礼："是，夫人!"

这一折腾，三姊妹的牌兴全无。美龄怕冷落了庆龄，赶紧转移了话题："二姐，重庆的火锅、成都的小吃都是蜀乡最有名望的。到了那儿，我请你先去吃火锅。"

宋庆龄睨了霭龄一眼，此时霭龄正品咖啡，说："我不吃火锅，我要吃大餐噢。都说我们大姊是财神，为抗战捐了不少钱，还不请我们吃顿大餐？哈哈。"

宋霭龄刚呷了口咖啡喷出来，宋美龄点赞、连声喊"好"，笑得差一点滑落到机舱地板上。

渐趋，飞机接近重庆，并在重庆上空盘旋下降，宋庆龄越窗瞧到下面布置了盛大的欢迎场面。但见庄严肃穆的军乐队列成方阵，雄壮高昂的军乐响遏行云；服装鲜艳、手捧鲜花的学生们列队，把花举过头顶，一次次地演练；中间肃然伫立的是重庆政宦显要，一个个深蓝色的中山服饰，整齐划一。

是啊，今天宋庆龄及姊妹们这次访问重庆，是个非同寻常的日子。

前日，汪精卫汉奸政府在南京粉墨登场；今日，孙夫人与姊妹联袂访渝，象征着各派力量团结御侮、共同抗敌。这是足以压倒汉奸小丑闹剧的大新闻、好新闻。它可以打击敌人，消除众生心中的忧虑。宋庆龄同意重庆方面大肆宣扬这次活动，因为这才是她决定此时访问战时"陪都"的初衷。

飞机停稳，机舱门缓缓打开，几百双眼睛紧盯着那打开的舱门。

宋美龄颐指气使，催促着说："二姐，快！你要第一个走出去。"

宋庆龄幽默地谦让着："应该是大姊走第一个，这也是我们来到这个世界的顺序嘛！"

宋霭龄笑说："要不，还是老祖宗留下的传统美德，要得好，大让小？"

宋美龄极力坚持："不，这是政治宣传，二姐要走第一个！"

这时宋霭龄手扯宋庆龄衣带，催促宋庆龄："孙夫人，你就别客气啦，小妹下令了。"

矜持的宋庆龄，用手抹抹腮边的秀发，扯扯衣襟，平平心跳，端庄大方地出了舱门。她并没有立即走下舷梯，而是在舷梯的平台上站定，等待美龄和霭龄出来。

三个人微笑着，手拉手地并排伫立一起，微风拂散了她们的秀发，向欢迎的人群挥手致意，留下历史的瞬间。

军乐甫然轰鸣起来，献花的孩子们又跳又蹦。

摄影机"嚓嚓"地在转动着镜头，照相机的镁光闪成一片。

重庆的各大报纸争相头版报道三姊妹莅渝一事。且说周恩来主持的《新华日报》特地发表了《欢迎孙夫人来渝》的短评，指出："当前抗战进入巨艰阶段，反汪除奸和宪政运动正在逐渐展开，而更需要加强民众抗日的力量，首先是举国一致的精诚团结，更需要团结妇女界，组织广大妇女群众到抗战中间来的时候，孙夫人的来渝，定能在这些方面,有极大的宝贵的贡献。"

嗣后的数周,三姊妹早出晚归,走遍了战时陪都。包括新生活运动妇女指导委员会、重庆第一儿童保育院、重庆第五陆军医院、防空洞、重庆大学……到处留下她们视察访问的足迹。

4月7日,宋美龄在重庆黄山官邸,以主人身份举行"各界妇女为欢迎孙夫人、孔夫人莅渝"的盛大欢迎会,外宾李德全、英大使卡尔夫人等200余人出席盛会。三姊妹穿着亮丽,令人耳目一新。

宋庆龄在讲话中对重庆人民在敌机空袭下坚持工作表示钦佩之极。她特别提出两点希望,一是希望国民大会尽早召开,二是希望宪政尽早落地实施。这两条都是共产党努力推动的大事,意在制约蒋公的独裁,实现人民手中的民主。

但国通社在报道这次聚会时,却大力渲染蒋公政府"欢迎词"中的好听话:"孙夫人、孔夫人此次访渝不但为重庆人民所欢迎,全国也为之深感欣慰。"而对宋庆龄的讲话却只字未提。

渡尽劫波姊妹在,相逢一笑泯恩仇。宋庆龄亦不像先前那样较真了,她还是抱着巩固统一战线、促进全国抗战的大局愿望,大敌当前,气可鼓不可泄也。当日,《新华日报》请孙夫人题词,她欣然应允,挥毫泼墨,题写"抗战到底"四个孙文体大字,象征她的诗意人生,遒劲有力,潇洒奔放。

驱暴还靠亲姊妹

民国二十九年(1940年)4月14日。清晨。

三辆黑色轿车载着宋氏三姊妹,风驰电掣般驶进第五陆军医院大门。院长、科室主任们立即围拢上来。下车后,在三姊妹身后,照例簇拥着一大群随从和男女记者。

一阵寒暄之后,三姊妹开始视察战时陆军医院。

高个子阚院长走在前面,稍后是宋美龄。她身穿深蓝色软缎旗袍,足踏黑色高跟鞋,笑容满面,举步轻盈,香味宜人,艳冠群芳。那一头波浪式的卷发,松软地从前额梳向后颈。她胸前的装饰品,是一枚银光闪闪的红十字徽章,那是蒋政府为感谢她是救死扶伤的志愿者而特意赠给她的。

视察是项有意义的工作,宋美龄清楚,交给她的不是一个光等着记者拍照的走过场的把戏,而是涉及蒋政府威望的大事。前方战事吃紧,一批批伤员被送往后方。照顾好后方伤员,亦是对前方将士一种莫大的精神鼓舞。

走在宋美龄后面的是宋霭龄,她是我行我素惯了,也不管前方打仗不打仗,照样顾盼流转，珠光宝气，大有招摇过市之嫌。宋霭龄在墨绿色软缎旗袍的外面，还罩了一件翻领的西装，纽扣也不扣，故意露出领口处那枚宝石蓝的领花。在她抬手时，还可以看到一只碧玉镯，在手腕上滚来滑去。其富华雍贵之气，使得围观者都不敢正目相视。她的茉莉花香水味更是浓烈扑鼻，让人心醉。

宋霭龄参加红十字会工作由来已久。早在抗战伊始，为弥补整个大上海医院的供给不足，她以一个女人的气魄，用自己的钱买了3辆救护车和37辆军用卡车以备紧急需要。她送给蒋夫人的飞行队20余辆军用卡车以便运送机械和给养保障，她还亲自定制了500套皮衣送给立功的飞行员。另外，驻扎在上海附近的各部队也接受了孔夫人的赠予。有些车子则被送往松江，当8辆装满汽油的车子到达时，抗日将领们高呼"孔夫人万岁!"她对抗战的捐赠乐此不疲，表现不凡，赢得全国人民赞誉一片。

今日她来到这里，并非凑热闹。倘若没有她，像这样代表妇女界的大事，在舆论上，或在物资支援上，将是一个大缺憾。

此外，出于经济工作者的本能，宋霭龄也很想了解各大野战医院的现有困难和不足。这位曾在抗战初期出过大力，并一直支持抗战的财神娘娘，还想再抛出一把票子来。戴近视眼镜的副院长对她说："孔夫人，眼下我们医院最最头痛的是医药补给，库内的葡萄糖液不足千斤，难于维持一周。"

"你报一下数字，尤其是急需药品，需要多少钱？列个清单给我好吗？"宋霭龄像一个阔佬，落落大方。

"那好，那好，我立即照办!"戴近视眼镜的副院长满脸带笑。

走在最后面的是俏丽端庄的宋庆龄。她的到场格外引人注目。同两位姊妹相比，宋庆龄的衣着显得素雅大方。她穿的虽然亦是深色暗花旗袍，但开衩很低，胸前毫无装饰。记者拍照的时候，宋庆龄总是谦逊地站在一旁，面带微笑，讲话少但是她的影响丝毫不差姊妹。

她们来到了五号病房。一个腹部重伤的老兵，由于伤口感染，刚刚咽了气，脸上流露出临死时的恐怖和孤寂。

"这是谁负责的伤员？太不像话了!"院长喊出声来，大声训斥着病房主任。让三位夫人看到死人，这是不负责任! 院长心里觉得十分不安。

宋庆龄用手示意一下院长，嗣后从人丛中走到这位死者的床前，把手里捧着的一束鲜花放在老兵的床头柜上，亲手用白被单轻轻地蒙住死者的头部。宋庆龄在做这一切的时候，眼里噙着晶莹的泪花。

邻床伤员的情绪受到感染，竟然激动地抽泣起来……

宋霭龄也激动起来，她摘下雪白的手套，挨个与躺在床上的重伤员握手，秋波微转。她还当场对陆军医院的院长说她要保证让每位伤员出院时，都可以领到一套新军服、一包食品和一些零用钱。

嗣后，宋氏姊妹往下视察，沿着一栋栋病房、一排排病床往前走。对有些伤员，她们伸手去握一握；对有些伤员，她们则说些鼓励的话。那些耳朵被大炮震聋的伤员听不见，但是懂得她们的话意，便露出一个感激的笑容来。宋氏姊妹此时此刻的心情虽然各有不同，但她们有个共同的感受，是他们这些前方将士之浴血奋战，才巩固了中国战区之广大战场。

日机轰炸当琴声

太阳每天都是新的、艳的。

日机每天对重庆的大轰炸都是花样翻新的，他们把成千上万吨的炸药投向"陪都"，企图扼杀国民首脑，中止指挥。美丽的山城在接受着日军的摧残。

三姊妹在重庆一起活动亦引起了外国友人的兴趣。美国 NBC 广播网特意邀请她们发表演说，并向全美另一反法西斯战场做现场转播。应该说这对于双方都是千载难逢的良机，双方一拍即合。

4 月 18 日凌晨，一场日机空袭式的大轰炸刚结束，山城还弥漫着浓烈的硝烟味，三姊妹从防空洞走出，来到重庆中央广播电台，缓步进入地下播音室。

播音室有两间房子那么大，地上铺有红色地毯，四周镶着用特殊隔音材料做成的方板，板与板之间看不出什么缝隙。录音台犹如写字台那般大，端端正正地放在室内的中间位置。正面墙上挂着总理遗像和遗嘱，旁边配着"革命尚未成功，同志仍须努力"的对联。

这次专题节目的主要对象是美国听众，全部用英语播出。可以说三姊妹的英语都相当流利，号召力对于美利坚合众国人来说亦是无与伦比的。

当播音员爱伦小姐向美国听众介绍完宋庆龄的身份后，她略为思索了片刻，嫣然一笑，大大方方地对着麦克风演讲了起来：

亲爱的美国听众，我不知道怎样才能表达我此时此刻之心情。我们刚又经历了一场野蛮大轰炸，美丽的山城重庆已经变成了一所血腥的屠场。成千上万的和平居民丧失了他们最后的一点东西，流离失所，无家可归。他们之中许多人是从陷落的长江中下游逃难到四川来的，最大之奢望仅仅是想生存下去，可是万恶的日本帝国主义连这点起码的权利也不想给予他们。

众所周知，中国是一个约有四万万人口的大国，但她又是一个非常贫穷落后的国家。柴火灶煮饭，土炕上睡觉，豆油点灯，河里洗澡。连年的天灾、动乱以及其他各种原因，使我国在战争的最初几个年头内一直处于劣势，被动地抗击着上百万装备精良的日本军队的进攻。我们缺乏武器、燃料、医药和食品，更缺乏全世界主持正义和公道的国家，包括美国这样的民主国家道义上的支持。

因此，我们呼吁你们，亲爱的美国听众，在力所能及的范围内给予我们力所能及的援助。我们无意滥花你们提供的资财，我们把每一个硬币都用于神圣的抗战事业。我们呼吁你们，敦促美国政府抛弃所谓的"中立"政策，尽快与法西斯帝国宣战。因为，今天发生在中国的惨祸，明天或者后天就有可能降临到贵国人民的头上。

宋庆龄的讲话，通过重庆电台的大功率短波发射机，升上电离层，回响在大西洋和太平洋的上空。最后，宋庆龄激动地高呼：

必须制裁日本帝国主义！必须阻止他们犯下更多的滔天罪行！必须惩罚他们屠杀中国妇女、儿童和无辜人民的罪恶行为！否则，中国人民就不会相信，在这个病态的世界里，还有怜悯和良心可言；不会相信，在这个病态的世界里，还有公正和道义可言了。

演讲完毕，宋庆龄还是那么激动，以至于宋美龄不得不扶着她到休息室里平静一下。
接下来演讲的是宋霭龄，她不像宋庆龄那样激动，口吻温和的多，像是在和听众聊天。她说：

当我向美国听众讲话时，我感到并且深知，我正在向真正同情中国的朋友们讲话。在我们与日本帝国主义进行生死存亡的战斗中，我们始终都没有孤立之感觉。一想到友好的美国人民站在我们一边，我们的内心就充满了深厚的感激之情。

宋霭龄在谈到中国人民万众一心，怀着必胜的信念坚持焦土抗战的情况后又说：

必胜的意志也体现在妇女身上。妇女们已从与世隔绝的生活解放出来，参加各种工作。在前线，她们同士兵和伤员在一起；在后方，她们同受到战争灾难的同胞在一起；在农村，在医院，在战时孤儿院，在工业和公共事业里，都有妇女们做出的贡献。

最后一个演讲的是宋美龄。
显然她的口才要好于两位姊姊，英语水平也高些，略带美国的南方口音，因为她在那里生活了十年，比两个姊姊都长。

她的演讲话题与两个姊姊不同，主要是针对美国的国会议员和新闻界而谈，她多次去过美国，知道只有这两者才能左右美国政府执行力。

宋美龄首先谴责美国政府在"中立"的幌子下，向日本出口战争物资和武器的可耻行为，那是有根有据的，宋美龄为此专门列举了一连串准确的数字。她说：

在这里，在中国"民主之友"的庄严讲话台前，我们要求制止两件事：一是身为美国立法者的国会议员，不应该对侵略行径表示恐惧。二是不应该同意把汽油或石油副产品，以及其他战争物资，尤其是武器输送到日本以鼓励这种侵略行径。

宋美龄由此生发开去，进一步说：

我不知道各位尊敬的国会议员们是否想到过，倘若中国政府已向自我吹嘘为不可战胜的日本帝国投降，那时世界上将会发生什么样的事情？答案是显而易见的。日本将保持完整的陆海空军，它将利用我国的领土、我国的人力和我国的资源以支持极权主义反对民主国家的军事行动。我并不想在这里恫吓各位尊敬的国会议员们。

宋美龄继续说道：

但是倘若真的到了那一天，到了占全人类人口五分之一的中国沦为日本的殖民地时，整个世界的形势将变得漆黑一团。

中国人民不愿充当亡国奴，必将全力以赴，同日寇血战到底。问题是，我们会得到国际上公正的对待吗？这只能由美国人民和他的国会议员来回答。中国人民已被日机的炸弹震聋，但是他们正焦急地等待着你们的大声回答。

宋氏三姊妹带有真挚感情和富有感染力的讲话，通过大功率电台，传到大洋彼岸每个有正义感的美国听众耳中。演讲中，还时不时地有日机飞临播音室上空的轰炸声，地动山摇。据说三姊妹讲话的第二天，美国纽约州立大学就有上千名学生上街游行声援。白宫国会有关知名人士当天就以个人名义向国会递交了制裁日本的意见书。美国人骚动了，各种舆论向着正义一方的天平倾斜。

随后，冒着日机轰炸的危险，宋氏三姊妹又转圜成都，对她们共同热心的"工合"运动进行了视察指导。恰在这天，日机突然临空，一枚枚炸弹投向"工合"机关驻地，多亏三姊妹已离开，否则可能就命丧黄泉！

她们在重庆和成都访问七周，并在重庆大学作演讲。宋庆龄决定返回香港。宋美龄和蒋介石皆出来极力挽留,希望她"长住重庆领导妇女工作,辅助国民政府"。宋霭龄和孔祥熙也来慰留,说倘若住在孔府感到不便,给她另辟住宅。宋庆龄说:香港有更有益的抗战工作等待着我。今后我可以随时过来,只要形势需要。

英大使卡尔夫人的彩虹日记表明:三姊妹在渝的七周,每天早出晚归,使民国的天空每天都有彩虹再现,中国抗战大势因三姊妹的到来而剧烈升温。

宋庆龄回到香港,继续领导"保盟"工作,从另一条战线给抗战以坚强有力的支持。当有记者要她谈谈天府之行印象时,她微笑着,诗意地说:日机轰炸当琴声。我们姊妹所到之处均受到鼓舞,包括日机的炮声。穷寇须猛击。中国人民的抗战不是孤立的,包括妇女、儿童,我已看到曙光了,胜利属于中国和世界反法西斯阵营!

(摘自《烽火玫瑰——抗战中的宋氏三姐妹》,原载《新华文摘》2016年第1期)

抗战收音轶闻

张 彦 黄文轩

1936年秋，全国救亡运动如火如荼。时任四川省政府主席的刘湘，鉴于"无线电收音系便利救亡图存最迅速之方法，且快捷传播政令，发扬文化，促进建设"，因此，饬令各县"广为设置收音室"。

渠县县长肖杰三委任王家桢为收音员，派赴省会成都受训三个月，购回复亚牌干电池带耳机收音机一部。西安事变前，在县政府后花厅紧挨肖县长卧室处辟屋一间，作为收音之用。当时，设在重庆的广播电台，播音极不规范。白天，杂音大，多改作夜晚9点后播出。由于设备简陋，机器质劣，收音效果很不理想。一天深夜播送"张杨兵谏"消息，气温骤降；收音机内噪音频频，时清时浑，同时，播音又时不时中断。肖县长虽说坐在火盆旁，仍禁不住颤颤不已。莫法，抱来一床棉被，拥裹全身，硬撑着听结束。

第二天大早，肖杰三把"西安张杨兵谏，促使一致抗日"重大新闻，铺开大纸，奋笔墨书，张贴城区，告之社会。见纸有余剩，忆及昨晚情景，运腕写成下面句子：

> 终日忙忙，
> 总没一时闲荡。
> 严冬寒夜，
> 拥被裹身，
> 直听到雄鸡三唱！
> 明少浑多，
> 最苦是近耳静气挨时光。
> 又今晚，
> 目暗神衰，
> 焉敢把耳机轻放？

"七七"枪响，渠县县长已改任左勋猷。与上届同样，对收音室非常重视，非但耐心收听，而且把收音所得消息，印成冠名《收音快讯》32开铅字小报，交邮政所投递镇、区、乡部门；县城则让报童去茶楼酒馆散发。

1937年7月中旬某日晚，听罢蒋介石讲话，县长心潮澎湃，感奋难寐，连夜大书收音新闻，未天明，已贴牢在通衢墙头。晨曦初显，城区鼎沸。民众读到"战端一开，那就是地无分南北，年无分老幼，皆有守土抗战之责任，皆应抱定牺牲一切之决心"语，真谓"同仇敌忾，势薄云天"：北街朱姓，世代书香，长者朱伯文先生，工诗善文，也同样热血沸腾，撰一联以抒胸臆：

> 慕风华少年疆场逐寇
> 叹耄耋老夫陋室度日

老人此举，宛如登高一呼，应者众矣：

> 统帅鞭东，江山顿添豪壮
> 倭寇败北，炎黄再谱伟曲
> 慷慨解囊，何虞明天无食
> 肝胆助阵，认定今日有勇
> 国事艰危，趁此抗战惊天，演场岳武逐虏
> 旌旗激奋，于兹挥戈指日，高呼还我河山
> ……

左县长信步街头巷尾，见民情激越，楹联纷呈，莞尔久久。回衙欲再跨进收音室，突地想到这"快速敏捷工具"之功劳，甚觉有嘉奖之必要，遂用一联代之：

> 功高乎，益我耳目
> 勋卓哉，唤吾民智

汪精卫投降建立傀儡政府之际，渠县县长为李旭。某日，四川省政府主席张群签发的《省（建）字第6500训令》送达，意曰"南京伪广播电台，前仅沿用中央电台660千周波，呼号为XOJE，近竟改用我中央广播电台XCOA呼号，冀图鱼目混珠，淆乱听闻，猖獗卑劣，惑我民众，殊堪痛恨！……令到之日，亟昭告所属机关法团与拥置收音机之政要绅耆，一律收听我之1200、9720、5985三种千周波，勿再错听伪台660千周波"云云。一县之长深感事关重大，一面亲自起草"汪贼穷途昭然，企盗我喉舌蛊众，实痴心妄想。今战斗方酣，吾县黎民，务即摩顶放踵，怒斥妖言。倘若知伪不拒，一经

拿获，唯国人皆曰'可杀'汉奸罪论处。"《紧急照知》公文下发；一面招至收音员、警察局长、电话所长诸人，详订实施方案。当夜，李旭县长还亲率收音员郭某、警察局长袁某，去县电话所，同所长陈某，不厌其烦，用电话向各地再三查询，统计境内收音机数目、型号，俟一一登记核实造册完毕方罢。

不久后的一天，离县城90华里濒渠江岸的三汇镇，镇长杨氏带5名镇公所全副武装警丁，捆送一中年外地口音汉子及缴获的收音机到县府。称"船上抓捕。所收音内容，系汪逆口吻，被船工识破密报"。消息传开，县城哗然：扶老携幼，直奔衙门，盖亲睹"汉奸"之嘴脸也。

后来，此人杳然。再后来，传出"该人是重庆中央广播电台派出的监测员，秘密到各地测听收音效果"。然而，目睹者总疑心有诈，并对地方当局啧有微词。即便今日，尚健在知道此事的前辈，其态度仍未改变。可见当年收音的敏感及对汉奸的憎恶。

(原载《红岩春秋》2006年第1期)

战斗在敌伪广播电台

刘 新

接受特殊任务奔赴北平

1940年年底，我在抗日军政大学总校任政治教员。一天，抗大保卫部部长吴格成同志找到我说："现在党急需在敌人交通要道和大城市开展地下工作的同志，组织上准备派你打入敌占区北平，你在北平有没有旧的社会关系？"我是1935年北平师范大学毕业的，在北师大读了六年书，在北平有不少老同学。我如实做了汇报。吴格成同志说："这是非常有利的条件。"当时交给我几项任务："首先要在北平找到公开职业，站住脚，扎下根；第二，发展党员，建立地下党组织，逐步壮大队伍，开展对敌斗争；第三，搜集敌伪情报。"随即带领我去见八路军总部保卫部部长杨奇清同志。他们对我说："组织上委派你担任八路军总部保卫部北平地下党负责人。你的直接上级是杨奇清同志。"又告诉我到敌区后和组织的联系方法，在敌区工作的重要性和艰巨性以及如何利用自己的社会关系开展工作，如何化装避开敌人耳目，如何个别开展工作，单线联系等，然后又严肃地讲了严守党的机密和纪律，严防敌人混入组织和坚持革命气节的要求。他们说："假如发生意外，必须保持革命气节，宁可自己牺牲，绝不暴露组织，绝不牵累同志。"

杨部长又叫我想个可靠的关系，先去信联系一下。我在北平师范大学读书时，有个好朋友叫王栋岑，他住在北平崇文门外花市下四条20号他的岳父家里。他的岳父是个老北京人，住的是自己的几间小屋。我估计王栋岑不会搬家，就给他寄了一封信。不久接到他的回信，欢迎我到北平去。

1941年春，我脱下了紫花土布军装，换上了便衣，告别了首长，离开了八路军总部驻地——山西武乡县蟠龙地区，昂首阔步沿着太行山的崎岖小路向东北走去。在游击区通往敌占区的道路上，敌人设下一道道防线，碉堡林立，警戒森严。我依靠当地抗日民主政府，在老百姓的掩护下，有时化装成农民，有时化装成小学教师，闯过了敌人的重重封锁线。在一个漆黑的深夜，绕过最后一个炮楼，登上平汉路火车。在火车上，日寇带着汉奸特务对旅客们一次次盘查、恫吓，我镇静巧妙地应付过去，终于来到了敌占区北平。

打入敌人要害部门——广播电台

北平到了。临别时，首长的嘱咐，我牢记在心："首先要找到公开职业，站住脚跟。"我想，我必须先找到王栋岑。

我来到王栋岑家，一敲门，开门的正是王栋岑。好几年不见了，他看到我十分高兴，拉着我走到屋里，我俩就亲切地交谈起来。谈到日本鬼子的残暴兽行时，他表现出来的仇恨，使我深深感到抗日的怒火真正燃烧到每个热血青年的心中。我说："我在北师大毕业后，就在定县教书，日本鬼子来了后失了业，为了填肚子，到处奔波。这次到北平来，想在北平找碗饭吃。"他说："我在敌伪广播电台当个职员，过着将将饿不死的生活。你先住在我这儿，咱们慢慢想办法吧！"

我在王栋岑家住了几天，王的岳母早上出去买菜，邻居就问他："你们家来了个客人，是干什么的呀？""他是从哪儿来的呀？"……这究竟是善意还是恶意？是无意还是有意？不能不引起我的警惕。

一天，王栋岑和我说，沈忻吾在某中学教书，咱们去找找他看，能不能让你教几个钟点课？沈是我在河北第六师范读书时的同学，也是我的好朋友。我们到了他家，他很高兴，知道我在找事做，还没地方住。他说："到我这里住来吧，工作的事咱们一起想办法吧！"他家住个小独院，我为谨慎，搬到了沈家。他家人口倒也简单，夫妻二人有个儿子上中学，但有个女佣人，爱东说说西问问的，使我感到很不安全。我想关键是要尽快找到公开职业，有了掩蔽伞，才便于开展工作。广播电台是敌人的要害部门，王栋岑在那里工作，能不能让他想办法使我打入电台里去呢？

一天晚上，我和王栋岑在一起商量，我说："你在电台干了几年了，电台里的人都很熟悉吗？能不能在电台给我找个事干呢？"他说："广播电台录用人的权力都在日本人手里，看来比较困难。想想办法吧！"

这天，他下班后来到我这儿，一进屋就高兴地说："机会来了，今天广播电台考查科长山崎所管的工作出了点问题，山崎为推脱责任，提出考查科缺个审查讲稿的人。山崎在广播电台有实权，他嗜酒如命，贪污受贿，咱们想办法，多买些礼物给他送去，我再极力保荐你，看看他能不能录用？"我们又仔细商量了见到山崎后的对策。

星期天，我们买了四瓶山西汾酒、四筒罐头来到山崎家里。王栋岑为我大大吹嘘了一番，他说："刘先生是北平师范大学毕业的，过去在报纸杂志上发表过很多文章，很有才学，一直在中学当教师，因为生病失了业。现在病好了，想找点事做，请您帮帮忙吧！"山崎看到这四瓶汾酒，眉开眼笑地说："老师大毕业的，大大的好。"叫我第二天就到电台找他。

次日，王栋岑带我找到山崎。山崎抱来一大堆过去广播过的新闻底稿和一些汉奸们讲过的演讲稿，让我找找这些稿件中有哪些错误的地方，把我的修改意见写出来。他说："你的一个星期写出交来的好！"

我把这一大堆稿件抱回家去，意识到这是敌人在考我。我用了两天时间仔细地从中找出了一百多处逻辑、语法、文字以及人名、地名等错误的地方。每个错处我都用纸条标出来，说明错在哪里，应该怎样改正。第三天一上班，我就给山崎送去了。山崎本来让我在一周内做完，没想到我只用两天时间就办完了。他抽出几处，仔细看了看我所挑出的错处和改正意见，满意地伸出大拇指说："大大有才干的！"又说："你的先回去，等通知的好！"没过几天，就通知我被录用了，职务是在考查科审查广播稿件。

王栋岑帮我租了一间小东屋，到晓市去买了一个旧床、一张桌子、两把椅子和一些做饭用的炉子、锅、碗等，又从他家给我抱来两条棉被。从此，我有了公开职业，有了掩护工作的"合法"身份，为开展党的地下工作创造了有利条件。我这颗革命种子在北平能迅速地扎下根是和王栋岑的帮助分不开的。

找到职业后，我立即按照总部告诉的联络方法，给武安县祥记百货店经理韩梓林（我党的地下交通站），写了一封信，用暗语汇报了我走上征途的初步成果——打入敌人要害部门广播电台，站住了脚跟。

日寇严密控制的广播电台

沦陷时期，日伪在北平设有华北广播协会，管辖着华北所有敌占区各大城市的广播电台，如北平、天津、太原、济南、石家庄等。这些敌占区的广播电台均以转播北平广播电台的节目为主，而北平广播电台与华北广播协会实为一体，当时北平广播电台所有职员佩戴的都是"华北广播协会"的证章。华北广播协会会长是周大文，他同时又兼任北平广播电台台长。张作霖统治时期，周大文曾经当过北京市长。北平沦陷后，日寇借他的社会地位与名声，让他担任华北广播协会会长兼北平电台台长。广播电台对外是"社团法人"，不是"政府机关"，而实际统治电台的是日本情报局。电台台长名义上是周大文，实权则由专务理事日本人葭村掌握。

北平广播电台下设的主要部门为：

监督室 以后改为考查科。科长是日本人山崎。这个部门负责审查广播稿件与监听。监听又分为两部分：一部分是监听所谓的"敌台"（指延安电台、重庆电台、苏联电台、美国电台），收听记录整理后向日本情报局报送；另一部分是监听敌伪广播电台播放的内容。

放送部 部长是日本人木村。放送科科长是中国人武鸿谦。武是旧中国交通部广播电台的播音员，日本统治时期继续留用。放送部的实权掌握在木村手里，武只做播音等具体工作。

文艺部 管京剧、相声、京韵大鼓、评书等文艺节目的联系、播放工作。部长是颖川信德。他本是中国台湾人，原名陈信德，娶日本人为妻，改名颖川信德，是日本东京帝国大学毕业生。据说他的后台是日本特务机关。当时日本大特务白鸟统管敌占区所有的煤矿，而颖川信德与白鸟关系很密切。在文艺部，颖川信德是以日本人的身份掌握实权的，人们叫他"第二日本人""准日本人"。文艺部的油水很大，如每次"治安强化运动"都以募捐为名，找一些名角搞京剧大会演或曲艺大会演等，票价昂贵，收入很多。颖川信德靠组织这些活动捞到不少油水，并因此引起他和当权日本人的矛盾，常常看到他们相互争吵。以后颖川信德被排挤到一个小院去办公，但当文艺科改成文艺部时，颖川信德被提升为文艺部的部长。后来，他虽又被排挤出电台，可是另组织了一个唱片公司。这说明颖川信德是有硬的后台的。

文教科 实权掌握在日本人白神和千秋手里。文教科管辖着新闻、演讲、"儿童时间""妇女时间"等几个节目。新闻节目由日本人小西负责，小西经常跑日本情报局和日本特务机关取来资料，由几个中国人具体写成报道稿。

敌人对电台广播节目的控制主要通过审定计划、审稿和监听来进行。

电台放送的节目，事先都有计划，定节目内容，定演放单位，定人选。

在定计划时，要将日本人指定的任务（如根据每次"治安强化运动"的具体纲领制定的宣传项目）和一些狗腿子为日本人出谋划策而被日本人采纳的意见汇合，提出方案，再经日本人山崎、白神等审定。

计划制定后，就由做具体工作的中国人去联系。演出人的稿件要经过本单位的日本人审查后交到电台，一般是一式二份。一份交经办的中国人，一份交日本人，经考查科审查定稿后，盖上考查科的印章，方可播放。播放时的接待工作是由中国人担任的。

监听虽然由中国人监听，但也必须做监听记录，由日本人检查。

利用电台搜集情报

我被敌伪广播电台录用后，即负责在考查科管理演讲节目的联系、审稿和接待演讲人员的工作。演讲内容、主讲单位和演讲人是已由日本人安排好的。如当时敌人搞的几次"治安强化运动",每次的宣传内容,敌人都有规定。当时伪政权的一些头面人物如敌伪华北政务委员会委员长王克敏、王揖唐,敌伪剿共委员会主任荣臻,敌伪新民会副会长喻熙杰,敌伪治安总署督办齐燮元,敌伪建设总署署长周迪平等,由日本人指定轮流到电台来演讲。讲的内容不外乎是"肃奸反共""建立大东亚共荣圈""日本必胜"等。他们为了表示对日本主子的效忠,都是按时来讲。通过这些大汉奸是很难搞到情报的。像王克敏、王揖唐本人根本不到电台,由电台播放录音;其他大汉奸来演讲时,也都有跟随的人,经常是来了就讲,讲完就走,没有接触闲谈的机会。但是可以从他们的演讲内容中分析出敌人的动态,因为他们都是按当局的需要来讲的。

二等角色情况就不同了。他们来电台没有跟随的人,为了讨好日本人,常常早早就来。在他们播音完毕回到会客室时,按照当时电台规定,要赠送他们一些纪念品,如日本产的瓷花瓶之类。我借他们早来和赠送纪念品的机会就可以和他们闲谈。他们看到我是接待人,又是考查科的,误以为日本人重视我,愿意和我应酬往来,在谈话中也不提防,什么都说。我有意识引着他们谈其活动内容、汉奸内部的倾轧以及哪些人是真正的铁杆汉奸,甚至要采用什么花招、搞什么奸计等,他们都对我说。我利用这个有利条件,得到了不少敌人内部的机密情报。

当时,我在电台的上班时间是每天下午5点到深夜12点。为了发展地下党组织,我更多地去接近青年学生。白天我在北平市立女一中、女二中两校兼课,逐步发展壮大了地下党组织,先后发展了白羽、余铭玖、柏淑卿、李泮林、滕杰等青年学生和教师入党,并吸收王栋岑加入了党组织,还发展了几个商人入党,成立了一些支部。北大工学院支部由李泮林负责,北大法学院支部由管思负责,中国大学支部由白羽负责,女二中支部由何中洲负责,男三中支部由常振舆负责,男四中支部由王慎青负责,机关支部由王栋岑负责,商人支部由梁宏宽负责,总的组织、宣传、联络由白羽负责。

为了便于搜集敌方情报并增添一层保护色,我曾设法让王栋岑以中国大学讲座教授的社会地位接近周大文,当了周大文的私人秘书;又利用周大文的兼系认识了伪新民会宣传部长陈宰平。于是,我和陈宰平及新民会另两个部长熟悉起来,这样使我们能及时了解到新民会的一些动态,又开辟了一条搜集敌伪情报的捷径。

通过陈宰平,我们了解到了敌伪组织和旧军阀、学术界的一些接触活动。如探听到"中日亲善协会"里一个名叫张绍昌的人经常到电台播送日语讲座,这个人是一个善于伪装的文化汉奸,以日本情报局为后台,一方面与旧军阀靳云鹏(曾任北洋时期的国务总理)关系很密切;另一方面与柯政和(北师大音乐教师、汉奸)关系也很密切,同时又与国社党头子张君劢有密切联系。张绍昌在东城石雀胡同5号靳云鹏住宅内办了《日本研究》《青年与读书》等四种刊物,吹捧日寇,毒害青年。靳云鹏在敌伪统治时期表面上虽没当汉奸，可是却将房子租给张绍昌办刊物，给他提供各种方便。我们将所有这类情报都及时向总部作了汇报。

当我们了解到敌伪建设总署有很多重要的军事情报，而陈宰平和伪建设总署署长周迪平关系密切时，我们就找到陈宰平，请他帮忙把王栋岑推荐到那儿去。王到建设总署后，与周迪平谈了谈，周以"土木工程与人生"为题，让王写篇文章，后来王被录用为"委任科员"，分在文书科管起稿工作，这就为进一步搜集情报创造了有利条件。王在文书科看到伪建设总署的绝密文件《工程月报》，内容多系做人的军事工程，就趁其管理不严之便，冒着生命危险经常偷出交给我，我又设法送到总部去。这是当时通过电台渠道取得的重要情报。

有时，为了搜集某些特殊情况，我就故意找有关人员闲谈或一起吃饭，如当时敌伪文化协会理事长范宗泽经常到电台广播，我通过吃饭闲谈，有意接近他，搜集到了不少文化汉奸的动态和日寇对文化汉奸的要求等。

这样，敌伪广播电台成了我党搜集情报的基地了。

公开与隐蔽的斗争

为加强我地下党在电台的力量，我们利用敌伪广播电台招考播音员的机会，叫白羽同志报考。我们打听到，这次播音员的录取，颖川信德能起很大作用。王栋岑与颖川很熟，知道他很喜欢美术工艺品，就把自己家里一幅镶着金光闪闪镜框的绣屏送给了他。这个绣屏上有王的爱人用手工绣的两只猫，绣得十分精致，颖川见到十分高兴。以后颖川把白羽向山崎推荐了一番，这样白羽也打入了电台。白到电台后，分在文教科管"妇女时间"，王栋岑是管"儿童时间"的，我们经常在一起研究对敌斗争的方式方法。因为在敌人的严密控制下，明显的抗日宣传不可能播放出来，我们就采用讲历史故事、童话故事、唱歌、宣讲科教知识等方式，一方面较隐晦地进行爱国教育，一方面排挤和压缩那些毒害儿童、妇女心灵的节目。

那个时候，每天都有"儿童时间"，在这个节目里，充斥着"大东亚共荣圈""中日亲善，共存共荣"的反动歌声。我们虽不可能完全排除这类反动宣传，但却尽量想办法冲淡其内容和排挤减少其播放时间。当时北平汇文一小音乐教师孙敬修有爱国思想，善于讲故事，我们就想办法把"儿童时间"里讲故事的时间拉长，挤掉和压缩反动歌曲的播放时间。当时王栋岑去找孙敬修，请他在"儿童时间"多讲几次故事，把故事讲长些。孙敬修听了有些犹豫，说："就怕没那么多新鲜故事可讲，万一孩子们听了打盹儿，就没意思啦！"王栋岑对他说："我给您找资料，供您编故事，保证您有新故事讲。"王栋岑帮助孙敬修找来商务印书馆出版的《小学生丛书》，让他按照书中的内容编写了长篇故事《琳琳环游世界记》，介绍世界各地风光及风土人情，连续播放了几个月。孙敬修的故事几乎占据了大部分"儿童时间"，他讲的故事绘声绘色，能使孩子们听得入迷，连大人都爱听。这样既给孩子们灌输了许多自然科学知识，也让日本人找不出任何"毛病"来。

有一次，孙敬修在"儿童时间"里教唱了他自编的一支《灭蝇歌》，其中有这样几句：

有微生虫瘟疫霍乱何等凶，
一个蝇子带着几万数不清，
你若不信显微镜里看分明。
留神蝇子是仇敌，它是大仇敌。
快设法，除去它！
莫留后患再萌芽！
讲卫生，要干净。
灭蝇子，不生病。

播音完了，我们都很高兴。这声音传到千家万户，对受屈辱、受压迫的人民，将产生多么大的激励！但是孙敬修刚刚走出播音室，就被日本人千秋喊去气势汹汹地质问他："谁的是'大仇敌'？什么的'快设法除去它'？你的是什么意思的？"孙敬修装作莫明其妙地回答："那歌里唱得很清楚呀，苍蝇传染疾病啊！""这样的歌，以后统统地不许唱！"千秋说罢，又把王栋岑喊去"训斥"了一顿。尽管如此，日本人却抓不住什么把柄。

还有一次，电台请了一个小学音乐女教师来教唱歌，节目表已经印发，报纸也登载了。但当歌词送来时，一看歌名是《不要怕》歌，歌词为：

前边有豺狼，
后边有虎豹。
不要怕，
拿起枪来打死它！

这比《灭蝇歌》对日本人的刺激更大，弄不好我们的阵地都保不住了。所以当时我们决定压下来不播放，临时改播了音乐唱片。这天，日本人突然把王栋岑和播音员都喊到周大文的会客室里，王刚进门，几个日本特务拿着枪对准他逼问："你们什么的干活？放送《不要怕歌》，你们死了死了的！"王和播音员都一口咬定没有播放过什么《不要怕歌》。他们又查了考查科的监听记录，发现也没有，特务才走了。以后侦知，这个女音乐教师有个男朋友，两人关系闹崩了，男的知道她要播放这个《不要怕歌》，就向日本特务机关告发了。这件事发生后，我们更加重视方式方法。

有一次，我们在"儿童时间"里请绒线胡同的小学生演出唱歌，由该校音乐老师宋哲敏带队。在唱歌中，我们发现小学生温可铮唱得很好，就专门约请他来演唱。我们接受以往的教训，指定让他唱如"秋风急，燕子飞……""好大的西北风啊……"等更加隐晦一些的歌曲，用温可铮那童稚美好的声音挤掉"大东亚共荣圈"的反动歌声。

白羽管的"妇女时间"也是在日本人千秋控制下的。我们利用这个时间播放我国历代妇女光辉事迹的故事，以引导妇女奋发向上，从敌伪奴化教育的毒害中解脱出来。如当时讲孟母三迁择邻、断机教子的故事，启发做父母的要好好教育子女；又如把"染于苍则苍，染于黄则黄"的典故编成故事，说明教子慎于交友的重要性。我们还请一些医务人员在"妇女时间"讲妇女卫生知识，从而也排挤压缩了敌伪的宣传时间。

这样，我们利用"演讲"节目扩大情报来源，利用"儿童时间""妇女时间"节目开展对敌斗争。

爱国的热血沸腾在每一个有民族自尊心的人的胸膛，人民也采用多种多样的方式开展对敌斗争，这在电台表现得非常尖锐突出。如文艺节目方面，京剧、相声、评剧等在电台只安排个节目表，没有具体内容；特别是相声，很多节目都是顺口说来，没有讲稿，所以日本人对文艺方面只审查节目，不审查内容。我记得在敌人搞"治安强化运动"时，有一次相声演员常宝堃（艺名小蘑菇）演出相声时，说到几次"治安强化运动"他从第一次数到第五次，说"治安强化"一次比一次"强"，面粉就一次比一次"便宜"，再搞一次"治安强化运动"，面粉就几毛钱一袋了。捧哏的问他："这么便宜？什么袋呀？"他说："牙粉袋。"这件事后被特务告发，常宝堃也被日本宪兵队抓去。这件事反映了北平艺人热爱祖国的抗敌呼声。

传递情报交通历险

我到北平后的第二年春天，敌人对解放区残酷扫荡，在城市推行"治安强化"，疯狂搜捕革命群众。一天清晨，天气很冷，飕飕的北风刮着，我正在家中，突然传来了敲门声。我打开门一看，一个商人打扮的陌生人站在门口。我问："你找谁？"他说："祥记百货店掌柜的让我来找刘××。"我说："是韩掌柜吗？"他说："是，是韩梓林叫我来的。"我说："请进来吧！我就是刘××。"他进屋来，回身看了看外边，把门关好，小声说："我叫何中洲。杨奇清部长派我来的。"随即把棉袄袖口扯开，从棉花里掏出了杨奇清部长的亲笔信交给我。杨部长指示："要注意隐蔽，建立组织，扩大组织，积蓄力量，以待时机。"并突出提出"搜集敌伪情报"的任务。指定"何中洲同志担任交通"。老何同志向我谈了总部情况，并转达了杨部长对我的关心和嘱咐。我把搜集到的敌伪内部情报和我们在电台对敌斗争情况都详细告诉了老何同志，并要他记在脑子里，回去向杨奇清部长汇报。这是我们第一次接头的情况。

我们的交通员身负重任，他们化装成跑单帮的商人，往返于敌占区北平与太行山八路军总部之间，把我搜集到的情报送到总部，并把总部指示传达给我。递送情报或传达总部指示，有的是牢记脑中，有的是在有韧性的薄纸上写成密密麻麻的小字，揉软，藏在棉袄的棉絮中或别处。他们当时走的路线，是从我这里取得情报后，登上平汉路火车，经保定、石家庄，到达邯郸。在火车上，一路要经敌人多次搜查，常常是一到半夜，车厢里的多盏电灯突然同时亮了，日本人带着一群特务、翻译，拥进车厢，大喊大叫，挨个搜查。旅客经常有被打的、被抓的。我们的交通员以商人身份带着货物，有时向敌人应付对答，有时向翻译塞些钱或塞个金戒指以混过敌人的搜查。到邯郸后，再换乘小火车到武安县。武安县靠近太行山边缘，仍是敌占区，但它紧靠着根据地，有我八路军地下交通站。像我后来的交通员梁宏宽，就是武安县人，地下交通站祥记百货店就是利用他的经商收入和武安交通站长郝少白的钱开设的。所以到了武安，他们就比较安全些了。但从敌占区武安再到解放区阳邑还有一百多里，还需通过敌人封锁线。经过这一段路程，经常会碰到敌人围剿、扫荡，这就要靠老百姓的掩护才能通过。阳邑在解放区边缘，有我八路军总部的交通站，当时站长是乔献捷同志。我的交通员到了阳邑，就可以见到杨部长了。当时何中洲同志和后来的交通员梁宏宽同志都是化装成跑单帮的商人，靠着对党的无限忠诚，靠着机智勇敢，突破敌人重重封锁线而完成任务的。

（白羽 整理）

（原载《日伪统治下的北平》，北京出版社 1987 年 7 月第 1 版）

在上饶广播电台的日子里

范小梵

决定去广播电台

时令已到寒冬,剪虹父亲汇的钱却始终不到,湖南的王敬仁,龙南的朱起凤又频频写信来催,我当时真是贫病交加,工作无着落,口袋里没有一文钱,连买灯油的钱也没有,只好靠月光来照明。想发个电报去催款,也无钱发。子豪有时来看我,也是穷得要命,没有了灯油,他就给我买两支蜡烛,支持我几块钱。道五又常出差,有时家务托我照管一下,他那里只有一个小勤务兵张学仁,一个13岁的男孩小袁,我自然不能去吃饭。我陷入了极度的困境中,当然更找不到路费去湖南或赣南了。

朋友们也都穷,汉川后来从广丰调到上饶工作,也极穷困,道五稍微好一点,我又怎能再三向人开口?旧日记中有一小段记载徐惠恩来信中的话,惠恩那时在上海一家医院当护士。她说,想不到我穷困到这步田地,她真是想抱住我哭。于是她就常给我寄些邮票,有次还寄过一双袜子来,可惜我没收到……我真后悔自己到上饶来,但想走又走不掉。

这时,上饶广播电台正在物色一名普通话播音员。这个电台是属三战区的,作为对东南前线敌伪作宣传攻势和鼓励前方将士的机构,是从重庆才迁来不久的。原先道五曾向我提起过,当时我没很在意,他们那里需要一个播音员,要求是国语(普通话)流利,文笔也好,于是他们想到要我去。

也许是道五早就安排好了的。记得有一天下午,当我一跨进他那间会客室的门时,他正在和一位50多岁的北方人谈着话,见我进来,连忙介绍说这是广播电台的胡课长,这是范小姐。然后坐下来大家闲聊了几句,胡就走了。没过几天,电台就来催着要我去了,谢道五才把事情的始末告诉了我。

既然走又走不掉,贫病交迫,总得先找个饭碗吧。我想,当播音员也是为抗战做宣传,也等于用自己的语言来为抗战做贡献,我不能亲自到前方去杀敌,这个工作也是直接为抗战服务的。再说在那个令人窒息的环境里,唯一能给我一些温暖之感的也就是谢道五这个人，也不能太拂人家的面子吧？就这样，我决定先去电台了。

当然，我去电台之后，确实也为抗战做了一点贡献，确实为鼓舞士气发挥了些作用。因为当我的广播被前方将士听到以后，他们曾来信给电台，说他们听了我的声音觉得很振奋，觉得全国老百姓在支持他们，战区的人、中央政府在鼓励他们，他们一定要奋勇杀敌……并且还提了中肯的意见，希望我以后播音时语速稍慢一点，这样他们可以听得更清楚。的确，我是说话太快了，我得慢慢地改掉这毛病。

万万没有想到的是，这本来是怀着一腔热情，为抗战宣传而做的工作，到后来却成了我一辈子洗不清、脱不掉的罪名！

人生呵，真是太难预料了！

广播电台——古岩寺

我是1941年12月8日去广播电台上班的。

在正式上班之前，也是在见到胡课长之后，我就病了。现在想来也许是疟疾：头疼、发冷、发烧，整天怕冷，人感到昏沉沉的。道五的住处很近，因为怕冷，有时我就坐在他那天井里晒太阳。我未照过镜子，也看不见自己的模样，估计是一脸病容吧。道五曾借了20元给我买奎宁丸，结果买来的是假药——糖衣包着的面粉，由此可见奸商之毒，也可见抗战时药品物资之匮乏。

大约是穷人命硬吧，多少年来，我就是在这种贫病交迫中活下来了，挺过去了。

所以，当广播电台再次来催时，我只好推迟前去，后来道五知道了此情况，也挽留我在城里多住了几天。直到12月8日，道五说为我送行，请我吃了一餐他自己烧的红烧牛肉，又交给我20元钱，让小袁为我雇了辆破旧的人力车，拉了一个被包，一只箱子，黄昏时分我到了古岩寺。

因为他们频频来催，在正式报到的前两天，我曾去过那里一次，一则去认认地方，二则给他们一个准信，让他们好放心。

这地方在上饶城的西面，沿浙赣铁路旁的一座山岩岩窟里，离灵溪车站不远、距离上饶城大约有十多里路的样子，当时虽然尚未痊愈，但我这个人生性性急，办事快捷，走路也疾步如飞，即使是生病发着烧，有急事时还是爬起来就跑（后来当记者时，很多男记者也跑不过我，常被我远远甩在后边）。加上逃难时，更是赤脚草鞋地一天赶几十里山路，所以这十几里路对我是不在话下的。

这个古岩寺，就在铁道南面约一里多的地方，当地老乡称之为"苦岩"，所以，对于一个第一次来的外地人来说，找寻它还费了点劲哩。

这个古岩的形成自然是不知其地质年代了，这个"寺"恐怕也是盖有年矣。它隐在一块高地的背后，转过这块高地才能看见它。山并不太高，却是又厚又大的岩石层，因为我后来常去它的背面玩，并在大黑岩上晒过太阳，欣赏过那些美丽的小花、顽强的小草，这些小花小草居然是从岩石缝里长出来的，它们向着阳光和蓝天摇曳，显示出顽强的生命力！

实际上，当我到那里时，它已被改成"机关——电台"了。这寺庙的山门是朝东的，进山门处已经站上了卫兵守卫着，而真正的寺却还得拾级而上。寺院面前是一大块空地，寺庙的前大殿已被隔成了三开间，改成了会客室和住室，只有那座悬挂在半空中的大钟，告诉人这里曾经是个庙。后来，当我住进大钟后面的小隔间时，才发现还有好几座小菩萨被供在一个龛子里，有菩萨与我们同在，按说我应有福了！

寺庙的后进则改成了办公、机务、播音以及住宅等。因为它的后进是在一个大山岩里，岩洞很深，足足可以容进一个大殿和一些住室。怪不得当初选了这块地方做电台，因为它可以藏机器，以防敌机轰炸。

寺庙旁边有一大块荒地，大约原来是和尚们种菜用的。菜地的那一头，也就是山岩右手边，仿佛是一尊大佛伸出去的一只巨大的手臂，下面有一个深深的水潭，终年不竭，下雨天水就顺着岩壁往下流淌。我去的时候是冬天，所以更显得有几分寒凉古朴的味道。

——拜见了电台里的几个主要人物：台长刘士烈，夫人李世英，播音课长胡殿陈，财务课长姓韩，他们都是山西人，都是 50 多岁的老光棍，至少当时没带家属来。

机务课长叫张耀君，夫人叫钟曼云（广东人），机师××（记不清名字了）、李文绪，文书叫阮明远，庶务叫张树德（山东人），还有倪技佐（四川人，带着个妻子和小女儿），另外还有几名工友和厨师。

管国语播音的叫林立，20 多岁，是从重庆来的，当时要回重庆去。另一个女孩叫黄援华，才十七八岁。电台里所有的人大约就是这些了。

我去的那天天气较暖和，我穿了一件自己缝的花土布夹旗袍（今天叫作蜡染，显得很简洁，很精神）。大家见了我很是欢迎，热情地期望我能来为电台多出力，开创出新局面。播音科"国语"原本就弱，林立要走，只剩下一个黄援华，她还太年轻，文化素养也不高，而课长是只当官的，自己又不会上机说话，所以几乎所有的人都把希望寄托在我身上了。台长夫人虽不参加工作，却对我特别殷勤。我倒是跟林立还谈得来，但不是谈台里的事情，而是谈年轻女性的苦恼、社会地位等。总之我们谈得很投机，我走时，她一直送了很远，还说："要是早知梵姐来，我就不回重庆了！"

我在广播电台的工作

原来,广播电台搬到上饶来也只有几个月,机器才安上,还没有正式开机广播,怪不得他们那么拼命地催我去,又那么对我寄予厚望。

当我到电台以后,电台里的头儿们对我的期望极高,总的说来待我还算可以,至少在开初那一阶段,他们找到了一个像我这样的"人才",可以说是大喜过望的。虽然我的学历是假的,但对于他们的工作要求来说,我的能力绰绰有余,用一句俗话来说,我在电台的播音课是一根台柱子,所以台长对我是相当倚重的。

我才一去,他就跟我大谈工作,谈今后的工作如何开展,如何提高电台的效率和播音质量……我也提了不少中肯的建设性意见,他都一一采纳了。既然人家这样信任我,倚重我,我当然是不遗余力地去干,超过我体力精力地去干了。

当时,整个播音课播国语(普通话)的,除了林立就只有黄援华,林立又要走,至于她为什么半途要走,我是不知道的,后来黄援华跟我说,林立可能是共产党,并讲了林立许多坏话。但就我和林立的接触,我觉得这个人还算不错的,至少对我还是很好的。

林立走后,黄援华一个人是撑不起国语播音这个场面的,因为全天的播音节目绝大部分是普通话:新闻、时事杂谈、时事述评、纪录新闻、战地新闻报道……国语几乎占了五分之四,其余的时间插播点粤语(张耀君)、客家话(钟曼云)、日语(每周有一两次,是韩军征募处的朝鲜人)。一直到后来,我才帮他们找了个丁敏来播沪语,可却没待多久,就因与黄的感情纠缠而离去了。

国语播音,起初还有林立在,她还算顶点事,不久林立一走,就只有我和黄援华两个人。黄大约只有初中文化程度,年纪轻,做事又浮,虽然人倒是个好人。尽管她只播新闻(新闻播音中的一项,由我和她分担),却不肯认真看稿,常常白字连篇,错误百出。一天6小时的播音时间(早上大约1小时半,下午到夜晚4至5个小时),除了各种语言的新闻(粤语与客家话是隔日一次),其余的杂谈、述评、综述、要闻、即兴小品(这多是自己写的带些辛辣味的,对敌斗争的)以及记录新闻等都是我的事情,甚至连选稿、组稿、写稿也都落到了我肩上。我是1941年12月8日去的,当时对外广播实际上还未开始,我去后不久,机器一安装好,就开始试播。试播时每天的时间短一些,从1942年元旦起就改为每天播6小时了,因为播音时间长了,工作量也加重了。

我们当时所播新闻及时评的主要来源是《前线日报》。它是一种八开小报,但有八版,还有副刊,覃子豪就主编该报的副刊和诗刊。那时《前线日报》编辑部就在上饶,总编辑是宦乡，我和宦乡见过好几次面，还同席吃过几次饭，但直到新中国成立后，才知他原来是共产党的地下工作者。宦乡新中国成立后担任过驻英国临时代办、社科院副院长。当时三战区的文化生活很贫乏，连我自己想读一本书，还要常常向各地学生朋友去求援。工作中也是如此，《前线日报》不可能提供一切需要的资料，找不到满意的东西还要到处去找，有时费力找来一些报纸杂志，却有的用不上，有的已过时，因而后来干脆自己写。对于时局出现的变化，发生了什么世界大事，尤其开辟欧洲战场，美国对日宣战以后，觉得我们这边战斗力加强了，更应该及时报道出来，以鼓舞我前方的士气，加紧对敌人的进攻和打击。因此，可以说一天二十四小时，除了睡觉之外，我这个头脑、这双手和这张嘴是永远超负荷运转着的。

当然，如此辛劳，的确使播音质量提高了不少，内容也丰富多彩得多。那时电台里一共只有几张唱片：《武家坡》和《四郎探母》等，只好轮流放放，拿来做做中间曲，连我这个对京剧一窍不通的人，都把这些唱词背熟了。有时为了使节目生动一些，我们也插播一些短剧小品，钟曼云、张耀君等都来担任角色。有些短剧还是我自己编的。

为了增加抗日宣传，我建议增加语言的品种，并建议台长请一位会上海话的播音员，最好是男的，这样穿插进去也不显得单调。后来果真请来了一个男播音员，叫丁敏，此人会沪语，且会唱歌，有一副很好的歌喉，这样，我们的节目花样会多一些。黄援华嗓子不错，也能唱一点，因此，只要有人会唱歌，我们就安排点歌曲插进去，以活跃气氛。老实说，在当时抗战的条件下，我们的工作是非常艰苦的，绝不像今天有那么多可以使用的工具、材料和声光等设备。我们的工作环境也是极其简陋艰难的，播音室只是山洞里的一间普通房子，墙四周用布挡了一下，地上铺一块苇席，就靠这几个人、几本书，加上我的调度和拼命，使播音很有些声色。当然，这期间，台里的人对我都挺不错，台长也还没有对我耍威风打官腔。

除了《前线日报》外，新闻的另一来源是收听重庆的中央广播。在当时条件下，一个电台能有一台收音机简直是件大事，这台收音机几乎就是稀世之物了。哪里会像新中国成立后人们所想象的那样：我在上饶集中营当播音员，或是说：朱锡侯在外国，我在中国电台，只要我给他发个信息，他就收到了。简直是天方夜谭！

当时，电台的那台收音机，就放在胡课长住室外面的一间小办公室里的桌上，因那里是岩洞，既防轰炸，也不许别人乱动的。只有夜晚 11 点到 11 点半（有时到 12 点）由我和胡课长收听并记录新闻。因为机子不好，声音很小，开到最大音量，两个人才勉强记得下来一些，这就是第二天一早新闻节目的材料了。

后来我发现胡这个老家伙有些不正经，比如有一次，我抱着钟曼云的小儿子（大约两岁多），他从我手里接过孩子，就趁势摸我的手臂，我当然明白，但又不好发作，只得防着他点儿。晚上我们一起收听记录新闻时，他坐在我后面的一张桌子旁，却老是故意用脚来碰我的脚，嘴里还哼着只有他自己懂的山西小曲儿。我感到极其嫌恶又非常气愤，但为了工作，我不便发作，只好当作不知道，不理他。心里盘算着，深更半夜的，就这么两个人，我得防着他点，得想出个点子来治治他。因我平时办事干脆利落，显得有些男子气，估计他一下子还没那么大胆，因而，我找了个机会，不动声色地对他说：" 胡课长，以后收听记录新闻我一个人够了，您就早点休息吧！您年纪大了，犯不上熬夜，万一我生病了或有什么事没有人收听时，您再来替我好了。"他自然明白我话中有话，知道我不是好惹的，也就"顺坡下驴"地自己关门睡觉去了。

不情愿地填了一张表

我进广播电台以后，他们就把我上报到重庆的中央（广播事业管理局）（应为中央广播事业管理处 下同——编者注），不久以后，中央的正式批文下来，批准林立辞职，批准我接替林立工作，委任状是"三等播音员"（据说当时播音员分四等，一开始我就以"三等"委任，相当于技术人员，而黄援华是不入等的，可能叫试用吧）。

到电台后不久，电台领导就要我填入党表格。我当时心想：什么？入国民党？我可从来没想过，也从不愿加入。可是到了这里，在今天看来，这是个军事管辖下的政治性极强的机关，不比在中学教书，你不愿入国民党人家还不至于强迫你入。原来我在嵊县中学教书时，校长硬要我教公民课，我觉得这完全是"党混子"干的事，便不高兴干，终于辞职了。

然而到了这样的单位，就由不得你愿意不愿意了。记得我当时心里是老大不高兴，但又不便表现得太明显，因为我也知道那时"红帽子"满天飞，如果对加入国民党表示"抗拒"，无疑是让人觉得有可以怀疑的地方。

这里，我要特别提到的一个人，就是台长夫人李世英，她对我的填表一事是有不小影响的。倒不是她的政治思想有多么强，而是她的母性，她以大姐的情分对我的关心。比如，我生病时，吃不下食堂里的伙食，她就拉我去她家吃碗稀饭，或白菜粥、白面馒头什么的；有时我工作中受了委屈，情绪不好时，她又总是和婉地安慰我、开导我；有时还拉我到后山去走走，谈谈心，还关心我年纪太了（当时我报的年龄比实际大四岁），以后丈夫回来了生孩子困难。总之，她的确像一位大姐姐似的待我。我这个人心软，最担不得人家对我好，这也是我一生吃大亏的地方。对于入党这件事，她显然看出我并不乐意，但又未敢明显拒绝，于是她委婉地左说右劝，既然到了这个"绝地方"，我也就只好委屈地答应了。

其实那手续倒是极其简单的，就是填了一张表（一式几份），交了几张照片（当时日记上有这样一句话："害得我费了几张照片"），之后发给我一张"党证"——一张写有姓名、年龄等的白卡片纸，上面似乎还有个号码，就完事大吉了，从来没有过过什么"组织生活"，也从未交过一分钱"党费"。

新中国成立后，我在"参加反动党团"登记时，立即去登了记，他们也没有要我交出这张"党证"。可惜的是，锡侯这个人一生埋头于书本，对旧社会的那些人和事根本不懂，他对那张白色小卡片和我在广播电台的委任状，怕得要死，吓得要命，趁我不在家时，把它们统统烧掉了。他以为这样就没事了，谁知他这慌张而糊涂的举动，却造成了我一生无可挽回的遗憾。如果那张委任状不被他烧掉，我至少还可以说清自己不是在土饶集中营工作的，我们全家也不致吃这么大的苦，我一生也不致遭受如此不白之冤。

电台里的生活

当时，同我住在一起的是黄援华。我们住的那一间小屋，大约不足八平方米，还有一座小菩萨龛占去了一平方多。房间是在大门西边的小间，隔壁是大家吃饭的饭厅。前半间是不能住人的，因为有一座大钟悬挂在那里，钟下面是半截一米多高的矮墙。我们所住的房间，就是用竹片编成再糊上纸的"隔墙"临时隔出来的，门也是用竹片编的，根本无法上栓。

江西产竹，竹器极多，我们俩每人一张竹床，因房间是狭长的，两张竹床只好头对着头地斜放着，这样才好既让过菩萨龛，两张床之间还可以放一张长方形的小竹桌。两张竹凳放在各人的床里面，可以放只箱子什么的。床下面地上是无法放东西的，不仅因为竹床低矮，还因地上很潮湿。我们就这么住下来了，在这个的确称得上"苦岩"的古岩寺，我一住就是半年多。原先以为先待下来，以后有机会时再调走的，谁知后来，随着战争的日益恶化，日寇的大举西进，各项计划都成为泡影……我不得不在这儿待了下去。

电台里有家的是三对儿，他们自己做自己的伙食，无家眷的两个"老西儿"自己搞点老白干什么的消遣消遣。另外我们这些单身人，大约一共不过七八个人吧，就由一个叫王守贵的四川人做饭。这个人到现在我还记得他那模样：瘦瘦小小的个头，一张扁圆脸，由于瘦，就突出了那一双眼睛特别大。一般来说，大凡当厨师的多半是脑满肠肥，一身油光光的，可这个王守贵却没有那份福气，他那件白大褂除了脏之外，很少见有什么油污的，以此可知我们的伙食也无什么油水可捞。我们吃的永远是糙米饭，干一顿稀一顿的，菜呢，则永远是没有油水的煮青菜萝卜之类，用桐城话来说，就是"清水吊哈蚂"（意为清汤寡水）。

我的胃本来就不好，胃疼常发，常常整天只吃一碗饭，久而久之，由于营养不良，加之长期劳累，身上的病又一天天多起来，比如胃痛、脱发、皮肤干燥脱屑、月经不正常等。又由于夜里缺睡——我每天要工作到夜里十一二点，收完记录新闻，机器关了，发电机也关了，照明的电也没有了，只好再点上小桐油灯摸索着洗洗漱漱。所以我睡眠一向不好，多梦。尤其糟糕的是嗓子疼，我们的工作量太大，一天喊几个小时，没办法，嗓子痛还得喊下去，越喊越痛。我经常是浑身发冷，头昏头疼，后来搬到"水帘洞"以后，小腿还常常抽筋。但尽管如此，我还是苦熬着，咬紧牙关硬撑着。当然，现在我知道那些都是营养不良、疲劳过度引起的疾病，可在当时的条件下，哪里去找营养和休息呢？

有一次，黄援华病了，其实我自己也病着，但是不能不开机讲话呀，我嗓子疼得要命，还得撑持着。可是，台长不仅不考虑到我身体不好，还挑了别人的担子，而且我一人是身兼数职地工作，反而说我代黄援华没有尽职。我气极了：黄援华生病停播活该！我就该代她的工作吗？我生了病怎么没人管？一天喝不上两碗稀饭，还要硬挺着上机工作！倒反而打起我的官腔来了？！我又气又恨，便狠狠地顶了他一顿，自己也气得哭了。

事后还是李世英做我的思想工作，劝了我好久。正如我上面所说，我生病吃不下单位里的伙食时，她有时拉我去她家吃碗稀饭什么的，平时也常和我谈谈心，总之，像一位大姐似的待我（当然，也正是在她的这份温情和关心下，我才很不情愿地填了那张表），我才慢慢消了气！

在古岩寺对过，铁路北侧有一个小村镇丁家洲。小镇大约有十几户人家，但有一两家小饭馆，我们有时就到那里去买点猪头肉、一小碟花生米或者蚕豆之类，吃一碗米粉干便称是打牙祭了，回来时多半买一只萝卜或一根甘蔗，就算是最大的奢侈了。

有一天，不知怎么大门外忽然来了个小贩，提着一篮子油条。这一下仿佛是天外来客了，立即轰动了整个电台，大家纷纷跑出来买油条吃，一会儿工夫一篮子油条全卖光了，小贩高兴而去，我们俨然像过了个"肥年"似的。这事像是往古井里扔进了一块石头，于是波纹四散，死水里显出了一点生机。

我们会偶然进一趟城。我到城里为的是寄信和买点必要的零星生活用品，顺便到道五兄处转一下。当时，道五处成了我城里唯一可去的地方，他像亲人一样待我，知道我在乡下生活艰苦，如果碰上星期天，他总会炖一锅红烧牛肉，炒一碗豆角，等我去吃饭。所以，他的这份真情实意尤为感人，常使我觉得漂泊多年来，有一种归家之感。

道五兄很少去电台，有一次，他和另一个人到电台去找刘台长，我知道他们有他们的公事。过了一会儿，他们出来了，我一边走，一边送他们。他问我说："电台里待得怎么样？"我说："没什么，不过我想离开这里。"他劝我以后只管好自己的工作，不要多管别人的事，尤其不要给别人难堪。我明白准是台长向他告了我的状。他又说："先待着,实在不行,再另找工作。"我说:"恐怕他们不肯放。"他又安慰我说:"不要紧,真的要走,不怕他们不放的。"我心里很感动,竟然掉了眼泪,又不愿别人看见,便掉回头走了。其实我心里是非常苦痛的。

……

想离开电台去读书

其实,早在我进电台之前,我就抱着"合则留,不合则去"的打算。去之初,我对那环境,那孤寂得使人苦闷的环境就是有些不喜欢的。但尽管这样,我在工作上还是绝不马虎的,只要人在一天,总是勤勤恳恳、认真负责的。

记得在我才去电台不久,大约是放寒假前吧,我接到过龙南中学朱起凤的一封充满热情的信,信上说:"不要再犹豫了,赶快来吧,帮帮我,帮帮洪主任,不要让数百颗期待的心失望,一起来建设新赣南吧!"他并随即给我寄来了聘书。

我收到聘书之日,也正是重庆中央广播事业局的委任状下来之时,这时候,我处在进退两难的境地。我想辞职不干,去那里教书,可李世英却再三再四地挽留我,台里的头儿们也不肯,最后李世英表态:什么都可以给我解决,就是不许走。

唉,我这个人还是心软,无奈只得把聘书退了回去,又写了封恳切的信,请求他们谅解。今天回想起来,如果我当时像在嵊县中学一样,毅然辞职赴赣南,可能就不会有几十年以后的冤案了,但是,谁晓得那结果又是如何呢?

我当时也曾想设法到大后方去读大学,希衡曾通过吴学峻有所表示,后来我写了封信给他,表示希望能去重庆读大学(当时全国大片国土沦为敌占区,高等学府大多迁往大后方了),结果他仍是通过吴学峻,给我了一个不痛不痒的回答,让我就地解决。从此以后,我对他是彻底寒心了。

当时,报载昆明要办一所东方语言学校,我很想去,可听道五说那里只收男生,不收女生。后来道五又说他想回重庆去,说重庆有个新闻训练团,他说他如果能回去的话,帮我想办法到那里上学。可是后来局势变化太大,连他自己也没去成,这个打算当然又成了泡影。

于是我想,我要学点东西,就得充实自己,使自己有所成就。因此,我在每天那么忙累的情况下,仍坚持自学英语,并翻译了一点东西,如马克·吐温的短篇小说,后来交给黎焚董,发表在了《东南青年》上;我还翻译过一些诗,印象最深的是丁尼孙的一首长诗;"夏洛蒂夫人",我交给了覃汉川(他后来接替黎主编《东南青年》),谁知不久局势大变,三战区所有机关全部撤退到了闽北山区,一切都停摆了,这首长诗自然也没法儿发表了。

反正只要能挤出一点时间来，我都要读书学习。没有书时，就向朋友和学生求援，道五和汉川也常为我借一些。可是我和黄援华住的小房间常常是高朋满座，我倒没有什么客人，大多是黄的客人、亲戚、朋友，而一来客人，我的竹榻也就成了待客的地方，我就无法读书了，只好利用这点时间补补破衣、破袜子什么的。那小房间里白天也是黑洞洞的，晚上开机时虽有电灯，但我却无缘享受这灯光，因为我要播音，要工作，每当工作一完，机器停止运转，便就是漆黑一团了。我们每个房里只有一盏备用的小桐油灯，但对读书来说，桐油灯的光太微弱了。

平生最恨的就是自己一点时间被别人占用或搅扰了，我能利用来读点书、写点信的时间简直少得可怜。好不容易盼到一个星期天，想着可以读点书做点事了吧，却常常不是高朋满座，就是必须进城去办事，寄信或买点什么东西，一切打算又落空了。

一个不甘混日子的失学青年，想求知识的那种如饥似渴的心情，是不会为一般人所理解的。

……

大 撤 退

当时浙江北部的杭嘉湖一带，以及浙东大部分地区都是被日寇侵占的沦陷区，实际上金华就算是前线了，而这一带的前线，并无什么重兵把守，也无什么防线之类的设施，浙江的省属机关单位都在金华、丽水一带。而上饶当时名为"第三战区"，我也不知道它有多少布防实力，恐怕是裸露在敌占区面前的。

1942年5月，阴雨季节，就听说形势紧张了，也就是说日寇蠢蠢欲动，有向浙西腹地侵犯的可能。

从我几年的抗战经历中，已得出了这样的结论：每当日寇要侵占之前，必先进行轰炸、骚扰。当时上饶的情况也是如此，常常有空袭警报和敌机在上空盘旋，有时丢几颗炸弹。这种情况差不多持续了相当一段时间，于是大家人心惶惶，我们的广播也因此不得不常常中断。

大约5月下旬到6月初的样子，天还冷得很，一直是连续不断的滂沱大雨。记得我到城里去时，瓢泼大雨简直使人无法行走，弄得人眼睛都睁不开，雨水像小河一样满街流淌。我打了一把大油纸伞，鞋子是竹编草鞋（江西多竹子，故草鞋不是用稻草，而是用嫩竹在石灰水里泡软、捶出的纤维编成。这种草鞋刚穿时有些戳脚，但穿着它在水里走，泡软了，就觉得很好穿），高高地卷起裤脚，结果只有头部肩部没湿透，全身像泡在水里一样。真是老天爷也帮着敌人逞凶。

临撤退之前，我还有许多事要办，除了整理衣物外（也仍是一箱一被包），书该还的，信该烧的，都要一一处理。天又不停地下雨，我们那个山岩下的小"窝棚"根本无法住了，衣服、被盖都是潮湿的，地上也满是泥水。无奈，只得又搬回原来的那间小佛龛的房里，不过那道墙堵死了，另开了一个朝里的大门，这样可以避避雨，安全性也大一些。

最要紧的是把剪虹的弟弟炳林喊了来，他们学校在玉山，玉山离敌占区更近，是敌人侵犯上饶的必经之路，他们临时中学也早已解散，让学生各自逃生去了。

炳林吃住都在我这里，我的薪水被扣光了。这孩子脾气特犟，17岁的人了，却一点不懂事，一点不体谅我的苦心和难处，动不动就跟我闹别扭、发脾气。我一个普通小职员，总算平日拼死拼活地干，还能够得一些头头们的谅解，但别人的闲话已经不少了。怎么办呢？在这紧急关头，我又必须负起这个责任来，至少把他带出去，带到安全地带，把他交给剪虹，也算了却一桩心事，对得起朋友吧！

而更令人苦恼的是，当时子豪要上前线去，让汉川把秀峰带到我处来，说让她跟我一道走。秀峰当时也年轻，我觉得她也别扭，然而子豪所托的事又不好推辞，无奈，便去找台长，台长当时倒是答应了。可是临到要走的前几天，我知道台长这人说话常常出尔反尔，所以又再去问他，他又不同意了。我真是又气又恼（幸好问了一下，否则更被动了），连忙又赶进城，把这事告诉了汉川，再去转托道五，道五倒是很爽快地答应了，我心里的一块石头才算放下。

到了6月初，情势已十分危急，上级命令我们撤退。因为电台有机器，所以派了一辆卡车来，于是我们就忙着连夜撤机器、装车，工作人员的大件行李也可以装车运。

因为大雨天飞蚂蚁特多，我们夜间点灯工作时，飞蚂蚁多得乱撞人的脸，所以只得在露天下张着大伞，灯下放一只洗脸盆，里面放上小半盆水，飞蚂蚁朝亮光扑时就落到水盆里，再也飞不起来，可是空中的飞蚁还是成群结队地扑过来，结果脸盆里淹了厚厚的一层蚁尸。这景象是我生平第一次所见。

由于连续多日大雨，上游的洪水暴涨。上饶有一座很长的水泥大桥，当地人叫大洋桥。我们乘的是带篷的小木船，那天，就在我们在岸边等着开船的工夫，眼睁睁地看着江里的洪水急冲下来，冲到那座大洋桥下，使顺流漂来的树木、树枝被桥墩阻住，一下子水流更急、水势更凶，猛然间，那座大桥被拦腰冲断了，桥面下沉到江里，桥上不知有多少人落下水去，顿时哭声喊声一片。

当时有很多机关单位正乘渡船过江，因水势过猛，渡船翻了，演剧三队队长吴英年因救落水的母亲，连自己也一起被冲走了。他的妻子在对岸哭着、撞着的样子，至今犹令我心头颤栗。

我们的船原是停在河堤下约两尺深的水里，因是河湾处，水平缓一些。当时岸上有一座小房子，谁知第二天早上开船时一看，那房子只剩下半截了，我们的船也被水抬到岸上来了。

真是天灾、人祸一起来。

出发及沿途所见

信江是汇合浙江、福建山区的水，经铅山而入鄱阳湖的，当时天天大雨，水涨过猛，水流过急，漩涡多，一般木船是不大敢冒这个风险的。

所以，我们大约是6月上旬雨停了才敢开船的。汽车运着机器和行李走公路开往铅山，我们乘船走水路到铅山会合。可是当我们到了铅山某一会合地点时，却还不见汽车的踪影，按说汽车应比船的速度快，等了好久才见机工走来，说汽车在离此地20多里处抛锚了，因为没了汽油。实际上，上饶到铅山不过50多公里路，我们只好在船上等汽车。

好不容易等到汽车来了，大约已是第二天下午，于是我们舍船登车，当然是"见缝插针"，挤得人都像筷笼里的筷子。我看见一路上逃难的人群，拖家带小的，肩挑背扛的，扶老携幼的，都挤在一条路上朝着一个方向逃。

福建武夷山，山路单行线，挤满了逃难的人群。汽车上山本来就难，加上道路那么拥挤，汽车呻吟着往上坡爬，简直比人走路还慢，因而有时我们都下来走（只留下小孩），让汽车减轻重量，有时甚至还得帮着用力把汽车往山坡上推。

其实这时候乘汽车也实在不是滋味，我有晕车的毛病，汽车吃力地沿着盘山道往上爬坡时，我肚子里在翻江倒海。再说，眼看着路旁那些逃难的人群，惊惶、饥饿、疲劳、绝望的样子，还有那些投过来的眼光和神情，使人更觉得不如下车来走路。于是我提议下来走，我自己先爬下车来，大家多半也跟着下车来了，车子轻了，开得也自如了。而我们走在难民群中也觉得自如得多，实际上，我们本来也是逃难的难民嘛。

一路上是各式各样的人群，有背着孩子的，有挑着孩子的，手里拉着的孩子拖着鼻涕，怀里抱着的孩子在哭喊……大家都是仓皇逃出来的，有的人只背了个包袱，一路上还有走不动的病人、老人，就倚在路边坐着或倒在了山岩旁……

沿路两旁真是景象万千，到了江西与福建交界的分水关，两边山高，路窄，坡陡，进入福建地界，就该是武夷山了。

我这个人一生游兴高，一看见路两旁陡峭而秀美的山峦，便觉得来了劲，仿佛脚下生风，一点也不吃力了。毕竟才是头两天，而且这狭窄地段的人也少些，似乎把风景留给我了。加之我们到达福建崇安境内时，老天居然放晴了。

过了分水关以后，面前开阔了许多，原来武夷山已被我们留在背后了。

我们和汽车上的人在一块比较大的地面上会合，该吃饭了，可是此地山高路远，人烟稀少，两旁很少有人家，有的都是逃难的人群。有继续赶路的，有坐下来或倚在地上歇息的，有吃自带干粮的，有唉声叹气的，形形色色，应有尽有。

只是没有什么可以吃饭的地方，好不容易找到一两家鸡毛小店。一家是独户人家兼卖点茶水，还有一家可以卖点吃食，但人太多，早卖光了。于是有些人（多半是集体单位）开始就地埋锅造饭，用三块石头或砖块支起来，上面放只锅，捡些柴火来，就可使生米变成熟饭了。

我们的厨师也是如此做的，可惜没有柴也没有火，虽然福建多山，林木也多，但由于天一直下雨，山上很潮湿，捡的湿柴是点不着的。正在无法时，我左右前后环顾，忽然发现离我们几十公尺处的坡上，也有人在支锅做饭，他们已经把柴燃着了。我灵机一动跑过去，见是几个工人模样的人正围着锅添柴火哩，便朝他们打招呼说，想跟他们讨个火，同时我看到锅旁边还放了不少干树枝，又跟他们要了些柴火。他们很客气，让我自己拿，于是我就胜利地抱回一把干柴和火种，厨师这才煮熟了饭。这顿在饥饿和逃难中吃的"野餐"，让人特别难忘。

撤退到崇安

到崇安城（即今武夷山市）时已是傍黑了，幸而在城外几公里处的公路边租到了几间铺面房子。可能这里原来是打算开店的，因为战争关系，还没来得及开就租给我们了。这样男女各占一间，搭了大通铺睡，也算别有风味。

我带了炳林出来，他一路上老跟我淘气。台长则带了一位同乡母女三人，我们几个女同事就和这位山西同乡同住一室。

我不知道山西是否缺水，听人说那里人一辈子只洗三次澡，我还当是笑话哩，谁知他们不洗澡是确有其事的。夏天天热，汗臭熏人，加上店面房子关起来是黑洞洞的。开了门吧，汽车来来往往，逃难的人也来来往往，灰尘烟雾弥漫，什么怪味儿都有。而尤其难闻的是几个山西人不肯洗澡，那股熏人的汗臭味简直无法忍受。

等到天黑以后，我和黄援华就钻到大河里去洗澡，早上也在大河里洗脸漱口，我们俩笑着自嘲："好大的洗脸盆啊！"

我们在崇安稍稍停了些时候，机器安不起来，播音工作当然无法进行，但我们是负责新闻传播工作的，当时有大批大挡机关单位和难民，都拥挤在这个小小的山城崇安，方圆不知有多大范围。

一路上不仅到处是逃难的人群，沿途还看见不知多少大桶的汽油，整桶整桶的（五十三加仑一桶），横七竖八地摊在马路两侧。而路边粉墙上却用黑墨写了许多大字标语："一滴汽油一滴血！"看来实在令人痛心！

在路上还听见逃难的人说，由于大雨河水猛涨，长官部机关有50多辆小轿车都停在河对岸，过不了河。那50多辆小轿车，数目可观，全是官儿们独自享用的，真是令人叹息又痛恨。

一路见到这么多的难民，大家都往一个方向逃，逃到哪里？吃什么？住何处？谁的心里都没有数。当时只是逃命要紧，到底敌人现在到了哪里？战局如何？是谁也不知道的。因此，大家路上见了面，不管是认识的还是不认识的，首先是互相打探、询问消息……

在这种情况下，电台便决定让我和胡课长到城里找到县机关联系收音机，因此，每天傍晚，我们就步行十多里到县城去收纪录新闻。收得以后，当即由胡课长写成大字战况简报张贴出去，一次总是写好多份。

直到天明，看到围观战报的人群，我们心里才得到些安慰，才拖着疲乏的身体回到住处来。多么想好好地睡一觉哇，可惜我们住的房子临街，且正处在一段高坡地段，汽车络绎不绝。那些汽车上坡时总是费力的"哼哼"着，这声音对一个卧着的人特别响，仿佛连心都吊起来了。有时好不容易睡着了一会儿，那山西人的两个女儿（大约八九岁和十一二岁）却在床上又跳又闹，吵得要命。因床板是互相连接着的，她们就像是在我床上跳。

白天无法睡，黄昏天又得拖着疲乏的身子去工作，本来身体就不好，等着我的当然只有生病了。

我在崇安碰到了许多熟人，如李询元、谢复元、汉川、表兄嫂等，也结识了不少新朋友——难友。他们来自不同地区，原先彼此并不相识，如今逃难到了异地他乡，却因共同的命运成了相互倾谈、相濡以沫的朋友，他们有的还给过我不少帮助。

记得有一对夫妇，大约四十来岁，带了三个可爱的女孩，大的十二三岁，小的才五六岁，也是从北平逃到南方来的。女的是一位中学教师，北师大1935年毕业的。他们一家人就蹲坐在公路旁摆地摊——一块被单布上，放着些自己的生活用品和衣物，如一支自来水笔、一个笔记本、几件衣衫、裤子之类。这类地摊沿途随处可见，摆的多半是仓促间逃出来时随身所带的几件衣物。

来自四面八方的难民，如今到了崇安这个小县城（小县城的人数一下子增加了十几倍），只好暂时歇下来，只有的租住着一小间民房安身，有的就地露宿。因为吃食是要钱买的，而钱呢，单位解散了，必须自谋生路！时值夏天，衣服被盖都可以卖，所以唯一的办法就是摆地摊卖卖仅有的一点衣物，来勉强维持一下生命日日所需要的吃。那情景看了真叫人心酸。

当时墙上有一句标语"前方流血，后方流汗"。究竟前方怎么流血，我们老百姓是无从得知的。只知道敌人是飞机先逞威，再猛力进入扫荡一番，然后退走。可当时又有一句流行口号"前方吃紧，后方紧吃"。直到我后来到了昆明，才知这口号的端倪。据说是指重庆的达官贵人们用飞机运螃蟹，一两黄金一只蟹。可见口号也好，民谣也好，谷谚也好，都是始作于上，民间仿之，自古而然也。

话说这一对夫妇和这三个可爱的孩子。我天天路过那里，天天看得见他们，总不免要踟蹰脚步多看两眼，有时和他们搭几句话。我看见他们那神态、那脸色，从仓皇逃出之初的唉声叹气到垂头丧气，从疲惫色到满脸菜色。因为大家都是逃难人，又都是从北平出来的，所以觉得格外亲些，谈得也很相投。我曾去过他们租住的一间小房子，五个人挤在一起，所余空间已经很有限了，他们留我喝了一碗菜粥，而我当时除了公家有饭吃之外，也是身无分文，所幸这一家暂时还算有个避风避雨的地方。

撤退到建阳

逃到崇安只是第一站，底下究竟如何？战局到底怎样？命运如何安排？谁的心里都没有底，但大家都有一个共同的思想，暂时歇下来等等看，要是日本人退了，就再回家园，至少那里有个自己的"窝"，不管那个窝是否已被敌人捣毁、焚烧……人总得有个盼头，总得有个希望支撑着，哪怕这希望是那么渺茫！人也总得有个落脚处呀，再往前走，既无钱又无体力，谁知要到何时何地才是个了局呢？

听说敌人打到了铅山，但实际上到底在哪里，恐怕无人知晓。俗话说"十里路上无真信"，我想，敌人要越过武夷山打闽北，是不大可能的，他们是既凶残又狡猾的，给点空中威胁，对毫无空防准备的山区老百姓和难民来说，在人口超密集的崇安，肯定会造成损失和紧张气氛的。

于是大家又往东撤退，我们的电台就是奉命往建阳撤退的。到建阳后，我们住在公路旁一个小村子的一户农民家里，那里离建阳城大概有十多里地。

建阳也是一个小城市，因为离江西远一点，开始时好像难民比崇安少一些。抗战时期的小城市，一般都是那么几条狭窄的街，一些不大的、陈旧的老店铺，后来逃难来的人多了，也有难民临时租了房子或搭起棚子，开起店来的。

我们租了几间房子，大家暂时安顿下来，把机器藏在农民家的柴火堆里。又在城里租了一间店铺房，算是城里办事处。那房子黑暗而陈旧，实际上，除了后半间一张土基床之外，外间只有一桌一凳而已，恐怕已很久没有人住了。

城里有个办事处，一来可以方便公事，二来大家到城里办事时，也可有个歇脚处。

到建阳时大约已近7月下旬或8月份了，天气很炎热。建阳也是四周多山，杉木林一望无际。在当地饮用水是取用山沟里的泉水，他们用毛竹对劈成两半，刳去中间的节，一根一根地接起来，让泉水往下流淌，人们就接这种水吃。因天气热，大批难民拥到这里，吃水、用水便发生了困难。这时，大多数单位都解散了，成员拖家带口，哭哭啼啼，各自谋生。

这时我患了恶性疟疾，三天两头发一次，一阵热一阵冷的，冷起来盖了几床棉被还直抖。据说那里山区疟蚊成灾，这种从山上流下的水，就含有大量的疟原虫。

战争是人祸，天灾也趁机肆虐。公路边、山脚下常见到血肉模糊的伤兵，将死未死的逃难者，以及尸陈沟壑的景象，惨不忍睹。到处一片混乱，真是哀鸿遍野，触目惊心。

此时我们已无法收新闻、贴战报了。看到逃难来的人们既无消息可知，又无娱乐可取，为了给大家打打气，给难民们一点临时的精神上的慰安，不记得是哪个剧团的导演来找我，提议我们给大家演几场戏。虽然那时我正病着，但还是答应了，可是由于仓促逃出，谁也没有剧本。当时我手中有一本英文的易卜生的《傀儡家庭》，他们让我翻译成中文，后来不知谁找到了本"软体动物"的剧本。那时候，大家都被敌人逼到这个山旮旯里，能够有点娱乐，轻松一下绷得太紧的神经，也算是为大家做了点贡献。

于是导演决定由我和吴英年的夫人主演，还有一位男角，是谁担任的我记不得了。大家忙着布置舞台、借道具、翻找自己的衣服，我又在建阳一家小理发馆里烫了头发，衣服则是借吴英年夫人的。

我们在建阳一连演了三天，天天满座，这是我一生最后一次上舞台。后来，当我到了南平师专以后，当地有个剧团要演《北京人》，他们通过关系来找我，想叫我担任其中曾思懿的角色。那位扮演《北京人》的大高个儿男角（他真的是北京人士），曾经亲自来找过我，但当时一是我身体还未复元，二是詹剑峰坚决反对，终于未果。

到建阳后，收到了剪虹汇来的100元，总算是救了命。她已经音专毕业，在沙县师范任教了。于是我托人找车子把她弟弟炳林带到福建沙县去了，总算卸下了一副重担。

（下略）

（节选自范小梵著《风雨流亡路——一位知识女性的抗战经历》，山东画报出版社2008年2月出版）

在重庆广播日本投降消息

靳 迈

"日本政府通过瑞士政府向盟军及我国宣告无条件投降。"1945年8月10日，重庆国民党"中央广播电台"播出了《日本乞降照会》。播音员靳迈就是我。

我1943年从北平"中华新闻学院"新闻系毕业，被分配到天津《庸报》做外勤记者。当时已23岁的我，经历了国破家亡之痛，早就不想待在平津了。我跑到了洛阳，又流浪到成都，一路上忍饥受冻，最后，为了吃饭，才投考重庆"中央广播电台"。因为我是北京人，又学过新闻学，所以被录取了。

到电台后，心里唯一的盼望是抗战胜利，能和北平的家人团聚。到1945年8月9日，终于传来日本可能无条件投降的消息。我和另一播音员小潘加班等了一夜，却毫无动静。第二天，我蒙头大睡；到下午4点多钟，广播员吴中林匆匆跑进宿舍把我推醒了，他兴奋地说："快起来吧，日本无条件投降了！""真的？"我又惊又喜，跑到写字间，传音科科长何柏身和播送股股长蔡骧（现在北京任话剧导演）满面春风，说："日本天皇通过中立国瑞士、瑞典向中、英、美、苏要求无条件投降。"他让我和小潘继续值夜班。当晚，来电了，我俩就把这条消息反复播送出去，一直到清晨5点钟。历经八年离乱的老百姓，都涌到上清寺广播大厦前，满腹辛酸的人们几乎都眼含着泪水。电台立刻在门前装了个大喇叭，播送歌曲和随时收到的新闻。

天亮以后，电台又把《日本乞降照会》译成日文，从日军俘虏营"大同书院"找来一个年轻的日本兵，让他在播音室用日语广播。我们隔着大玻璃监听，控制着开关。他讲了两句，声音有些发颤，我赶紧用红信号灯警告他，他才把这消息播完。走出广播室后，这个还有些稚气的日本兵，一下子号啕大哭了。小潘说："这就是侵略者的末日！"

那两天，人们都想着怎样回到沿海老家去。电台添设了《广播信箱》节目。先由蔡骧播讲了一段开场白，说八年离乱，不少听众在沦陷区的亲友音讯中断。电台可以通过广播帮助大家寻人，使亲人早日团聚。播出的寻人启事充满人伦之情，并配以美国民歌《我的肯塔基故乡》，真是催人泪下。寻人的信件和寻到人的感谢信雪片飞来，我在广播后也收到北平家中的来信。

播音员郑宝燕在《广播信箱》里寻找她在上海的双亲，播出几天后还没有回音。她心里十分难过，整日愁眉不展。这天她怀着希望又把自己的寻人稿念了一遍，当播到:"……爸爸、妈妈呀!您听见了吗?我就是您的女儿郑宝燕。"她激动了,声音颤抖,最后痛哭失声。她的这一声哭,在世界广播史上是没有先例的。由于她这一声哭,守候在收音机旁听广播的人不知又有多少也洒下热泪。

往事已过去40年。当年的小郑如今远在加拿大,电台的其他青年朋友多散在天南海北,不知此生还能重聚,共话巴山蜀水的胜利情吗?

(原载《天津日报》1985年8月14日)

偷播日本投降的新闻

谭宝林

1942年9月，我为生计所迫，考入南京汪伪"中国广播事业建设协会"做无线电技术员。协会是日本人控制下汪伪的广播电台管理机关。1945年6月，我在汪伪中央广播电台控制室值班。

在电话值班的五个技术员，多是我原先的同学和同事，谁也不甘做亡国奴，民族感情是相通的。我们都心照不宣地利用收转设备暗中收听重庆或盟国的广播。当时控制室的日本人员有技术科长吉川和另外一个，他们只在白天上班维修设备，每天三次播音基本上是不来的。因此，我们在播音时间戴上耳机收听短波，只要背着两个日本人，就几乎是无所顾忌的。

1945年春天以后，苏联红军攻克柏林，苏美军队在西线易北河会师，法西斯德国投降；东方战场日军势孤力单，屡遭惨败，日本本土遭到大规模轰炸，日军只能在大陆战场上苟延残喘，作最后的挣扎……每收听到这些胜利的消息，我们总是心情激动，深受鼓舞。8月7日晚，收听到美国空军在日本广岛投掷原子弹的消息，说这种空前的毁灭性武器给了日本致命一击；8月9日晚，又收听到苏联红军出兵东北，势如破竹一举击溃关东军等消息，我感到漫漫长夜已到尽头，曙光在望了。

当时南京民间的收音机很多，但性能低劣，只能收听当地电台的中波广播。日本人严禁收听短波，对少数进口机子要登记拆查，并剪断短波线圈贴上封条，借以封锁消息。我老是转着这样的念头：一定要想办法尽快让同胞们分享到胜利的喜悦。

8月10日晚，正轮到我和老同学苏荷先值班，晚上8时是敌伪电台"大东亚联播"节目时间，照例转播东京电台的新闻。这个时间也是重庆电台播放新闻的时间。在开始转播东京节目后，我赶快把另一部转播机调到重庆电台位置上，抢听头条新闻。耳机中突然传来日本政府通过瑞士发出照会，请求投降的惊人消息，我顿时热血沸腾，马上拿起直通发射台的电话，接话的是值班的张师傅，我问他机房里有没有日本人？他回答没有，只他一个人。我兴奋地把日本投降的新闻告诉他，也未及征求他的意见，就把"大东亚联播"节目停下来，改播重庆电台的新闻。这条特大新闻在几分钟之内反复播了几遍！由于异常激动，当时根本未及考虑个人安危，唯一的想法就是让沦陷区人民及时听到这大快人心的好消息！新闻过后，头脑冷静下来，仍然改回到原来的节目。不多一会儿，感到气氛有了变化，我站在临街的窗口，逐渐听到爆竹声和欢呼声从四面传来。下班后我经过大行宫、太平路走回白下路的住处，一路上鞭炮齐鸣，一群群市民，人人喜形于色，欢呼雀跃……真是一个不寻常的夜晚。我同样沉醉在欢乐之中，思绪万千，彻夜无眠。

第二天上街一看，欢乐的气氛被新的紧张空气所取代。马路上张贴着日军的布告，大意是"近日出现谣言，凡传谣闹事者，均以扰乱社会治安罪严加惩处"云云。我深信，日本战败已成定局，张贴布告不过是自欺欺人的恐吓手段而已。虽然11日不是我值班，但我还是硬着头皮到电台去探听情况。只见日军已进驻电台，在周围构筑工事，架起机枪，气氛森严。当我走进二楼控制室时，吉川正脸色阴沉地坐在那里，他一见我就瞪着眼问："昨天你值班时播了什么新闻？"我故作镇静地回答："一切按常规播出，没有什么情况。"他犹豫了一下又绕着圈子问，昨夜街上乱哄哄地发生了什么事？我更是佯作不知，一概推脱。他沉默了一会儿，不再追问下去，谈话草草结束。但从当日起，两个日本人轮流在控制室进行监视，我们只好停止短波的收听。

8月14日，东京电台预告次日上午8时天皇将发表诏书。15日8时前，电台的日本头子数人来到控制室，他们脱帽低头站在接收机前，毕恭毕敬聆听天皇的讲话，当天皇宣布"日本向中、美、英、苏四大国无条件投降"时，这些平日不可一世的家伙，都陷于悲哀之中。而此时我们心中的喜悦之情是无法用语言表达的。

从8月15日起，日本人对电台不再过问。当日午后，我们开始全部转播重庆电台节目，使日本投降的喜讯得到更为广泛的传播。

（原载《华夏壮歌》，中国文史出版社1984年4月出版）

蒋介石发表"八一五"抗战胜利广播讲话前后

安 平

8月15日,重庆时间,早晨7时,中、美、英、苏四国政府经磋商共同约定,在各自首都重庆、华盛顿、伦敦、莫斯科,用汉语、英语和俄语通过无线电广播同时向战场上的盟国海陆空部队、向世界各国发出公告:日本政府已正式无条件投降!

随即,重庆中央通讯社总社以"中央社重庆十五日急电"形式,播发了中国外交部公告:日本政府已正式无条件投降,投降电文系经由瑞士政府转达。

《中央日报》民国三十四年(1945年)8月16日的报道如下:

日本已无条件投降
中美英苏同时正式公布

【中央社讯】外交部公布:日本政府已正式无条件投降,投降电文系经由瑞士政府转达原文如下:

"关于日本政府八月十日照会接受波茨坦宣言各项规定及美国贝尔纳斯国务卿八月十一日以中美英苏四国政府名义答复事,日本政府谨通知四国政府如下:

(一)关于日本政府接受波茨坦宣言各项规定事,天皇陛下业已颁布敕令。

(二)天皇政府准备授权并保证日本政府及日本大本营,签订实行波茨坦宣言各项规定之必须条件。天皇陛下并准备对日本所有海陆空军当局及各地受其管辖之所有部队,停止积极行动,交出军械,并颁发盟军统帅部所需执行上述条件之各项命令。"

【中央社讯】日本正式无条件投降消息,系于十五日晨五时一刻由美国务卿贝尔纳斯用无线电动打字机通知美国驻华大使赫利尔及我外交部吴次长国桢,约定于华盛顿时间十四日下午七时即重庆夏季时间十五日晨七时同时公布。

四国政府共同发布战胜宣言,这在世界史上都是绝无仅有的重大事件——这既是中、美、英、苏四国正式宣告世界反法西斯战争取得了最后的胜利,也是明确表示了中、美、英、苏四国共同开创的战后世界格局开始形成，在20世纪乃至更长的一段历史时期里，对世界各国的发展都产生了极为深刻的影响。

8月15日的重庆，艳阳高照，早晨7时左右，重庆商业专科学校的学生罗通澂刚从睡梦中醒来，就听到收音机里传来日本投降的消息。也就是一眨眼的工夫，窗外传来了鞭炮声和人们的欢呼声，还夹杂着猛烈敲打洗脸盆的声音，日本投降了，这次是正式发布投降文告了，罗通澂不管不顾地大喊着，他要回到重庆商专去找同学：

路过街口的小食摊，他习惯性地想买两个馒头当早点。当他付钱的时候，老板却兴冲冲地告诉他不要钱。老板是几年前逃难到重庆的下江人，他说，抗战胜利了，日本鬼子投降了，他可以回老家了，今天就免费请大家吃馒头。可能是受到小食摊老板的感染，罗通澂抓起馒头没有往嘴里送，而是情不自禁地举起馒头高喊了两声："日本投降了！""打倒日本帝国主义！"老板激动得又往他手里塞了一个馒头，还跟着他喊了一句"我们要回老家啦！大家快来吃胜利馒头！"惹得路人纷纷驻足。

……

在校园里又跳又唱还不能发泄同学们憋了长达八年之久的怨气和仇恨，更不能表达他们突然间感受到的快乐，他们要融入全城的欢庆之中，要融入全国人民的欢庆之中，要扬眉吐气地狂欢一番。有人打开学生宿舍的房门，拿起里面的洗脸盆、茶缸一类的东西又敲又捶；有人取下没有带回家的床单做成横幅，找不到毛笔就用指头蘸着墨水在上面写字；有一位跟随父母逃难到重庆的东北同学，还咬破手指用鲜血写下一句话：我终于可以回东北啦！更多的同学四处寻找纸张做成三角形的小旗，在上面写上"欢庆胜利"等字样。①

青年学生是最勇敢的革命力量，总是冲锋在前，当罗通澂和同学们拉着自制的横幅，举着三角形小旗赶到两路口的时候，已经是上午10点钟左右，他们和两路口成千上万的民众一起举行了声势浩大的庆祝游行。

罗通澂说，那场胜利大游行是他有生以来所见过的最为壮观的场面，游行队伍根本看不到头尾，几乎整个城市的人都出动了，而且一路上还不断地有人加入进来。那是一次不分阶层、不分职业、不分贫富贵贱的联合大游行：

当时参加游行队伍的人来自各个行业各个阶层，有政府官员、公司职员、工厂工人，也有小商小贩、下苦力的"棒棒"、擦皮鞋的小孩，甚至还有经常在大街上乞讨的

---

① 《重庆抗战学子"8·15"胜利大游行亲历记》，http://blog.sina.com.cn/s/blog_46fdc7b70l000cdy.html（2015-04-08）。

叫花子，人们不分男女老幼，都敞开喉咙呼喊口号，口号声此起彼伏，直冲云霄，仿佛要让全中国人都听见，甚至要让远在太平洋的日本国都听见。有人喊哑了嗓子还不罢休，干脆将鞋子脱了下来，随着口号的节奏拍打两只鞋底。

可以说，那天在重庆城看不到任何一张脸是愁苦的，所有的面孔都像绽放的花朵；看不到任何人像往常那样在街头争吵，所有的人都沉浸在全民族抗战胜利的喜悦当中。游行队伍所到之处，很多人家的窗户都挤满了脑袋在呼喊；有的窗户还伸出一根竹竿，上面挂着一串正在炸响的鞭炮；有人直接举着脸盆一类的东西伸到窗户外面敲打，好像要把积蓄了八年的力气在那一天全都释放出来。

八年的煎熬与抗争，在那天的重庆城汇成了一个声音："打倒日本帝国主义！""鬼子投降了！""庆祝抗战胜利！""我们可以回家啦！"人们挥舞着颜色各异的小三角形旗帜，声嘶力竭地呐喊、呼号，从两路口经观音岩、中山二路、市中心、民族路、小什字，最后到达朝天门码头。整个游行过程进行了大半天，最后队伍聚集在朝天门齐声呼喊口号。记者猜想当时把游行终点定在朝天门，可能是希望通过人群震天动地的口号声，向抗战前方和沦陷区传达胜利的声音，向神州大地和华夏的整个天空传达全民族的喜悦。①

"日本投降了！""抗战胜利了！"重庆的大街小巷满是狂欢的人流，被新闻记者们称之为"千年未有的热闹"。狂欢狂喜的学生们甚至无心上课，《世界日报》在《胜利声中小插话》中写道：

胜利消息冲昏了头脑，各大中学学生无心读书，有的索性离开了学校，急于还乡，此事急坏了教育部，已发出通令，勉安心上学，各级学校照常上课。教育部以兹值胜利降临，各校员生于欢欣鼓舞之余或有还乡之意，难免影响教学。特规定仍按规定日期开学上课，保证正常状态。②

上午10时，国民政府主席蒋介石来到中央广播电台，分别用中波和短波发表了自己亲自撰写的《抗战胜利对全国军民及全世界人士的广播文告》③，庆贺抗战胜利，缅怀全国抗战以来忠勇牺牲的军民先烈。在演说中，蒋介石平静地阐述了"正义必然胜过

---

① 《重庆抗战学子"8·15"胜利大游行亲历记》，http://blog.sina.com.cn/s/blog_46fdc7b70l000cdy.html（2015-04-08）。

② 《二战日本宣布投降之夜·民众庆祝到天亮·1945年8月15日：中国人的狂欢夜》，http://epaper.ts.cn/ftp/sitel/xjdsb/html/2010-08/13/content_67901.htm（2015-03-22）。

③ 蒋介石日记记载："近日忙迫，本托（陈）布雷代拟，以其病，至今未动笔，故不如自拟为快也。"（1945年8月14日），参见[美]黄仁宇：《从大历史的角度解读蒋介石日记》北京：九州出版社2008年，第429页。

强权"的真理，同时也表达了对日本"以德报怨"① 的态度，他说：

全国军民同胞们：全世界爱好和平的人士们：我们的抗战，今天是胜利了，正义必然胜过强权的真理，终于得到了他最后的证明，这亦就是表示了我们国民革命历史使命的成功。我们中国在黑暗和绝望的时期中，八年奋斗的信念，今天才得到了实现。我们对于显现在我们面前的世界和平，要感谢我们全国抗战以来忠勇牺牲的军民先烈，要感谢我们为正义和平而共同作战的盟友……

我全国同胞们自抗战以来，八年间所受的痛苦与牺牲虽是一年一年地增加，可是抗战必胜的信念，亦是一天一天地增强；尤其是我们沦陷区的同胞们，受尽了无穷摧残与奴辱的黑暗，今天是得到了完全解放，而重见青天白日了。这几天以来，各地军民的欢呼与快慰的情绪，其主要意义亦就是为了被占领区同胞获得了解放。

我中国同胞们必知"不念旧恶"及"与人为善"为我民族传统至高至贵的德行。我们一贯声言，只认日本黩武的军阀为敌，不以日本的人民为敌；今天敌军已被我们盟邦共同打倒了，我们当然要严密责成他忠实执行所有的投降条款，但是我们并不要报复，更不可对敌国无辜人民加以污辱，我们只有对他们为他的纳粹军阀所愚弄所驱迫而表示怜悯，使他们能自拔于错误与罪恶。要知道如果以暴行答复敌人从前的暴行，以侮辱来答复他们从前错误的优越感，则冤冤相报，永无终止，绝不是我们仁义之师的目的。这是我们每一个军民同胞今天所应该特别注意的。

……

我请全世界盟邦的人士，以及我全国的同胞们！相信我们武装之下所获得的和平，并不一定是永久和平的完全实现，一直要做到我们的敌人在理性的战场上为我们所征服，使他们能彻底忏悔，都成为世界上爱好和平的分子，像我们一样之后，才算达到了我们全体人类企求和平及此次世界大战最后的目的。②

广播时间近11分钟，美国《时代》周刊驻华记者白修德在现场，他这样描述坐在话筒前的蒋介石：

1945年8月，蒋安静地坐在重庆一间闷气的广播室里准备告诉中国人民抗战事业已终结。他和平日一样凝固地沉着。他的头顶剃得净光，不着丝毫白发的痕迹。他的咔

---

① 蒋介石在演说中的表述为"不念旧恶"和"与人为善"，后来蒋本人认可了"以德报怨"的提法，1946年3月21日，蒋介石接见中国驻日军事代表团团长朱世明时即指示"对日本所持'以德报怨'政策之要点"。参见叶健青编：《蒋中正总统档案·事略稿本》（第65册）台北："国史馆"2012年，第136页。
② 蒋介石：《抗战胜利告全国军民及全世界人士书》，《中央日报》，1945年8月16日。

叽军装上衣毫无瑕疵，不挂勋章，衣领紧扣在喉头，上有斜皮带钩扣着，一管自来水笔挂在口袋之上。广播室荡热，内中的二十个人汗流浃背，只有委员长看来凉快。他调整着角质框的眼镜，看了看面前桌子上紫红色的花一眼，慢慢地对着扩音器用高调而清爽的声音告诉人民仗已打胜。他说着的时候，室外的喇叭传播着这消息。街上人众认识了他明显的汽车，麋集在石砌的建筑之门外，他可以听到轻微的欢呼之声。

他的演讲历时十分钟。突然地他的头颅低垂，失眠的眼眶陷凹处见形，在这一刹那的松弛，他的平稳之外貌露相，紧张与疲劳在这胜利的关头显现在他人身上……①

蒋介石的广播讲话得到民众热烈响应。据蒋的侍从秘书张令澳回忆，收听到广播的中国人"一时皆热泪涌流"。

16日出版的《大公报》报道了蒋介石走出播音室的情形："主席步出广播大厦登车驰返官邸之际，数万民众自马路两侧拥至大厦四围，纷向主席热烈欢呼致敬，达八九分钟未止。主席一再含笑点首示意，而民众愈集愈多，途为之塞。嗣经警察多方开导，方得通路，主席之车乃缓缓驶出，径返官邸。此时中央广播电台即连续播'胜利之歌'数次，民众始尽兴散去。"②

（摘自安平著《胜利日》第一章第一节，华文出版社2015年8月出版，标题为编者拟）

---

① ［美］黄仁宇：《从大历史的角度解读蒋介石日记》（台北：时报文化出版社，1994年），第430页。
② 李恒：《胜利时刻的回眸》，http：//bbs.tiexue.net/post2_5244499_1.html（2015-1-24）。

勝利還都與我國廣播事業

吳道一

——我國廣播事業在抗戰期中，施展了最大的力量，充分盡到政府喉舌的責任……。

——今後呢？一個新的建國時代在開始，廣播事業的使命格外重大，必須配合建國工作的展開……。

各位聽眾：

在經過八年多艱苦而漫長的歲月之後，今天——中華民國三十五年五月五日，領導全民抗戰終於獲得光榮勝利的我們政府正式還都南京了。本處（中央廣播事業管理處）和中央廣播電台，也隨同政府，在今天從戰時首都的重慶，又重新回到南京來工作。過去：為了國家生存、獨立和自由，我們跟頑敵日本作戰，又同樣的肩負着宣傳和教育的雙重使命。本人願以中央廣播事業管理處負責人的資格，緬懷既往，策勵將來，對我國廣播事業過去的成就，以及今後的發展，都同樣的肩負着宣傳和教育的雙重使命。本人願以中央廣播事業管理處負責人的資格，緬懷既往，策勵將來，對我國廣播事業過去的成就，以及今後的發展，說幾句話。

本黨廣播事業，開始於民國十七年春天，那正是國民革命軍誓師北伐，底定東南，剛剛建都南京的時候。看到宣傳黨義闡明政策的急切需要，一面立即發揮了極大的功能，使當時一般民眾耳目一新，深深感到廣播的興趣和國家民族當前的迫切需要。一面適應中樞的方針，計劃進展，經過三年的經營，到民國二十一年十一月十二日七萬五千瓦特強力電台在首都正式播音。那時在東亞方面可算是唯一的大電台，對於東鄰日寇，給它不少的精神威脅和打擊！

不久，抗戰爆發，接着，政府為了堅持長期抗戰的國策，國家的重心西遷重慶。我們顧慮到未來，所以經速擬定發展計劃，不過限於財力和環境，只得就可能範圍，逐漸求進步。先後增加中央台短波、建立長沙廣播電台，接管福州廣播電台。民國二十六年末，東戰場國軍被迫轉進期間，南京七萬五千瓦特的大電台，連同幾個省市政府自設的電台，以及上海蘇州等地所有民營小電台，全國廣播總電力超過十萬瓦特，當時的聽眾，單是國內就有四五百萬人，以國內任何事業來看，他的進程是很快的。但是比較敵人，已經相形見拙了。我們呼籲各方建議提案，可是計劃能夠實施的，不過十之二一。

抗戰八年間慘澹經營的廣播設備逐步西移。民國二十六年末，東戰場國軍被迫轉進期間，一方面必須把八九年間慘澹經營的廣播設備逐步西移。連同幾個省市政府自設的電台，以及上海蘇州等地所有民營小電台，分別拆運和破壞。在重慶改裝一萬瓦特的中波機，同時接替原中央台的任務，又趕緊在昆明籌設六萬瓦特電力的中波台，再添四千瓦特和七千五百瓦特電力的中波台，在貴陽籌設一萬瓦特電力的短波機，二十五年冬裝置完成，開始與中央台合併播音。另外，為了對敵人實施更有效的廣播戰，到二十九年冬就着手籌備在重慶設置三萬五千瓦特電力的短波機。這就是後來享有國際間良好聲譽的「中國之聲」。其他接近前方的電台，也都等到事機緊急的時候，陸續後撤改裝。另外增設了康定、西昌、甘肅、和流動四座廣播電台，接管重裝江西廣播電台，蔭至抗戰勝利的前夕。在抗戰陣營的廣大後方，本處轄有十一個電台，十八座廣播機構成一個相當可觀的廣播戰鬥網。這是後方的趕工，一方面也跟陸海空軍一樣，敵愾同仇的作戰情緒。

吳處長廣播留影

我們大家知道，八年的抗戰是艱苦的。然而為了取得國家的生存、獨立、和自由，抗戰始終是不屈不撓的在進行。我國廣播事業先天就注定須得服務於抗戰。因此廣播事業分擔了抗戰的沉重職責，分擔了抗戰的困苦艱辛，支撐了全民作戰的勇氣，無情的揭發敵人的陰謀統計，積極的粉碎敵人的謠言攻勢，對世界友邦，發出「中國之聲」向他們報導正確的戰況，申述「抗戰中國」的需要，信賴與援助，對淪陷區的同胞，廣播事業更無異是政府一隻溫柔而極有力量的手，時時寄予他們以鼓勵和無慰，讓他們相信所期待的自由光明的日子必將到來。充份盡到政府喉舌的責任，至於廣播事業的從業人員，奮鬥犧牲，屹立不搖的精神，即使與前方的戰士相比，施展了最大的力量，也並無遜色。最近數年，物價高漲，生計日難，廣播工作人員曾送有犧牲。幾年間，敵人飛機在後方各大城市上含辛受苦，廣播工作人員依設有鐵定的戰時生活，從來稍挫。

十八年以還，特別是八年以來，我們廣播事業也有其無可諱言的缺點。和實力量上，比起許多先進國家更望乎其後，英國戰時 BBC 廣播公司是個極有力的組織，每天三十四小時經常不斷的播音，全球五洲五洋的上空，到處瀰漫著 BBC 的呼聲蘇聯的廣播事業或者不及英美，但在戰後的發展，也是巨大而廣泛，我國廣播事業在戰時因為電源不足，補充材料缺乏，物價高漲，預算短絀，無論設備上、技術上、節目上，都存在着不可避免的缺陷。而祇有因陋就簡，難期敵底的改進。

因此，充實、改進和擴展我國的廣播事業，是我們當前主要的願望和工作的目標。

關於今後我國廣播事業，中央廣播事業管理處在委擬了一個這樣的計劃：

第一、建立龐大而週密的全國廣播網，使能外聯友邦，內固民心，以樹國家萬世的基礎。辦法是在首都所在地設立中央總台，在各個區域中心地點分設台十二座，地點在：上海、福州、廣州、昆明、拉薩、迪化、重慶、長春、北平、漢口、蘭州、歸綏。另外在全國各重要省會、都市、港口、以及其他商業繁盛地區廣設分台、要使總台、分台分工合作，整個廣播事業的關幹枝葉，相互輔持，共趨繁榮，這個建設廣播網計劃的實現，需要中波和短波台一共五十五座。完成之後，全國廣播總電力可以達到二百二十五萬七千五百瓩，超戰前原有電力二百倍強，全國什何地區的聽衆，就不愁收不到播音。

第二、有廣播機而無收音機，廣播事業仍然不能達其功效，所以增加收音機，更是我國廣播事業的早日完成，實有賴於我國廣播事業的協進，本處的廣播事業相輔相行，同時並進。在這裏不再多說。至於大量訓練技術員、播音員、以及製造錄音片等等，也都擬有計劃，其實現，全賴同人的努力。

此外，如電廣播、設置公共講機和擴音機、改進節目內容、都是與整個我國廣播事業相輔相行的，都促使我國廣播工作的早日完成，同時並實有賴於我國廣播事業相輔相行的，勃發展，本處今後的建國工作使命，迎頭趕上，對我國廣播使我國廣播事業的發展，不斷我們工作的重要，急起直追。

今後，一致體定廣播事業是建國鉅鉗的重要，迎頭趕上，對我國廣播使我國廣播事業的發展，不斷我們工作的重要，急起直追。

網。十一個廣播電台就是：中央、國際（這兩個都設在重慶）昆明、貴州、福建、陝西、西安、湖南、甘肅、西康、以及流動廣播電台。除了流動廣播電台的播音對象是專對第三戰區之外，其餘各台的播音對象，小則對本省及鄰省，大則對全國乃至南洋歐美各地。當時總電力有十四萬五千瓩，播音總時間每天九小時多的進步。

去年八月十五日，敵寇無條件投降，抗戰勝利結束。敵僑以前在華中、華北、華南淪陷區強佔和新建的廣播電台很多。經本處於八月二十七日起迅速派員前往順利接收者有：南京、上海、杭州、廈門、北平、天津、保定、太原、石家莊、歸綏、唐山、青島、開封、徐州、漢口、廣州、台灣、台北一台、花蓮港、嘉義等地，一共二十一台，大小播音機四十一座，其電力總計大約二、七五萬四千瓩，其中以北平和台灣兩地的電台最大，每台都在十萬瓦特以上。至於東北方而除已將瀋陽錦州兩台接管播音外其餘各地也已派定人員，準備在情勢許可時，逐步接收。

抗戰期間，我國廣播事業在極度困難的條件之下，與抗戰以前相較，實有異常顯著的進步。

（原載《廣播週報》復刊第1期，1946年9月1日）

（二）

第一座红色广播电台

傅英豪

1940年的一个秋夜。

从那一排排错落不齐的窑洞里，透出来的灯光愈来愈稀少了，延安度过了紧张的一天，渐渐地进入了睡乡。可是就在这时，王皮湾的一孔石窑洞里，通信兵的战士们正围着一部机器进行着最后一次试验。汗水从同志们的额角渗出来，就像窑洞石壁上的水珠一样，在煤油灯光下晶晶闪闪。片刻，人们轻轻地吁口气，立起身来，只听得电源组组长苟在尚同志说了一声"开动"，机器立刻呜呜地转动起来，同志们几乎是同声叫着："行啦！"几个月来我们焦急地期待着的发电设备终于装制成功了。明天，它将为我们党的第一座语言广播电台开始供电了，大家的情绪随着机器的转动欢腾起来。

我们党虽然早就有了用无线电报发出的文字广播，但是还不曾有过语言广播，因此党中央非常重视语言广播电台的建设。周恩来副主席从苏联养病回来时，克服了运输中的各种困难，带回了苏联制造的一部无线电广播机。于是，这第一座语言广播电台的安装任务就交给了我们。

我们这群工作人员中，无论是参军不久的知识青年，或者是久经征战的红军战士，谁都没有安装广播电台的经验。但同志们却有一片雄心壮志，接受到这个任务，人人都兴奋异常，立即提出一个响亮的口号："一定要使这部机器迅速发音，让党的声音传遍四方。"要让电台发音，首先就要解决动力问题。这时延安正处在日寇和国民党反动派层层包围和封锁中，根本不可能得到一部现成的发动机。因此我们只好要来了一部坏汽车头，边拆修边学习，把它改造成电台需要的发动机。没有汽油做燃料，同志们就用木炭产生煤气来代替。木炭怎样烧才能得到需要的煤气，煤气又怎样使汽车头发动起来，这些对于我们来说全是新问题。但是依靠党的领导和集体的智慧，终于把这些难题一一解决了。

面对着已经调整好的广播机,我的心激动得久久不能平静下来。我想起了来延安以前在国民党统治区做地下工作的那段日子。那时候,打开收音机,听到的不是露骨的反动宣传,就是麻醉人民革命斗志的靡靡之音。我们几个做地下工作的同志,不知发过多少感慨:"什么时候,一扭开收音机,能听到我们自己的声音就好了!"现在,这个愿望就要实现了,从今后,我们这部红色电台,将成为新华社文字广播台的一个兄弟,它们将相互配合在一起,向全国和全世界人民宣传党的抗日主张,传播根据地内军民在敌后坚持斗争的实况。不管日寇和国民党反动派有多大的本领,挖多少封锁沟,筑多少封锁墙,他们都无法阻止我们的红色电波飞出延安!

第二天,天刚蒙蒙亮,同志们就起床,喧喧嚷嚷,像准备参加什么庆典似的。从同志们一双双发红的眼睛里可以看出,这一夜同志们和我一样,兴奋得没有好好入睡。播音员徐瑞璋和姚雯很早就来到播音室,再一次收拾那个实在没有什么好收拾的工作环境。我们的播音室,是一孔新挖好的土窑洞,一走进去还可以嗅到新土的芳香;拱形的窑洞内壁和门口挂着深灰色的军毯(这是当时边区生产的质量最好的羊毛毯),用来隔绝从远处传来的鸡鸣犬吠和消除洞内的回音。窑洞里只放着一张白木桌子和一条板凳,桌上的麦克风虽然很旧,却被擦得一尘不染。

吃过早饭,文字广播台报务主任汤翰璋同志兴奋地来到播音室门前。他特地穿了一套干净、整齐的灰军服,背着一部自己装制的小型无线电话机,大块的干电池把军装下方的大口袋挤得鼓鼓的,俨然一个就要开赴火线的全副武装的战士。他是为了能使电台及时知道试播的效果,被派出去收听情况的。当他那精神抖擞的背影从我们的视线中消失的时候,电台开始了试播。

"延安新华广播电台,XNCR……"播音员反复呼叫着,然后用洪亮悦耳的声音读着报纸上的一篇短文。我们所有的人都静静地站在一旁,等待着收听者发回的报告。

"我在裴庄,声音很好。"突然传来了老汤的声音。

声音传出去了,这是一个很好的开端!隔不多久,又听到了老汤从无线电话机里传来了洪亮的声音,"我已到杨家岭附近啦!声音清楚得很!"从声音里可以感觉到老汤的那副高兴劲儿。我们在电台上的人一听到杨家岭这三个字,个个喜形于色,因为杨家岭是我们敬爱的领袖毛主席常来住的地方啊!"要是毛主席这个时候打开收音机,一定会听到我们的播音呢!"有的人竟在麦克风旁边轻轻地说出来。我心里激动地想,等我们试播全部成功后,说不定还能请毛主席到电台上来向各个根据地的军民、向全国人民讲话哩!

老汤离开广播电台愈来愈远,而我们的播音他始终都听得很清楚。当天从安塞那边传来消息说,那边也用收音机听到了延安广播电台的声音。

我们向各个根据地搜集反映。打电报问离延安较近的晋西北各电台,想不到那里的回电说没听到，有的电台说只偶尔听到一两个字，很不清楚。大家多么希望无线电波像一根从延安射出的红线，把党中央以及八路军总部所在地同各个根据地的军民紧紧地联在一起。调配组的唐旦等同志和我反复检查了机器和天线，把我们认为可能造成的收听障碍全都消除了，各个根据地回电说仍然听不到或听不清楚。试播工作就这样被卡住了。

大家的心情开始焦急起来。就连一向爱唱爱跳、性情非常活泼的播音员小徐和小姚也突然变得沉闷了。一年来，这两个江苏姑娘像许许多多的青年一样，怀着极大的热情奔来延安。她们原希望到前线去做宣传员的。延安大学毕业后，却被留下做了播音员。她们知道这是革命工作的需要，很愉快地接受了。而且觉得，凭着自己的革命热情和清楚流利的口齿，也一定能够在人民广播事业中做出一番成绩来。她们在试播工作中是那么认真，一篇稿子播送前总要经过反复的揣摩和预播，生怕表达不出原稿的感情。在业余时间，除了参加种地、纺线等劳动以外，一有空就钻研业务，为了矫正某些汉字的发音，电台上仅有的那本小字典快要被她们翻烂了。可是时间过了这么久，广播来，广播去，各根据地竟听不到她们的声音。辛勤的劳动没有得到应有的收获，她们更是十分心焦。

党中央的许多负责同志一直关心着试播工作的进展情况。邓发同志曾专门到电台上来视察，他鼓励我们不要被困难吓住，不要乱闯蛮干，要发挥集体的智慧，根据科学道理逐步进行试验。我们根据电波传播理论，意识到问题的产生可能和电波的波长选用不当有关。那么要用什么样的波长才能克服某些地方收听不到的障碍呢？文字广播电台的同志们提出，可以做这样一个试验：把这部语言广播电台调到文字广播电台所用的波长上拍发新闻电报，看看各根据地新华分社的电台能不能听到。试验的结果，各个根据地的电台都给了回电，说收听得和往常一样好。我们就进一步在这个波长上进行语言试播。

这天，我在广播机旁掌握机器的调整，让汤翰璋同志在报房里守着收报机，及时收听各根据地的反映。这时大家仿佛成了等候发榜的考生，既感到有一定的把握，又担心可能遭到意外的失败，心情非常紧张。一会儿，我旁边的电话铃响了，听筒里传来了汤翰璋同志激动而有点不连贯的声音，第一句就是"队长，问题解决啦！"接着他告诉我，晋察冀、晋东南、山东、晋西北都先后发来电报，说播音员的音质清晰、音量良好。同志们听到这个消息，都欢喜得跳起来。几个月的辛勤劳动终于结出了果实。从这回试验中，我又一次深刻体会到集体智慧的巨大力量。

我们的第一座红色广播电台，从此开始了每天定时的播音。不但播送新闻和报纸上的重要文章，而且还播送"文艺节目"。一开始，电台上连一部唱机都没有，所谓文艺节目，常常就是播音员对着麦克风唱几支革命歌曲。不久，弄到了一部破旧的手摇式唱机。但因为边区没有条件制唱片，而从国民党统治区买来的片子内容健康的又不多，所以放来放去，总是《义勇军进行曲》等几张片子。后来，我们便请鲁迅艺术学院的同志来播送《黄河大合唱》等节目。他们的大队人马一来，常把小小的窑洞挤得水泄不通。

为了保证电台的正常播音，通信战士们在接踵而来的多种技术问题上刻苦地钻研着。女调配员徐路同志在窑洞里长时间值班，被发动机煤管漏出来的煤气熏倒了，等到同志们把她抬到窑洞外救醒，她又立刻跑回自己的工作岗位，继续进行未完成的试验。后来当机器上某个重要的电子管失效而又没有备用品更换的时候，我们在党和上级的鼓励下，又拆掉原机器的部分结构，重新改装，终于利用了手头现有的电子管使电台继续工作。

1941年1月下旬的一个下午，新华社的通讯员骑马来到电台，送来了当天的广播稿。从通讯员紧张的神色中可以看出，今天准有重要的文章需要广播。打开稿件，我的眼前跳出了"中国共产党中央革命军事委员会发言人对新华社记者的谈话"一行大字。这是党中央就皖南事变发表的重要的谈话啊！我立刻打电话给播音员，告诉她们今天有特别重要的文件要播，同时急切地读起来。几天以前，我们在报纸上就读到了国民党亲日派袭击皖南新四军部队的消息。看了这篇谈话对于日寇和国民党亲日派丑恶面目的揭露，就更加使我义愤填膺；而当读到谈话对于国内外进步力量的精辟分析的时候，我又对于阻止敌人阴谋的实现增加了百倍信心。我放下稿件，思绪又回到了我曾经工作过的"大后方"。那里的各种反动宣传机器，一定配合着这次反共事变，对我党我军极尽造谣污蔑的能事。可是今天，我们不但可以通过自己的通讯社、报纸，而且有可能利用自己的广播电台，对敌人的反动宣传予以有力地回击了。

我把广播稿件交给了小徐和小姚，她们连晚饭也没有心思吃了，早早地进了播音室，点上小油灯，轻轻地放下了挂在窑洞门口的毛毯，然后走到麦克风前，静静地坐在那里。当播音时间一到，小徐打开麦克风开关，做了几分钟的呼叫以后，开始播送毛主席亲自起草的那篇谈话。为了使真理的声音传播更广，小徐播完一遍后，小姚又再播一遍。在整个广播过程中，她们几乎拼出了全身的力量，使每一个字音都深深地印入听众的心里。你听，她们播出了对国民党亲日派的严重警告："如若他们怙恶不悛继续胡闹，那时，全国人民忍无可忍，把他们抛到茅厕里去，那就悔之无及了。"那种充满了对敌人的蔑视和对人民力量的自信的语调，至今还深深地留在我的记忆里。

冬天夜晚的窑洞是寒冷的，可是这两位姑娘在播音机前竟汗流满面。当她们从窑洞里走出来时，一种从未有过的幸福的感情从她们的脸上流露出来。是啊，这正是另一条战线上的胜利啊！

完成这次播音之后，我们更深深感到，自己是战斗在一个光荣而重要的岗位上。各个根据地，经常以各种方式，把收听的效果告诉我们，从各方面鼓舞着我们。特别使我们难忘的，是这样一件事：一天，突然接到从国民党统治区邮来的一封信，署名是昆明学联。信上说，昆明的进步青年常常偷听延安的广播。从广播中，他们知道了敌后根据地的军民许多英勇斗争的事迹，知道了边区人民正过着丰衣足食的生活，知道了延安正在掀起一个轰轰烈烈的整风运动。这一切都使他们加深了对共产党、对革命的了解，产生了对革命圣地延安的向往。特别使他们感动的是，我们红色广播电台播送了当时昆明学生运动的真实情形，而这是国民党的宣传机器所绝对做不到的。这封热情洋溢的远方来信，给我们带来了莫大的鼓舞。正如电台工作人员在自编的"延安广播电台进行曲"里所唱的："我们要让党的声音自由奔放，让党的光芒照射四方……"是的，我们电台的几十个同志，包括日日夜夜警卫着电台的战士们，都为着这个目的贡献出了自己的最大力量。

我们的红色广播电台的播音工作继续着，后来虽然因器材设备供应困难，曾经暂时停播，直到抗战胜利才恢复播音，但初创时期的这段工作，却为后来的正常播音打下了良好的基础。现在，每当我回忆起这第一座红色广播电台在那样困难的条件下创建、工作的情景，就觉得有一股力量在推动着我，要我在新的历史时期，更加努力不懈地从事新的战斗。

〔原载《人民日报》1961 年 12 月 30 日，后收入《星火燎原》（第 6 集），人民文学出版社 1961 年 12 月出版〕

延安台早期日语广播的回忆

延安台开设日语广播的回忆
毛动之

根据中共中央的决定，延安新华广播电台于 1940 年筹建。中央成立以周恩来同志为主任、新华社社长向仲华、中央军委三局局长王诤等同志为委员的广播委员会，负责领导延安新华广播电台的筹建工作。同时决定由中央军委三局主管建设。

1940 年秋选择台址，搞土建、打窑洞、安装机器、解决动力等问题。台址选在离三局本部所在地几公里地的王皮湾村，在该村对面山上的石岩上开凿了两口石窑洞，作为发射机房与动力车间。

发射机的安装与调试工作于 1940 年冬基本完成，同年 12 月 30 日第一次试验播音，这一天就成为后来中央人民广播电台的开播纪念日。

1940 年年底军委三局组建延安广播电台的机构——九分队。它的任务是承担语言广播和文字广播。稿子均由新华通讯社提供，每天按时送到九分队播发。新华社在延安清凉山上，距九分队 19 公里，由通信员负责送稿。夏天延河发大水时通信员靠泅渡，故稿子往往迟到。

九分队队长傅英豪同志、政委周浣白同志，下设播音组。播音员先后有：徐瑞璋、姚雯、肖岩、原清子（日语播音员，后改名原清志）、孙茜等同志。文字广播组：报务主任汤汉璋（翌年为毛动之），报务员先后有：大刘（振中）、二刘（志远）、小刘（昌文）、武勇法、张化、王长法、白宗元、何瑕、杨家祥、白林河、李际元等同志。动力组：组长吴兴舟、机务员有赵洪政、姚德智、刘厚田、杨生财、赵启明等同志。机务调配组（发射机值班员）：组长唐旦，值班员先后有黄法容、徐路、张川治、赵戈、李义重、肖林、马丙午、景润身、李志海、魏福寿等同志。行政科长阙明同志，科员吴文瑜、严正同志。

延安新华广播电台的日语广播节目，是在 1941 年 12 月 3 日开始正式播音的。每星期五播半小时。我的印象很深，因为是日语广播，又是一个日本女子为播音员，我出于一种好奇心理，每次日语播音时我都要听一听，虽然我听不懂它的内容，但悦耳的声音很清脆柔和。日语播音员是原清子。她是军委三局通讯学校教务长程明升同志的夫人，个子不高，小巧玲珑，白皙的面孔，是个秀丽的日本女子。每次来上班时，她从她的住地川口村骑马来到王皮湾九分队，川口村到王皮湾约两公里多，因为她是日本同志，为了照顾她，每次来时都骑马，这些在延安都是很显眼的事，所以特别引人注意。另外日语播音室与我们发文字广播的报房是一个窑洞，我当时是文字广播的报务员、九分队的党支部书记，所以这些事情记得很深。日语广播的对象是侵华日军。日语广播从1941年12月3日开播，一直到1942年6月因为整风停播。有关日语广播的情况，军委三局《通信兵大事记》讲得很清楚。大事记说："延安新华广播电台经十月之筹备与试播，于十一月七日（苏联十月革命节）正式开始播音，呼号XNCR，每日二十一时至二十二时播出，虽然声音尚弱，节目不多，但已取得打破敌人政治封锁的初步胜利。从十二月三日起，每星期五的十七时至十七时三十分，由日本同志（原青子）用日语对日广播一次，根据对日广播频率附近突增的干扰情况推测，这种广播已有相当的成效。"（此段文字见军委三局第一处：《一九四一年工作总结》第7页、第8页）。根据这段文字我的看法，日语广播在12月3日正式播音前可能还有一段试播时间，我记得我初次看到日语播音员原清子时，穿的不是棉衣而是单衣或者夹衣。所以我说日语是在那年的夏秋开始的。其次是关于日语广播用什么呼号？根据此文和我的记忆就是用的延安新华广播电台"XNCR"的呼号。用的波长是短波40公尺（7500千周）。第三是关于广播对象问题。引文两处提到"对日广播"一词，这是不是意味着广播对象有直接对日广播的可能，即不仅是对日军广播。声音虽弱，但用的是短波，发射距离较远，所以直接对日广播也是可能的。

从以上情况看，1941年延安新华广播电台开设有日语广播是肯定的。后来它虽然中断了播音，但历史是有连续性的，即不应把历史割断开来，日语广播虽然时间较短，但它是我国的一种最早的外语广播。所以我们的国际电台的台史似应以1941年12月3日正式播音之日算起。

张纪明回忆日语广播的编辑工作

胡耀亭

1994年5月间，中国国际广播电台原副台长张纪明同志对我说，最近，台老干部处提出，让每个离休老同志整理业务报告，我联想到延安时期担任日语广播编辑工作，思考了一些问题。但我的右手肌肉萎缩，无法提笔写字，只能跟你谈一谈。

张纪明同志说,过去有人怀疑,延安新华广播电台的日语广播是否是日本反战同盟搞的,这种看法是不对的。日语广播确确实实是我们党创办的。当时在延安的日本朋友只是作为个人参加了部分工作。那时日共不过1000人,日本统治集团对日共迫害十分残酷,有不少日共党员被活活打死,他们没有条件搞这样的广播。当时的对日军广播是在八路军总政治部敌工部的指导下进行的。当时敌工部长王学文、副部长李初梨在这方面做了大量工作(注:此二人已故)。

张纪明同志说,我是1941年年底从前方回到延安的,因为我懂日语,组织分配我在敌工部担任翻译工作,1942年年初担任日语广播编辑工作,负责编发战报和时事述评,大约2000~3000字。稿件来源是新华社发的稿子,还有《参考消息》以及延安《解放日报》刊登的消息,由我摘要编成中文并译成日文,两种稿件均交给野坂参三(日共成员)的秘书,中文稿作为底稿留存。当时我住在野坂参三的隔壁窑洞里,相互联系非常方便。稿件只由我一个人编写,不是每天都有,大约一周三四次。编出以后,由一位叫森健的日本人送给野坂,由野坂审定,每当电台播出我的稿件时,野坂就让我去听,因为当时我没有收音机,只有野坂有一台矿石收音机,拉一条天线,可以收听日本电台、BBC电台的广播。

张纪明同志说,有一天我跟野坂谈起如何搞好日语广播编辑工作的问题,我征求他对稿件的意见。野坂说,新闻要短,只讲事实,不加评论。日本的习惯是新闻只讲事实,如果夹叙夹议,给人的印象就不客观。评论、述评要和新闻分开,不要混为一谈。他还强调,写评论或述评时,不讲或少讲某一次战斗的胜利有多大意义,要考虑日军的心理。日本军队的建制,都是按士兵来自某一地区编制的。哪一个部队驻在什么地方,日本国内知道,国内日军家属最关心的是前方的亲人是否安全。军队死了人就给家属发红包,证明此人被打死了。我们广播要具体说明在一次战斗中打死了多少日本兵,增加这些家属的忧虑,激发、鼓励日军的思乡、厌战情绪。

张纪明同志说,野坂认为,把对内报道原封不动地拿来对日军广播是不行的,要很好地研究敌情动态、日军心理。当时,欧洲战场打得很厉害,我选了一些欧战消息。野坂说,日本人最关心的是太平洋战争和日本在中国的战争。我八路军的反扫荡战斗要报道,太平洋战场的消息可多些。欧洲战场重大事件可报道,一般情况不必报道。野坂要我们注意研究日本大本营的战报,它的战报主要是吹嘘所谓皇军的"胜利",但从中也能分析到一些情况。比如它失败时就是阿Q精神,常用"引诱敌人"或"玉碎"等字眼,后者的意思就是为天皇献出了生命,也就是被打死了。

张纪明同志说,我没有学过新闻,野坂的话等于给我上了一堂新闻课,对我启发很大,印象特别深刻。当时,敌工部每两周有一次日本情况研究会。我每次都参加,并将讨论结果写成文章在《解放日报》的"敌情动态"栏目中发表。我记得当时华北各地都有日本兵反战同盟组织,我们发表过有关的消息和报道。除报纸、广播采用外,还编成传单、小册子,广为散发。被俘的日军在会上讲述他们在日军被虐待的情形和士兵的心理状态,我们搜集了1000多条,作为对日军宣传的参考。当时,还演过活报剧。其中有一活报剧名为《岛田上等兵》,这是日本反战同盟编写的,我还扮演了一个角色。

张纪明同志说:"中国国际广播电台的开播时间现在定为1947年9月11日,这是英语广播的开播时间,实际上在此以前日语广播已经开播了。但具体时间究竟在哪一天,这应当有人把这个问题搞清楚。"

我说:"温济泽同志给艾知生和崔玉陵同志写了一封信,谈到对外广播的开播时间应以日语广播播出时间为依据。并且已查到通信兵部编的《大事记》上注明日语广播是从1941年12月3日开始。"

张纪明同志说:"温济泽同志的信谈到的情况是有道理的。"

我问张纪明同志:"从现有材料看,日语广播的开播时间可以肯定了,但停播时间还比较模糊,根据您的记忆,停播时间是在什么时候?"

张纪明同志说:"根据我的记忆,大约在1943年4月1日停播,因为这时候整风运动进入了审干阶段。"

我问:"在你之前是谁负责这项工作呢?"

张纪明同志说:"在我之前是刘愚,他主要把中文稿翻译成日文,并不做编辑工作。他走后由王文庶负责跟我联系。此人也在敌工部工作,也负责翻译稿件。"

"你做了多长时间?"

"不到一年,大约在1942年冬天,由于整风运动,我不再做这项工作了。"

原清志谈延安日语播音

胡耀亭

1992年6月5日晚上,潘琦民同志陪我乘车来到沈阳市和平区南大街原清志(即原清子)的家里,这是一栋老式的二层小楼。室内陈设朴素简单:一台电视机,一个衣柜,几盆塑料花,两张沙发,一张木床,一角放着电话。迎接上来的是一位头发灰白、慈祥的老人。她自我介绍说,她叫原清志。1912年生,整80岁了。老人很健谈,看上去身体硬朗,比她的实际年龄小得多。

坐下来之后,我说:"非常高兴能够见到您这位广播老前辈。过去,我们不知道在延安时期开办日语广播的情况,我们很想把这段历史搞清楚,希望得到您的帮助。"老人听了呵呵笑道:"我已经跟潘琦民同志谈过了,时间太遥远了,一些情况已经回忆不起来了。"

我首先问原清志同志:"日语广播是在哪一年开播的?您能肯定一下吗?"

原清志十分肯定地说:"1941年,这没有错,具体在哪一天已不记得了。好像是希特勒军队进攻莫斯科之后的两三个月,天气已有点冷了。"

"当时用的是什么呼号?"

"延安新华广播电台,跟对内广播是一样的呼号。"

"您能不能用日语说一下?"

原清志毫不犹豫地脱口而出说:"新华放送局(直译为'这里是新华广播电台')",然后又说出它的英文缩写是"XNCR"。

我进一步问:"当时每周播出多少时间?"

原清志回答说:"每周一次,半小时。"

"您记得播出的节目内容吗?"

"当时办日语广播的目的是宣传中共的政策和主张,揭露、瓦解敌人,这项工作是由八路军总部政工部负责的,当时的部长是王学文同志,副部长李初梨同志。播出的节目内容包括抗日战报,对日军的政策,日本反战同盟活动等。"

"当时的广播稿由哪里来的,由谁负责编辑工作?"

"当时的日语播音员只有我一个人,有个叫森健的日本人负责编辑工作,由他把译好的日文稿交给我播出。他自己也写稿,主要还是翻译新华社和报纸上的东西。据说所有的日文稿都由野坂参三审定。因为我的文化水平不高,每次广播前都要念好几遍,为了发音正确,还找来一本日语字典,尽量做到自然、流畅,像日常谈话那样。森健和野坂参三都审听过我的播音,有一次,森健跑来说,你很沉着,播得不错。"

"您能不能形容一下当时播音室的情况?"

"播音室是石头窑洞,可以防空,很矮,也很小,大约相当于我现在的这间屋子的1/4,也就是6平方米左右。发射机房、动力间和播音室分别设在两个窑洞里。发射机是周恩来同志1940年春从苏联带回延安的。话筒放在木桌上,墙和门都用灰色的毛毯遮住,地下也铺着毯子。这样,窑洞就显得很暗,但可以看稿子。对内广播也在这里,只是安排的播出时间不同。"

"日语是在什么时间播出?"

"大约在傍晚,具体时间记不清了。"

"有没有音乐?"

"大概会有的。"

"当时日军对日语广播有什么反应?"

"记不得了，只记得野坂参三说过，我们的日语广播已被日本方面发现了，也评论了，并用大功率设备进行干扰，但我们仍坚持广播。"（原清志在这里说的日军干扰情况，在《中国人民解放军通讯兵大事记》中记载："根据对日广播频率附近突增的干扰推测，这种广播已有相当的成效"，可作为佐证。）

"日语广播坚持多长时间？后来又由谁接替您呢？"

"大约坚持大半年，后来延安整风运动开始了，我就离开了电台工作。接替我的是森健，但他的嗓门粗，效果不很好，据说时间不长就停止了。"

原清志在介绍了延安新华广播电台的日语广播之后，谈起了她自己的身世。

（下略）

赵安博回忆日语广播的宣传效果

胡耀亭

根据张纪明同志提供的线索，一天上午，我来到北京万寿路甲15号大院访问了赵安博老人。在他的客厅里，赵老坐在轮椅上接受我的访问。赵老在延安时期曾担任专门教育被俘日军的工农学校校长，对日本情况非常熟悉，而且很有研究。新中国成立后，曾担任过中日友协秘书长。赵老今年已是80岁高龄了。

我说明来意，他的老伴说，七年前赵老得了脑血栓，现在讲话还有点吃力。我说，不要紧，可以慢慢讲。

我首先把延安时期的日语播音员原清志的照片拿给他看，他端详了一会说："是她，我们很熟的，不久前她还来北京到我家做客。在延安时，她的丈夫叫程明升，是搞通讯工作的。当时有个通讯学校，我给学员们教过英语。"

我说："请你谈谈当时日语广播的情况，是在哪一年？是怎样创办的？"

赵老说："日语广播是野坂参三建议创办的，中央对这个意见很重视。当时，中国同志对日本了解很少，野坂搜集了大量材料，那时康生管社会部，把在国民党地区买来的书报杂志送寄到延安，野坂对这些报纸进行了认真的研究。他自己有收音机，可以收听日本广播，延安的日语广播主要是对日军广播，大约在1941年12月初开办，你们说通讯兵大事记上记载是1941年12月3日开播，是可靠的。"

"你能不能介绍一下播出的内容？"

赵老说："当时，主要是瓦解敌人，说明日本侵略中国是非正义的，号召日军起来反战。当时在延安的日本人成立了反战同盟。广播稿由野坂审定，有时由他口述，原清志记录下来，然后广播。野坂脑子非常好，出口成章，记录下来就是一篇好文章。原清志的播音我听过,她的发音很好,很清晰。"

"日语广播有什么反应没有?"

赵老说:"有的。当时被俘日军中有不少人听,他们有收音机。有的士兵听了之后反正过来。我记得有个叫南××的日本士兵就是这么投降过来的。名字记不清了。当时,太平洋战争爆发,日本的士兵情绪低落,集体投降八路军的人不少,我们的广播在这中间也起了作用。"

(原载《中国人民广播回忆录》第4集,中国广播电视出版社1995年10月出版)

我所听到的天皇的广播

——回忆当时的延安

【日】野坂参三

每逢8月15日——战争结束纪念日，我总要回忆起11年前听到天皇的投降广播当时的情景。这是我漫长的动荡不定的一生中，印象最深的事件之一。我听到天皇的这个广播，是在中国的延安。

延安是中国陕西省中部的一个古城。它位于太原的西南，但从太原到延安，因为需要冲破日本军的封锁线，要越过山岳地带，又得横渡黄河，这就需要差不多一个月的时间。从西安到延安，沿着山路向北走，要一个星期才能到达。可以用一句话概括地说，延安位于华北山中的深山里。

当时，中国共产党的总部就设在延安。现在领导着中华人民共和国的毛泽东同志、朱德同志、刘少奇同志、周恩来同志和其他领导人也都在延安，并在这里指挥从华北到华中的广阔的前线，领导着各地的解放区和游击战的根据地。同时还不断地对日军或国民党统治下的地区的党组织发出指示。从1940年起我就住在延安，和中共的同志们一起工作、一起生活，度过了将近六个年头。

延安由于位于深山，和近代城市隔绝，东面受到日本军的包围，国民党军又在从南面伺机侵犯，因此物资非常缺乏。因日本军的几次轰炸，城内的市街都完全被破坏，人们就在山腰里挖窑洞，居住在洞内。

吃的尽是小米、荞麦、土豆、豆子之类的东西，蔬菜非常少。差不多没有鱼。整整六年，我只吃过一次鲫鱼，而且只有两条，动物性的蛋白质和脂肪，完全从猪肉和羊肉中摄取。

穿的是用附近出产的棉花纺成棉纱，再用手工织成的粗布衣服。

这里没有电，晚间只好点着煤油灯或菜油灯工作。

也没有可以称为工厂的工厂，有的只是小规模的铁匠铺，前线所用的军火，大部分都是从日本军队或国民党军队那里掳获来的。

这就是当时延安人们的生活情况，中共的干部们过的也是和这差不了多少的生活。

在这样的深山里面，过着这样的生活，中国共产党却能在政治上和军事上提出那样正确的方针，又能那样准确地掌握国内形势和包括日本在内的世界形势，这是因为什么呢？其秘密之一就是利用无线电。为了每时每刻都能收听国内外各方面的新闻，中共作了非常大的努力，当然这里既没有发电厂，也没有现代的无线电广播电台。但他们却能发挥一切力量，想尽各种办法，周密地收听世界各国的广播和电讯。每当收听到紧急的新闻时，都马上通知领导机关，其他重要的新闻则按日印刷分发。靠了这些，我们大体上可以掌握到全世界每天的动态。

他们特别为我装配了一架短波的收音机。它是一只带有耳机的粗糙的木匣里装着两个电子管，电源则靠两个蓄电池。究竟从哪里弄来这些电子管、零件和电池呢？唯一的办法是依靠从太原或北京这样的城市想办法，弄到日本货、美国货、上海货。但是即使弄到了手，也很不容易冲破日本军的封锁线。这是靠八路军（中共军）的战士冒着危险来运输的。他们也有时被日本军查获而惨遭杀害。可以说，这是冒着生命危险装配起来的收音机。因此，在延安，除了专业人员外，恐怕只有我一个人有这样的机器了。

戴上耳机收听日本广播协会的广播、莫斯科的广播、美国的对日广播和其他的广播，差不多成为我每天必做的工作之一。当然，因为是这样的一部机器，遇到气候不好，就很难听清楚；而且为了节约电池，每天也只能收听很短的时间。尽管这样，我却靠了这架机器，差不多能和居住在日本的人们一样，掌握日本国内的动态和战争的情况，甚至比居住在日本的人们更能掌握日本的真实情况。这是因为，由于日本军部的严格的言论统制，一般日本人民所能听到的只是"辉煌的战果"式的报道；而我在当时却能广泛地收听到外国广播的新闻。这样，我就有可能客观地冷静地判断日本的情况。

就是这样，我这一架小小的机器却成为延安有关日本新闻的主要来源。

通过这架收音机，我及时地知道了在广岛和长崎投下了原子弹，也知道了苏联的参战。因此也就知道这场残酷的战争很快就要结束了。

同时，我在两三天以前就从美国的广播中事先听到了8月15日中午天皇将在广播中宣布投降的消息。

天皇广播的这一天来到了。这一天，从早晨起，整个延安就显得十分紧张。因为日本军阀到底会不会投降，是关系到全世界的命运的事件。这是关系到中国人民和日本侵略者进行八年艰苦的斗争能否胜利告终的事件。我所办的俘虏学校"工农学校"的学生们都在等候着广播时间的开始。我的住宅的邻近总参谋部，通晓日本话的中国人也围在这个新近弄到的美国制收音机的周围，等候着广播时间的到来。

还没有到中午的时候，我就戴上了耳机，开始调整着收音机。因为是仲夏季节，气象情况很不好。但是我却是集中了精神，倾听着耳机。有几个日本同志围在我的周围，和我一样紧张，注视着我的表情。

到了 12 点钟，就断断续续地听到了微弱的奏《君之代》①的声音。但是马上又中断了。我稍微拨了拨刻度盘上的指针，就收听到了好似天皇的声音。"忍人之所难忍……"后面虽然好像还在说什么，但是，却听不清楚了，只知道了日本军阀已经投降，我不由得大声地说："日本投降了！"四周的人们听到这句话也欢呼起来。当我取下耳机时，我已是汗流浃背了。

我马上用电话通知了中共方面。不多久，日本军阀投降的消息就传遍了整个延安市。

军队、农民都跑出门外，异口同声地欢呼。几小时后，从旧城那边听到了锣鼓声，那里正在举行着自发的群众组织的庆祝胜利的游行。

给日本和亚洲人民带来苦难的日本帝国主义的侵略战争，就此告终了。和平的光芒开始照耀着亚洲和世界。新的世界、新的中国、新的日本已迈出了它的第一步。

《朝日广播电台创业五周年纪念集》（朝日广播），1956 年 11 月

（原载《野坂参三选集》（战后篇），人民出版社 1963 年 3 月出版）

---

① 即日本国歌。——译者注

恢复播音的日日夜夜

傅英豪

1945年8月中旬，在革命圣地——延安，人们互相传送着日寇乞降的消息，大家歌颂着党的胜利，歌颂着人民军队的胜利，歌颂着中国人民的胜利。正当人民在庆贺抗战胜利的时候，消极抗战、积极反共的蒋介石马上就钻出来想夺取胜利果实了。他利用国民党中央广播电台，连日向全国大喊大叫，要伪军"负责维持地方治安"，要鬼子向国民党军去投降，却要我们人民军队"驻防待命"，并攻击朱总司令为日寇投降事向各解放区所有武装部队发布的命令是"唐突和非法行动"。这一切，引起了我军民的极大愤怒。

为了更好地向全国人民揭露敌人的阴谋，和敌人进行针锋相对的斗争，宣传我党的主张，党指示我们要尽快地把语言广播恢复起来，以利于当前的斗争形势。

一听说要重建延安新华广播电台，我们心里说不出有多高兴了。大家你一言我一语，是那样的兴奋、激动。的确，成天听见敌人的挑衅，我们几个搞技术的同志既感到愤怒，又感到内疚，如果我们有个语言电台，不是马上就可以回击敌人吗？怎么搞呢？1940年搞来的一部机器，都改成对美的文字广播了。大家想来想去，最后还是决定在这部机器上打主意，利用它工作的间隙，来改装语言广播，这样既不影响对美的文字广播，也可以尽快把语言广播搞起来，就这样初步确定了方案。

这一夜，我激动得几乎没有合眼，往事像电影一样，一幕幕地在眼前掠过：1940年组织上把我们从重庆调回延安，就是要我们完成语言广播台的建台任务。我和同志们在上级的亲切关怀和指示下，奋战了不知多少个昼夜，才初步创建了播音的条件。是啊！在播音的第一天，我们感到多么兴奋和幸福，甚至激动得眼泪都流下来了。但是播音工作进行了两年多，终因经验不足和物质条件的限制而暂停下来了。以后，这部播音机改装成文字广播，虽然文字广播得到了加强，但停止语言广播毕竟对党的工作是一个损失。当时，我们从事这一工作的几位同志，精神上受到了很大的刺激，特别是我，作为这一工程的主持者，没有完成党交给的任务，感到非常痛苦。在以后的许多日子，一想起这件事就感到内疚。今天，我们又要重新建台了，这是多么令人兴奋的事啊！难怪同志们是那样的激动，都在考虑建台计划；而我不禁暗自有些担心：不会再失败吧！不，这一次是比较有把握的。几年来，我对播音失的原因已反复思考过多少次，其中主客观原因都有。客观原因里，除物质条件困难外，在敌占区，敌人对无线电器材控制得很严，收音机都是些性能很差的中波三灯机，没有短波段，这样只能收听本地日伪的广播。我们的波长是短波60米，敌占区人民收听不到。在蒋管区，人们的收音机虽有短波段，但我台电力小，60米的波长嫌长了一些，及远的能力弱，收听效果也不好。而在我们的根据地呢，倒是能听到，但当时反扫荡的斗争很残酷，很难有机会听广播。从主观原因来看呢，主要是因为我们政治和业务水平都很低，因而在波段的选择以及机器的改造上都缺少考虑和办法。比如波段的选择，如果我们政治觉悟高一些，看得远一些，就会想方设法考虑收听的对象，就不会仅仅局限于解放区。在机器改装上，也不敢大胆打破原来的框子。这部机器当时是从外地来的，它有两个致命的弱点，第一个是它所采取的"调幅"制度，要求有十分稳定的电源才能保持声音清晰。但当时我们所处的环境十分艰苦，想了许多办法，才想出烧木炭产生煤气来发动旧汽车头，再经过皮带带动发动机来发电的办法。因为汽车头速度忽大忽小，皮带还打滑，所以电压就忽高忽低。虽然我们有一人专门坐在汽车头旁边用手把着气门调整，但仍然保持不了电压的稳定，这样，播出的声音就时而清楚，时而模糊。第二个是发射用的真空管（大功率四极管）很容易漏气，两套备份管子也不够用。

而现在呢，各方面的条件都有了改善，从我们自己来说，也取得了一些经验教训，特别是这部机器在改为文字广播后，经过不断努力，已经把它彻底改装过了。改装后的发射机的线路，比当时的先进多了，如果加语言广播的话，采用对末级强放进行"栅极调幅"，对电源的稳定度的要求就可以相对降低。再加上我们的汽车头的马力也大了些，特别是又搞到了一部25马力的蒸汽机，它工作起来稳定多了，语言的清晰度也肯定要好些。

我越想越兴奋，简直忘了这是一个夜晚，翻来复去思考着改装的方案。第二天一早，我就跑到三局王诤局长那里，把我们的想法向他作了详细汇报。他非常高兴，立即批准了我们的方案。并向我们说明在当前斗争形势下发展语言广播的重要性，指示我们要大胆细心，抓紧时间，分秒必争地完成任务。

从王诤同志那里出来，我不用说是多么高兴，几年来压在我们心头的愿望看来马上要实现了，我觉得这天的天气分外晴朗，空气分外新鲜，好像我周围的这些熟悉的山头也变得更加美丽了。一路上，我连跳带蹦地赶回我们的所谓实验室（一眼石窑洞），把这一好消息告诉大家。石窑洞里立刻就热闹起来，同志们的那股高兴劲儿，至今还留在我的眼前。

说干就干，我们立即进行了详细讨论，并拟订了行动方案。首先，我们确定用40米的波段，这样，一方面使蒋管区的听众能收听好，对解放区也基本能照顾到；同时，这一波段又是国际业余无线电爱好者通报的波段，这样，他们就可以随时听到我们的广播，通过他们也可以传播真理的声音。调幅制就用"末级栅调法"，为了争取时间，调幅器就用平时开大会用的 50 瓦扩大器为基础来改装。另一方面再设计一副天线。在车间同志们的积极参与下，我们立即投入了一场重新为党开辟语言广播的战斗。当时我们的发射机正用于对美的文字广播，当然不能停下来，只能利用它的间隙来改装和实验，一到文字广播时，还得立即恢复它原来的工作状态。这样反复地、不分昼夜地实验改装，同志们有时站在机器旁边就打盹了，谁也不愿休息，实在困了就伏在机器旁边打个瞌睡。为了使播音稳定，同志们想了不少点子，反复实验。经过四个昼夜的苦战，终于把机器改装成功，天线也架起来了，我们乐得什么似的，马上就去向王诤局长报告，他也和我们一样高兴，让我们立即试话。

由于这次改装异常迅速，既没有播音员，也来不及安排一个"播音室"，但是，试话需要马上进行，我们只好围在机器旁边，开始了试话。我们有一位叫唐旦的女同志，她就在机器旁边激动地喊开话了："这里是延安新华广播电台，XNCR 试验播音！"我当时站在机器旁也同样激动，愣愣地望着她喊话。她反复播了两遍后，侧过身来问我："还说什么？""把波长告诉人家嘛，请他们把收听情况告诉我们。"我迫不及待地回答着。她又开始播了："这里是延安新华广播电台，XNCR 试验播音，波长 40 公尺，7500 千周，各根据地电台收听到后，请把收听情况告诉我们！"她反复播了两遍，又把话筒关了，问我再说什么。真是，由于我们太兴奋、太激动，只想马上试话，也没有考虑还应该播点什么，因而什么也没有准备。还是小淮脑子快，他一下就接过来说："念报纸嘛，这个月报纸内容多丰富，有日本投降的消息，有朱总司令给解放区的命令，还有朱总司令给鬼子冈村宁次的命令，念这些东西多带劲……"这才提醒了大家，马上把《解放日报》拿了一大堆来，我们就翻开报纸，选择新闻，一条一条递给她，她就念开了。我也平静下来，围着机器观察情况。从各个电表的指数、机器的声音及有关零件的温度、真空管屏极的颜色，判断出机器工作十分正常，但是不知道外面收听的情况如何，各地的反映还没有来，所以我马上给王诤局长摇了电话，想请他听听试话的声音。没想到我还没有开口，他就先说开了，他说他听见我们的播音了，一直在听，声音很好。并说他已经给各区发了电报，要他们按试机时间收听，他叫我们放心，说下午就会有反映的。从声音中，我听出他是那样高兴。

就从这天起，这间孤踞在山头上，面积不到 15 平方米并且四面透风的土平房，就成了我们的临时播音室、发射台了。这的确是一座很特殊的广播电台。在这间小工房里，发射机变压器不断发着低沉的嗡鸣，秋风吹得窗户纸沙沙作响，有时附近还传来几声牛叫羊咩，这些声音再伴随试播人的播读声，真是别有一番风味，此情此景，至今还历历在目。

就在我们试播中，张家口解放了。我们更加鼓舞，特别是听说张家口的广播台还是完好的，这对工作太有利了。在上级的指示下，我们通过广播台和张家口台通话了。

　　1945年8月28日上午，是我们与张家口新华广播电台约定通话的日子。就在裴庄王诤局长的办公室里屋，我们用了一部美造12灯收音机收对方台的通话。用无线电话与远在千里之外的地方通话，这还是第一次。大家既很高兴又很激动，生怕改装的机器不灵。我心里也很紧张，早早坐在收音机旁边等着，心里不断突突地跳。到时间后，我定了定神，清了清嗓子就拿起话筒喊开了："张家口新华广播电台，这里是延安新华广播电台，收到后请回答！"对方立刻传来了一个很清晰的声音："听到了，声音很好！"我们大家听到回话后，都很高兴。王诤局长特别高兴，马上从我手里拿过话筒直接和对方对起话来。他简要地问了一下对方电台的情况，并问他们有没有转播延安广播的条件。对方告诉我们，他们有两个台，一个是31.7米，电力15千瓦，另一个是231米，电力500瓦，并说有转播条件。他当即让他们从明天起即试转延安的广播。他马上又向中央和新华社报告了这一情况，并建议明天就能送来播音稿子。果然，第二天上午，就从清凉山飞马送来了语言广播稿，由于时间仓促，稿件不能专为语言广播改写，因而在稿上附了一张小条，大意说请播音员同志在播时注意口语化。

　　说到播音员就更有意思了，由于恢复广播台的工作进展很快，专职的播音员还来不及派来，唐旦同志和我就兼了这个工作，我们既是广播电台的"设计师""调配员"，又是"播音员"，一身三任。我们就这样又播了好几天。各地的收听情况反映也陆续送到，都说很好，张家口台转播的声音在延安试听也很好，延安新华广播电台就这样恢复起来了。几天以后，一头小毛驴送来了一位年轻的姑娘——延安新华广播电台的播音员。从那时起，中国共产党的声音、真理的声音、新中国人民的声音，从延安划破万里长空传遍了全国和全世界。

　　（原载《广播业务》1965年第9期，原题为《第一座人民广播电台诞生记》）

哈尔滨广播电台诞生前后

赵乃禾

我党领导下的东北人民子弟兵，在 1945 年 8 月，配合苏联红军，一举歼灭了东北地区日本侵略者的精锐部队——关东军，迫使日本侵略军在 8 月 15 日宣布无条件投降。

8 月 19 日，苏联红军进驻哈尔滨市。第二天，红军政治部接管了原日伪"哈尔滨中央放送局"，改名为"哈尔滨广播电台"，由一位苏联红军少校担任台长，我担任副台长。在这段时间内，刘亚楼、李兆麟同志曾代表我党先后直接领导过电台的工作。

当时，哈尔滨台曾陆续播出过毛泽东同志的《新民主主义论》《论持久战》和《论联合政府》三篇著作。记得有一天晚上，当我播完《新民主主义论》的最后一章，刚从播音室回到办公室，激动的心情尚未平静下来，就有人来电话质问我：为什么总播毛泽东的文章？你还要不要脑袋了？！此后，还曾接到几封恫吓信，其中一封写着：如不悬崖勒马，幡然醒悟，莫道严惩不贷，悔之晚矣！信封里还装有一颗子弹。我把这些情况报告给兆麟同志，他严肃、镇静地对我说：被敌人反对是好事！他们骂得越狠，越说明我们的工作做得很有些成绩！我听了受到很大的鼓舞。

在这期间，哈尔滨台曾经先后转播过庆祝战胜法西斯纪念日大会、知识分子代表大会、青年代表大会的实况。哈尔滨当时没有报纸，广播电台成了人们唯一的消息来源。

不久，李兆麟同志担任了哈尔滨中苏友好协会会长。我党当时尚处于秘密状态，友协是我党领导下的公开的群众组织。在友协领导下的"哈尔滨音乐协会"曾经多次来电台演出。

（节选自《东北新华广播电台诞生前后》，原载《中国人民广播回忆录》，广播出版社 1983 年 5 月出版）

记张家口新华广播电台的诞生

林 明

一、进军张垣的"记者团"

1945年8月11日,也就是日本政府发表乞降声明的第二天,我被第一个调离冀察党校。副校长葛琛同志对我说:"小鬼,日本投降了,现在报社、新华社正在组织记者团,准备进军大城市,你赶快去报到,马上出发!"他叫我"小鬼"是对的,因为那年我才22岁,可是我没干过新闻工作,到记者团能做什么呢?我没有表示不同意,因为所有的同志都清楚,艰苦的抗日战争即将结束,一切都要重新开始,许多想象不到的任务还多着呢!

新华社冀察支社和黎明报社都驻在河北省涞水县下明峪。当天下午我来到这里后,电台的同志已开始抄收延安总部的进军命令,大家都沉浸在胜利的喜悦中。

根据上级的部署,冀察部队兵分两路,郭天民、刘道生率领冀察部队东进北平;易耀彩、杨春甫北上张家口地区"指挥察北并与苏联红军接洽"。我们新华支社和黎明报社也作了相应的安排,我被分配到随军北上张家口的记者团。记者团的成员有雷行、王仁德、王炜和我,大军区来的摄影记者石少华和画家古元,也随同记者团一起,总共六个人,记者团团长是雷行同志。8月18日,部队从军区驻地李各庄出发,记者团跟随部队急速北进。

二、意想不到的使命

1945年8月23日下午3时许,我军已全部占领张家口市区。傍晚,我们到达南郊时,从市里开出几部大卡车来接我们。这时部队还在继续打扫战场,搜索残敌。枪声时紧时缓,清晰可闻。卡车开得很慢,走走停停,直到晚上8时许才进驻"渡边军部"(即日本驻蒙军司令部,现在的张家口第六中学)。"渡边军部"坐落在宣化大道南头路西,大门里有很大一片建筑群,我和记者团的同志就住在靠近操场的一间大厅里。大厅里一片昏暗,而远处的灯光却荧荧可见,这说明供电系统没有被破坏,于是我划着火柴检查灯泡和线路。几分钟后,我找到断路的地方把它接好,立时耀眼的电灯亮了,同志们多么高兴呵,有些人还是第一次看见电灯呢!雷行同志笑着对我说:"还不知道你有这两下子,正好广播电台没人懂得,明天你就去接管吧。"我赶忙分辩道:"我哪里懂什么广播电台呀!我小时只玩过矿石机……"可是他却说:"别人连这点儿也不懂呀,你就去吧！"雷行同志说的是实情，我还分辩什么呢。去接管日伪广播电台的事，就这样决定了。

第二天下午，我就带着支社的通讯员去接管了日伪广播电台。这时，雷行同志已接管了位于东山坡的伪蒙古通讯社，王仁德同志接管了距市区十余公里的宁远无线电发射台。临行前雷行同志交给我几篇新闻稿和卫戍司令部的几则命令、通告，并告诉我：敌伪广播电台完好无损，经领导研究决定，台名"张家口新华广播电台"，呼号 XGCA（后改为 XGNC）。还说将从剧团请一位会讲北京话的女同志帮助播音，让我赶快把这些命令、通告、新闻播出去，并设法转播延安台的节目。

三、接收日伪"放送局"

根据雷行同志交代的任务，24 日下午 3 点多钟，我带着通讯员来到日伪广播电台。这座广播电台也沿用日语的名称，叫"放送局"。该"放送局"坐落在上堡蒙古营胡同的尽头，原址是"三关庙"，日寇侵占后把它拆改成中不中、洋不洋的四合套院，临街的前排是一座小楼，楼上是编播人员办公室和唱片室的所在，楼下是传达和总务办公的地方。院子不大，西厢是一大一小两个播音室，南厢也是一个播音室，正厢是办公室和会客室。机器设备都在两个播音室的交接处——往外延伸约四五十平方米的两间平房里，靠近两个播音室的一大间是机器设备，往左后边的一小间是器材仓库，仓库里除几件废旧器材外，几乎是空空如也。机器设备除 10 千瓦短波发射机和 500 瓦中波发射机在宁远之外，其他增音、中极通讯以及 50 瓦日语广播等设备都在这里，计有：供有线广播用的 50 瓦扩音机一台，10 千瓦、500 瓦、50 瓦增音机各一台以及和东京、沈阳通讯的电讯设备，再还有一台和大同、绥远、包头联系的有线电话小型交换台。"放送局"的广播业务隶属伪蒙疆自治政府交通部管理，其机器设备（包括发射机）都属于日本"蒙疆电气通讯设备株式会社通讯所"；上堡蒙古营的播音设备归该所的"受讯系"，宁远的发射台归该所的"发送系"，而所有这些播音、发射设备的维修业务，则由"蒙疆电气通讯设备株式会社"的"出张所"负责。敌伪"放送局"使用两部发射台：短波 10 千瓦，31.17 米，中波 500 瓦，231 米。日寇投降败退后，这里已经停止广播，剩下来的十余名职工全是中国人，他们是：黄金声、贺权业、姚妥、潘玉武、郭有才、张鹏、范忠祥、赵葆义、王久明、王永华、周叔华、湛鸿喜、湛鸿昌等。在这些人中，除张鹏是搞编播业务，湛鸿喜和湛鸿昌搞总务外，其他人都是搞工务的。

我在查看机器设备并确信完好无损之后，心里很高兴。但是，"放送局"原来有转播外台的设备吗？黄金声等人指着那台长五六米的无线电话务机告诉我："这台设备是专为日本人办理无线电话务的，可以收也可以发，用它转播是很理想的，只是原来使用、报话、维修这台话务机的全是日本人，他们不准中国人动手。"说着，他们指着墙上贴着的一条标语式的大字命令让我看，上面写着："机器发生故障要赶快报告日本人!"原来是这样啊!中国人只能按规定看着指示灯和仪表操作,里面的线路、机件的检修,是不准中国人动手,甚至日本人在检修时也不准中国人靠前看看。现在日本人都逃走了,丢下的这台机器竟然谁也不会使用。

在这里,我看到了日本侵略者的嘴脸,他们拿这些中国人,只不过是当作"会说话的工具"。

四、为了尽快地播音

原"放送局"的职工为祖国人民保存了这套设备,也就当然地成为新生的红色电台的职工。根据这个原则,在当时的条件下,也只能按照原来的分工各司其职。"工务科"由黄金声负责,总务、传达仍由湛鸿喜、湛鸿昌分任,张鹏协助我作编播工作。

为了尽快地播音,当天下午我又查看了唱片室。这里的唱片存有2000多张。我们先把那些法西斯、武士道味道的,把像《支那之夜》那样媚日卖国的靡靡之音剔出去,然后从其余的四五百张唱片中筛选。这些唱片大都是可用的,如京剧《打渔杀家》《空城计》《宇宙锋》等,广东音乐和丝竹乐《雨打芭蕉》《连环扣》《梅花三弄》等,还有刘宝全的京韵大鼓,小蘑菇的相声。更使我意外的是其中还有30年代的进步歌曲:《大路歌》《开路先锋》《迷途的羔羊》《夜半歌声》等,此外还有贝多芬、肖邦和柴可夫斯基的外国名曲。有了这些可用的唱片,就不愁节目编排了,虽然我不曾办过广播,但在抗战初期,为了宣传抗战,我曾抄收过国民党南京台的新闻广播,知道有开始曲、终了曲、新闻和文艺节目等,由此我拟就的第一节目单,就是照国民党南京台的"套套"为蓝本,以《开路先锋》为开始曲,《大路歌》为终了曲,在反复播送新闻组通告的空间,播放各类唱片。

8月24日,下午4点多钟,一位穿军装的女同志来找我,这位女同志的军帽戴在后脑勺上,长发垂肩,一望便知是剧社的文艺工作者,她就是战线剧社的陈紫微同志,是由雷行同志介绍前来帮助播音的。

下午5点多钟,工务人员做好播音前的准备工作之后,我便与陈紫微、张鹏一起进入播音室,陈紫微同志端坐在麦克风前,张鹏在一旁协助操作唱片和麦克风开关,时间到了!《开路先锋》放过之后,她开始报台名:"张家口新华广播电台,XGCA……"我愉快地走出播音室,从监听喇叭中听到她那清脆、柔和而又带有激动的颤音,在向全世界宣告:张家口市已经回到中国人民的怀抱!

此时,激动的泪花已模糊了我的双眼。

五、迎着困难前进

我设想的节目单经上级批准后,第二天就按照其编排节目进行广播,但雷行同志一再叮嘱,要尽快解决转播延安台的问题,并把延安台的频率告诉我。

25日下午,我再次和黄金声等人研究转播问题时,他们说延安广播收不到,又说即使收到了没有转播设备也是枉然。可是我却不以为然。我向他们要来一架陈旧的美制"RCA"三波段收音机，摆在调整盘对面那张桌子上。这时天已傍晚，正好收听。我接通电源后，很容易地在7500千周处找到了延安台，而且声音十分清晰，我没有说一句批评的话，因为事实已说明了一切。接着我说："假如用两条线接在从输出变压器到喇叭的那两条线上，把另一头安上插头送进调整盘，不是就可以转播出去了吗！难道这会出什么问题？"黄金声说："这不会出问题，可以试试看，但是用隔离线才能保证质量，而咱们仓库里什么也没有。"我问到哪里有，他说南菜园仓库有，于是我决定第二天去找器材。

次日（26日）上午，我向卫戍司令部汽车管理处要来两部小卧车，带着两个工务人员到了南菜园仓库。这个仓库是一个很大的四合院，里面一个人也没有，只有守卫仓库大门的两个战士，其中一个战士把我们领进无线电仓库。我们到仓库里一看，天啊！这里满地都是砸碎的大大小小的真空管，库内一片零乱。幸好这个仓库货架很高，最上几层还完好无损，所以我们终于找到了所需的大批器材。这一天，两部汽车往返运了三次，可谓满载而归。

这天下午，工务科的同志依照我提出的方案进行焊接和试验，当天晚上就转播了延安新华广播电台的新闻和评论。当我在监听喇叭里确实收到发射出去的传播节目时，我意识到，党中央的声音通过这里，又播向更遥远的全世界。此时，虽已劳累整日，但心情却感到无限的欣慰。

六、激动人心的会话

27日下午4时左右，工务科有位职工气喘吁吁地从家里跑来告诉说："延安新华广播电台向我们台呼叫，说要跟我们这里通话。"听了这个消息，我赶快找来收音机又亲自听了一遍才确信无疑。延安台的通知说有重要决定传达，时间定在第二天的上午。

"会话"，这是过去想也不曾想过的事情，但是有了转播的成功，我的心里却早有了底。因为事前我已了解到，这里不曾有过这样的"会话"，所以只好把自己的设想提出来，就是再把转播用的插头换成耳机子拉进播音室，让会话的人戴着耳机子听延安台的声音；同时，口对麦克风讲的话又通过发射机传给对方，这样不就可以会话了么。工务科的同志同意这个方案，于是当晚他们着手作技术上的准备，我则回到新华支社向雷行同志汇报，并要求他本人或另外更合适的人跟延安台会话。可是雷行同志不肯接受我的要求，反说："你就很合适。要如实汇报这里的情况，延安有什么指示你就记下来再研究吧！"既是这么说，我只好硬着头皮接受这个任务。

要和千里以外的延安会话，和中央机关会话，这个任务使我又兴奋、又胆怯。为此我竟一宿不曾合眼。

第二天上午8时许，一切准备工作都已就绪，那台美制"RCA"三波段九灯收音机就摆在当院的一张桌子上，调频的指针准确地停在7500千周刻度上，从收音机喇叭那里接出来的导线穿过门缝拉进播音室，接在耳机上，在规定会话时间的前几分钟，我戴上耳机子坐在麦克风前静等着。突然，一个男中音的清晰声音在呼叫："张家口新华广播电台，这里是延安新华广播电台，我的声音你听到没有？请回答。"我赶快说："听到了，很清晰。我这儿是张家口新华广播电台，我的声音你听清楚了吗？"回答说："听到了，很清楚。"从声音中我能感觉到，对方也和我一样地有些紧张和激动。接着是另一个声音传达延安新华广播电台对张家口广播电台的决定，其主要内容是：规定台名为"张家口新华广播电台"，呼号为"XGNC"，波长231米和31.17米，开始曲是《开路先锋》，终了曲为《大路歌》。此外还规定，张家口台除广播本地区新闻、政策法令和摘播报纸文章以外，每晚一定要转播延安新华广播电台的全部节目，其他时间可以选择转播，我一边听传达，一边快速地笔记，有些字听不真切，对方就利用新闻电码的专业用语解释，如"洞""拐""两"……我意识到对方误以为我是搞报务的，其实很惭愧，我完全不懂，我向对方说明之后，他笑了。最后我在简要的汇报中说明，张家口台已试转延安台的节目，而且效果良好，至于台名、呼号、开始曲、终了曲和波长等等，已经按决定在做着。最后希望延安台对我们多加指导，延安台对我的汇报表示满意，道了声："再见"，就结束了这次会话。

这次会话总共不足半个小时，由于兴奋和紧张，会话之后我才发现自己早已满头大汗。

七、难以忘怀的尝试

1945年9月，聂荣臻同志从延安到达张家口市不久，晋察冀军区决定于当月16日12时举行"庆祝抗日战争胜利大会"，会议的扩音任务交给刚刚诞生20多天的张家口新华广播电台。最初，我不敢接受。第一，我对扩音技术一窍不通；第二，扩音设备是否齐全，还没有把握。后来，经与工务人员了解研究之后，认为扩音设备虽然陈旧，尚可使用。于是，便将这项任务接了下来。

那天上午，我同工务人员把扩音器材运到会场，并安装就绪，四只高音喇叭分放在会场周围。炭精话筒立在主席台桌上，扩大机放于距话筒五六米处。我们正在试音，来了几位军区干部，当得知工务人员均为日伪电台留用人员时，即命将扩大机挪离主席台附近，而且操纵人员只允许两个人。我立即派人回电台取来隔离线，按命令将话筒与扩大机的间隔拉长至25米，留下一名工务员与我守在机器旁。这时，主席台四周已经布满警卫，他们穿着新缴获的带有铁钉的日军皮靴踱来踱去。工务员着急地对我讲："请对他们说说，千万别踩隔离线，要是线路断了那就糟啦！"我急忙上前言明，警卫人员回道："知道了，这些事不用你管。"说罢，依然如故。我的心里惴惴不安地念叨着，千万别出问题呀！

大会开始了，聂老总走到话筒前，高音喇叭响起他讲话的声音，我的焦躁一扫而光，心中不由地想，用扩音器讲话，聂老总大概也很高兴吧。可是谁能料到，喇叭响了不到十分钟突然哑了。这时，我清楚地看到聂老总回头看了一眼，眉头皱皱又提高嗓门继续演讲。我的心头顿时像压了一块大石头，冷汗出满全身。一位军区干部压低声音责问，我指了指那根隔离线，一句话也说不出来……

这件事已经过去40多年，每逢想起总感内疚，如果当时懂得更多一些，采取相应措施，这种现象不是不可避免。

八、难忘的岁月

新生的张家口新华广播电台在克服一系列困难中继续前进，根据延安台决定的精神，除新华支社供给更多新闻、通讯等文字稿件外，在文艺广播方面，我们又挑选了更多可用的唱片，还请"抗敌剧社""战线剧社"按时到电台唱歌、教歌、演奏和演播小演唱等节目；请张家口市业余"雅乐队"演奏广东音乐和丝竹乐以充实文艺节目的内容。

为了加强工务技术力量，又从过去负责维修业务的原"蒙疆电气通讯设备株式会社出张所"调来五六个人，他们是郭振高、任俊山、王占山、李成林和杨松寿等人。

8月底，我新华支社副社长钱丹辉同志率领全社人员赶来张家口之后，正式宣布我为张家口台主任（那时不叫台长），这时，警卫电台的主力部队要撤走，为保证电台的安全，卫戌司令部拨给四五支步枪和几百发子弹，我们从职工中挑选几个青年人组成"自卫队"，他们和我一起进驻毗邻电台的丁其昌（伪蒙疆自治政府内务部长）公馆，白天由支社通讯员在传达室坐班，夜里就由"自卫队"几名青年值勤。

9月中旬，中共晋察冀分局和晋察冀军区领导机关陆续迁来张家口。9月底，冀察军区已改建为察哈尔省，并决定省府设在宣化市，我新华支社改建制为"新华社察哈尔分社"，社址也随省级机关迁往宣化市。10月上旬，分局决定张家口台由大军区接收，并派张庆泰同志与我办理交接工作。10月12日上午，我迎着新的战斗任务与张家口电台告别。

从接收日伪"放送局"开创张家口新华广播电台到我离开这里，总共只有48天，但这48天却给我留下了极其深刻的印象，竟至于在37年后的今天，闭目回思还恍如昨日。

（原载《中国人民广播回忆》第3集，中国广播电视出版社1990年8月出版）

争取日侨合作　创建人民广播

白全武

还是在 1949 年 9 月底，陈自新同志从沈阳东北新华广播电台到大连电台接任台长。我交了班之后，于 10 月间就离开大连，也离开广播工作岗位，奉调到东北局改行做其他工作。从 1945 年 12 月上旬，我与林针、林培信等人在康敏庄同志带领下去接收大连中央放送局，并参与筹建大连广播电台，一直在大连电台工作了 4 年。这也是我一生工作中从事人民广播事业的唯一阶段。因而我对大连电台怀有特殊的感情。

我是辽宁金县三十里堡人。大连解放前，我先在市内商业讲习所学习。后来，曾赴日本京都同志社大学学习。回大连后，在中文报纸《泰东日报》担任社会版编辑。在《泰东日报》期间，通过当时在北平的林针，和晋察冀边区在北平的地下组织建立了联系。1945 年 4 月，我被派回大连做地下工作，并且在组织同意下，就地发展了五位同志，在大连成立了地下组织。同年 8 月 15 日，日本帝国主义宣布投降了。当时，大连没有党的领导机关。由于日本帝国主义长期奴化教育，旅大人民不了解中国政治斗争的真情。少数国民党特务分子造谣惑众，社会上谣言四起。就在这种情况下，为建立一个工作据点，并向广大群众宣传马列主义，扩大我党在群众中的影响，经我们几个做地下工作的同志商定，8 月下旬，相继成立了大众书店和大连社会科学研究会。10 月，中共中央东北局派韩光、沈涛、张致远等同志来大连，我们立即同韩光同志建立了联系，并向他汇报了工作。从此，我们几个做地下工作的同志，就由新成立的中共大连市委领导了。大连市委成立后，首先抓了创办市委机关报的工作。10 月下旬的一天，市委决定我们做地下工作中的几个同志（刘汉、吴滨和我）和曾在大连社会科学研究会学习过的于明同志，再加上刚从胶东来的俞伯同志，共五个人，一起去办《人民呼声》报。经过几天的奔波，克服了许多困难，终于在 11 月 1 日，《人民呼声》报的创刊号就同大连广大读者见面了。《人民呼声》报出刊以后，大连市委书记韩光同志又去苏军司令部交涉，要求把苏军看守的广播电台交给我们中国同志自己来办。到 12 月中旬，中共大连市委派我和胶东来的康敏庄同志等一起去接收大连放送局，从此我就踏上了广播工作的岗位。

日本殖民统治者办的大连中央放送局，从 1925 年 7 月开始播音，到 1945 年 8 月停止播音，前后办了 20 年。"八二二"苏军进驻旅大后，立即派兵看守电台，但放送局原有的工作人员（主要是日本人）还没有解散。因我懂日语，由我陪同康敏庄、林培信、林针等同志去接收大连中央放送局。当康敏庄同志与原放送局长广濑登等人办交涉时，我充当了翻译。

开始接收那一天，一起去的还有大连市政府教育局局长张致远，作为市政府的代表；还有苏军少校李必新，作为驻旅大苏军司令部的代表；另外还有市政府秘书长朱秀春。

还是在我们去接收大连中央放送局之前不久，中共大连市委于1945年11月24日制定过《关于对待日本人政策的决定》，共有10条。随后，12月1日，我们党所领导的大连市政府又发布了《对日本侨民施政纲领》，有11条。纲领中指出，在大连的20万侨民当中，除少数日本殖民官员和战争罪犯以外，"多数为各种技术人员和熟练产业工人"。党和政府要求我们正确地区别对待日本人，根据我们党一贯的统战政策的精神，争取、教育、团结日本侨民，让他们献出一技之长，来为我们中国人民的事业做工作。在接收大连中央放送局当中，我们就是以这些政策作为指导和依据，开展争取、团结原放送局日本工作人员的活动，创建人民广播事业。

那时候，我们前来接收电台的五六人当中，几乎没有一个无线电广播技术人员。康敏庄同志原先是胶东《大众报》总编辑，长期做文字工作。林培信同志虽然在《大众报》当过无线电报业务股长，但那毕竟跟广播发射是两码事。与我们前后到电台的姜毅同志，过去在胶东根据地社会部工作，对收音机相当明白，但对整个广播机器，也还属于"外行"。还有位王珍同志，原先在山东根据地搞商业工作，也只是一般地接触过无线电器材。因此，我们要创建人民广播电台，在当时工程技术人员奇缺，是一个突出的难题。我们党的争取团结日侨的统战政策，给我们增强了力量和信心。

在开始接收大连中央放送局那天，我们的台长康敏庄召集原放送局的全体中国人员，到楼上大播音室里开会，勉励大家为今后办好我们中国人自己的新广播电台而共同努力。同时，我让原放送局全体日本人聚集在楼下大办公室里，由我用日语对他们宣讲大连市政府关于接收放送局的决定。我还向他们详细阐述了战后形势和有关政策精神，动员他们在遣返之前跟我们合作，共同筹办中国人民的、民主政府的大连广播电台。当时在大连地区，我们党还没有公开。尽管我说话很策略，没有提到"共产党"字样，可是有些日本人，还是猜测到我们是中国共产党派来的，互相心照不宣。在我讲话以后，他们纷纷表示愿意留下来跟我们共事。

后来，我们经过商讨，选定留用的日本工作人员共有30多人，主要是工程技术方面的。其中有原技术课长藤原利喜，副课长佃满人，还有岩田光明、菅田正、丸田素、山本英文、松田德男、大山哲夫、熊谷一郎、潮田、山崎、正岗、川口、鸟羽、山口、高桥、渡边等。其中有几人原先在营业科当收音机维修技师，多数人在台内搞发射、增音工作。另外在编播方面留用的日本人员有原放送局记者麻生练太郎、女播音员斋藤英子、男播音员原田。还有新闻电讯方面的收译人员上部繁松、铃术贞一、西条德重、宫腰博、武田武夫、平松等。到1946年1月16日，我们党所领导的大连广播电台开始播音时，全台工作人员共有50多人，而其中日本人占有3/5以上。

接收大连中央放送局的正式手续是在12月19日办理的，由原放送局局长广濑登把电台的设备、器材、图书等登记造册，正式移交。由广濑登和我们大连广播电台台长康敏庄双方盖印交换，监交人是王珍同志。从此大连电台回到我们中国人民手中。在这以前，为了便于工作，我和康敏庄同志搬到离电台不远的长生街同和巷7号，那是一栋二层楼小洋房。我全家在那儿住，康敏庄的夫人荣敏之同志那时还没有从胶东过来。康敏庄的房间常常是我们几个人临时碰头或正式开核心会议的地方。12月中旬，我们也就是在他的房间里成立了大连广播电台的首届党支部。后来，这个支部吸收第一批党员孙兆绅、姜家进、于清洲等的入党仪式，也是在这个房间里进行的。电台首届党支部书记是康敏庄，后来不久又改为林培信。组织委员是王珍，宣传委员是我，我的行政职务是电台新闻科科长。党支部责成我利用懂日语的条件，做好留用的日本人员的思想教育工作。我按照党支部的决定，经常专门召集留用的日本人员开会学习，其中也学习过大众书店出版的毛泽东同志的《论联合政府》和冈野进（野坂参三在中国时的名字）在中共七大的讲话。林培信同志当时的行政职务是电台秘书，组织上分工让他兼管技术科，他也参与争取、团结日侨的工作。

大连解放初期，斗争形势很复杂。苏军根据苏联政府和国民党政府签订的有关条约和协定驻在旅大，苏联和国民党保持着外交关系。国民党不断派遣党政特工人员向大连地区渗透。日本法西斯残余势力不甘灭亡，个别的有武装暴乱活动。国民党政府不仅从海上封锁旅大，还派遣美械师从陆路封锁旅大。大连地区缺吃的，缺烧的，生活比较困难。大连市内的社会治安也不好，有搞破坏的，有打黑枪的，国民党要接收大连的谣言四起。在这种情况下，做好留用的日本人员的思想教育工作，让他们安心地与我们共事，实在有重要意义。当时，我们设法让日本人员生活上得到保障。那时我们实行半供给制，给每人发小米、玉米若干斤当工资，这些粮食在吃用之余，剩下一点去换烧的、穿的。普遍每月在100斤左右。康敏庄同志也只每月150斤，而原技术课长日本人藤原利喜就是190斤。我们尽可能让日本人员稍多一点，他们也很感激我们在困难情况下对他们的生活的照顾。那时候我们月月都得派人去拉小米或玉米，有一次在运粮途中，还遭到拦路抢粮的，不得不申请政府补发。另外，我们在政治上不歧视日本人员。当时电台仍然由苏军警卫，工作人员进出凭袖标，袖标上有中文和俄文的"大连广播电台"字样，白底红字。这样相当于"通行证"的袖标我们也一样发给日本人员。特别地，我们在电台组织机构中设立的技术科，仍然任命藤原利喜为科长，保留他们的原职。除此以外，我们还和当时的街道组织"坊"和"间"联系，适当照顾他们的家属，对于他们家属的生活，我们电台也曾经出面为他们申请过补助粮。这些措施都使得日本人员对我们党产生了好感。我们对他们除了生活上关怀之外，还伴之以严格的纪律要求，他们普遍努力工作。

在"八一五"日本天皇裕仁通过广播宣读投降诏书之后，大连中央放送局个别敌视人民的顽固分子，曾经烧毁了一些图纸、资料、文件、账目等。事变的动乱，又使电台的一些设备器材有所散失。（苏军看守期间，在我们未接收之前的11月23日，苏军还派人到放送局拆迁了一套1千瓦的中波广播设备和两座大铁塔，播音室里的"麦克风"和隔音海绵等也被撬走，他们拆走这些设施，着手在旅顺水师营另建一个莫斯科电台的转播台。等到我们去接收大连中央放送局时，仅剩下一台1千瓦的广播设备，而且缺灯泡，少零件。）留用的日本人员，在我们党的统战政策感召下，发挥了积极性，在短短的十几天当中，就把那套残缺的广播设备修复，保证大连广播电台在1946年1月16日开始播音，并一直保证了电台的正常播音，没有发生事故。

（大连广播电台开始播音后第四天，1946年1月20日，大连成立了日本工人的工会组织"日人劳动组合"，还成立了"大连日本共产主义者同盟"。随后，我们积极支持电台留用日本人员参加"日人劳动组合"，还认真推荐其中思想进步、政治表现好一些的同志如麻生练太郎、菅田正、松田德男等先后参加了"大连日本共产主义者同盟"。这以后，我们通过日本同志和日人工会组织开展政治思想工作，进一步团结了全体留用的日本人员，经受了电台建台初期也是大连解放初期的一些严峻的考验。）

刚建台时，我们考虑到日本技术人员早晚总是要遣返回日本的，必须及早着手训练和培养我们中国自己的广播技术人员。经研究，我们从留用的原放送局中国人员当中，抽调了宋祯祥、秦福文、刘勇等一批人，到技术科去当练习生，由日本技术人员传授技术。这些人原先大多是在放送局所属的普及局等处工作，比较年轻又有点文化。那时，高小毕业就算是知识分子了，而其中的秦福文同志还是初中毕业的。我们原指望这些人能全部成为大连人民电台第一代中国广播技术人员，谁知道事与愿违。这些人当中的几个人，思想反动，暗中与国民党在大连的秘密破坏组织——"暴力团"有勾结，甚至参加了"暴力团"，曾经阴谋破坏广播机。这时，留用的日本技术人员，普遍认真工作，一个个坚守岗位。台里兼管人事保卫工作的行政科长、支部组织委员王珍和我们几个也都提高警惕。那些"暴力团"的破坏分子没有可乘之机。1946年3月，大连公安总局把几个重要分子抓走。后来我们又陆续把与破坏阴谋有关的两个人清理出电台。那一批派到技术科学习的人员中，最后只剩下宋祯祥、秦福文等两三个人。这件事也从侧面表明，我们贯彻党对日侨的有关政策，日本技术人员认真工作，对保证广播安全、正常地进行也起到了一定的作用。

到 1946 年 5 月往后，从胶东根据地又先后来了尹敏、尹瑞琪、吕令国等同志，他们都到技术科工作和学习。他们一个个勤奋地钻研，日本技术人员也耐心地传授，互相之间合作得较好，从此我们有了自己的广播技术人员。再以后，我们又从社会上招收一批批青年学生到技术科当练习生，请日本技术人员分头带徒，边上课，边实践，终于形成了我们的广播技术队伍。这些留用的日本技术人员，还在改造电台设备、试装短波广播机等方面出了力。1947 年 5 月，我们为了扩大对海外宣传影响，打算开办短波广播。这一计划得到藤原利喜等日本技术人员的积极拥护。他们和尹瑞琪、吕令国等一起，决定自行设计和组装一台 2 千瓦的短波广播机。当时材料很缺，又没有什么现成的图纸。可是，中日广播技术人员并肩奋战了好多个日日夜夜，终于在 1948 年 1 月 16 日，大连电台播音两周年那天，试制成功，并在当天开始试播。那一天，大连电台在召开纪念播音两周年的庆祝会之后，又在当天晚上在发射室举行短波广播机落成典礼，全体中日技术人员都参加了。我作为台长去主持这一典礼，从这天起，大连电台不仅有 1065 千周的中波广播，还有了 12420 千周的短波广播。后来经过反复测试，短波广播效果也不错。

还是在 1946 年 12 月，大连地区开始遣返日侨，到 1947 年 4 月，第一批遣返的日侨共有 18.5 万多人。我们留用的日本人员，在这期间走了大部分，还剩下不到 10 人。其中有藤原、岩田、菅田、松田、大山、熊谷、麻生、斋藤等。后来，又有一些陆续回日本。到 1949 年 10 月我离开大连电台时，还有五六位日本朋友在大连电台工作。后来听说有些人直到 1953 年才回国。每逢他们有回国的，我们电台都专门设宴饯行。由于在一起共事，协同创建了大连人民广播事业，相互有了感情，送别时都有点依依不舍。据说，那位女播音员、日本姑娘斋藤英子那时没有回国，而是在金县和中国人结婚了。

还是在 1945 年 12 月接收大连放送局、筹办大连广播电台期间，组织上安排我当新闻科科长。当时我对广播宣传业务几乎是一无所知。只是想，"广播"就是广泛传播的意思，要面对广大听众。我们宣传的主要对象是大连地区几十万中国同胞，但也不能漏了那 20 万日本侨民。因此在制订节目计划时，我们商定、安排了日语广播时间。从大连电台开始播音之日起，每天午间和晚上，专辟有两次"日语时间"。一次是中午 12 点到 12 点半，另一次是晚上 6 点半到 7 点，每次都是 30 分钟。这两次日语广播时间都是便于收听的较好的广播时间。这样安排也符合当时市委和市政府的意图，加强了对 20 万日本侨民的宣传教育。苏军司令部派来经常与我们联络的李必新少校，也说苏联方面希望我们搞日语广播。大连解放以后，原有的日文报刊全都封闭、停办了。大连地区那时约有 6 万多台收音机，其中半数左右是在日本人家中。通过电台的日语广播，可以对千家万户日侨直接进行宣传教育。我们电台"日语时间"的安排，得到市委、市政府的赞同和支持。到 1946 年下半年，大连着手进行日侨遣返工作时，曾经出过一张日文小报，但内容以有关遣返工作为主，其作用和内容远远不及我们的日语广播。我们不仅天天有，而且内容丰富，既有关于日侨的政策、通令，还有大连地方新闻，还有我们编译的新华社发的国内外时事要闻和评论。这个日语广播节目很受当时日侨们的欢迎。这节目由我主持，做具体编译工作的是麻生练太郎。我审稿以后，交由日本播音员斋藤英子和原田去直播，我负责监听。那时没有录音，他们播稿时忠实于原稿，没出什么差错。那时我们人手不多，通讯设备也比较差。我们搞了几台质量较好的美国的收音机，由姜毅、程美光等一些同志每天连夜抄收延安新华广播电台播发的记录新闻，然后再由我们电台加以广播，其中一部分就是由麻生和我译成日文，用日语广播，及时地把我们党的正义声音和中国人民革命的真实情况，传播到海内外。日语广播节目，不仅有在大连等待遣返的日侨广为收听，在日本本土也拥有不少听众。后来，从1946年年底到1947年年初，大连的日侨绝大部分已经遣返回国。我们在1947年3月15日起，把自办的"日语时间"改成为每天一次，时间安排在下午1点到1点半。另外，还在晚间6点到6点半转播一次莫斯科电台的日语节目。大连日侨的遣返，共分四批。第二批是1947年7月，第三批是1948年6月，第四批是1949年6月。在第三批日侨遣返之后，大连市内所剩的日侨不过两三千人。我们大连电台也就把日语节目停了下来，而在早已开始试播的短波广播中办了英语节目，由武忠麟、江一帆等同志自编、自译、自播。

我在大连电台工作了四五年，还有很多往事至今难忘。比如大连台开展群众工作，贯彻"大家办广播"的方针。还有1949年7月大连电台与青岛电台在广播中通话，及时预报强台风情况等，可能其他同志已经记述了。我这次着重说的是关于争取日侨合作以及开办日语广播方面的一些情况。重点是要表明，党的政策和策略是我们创办大连广播电台的锐利武器，争取日本技术人员是其中一例。当时我们去接收放送局筹办人民电台，只不过五六人，就是依靠党的政策去广泛联系群众，我们才在大连电台站稳了脚跟，并打开了局面。按照党的路线、方针、政策办事，正是我国人民广播事业的优良传统。

（原载《中国人民广播回忆录》第3集，中国广播电视出版社1990年8月出版）

关于承德新华广播电台的回忆

【日】酒井重作

"1945年9月阜新市属的'日本人民会'通知：当时在华的日本广播技术工作者，要全力协助八路军进行工作。"我遵照这个指令，和妻子告别了共同居住的日本人，与原日伪阜新放送局人员前田（独身）共同为伴，参加了八路军。由于不了解共产党的政策，我对"日本人民会"的这种指令抱着极为不安的心情，无可奈何地走出了这一步。

当时到达指定集合地点的还有伪满煤矿的有关人员和其他一些征用的人员。彼此间互相询问情况，谁也说不清楚征用的目的和去向。一群乌合之众，面面相觑，更增加了恐惧心理。后经过两天的行军到了锦州，我被分配到冀热辽军区三科的电台工作，和前田分开了。剩下我和妻子两人，心情就更加紧张了。我们住在原锦县日伪放送局，负责照看放送局的广播设备。

电台是由董林台长为领导，还有一位姓段的先生及七八名士兵组成。彼此言语不通，可是从表情和接待情况看，却使我们感到了温暖。从笔谈和只言片语的日语中，我理解是要建立广播电台，我的心情稍稍平静了一些。11月国民党军向锦州地区发动进攻，上级命令我将日伪锦县放送局的广播设备保护好并加以转移。一天董林台长派来了一个连的士兵，在我的指导下，很快拆完电台的所有广播设备，登记装箱，并于当天晚上装上火车向北票方向撤退了。经过几天行军到了北票，又重新会见了在阜新分别的日本人，彼此庆幸平安无事。不过当谈到局势的严峻时，不免又产生了不安的心情。

在北票居住时期已经是12月的天气了，东北寒风不断地吹来。我们夫妻俩在日本战败后的混乱中，已是一无所有，身上穿的全是单衣，真是寒冷难忍。因此，不得不向董林台长申诉窘状，请求拨发棉衣了。当时董台长还开玩笑地说：酒井满脑子都是棉衣啊，但很快就发给我们两套棉衣和日本军用大衣。穿上棉衣身体温暖了，我们夫妻看看彼此的形象，确是典型的八路军了，内心有着无限的感慨。

随着形势的发展，上级决定电台转移到承德去。于是，将广播设备又装上两辆敞篷货车向承德进发，途经叶柏寿、凌源、平泉时还住了几夜。因为火车缺煤，用木柴做燃料，所以走走停停。沿着热河多山少树地区行进，有时遭到国民党军队飞机的机枪扫射，一次在敌机扫射时，我们从货车上跳下来隐蔽，还看见八路军战士用重机枪向敌机射击。在伪满的时候,我从未经过实战,看到这种情景,真是胆战心惊啊。大约在1946年1月初,终于把人员和器材运到了承德。在老百姓家住几天之后,电台人员迁进了热河离宫内的冀热辽军区三科,这里原来是日本人的军营,房子是用石头建造的,非常坚固,但是没有取暖设备,在严寒的冬天确是一个冷酷的住处,正在我焦虑之时,三科科长江文的夫人,给我和妻子住的房间送来了大量的木炭,以供取暖。这件事解除了我的后顾之忧。

不久军区决定利用日伪承德中央放送局旧址,把从锦州运来的广播设备安装起来,建设我们自己的广播电台。于是我们就开始了建台的各项准备工作。首先是清理从锦州运来的广播器材,在清理过程中,由于中日双方人员语言不通,工作起来事倍功半,再加上我年纪较轻,经验不足,深感责任重大。电台其他工作人员多是董台长带来的战士,缺乏技术知识,因此当时急于将广播机器方面的知识传授给他们,以便共同工作。在传授技术知识中又遇到了器件的名称问题,中文名称我不会,就用日本名称。诸如"A级放大器""M增幅器""蓄电器""阻抗""真空管""线轮""可变蓄电器"等。虽然如此,战士们学习的热情十分高涨,逐渐都成了我的有力助手。边工作边学习,不但器材清理得很顺利,连发射机的图纸也很快地画出来了。准备工作就绪,开始着手装机了。

在建台的过程中,董林台长除保证装机各项器材的供应外,还抓了台舍的修复工作,使电台的建设工作得以顺利进行,也鼓舞了全台工作人员的斗志。

我们把能早日放出电波的问题,作为当时工作的重点,决定先装一台小功率的发射机,发出电波后再向大功率发展。在设计中有一位从苏联归来的吕工程师,他来到三科与董台长共同审核图纸,认为做得很好,这个结论使大家十分高兴。

不久小型广播发射机装好,开播的日子快到了,董台长与我共同商议电台的呼号问题。几经研究,最后采用了"承德"的汉语读音"CT"前加XG,便成为"XGCT"。为了开播,董台长还招请了新的技术人员、播音员和公务员。在董台长的指挥下,战士们逐渐成了成绩突出的技术工作者,加上新招来的人们,大家共同日夜奋战,终于获得了预期的效果。1946年4月30日承德新华广播电台XGCT的第一个声音,辐射向宇宙空间了。

小功率广播以后,又经过全台人员的共同努力,250瓦大功率机器也在7月7日试播成功。《冀热辽日报》报道了中国革命圣地延安也收听到了承德台的广播,我们的心情更加振奋了。7月15日迎来了承德新华广播电台使用大功率机器广播的开幕典礼。大会开得十分隆重,中共冀热辽中央分局、冀热辽军区和热河省人民政府的领导、承德市各界知名人士都参加了大会,会后举行了盛大的宴会。我参加了这一有历史意义的大会,并被安排与领导同席。我自问这个荣誉的来因,却认为是对日本技术人员的照顾,而没有看到能在这短时期，干净利落地完成任务的动力来源是"党和人民"。

电台播音两个月后，我们搬到电台附近的宿舍，虽然工作比较忙，但还是每天挤出点时间来进行政治学习。作为一个不懂中文的人来说，确实是一个较好的练习机会，于是我决定参加这一学习。

在董台长对我进行思想教育的过程中，还有些有趣的插曲呢。

我的妻子妇志枝不管我多晚回家，总是等着我一起吃饭。有时我回到家觉得很累，她就给我洗脚，这些董台长都看在眼里。一次他对我说，这些生活小事可能是日本人的习惯，但它是封建思想的具体表现。我上街时有时碰到小孩向我喊"日本鬼子"。他对我解释说：在伪满时期，中国人民确实受了日本帝国主义的压迫和剥削，因此而产生了这个名称。现在你参加了中国革命，我们是同志而不是"鬼子"。我很喜欢知道这类事情，因为它使我感受很深。

我和妻子妇志枝相处的时间，远远少于与同志们相处的时间，再加上不断地学习，逐渐地学会了一些中国话，不仅如此，还学会了反省自己的过去。妻子和近邻杨老太太相处也很和谐，经常一起去影院看电影，天天生活在一块儿，慢慢地也学会了一些中国话，彼此产生了浓厚的感情。

为了早日培养出电台的维护人员，每天都规定一定的时间上技术课，用我半通不通的中国话和水平不高的技术，给大家讲解播音室话筒的使用方法，音频放大的调整法，发射机的调整法、检修以及转播收音机的调整方法等。尽管我讲的水平不高，可是大家都热心地记笔记，我也逐步地摸索出一条培养技术人员的途径。

正在这时，承德市街上出现了美国人，据说是三人调停小组的成员，是为监督停战协议执行情况而来的，给人们带来了新的和平的希望。可是事隔不久，国民党背信弃义，发动了全面内战，使我们特别愤恨。

1946年8月中旬，我们奉命拆卸机器，停止广播，向北转移了。在承德住了半年多的时间，对于曾支援我们的人们，已有了相当深厚的感情，突然分手，实在难以控制自己的感情，但是为了将来的胜利，只好含泪与承德告别，走上征途了。向北满撤退并非一次愉快的旅行。三辆卡车装运电台的器材和人员，其中有一辆是由我负责的，随行的人员有我的妻子和几名学员。卡车的燃料是木炭，呛人的炭烟不时喷入鼻孔，弄得人头昏脑涨。能找到酒精做燃料就已经很不错了，有时赶不到村庄就只好露营。因此，行军之苦就可想而知了。从承德出发途经隆化、围场、赤峰一直往北走，到达热北林西县待命。现在回想起在林西吃的烧麦滋味之好，今天还觉得香在口中。饱餐一顿后，露宿在大豆的秸秆垛上，仰望晴空的寒星闪烁，倒也颇有诗意。

在林西住一段时间后，上级决定电台转移到齐齐哈尔西满新华广播电台去。从林西出发途经林东（巴林左旗）、天山（阿鲁克尔沁旗）、鲁北（扎鲁特旗）、开鲁、白城子到齐齐哈尔,大约走了两个多月。10月的高原寒风已使人渐渐感到冬季的来临,过林东在罕庙附近,我们先行的汽车和董台长的汽车拉开了距离。传来消息说,敌人将我们的前进道路给切断了。经和我们同行的其他机关的车队商议决定:既然开鲁附近出现了敌人,那么改道向鲁北方向行进。我带的汽车走在车队的尾部。突然汽车出了毛病,经检查是刹车板磨损,汽车无法开动了。前面的车队看不到了,夜幕已经降临。在这种情况下,我们几个人商量,先派人到前面的村庄与先到的部队取得联系,寻求解决问题的办法。我和司机、助手三人离开汽车约走半个小时,突然发现丘陵地上有十几个人影,接着就是枪声。汽车上的妇志枝和其他几个人急忙隐蔽,就在这时奇迹出现了,在我们三人的前面扬起了尘土,十几名骑兵奔驰而来,接着枪声大作,直向卡车冲来,敌人见势不妙,撤退了。妇志枝和其他几个人得救了。这是妇志枝终生难忘的一件大事。事后得知骑兵是李运昌司令员派来的救援部队,李司令员是妇志枝的救命恩人。

我们到村子里,经和当地政府交涉,从村里调来了六七辆牛车,把汽车上的物品卸下来装上牛车,根据敌情的变化,绕道继续前进。本来只有两三天的路程,牛车走了大约40多天才到白城子。我们临行时发给的防寒鞋,已经是大洞小孔斑斑皆是了。

在向白城子行军的路上(特别是内蒙古地区,有的好心人劝告说:这里的蒙古土匪与国民党相勾结的为数不少,希望我们特别注意。但也有的人说:你是日本人吧,如果你逃到国统区去,可以送你们回国,如果愿意可以把你藏起来。但我觉得我的责任在身,不能有开小差的念头。我对这些表示谢意后,继续赶着牛车向我们的目的地白城子前进了。

从鲁北以后,我们电台给其他机关的干部们带来了不少麻烦,对他们的热情和帮助,我是难以忘怀的。

在白城子停留了一段时间后,转到了齐齐哈尔已经是1947年1月初了。三科科长江文同志,为了对我们一行40余天行军劳累的慰劳,特设置了新年的欢宴,丰盛的宴席,欢乐的心情,使我陶醉了。

承德台的人员会师后,我们被编进新华社西满分社,合并到西满新华广播电台。为了迎接热河的第二次解放,我们在日本人村本、大川内和田泽等支援下,很快装成了一部600瓦的广播发射机,为重建承德电台做了技术上的准备。

为了培养广播工作干部,在齐齐哈尔开办了技术培训工作,从欧姆定律开始学习。在这种繁忙的气氛中,董台长竟将日文的无线电教科书翻译成中文的无线电读本,可见他是多么注意技术人员的培训工作啊。这一点使我十分钦佩。此外对编播人员也进行了培训,这都为后来热河台的建设打下了坚实的基础。这当中我也和董台长去佳木斯找过装机所需的广播器材。

1948年深秋,解放战争的发展对我们解放全东北十分有利,为了迎接热河省的第二次解放，我们没有过多考虑路上的困难，开始南下了。承德解放前我们来到了赤峰，筹备建立冀察热辽新华广播电台，地址选在赤峰市邮电局大院，利用原有的木杆架起天线，安装机器进行试播，待将要正式播音时，国民党军队的飞机在 5 月 26 日这天对赤峰进行了狂轰滥炸，赤峰市遭到了严重的破坏。为了保存广播设备，决定立即转移到郊区的水泉村待命。

不知是因为空袭的原因还是转移的颠簸，离产期还有一个月的妇志枝，忽然要临产了。村里没有接生婆，只有到城里去请。接生婆来到看了看说：我还没经过这么难产的情况呢，表现出一种惊慌失措的样子，天也不凑巧，在这非雨季里下了一天大雨，接生婆怕河水涨大进村，她要走，我强把她留住。就在这忙乱中，我的第一个孩子诞生了。说来也巧，孩子降生的时间正是中国共产党的生日那天——7 月 1 日，孩子取名"哲朗"。这个孩子不幸在 1963 年 9 月 25 日的一次车祸中丧生。至今，在我的户口簿上仍留有他的出生地是："中华人民共和国热河省赤峰市水泉村"。

就在这年 10 月，董台长奉命到东北台工作了。同甘共苦、亲如手足般的朋友离开赤峰时，我内心极端的痛苦，含着眼泪送别了这位台长，继任而来的是程广泰台长。

1948 年秋热河省全境解放，同时接到上级命令，准备接收天津。为此除留少数人看管器材外，其他人全部乘大车出发了。车到喜峰口，就看到了世界有名的历史古迹——万里长城。我深切感到皇帝的权威，也感到背后孟姜女的悲泣。我们留在玉田县待命。过了十多天，又接到急速回承德建台的命令。

回到承德后，再看我们的原电台，已经遭到了严重的破坏，窗上的玻璃一块也没有了。天线木杆也不见了。在程台长的领导下，求得省政府的大力支持，召集来过去电台的人员共同奋斗，投入到电台的重建工作中去，1949 年 8 月热河人民广播电台的声音又送向了空中。回想起这撤退的三年和电台又再度播音，心中有无限的感慨。

当 10 月 1 日毛主席在天安门城楼上宣布中华人民共和国成立了的声音，用我们的机器转播出去的时候，对向北满的撤退和艰苦的行军，在脑子里一闪而过，被这无限的欣慰掩盖下去了，心中有一种苦尽甘来的感觉。

"经过几年事实的教育和董台长的不断帮助，我的思想也在慢慢地变化。"承德第二次解放后，日本人又聚集到一块儿，大约有 50 人，分布在工厂、报社和医院等单位工作。大家觉得社会环境稳定了，应该学习点社会科学了，推选我为学习委员，从沈阳买了一批社会科学概论及日文的"毛选"，大家开始学习和讨论。从自身的处境和在社会中的地位进行了热烈的讨论，有时争论得唾沫横飞，口干舌燥，激烈异常。通过一段时间的学习，每个人都有不同的收获。我决心参加"中华总工会"，经我个人的申请，大家从我的出身和个人思想方面，提了不少意见，使我确实受益不浅。

董林台长虽然调到东北台工作，但对承德台还是十分关心的，1950 年在他的领导下，东北台为承德台装了一部 2 千瓦广播发射机。在去沈阳接运机器时，我见到了李英华工程师和户仓、和田等几位先生，随机器一块儿来承德的和田先生就留在了承德发射台工作。

随着时间的推移，电台的工作量也不断增加。从转播中央台到剧场、影院以及各种大会的现场转播和录音都要承担。有时还要考虑收音机的制作和有线广播的发展问题。虽然工作多些，但精神非常愉快。

最使我难忘的还有辛辛苦苦为改善电台同志们生活而做出贡献的王斌同志。他掌管着电台的生产队，终日忙于种菜，饲养家畜家禽，使大家生活获得了很大的改善。

"我前前后后在东北总共住了 12 年，其中对我一生影响最大的还是 1945 年年底到 1953 年年初这一段。"我对在这八年中对我进行教育和帮助的老同志们，表示衷心的感谢。尤其是在解放战争那段时间里对我无微不至的照顾，更是终生难忘。

1988 年 6 月，以董林同志为首的广播电影电视部干部们，邀请我们再次访问东北，各地的热情接待，亲热的语言，是值得我在个人的历史中大写特写一笔的，当我到各处电台时，人们都说："当时没有酒井先生的帮助，很难想象能有现在的东北电台。"当然这是对我的表扬，其实我在中国解放战争中的贡献是微不足道的。要说有点成绩也是电台全体同志努力的结果，更应该是中国共产党和人民的力量啊。

（张廷栋译　王立学整理）

（原载《中国人民广播回忆录》第 3 集，中国广播电视出版社 1990 年 8 月出版）

第三部分

抗战广播讲演选载

第五次广播演说：告日本军阀[①]

（1932年12月2日）

马相伯

诸君！我在题前，有一段故事先讲：就是我老人自己有一次访问日本，那时在前清光绪年间，因为梁任公组政闻社，他请我东渡去了。日本维新要人，如大隈伯，邀我演说。记得有一次开过很盛大的国际性质的集会，大隈伯再三请我说一席话，情不可却，便这般讲：人类文化，互相融会，无分国界，好像是光。用比喻说，一灯光一烛光同时点着，同时放光，放在一块；大家可以考究一下，彼此互映的现象，只觉得大小强弱不同，竟无法划分光明的界限。更进一层，人生来是"万物之灵"，即如太阳，也比人低，我认识太阳，太阳何尝能认识我呢？因此人类尽人道，可达到世界大同！大隈伯一辈的人，想总能听而不能懂！正像犬养毅诸氏，和梁任公很交际；外貌似乎重汉学，心里要收拾中国，可叹他一命呜呼竟死在日本野心家的手里了！我今天站在人道主义的立场，除对那班"害人终害己"的老人物表示惋惜外，不能不对力主侵犯中国的日本军阀，再尽一番友谊的忠告！

首先，我要说明：日本很有爱好和平拥护人道的同志，也有反对军阀侵略的横暴，正和我们异地有同情的。我向来持友谊态度，并不敌视日本人民；不过在国难中，爱国本乎天责；正符大阪《每日新闻》上海支局长泽村幸大君，所谓"先生为武力之日本的排斥者！"我老实说，不仅拿"排斥"的精神对付日本军阀：乃至于普天下祸世殃民的军阀，无分中外，一律排斥！现在我这一番说，对日本军阀而发言；就说告普天下军阀，亦无不可！

试看一般军阀作孽，自骄可以横行天下；哪里知道倒反而不能保全自己，所谓野心家多枉死下场！我光绪初东渡日本充我使馆参赞时，伊藤博文等供职外务省，尚为"主事"；后来专以侵略中国为进身，晋封公爵，做了高丽太上皇帝（即所谓统监），曾几何时，被刺即逝！唉！"率土地而食人肉！"逆天不祥！

[①] 马相伯（1840—1939）原名志德，建常，又名良。近现代著名教育学家、政治家和宗教界人士。江苏丹徒人。1870年获神学博士学位。曾任上海徐汇公学校长、清政府驻日使馆参赞。他创建或参与创建了震旦、复旦、辅仁三所著名大学，1913年一度代理北京大学校长。九一八事变后，坚决主张对内团结，对外抗日。在中华民族处于危难关头之际，时已九十三高龄的马相伯老人挺身而出，发表了一系列振聋发聩的广播演讲，号召国民奋发救国，因而被尊为爱国老人。第五次广播演说就是他在1932年发表的系列演说中的一篇。

逆天不祥，作何讲法？举例来证明。前回日本地震人惨剧发生，到处地裂人陷，许多家灭财尽；闻有某女学校三百女生，全数葬身火焰中了！近来又是天变示警，有骇人听闻的消息！可是据前回调查报告，日本野心家，预谋侵略别人的毒药火器，在那一次事变毁灭无算，当毁灭时，身受其殃，乃日本人民，杀人者自杀！

现在，将日本军阀的侵略口实，作一次概括的总检讨，促他们及早回头；因为这种不人道的作战，正是德国公教中央党报，所谓"向全世界挑战"！刚才我讲，人类文化，好像是光，因此，我虔求"长生的上智"光照，按希腊大哲人亚利斯多德的语气说，光照普世违反人道的军阀，自动觉悟，改过自新！

第一，内战问题。我九三老人，曾劝我同胞："对内不许枉费一枪弹！"自家人相打，本极痛心事；可是借为口实，实行对我侵略，更令人痛心之至！我愿唤起东邻注意：从前南北美大战不休，未闻墨西哥趁火打劫，侵占美国一部分领土！又我国一两省面积，略如欧洲一国大小；未闻日本军阀，议论近百年中，欧洲大小战争！唉！所谓黑龙会的手段，不但专杀同文同种为荣，且公然在本国内伐杀首相了！尚有何词，欺哄世人？

第二，军匪问题。日军来犯，最抵抗者，为东北义勇军，我九三老人认清义勇军尽忠报国，功绩远超过十九路军淞沪御侮，稍后我将特订专题，另行讲述。所谓李顿报告书明白记载："对于一切反日军队，日方一律曰之为土匪；实此项军队，与土匪并无关系，不能混为一谈！"据此谈判，可分正反两面讲，就正面说，试问一国对其他一国，不宣而战；守境军队为"土匪"呢？还是越境军队是"土匪"呢？就反面说，退一万步，即有初因生计，被迫暂为匪的，一旦国难临头，幡然改过自新，为国家抗日，为人道奋斗；愈足表明，我国人民均有自卫自救的决心，誓必排斥"武力之日本"到底！侵略企图，显系迷梦！

记得找还对大隈伯等讲过："光上更有光！""太阳光照着灯烛光，灯烛光是发黑的！"现在拿真真的人道主义，来排斥虚伪的侵略口实；作证超人本性之上，尚有"真光"普照人类！救世主曰"尚有片时，光与尔俱。宜乘有光而行履，毋令昏暗之乘尔也；履蹈于昏暗者，勿知攸往，尚及尔有光之顷，信向夫光，俾得为光明子焉！"（《若望经》第十二章三十五节、三十六节）

诸君！"光明"究竟是什么？难道我们长此以往，在黑暗中来争斗么？

（原载《马相伯集》，复旦大学出版社1993年出版）

在西安广播电台的广播词

（1936年12月14日晚8时）

张学良

各位听众，各界同胞们：

东北沦亡，已经五年多了，华北也几乎名存实亡，西北的危机，也一天比一天的加深。"九一八"后，政府所签订的几次协定，实在是断送了许多的主权，日本（基）于一贯的大陆政策，整个中华民国，眼见就要沦为日本帝国主义的殖民地了。

我们的隐忍，已经到了最后关头。近来国际情势，越发危急，我们再不起来向我们最大的敌人反攻，恐怕以后再没有机会了。

绥东抗战，全国民气激昂万分。在这个时机，我们的中央政府，我们素日所拥护的领袖，应该如何激励全国军民，发动全国的整个的抗日战争。而事实上，我们的忠勇的守土将士，将在前方浴血杀敌，我们的领袖，还是胶执剿匪的主张，把国内大部的兵力、财力，都用在内战式的剿匪上；我们的政府诸公，在后方力谋妥协，只顾苟安一时，不惜把民族立国的精神完全断送。

此外，更在上海逮捕了大批爱国分子，查禁了十四种救国刊物，以致人心愤慨，舆论沸腾，这种情形，是大家共闻共见的。12月9日，西安学生游行，完全出于自动，爱国的精神，并无扰乱秩序的地方，蒋委员长竟主以武力弹压，并申斥必须以机关枪扫射，才能停止这些青年爱国。几次苦谏，均被申斥、拒绝、绝无改变他的主张的希望。

学良追随蒋委员长多年，为公为私，实在不忍坐视蒋委员长因这种行为，走上自误误国路上去，不得不实行最后的诤谏。希望蒋委员长能有最大的反省。

现在蒋委员长在此极为安全，诸位要知道，我绝不是反对蒋委员长个人，是反对蒋委员长的主张和办法，反对他的主张和办法，使他反省，正是爱护他。至于我个人的主张，不合民意，必置覆亡，这话不但我不信，恐怕除少数汉奸以外，全国的民众都不信。我们可以问问全国民众，还是愿意立起抗敌，死里求生呢，还是屈辱到底，任人宰割呢？

一个国家必须有坚强的中央政府，但是中央政府，必须建筑在民意的基础上。合乎民意的政府，当然要誓死拥护的，若政府措施违反民意，一定会把国家领到灭亡的道路上去。大家只知做官，自然有改组的必要。我们这次举动，完全是为民请命，绝非造成内乱。一切办法，决诸公论，只要合乎抗日救亡的主张，个人生命，在所不计。若有不顾舆情，不纳忠言，一味肆行强力压迫者，即是全国之公敌。我们为保有国家民族一线生机打算，不能不誓死周旋，绝不屈服于暴力之下，即不幸而剩一兵一卒，亦必用在抗日疆场上。天日在上，绝无一字之虚伪。诸位要知，我们谋国，只应论事，不能论人，一般不识大体的人，或者说我们的举动有犯上之嫌，若就事论，试问全国四万万五千万人民命重，还是蒋委员长一时之身体自由重？我们也曾用过种种的办法，请求委员长即刻领导起来抗日，不要摧残民气，他始终不听，我们才不得已而行权，我们的心地，是绝对纯洁，我们的方法，是绝对正当，如有反对者，必为全国人民所唾弃，结果必归失败的。

今后我们共同负起抗日的神圣任务，共同走上民族解放的阵线，我们否认对日一切屈服的条约，我们要确实实现孙总理最后所昭告我们的唤起民众及联合世界上以平等待我之民族，共同奋斗。

最后我们要郑重地向国人提出八项主张。

（一）改组南京政府，容纳各党各派，共同负责救国。

（二）停止一切内战。

（三）立即释放上海被捕的爱国领袖。

（四）释放全国一切政治犯。

（五）开放民众爱国运动。

（六）保障人民集会结社一切之政治自由。

（七）确实遵行孙总理遗嘱。

（八）立即召开救国会议。

我们愿诚恳地接受各方面的指教和批评，对任何人都认为是中国人，对任何党都视作抗日的力量。

附带声明一件事，就是现在南京方面，把我们的电讯隔断，并且给我们造了好多谣言，他们不愿意国人知道我们在这里做些什么，真是一件不幸的事，我们希望国人明了真相，我们不愿意任何人利用这个机会造内乱，给侵略我们的帝国主义造机会，我们只求有利于国家民族，至于个人的毁誉生死，早置之度外。广播完了。

（原载西安《解放日报》1936年12月16日）

抗战与觉悟[①]

(1937年9月11日)

郭沫若

自从卢沟桥事变发生以来，我们在华北对于日本的抗战，已经两个月了。自从虹桥事变[②]发生以来，我们在上海对于日本的抗战，也已经一个月了。在这一两月的抗战期中，我们全国上下的一德一心，前线将士的英勇杀敌，各界民众的踊跃输将，使一般的国际朋友都刮目惊叹，就连惯于造谣诬陷我们的日本军部和它的爪牙，他们在上海招待国际新闻记者的时候都不能不承认，这是我们应该引以快慰的。（前几天我到前线去过一次，会见我们的淞沪总司令张治中[③]将军，他对我说，我们从敌人的阵亡者身上搜出了一封家信来，信上写着说他们一上岸便和我们的前线接触，他们没料到我们中国士兵是异常的勇敢，他们的小队长阵亡了，中队长阵亡了，联队长也阵亡了，士兵伤了的不计其数。但他自己却没有料到，在他自己把这信写好还没交出，而他自己也阵亡了。这位阵亡的也是一位中队长，足见日本的军人也深切地得到了一番的教训了。）

抗战是我们中国唯一的出路，只要我们抗战到底，只要我们继续作长期的全面抗战，最后的胜利一定是属于我们。这样的言论已经普遍到了全国。我们全国的同胞几乎每一个人都能在口头笔下表现出这样的话来了。在没有抗战以前，有一部分的恐日病患者，把日本的武力估计得过高，把我们自己的武力估计得过低，以为我们只要一抗战一定会打败，而且会至于亡国，但是在现在，这样的人已经再不敢说出这样的话了。究竟我们国民的潜在力是很伟大的，我们是"不飞则已，一飞冲天，不鸣则已，一鸣惊人"[④]，我们受尽了日本人的气，被逼到忍无可忍的地步，一旦奋发起来便使日本人生出了恐怖，使那些只是害怕日本的恐日患者也一样生出了恐怖。

这一两月的抗战，平心地论断起来，我们可以说已经是得到了相当的胜利的。在北方敌人虽然占领了北平、天津，但是我们的军队已经把敌人包围了起来，使它丝毫也不能发展，目前在天津的近郊我们的先锋已经在和敌人以炮火相见了。在上海，尤其使敌

[①] 本篇最初发表于1937年9月13日上海《大公报》。
[②] 1937年8月9日，日本海军陆战队二人乘车向虹桥机场寻衅，打死机场守卫。中国守军被迫还击，击毙寻衅者。日本帝国主义借此扩大事态，于8月13日向中国发动大规模侵略战争。
[③] 张治中（1899—1969），字文伯，安徽巢县人，国民党军爱国将领。当时任国民党军第九集团军总司令。
[④] 语见《史记·滑稽列传》。

人发生了焦躁，使敌人变成了疯狂，敌人以一百几十只的兵舰进攻我们，把我们毫无办法！一次求援，再次求援，三次求援，现在敌人的陆军已陆续增加到十一个师团，和海军的陆战队人数合计起来在二十万人以上！然而自战事发动以来已经一个月，而敌人始终被局限在沿江沿海的一带地域。敌人一再声明，说要在几月几日之前解决我们，然而结果只是一些空炮。日本的所谓"皇军"的威力，是扫地无存了。他们一味地只是拿些高言壮语来威胁人，然而现在威胁是不灵了，他们就因为这样所以焦躁得发了狂，四处用飞机来向我们轰炸，然而轰炸的结果是怎样呢？充分地表现了他们的野兽的面孔和心肠，充分地使他们自己失掉了全世界的同情，并充分地激起了我们的民族的义愤和士兵的敌忾！在未抗战以前，许多害怕日本，因而袒护日本的国家，近来因为日本军人的狂暴兽行，都一致地在痛骂他们了。这样看来，我们这一两月来的抗战，在军事上，可以说是已经得到胜利的。

战争的胜利不仅是限于军事的胜利，我们还有经济上的胜利，道德上的胜利，也是同样地获得了。

我们先说经济上的胜利吧。日本自发动战事以来，据一般人的统计，它每个月的耗费是五万万元，但我想，在实际上恐怕还不止这一点。请看日本国内屡次请求增加预算便可以明白。一次是五万万七千万元，再次是二十万万，他们今年的预算总额已经超过了五十万万元了。这要算是它的有形的损失。还有它的无形的损失，我们单拿上海来说，她的损失已经是不可计算的。闸北、虹口、浦东一带的日本人的产业，几乎全部被打光了。日本在上海费了二三十年的惨苦经营，我们可以说，至少有三分之二已经化成了炮灰。日本人的经济上的损失，我们要知道，就是我们经济上的胜利，我们的产业，无论是新式的机械工业或旧式的手工业，可以趁这个机会在内地复兴起来，这是必然的趋势，也是必然的要求，我想我们聪明的产业家一定早已见到了这一点，已经在着手擘画。譬如我们把日本的棉纱人绢等来说，日本的在沪纱厂已经被炸毁了三分之二以上。它的国内纱业与人绢业也因受着军需工业畸形发展的压迫，并因战事的结果失掉了市场，短绌的短绌，倒闭的倒闭。这必然的结果便是给予了我们一向受着日本压迫的纺织工业和旧有的丝绸业、织布业等以复兴的机会，平常我们费尽九牛二虎之力提倡使用国货的企图，现在可以说是靠着日本的狂暴军阀来替我们促成了。这在经济方面的胜利已经是决定的胜利。

我们再说到道德上的胜利吧，日本的狂暴军部纯粹以侵略的目的发挥他们的兽性，他们任意毁坏我们的文化机关，屠杀我们的知识青年，轰炸我们的无防卫、无抵御的妇女老弱，他们已经变成了人道的刽子手，文化的敌人。日本的一般无节操的怕死的政治家和言论家们大都屈膝在军部面前替他们作播音器，由他们在国内国外昧尽良心，专门造谣欺骗。他们的出阵兵士，大都是用着威逼和欺骗手段被逼而来的。因为这样，那些士兵都是很怯懦的,一被我们冲锋,便立即抱头鼠窜。一被我们擒获,便立即跪地求饶。他们的这些行动是把他们的国格已经丧尽了。然而,我们却和他们恰恰相反。我们是举国一致的为保卫祖国而战,我们的这次神圣战争是灭却了自己的私欲而保持人类的天理。我们这一次的抗战,替我们的国家,民族,争回了人格不少。北方佟麟阁、赵登禹①的战死,南口杨方珪②的一团人的战死,宝山姚子青③一营人的枕城而死,飞机师阎海文④因飞机受伤,用落下伞飞下,飞下了敌人的阵地,用手枪射杀了敌人,剩下最后一颗子弹,向着自己的太阳穴上一击而阵亡。这些可歌可泣的壮烈行为,在我们中华民族的历史上替我们增加了无数光荣的篇页。这些烈士的壮烈行为同时也使我们顽廉懦立,把我们的士气和民气,愈见鼓舞、兴奋,而增高了。这层,和敌人比较起来,我们在道德上已经是胜利了。

但是,目前虽然已经有了这些军事上的胜利,经济上的胜利,道德上的胜利,我们仍然不能满足。我们所求的胜利不仅仅是这一点。而且我们还要知道,敌人的武力依然是不可轻视的。敌人因为节节失败,处处失败,恼羞成怒,必然要倾倒他们的全力来和我们决一雌雄。请看日本的首相近卫⑤屡次放言,说要长期作战,彻底地使我们屈膝;日本的内阁一再向议会提出增加预算的请求而且得到通过;日本的侵入我国的军队,无论南北,都一再地向他的本国求援,这些都可以表现他们的决心。我们对于敌人的这种决心,应该要把我们抗战的意识和抗战的觉悟检阅一下:究竟对于长期的全面抗战有怎样明确的认识,在最后的胜利未到来之前我们有怎样彻底的觉悟?这种认识和觉悟的随时检阅,在抗战期中,是绝对必要的。

我们知道,近来已经有一部分人,尤其住在上海的人,存在着一种侥幸的念头,希望战事早早得到一个段落,使他们的和平的享乐生活得以早早地恢复起来。这种心理在目前的抗战上是很危险的!我们虽然不好说这是汉奸心理,然而也可以说这是亡国心理!我们不是说要长期抗战吗?这长期岂是一月两月便可以了事的?在敌人方面或许有那样的企图,想在南方得一个相当的胜利,以敷衍他们的面子,之后,便暂且收敛他们的锋芒,而专门向华北进攻。这种战略,如果是有的,正是敌人的最恶毒的战略。因为

---

① 佟麟阁(1892—1937),字捷三,河北高阳人。国民党第二十九军副军长。1937年卢沟桥事变后在平津一带率部抗日,于同年7月28日日寇进犯北平南苑时负伤死难。赵登禹(1890—1937),字舜臣,山东菏泽人。国民党第一三二师师长。1937年7月29日,在北平南苑与日寇作战中阵亡。

② 杨方珪,应为罗芳珪,字建唐,湖南衡山人。国民党第八十九师第五百二十九团团长。1937年8月,在北平南口与日寇作战,全团官兵大部与阵地同归于尽。

③ 姚子青,广东平远人。国民党第十八军九十八师第三营营长。"八一三"战役中,坚守上海宝山,全营官兵英勇阵亡。

④ 阎海文(1915—1937),辽宁北镇人。空军驾驶员,上海"八一三"事变时,在空战中因飞机中弹,跳伞降落敌人阵地,以手枪射击日寇,留下最后一弹自击,壮烈牺牲。

⑤ 即近卫文麿(1891—1945),日本战犯,1937年出任日本首相,全面发动侵华战争,1940年、1941年又连续两次组阁。日本投降后切腹自杀。

敌人的进攻我们是利于把战线缩短，把战地局部化，好让他们紧扎紧打，各个击破，因此我们的长期抗战，全面抗战，正是敌人所最忌避的。我们现在假如希图战事早早告一段落，岂不是正中了敌人的奸计？这种侥幸的心理，对于抗战的认识和觉悟是太模棱了。我们这次的抗战是要求我们全国的人民抱着最大的决心，忍受最大的痛苦，牺牲一切和敌人拼命。敌人不是一月两月可以打得倒的敌人，因而我们的抗战也不是一月两月便可以告一段落的抗战。我们这篇伟大的用血写出的文章才仅仅是在开头，我们要坚定着自己的决心，要抗战他一年两年乃至十年八年，在敌人没有打倒之前我们是永远不会停止的。

我们也知道，近来又有一部分人，尤其住在上海的人，他们见到敌人的狂暴，也不免发出浩叹。他们说，损害太大了，牺牲太大了，这种想法，我们也可以说和恐日心理是相差不远的，战事自然是不免有损害和牺牲的，敌人的存心是要整个吞灭我们，故而屡次发动战事。我们起来抗战，也就是甘心忍受莫大的牺牲，甘心忍受莫大的损害，而来争取我们民族的解放，保卫我们祖国的独立的。试问：我们目前所受的损害可以和亡国相比吗？我们目前所受的牺牲可以和灭种相比吗？假使我们的国亡了，种灭了，我们的身家性命还有甚么存在？我们目前是要以一人的死争回一族的生，是要以一家的亡争回一国的存。我们的前敌将士在战壕流的血是有光辉的，就是我们的许多无辜的老弱同胞，受了敌人的轰炸所流的血，对于敌人也并不是全无代价。我们的无辜老弱所流的血，写出了敌人的狂暴，我们的无辜老弱是用血证明了敌人的兽性，证明了敌人是人道的刽子手，是连禽兽都不如的。我们无辜老弱的血，和我们前敌将士的血一样，并不是白流了的。但是我们后死者的责任，却就在不要使我们的老弱同胞和武装同志的血白流了！

还有，我们说到损害，对于损害的意义也应该有一种深切的考虑。第一，我们要知道敌人在这次抗战中，它所受的损害已经比我们更大。我们知道，敌人的产业是高度化了的，我们的产业落后，大部分还保持着原始状态。落后的产业在平时的经济上，自然是敌不过高度的产业。然而在战时的消耗战上，那情形便恰恰相反，敌人就毁灭了我们的一座城赶不上我们毁灭他的一座工厂或一个堆栈。事实上我们把敌人在上海的工厂和堆栈已经毁灭了不少，但是敌人所毁灭的我们的城市究竟是占少数。敌人的毁灭，我们正该欢迎，因为旧的不毁灭，新的不能建立。旧的城市正是我们的负担，我们平时是负之过重而又毁之可惜的。现在好了，敌人的飞机炸弹正替我们开展出了除旧布新的机运。

第二，我们还要知道，敌人的损害固然是我们的胜利，而我们的损害却同时也就是敌人的损害。这道理是很简单的，因为我们中国是一个世界商场，而尤其是日本产业的重要的消费地。日本的这次侵略加上我们的抗战，这明白地便是破坏了他的商场，减低我们的购买力。所以我们的损害，在这儿老实说是成为我们的武器。我们不仅应该欢迎敌人的损害，而且在必要时是须得自行损害。如保全国土是我们全般国民，尤其前敌将士的责任，我们是不能把寸土尺地轻易地送给敌人的。但是，遇着在战略上或迫不得已的时候，我们须得退却，这时便是我们应该以自行损害作为最高武器的时候。拿破仑远征俄国，俄国人自行焚烧了莫斯科的战略，① 是值得我们想起的。

要之，我们这次的抗战关系于我们国族的生死存亡，我们全体国民是不能够苟且偷安，或畏难不前的。我们应该时时刻刻提醒我们自己的意识，坚定我们自己的决心，要真真正正地做到"国存与存，国亡与亡"的地步，不仅是口头说说，文字上写写而已。还有，我们在刊物上时时见到有"胜固不骄，败亦不馁"的标识，这也是值得我们时常提醒着自己的金言。我们自然人人都希望打胜仗，然"胜败是兵家之常"，打起仗来不一定是常常打胜的。尤其我们的敌人是顽强的劲敌，它处心积虑地图谋吞并我们已经有五六十年的准备，而我们的抗战是仅仅只有五六年的准备的。我们的准备实在还不充分，但敌人不让我们有充分准备的余裕，现在逼着我们不得不起来抗战了。我们尤其要觉悟：军事上要保持每战必胜，那是太把重大的责任专门放在了武装同志的身上了。在这儿所谓长期的抵抗的意义是值得我们时时加以考虑的，这意义是说：我们即使打败了，我们也要抵抗，充其量我们要打到一兵一卒都不残存，我们民族的最后一珠血都是要为争取民族独立的光荣而流的。所以我们在这神圣抗战的期中要不图苟安，不怕牺牲，不怕打败仗，打了一次败仗立刻垂头丧气的那种行为是我们民族的耻辱。在战事未发动以前，我自己曾经往浦东去访问过张发奎②将军，他有句话说得好：他说，他立在军人的立场是要"屡败屡战"的。前几天我又到前线上访问陈诚③将军，他也是和张发奎将军同样的口吻，说要"屡败屡战"。这句话是应该作为我们全体国民的座右铭的。我们人人要存着必胜的决心，然而我们也要不怕屡败的挫折。我们的寸土尺地都不要丧给敌人，然而在万一的机会上寸土尺地有不能保存的时候，我们也要保存我们的不屈的精神，而要求敌人拿出重大的代价。南口的杨方珪团长，宝山的姚子青营长，都是我们人民的榜样。

事实上敌人在军备上虽然强过我们，然而他的经济基础异常脆弱。这一两月来的抗战已经就表现得明白了。他们国内和在沪的资本家已经发生了很大的恐怖，甚且有因为这次的战事而自杀了的人。他们的物价一天一天地暴腾起来，各种债券一天一天地暴落下去，只要我们时时提醒我们的最大决心，敌人的总崩溃的时期终竟是不很远的。在目

---

① 1812年，拿破仑以五十万大军进攻俄国，俄军实行战略撤退，焚烧莫斯科，陷敌于饥寒困苦的绝境。俄军乘机反攻，最后拿破仑仅剩二万余人逃去。
② 张发奎（1895—1980），字向华，广东始兴人。抗日战争时任国民党第四战区总司令，第二方面军司令。
③ 陈诚（1896—1965），字辞修，浙江青田人。当时任国民党第十五集团军总司令。

前我们自然是单独地在和敌人对打,我们自然并不拒绝国际的友人为我们帮忙,然而也不应该存一种依赖别人的那种卑劣的心事,"天助自助者"①,只要我们自己肯努力,我们把敌人打到相当疲敝的时候,帮忙我的友人自然也就会起来了,这也是促进敌人总奔溃的一个重要外因,敌人总奔溃时期究竟到甚么时候才来,虽然不敢预言,然而断断乎要不到千年百年。敌人的总奔溃便是我们所期待的最后的胜利,在这个总胜利到来之前,目前的小胜利,我们可以满不在意,就是目前的小失败,我们也应该满不在意。我们要"屡败屡战",战到敌人总奔溃到来的一天,要有这样的觉悟才能够保障得到最后的胜利。

1937年8月20日②

(据《郭沫若全集》(文学编第18卷),人民文学出版社1992年版。注释为原书所注)

① 这是一句英国的古谚,原文为"God helps them tban help themsel-ves"。
② 最初发表时,文末自注为"九月十一日"。

中国走向民主的途中[1]

(1937年10月20日)

宋庆龄

我有这一个机会,向美国人士诉说我们中国人心中感到焦灼的问题,实在非常快慰!

我在美国度过我的青年时代,受过美国伟大的民主传统的熏染,它已经成为我生活中伟大的力量之一。它的文化,成为我所接受的教育的一部分,这对于我祖国,十分需要民主精神的祖国,是非常珍贵的。因此,我现在对青年时代所寄居的国家诉说时,并不感觉到是以陌生人的地位和诸君接触,却知道我们的呼吁,一定可以获得你们的了解和响应,如美国向在对华态度上所慷慨表现的那样。

中国已发动抗战,抗拒非言语所能描述的惨无人道的侵略者。梦想实现法西斯侵略迷梦的日本军阀,又以死亡与毁灭加于我们的国土。看到了中国人民每天遭遇恐怖的消息,谁能不为之骇绝呢?目睹忍心轰炸无辜妇孺的野蛮行动,谁能不立誓扑灭这万恶的罪犯呢?明明知道在我们每个城市中屠杀非战斗员,对于军事目标上并无必要,那末,对于这种不仅威胁中国,并且威胁全世界文明的公敌,谁还能保持消极的态度呢?所谓日本的开明首相近卫文麿竟说:"日本的唯一方法是鞭挞中国,使之屈膝,使不再有战斗的精神。"这种残酷的言辞,更放纵了嗜杀成性的日本的军阀。

日本其他的外交家是更为狡猾而欠坦白了。他们这样诡辩:他们所要求的只是中国应该充分了解他们提出的"合作"建议,为报答他们的盛意起见,只要中国照他们的意思,把我们的历史改造一下就行了。抗日思想应该从我们的生活中及教科书中排除尽净,他们的野蛮行为应该由我们解释为奉天承命的神圣事迹。我们只能让世界人士想一想这是怎样荒诞的一回事情啊!就是在日本这种防御的宣传中,也包含着对于美国本身的威胁,同时任何国家凡感到中国人民因日本种种暴行而饱尝着无上的苦痛,也应该认为是一种威胁。英、美以及各国人士几于一致的激动,表明全世界对于这些野蛮人类的普遍谴责。美国方面自发的反日情绪,不免引起日本军阀严峻的注意,憎恨你们没有合作的精神。目前日本的威胁,虽仅加于中国,但谁能保证到了某种时候,这样奇特的态

---

[1] 本文是宋庆龄在上海美商 R.C.A. 广播电台向美国人民发表的英文演讲,译载于《申报》。

度不会从行动上危害其他民族呢？

几十年来，日本帝国主义不断侵略中国，攫取我们的土地。不谈远的，最近六年来，日本帝国主义的侵略，现在已经发展为进攻华北、上海，而达到了中国生死存亡的最后关头。全世界总还能记得，东北三省的被侵占，1932年的上海战争和日本帝国主义以挑衅阴谋屠杀等等手段而渐次进入热河、察哈尔与冀北。美国号召全世界列强举行华盛顿会议，使日本接受尊重中国领土与行政完整以及门户开放政策的条约。可是白利安凯洛格《非战公约》和《九国公约》的签字国，却萎缩地坐视这些条约被签字国之一的日本所撕毁，对于日本军阀征服中国的疯狂的冒险行动，并不设法加以阻止。被每个日本军阀认为是《圣经》的《田中奏折》，是放在一切协约之前的日本征服全亚洲的既定计划，全世界人士对于这一点，是不是还需要我们来提醒呢？

中国为什么贫弱，日本为什么能够在中国领土内横行，这一个问题很难用几句话来解说清楚，扼要说来，十年来我们中国的虚弱无力，是由于内部的摩擦与自相残杀所致。1923年到1927年，在孙中山先生领导之下，普及全国的伟大的国民革命运动，将全国统一起来，而成为伟大的团结的民族之开端。旧军阀一个个被打倒，在孙中山先生的指示之下，中国已走上了完成坚强而民主的国家的道路。但孙先生的去世，使中华民族遭遇了极大的不幸。他的遗教与三民主义，在连年的内战中销声匿迹，自相残杀的结果，使国家受到破坏，人民大众的生活日陷贫困。因此日本才能够攫取我们东北四省，再继续侵略我们的土地。我们内部的分裂，仅使日本坐收渔翁之利。

七月中旬，日本续派大军到华北，它又企图攫取我们的另一大块领土。同时，则以长江流域为第二个目标，在上海驻屯了大批的军队，企图占据上海及附近各地，以便推动更进一步的侵略。可是它却失败了。中国人民以勇武的决心和血肉之躯，抵抗侵略者的巨舰、大炮、飞机和机械化部队。敌人的轰炸，毁灭了我们的城市、学校、图书馆和其他文化机关。敌人任意屠杀我们的妇女儿童，使每一个中国老百姓都感觉到日本的疯狂和无理性。不管日本军阀是怎样的疯狂，不管日本军阀的威力怎样，我敢代替全中国人民坚决地告诉你们，日本军阀必定在我们的领土上遭遇灭亡。中国人都准备以最后的牺牲来保卫祖国，我们全体民众的义愤，尽足以补偿军器上的差逊而有余。

过去三年中，反日运动的力量已大大地增加。这几年来，我们的工人、农人和知识分子纷纷在救亡团体中联合起来，组织全国的抗战。同时，民族意识也随着这一个运动而加强，我们已觉悟到中国的伟大民族是不能分裂的一个整体，足以粉碎日本的任何阴谋。当日军向我们进攻，敌机向我们无辜平民滥施轰炸的时候，全国各党各派集团就都忘记了过去的一切争执，联合起来组成一个坚强的阵线，展开神圣的民族解放战争。内战是早已经终止了，一切内部的摩擦是已经消除了。势不两立的蒋委员长和朱德将军也在南京言归于好了。这次日本帝国主义的新进攻，竟成了结合全中国一切资源和力量以抵抗暴敌的媒介剂,过去的红军即现在的第八路军,已是国军的一部分,正加入作战。第一次与敌军接触,就获得压倒一切的胜利。我们全国的团结统一,已发生伟大的力量,如堡垒一样坚固,给予侵略者以迎头的痛击。

  如果必要的话,我们自然当以自己的力量单独来抗拒日本的法西斯侵略者。可是我们已经听到了全世界的同情之声,因此庆幸我们虽在苦难的期间,却并不孤立。全世界对于日本刽子手的暴行的谴责,给予我们苦难的同胞以许多安慰。我深信美国对于我国争取自由与独立的奋斗,必然表示恳切的同情。我们知道我们并不是在孤军抗战。我们知道我们发动反抗这些法西斯暴徒的战争,不单是为了我们自己,也是为了一切仍旧爱护自由民主的人们。

  你们憎恨这些法西斯魔鬼,因而自发地愿意抵制一切日货,这对于我们还有许多迫切的要求。请你们不要让任何一只船从美国开往日本去,因为日本可以把你们的任何出产物加以改造,来对付我们。金钱上的帮助,对于我们的战争固然是重要的,但更重要的是请你们源源不断地输送军械军火来充实我们的军队。我们要有强有力的军队抵御强有力的敌人。我希望美国公正舆论的呼声和伟力传达到全世界去!美国是用不着参加战争来毁灭这远东的法西斯威胁的。罗斯福总统令人感动的演词,扼要地说出了全世界对于这国际恶棍的暴行,都加以道德上的谴责。请你们一致拥护罗斯福总统的演说,使他的话能够见诸行动。趁残酷的火焰尚未延烧到全世界各国之前,将它扑灭。我吁请美国人士起来领导这个神圣的十字军。我深信你们不会使我们失望。

(1937年10月21日《申报》)

(原载《宋庆龄选集》(上卷),人民出版社1992年10月出版)

新生活运动与抗战

（1938年2月23日）

邵力子

> 邵力子广播演讲
>
> 新生活運動與抗戰
>
> 禮義廉恥為抗敵救亡的要素
>
> 新運四週年紀念宣傳，廿三日為第四日，由宣傳部邵部長（力子）作廣播演講，題為「新生活運動與抗戰」原詞如下。
>
> 親愛的聽衆，在對日抗戰最重的關頭，我們必須對于新生活運動，先有極明確的認識，繼以極切實的助力，這四年裏面，新生活運動推行到怎樣的程度，對于現狀的抗戰，有什麼很重要的關係，各人的看法不能完全相同，照古人（必世而後仁）的說法，一種轉移風氣，樹立道德的工作，本求不是短期間內就可完成，尤其像中國土地之廣，人口之衆，要使每一個地方，每一個國民，都能切實了解新生活運動的意義，實踐禮義廉恥的生活，使得適用於為民族獨立的神聖的抗戰，更不是一件容易的事，我們十分希望全國已有覺悟的份子，不斷的啟傳，不斷的倡導，確實推行，對于抗戰前途也，並以身作則，推己及人的實地做去，從前社會上一部份人士，對于新生活運動常不免懷疑，以為中央沒有抗日的決心，乃以此種運動，掩人耳目，自從蔣委員長領導全國堅決抗戰，此種疑慮必已冰釋，但同時又因抗戰的局勢已趨嚴重，對于新生活運動或又發生別的不正確淺薄觀念，這種觀念，倘不徹底改正，新生活運動不能

— 7 —

必然會不有好的影響。

第一 誤認新生活運動僅是一種老生常談

道德運動，而與當前抗戰的實際勝負並無關係，殊不知新生活運動在最初提倡的時候，就是以復興民族為目標，針對着一般國民心理上與生活上的重大病態，來求根本的治療，這種病態一天存在，國民便一天沒有健全精神與力量，去負擔抗戰復興的鉅大工作，新生活的全部完成，誠然需要一個長久的時期，但只要我們努力去推行，便一天有一天的效果，同時也將是增加一分抗戰的力

量，舉一個明顯的例子來說，半年來的戰場，使敵人不得片刻安息，前方將士犧牲之勇，後方民衆捐輸之勤，完全是激發於禮義廉恥的精神，新生活運動和抗戰的關係如此重大，可見決不是一種空洞的唯心運動。

第二 誤認在當前抗戰劇烈的時期，多數國

民的生活尚無維持，更談不到新生活，殊不知越在生活顯沛流離之中，新生活的信條與實施事項愈見重要，即就歷來推行的清潔整齊兩項極普通的工作來說，當此抗戰半年以後，及值冬去春來，氣候漸暖的季節，便有及時厲行的必要，試想

而且淪陷區域將整個成為荊棘的場所，使敵人不得片刻安息，新生活運動和抗戰的關係如此重大，可見決不是一種空洞的唯心運動。

漢奸與靦顏做順民的人，就是由於禮義廉恥精神的缺乏，我們今後祇要能將新生活運動切實推廣，便能使勇者愈勇，而奸者不奸，推其極便能在積極方面使全國的將士與民衆，都增加勇氣，鼓勵勤勞，以達到收復失地，還我山河的目的，消極方面，沒有漢奸與順民，敵人便失去偵察我們的耳目與爪牙，不但偽組織成立不起來，來大兵之後，必有瘟疫，試想

各地難民生活的零亂與污濁，以及前方將士與後方民眾死傷的眾多，仇恨與悲痛的心理，鬱結在廣大羣眾的胸中，腐朽與腥羶的氣氛比血肉狼藉的大地，對其在具有大陸性的中原各省，山川磐鬱，缺乏海洋風的調劑，一到春夏來的時期，瘟疫的流行，至堪憂慮，而且當此救護傷亡，力不暇給的今日，單靠政府的衛生機關，與社會的醫藥人士，從事於防疫盛工作，絕對不夠。最重要的就是家庭戶戶要及時不斷的努力於新生活中的整齊清潔的兩項工作，尤其是流離失所的艱難，根據恥的奮發精神，來

難民，而生活失去固定性的公務員軍人等，決不可以為在顛沛流離之中，一切可以隨便使零亂污濁的現象日積月累，至於不可收拾，電影響於個人，愈要實踐新生活的信條，愈要警覺，創造生活，紙抗年辭（造次必於是，顛沛必於是），余一切的困苦艱難，古人謂：我們必須以這精神來促進抗戰胡中新生活的推行，倘能徹底改正不正確觀念，上面兩種便自然會認清新生活運動與抗戰復興的關係，而實心實意地去努力推行。

決心復仇，為國犧牲，就可以爭取抗戰最後的勝利，總之愈在艱險難走上危困苦的時期，愈要堅守新生活的信條，愈要實踐新生活的事項，才能文會警覺，創造生活，紙抗年辭其整齊清潔下監是體的發端，其性質重要之毫如七，至於根據體的紀律精神來彼此互讓，其遵紀律，就可以免除擁擠紛亂情形，根據義的公平精神來彼此互助，共同生活，就可以救濟貧乏困苦的現象，根據康的儉做精神，來我以奢靡節省的物力，就可以支持長期抗戰的。

|我們|真願本着新生活的信條來求實踐，那

要在抗戰此烈的今日，第一個擺在我們面前的，就是國土被佔，同胞被戮的奇恥大辱，我們該如何由此恥而雪恥，忠勇由矢，不辭犧牲，去為國家復仇，為民族鬥存，第二個擺在我們面前的，就是由此奇恥大辱而生的大難師戮，為着分受前方的痛苦，為着支持長期的抗戰，我們該如何降低生活，不辭勞苦，持身以廉，而服務以勤，第三個擺在我們面前由的原則，從紛亂中求得秩序，將汚濁而化為整潔，總之，無論在前方在後方，在現在，在將來，我們只有秉着新生活運動所示禮義廉恥的信條，一致努力與不斷奮鬥，才能從發揚民族氣節，提忠民族道德之中獲收抗戰最後的勝利，完成民族復興的大業。

☆ ☆ ☆

就是由擁擠痛苦而生的紛亂汚濁，我們該如何本着禮節治事的呻吟，成千成萬的傷兵，需要救護，成千成萬的難民，需要救濟，我們該如何秉着急公好義的精神，出錢出力來救助它們，第四個擺在我們面前的，就是由此奇恥大辱而生的

— 10 —

（原載邵力子《新运导报》1938年，第13期，第34~36页。）

争取更大的新的胜利[1]

（1938年4月17日）

周恩来

我在说话之先，首先向我们最高统帅、前线将士及全国同胞致热烈的胜利的敬礼！

一、这次胜利的意义

我首先来说明这次鲁南胜利[2]的意义。鲁南胜利是我们二期抗战的初步胜利。这个胜利虽然是初步的，但它的意义却很伟大。

第一，我们摧毁了日本强盗最精锐的两个师团——板垣与矶谷[3]。

第二，我们缴获了日本强盗许多新式武器，如大炮、坦克车、步枪、轻重机关枪及其他的战利品。

第三，证明了我们二期抗战中战略战术的进步和成功。

第四，证明了我们部队战斗力的提高和战斗情绪的旺盛。

第五，证明了我们各战区各战线以及各战场上的配合动作收了成效。

第六，证明了战区中军民合作的成绩与游击战争的发展。

第七，愈加暴露了敌人兵力不够、军纪败坏与战斗力不强等等弱点。

所以，这次胜利虽然在一个地方，但它的意义却影响战争全局，影响全国，影响敌人，影响世界。

二、日寇正准备新的进攻

敌人的情况将要发生怎样的变化呢？这是我们跟着要回答的。日本强盗虽然无耻地否认这次台儿庄的惨败，但上海、天津两方面的增兵，却不能掩盖它的实际恐慌，同时也证明敌人的冒险进攻还要继续。

本来敌人自从开始第二期进攻计划以来，满以为依靠原有的在华兵力，便能实现它的第二期进攻计划。它这种轻视我们的狂妄举动，完全没有认识愈深入中国愈加困难的道理。因之，第一步打通津浦[4]夺取徐州的计划，在二月中便遭受了初次失败。继着，第二步突入晋南，"扫荡"黄河以北的计划，又在二月中开始碰了壁。接着，第三步又回转方向，仍从津浦南进，并且增加了两师兵，企图重新实现它打通津浦的计划，不料这次失败更大，竟使它弃甲曳兵而逃。现在敌人绝不会认输，它只有从国内增加兵来。敌人开在中国内地的军队番号，大约已达到二十九个师团，在国内约尚有八个师团，在我国东北四省[5]约尚有八个师团，台湾尚有二个师团，高丽[6]也有两个师团。据估计，敌人向上海、天津方面增加的兵力最大限度可达到八个师团。如果这个做得到，则敌人留在国内及在东北四省、台湾、朝鲜现有的兵力，只剩十二个师团了。并且自开战到现在，敌人在华损失的兵力，已经超过二十万，已经不止八个师团，所以即使八个师团全能开来，也不能弥补过去的损失。何况愈进攻，兵力愈分；愈深入，兵力愈少；愈持久，兵力愈消耗疲惫。再加上敌人的纪律败坏，也是有加无已，甚至敌人自己的报纸——《中央公论》，都不免泄露这种残暴无耻的消息。这种量与质综合起来的弱点，随着战事发展下去，将使敌人的战斗力逐渐减弱。

不过敌人目前的冒险进攻，是必然要继续的，并且会依靠增加的兵力，根据失败的教训，采取更有力的进攻步骤。

敌人将从哪个方向进行新的进攻呢？

大约估计，可能从下述的三个方向：

第一，使用更集团的兵力，仍从津浦线南下，但主力可能使用在敌人的右翼；

第二，更可能的从津浦南段北上，但主力使用在迂回合肥方面；

第三，沿平汉线[7]两侧，突过黄河，切断陇海[8]，使津浦线我国大军放在敌人的外翼。

在新的进攻中，敌人根据失败的教训，可能有下述的改变：

第一，敌人将会更集团地使用它的兵力，改正一些过去轻视我军的观念；

第二，敌人从有进无退的锥形直入的战术，可能改正为更灵活地使用包围迂回，使用有进退的运动战；

第三，敌人有可能改变过去专攻一方面的作战方针与逐渐增加的弱点，而向各方试攻，控制强大的突击兵力于待机位置，等到发现我军弱点在哪一方面时，再直向哪方突破。

第四，敌人在各战线上的配合动作，也必会较前加强。

估计到敌人将要发生的这些情况，我们全国军民才能懂得注意敌人新的进攻，才能争取更大的新的胜利。

三、争取更大的新的胜利

更大的新的胜利怎样争取呢？

我认为首先要更加巩固全国的团结。抗战九个月来，我们中国有了空前的统一的政府、统一的军队、统一的最高统帅和民族的觉醒，结成了不分党派、不分信仰、不分地域、不分种族的全民族的大团结。这是抗战必胜、建国必成的基本条件。尤其二期抗战后，全国各政治党派中心力量集于武汉，最近国民党临时代表大会又发布了战时的抗敌建国纲领[9]及其宣言、决议，等等，更能推动全国的团结趋于巩固。我们热望这种团结一直巩固下去，一直发展到全国，一直团结到抗战胜利以后。

次之，我们更加努力争取前线上的胜利。二期抗战虽还不是决定最后胜负的战斗，但我们的胜利如果能一次一次地增加，一线一线地开展，我们定能阻止敌人的深入，保卫我们抗战的中心——武汉，以便争取时间，准备新的力量，进行决定最后胜负的战斗。因此，我们热望前线将领更能坚持以运动战为主的战略方针，发挥野战军灵活的运动战与歼灭敌人的特长；派遣有力部队挺进和坚留在敌人后方去进行战斗，坚守必要的支线工事，广大地发展群众的自卫武装和游击战争，取得各战线上更好的配合，以争取更大的新的各战线上的胜利，以粉碎敌人整个二期的进攻计划。

再次，我们要努力争取时间建立新军，以准备决定的战斗。建军，不仅是抗战必胜的保障，而且是建国必成的保障。我们热望全国军民都努力来参加建军的伟大工程。要做好这伟大工程，就须有好的自愿的自觉的人民来当兵，就须有政治坚强的有战斗经验的干部，就须有统一的适合抗战需要的编制，就须有自觉的严格的军队纪律，就须有近代化的技术条件高的武装配备，就须有新的军事政治的训练，尤其须有能使官兵一体军民一致的政治工作。有了这样的国防军，才能保障新的胜利的到来，保障最后胜利必属于我们。

最后，我们要努力于抗战期中的建国。抗战期中的建国纲领，国民党的临时代表大会已经规定明白，无疑地将要成为国民政府在抗战期中的施政方针。我们热望全国军民要努力实行这个纲领。最重要的，是训练全国军队一致为国效命，动员全国力量参加抗战，实现国民参政的职权，充分保障纲领中规定的人民权利，给广大民众以武装的组织和训练，推行战时教育，集中主要生产力于建立军事工业、树立重工业基础和发展农村经济，同时注意改善人民生活，并坚持联合世界上同情于我之国家及民族的外交方针。这一切努力，都是为的在抗战中树立起建国的基础，保证抗战的最后胜利！

全国同胞们！前线上的官长士兵们！我们从这四个基本工作上：就是说要从巩固全民族的团结、争取前线上的胜利、建立新军与建国的工作上，来争取更大的新的胜利，以粉碎敌人第二期的进攻计划，保卫我们抗战的中心——武汉，准备最后决定的战斗，以打倒日本帝国主义强盗，复兴我们中华民族！

(根据1938年4月17日《新华日报》刊印)

注　释

［1］这是周恩来在武汉各界第二次抗战扩大宣传周第五日的广播词。

［2］鲁南胜利，指台儿庄战役的胜利。1938年3月下旬至4月上旬，在徐州会战期间，中国军队与日本侵略军在山东省枣庄市东南台儿庄一带进行了一次大规模战役。包括外围阻击战在内，前后进行了一个多月，中国投入兵力20多个师计12万人，日军投入2个师、8个团，约3万人。中国军队以损失19500人的代价，取得歼敌万余人的战果，并缴获了大量武器及其他军用物资。台儿庄战役是抗

战初期继平型关大捷后的又一次重大胜利。

[3] 板垣，即板垣征四郎，当时任侵华日军第五师团师团长。矶谷，即矶谷廉介，当时任侵华日军第十师团师团长。

[4] 津浦，指天津至浦口的铁路，即今京沪线一段。

[5] 东北四省，见本卷第71页注［14］。

[6] 高丽，朝鲜历史上的王朝，此处系沿用其古称。

[7] 平汉线，指北平（今北京）至汉口的铁路，即今京广线一段。

[8] 陇海，指当时甘肃天水至江苏海州（今属连云港市一个区）的铁路。

[9] 抗敌建国纲领，即《抗战建国纲领》，是1938年3月29日至4月1日在汉口召开的中国国民党临时全国代表大会制定的。其内容包括抗日的军事、政治、经济、外交等方面的政策。这是一个两面性的纲领。一方面被迫对人民作了某些形式上的让步，如规定组织国民参政机关，许诺给予人民言论、出版、集会、结社自由；另一方面又继续坚持国民党一党专政。由于蒋介石推行消极抗战、积极反共的政策，纲领中对人民某些形式的让步也成为一纸空文。

（原载中共中央文献研究室，中国人民解放军军事科学院编：《周恩来军事文选》（第二卷），人民出版社1997年11月出版。本文注释为原书所注）

二期抗战的重心[1]

(1939年5月31日)

周恩来

全国同胞们：抗战将近两年，二期抗战也进行了半年多，目前抗战形势究竟怎样，这是大家急于要知道的。但为要了解目前抗战形势，必须先弄清二期抗战的重心究在哪里。依我的见解，二期抗战的重心是在敌后，不论从敌我及国际哪一方面来看，二期作战的重心都在敌后。武汉陷落以后，敌人指出新阶段的战争是建设战争，这证明重心是在敌后。我南岳会议[2]最高统帅的指示，如"政治重于军事""民众重于士兵""宣传重于作战""精神重于物质""节约重于生产"等以及决定以几分之几的人力、兵力、财力深入游击区域，也都是重视敌后的明证。在国际方面，他们认为我们失去这样多的大城市，还能不能继续抗战，尤其是在沦陷的区域中，敌人能不能利用我们的人力、物力、财力来补偿他的损失，来打我们。这种关心，也正是重视敌后。我们看，假使一期作战敌我争夺的重心是在正面，那么，二期作战敌我争夺的重心便在敌后。因为一期作战，敌人的目的是在以其强盛的兵力求得速战速决，从正面压倒我们，不图打了十五六个月，敌人消耗兵力六七十万，并不能歼灭我们主力；占领了我们许多城市及交通要道，分散兵力过百万也并不能控制我们；尤其是我们战斗意志并不因屡屡撤退而丧失，反而愈打愈强。敌人速战速决的方针既归失败，于是进而便以诱降的手段，发表近卫声明[3]，企图速和速结。这个声明虽然勾引了卖国贼汪精卫[4]的响应，但禁不住委员长[5]驳斥近卫声明的当头一棒，打得近卫下台，汪精卫显露了卖国投降的原形。速和速结既又失败，敌人知道即使再进占两三个大的城市，也不能歼灭我们主力，更不能解决战争，但敌人的兵力却会更加消耗、更加分散，诱降的企图反会更加无望。要是决心进行长期战争罢，敌人又绝没这个把握，兵力的不够、财力的不济、物力的缺乏、人心的厌战，都使日寇军阀绝不能作真正长期战争的打算。

因此，这半年来，敌人的方针便转向以战养战，作战重心便转向敌后。所谓以战养战，便是企图拿中国的人力、财力、物力补偿他的损失，继续来打中国。以敌人的想法，假使将敌人占领的区域真正为敌人所用，则敌人今日所侵入的十四省区，的确是中国人口最密、物产最丰、财富最多、交通最便的沿海各省，以此资敌，当然敌人困难会减少，而我们困难会加多，敌我相持的条件，也会发生变化。但是，敌人是不是能如愿以偿呢？我们的回答是，决定于战斗，决定于各方面的斗争。我们现在看，敌人是怎样在进行以战养战企图的：首先，在军事方面，半年来敌人是"扫荡"重于进攻。敌人在华兵力，约三十六个师团番号，除南昌枣阳两次战役[6]，敌人使用了五六个师团向正面推进外，其他约百分之八十五的兵力都使用在敌人占领区域之防卫与"扫荡"。所以这半年来，我们在正面只看到南昌枣阳两次较大的战役，而在敌后则敌之"扫荡"战与我之反"扫荡"，几乎到处都有，从华北到华南，每天都在血战。次之，在经济方面，敌人是开发重于封锁，建设重于破坏。这半年来，敌人自兴亚院[7]成立之后，尽力企图经营在华占领地区的经济，如恢复工厂、矿山，收买原料、粮食，推销仇货，发行伪币，建设交通、海港等，都是想从中国来补偿损失，维持战争。再次，在政治方面，敌人已知南北傀儡政权全无作用，故极力勾引汪精卫，企图由汪来组织伪党伪政府来分化我国。最近汪逆精卫跑到上海去，组织所谓"世界和平会"，即是这种叛国逆谋的具体步骤。另一方面，敌人还企图勾引吴佩孚[8]，组织伪军，以中国人来杀中国人，但吴佩孚究竟胜过汪精卫，至今不屈于是日寇不得不利用落伍军人、土匪、流氓来组织皇协军、绥靖队这些不堪一击的伪军。更次，在精神方面，敌人是欺骗怀柔已渐渐重于残暴屠杀。作战近两年，敌人已知其残暴政策只能增强我国人更大的同仇敌忾，绝不能压服我国人心。因此，敌人乃不得不提出对华新认识。但不管怎样，仍然是建设东亚新秩序、东亚意识、东洋思想、共同防共那一类话。以上这一套法宝，便是敌人重视敌后以战养战的具体计划。

　　计划实施的效果怎样呢？我们可以说基本上半年来敌人并未达到他以战养战的预期效果。扫荡战因愈扫荡而兵力更散，更加无力进攻。经济开发遇到我们抵制封锁，"建设"遇到我们破坏，收效也就会极微。汪精卫叛迹愈著，他的欺骗作用也就愈小，死期也就愈近。精神欺骗，只要我们随时揭穿，警觉着大家不要上当，则"和平便是投降"，"反共即是灭华"的至理名言，将永远为我们抗战的戒条。并且汪精卫叛国的勾当做得愈多，敌人的一切阴谋诡计也愈易暴露，愈难收效。即使过去敌人有一些收获，也都因为我们自己有些弱点，有些缺点，并非敌人之强所致。我们要知道，一期作战敌人还凭着他自己的国力来进攻我们，故我们当时在争取主动。现在二期作战，敌人要利用我们的人力、物力、财力来打我们，其主动已操在我，只要我们努力，不让敌人利用我们的人力、物力、财力，则敌人便无法达到以战养战的目的，而只有继续失败。所以我说，二期作战争夺的重心在敌后，便是这个道理。

　　认清这个道理，争夺敌后的方针便是广大发展游击战争，也可说是展开敌后的全面战争。敌后游击战争的任务有二：一个是建立游击根据地；一个是消耗敌人的有生力量。建立游击根据地，不仅是军事任务，而且是政治上经济上精神上的任务。要与敌人展开全面战争和各方面的斗争，必须在敌后有根据地的建立，才能依靠那里的土地、人民和生产进行精神动员、武装斗争、抵制和破坏经济封锁、推翻敌伪政权、瓦解伪军、动摇敌军、恢复自己政权等工作。没有根据地，便没有一定的土地、人民和生产，便无法与敌人进行长期的敌后争夺，而敌人以战养战的危险便会增长。所以，变敌后为前方，必须以建立游击根据地为最具体的要求。消耗敌人有生力量是游击战争的直接任务，游击战不拒绝在必要时机袭占敌人占领的大城市，不反对在有利条件下集中力量消灭敌人主力，但经常的任务是在不断地杀伤敌人、破坏敌后，只要我们深入敌后的作战部队不断地消耗敌人，则积小胜成大胜便是今天的战略任务。假使我们在敌后创造出一二十个游击根据地，每一个根据地像五台山、中条山一样牵制敌人四五万，则二十个根据地，我们可以牵制敌人侵华的全部兵力。假使我们每一游击部队平均每天能消灭敌人十个，则全国有一百个这样游击队，便可消灭敌人一千，一年便可消灭敌人三四十万。敌人最基本的弱点是兵力不够，怕损失。我们如能牵制敌人向后，而又消耗极大，则变敌后为前方、积小胜成大胜的战略方针，可完全达到成功，争夺敌后的任务，也可完成大半。重心认定，二期抗战一定可进入有利于我的相持阶段，以争取最后反攻的到来。因此，我们今天的要求是全国最好的兵力、最优秀的人才，都应该深入敌后，争夺敌后，在那里去建立根据地，到那里去消灭敌人，以争取二期抗战的胜利！

（根据 1939 年群众周刊社出版的《群众》第三卷第五期刊印）

注　释

[1] 这是周恩来 1939 年 5 月 31 日在重庆中央广播电台发表的广播讲话。

[2] 南岳会议，指南岳军事会议。1938 年 11 月 25 日至 28 日，国民政府军事委员会在湖南衡山召开军事会议，国民党军第三战区和第九战区的司令长官、集团军总司令、军团长、军长、师长等 200 余人出席，蒋介石亲自主持会议的开幕式并致词。会议内容主要为：总结第一期抗战的得失，研究整军、建军方案，制定第二期抗战的作战指导方针，重新调整各个战区，设立战地党政委员会等。但是，实际上会议并未制定出对日作战的正确方针，自然也不可能改变国民党军在军事上的被动局面。相反，南岳军事会议后，国民党政府却日益采取对日消极避战，以求保存实力，同时积极推行反共、限共的错误政策。

[3] 近卫声明，指第二次"近卫声明"。1938 年 10 月日军占领广州、武汉后，改变对国民党政府以军事打击为主的方针，采取政治诱降为主、军事打击为辅的方针，企图以此结束侵华战争。同年 11 月 3 日，日本内阁首相近卫文麿发表关于对华政策的第二次声明，放弃 1938 年 1 月 16 日第一次"近卫声明"中"不以国民政府为对手"的立场。声明说：如果国民政府抛弃以前的一贯政策，更换人事组织，取得新生的成果，参加新秩序的建设，我方并不予以拒绝。同日，近卫文麿还发表了对声明的解释，对国民党政府多方诱降。

[4] 汪精卫，曾任国民党副总裁、国民政府国防最高会议副主席，1938 年 12 月 19 日逃往河内，同月发表"艳电"，公开投降日本帝国主义。1939 年 1 月 19 日，国民党中央常务委员会决定开除其

党籍。

[5] 委员长，指蒋介石。

[6] 南昌枣阳两次战役，分别指南昌战役和枣阳战役。南昌战役是抗日战争中期中、日军队在南昌地区进行的攻防战役。1939年3月17日，日军为确保武汉安全和切断浙赣铁路，由第十一军司令官冈村宁次指挥四个师团越过修水进攻南昌。3月27日，日军经过激战而占领南昌。4月21日中国军队集中20个师的兵力，在第十九集团军总司令罗卓英指挥下实施反攻，但屡攻不克。5月9日，蒋介石下令停止进攻。枣阳战役，即随枣战役，是抗日战争中期中日军队在鄂西北地区进行的战役。1939年4月30日，日军为确保武汉安全，由第十一军司令官冈村宁次指挥三个师团和一个旅团向随县、枣阳、桐柏一带进犯。中国第五战区司令长官李宗仁指挥约16个军与日军激战，枣阳、南阳、桐柏均失而复得。至5月23日，双方恢复原有态势，沿襄河一线对峙。此役毙伤日军13000余人。

[7] 兴亚院，成立于1938年12月，是日本近卫内阁直辖的殖民侵略机构。总裁由日本首相兼任，副总裁由日本外相、藏相、陆相、海相兼任。设第一部辖政治，第二部辖经济。其分支机构设在北平、上海、青岛、汉口、广州、厦门等地。各地汉奸政权要受兴亚院联络部及日军司令部的双重监督。在经济侵略方面，兴亚院在北平设有"北支开发会社"，华中设有"中支振兴会社"，其下尚有很多大小生产会社，在兴亚院联络部指导下，负责工商统制和经济开发。金融方面，在北平设立"华北联合准备银行"，在上海设立"储备银行"，作为财政调度的核心机关，其发行的纸币，分别与日币规定兑换率，将占领区划分南北两部分，不准货币交流。

[8] 吴佩孚，原北洋军阀直系首领之一，1927年，被北伐军打败。九一八事变后，曾以个人名义通电声讨爱新觉罗·溥仪投靠日本侵略者在伪满洲国执政的罪行。1935年，拒绝日本侵略者要其牵头搞所谓"华北自治运动"。1937年，日军占领北平后，拒绝出任维持会长。1938年，日本侵略者引诱他出任全国性汉奸政府的首脑，他提出要日本从中国撤军等条件，因而没有出任汉奸职务。1939年12月4日，因牙疾由日本医生开刀，当日猝死。

（原载中共中央文献研究室，中国人民解放军军事科学院编：《周恩来军事文选》（第二卷），人民出版社1997年11月出版，本文注释为原书所注）

全国同胞起来粉碎伪组织

(1939年11月10日)

冯玉祥

各位同胞：

谨先向各地同胞致敬，问候各位同志的劳苦！

二十八个月来的抗战，全国同胞谁都知道，我们越打越强，我们已经得到一次比一次更大的胜利，已经一天比一天更接近于抗战建国最后的成功。同时，全国同胞也都知道，敌寇越打越弱，他们已经遭受一次比一次更大的失败，已经一天比一天更接近于最后的崩溃。

敌人军事的失败，使得他们更加紧用政治阴谋来进攻我们，来破坏我们的抗战。什么叫政治阴谋呢？就是用种种诡计，制造和平空气来害我们。虽然我们军事一天一天地进步了，可是如果我们上了敌寇的圈套与他讲和，我们一定仍是亡国的。

因此之故，蒋委员长在今年春天对中外新闻记者说："中国抗战的目的，是为了保卫整个民族的生存独立与自由，这个目的一天不能达到，我们的奋斗一天不能停止。现在战局越延长，日本的弱点就越暴露，而他的野心亦更显著。……看了日本军阀的行动，谁也知道他们是要夺取我们整个民族的生命，使我们永久做他们的奴隶。……所以，我们抗战的意志也越加坚强，在这种情形之下，绝对无和平的余地。"

日本军阀还用挑拨离间的方法，使我们中国人自己打自己，使我们不能团结起来去打敌人。这样，他们自己就可以达到侵略的胜利了。我们看，日本军阀不是今天说国民党和别的党派打起来了，就是明天说中央和地方又不和睦了，不然就是说汉、回同胞开仗了。这些都是鬼话，都是敌人所造成的谣言，都是敌人的政治阴谋。所以"精诚团结，抗战到底"，就是我们粉碎敌人政治阴谋的重要方法，亦是敌人最怕的八个字。

敌人还用"以战养战"的阴谋，来竭力经营他们暂时侵占的地方，妄想封锁我们的游击区域。所谓"绥靖"他们暂时侵占的地方，以及组织伪军，实行经济的掠夺和怀柔欺骗政策等等，这也是敌人的政治阴谋，就是妄想用我们的人力、物力、财力来侵略我们。所以，最高统帅就把"游击战重于正规战"当作二期抗战的主要原则。

以上，就是敌人不用飞机大炮要想灭亡我们国家的阴谋毒计。这些阴谋毒计，敌人是常常靠着伪组织，靠着傀儡政府做他们的爪牙，做他们的工具的。我们常常听见伪组织的一些妖魔鬼怪狂嚷着什么建立"东亚新秩序",也听见他们时常制造各式各样挑拨离间的谣言。至于这些傀儡组织替敌人当狗,看守敌人暂叫侵占的地方,更是他们的主要任务了。

在九一八事变之后不久,敌寇就利用溥仪等汉奸组织了"伪满洲国"。在"七七"之后不久,敌寇又利用了王克敏汉奸等,成立了华北伪组织。此外,在内蒙组织伪"蒙疆政府",在南京制造了伪"华中维新政府",还组织了伪省府、伪维持会等大大小小的汉奸机关。这都可以看出来,敌人是怎样地看重政治阴谋,怎样地看重利用伪组织。

自然,不管敌人怎样看重利用伪组织,可是伪组织并不能解救敌人的困难。虽然有少数的民族败类甘愿做敌人的狗,做敌人的工具,但是全中国的同胞,谁都看得很清楚,这些大大小小的汉奸都是在表演着木偶戏,是日本的军阀头子各自抓着一些木偶,让他们在幕前跳来跳去的。所以,我们的同胞宁肯多走几十里路,到我们自己政府那里去完粮纳税,很多同胞参加了游击队,许多老年人、妇女、儿童,都帮助游击队工作。我们自己的政府,在沦陷区各县照旧施行政令。我们的游击队,粉碎了许多伪组织,还使许多伪组织不敢成立。

虽然伪组织并不能解救敌人的困难,可是,随着敌人军事的失败,随着敌人政治阴谋的加紧,敌人更要在制造伪组织上用功夫。自从汪逆精卫公开背叛祖国以来,这一年当中,敌人是时时想利用他出来成立伪中央组织的。因为日本军阀各酋首互相间意见不同,冲突得很厉害,而且汪逆精卫的欺骗又一天一天地减少了作用,伪中央组织总没有能够实现。但是,自我们湘北大胜和空军胜利以来,敌人又想利用汪逆来敷衍场面。自然,困难还很多,傀儡戏还不容易开场。可是,敌人的新阴谋是我们必须注意的。

对于粉碎伪组织,我们已经有了初步的成绩,但我们绝不因此就认为满足。我们要更加努力,去粉碎敌人的新阴谋,并且粉碎敌人已经成立的伪组织。要达到这个目的,主要地还是靠我们全国同胞自己的努力。

第一,在敌人后方的同胞们,每个人至少要做到国民公约所要求的各点:真正不与敌人及汉奸合作,不买敌人的货物,不用敌人发行的伪钞,不卖给敌人粮食和原料,不给敌人做工,不听汉奸政府的命令,不在汉奸政府做事情,不在汉奸学校读书,等等。

第二,这样还不够,还要比从前更加积极地去帮助在敌后的军队和游击队,帮助他们作战,帮助他们的给养,帮助看护和慰问伤病官兵,帮助运输,帮助带路侦探,等等。至于参加游击队和应征入伍,更是敌后壮年同胞分内应该做的事情。

第三,还要更加积极地去拥护我们自己的政府,拥护我们自己最高领袖,要心口如一的服从。政府对我们的训练,我们要热诚地接受;政府的设施,我们要积极地去实行;我们所知道有能力热心抗战的人,要呈请政府使用;政府的一切困难,要努力去共同克服。

第四，在大后方的同胞们要想一想，我们今天还能够过安静的日子，是因为在敌人后方有我们忠勇的军队和游击队拼着他们的性命，拖着敌人的腿，拉着敌人的手，使敌人不能够大举进攻我们。我们要拿出钱来，拿出力来，尽我们的可能，去帮助敌人后方的我们的军队和游击队。捐募寒衣就是我们目前切实的一件工作。

第五，在战区的同胞们，要竭力帮助我们前线作战的军队，充分发挥军民合作的精神。要知道，军民合作一分，前方就可以多得到一分胜利，就可以多保住一分土地，不为敌人侵占；就可以多有一分把握，去粉碎敌人制造的伪组织。最近湘北的大胜利，就是一个顶好的例证，证明军民合作必能得到胜利，必能打破敌人制造伪组织的阴谋。

第六，无论前后方和敌后的同胞，不仅要自己参加抗战，为抗战而努力；不仅要劝一切认识和不认识的人都起来参加抗战；而且对于在伪组织里做事情的人和在伪政权里谋生活的人，我们也要子劝其父，弟劝其兄，妻劝其夫，亲戚劝亲戚，朋友劝朋友地劝他们赶快离开地狱，改换过来，过光明的抗战的生活。

第七，全国同胞要更加努力于肃清汉奸的运动。要提防敌人的阴谋，要小心汉奸的欺骗，要揭露敌人汉奸的阴谋和欺骗，要用各种方法打碎敌人汉奸的阴谋和欺骗。要用种种方法粉碎敌人和汉奸最近所造的许多谣言。

本着这七点去努力，相信随着我们军事的胜利，还会带来大小伪组织的相继崩溃和日本帝国主义的最后灭亡。自己愿意和全国同胞共同奋斗。

（原载《冯玉祥选集》（上），人民出版社 1998 年出版）

抗战以来中国工业的进展

(1940年8月20日)

曾昭抡①

在分析中国抗战前途乐观的因素,我们应该特别注意抗战三年以来后方工业的进展,中国虽然和其他大国不同,主要的是以农立国,但是无论如何,工业化不够程度的国家,勉强来应付近代战争,希望是不很大的。

普通人一般的印象,以为中国至今仍然滞留在农业社会的阶段;在军火、医药和其他工业制造品方面,都谈不到自给,因此若要继续抗战,势非依赖外国不可。这种看法实在是错误的,我们不必讳言,比起西方强国来,中国工业化的程度,还是落伍甚远,我们也不必讳言,一直到现在,在许多方面,我们还不能完全自给,但是我可以负责地说,从专家的眼光看来,在艰苦的抗战进行当中,我们正在逐步地向工业化的途径前进,大部分国防必需品的自给,不过是时间问题。

七七事变发生以前,中国绝大部分的近代工业,集中在海岸线;尤其在上海、天津占据几处大都市。敌人的炮火,毁灭了这些都市,摧毁了我们的工业,除开一部分托庇外国租界以外,以前国内所谓大工厂不是炸毁烧光,就是已被敌人占领。可是敌人只能毁灭我们的物质,不能破坏我们的精神,沿海各处的工业完结了,大后方的工业却又已经树立起来,这一点也很可以表示我们中华民族伟大的国民魂。

三年来中国工业的兴起,绝不是一件偶然的了,而是许多环境上的因素所造就,在这些因素当中,最重要的当然是一般国民对于抗战的正确认识,每个中国人,也都知道这次战争,是求民族生存的战争,因此需要全体国民的共同努力,每个中国人,也都知道,这次战争的性质,必将演成长期抗战;国防必需品的自给,是获得最后胜利的一种因素。有了这种认识,所以无论环境如何艰苦,总是努力奋斗,今日得有如此成绩,就是这种苦斗的结果。敌人迭次轰炸我国后方城市,对于破坏我们的工业,也没有收到多少效果。外汇的高涨,是促成中国工业化的第二种因素。抗战以前国内许多工业的不能发展,是因为受着外国货品倾销的影响。抗战三年以来,因为种种原因,外汇逐步高涨;至今日外汇比率较前已经涨了差不多八倍,在这种情况下,本来认为低廉的外汇,

---

① 曾昭抡时为西南联大化学系教授,美国麻省理工学院科学博士,1938年前任北京大学化学系教授兼系主任,中国化学会创始人之一。

现在变为奇昂，只要有国货可以代替的活，商业上的竞争，完全不成问题。第二次欧战发生以后，欧美各国，将力量集中，制造军需品，一般日用品的生产，因此减低。同时运输工具不够支配，运到远东市场来的货品，数量大形减少。原来依赖外货的中国，因此乃不得不自己来制造。有些制造品，中国不但能自给，而且还能运别国，例如上海各工厂的主要顾客，现在乃是南洋。至于内地工业的发展，一部分乃是因为运销困难，而且昂贵，所以不得不在逼近消耗者的地方，设起工厂来。最后我们不要忘记，资本和机器，固然是工业上不可少的因素；熟练的技师和工人，尤其是工厂的生命线。以前中国内地滞留在农业社会，主要地也许还是因为人的因素不齐全。现在好了，为着支持政策，大批技术人员和熟练工人，如潮涌一般，跑到内地来，协助建国大业。从以上各点来看，近来我国的日趋工业化，乃是一件很自然的事。

现在我们可以举一些重要的例子，证明我所说的中国日趋工业化，不是过火的宣传。我们大家知道，煤是世界上的主要燃料，也就是工业的命脉，中国境内煤的储藏量，相当丰富。但是主要的产区，是在华北几省和东北四省，因为工业不发达，这种天然的富源，业已开采的数量很有限。据专家的估计，在抗战发生以前，全国每年产量，包括东四省在内，不过3000万吨左右。其中以日资经营的抚顺煤矿，占去很重要的一部分。除却外资经营和中外和（合）办的煤矿以外，完全中国自办的矿，只占总产额约四分之一，即每年800万吨不足。而造成此项数字的矿，几乎全在华北。南方只有萍乡煤矿一处，比较大些。沿海各大都市，如上海、广州等处，多年来所用的煤，一部分仰给日本，七七事变以后，短时间内，华北产煤区域相继沦陷，中国煤的供给，仿佛是绝望了，可是事实上并不如此，原来被国人忽略的西南各省。竟大大地发展起来。目前后方各处的煤矿总产量，可惜没有准备统计数字，但是无论如何，我国并没有和日本一样感觉煤的恐慌，目前后方各地，也没有输入外国煤的需要。

钢铁工业，自国防眼光看来，也许是最基础的工业。我国钢铁事业，创始在半世纪以前，在前清光绪十六七年的时候，张之洞就办了汉阳铁厂（后来又改称汉冶萍煤矿有限公司）。这厂当初规模不小，可惜后来因为经营不得法，举借外债；原来炼铁以固国防的目的，完全未能达到。第一次欧洲大战，铁价高涨，我国铁业，有过一次暂时的繁荣。欧战停止，铁价大跌，各处铁矿，较大的先后被迫关闭，汉阳铁厂也宣告停工。1927年，日人经营的南满铁道公司，在辽宁鞍山设立大规模的新式炼钢厂。受着"九一八"的刺激，随后几年，中央和几处地方政府，曾经下过几番努力，试行设立炼钢厂，可惜这些计划，都没有能实现。在抗战前夕，全国只有上海方面，有一两家私人经营的炼钢厂。现在上海原来那些钢厂，已经毁了，可是新式钢铁厂，已有几家在后方建立起来。关于生铁的来源，经政府鼓励，并且予以借款的便利，川康滇各省原有的土法铁厂一起努力增加生产，钢铁材料，原来预期今夏即可完全自给。现在虽然还没有能够做到，但是此事的实现，不过是短时间内的事。同时我们不但能供给一般工业所需的普通钢，连兵工厂上所需的特别钢，也是开始制造，终久企图自给。

除钢铁以外，别种兵工上所需的五金材料，三年来也在寻求自给。并且已经得到很好的结果，新式的电气炼铜厂，在各地已经设了好几处，铅锌铜等生产，增加了不少。

军火的制造，近年来进步很大，是一种特别可以令我们欣慰的事。抗战以前国立各兵工厂所在地，几乎全部已经沦陷，可是因为军事当局的远见，各厂全部机器，事先都已经迁出，在西南的大后方。现在分散各处。有几十片兵工厂建立起来，日夜不停地制造前方所需的枪械和弹药。这些兵工厂的总产量比起战前，不但未曾减少，反而增加了好几倍，同时军械制造的门类，也有增加。制造大炮的工厂，不久即可开工，就是此点的一个例证。

水泥——建筑炮垒和坚固工事的主要材料，以前只在上海、广州、镇江、唐山、汉口五处，有厂制造，现在这些地方，都已沦陷。但是现在后方也有了水泥厂，有的已经出货，有的正在筹备中。

为着节省汽油，大部分公路上的车辆，现已改用酒精代汽油或木炭车行驶，应时而生的新式酒精厂，在后方开工但也有好几家。

以上所举，不过是几种个别的例子，我们用不着说。国内原有的手工业，并未为战时所摧残，反而受了战争的鼓舞，大有欣欣向荣的现象。我们也用不着说。许多轻工业，如雨后春笋一般，已经在后方各处设起厂来。对于在后方看的人们，这种繁荣是很明显的。我们的结论是，在对于抗战前途抱乐观态度的因素当中，三年来后方工业的进展，是一种很重要的因素。（20日在广播电台演讲）

（原载《云南日报》1940年8月23日）

（本文由戴美政据《云南日报》拍摄录入）

关于世界反法西斯斗争和中国抗日战争的广播讲演[1]

(1941年11月7日)

毛泽东

如同中国共产党所曾再三指出的，目前全世界人类的任务是团结起来反对法西斯，而全中国人民的任务则是团结起来反对日本的进攻。现在这两种团结都有大大加强的必要。

站在人类的立场上，我们以为英国和美国应该用一切方法拿更多的飞机、坦克来供给苏联，拿更多经费和武器来援助中国，拿更大的力量来援助在德、意蹂躏之下的各国人民的起义。美国应该毫不踌躇地向德国宣战，这是一个绝对不可回避也不应回避的步骤，实现得愈迟就只有让德国炸沉更多的美国船。同时，美国绝不应听信日本的阴谋，与日本订立任何的妥协，美国应和中国及英国一道，以实力制裁日本法西斯。很显然的，我们的这种希望是和英国、美国大多数人民的希望相符合的，可惜在这两个国家的政府和国会方面，都还有一部分不明大义的人，阻挠着人民的意志的实现。因此，英、美的人民现在必须努力去战胜这种时代的障碍，把世界反法西斯的斗争推向更高的阶段。

中国的情形，同样处在向前更进一步的转折点。日本法西斯虽然同时在准备着南进和北进[2]，但是无论他们采取哪一条冒险的道路，西进以求消灭中国是必然的。日本在晋察冀边区和长沙、郑州等地遭遇失败以后，现在正准备着对中国的新的进攻。我们全国的人民和全国的军队，一定要保卫我们每一个抗日阵地，一定要打碎敌人的进攻阴谋。全国人民一定要更好地团结起来，拥护国民政府坚持抗战到底，准备一切反攻的条件，以便及时地驱逐日本强盗出中国。我们共产党人一向是呼吁加强团结的，处在这个敌人新进攻的前夜，改善抗战营垒中各方面的相互关系，更为迫切的需要。我们希望国民党当局能够迅速地当机立断，为了这个目的迅速地采取各种必要的措置。我们相信，只要全国真正地团结一致，日本的进攻必能阻止，反攻的准备必能办到，驱逐敌人的目的是必能实现的。

注 释

[1] 这是毛泽东1941年11月7日在延安发表的广播讲演。同日《解放日报》刊载。

[2] 向南扩大侵略，与英美争夺南太平洋和东南亚各国的霸权，同时，伺机向北进攻苏联，是日本帝国主义发动侵略战争的长期战争目标。

（根据军事科学出版社、中央文献出版社1993年版《毛泽东军事文集》第二卷刊印。）

（原载中共中央文献研究室、新华通讯社编：《毛泽东新闻作品集》，新华出版社2014年10月出版。注释为原书所注）

孙中山与中国的民主

——为在美国举行的孙中山纪念日所作的广播演说

(1944年3月12日)

宋庆龄

19年前,孙中山在他那以后成为中国进步史上基本政治文献之一的遗嘱中写道:"余致力国民革命凡四十年,其目的在求中国之自由平等。积四十年之经验,深知欲达到此目的,必须唤起民众及联合世界上以平等待我之民族,共同奋斗。现在革命尚未成功。……最近主张开国民会议及废除不平等条约,尤须于最短期间,促其实现。"

这个文献的原则在今天具有什么意义呢?我们要了解它的意义,首先必须了解民族或国家间的"自由"和"平等"的联系;"唤起民众"和"联合世界上以平等待我之民族,共同奋斗"的联系。不平等条约的废除(这是我们的抗日斗争的结果)与国内民主会议的召开(这到目前为止尚未举行)联系在一起,说明了同一个重要的思想:只有当国际民主实现之后,世界上才会有巩固的和平。今天我们虽然在行动上不是大家都做到,但在言论上大家都承认这一点。"国际民主"的意义就是一方面国家之间是平等的,同时每一个国家内部也有一个建立在人民的利益与自由表达意志的基础上的政府。当孙中山必须用几句话来总结他一生为中国人民的最大需要而奋斗的思想与经验时,他首先提出了这两件事。

大家都知道,中国人民这次战争的目标正是孙中山一生的目标——争取充分的民族平等。中国被满清统治了约300年。在过去的一个世纪中,中国变成了列强的半殖民地,并几乎成为朝鲜第二。今天,我们的沦陷区是十足的殖民地,而我国其他地区则在不同的程度上正在从半殖民地转变成为完全的民族自由的地区。作为一个民族,我们必须而且一定要摆脱一切对外的屈从和依赖。但这绝不是说,中国人民现在或者将来是排外的,或者他们会有一天忘却孙中山的遗训——联合目标相同的朋友,联合真正的朋友,无论是国家、群众运动还是个人。因为这个遗训指出了中国人民的真正需要。所有的民族革命都曾得到世界各地进步思想和行动的支持。美国的革命在英国人民中间有它的朋友,同时它本身又影响了法国的革命。我们推翻满清的运动深深受到美国的革命传统的影响,而我们反对军阀、争取人民政权、争取真正民族平等的运动,则又受到苏联的革命的鼓舞与支援。孙中山在反对满清和帝国主义侵略的斗争中，绝不会认为国外朋友对于我们人民的运动的支持是有损国家主权的一种干涉行为。今天我们人民也不会那样想。对于像美国的孤立主义和压制印度独立之类的现象，我们认为有权加以批评，同时我们也承认别人有权分析我们国家中的情势并提出批评。

　　有人批评我们有依赖外国的倾向。我要指出，固然所有中国爱国人士都认为我们的抗日军队应该得到一切可能的援助，但是，只有那些采取观望态度，不积极参加我们民族斗争的中国人才会对人民缺乏信心，以致哭哭啼啼表示说，倘使明天外援不来，后天我们就会垮台了。为我们的国家和为我们的前途而战斗的人是要求援助的，可是，他们为之而作了这样多牺牲的目标是不受任何条件的影响的。

（《新华日报》1944年3月13日）

（原载《宋庆龄选集》上卷）

抗战胜利告全国军民及全世界人士书

(1945年8月15日)

蒋介石

全国军民同胞们：全世界爱好和平的人士们：我们的抗战，今天是胜利了，"正义必然胜过强权"的真理，终于得到了他最后的证明，这亦就是表示了我们国民革命历史使命的成功。我们中国在黑暗和绝望的时期中，八年奋斗的信念，今天才得到了实现。我们对于显现在我们面前的世界和平，要感谢我们全国抗战以来忠勇牺牲的军民先烈，要感谢我们为正义和平而共同作战的盟友，尤须感谢我们国父辛苦艰难领导我们革命正确的途径，使我们得有今日胜利的一天，而全世界的基督徒更要一致感谢公正而仁慈的上帝。

我全国同胞们自抗战以来，八年间所受的痛苦与牺牲虽是一年一年的增加，可是抗战必胜的信念，亦是一天一天的增强；尤其是我们沦陷区的同胞们，受尽了无穷摧残与奴辱的黑暗，今天是得到了完全解放，而重见青天白日了。这几天以来，各地军民的欢呼与快慰的情绪，其主要意义亦就是为了被占领区同胞获得了解放。

现在我们抗战是胜利了，但是还不能算是最后的胜利。须知我们战胜的含义绝不只是在世界公理力量又打了一次胜仗的一点上，我相信全世界人类与我全国同胞们都一定在希望这一次战争是世界文明国家所参加的最末一次的战争。

如果这一次战争是人类历史上最后一次的战争，那么我们同胞们虽然曾经受了忍痛到无可形容的残酷与凌辱，然而我们相信我们大家绝不会计较这个代价的大小和收获的迟早。我们中国人民在黑暗和绝望的时代，都秉持我们民族一贯的忠勇仁爱，伟大坚忍的传统精神，深知一切为正义和人道而奋斗的牺牲，必能得到应得的报偿。全世界因战争而联合起来的民族，相互之间所发生的尊重与信念，这就是此次战争给我们的最大报偿。我们联合国以青年血肉所建筑的这道反侵略的长堤，凡是每一个参加的人，他们不仅是临时结合的盟友，简直是为人类尊严的共同信仰而永久的团结了起来。这是我们联合国共同胜利最重要的基础，绝对不是敌人任何挑拨离间的阴谋所能破坏。我相信今后地无分东西，人无论肤色，凡是人类都会一天一天加速的密切联合，不啻成为家人手足。此次战争发扬了我们人类互谅互敬的精神，建立了我们互相信任的关系，而且证明了世界战争与世界和平皆是不可分的，这更足以使今后战（争的发生势不可能。我说到这里，又想到基督宝训上所说的"待人如己"与"要爱敌人"两句话，实在令我发生无限的感想。

我中国同胞们必知"不念旧恶"及"与人为善"为我民族传统至高至贵的德行。我们一贯声言，只认日本黩武的军阀为敌，不以日本的人民为敌；今天敌军已被我们盟邦共同打倒了，我们当然要严密责成他忠实执行所有的投降条款，但是我们并不要报复，更不可对敌国无辜人民加以污辱，我们只有对他们为他的纳粹军阀所愚弄所驱迫而表示怜悯，使他们能自拔于错误与罪恶。要知道如果以暴行答复敌人从前的暴行，以奴辱来答复他们从前错误的优越感，则冤冤相报，永无终止，绝不是我们仁义之师的目的。这是我们每一个军民同胞今天所应该特别注意的。

同胞们：敌人侵略中国的帝国主义，现在是被我们打败了，但是我们还没有达到真正胜利的目的，我们必须彻底消灭他侵略的野心与侵略武力，我们更要知道胜利的报偿绝不是骄矜与懈怠。战争确实停止以后的和平，必将昭示我们，正有艰巨的工作，要我们以战时同样的痛苦，和比战时更巨大的力量，去改造，去建设。或许在某一个时期，遇到某一种问题，会使我们觉得比战时，更加艰苦，更加困难，随时随地可以临到我们的头上。我说这句话，首先想到了一件最难的工作，就是那些法西斯纳粹军阀国家受过错误领导的人们，我们怎样能使他们不只是承认他自己的错误和失败，并且也能心悦诚服的接受我们的三民主义，承认公平正义的竞争，较之他们武力掠夺与强权恐怖的竞争，更合乎真理和人道要求的一点，这就是我们中国与联盟国今后一件最艰巨的工作。我确实相信全世界永久和平是建筑在人类平等自由的民主精神和博爱互助的合作基础之上，我们要向民主与合作的大道上迈进，来共同拥护全世界永久的和平。

我请全世界盟邦的人士，以及我全国的同胞们！相信我们武装之下所获得的和平，并不一定是永久和平的完全实现，一直要做到我们的敌人在理性的战场上为我们所征服，使他们能彻底忏悔，都成为世界上爱好和平的分子，像我们一样之后，才算达到了我们全体人类企求和平及此次世界大战最后的目的。

（原载《中央日报》1945年8月16日）

第四部分

其他抗战广播史料选载

（一）

上海市各界抗敌后援会
宣传委员会战时广播电台统一管理办法①

（1937年9月）②

上海市各界抗敌后援会宣传委员会战时广播电台统一管理办法：

第一条 在非常时期，为统一步骤集中力量起见，所有广播电台各项播音③应遵照本办法之规定。

第二条 在战时，各广播电台应一律以下列各项为播音主要节目：

1. 时事报告④；
2. 劝募救国公债；
3. 劝募军需物品⑤及其他征集事项；
4. 国民军事常识指导⑥；
5. 外国语演讲及时事杂评；
6. 抗战歌曲演唱；
7. 名人演讲；
8. 游艺劝募或宣传。

第三条 前条第一项节目可由各电台自由播送，唯须以受新闻检查所检查之报纸为根据，不得超越其范围或增减其意思。

---

① 本办法后经修改，改称"宣传委员会战时广播电台统一宣传办法"（简称《宣传办法》，下同）。其修改处随时注明。
② 原件无日期，此系根据文件内容酌定。
③ 《宣传办法》为"所有广播电台播送第二条各类节目"。
④ 《宣传办法》为"时事报告（取材于申、新、时事、大公、时事午刊、新闻夜、大公晚、申晚）"。
⑤ 《宣传办法》为"慰劳物品"。
⑥ 《宣传办法》为"各类常识指导"。

第四条　第二条第二项①节目，由本会拟定宣传稿件送各电台播送，每三日更换一次。

第五条　第二条第三项节目，由本会依照供应委员会所需之物品拟就稿件，通知各电台播送。有必要时，得以电话通知征集②。

第六条　第二条第四项至第八项，概由本会特派人员播送，各台可以转播，其日程由本会另定之。

第七条　各团件，各私人欲借各电台播送节目者，概须说明原因、理由与必要，函请本会核准，通知各电台后方得播送，但不得移动本会已定之播音程序。③

第八条　本办法由本会与广播业同业公会会同议定。实行以后如需修改，须经双方同意行之。

（原载上海档案馆编：《上海市各界抗战敌后援会》，档案出版社1990年3月出版）

---

① 《宣传办法》中，自此以下均改"项"为"类"。
② 《宣传办法》第五条："第二条第三类节目，由本会依照慰劳委员会所需之物品或其他征集物项函知本会，再通告各电台播送之"。
③ 《宣传办法》第七条为"各团体、各私人欲借各电台播送第二条各类节目，除第四及第七类不涉及后援助劝募者外，概须说明原因、理由与必要，函请本会核准，通知各电台后方得播送，但不得移动本会已定之播音程序。"

上海市各界抗敌后援会宣传委员会拟订播音工作要点和外国语广播宣传大纲

（1937年8月）

（1）播音工作要点

上海市各界抗敌后援会宣传委员会工作计划

（略）

播音组

1. 联络广播电台；
2. 报告时事消息；
3. 劝募救国捐款；
4. 收集军需物件；
5. 编排名人演讲；
6. 破坏敌方音波。

（略）

（2）外国语广播宣传大纲

外国语宣传大纲　密

一、宣传对象

（一）对日：一般国民。

（二）对英美：政府与人民。

（三）对苏法：政府与人民。

二、宣传时应注意事项

（一）态度须诚恳有礼貌。

（二）情绪须热烈沉痛有煽动性。

（三）声调须委婉抑扬能吸引对方注意。

（四）演讲员须遵守时间，于规定时间前十分钟到达。

（五）演讲后须填写报告送会备查。

三、宣传内容之注意事项

（一）对日

1. 中日关系

（1）种族的：中日人民有血缘的关系。

（2）历史的：自秦以后，中日接触的史实及关系恶化的由来。

（3）地理的：地位及环境。

（4）文化的：日本受中国文化之影响。

（5）政治的：中日以平等互惠为基础，谋真正之联合，直接可以巩固远东和平，间接可以维持世界和平。

（6）经济的：中国自主的经济发展可以挽救日本经济的危机。

2. 中国的立场

（1）中国民族性：爱和平、重信义。

（2）中国的政治思想：对内主张政治平等，对外主张国际平等。

（3）中国一贯的要求：领土完整、主权独立。

3. 中日亲善的基本条件

（1）以东方的王道为基础，不以西方的霸道为基础。

（2）王道是主张仁义道德，霸道是主张功利强权。

（3）公理正义是维系中日亲善的纽带，洋枪大炮是阻碍中日亲善的障壁。

4. 中日战争的起因

（1）由于日本不断地侵略中国，想灭亡中国，所以我们不得不为生存而自卫。

（2）日本政府冒险侵略中国，阻塞中日爱好和平、国民亲善之途径是由于日本军阀独裁政治和官僚主义的结果。

（3）中国受日本帝国主义的压迫，日本国民也受军阀官僚政治的压迫。

5. 中日战争的影响

（1）两国的生命财产受巨大的牺牲。

（2）中国的文化机关备受摧残，人民惨遭蹂躏，结成仇恨互相报复非两国人民之福。

（3）日本国民因捐税的苛求致负担日益加重，必致走到经济完全破产的地步。

（4）日本国民被强迫服兵役完全是为好战喜功的军阀作工具。

（5）战事延长，中日两国将同得悲惨的结果，而两败俱伤乘其敝者将为何人。

6. 结论

（1）日本人民应明了此次战争为其国内军阀对中国的侵略战争，非日本人民与中国的战争。

（2）凡日本爱好和平的人民都应该一致起来拒纳捐税，拒认公债，拒服兵役，反对战争。

（3）日本人民应该挣脱残酷的锁链，推翻军阀官僚的统治，建立和平的民主政治。

（二）对英美

1. 中国的立场（同上）

2. 中日战争的性质

（1）日本系为侵略而战，中国系为自卫而战。

（2）日本的侵略是有意破坏世界和平，中国的自卫是间接保障世界和平。

（3）日本破坏一切有关和平的条约，如《九国公约》《非战公约》《国联盟约》等，中国则至今仍尊重恪守这一切条约。

（4）日本侵略中国的目的非但在侵占中国的领土，损害中国的主权，且在独占中国、攘夺友邦的经济利益。

（5）日本最后目的在以侵占中国为基础，进而并吞亚洲独霸全世界。

3. 日本侵略中国的影响

（1）中立国的商业完全因日本侵略而停止。

（2）中立国在中国的财产大部分都为日本的飞机大炮所摧毁。

（3）中立国在中国的侨民时时有受日本残害的可能。

（4）日本轰炸英国大使，封锁中国领海，是有计划地向中立国家挑衅，将来此类事件一定还有更严重的发展。

（5）日本之横行无忌必致酿成世界大战。

附注：将日本在侵略战争中惨无人道的行为尽量宣布。

4. 结论

（1）中国虽在苦难之中仍不忘恪守和平条约，并尊重友邦的经济利益。

（2）希望各友邦予中国以正义的援助。

（3）希望各友邦非但要予日本以道德的和法律的制裁，还要予以经济的和政治的制裁。

（4）要维持世界和平必先维持远东和平，要维持远东和平必先予侵略者以严厉之膺惩。

（三）对苏法

1. 中国的立场（同上）

2. 中日战争的性质

（1）中日战争是和平主义对侵略主义的抗战。

（2）中国是和平阵线的一员。

（3）和平有不可分割性，远东和平被日本破坏，即是世界和平被日本破坏。

3. 中日战争的影响

（1）中国文化机关备受摧残。

（2）远东战争延长有使欧洲形势恶化的可能。

（3）日本是侵略阵线在东方的一面。

（4）中国胜利可确保远东和平。

（5）中国胜利可减少侵略势力的威胁。

（6）中国胜利即是和平势力的胜利。

4. 结论

（1）和平阵线应有更迅速的展开。

（2）凡爱好和平的国家都由不侵略发展到互助。

（3）凡爱好和平的国家都应予凶横的日本帝国主义以严重之打击。

（4）凡爱好和平、反对侵略的人民都应不分国界积极联合，用各种方式暴露日本帝国主义的野心和残酷行为，并积极推动政府予中国以有力的援助。

（5）和平势力愈巩固，则侵略势力必愈削弱。现在是和平势力对侵略势力的诉诸行动的时候。

四、宣传时应避免事项

（一）关于军事的布置和军队的移动，以及其他有关军事的消息切勿传播。

（二）妨碍友邦感情及国际礼貌的言辞须极力避免。

（三）勿用讥刺及谩骂之口气。

附注：可作为宣传资料者，如中国优待日本俘虏、日军残杀红十字会救护人员、轰炸非战区民众等事件；不可作为宣传资料者，如日本败兵向中国军队叩头等事件。

（四）有关外交之重要事项须先提交本会讨论后方可播送。

（五）措辞须光明正大，勿使日本被压迫大众对中国发生反感。

（上海市各界抗敌后援会档案）

（原载上海市档案馆等编：《旧中国的上海广播事业》，档案出版社、中国广播电视出版社 1985 年 12 月出版）

上海市各界抗敌后援会宣传委员会国际宣传部第二次部务会议记录

(1937 年 9 月 7 日)

国际宣传部第二次部务会议

日　期：九月七日下午五时

地　点：商社

出席者：章益、吴家齐（日）、姚启胤（英）、吴泽霖（英）、朱少屏（英）、周邦俊、张素民（英）、袁文彰（日）、周文彬（日）、盛成（法）、王亚征（法）、王遂征（法）、盛子明（日）、陈素民（法）、刘湛恩（英）、孙浩煊（英）

主　席：章益

记　录：邢琬

报告事项

甲、主席报告

一、国际宣传播音的目的。

二、每日播音次数。

三、关于各电台接洽经过请周邦俊先生报告。

乙、周邦俊先生报告

一、"八一三"淞沪战事发生后，沪市各电台播音紊乱情形。

二、本会统制全沪电台至上月底始告就绪。

三、每星期排定一播音节目通知各电台遵照办理，所有播送材料必须经本会核准。

四、播音之效力晚间较日间为大，故外国语播音以晚间为适宜。

讨论事项

一、外国语播音时间应如何确定案。

议决：确定为每日下午七时至七时四十五分。

二、各外国语播音应如何支配案。

议决：英语、日语每日具有，所余时间为其他外国语播音。

三、每种外国语播音时间应如何限制案。

议决：以十分钟至十五分钟为限。

四、讲题及材料应如何规定案。

议决：由讲演者自己拟定讲题计划、材料唯须以新颖而切近事实为主，力避冗长。

五、讲题及材料如何可以避免重复案。

议决：每团体由一人负责，每种外国语由一人负责，最后由国际宣传部负责听播音后随即通知后一播音者。

六、新闻材料应如何搜集案。

议决：由本委员会供给。

七、每日播音由何人担任应如何支配案。

议决：由国际宣传部排定日程表。

散会。

主席行白

（上海市各界抗敌后援会档案）

（原载上海市档案馆等编：《旧中国的上海广播事业》，档案出版社、中国广播电视出版社1985年12月出版）

《申报》关于抗敌后援会宣传委员会更改外国语播音时间的报道

(1937年11月3日)

外国语播音时间更改

本市各界抗敌后援会宣委会对于国际宣传不遗余力，除编印宣传小册及书刊外，复于每晚九时零五分起至十时止举行外国语播音演讲。该项演讲自九月初开始以来，迄未间断。兹悉该会为调整节目起见，自昨日起更正播送时间。每星期一至星期六下午五时三十分至五时四十五分为英语演讲，由吴经熊、刘湛恩、温源宁、戴葆鎏、张素民、徐瑷及徐瑷夫人等担任；下午五时四十五分至六时，星期一、日为德语演讲，由王安娜女士及王炳南先生担任；星期二、五为俄语演讲，由王子均与赵德厚先生担任；星期三、六为韩语广播，由韩人某君担任。日语演讲则于每日下午六时四十五分至七时举行，星期日亦照常播送。法语演讲则于每晚九时零五分至九时十五分举行，由王亚征、王锡民二女士及王遂征先生担任，星期日停止播送。在上项规定时间，本市各华人电台将一律放送。凡本市外侨及日本、朝鲜、马尼剌、南洋群岛等处均可收听。

(《申报》1937年11月3日)

(原载上海市档案馆等编：《旧中国的上海广播事业》，档案出版社、中国广播电视出版社1985年12月出版)

上海市职业界救亡协会等团体关于呈请恢复播送救亡歌曲签名单

(1937年11月)

向市政府呈请转向租界当局恢复播送救亡歌曲签名：

职业界救亡协会代表	郭世艇
中国童子军战时服务第一团代表	郑庆春
中国青年座谈会代表	汪植林
国民救亡歌咏协会战时服务团代表	冯国柱
中国医药界救亡协会代表	徐公愚
青年救国服务团代表	孙　方　王长铭
游艺界救济会代表	李君磐
新中国剧社代表	叶　可
民众救亡演说团代表	蔡鹤梅
雷士德学校同学会战时服务团代表	钟甲山
青年战时工作团代表	周　粟　丁　强
国民战时服务团代表	林　明　郭　岚
国民救亡团代表	陈　恩　黄伟学
中华妇女国防会代表	朱　素
中华青年急进救亡协会代表	郑　愈
国防歌曲播音联合会代表	崔雁君　陈伯韬
印刷界战事服务团代表	汤洪麟　徐金祥
上海教育界战时服务团代表	朱慧觉
公仁社救亡委员会代表	陆鼎万
沪南青年救亡团代表	邢玉明
中国作曲者协会代表	陈日故　刘雪庵
上海市文化界救亡协会歌咏组代表	殷　扬

第四部分　其他抗战广播史料选载

上海市美术界救亡协会代表	张泽如
国民救亡歌咏协会代表	鄢克定　康竹影

（上海市各界抗敌后援会档案）

（原载上海市档案馆等编：《旧中国的上海广播事业》，档案出版社、中国广播电视出版社 1985 年 12 月出版）

(二)

失陷地区民众宣传办法纲要（摘录）

（国民政府军事委员会政治部）

（1938年8月）

第七条 由无线电广播电台，根据事实，广播讲演，使失陷区内民众接受宣传。

（原载《抗日战争史料丛编》第二辑第19册，国家图书馆出版社2015年出版）

各省普设收音机及运用办法

(1940 年 3 月 7 日)

廿九年三月七日第五届中央常务委员会第一四二次会议通过：

一、为谋普设各省收音机，并求其适用之适当，以利抗战，特制定本办法，须发各省政府遵照实行。

二、整理并增设各地方收音机以每县市至少先有一架为原则，必要时得分期举办渐次推广于各区乡（镇）保务期普遍，其在战区省分得视环境之需要，酌重举办。

三、凡已设收音机之各县市，如机关、团体或私人所有之收音机，能供公共运用者，得暂缓增设但应将机件种类牌号及使用状况，经济来源，列表送中央广播事业管理处审核，以期划一运用。

四、凡私有收音机能规定时间公开放听者，得由各县市收音员呈报各省政府转请中央广播事业管理处酌量奖励之。

五、中央广播事业管理处选择适用机械与中央无线电机制造厂讨立廉价供给办法整机代购交由省政府分发各县市应用。

六、各省政府应设立收音员训练班学员由各该省县市政府考送之。由中央广播事业管理处派遣技术人员协助训练，训练五个月毕业考试成绩及格者派回原县市充任收音指导员或收音员。其考送训练服务办法，由各省政府参照收音员训练班办法大纲另行讨定，送中央广播事业管理处查核备案。

各省训练班分期举办，规定如下：

第一期　四川、贵州、云南、陕西四省，限民国二十九年六月一日开班。

第二期　湖南、湖北、江西、广东、广西、河南、甘肃七省，限民国二十九年八月一日开班。

第三期　战区各省视局势之推移，再定开班日期。

各省政府应将训练班筹办经过，报请中央广播事业管理处备案。

七、各省政府应将学员考试成绩及派充各县市之收音指导员收音员分别列表送中央广播事业管理处查核。

八、本办法所需经费，分开办、经营两资。开办费以中央与各省政府分担为原则，但以收音机材料费为限，经营费由各省政府自行筹措，必要时得由中央酌予补助。

九、各省政府应指派专员负责督导各该省县市收音员，其办法由各省政府自行订定送中央广播事业管理处备案。

十、各县市党政学各机关现任收音员、不论曾受任何训练或经审核认可者，应一律列表送中央广播事业管理处审核。

十一、凡实行新县制各省训练班区乡（镇）保各级人员时应加接收音常识，各区乡（镇）保收音员可分别由当地小学教员区教育指导员乡（镇）文化股主任及保文化干事之有收音常识者兼任并受县收音员之监督指挥。

十二、收音机应设于各县市区乡（镇）保公共场所（如公园体育场）收听中央广播事业指导委员会制定电台之播音必要时得建收音亭添装扩大喇叭并录贴公共场所。

十三、各省政府应每月将各该省县市之收音工作概况，报中央广播事业管理处查核，必要时中央广播事业管理处得派员视察。

十四、各县市党部及当地各机关或私人添设收音机构关于装配修理均得请由各该省县市收音员协助并联络使用。

十五、本办法核准施行原颁之各地设置收音机办法应即废止之。

（戴美政提供）

各省政府设立收音员训练班办法大纲

（1940年3月7日）

廿九年三月七日第五届中央常务委员会第一四二次会议通过

一、各省政府为训练收音技术起见，应设立收音员训练班。

二、训练班以五十人为一班，视就学人员之多寡为开办若干班之标准。

三、训练以五个月为期，授以电学，无线电学大意，收音机之装配修理使用方法及政治军事课目。期满考试成绩及格者分别派充各行政区收音指导员或各县市收音员。

四、各县市考选之学员以其备左各项者为限。

（甲）年龄在十八岁以上三十岁以下者

（乙）思想纯正意志坚定身体强健听觉灵敏谙习国语者

（丙）初中以上或同等学校毕业者（师范生除外）

五、训练班各种规章及学员之考送任免服务等办法，由各省政府定送中央广播事业管理处备察。

六、训练经费由各省政府筹措之，学员受训旅费来时由各县市筹发回程由省政府拨给。

七、各县市收音经营费一概由省政府饬列各该县市预算为拨给。

（戴美政提供）

防止沦陷区民众参加伪组织宣传办法（摘录）

（1940年11月）

机密

防止淪陷區民眾參加偽組織宣傳辦法

國民政府軍事委員會政治部
中華民國廿九年十一月製發

戊、廣播辦法

1. 每月廣播四次，由中宣部與政治部分別敦請中央要員及各界人士擔任。（每月上半月由中宣部敦請，下半月由政治部敦請。）
2. 講題由廣播人員自行擬定，題材以闡明中央對淪陷區域之關懷，收復失地之決心，最後勝利之接近，當前於我有利之國際形勢，敵偽之陰謀毒計，及其崩潰的必然性為限。
3. 每月廣播人員應于一月以前函約，並請其將題目于十日前通知本部。
4. 每月廣播人員及題目規定後，即函請中央廣播電台編配時間。
5. 先期將廣播日期及廣播人員姓名，設法報告淪陷區民眾，俾得依時收音聽講，而收宣傳之效。

（原载中国社会科学院近代史研究所、中国抗日战争史学会编：《抗日战争史料丛编》第二辑（第19册），国家图书馆出版社2015年出版）

抗战期中之广播宣传

（1947年3月）

一、广播事业之工作计划及纲要

（一）准备抗敌筹设强力远程之短波电台：中央广播事业管理处以广播为举世公认之第四战线，虽倡导经营已逾十载，唯发展之势偏重东南，敌氛渐迫，必须预行准备。迭经考虑商讨，于廿五年呈奉最高领袖决定，以重庆为重心，筹建卅五千瓦强力远程之短波台，充国家对外之喉舌，以广博国际同情。

（二）发展西南、西北广播：为坚固播音壁垒，团结国民意志，经先后配置十千瓦中短波机、一千瓦及五百瓦短波机，备装汉口、长沙、贵阳、兰州、西安、康定、西昌各处。并拟定中央台迁渝，改装十千瓦机；及迁用粤省原购六十千瓦机，改装昆明，计划以供战时宣传之用。

（三）加强京台实力规划应变方针：七五千瓦大台，夙为敌忌，屡遭破坏，经拟另备机件为烟幕，藉供掩护并预选陵园等地点，充战时应用。

（四）筹划全国广播网：为发展永久业务，供应社会上宣传教育之需要，经依幅员、人口、环境、趋势，分别配备电力大小不等之中短波机广播台，期逐渐推行完成广播网。

（五）倡导各省市收音机：内地收音机奉不发达，经拟廉价订购，半价配发各县市机关、团体、学校应用。

（六）灌制录音片：演讲报告之有留存转述价值者，经拟灌制唱片供反复播送，俾克流传久远，并灌制抗战歌曲、唱片以激发全国民气。

（七）策划修制器材：广播器材胥赖国外供给，耗资废时，经与资源委员会议定创设制造厂，并另拟另设修理之小机构。

（八）加强节目效能：处属各台节目质量均需注重，尤其对于各国语言及国内各地方言之报告与音乐、歌曲、话剧更有选用之必要，经拟遴选人才，征集资料，源源供应。

（九）联播与干扰：欲音波弥漫，效能伟大，当首重联播，并干扰隔绝敌方之播音。经拟中外各台联播办法，并随时设置干扰机。

二、广播事业之工作实施

（一）国际广播

广播电台之周波，普通分长波、中波、短波三种。长波、中波射程近而较稳定，短波射程远而易变化，各有优劣，恒宜兼采并用，互济短长。当南京七万五千瓦特电力中波大电台完成后，于廿二年春，议添强力短波电台。追至器材经费问题渐有头绪，廿五年始奉准选用三万五千瓦特电力机械，择址重庆进行装建。由吴副处长道一亲主其事，冯简同志佐之。战机渐紧，漏夜赶工。军兴以后，备感困难，卒于廿七年十一月开始广播。初，该台之机器与当时重庆初建之中波机合为中央台，同时两机播送，嗣于廿九年划用国际广播电台名义，迁装机件于地下室内。其播音台、收音台、发音室、自行供电之电力厂均以专线联络为一体。悉依最初原定计划布置，每日播音时间约在十二小时左右，以不同之波长，定向或不定向之天线，对欧美与远东以及南洋各地放射。各种节目按对象之区别有：英、俄、法、泰、日、马来、缅甸及西班牙等十数种语言；类别有三：一为通常性质者，二为应战时急需者，三为特约广播。又为增加力量，议添二万瓦特电力短波广播机两座，以期同时用数种不同之波长播送。

（二）国内广播

（子）中央广播电台：于民国十七年八月一日开幕。初用五百瓦特之电力发射机装于首都丁家桥中央党部东侧，由徐恩曾同志植其基，吴道一同志竟其功，刘振清同志佐其事。试验完成，全国视听为之一新。当时，对内固为划时代之工作，对外节节改进，策划扩充。禀承中央之指示，参酌专家会议之意见，选用得力风根厂七万五千瓦特电力播音机，派刘振清同志赴德监制，聘请总工程师冯简同志董其事，于二十一年十一月十二日正式供用，呼号 XGOA，声被寰区，强敌为之震惊不止。至民国廿五年，又增强设五百瓦特之短波机一座以辅之。二十六年冬西迁，先由汉口、长沙电台接替中央台任务，拆卸机件抵渝，积极改装一万瓦特中波电台，于廿七年三月恢复播音。既而战云弥漫全球，敌方干扰复烈，复增四千瓦之短波机一座、七千五百瓦特之短波机一座通力合作。

（丑）昆明广播电台：廿七年一月，本处在汉口规划决定，接购粤省原定六万瓦特中波广播机，尽速移装与渝、筑各台相辅应用。即由吴处长保丰亲主其事，刘振清同志佐之。至廿九年八月，建屋装机工作全部完竣。不啻南京七万五千瓦特之电台，另以零星材料，酌量添装成二千瓦特短波广播机一座，同时供用。

（寅）贵州广播电台：将运出之料装配短波十千瓦广播机，廿八年一月正式播音，为国际台辅助姊妹台。

（卯）福建广播电台：此台为省有五百瓦特中波广播机接收经营，抗战军兴，与汉湘两台遥遥呼应，俨为东南方之喉舌。最后随各机关西迁永安，加用二百瓦特短波机同时并播。卅二年一月，敌机屡炸电台未中，而钟台长及其妻子临时避难台侧河边，均不幸成仁。至复员时，全台迁回福州。

（辰）甘肃广播电台：廿八年奉准筹设十千瓦中波机，另以百瓦特小机先行济急，于卅二年元旦试播，其十千瓦机部分亦于卅二年十月装竣试播。

（巳）湖南广播电台：此台设于沅陵，其机件为省辖电台之旧机，残缺补充者达半数，将长沙台拆下留存沅陵之材料凑合重装一千瓦特中波机，廿八年十二日正式成立。

（午）陕西广播电台：此台为河北电台拆卸机件设法密运至西安，勘定行营南辕门外余地为台址装竣播音，电力为五百瓦特，名为西安广播台。迨河潼吃紧，拆机南移汉中，更名为陕西广播电台，继续照常播音。西安方面仍留四十瓦小机维持暂代，迄未变更。复员后，另制五百瓦特中波新机仍迁西安。

（未）江西广播电台：此台系省政府所设，于廿九年九月电请处方接管，卅年十一月奉准筹备，移装泰和。赣东战局紧张，将机件抢运至赣州。复员后迁往南昌装竣播音。

（申）其他广播电台：

（一）西昌广播电台：此台系廿九年六月奉总裁令饬，设立二千瓦特短波机一座，以电厂供电关系缺乏线料不能过远，遂安装于城内。卅年二月装竣，卅一年一月十九日起试播，卅二年五月一日正式开幕，侧重康定方言为其特点。复员后撤销。

（二）流动广播电台：廿九年提议，每战区先设一机，完全装于汽车之上，可随时驶往前方，对敌宣传。嗣承总裁意旨，详拟计划，在未审议核定以前，试购三百六十瓦特短波广播机一套备用。适第三战区请先拨设江西上饶，应东战场前线之需要，遂于卅年八月一日正式播音，卅二年二月迁至铅山，四月一日全部装置完成。复员后已归并浙江电台。

（三）长沙广播电台：此台为七万五千瓦特机之积余备货材料自行配制之一万瓦特中波机。廿六年五月五日国府成立纪念日正式开幕，首都西迁，暂时代负中央广播宣传之使命，与汉口台相辅运用。廿七年十一月十二日长沙大火，机件拆并湖南台。

（四）汉口广播电台："七七"以前，汉口市原有二千瓦特广播电台一座，迨首都撤守，中央广播电台西迁之际，本处复添制二千瓦短波机，与湘台接替任务，联合播音。至武汉转进之前夕（廿七年十月四日）始，随军西撤，途经泄滩，短波机件竟遭沉沦，中波机迁装贵阳继续播音。

（五）西康广播电台：于廿七年七月，廿九年三月奉准筹备。其机件为一千瓦特中波机，卅年三月底装成试播。西至拉萨，东迄沿海，均可收听。嗣以西昌台奉总裁手谕建立，康省似无设置两台之必要，奉准于卅一年六月底停止。

（六）各省市自营广播电台：各省广播电台成立较早者，为天津、北平、辽宁、哈尔滨四台。嗣后各省市先后成立。除上海一隅，民营最多，以电力较小，姑不论外，战前计有杭州、广州、上海、汉口、开封、镇江、徐州、济南、太原、南昌、云南、重庆等台，当时曾与本处直辖之南京、福州、河北、西安、长沙等台共肩训政宣传之运动，受时局影响大半停废。其于战后迁装新设者，计有丽水、曲江、洛阳、泰和、成都、桂林、耒阳、赣州各台，又复遭受地方财政支绌，缺乏补充材料等困难，致一部分停播。战时尚在播音者，仅有广东、广西、湖南广播电台。此外，交通部所辖之成都广播电台均与处属台密切联络，俨为华西广播方面柱台。

（七）胜利后先后接收敌伪各广播电台详见附表，不另赘述。

（三）应变规划

开战之初，即于敌机滥炸后改中央台为金陵台，以资隐避。并另于城南及陵园等处分别设台相互应用，俾难捉摸。西迁时一并拆运。

（四）筹划广播网

中央广播事业管理处迭经拟有广播网草案，送经中央广播事业指导委员集议，以内政、外交、交通、军事均有关系，各部会意见甚多，尚待继续审议解决。

（五）倡导敷设收音机

收音事业早在举办广播事业之初，同时并顾。廿二年大规模训练收音员四百卅五人，均由各省市县政府报送。受训毕业携机回归原处，成立收音室，供各地报纸及内地壁报之用。综计民间收音机约在百万以上，但因交通条件限制，电台数量减少，电力降低，电源供应不足，及军事机关取缔过严等等关系，使收音事业之发展不免停滞。因此有普设各省市县地方收音机办法四种，广播事业管理处并添设收音督导科协助。湖北、湖南、江西、四川、甘肃四省次第举办收音员训练班。此后实施目标当遵从主席在《中国之命运》中之指示，逐渐广设一千八百万架收音机于全国各地。

（六）灌制录音片

经先后购运录音机并灌制各种抗战歌曲、重要演讲、报告新闻底片及总理遗教集锦留音底片，分运印美复制硬片。

（七）策划修制器材

初由中央广播事业管理处与资源委员会、湖南省政府合资创办中央无线电器材厂于长沙，嗣移桂林，并分设昆渝两分厂。业务发达，极速供应军用居多。但为专重广播起见，自行另设广播器材修造所。

（八）控制公营民营电台节目

战时各广播台节目胥由中央指导，对于重要宣传文告及新闻均采齐一之步骤，分工合作。

（九）加强节目效能

（子）国际广播电台

争取国际援助，由中央、国际两台，经常与国外各大台联播或转播特殊节目，如每月第一个星期三晚八时卅分至四十分转播英国 BBC 电台华语科学演讲；每星期日转播美国旧金山电台华语演讲，所用语言有国、沪、闽、粤、客、潮、琼、蒙、回、藏、泰、俄、日、韩、台、缅、越、法、英、荷、马来、西班牙等二十余种，分三大项：（一）为普通性质者，有新闻、演讲、战讯、时评、音乐等，其旨在打击侵略迷梦，发扬战斗精神；（二）为应战时急需者：（1）广播信箱，凡在自由区之中美人士俱可用作简单通讯；（2）杂志论文，由在渝外国人士撰作播送；（3）密码广播，由外交、海外两部对海外指示，用密码播出；（4）对远东盟军广播，由驻华盟军及大使馆播送新闻、时评、乐剧等以助长士气；（三）为特约广播，因敌方电台干扰太甚，所播音波有时未能为盟方收听，乃特约美国 NBC、ABC、MBS 等广播网，及 WIW、WMRA、WHO 广播台，用精良机件代为收转中国播音，以适应广播战之局面。

（丑）对敌广播

作战期间经常针对敌伪弱点发布播音，其材料有由各战区作战机构检送者；有由中枢主管机关供给者。其间以昆明台电力最大，凡沦陷区民众恒得顺利收听。

（寅）对华侨广播及通讯

国际台及中央台短波部分，在战争进行中，常对海外侨胞作报道乡情之播音。大多采用闽、粤及客家语播出，用慰思念祖国之忧。

（卯）流动电台播音

战争剧烈进行时期，各地沦陷区虽可收听中央等台节目，究不若就近收听前方电台。乃由流动电台播送新闻、音乐、战讯、捷报、精神讲话、抗敌宣传、青年、妇女、日语新闻节目及转播中央、国际两台重要节目。

（辰）充实节目，增加播音时间

各台播音时间历年各有显著增加，合计每日播音时间为：廿七年卅小时，廿八年四十三小时，廿九年五十六小时，卅年六十三小时，卅一年六十八小时二十五分钟。以后亦递有增加。至于节目内容之百分比，新闻约计百分之卅五，演讲占百分之廿四（内宣传十六，教育八），乐剧百分之四十一。

（十）联播与干扰

除中外各台联播转播已于前项分述外，对于敌伪播音，常于重要时间针对其周波，用干扰机加以干扰，隔绝混乱其音波。

三、广播事业之工作成效

广播应战未久，全部西迁拆运装卸倍感困难，积极支持敌优我绌，势同什一，尤以物资材料，在在缺乏，不得不机动应付。所幸上下一心，得力于事先在渝筹备之短波机，即中央、国际两台所凭以播送国际节目者，是以抗战自始至终，中国呼声得畅达于寰宇。综其成效约如下列。

（一）对象之反映

（子）敌机屡炸重庆，东京某杂志称敌空军回报炸弹，漫落城郊田中，田鸡均绝哇哇之声，而广播电台反呱呱声昼夜不绝，其督促亦始终未遑。

（丑）美国四大广播网及各独立大电台，均以获得转播我国际广播电台节目为幸，而其一般社会，若一日未收到我方播音，恒有若烟酒未能过瘾者，然即来函电质问。

（寅）英国 BBC 广播网常收听我播音以作报告资料。每以伦敦近欧远亚，恒被德国干扰，屡屡电请，设法避免。

（卯）苏联恒收我方播音，同时灌片。若偶有关联之处，恒来电查询。嗣更设法加强联系。

（辰）南洋远东盟邦播音宣传，因附近缺乏广播电台，胥赖我方独立撑支。

（巳）其他各地对于中国播音深感兴趣，常函询一切问题，尤以泰、越、缅等处对于昆明、贵州两台音波范围最近，所受影响最深，来函更多。

（午）沦陷区及后方距渝较远处所，对于中央、国际、昆明、贵州、甘肃、陕西、西康、湖南、福建、西安、流动各台节目之感想，固各有不同，但无不一致着重收听，有各种报告可资证明。

（未）美国对我国际广播电台增设之传影无线电传真工作，每日将中国境内之我方及盟方动态，至少对其播送相片一张，社会情绪异常兴奋。

（申）敌寇正议降时，陷区伪方电台一致服从本处命令，除导航昼夜播音外，立即转播中央所属各台播音，使陷区民众迅获胜利消息，莫不倾向中央一致拥护。而地方秩序之维持，器材资产之保存，裨益尤大。

（二）事业之进步

战时社会既一致重视广播，战后人民更群谋利用。除中央所订计划逐步推行，并接收敌伪广播通盘整理，其他一切附带业务亦分别发展外，民营广播推进甚速，收音机更日普遍于全国各地，此后移宣传重心为播音教育，成效将日益宏大。

四、广播事业之工作概况与统计

国民革命军的定东南，建都南京。陈委员果夫议设五百瓦特中央广播电台，初属试办性质。迨至成绩渐著，迅谋扩充，即经拟其具体计划，提经第二届中央第一五五次常会，核准施行。随即选择机件地址，筹备建筑装置，赶于二十一年八月装竣试机。于总理诞辰正式播音，电力为七万五千瓦特，射程环达四五千里。复为加强全国广播业务之进展起见，经中央第三届第一五次常会改组为中央广播电台管理处，直属中央常务委员会。任吴保丰同志为处长，吴道一同志为副处长，规模初立，基础渐固，得以积极推进，尽量运用。于是音波广被，正义昭宣，不独国内民众欢欣鼓舞，而僻远边疆更增向

第四部分　其他抗战广播史料选载

化之忧，促成实际之统一。时当九一八之役，国际间正严密注意，对于中国之进步，本党之主义，亦藉以充分了解，赞助同情者日益增多。不过强邻侧目，力竞发展，以其国力之充裕，进步较为迅速。然深以播音侵略势难漠视，双方实际力量既属强弱不同，则抗御之方维在运用之得当，乃殚精竭虑，昕夕从公，上秉国策以因时制宜，下顺舆情以激励民气，解决当前之困难，准备推进之计划。于业务上一面加强节目，以尽宣传教育娱乐三大广播目的；一面添设电台，按幅员广阔、人口多寡，草议广播网分区步骤，期各该区域电台射程可及之范围，一律可用简单收音机收听，并使各台相辅互助，增厚力量，足以避免干扰低落等患。当时限于财力，逐先接管福建电台，筹设长沙、河北、西安电台，更于技术上先谋机件自行装设，原冀循序渐进，精益求精，达到自给自足之目的。研究发明之希望，所有江苏、长沙及抗战时之金陵电台与中央短波电台应用之机件，均为本处技术科配制完成者。嗣与资源委员会、湖南省政府合资筹设中央无线电器材厂，专司其事。迄今营业发达，军用收发报机亦多赖其供应。另一方面当时公营民营电台渐次增多，散漫分歧，各是其是，乃复建议请设广播事业指导委员会，联合有关机关以统制扶助。对于外人在上海所设非法电台，则特设正音电台，以干扰纠正之。收音方面，依照各国习例，本由社会自行发展，但念国内情势，实有倡导之必要。除各省市党部最先已分别设置收音机外，议设各县市收音机，按地方之繁简等，次第设机，先后开班训练收音员四百余人，分发服务。遂使交通不便之地方，素缺报纸阅读者，均获壁报通讯稿之享受。时局消息顿觉灵通，中枢声教瞬息远达，颇慰一般社会之愿望。尤以各地华侨关怀祖国者，函电慰勉，络绎不绝。本处亟拟迈步前进，于廿五年一月奉准改易名称为中央广播事业管理处，充实组织，遴选人才，按中央配给之经费预算，就可能范围紧缩开支扩充事业。同时准备抗敌，呈请添设短波大电台为联各国际之用，虽屡议屡辍，终于廿五年奉准筹备，立即预择地址。签奉总裁批定重庆，昼夜赶工，进行未半，抗战军兴，一切器材之转运，设备之物质，困难缺乏达于极点，幸赖在事人员之毅力，得于最短期内完成，廿七年十一月开始播音，殊出敌人意料之外。其后屡施轰炸，环落巨弹，均因联护有方，保全无恙。迄今俨为盟邦播音之枢机。先是本处随军西迁，初用汉口长沙两台接替中央台任务，嗣即整理经营，先后改装中央台迁出机件于重庆，添设贵阳、昆明、西康、西昌、甘肃、江西、流动等台移设湖南、陕西两台，准备广播网后方部分之工作。重行推广收音，由各省自行设班训练收音员，由本处派遣教官，并向中央无线器材厂廉价购用自造收音机，以半价供给地方。于是湘、鄂、桂、川等省，每县均有公用机一架以示范，陕、甘、滇、黔等省亦陆续分设，并策划推动新、藏、宁、青等省之广播，以期普遍享受。同时顾念科学日新月异，特成立电波研究所，并求达自给自足，遂自设广播器材修造所。但回溯十七载之经营，八年之奋斗，向待充分劳力、俾由均势渐达于优势之地步。同人等仰体总裁垂念之殷切，手谕之频颁，指示之周详，督促之严厉，并念一般社会之期望，侨胞之热忱，民众精神之寄托，友邦人士之推重，敢不实事求是，奋勉图功，以精神意志战胜一切，遵照《中国之命运》所昭示之大纲，计程实效，与各项新事业齐头并进，共同完成文化大同之使命。

（为国防部编纂之《抗战全史》提供，为其中《抗战期中之宣传》的一部分，据1947年3月6日送中宣部稿排印）

（原载赵玉明主编：《中国现代广播史料选编》，暨南大学出版社2007年6月出版）

（三）

陕甘宁边区每日广播

[**大众社**] 陕甘宁边区政府为推进新闻事业，供给正确报道起见，特制备播音机器一座，并已于上月三十日起，开始向外广播，其广播时间为每日十九时至二十一时（即晚七时至晚九时），呼号为 XNCR，波长二十八米，我山东各军政机关，民众团体，备有收音机者，可赶快按时收听，借以收罗一切正确真实之新闻材料，并可粉碎敌伪投降派所进行之欺瞒国人之一切虚妄宣传也。

（原载 1941 年 1 月 16 日山东《大众日报》）

新华社启事

新华社广播电台决于二月一日开始播音，除报道国际国内及抗战消息外，并经常有音乐、名人讲演、科学常识、日语、革命故事……节目，欢迎各界自由收听。

时间——每日上午十时至十一时，下午八时至十时

波长——二十八米 呼号 XNCR

（原载 1941 年 1 月 26 日延安《新中华报》）

延安新华广播电台四月一日开始播音
放送中共中央重要文件等

本报特讯:"延安新华社国语广播电台,自去秋开始筹创,数月以来,苦心经营,已于月前装妥,复经月余之试验,结果极佳,华北各地,皆能收听,声音清晰宏亮,该台已决定自四月一日起,正式试播,呼号为(XNCR),其时间波长如下:

(一)十四点至十五点　波长三〇点五米　周率九八〇〇千周

(二)十八点至十九点　波长六十一米　周率四九四〇千周

(三)二十二点至二十四点　波长六十一米　周率四九四〇千周

在试播期间,除每日有音乐节目,放送新歌外,二十二点一节,为广播中共中央重要文件,新中华报社论,解放报重要论文,国际国内重要新闻及重要通知,紧要文件等。在敌后交通阻滞情况下,实为广大军民、敌占区同胞之福音,望各界注意收听。对于该台之意见,并可寄交本报代转。"

(原载 1941 年 4 月 3 日《新华日报》华北版)

中共中央关于统一各根据地内对外宣传的指示

(1941年5月25日)

中共在全国以至全世界所占的重要地位，中共每一负责同志和领导机关之一言一动在全国以至全世界所发生的巨大影响，政治形势之紧张，敌人谋我之尖锐，党派斗争之激烈，都要求我党统一对外宣传及采取慎重处事的态度。从近几个月中各根据地的广播与战报看来，我党的对外宣传是不适合于这个要求的。特别应引起我们注意的，是许多违反党的政策与中央指示的言论之公开广播（如另立中央政府的主张，马日事变的估计，陈团起义的发表，仇货充斥的自白等），与各地对外宣传工作中独立无政府状态的存在。这种全世界任何国家政党所没有的极端严重的现象，如不迅速纠正，对党对革命必有很大危害。因此中央决定：

（甲）一切对外宣传均应服从党的政策与中央决定，各中央局、中央分局、省委、区党委负责同志的公开发言，尤应严格遵守此原则。各军事领袖不得军委许可不准公开发表有关全国性的意见。凡牵涉到全国性意义的重要政治事变，任何中央局、中央分局、省委、区党委负责同志及任何军事首长，在中央未指示前，不得公开发言，以保障全党意见与步调的一致。

（乙）一切对外宣传工作的领导，应统一于宣传部。宣传部应负责立即停止在这方面的无监督、无政府的现象，中央局、中央分局、省委、区党委应经常检查这一工作，并加强其领导。

（丙）各地方报纸下的通讯社，应成为对外宣传的重要机关。广播台及起广播台作用的战报台，应划归通讯社，并设立广播委员会专门负责广播材料的审查编辑，并由宣传部指定一政治上坚强的同志领导之，并经常检查其工作。

（丁）各地应经常接收延安新华社的广播，没有收音机的应不惜代价设立之，各地报纸的通讯社，应有专门同志负责接收与编辑工作，应同延安新华社直接发生通讯关系，并一律改为新华社某地分社。关于电台广播内容与广播办法等，应受延安新华社之直接领导。

（戊）各地报纸应经常发表新华社广播，其他根据地的广播登载与否，应根据本决定第二项来审查处理，无选择的登载是不允许的。

（原载《中国共产党新闻工作文件汇编》，新华出版社1980年12月出版）

中共中央宣传部关于电台广播的指示

（1941年5月25日）

电台广播是各抗日根据地目前对外宣传最有力的武器，为加强这一工作，除必须立即执行中央五月二十五日的指示外，望即实行下列各点：

（一）广播内容应以当地战争及政治、军事、经济、文化教育等各方面的具体活动为中心，并以具体事实来宣传根据地的意义与作用。

（二）广播材料应力求短小精彩，生动具体，切忌长篇大论，令人生厌的空谈。

（三）广播均应采取短小的电讯形式，每节平常以三百至五百字为适当，至多不得超过一千字；当地负责同志的讲演与论文，如有特别重要意义的，应摘要广播，至多亦不得超过一千字。

（四）每节电讯应一次广播完结，不得拖延时日，至多不得超过两天广播的时间。

（原载《中国共产党新闻工作文件汇编》，新华出版社1980年12月出版）

中共中央宣传部关于党的宣传鼓动工作提纲（摘录）

（1941年6月20日）

必须善于使用一切宣传鼓动的工具，熟知它们一切的性能，在近代科学和技术发达的条件之下，许多科学上的成就，都应该运用到宣传鼓动上来，尤其是近代的印刷业、无线电及电影等，成为近代宣传鼓动的有力工具。

……

在现代无线电业发展的情形下，以及在中国交通工具困难的情形下，发展通讯社事业，无线电广播事业，是非常重要的。应当在党的统一的宣传政策之下，改进现有通讯社及广播事业的工作。

（原载《中国共产党新闻工作文件汇编》，新华出版社1980年12月出版）

一九四一年工作总结(摘录)

中央军委三局一处

延安新华广播电台经十阅月之筹备与试播,于十一月七日(苏联十月革命节)正式开始播音,呼号为 XNCR,每日二十一时至二十二时播出,虽然声音尚弱,节目不多,但已取得打破敌人政治封锁的初步胜利。从十二月三日起:每星期五的十七时至十七时三十分,由日本同志(原青子)用日语对日广播一次,根据对日广播频率附近突增的干扰推测,这种广播已有相当的成效。

(原载中央军委三局第一处《一九四一年工作总结》第 7~8 页)

(摘自《中国人民解放军通信兵大事记》第 58~59 页,据《国际广播》1994 年第 1 期排印)

延安广播电台即日开始广播

【新华社延安十一日电】延安广播电台,即日起开始中国国语广播。呼号 XNCR,同时用千周七五〇〇与九六二五,波长四〇米与三〇点八米,时间每日十二时三十分至十二时三十分,与十八时三十分至十九时三十分(上海时间)。播送节目有时事新闻、解放区消息、时评及名人讲演等。尚有记录新闻一类,以便各地抄收,希各地注意收听。

(原载 1945 年 9 月 11 日延安《解放日报》)

第五部分

抗战广播大事年表

中国抗战广播大事年表

1931 年

9月18日 日本在我国东北的关东军发动蓄谋已久的九一八事变，次日侵占沈阳。东北军民奋起反抗，我国局部抗战由此开始。

第二天，国民党中央广播电台（以下简称中央台）报告九一八事变新闻，同时改订播音时间，停播音乐，增加特种报告，以揭露日的阴谋和暴行。同日，北平广播电台即"停止放送娱乐节目，以报告暴日出兵消息"，并且停播戏曲节目，改为宣讲节目，呼吁警惕日本的侵略节目。

9月20日起，中央台相继播出了中国国民党执行委员会《为日军侵华对各级党部的训令》和《告全国同胞书》。

10—12月 哈尔滨广播无线电台积极宣传抗日，该台播音员参加了中共满洲省委组织的慰问团，义演募捐支援前线，慰问抗日将士。

1932 年

1月28日 日本发动侵略上海的"一·二八"事变。驻守上海的国民革命军第十九路军奋起抵抗。此后，上海各广播电台及时播送前线抗战消息。亚美广播电台与南京中央台和杭州、上海等地广播电台联合组织"国难声中的临时播音节目"。上海各广播电台积极募捐衣服、医药、款项和交通工具支援前线，激励抗战将士斗志。为此，十九路军总指挥蒋光鼐等特致函感谢。

当月，国民党军政中枢机关迁往洛阳办公，中央台奉命携带中波机随行。

11月12日 中央台新建75千瓦发射台启用，呼号为"中央广播电台XGOA"，每天播音10小时，使用国语、广东话、厦门话、英语报告新闻3小时。

11月 本月起至1933年2月，爱国老人90多岁高龄的马相伯先后在上海发表12次国难广播演说。

1933 年

1月1日 上海亚美台邀请爱国人士马相伯、梅兰芳、杜重远发表广播演说，宣传使用国货，呼吁抵制日货。

1月 纪念"一·二八"事变一周年，上海各界开展航空救国播音宣传周活动，上海市市长吴铁城及社会知名人士分赴亚美等广播电台发表广播演讲。亚美台于26~31日编排专门节目，介绍事变始末、每日战事，并播出自行制作的广播剧《恐怖的回忆》。

11月17日 反蒋抗日的"中华共和国人民革命政府"主办的福州广播电台开始播音。蔡廷锴多次发表广播讲演，报告人民政府主张，谴责蒋介石的卖国政策，号召同胞奋起抗日救国。不久，遭到国民当局镇压，该台被接管。

1934 年

1月28日 "一·二八"沪淞抗战两周年纪念日，上海各中外广播电台一律停止娱乐节目，分别邀请社会知名人士做爱国广播讲演。

9月17日 中央台管理处主办的《广播周报》创刊，至1937年9月共出版150期，刊有一批有关抗战的报道、专稿及讲演。

1935 年

12月 "一二·九"爱国运动爆发前后，一批爱国抗战歌曲《义勇军进行曲》(1935年)、《毕业歌》(1934年)、《打回老家去》(1936年)等在中央台及各地广播电台反复播出。

1936 年

1月 中央广播无线电台管理处更名为中央广播事业管理处（以下简称"中广处"），同月，国民党设立"中央广播事业指导委员会"（以下简称"中广委"）。

2月 长沙筹建大功率广播电台，以备必要时接替南京中央台广播。

3月31日 爱国将领冯玉祥首次到中央台发表广播讲演，呼吁民众团结抗日、共赴国难。此后，又多次到中央台发表广播讲演，大声疾呼"只要我们彻底抗战，失败必定是日本，最后胜利者必定是我们"。

4月20日 从本日起，各地官办民营广播电台每晚8时至9时，一律转播中央台的新闻及有关节目。

5月9日 南京中央大学校长罗家伦以5月9日为国耻日（指1915年5月9日，袁世凯接受日本提出的灭亡中国的"二十一条"之事），在中央台发表广播讲演，痛斥日本对华北加紧侵略，号召民众从奋斗中夺取中华民族的生存。

12月12日 张学良、杨虎城将军为逼蒋抗日发动西安事变。14日、15日张、杨先后到西安广播电台发表讲演，报告事变的经过，提出八项和平主张。中共代表周恩来应邀到西安后，指示中共地下党员协助办好广播，并邀请外国友好人士史沫特莱、贝特兰、王安娜等参与开办多种外语节目报告新闻并开办专题讲座。

西安事变结束后，该台被国民党当局接管。

1937 年

7 月 七七事变爆发，全面抗战开始。"中广处"在南京新街口设置临时播音室，及时报告前线消息。

8 月 13 日 "八一三"淞沪抗战爆发，上海各广播电台再次掀起抗战救亡广播的热潮。上海各界代表组成的抗敌后援会宣传委员会拟订了播音工作的要点和外国语广播宣传大纲，其所属国内宣传部设有广播组，负责协调对内、外宣传中安排播出讲演、歌咏、戏剧等节目。

8 月 14 日 中央台播出国民政府《自卫抗战声明书》。

8 月 24 日 淞沪抗战期间，南京屡遭日军轰炸。当日夜南京短波广播电台被炸停播，工程师蒋德彰不幸遇难。在此期间，"中广处"开始拆迁部分广播设备，转送长沙、重庆等地。

8 月 28 日 茅盾在《救亡日报》发表《对于时事播音的意见》，希望文艺界和游艺界同人联合起来将前线浴血奋战的英勇事迹编成故事播出。

8 月 上海市各届抗敌后援会组织各界名人在多家广播电台举办筹募救国捐广播演讲。9 月，又与中国特种教育联合会举办名人抗日救亡演讲。同时，聘请专人分别以英、法、俄、德、日、朝鲜等多种语言进行对外广播，揭露日本侵华反动本质，表明中国抗战决心，争取国际上的同情与支持。

9 月 上海抗敌后援会与上海广播业同业公会协商制定《战时广播电台统一宣传办法》，以协调各台战时广播宣传事项。

上海文化界救亡协会邀请郭沫若、钱俊瑞、胡愈之、郑振铎、许广平等文化界名人发表抗战救亡广播演说。上海戏剧、曲艺、电影、音乐各界人士梅兰芳、周信芳等举办募集救国公债及慰劳前方战士，平（京）剧大会串播音。此外，各广播电台还大量反复播出抗战救亡歌曲和广播剧，以唤起民众共同抗敌。

10 月 10 日 蒋介石发表向全国民众广播讲演词。

10 月 20 日 宋庆龄在美商 RCA 广播电台发表题为《中国走向民主的途中》的英文广播讲演，表示中国人民准备以最后的牺牲来保卫祖国的决心。

11 月 20 日 中央台奉命播出《国民政府移驻重庆宣言》。国民党军政中枢暂时移驻汉口。23 日起，中央台停止播音，广播任务暂由长沙、汉口等地广播电台接替。

1938 年

3月10日 中央台在重庆恢复播音,呼号仍为 XGOA,发射功率由 75 千瓦减为 10 千瓦。另,"中广处""中广委"也迁至重庆办公。

为加强战时广播宣传实力,抵御日本侵华广播宣传,"中广委"先后制定了《迅筹款项添建广播电台,并增加原有广播电台电力,以抵御播音侵略案》《添设流动电台案》《增设后方县市收音机案》《增加沦陷区广播节目以利宣传案》《改进广播事业,注重对敌宣传以应需要案》和《切实推进收音事业方案》等议案,上述各项在抗战时期大都付诸实施,有效地增强了广播实力。

4月上旬 在"保卫大武汉"的活动中,7日至13日举行的武汉各界第二期抗战扩大宣传周活动。8日,周恩来在《新华日报》上发表如何进行抗战宣传专论,提出首先要利用每天的广播讲演,鼓舞前线浴血奋战的将士。11日他应邀到汉口的广播电台发表题为《争取更大的新的胜利》的广播讲演。先后应邀发表讲演的还有陈诚、邵力子、黄琪翔、张厉生、郭沫若、史良、邹韬奋、于右任、王昆仑、陈铭枢、冯玉祥、沈钧儒、杜重远、章乃器及日本友人鹿地亘等。此外,彭德怀、邓颖超、吴玉章等也先后在武汉、重庆、成都等地广播电台发表抗战广播讲演。武汉的抗日广播活动一直持续到当年武汉失守前夕。

5月 国民政府军委会政治部第三厅厅长郭沫若在《第三厅工作报告》中,多次提及利用广播播出新闻、歌曲、戏剧、讲演进行抗日宣传活动。郭沫若在"保卫大武汉"期间,多次发表广播讲演,呼吁全民团结起来,奋勇抗日,争取最后胜利。第三厅第七处负责对日宣传和国际宣传,以日语为主,兼用英、法、俄语在汉口广播电台播出。日本友人绿川英子、鹿地亘等站在反侵略正义立场参加对日广播。另外,三厅还专人监听日本广播,整理成资料,送军委会、八路军办事处参考。

7月初 七七事变一周年前夕,蒋介石在中央台发表《抗日纪念日告全国军民书》。

10月初 蒋介石国庆前夕发表广播讲演。

1939 年

1月1日 贵州短波广播电台开始播音,呼号 XPSA,使用国语、日语、英语、马来语和广东话播出。

1月 《广播周报》在重庆复刊,从第151期起,后因印刷困难,至1941年4月第196期暂告停刊。

1月起 中央、国际两台举办讨伐汪精卫叛国投敌罪行广播节目,各地方台同时转播。先后应邀发表广播讲演的有林森、曾虚白、冯玉祥、郭沫若、吴铁城、陈立夫、戴传贤、居正、于右任、孙科、张伯苓、翁文灏、何应钦、邵力子、李德全等人。

2月6日 中央短波广播电台在重庆开播。所用广播设备由英国提供，发射功率35千瓦，呼号为XGOX、XGOY。1940年该台定名为国际广播电台，英文名称为"Voice of China"，简称VOC，意为"中国之声"，呼号依旧。当时由国民党中央宣传部国际宣传处管理。6月，该台移交"中广处"管理。国际台办有对欧洲、对北美、对苏联东部及我国东北部、对日本、对华南和东南亚以及对苏联6套广播节目，分别使用英、德、法、荷兰、西班牙、俄、日、越、马来、泰、缅甸、朝鲜、印地及国语和厦门话、广州话等语种播音，全天播音十多个小时。

4月17日 蒋介石在二期抗战二次宣传周发表广播讲话。

4月 "中广处"在重庆歇台子建成收音台，用于收听敌伪广播。

5月31日 中共代表周恩来在中央台发表《二期抗战的重心》广播讲演。在此前后，应邀到中央、国际两台发表抗日救国、反对日本侵略广播讲演的冯玉祥、李济深、郭沫若、沈钧儒、黄炎培、爱德华（印度援华医疗队队长）等，还有抗日将领、爱国人士和国际友人。

5月26日 日本战俘植进在中央台向侵华日军和日本军民发表广播讲话驳斥日本侵华谎言，呼吁日本民众觉醒，争取东亚早日和平。在此前后，国民党广播电台还多次播送根据前线缴获的日军往来书信编成的广播稿件，开展"心战"广播。日本反战同盟人士也多次发表广播讲演，呼吁日本民众勿受军阀欺骗，反对侵略战争。

1940 年

4月18日 宋蔼龄、宋庆龄、宋美龄三姐妹联袂应邀在中央、国际两台发表对美广播讲演，呼吁美国当局和民众支持中国的抗日战争。

5月 中央台、国际台在日军轰炸重庆期间因事前有所防范故未停播。

8月1日 "中广处"所属昆明广播电台正式开播，呼号XPRA，发射频率60千瓦，使用国语、英语、越语、广东话、厦门话报告新闻，为当时功率最大的对外广播电台。

12月30日 中共创办的延安新华广播电台开播，呼号为XNCR。1941年12月3日，该台开办日语广播。1943年春，该台停播。

当年 国民党当局创办战地流动广播电台，担负对前线部队和对敌广播任务，1941年8月第三战区流动台正式播音，呼号为XLMA。

年底 重庆广播大厦建成。"中广处"、中央、国际两台的办公室及播音室、演播室均在其内，成为大后方国民党广播的中心，也即抗战广播的中心。

1941 年

春 中共地下党员刘新打入日伪北平广播电台,利用编写稿件和办节目的合法身份,团结爱国反日的职员,开展抗日活动。

6 月 中央台邀请党政要人及各界人士,举办对沦陷区同胞广播。

11 月 7 日 毛泽东发表《关于世界反法西斯斗争和中国抗日战争的广播讲演》。

12 月 9 日 太平洋战争爆发后,国民政府主席林森在中央、国际两台广播对日本、德国、意大利宣战文稿。

1942 年

6 月 1 日 蒋介石、宋美龄对美国人民发表广播讲演。

6 月 22 日 纪念苏联反法西斯战争爆发一周年,中苏友好协会会长孙科对苏发表广播讲话。

7 月 七七事变五周年,蒋介石向全国军民发表广播讲演。

9 月 14 日 本日起,国民党中央宣传部举办"九一八"十一周年对敌广播宣传周,用国语和日语向东亚及一般沦陷区及日本民众播讲。

1943 年

1 月 1 日 蒋介石在中央台发表对全国同胞广播讲话。

4 月 "中广处"创办《广播通讯》。

7 月 7 日 中央、国际两台播出蒋介石《告盟邦民众书》。

1944 年

1 月 1 日 蒋介石发表广播《昭告全国军民》广播讲演。

2 月 国民党统治区有广播电台 23 座,其中"中广处"所属 16 座,分布于 11 个省,其中四川 5 座,湖南 3 座,江西、陕西、甘肃、福建、广东、贵州各 2 座,西康、广西、云南各 1 座。

3 月 12 日 纪念孙中山逝世十九周年,宋庆龄应邀到国际台发表《孙中山与中国的民主》对美广播讲演。这次广播讲演增进了中美人民之间的友谊和团结,有助于推动世界反法西斯斗争的胜利进行。

1945 年

3 月 美国新闻处向"中广处"商借昆明广播电台办理对敌宣传工作,奉准借用,每天 3 小时，不收取费用。

6月底 国统区有广播电台 27 座，其中"中广处"所属 19 座，分布于 12 个省、市，其中重庆 6 座，湖南、福建各 3 座，江西、陕西、甘肃、广东、贵州各 2 座，四川、西康、广西、云南各 1 座，另 1 座为军中广播电台。

8月10日 中央台播出日本宣布乞降消息。日本附带条件的乞降，为中、美、英、苏四国拒绝。14 日，日本表示不附带条件投降。

8月14日 中央台通知各敌伪广播电台听候派员接管。

8月15日 早 7 时（重庆时间，华盛顿时间为 14 日 19 时），中央、国际两台与美国、英国、苏联同时广播宣布：日本无条件投降。

上午 10 时（重庆时间），蒋介石在广播中发表《抗战胜利告全国军民及全世界人士书》。

中午 12 时（东京时间），东京广播电台播出日本天皇《终战诏书》的录音。

8月中旬 日本投降声中，延安新华广播电台恢复广播，随即反复播出了 10~11 日延安总部先后发布的第 1~7 号作战命令，要求被人民军队包围的日军缴械投降，否则即被消灭。

8月20日 中共领导抗日的部队利用苏联红军转交的伪满哈尔滨放送局设备，创办的东北地区第一座人民广播电台——哈尔滨广播电台开始播音。此后，在东北地区又先后利用伪满广播设备开办了长春、沈阳、通化、本溪、鞍山、营口、安东、吉林、抚顺、齐齐哈尔和大连等地的人民广播电台。

8月24日 中共领导的抗日队伍收复张家口后，利用日伪广播设备创办的张家口新华广播电台开始播音。

8月 "中广处"拟定《广播复原紧急措施办法》，下旬起，国民党当局派员先后接管了南京、上海、汉口、北平、天津、杭州、保定、台湾、唐山、石家庄、福州、广州、太原、大同、锦州、绥远、济南、沈阳等地的 20 余座日伪广播电台。

9月 国民党政府行政院公布《管理首服取报纸、通讯社、杂志、电影、广播事业暂行办法》的"训令"。

1946 年

5月5日 国民党政府"还都"南京，中央台由重庆迁回南京，继续播音。国际台仍留重庆。

第六部分

附 编

（一）

中国抗战广播史略

赵玉明

今年是中国人民抗日战争暨世界反法西斯战争胜利70周年。70年前，中国人民经过14年的浴血奋战终于取得了全民族抗日战争的伟大胜利，谱写了中华民族历史上的光辉篇章。在14年的全民族奋起抗战的艰苦岁月中，中国的广播事业虽然受到日本帝国主义的严重摧残，但并没有也不可能被摧垮。国民党的官办广播电台、民营广播电台以及中国共产党创办的人民广播电台在国共合作抗日的大背景下，克服重重困难，战胜日寇的干扰和破坏，坚持不中断播音，为动员和激励全国军民抗日救亡斗志和增强世界进步力量的反法西斯斗争发挥了积极作用，写下了中国广播史上难忘的悲壮一页。兹基本上以时间为序对，对14年的抗战广播略加记述，以留纪念。

"九一八"到"一二·九"期间的广播

1931年，日本侵略者发动九一八事变的第二天，北平广播电台即"停止播送娱乐节目，以报告暴日出兵消息"，并且停播戏曲节目，改为宣讲节目，呼吁警惕日本的侵略行径，一个月后才逐步恢复戏曲节目。当月，南京国民党中央广播电台即改定播音时间，在一段时间内停播音乐，增加特种报告，揭露日本的暴行和侵略阴谋。上海92岁高龄的爱国老人马相伯从1932年11月起，连续四个月发表了12次国难广播演说，呼吁"立息内争，共御外侮"。有些广播电台摄于国民党当局不抵抗政策的压力，无法直接宣传抗日救国，于是选播了一批表现历史上爱国题材的话剧和广播剧，如《卧薪尝胆》《岳飞》《花木兰从军》和《文天祥》等，以鼓舞国人的爱国斗志。

1932年，日本侵略上海，制造"一·二八"事变。当时驻上海的十九路军将士激于民族义愤，在爱国将领蒋光鼐、蔡廷锴等的率领下，不顾国民党当局的撤退命令，毅然奋起战斗，给日本侵略军多次沉重打击。十九路军的淞沪抗战，振奋了上海各界人民的抗日斗志，纷纷组织义勇军、敢死队、救护队奔赴前线。上海各广播电台及时播送前线抗战消息，亚美广播电台还与南京中央台和杭州、上海等地的官办、民营台联合组织"国难声中的临时播音节目"，及时播报淞沪御侮状况及各项消息，以告慰内地同胞。此外，亚美电台的创办人苏祖圭、苏祖国兄弟利用广播积极组织募捐衣物、医药、款项和交通工具。上海及周围的广大爱国听众积极响应，踊跃捐赠。大批慰问品及时送到前线，激励了将士们的抗日斗志。为此，坚持指挥淞沪抗战的蒋光鼐等人曾致函该台表示感谢。1933年元旦，该台邀请著名爱国人士马相伯、梅兰芳、杜重远发表广播讲演，宣传使用国货，呼吁抵制日货。随后，为纪念"一·二八"一周年，亚美电台于1月26日至31日编排播出了专门的节目，其中包括"一·二八"纪念播音开场白及事变始末介绍、"一·二八"战事每日大事记、哭周年，同时还播出了苏祖圭编写的广播剧《恐怖的回忆》，借以使市民不忘国耻，保持警惕。

国民党当局破坏淞沪抗战后，将十九路军调往福建"剿共"。蔡廷锴、蒋光鼐、陈铭枢等十九路军爱国将领，不满蒋介石的反共政策，与李济深等人于1933年11月在福建宣布成立"中华共和国人民革命政府"，公开宣布反蒋抗日，并秘密与中国共产党取得联系。革命政府接管了已在试播中的福州广播电台，并于17日开始播音，每天上午播送人民政府的施政报告，下午播送国内外新闻、商情、广告等。蔡廷锴曾多次到福州台发表广播讲演，报告人民政府的主张，谴责国民党当局独裁卖国政策，号召同胞奋起抗日救国。不久，十九路军的爱国活动遭到国民党当局的镇压而失败。该台被国民党当局接管。

1935年"一二·九"爱国运动爆发前后，著名音乐家聂耳、冼星海、吕骥和任光等分别和诗人田汉、塞克、安娥等合作创作了《义勇军进行曲》（1935年）、《毕业歌》（1934年）、《救国军歌》（1936年）、《热血》（1936年）、《打回老家去》（1936年）等一批振奋民族精神的抗日救亡歌曲。许多广播电台反复播出这批歌曲的唱片，从此，"起来！不愿做奴隶的人们！把我们的血肉，筑成我们新的长城……"的歌声通过无线电波，响遍中华大地，鼓舞着广大爱国同胞奋起与日本帝国主义做英勇斗争。

在日军紧逼、国难当头之际，国民党内的一些富有爱国精神的有识之士也愤然慷慨陈词，大声疾呼停止内战团结抗日。其中最有代表性的是冯玉祥将军，1936年春天起，他多次到国民党中央台发表抗战救国的广播讲演，反复宣讲"只要我们彻底抗战，失败者必定是日本，最后胜利者必定是我们"。

西安事变期间的广播

1936年12月12日,西安事变爆发,爱国将领张学良、杨虎城为逼蒋抗日,发动兵谏,扣留了蒋介石,同时下令接管了西安广播电台,创办了《解放日报》,利用报刊、广播告知国人西安事变真相,宣传抗日救国的八项主张。12月14日、15日两天,张学良、杨虎城先后到广播电台发表讲演,报告了西安事变的原委,阐明了抗日救国的主张,并且揭露了国民党亲日派造谣污蔑的可耻伎俩。张学良在广播讲演中特别指出:"现在南京方面把我们的电讯隔断,并且给我们造了好多谣言。他们不愿意国人知道我们在这里做些什么,真是一件不幸的事。我们希望国人明了真相。我们不愿意任何人利用机会造内乱,给侵略我们的帝国主义造机会,我们只求有利于国家民族,至于个人的毁誉生死,早置之度外。"16日,张学良又指派秘书长吴家象代表他发表广播演说,再次向全国民众报告西安事变真相。

17日,应张、杨两将军的电邀,中共代表周恩来等到达西安。周恩来在与各方紧张协商解决西安事变的繁忙工作中,十分注意做好宣传工作。周恩来亲自审阅每周宣传纲要,并指示中共地下党员王炳南等协助办好广播宣传。当时西安台除办有国语节目外,还用英、俄、德、法、日语报告新闻,并举办《抗日救亡言论》专题讲座,邀请各界知名人士讲述抗日救亡的理论和方法,邀请解放剧社演播抗日独幕剧《刀伤药》。周恩来还邀请著名美国进步记者史沫特莱主持英语节目,她与英国记者、新西兰人贝特兰、德国人王安娜等先后参加外语广播,为中国人民的抗日救亡事业做出了可贵的贡献。

同年12月下旬,西安事变和平解决,西安广播电台的抗日广播告一段落。

七七事变到"八一三"期间的广播

从1937年七七事变,到"八一三"日军进攻上海淞沪抗战,作为民国时期广播电台最大集中地的上海,二三十座广播电台以极大的热情投入抗日救亡运动的广播宣传活动,与上海广大群众的救亡运动汇成一股洪流。在"八一三"前后,上海市各界代表组成的抗敌后援会积极组织上海市民援助前线抗日将士,并邀请各界爱国人士到广播电台发表广播讲演。

抗敌后援会的组织机构中专设有广播组并制定《战时广播电台统一宣传办法》。上海的民营台均以时事报告、劝募款物、战时常识、抗战文艺为主要内容,并聘请各界名人开办救亡广播讲演,同时聘请专人分别以英、法、俄、德、日、朝等各种外语对外广播,揭露日本侵华的反动企图,表明中国人民的抗战决心。10月20日,当时在上海的宋庆龄亲自到美商RCA广播电台发表题为《中国走向民主的途中》的英语讲演。在此前后,上海文化界救亡协会又组织文化界知名人士到广播电台发表救亡广播讲演,其中有郭沫若的《抗战与觉悟》,钱俊瑞的《抗战胜利的基础》,胡愈之的《抗战中的国际形势》,许广平的《鲁迅与抗日战争》等,为保卫上海大声疾呼。

上海的曲艺、戏剧、电影、音乐各界救亡组织和爱国人士纷纷利用广播电台进行募捐宣传,取得了明显的效果。8月中旬,上海曲艺界救亡协会分别在中西、华东、富星等电台举行募捐播音三天。9月4日,梅兰芳、周信芳等为募集救国公债及慰劳前方将士举行平(京)剧大会串播音。此后一段时间内,抗日救亡歌曲《出征歌》《救亡之歌》《伤兵慰劳歌》等,爱国戏剧《大家一条心》《最后一课》《放下你的鞭子》《第七个"九一八"》等在几个电台连续不断地反复播出。著名剧作家洪深、夏衍、孙瑜、于伶等创作的揭露汉奸卖国、配合抗日斗争的广播剧《开船锣》《"七二八"那一天》《最后一课》《以身许国》和田汉等人发表的一批短剧本,都曾由救亡演剧队第十二队(队长于伶、石凌鹤)、十三队(队长陈铿然)等在电台广播过,取得了很好的宣传效果。从8月到11月上海沦陷这一阶段,上海军民的战斗精神可歌可泣,上海电台的广播宣传有声有色。对此,茅盾曾给予了相当高的评价,他在《救亡日报》上撰文说:"无线电播音在抗战宣传上确实起了很大的作用,这方面的工作人员也确实尽了最大的努力。"

"保卫大武汉"中的广播

1937年11月下旬,日本侵略军进攻南京前夕,国民政府决定迁都重庆,部分党政机关先行转移到武汉办公。中共代表团也移驻武汉。由此到1938年10月武汉沦陷的近一年间,武汉成为中国抗战的领导中心,汉口广播电台也一度与长沙广播电台联合接替了国民党中央台的播音,从而担负起中国抗战中枢喉舌的历史使命。在抗战初期的抗日高潮中,武汉的广播声震长空,为"保卫大武汉"做出了重要贡献。

1938年春夏,蒋介石、冯玉祥、周恩来、彭德怀、邵力子等各方面代表人物纷纷在汉口台发表广播演讲,激励民众的抗日斗志。4月7日至13日,武汉举行抗战扩大宣传周活动。8日,周恩来在《新华日报》上就如何进行抗战广播宣传发表专论,强调指出,宣传周要扩大到前线,首先利用每天的广播演讲,鼓舞前线浴血奋战的将士。他还指出:"这次武汉抗战宣传周,应当成为全国抗战宣传的开始。武汉宣传动员的成绩,将成为全国宣传动员的模范。"11日,周恩来应邀到汉口台发表了题为《争取更大的新的胜利》的广播讲演。他在讲演中肯定了鲁南台儿庄胜利的意义,分析了日军侵略的新动向,并且提出了争取更大胜利的几项条件,号召巩固全民族的团结,不断夺取前线斗争的新胜利,最后打败日本帝国主义强盗。周恩来在撤离汉口辗转赴重庆途中,11月7日,还曾在长沙广播电台向全省发表过一次广播讲话。郭沫若领导下的军委会政治部第三厅下设三个处,第五处管一般宣传,处长胡愈之;第六处管艺术宣传,处长田汉;第七处管对日宣传和国际宣传,处长范寿康(兼);第七处的对外广播宣传以日语为主,兼用英、法、俄语。在武汉期间,第三厅团结大批文化界的爱国人士,利用广播进行了新闻、讲演、戏剧、音乐等多方面的抗日宣传活动,在广大群众中产生了重大影响。郭沫若在武汉期间,先后发表了题为《把有限的个体生命融化进无限的民族生命里去》《追悼牺牲的王铭章师长》《抗战以来日寇损失概观》《节约与抗战》《纪念八·一三,保卫大武汉》的广播讲演,揭露日本军国主义的侵略本质,呼吁全体人民团结起来,奋起抗日,争取民族解放斗争的最后胜利。1938年5月,他在《第三厅工作报告》中多次提到利用广播播出新闻、歌曲、戏剧、讲演进行抗日宣传活动。著名的日本友人绿川英子、鹿地亘等人站在反侵略战争的正义立场上,积极参加了反对日本侵略的广播宣传活动,表现了崇高的国际主义精神。此外,三厅还有专人负责每天监听日本电台的广播,然后整理成情报资料,送给八路军办事处和国民党军事委员会各部门。武汉声势浩大的抗日宣传活动,一直持续到1938年10月武汉失守。

中国抗战广播的中心——重庆

1937年全面抗战开始后,南京的国民党的中央台一方面减少了一般文艺节目,增加了战争新闻的报道;另一方面,增建防空工程,保护广播设备,以防敌机轰炸。在日军飞机连续轰炸中,中央台虽略有损失,但并未中断播音。11月初,日军进逼南京,中央广播事业管理处人员开始疏散。20日,国民党政府宣布迁都重庆。三天后,中央台在播出了"告别广播"后停止了在南京的播音,随后将部分广播设备拆卸运往重庆。12月13日,南京守卫战失败,日军占领南京。中央台和地方台在坚持播音、拆迁转移中,中央台工程师蒋德彰、江西台工程师侯恩铭、福建台台长钟震之先后以身殉职。据1938年年底统计,国民党广播电台仅余六七座,总发射功率不到11千瓦,和抗战爆发前夕的规模相比,国民党广播事业的损失相当严重。

1938年3月10日,国民党中央台在重庆恢复播音。在重庆期间,由于得到英、美在广播设备方面的多次援助,国民党的广播事业逐步恢复并有新的发展,特别是正式开办了对国外的短波广播，该台发射功率35千瓦，1940年1月定名为国际广播电台，英文名称"Voice of China"，简称VOC，意为"中国之声"。呼号为XGOX、XGOY。该台办有对欧洲、对北美、对苏联东部及我国东北部、对日本、对华南和东南亚以及对苏联6套广播节目，分别使用英语、德语、法语、荷兰语、西班牙语、俄语、日语、越南语、马来语、泰语、缅甸语、朝鲜语、印地语以及国语和厦门话、广州话等语种播音，最多时达20多个语种（包括汉语方言），每天播音十多个小时。国际台的节目内容，以新闻和时事述评为主，几乎全部采用中央社电讯稿和《中央日报》刊登的新闻、评论以及中宣部国际宣传处和美国新闻处提供的稿件。英美广播公司的记者，通过中宣部国际宣传处的介绍，即可到国际台直接播出自编的节目，并通过本国的广播电台届时转播。国际台每晚还办有对美国广播的英语记录节目1~2小时，由旧金山专门机构收录转播。

除国际台办有对国外广播外，昆明广播电台、贵阳广播电台也分别使用英语、日语、马来语、法语、越南语、缅甸语对外广播。

作为抗战广播中心的中央、国际两台为防御敌机轰炸，都建筑有地下防空设施。在日军飞机多次狂轰滥炸中，由于有所准备，两台的播音一直未曾中断。为适应战时广播的需求，国民党当局还在重庆建立了电波研究所和收音站，并且配合前线作战宣传，开办了战地流动广播电台和军中播音总队，担负对前线作战部队和对敌军广播任务。此外，在战时，还注重发展西南、西北地区的广播事业，其中，以新建的昆明台发射功率最大。

经过多年的恢复和重建，据1943年上半年统计，国民党官办广播电台已达到16座。发射功率142千瓦，略超过战前的规模。

在重庆期间，中央、国际两台除及时报道前线战况外，还举办过不少广播讲演节目，邀请共产党的代表、抗日将领、国民党内的抗战派、爱国人士和国际友人如周恩来、冯玉祥、李济深、郭沫若、沈钧儒、黄炎培、爱德华（印度援华医疗队队长）等向国内外发表广播讲演，号召国内广大同胞团结起来共同抗日，呼吁国内外反法西斯力量团结起来，打败德、意、日侵略者，争取世界和平。1939年5月31日，周恩来应邀在中央台发表了题为《二期抗战的重心》的广播讲演。他告诫人们要提高警惕，努力发展生产，深入敌后，建立抗日根据地，广泛开展游击战争，争取最终胜利的到来。在汪精卫公开投敌之后，中央、国际两台举办了讨伐汪逆的广播节目，并由各地方台同时转播，先后应邀到电台发表广播讲演的有林森、曾虚白、郭沫若、吴铁城、陈立夫、戴传贤、居正、于右任、孙科、张伯苓、翁文灏、何应钦、邵力子、李德全等人。在国际宣传方面，驻重庆的英美广播公司的记者自行编排节目，利用国际台向本国播出，从而扩大了中国抗日斗争在国际上的影响。宋霭龄、宋庆龄、宋美龄三姐妹的对美广播讲话，对于促进美国朝野了解中国，援助中国的抗日斗争，起了一定的作用。1944年3月12日，孙中山先生逝世19周年之际，美国举行了纪念日活动。宋庆龄再次应邀到国际台发表了对美广播演说，题为《孙中山与中国的民主》。重庆《新华日报》发表社论高度评价她的广播演说，社论说，这次对美广播演说，把孙中山遗嘱的真谛和精神，说得清清楚楚，也把中国人民对政治局势的意见传播到了海外。这不仅帮助了美国人民对孙中山遗嘱的认识，也增进了中美人民间的友谊和团结。毫无疑义，全国人民将为孙中山民主主义的实现而加紧奋斗，这个奋斗将决定抗战和建国的胜利。经过中苏文化协会的安排，中央台与莫斯科广播电台互相举办专题音乐节目，1939年冬，莫斯科电台曾先后五次对华播送苏联名曲及民间音乐节目。1940年3月18日，中央台首次对苏播出音乐节目，内容有抗战歌曲、民族乐曲等，此后还多次举办对苏音乐广播，音乐的交流促进了中苏两国人民之间的友好关系。日本反战同盟的有关人士也曾在重庆广播电台发表讲演，劝告日本人民勿受军阀欺骗，呼吁他们一致反对侵略战争。此外，针对日本广播对中国的造谣、污蔑，重庆的广播电台给予了一定程度的驳斥和揭露。以中央台为代表的国民党电台进行的爱国抗日广播，在大后方和沦陷区的广大爱国同胞中有着相当的影响。

毋庸讳言，在重庆期间的国民党广播在大力宣传全民奋起抗日救国主张和有关报道的同时，也播出了不少不利于国共合作共御外侮的消极内容。人们很难从其广播中了解到中共领导下八路军、新四军等人民武装英勇杀敌的真实情况以及中共有关抗日斗争的正确主张和政策等。

西南联大助力抗日广播

抗日战争时期，由西迁昆明的北京大学、清华大学和南开大学联合组建的西南联合大学，不但为保存和发扬中华文脉做出了巨大的贡献，同时还以培养了一批优秀的科学家、文学家等专门人才闻名于世。鲜为人知的是西南联大的师生还全力参与昆明广播电台的技术、宣传、管理等各项工作，为中国的抗日广播宣传做出了独特的贡献。

1940年8月1日，新筹建的昆明广播电台开始正式播音，发射功率60千瓦，占当时官办电台总功率的37%以上，是当时中国最大功率的广播电台。昆明台抗日广播宣传以国语广播为主，同时办有广州话、厦门话、闽南话、上海话以及英、法、越、日、缅、泰、马来语等多种语言的节目，面向全球广播，俨然是当时中国的第二国际广播电台。

昆明台之所以办得有声有色，海内外影响日益扩大，是由于得力于西南联大的积极支持与参与。据不完全统计，在昆明台任专职或兼职的西南联大师生有133人次之多，成了昆明台编播主力军。更为突出的是昆明台依靠西南联大的教授、专家群体组织起名人演讲、学术讲座等节目，使昆明台的抗日宣传除新闻报道、文艺节目及对外广播等外，更具有文化抗日的特色。西南联大教授为主体的广播讲演节目，以抗日救亡为主题，充满了激昂的爱国精神，应邀到昆明台作广播讲座的有蒋梦麟、曾昭抡、陈岱孙、马约翰、贺麟、钱端升、任之恭、梅贻琦、汤用彤、闻一多、潘光旦和吴宓等，每次广播讲座之前，均在报刊和广播中预告，有些广播稿还刊于《云南日报》，以扩大影响。

延安之声中的抗战广播

中国共产党领导下的人民广播事业始于1940年12月30日开播的延安新华广播电台。该台是使用共产国际援助的苏联制造的广播发射机建立起来的，发射功率300瓦左右，呼号是XNCR（英文意即新中华广播）。每日的广播稿由新华社广播科提供，发射台址在延安西北的王皮湾。延安台开播的消息中号召"备有收音机者，可赶快按时收听，借以收罗一切正确真实之新闻材料，并可粉碎敌伪投降派所进行之欺骗国人之一切虚妄宣传"。延安台每天播出的内容有：中共中央重要文件、《新中华报》《解放》周刊以及《解放日报》的重要社论和文章、国际国内的时事新闻（着重报道八路军、新四军的抗敌消息）、名人讲演等，文艺节目中主要播出抗日歌曲，如《大刀进行曲》《游击队歌》《五月的鲜花》等。1941年11月7日，延安台播出的毛泽东的广播讲演中号召全国人民加强团结，驱逐日本强盗出中国，呼吁全世界人民团结起来，把世界反法西斯的斗争推向更高的阶段。

延安台于1941年12月3日又开办日语广播，主要对象是侵华日军。在延安的日共领导人野坂参三倡议并参与创办。他还负责审定日文广播稿。

延安台环境艰苦、设备简陋，加之发射功率不大，日常的播音时断时续，坚持到1943年春，因电子管损坏不得不暂时停止播音。但延安台坚持抗战广播的精神，正如一首为该台创作的歌曲中表达的那样："我们是新中华的战士，是共产党的喉舌……向全国的人民，向全世界的工农，传播党的主张，指导神圣的抗战，粉碎亲日派的阴谋，推动时代向前，驱逐日寇出境，重建祖国河山。"

中国广播传出日本投降的特大喜讯

1945年7月26日，中、美、英三国发表敦促日本政府无条件投降的《波茨坦公告》（同年 8 月 8 日，苏联加入）。8 月 10 日，日本政府第一次提出乞降请求，但表示希望同盟国保证"不损害天皇陛下作为至高统治者之皇权"。作为日本乞求投降的消息曾在广播中播出。次日，日本的乞求被中、美、英、苏四国回绝。8 月 14 日，日本政府再次乞降，表示不附带条件接受《波茨坦公告》。同日，中、美、英、苏四国政府接受日本政府投降。1945 年 8 月 15 日 7 时（重庆时间，华盛顿时间为 8 月 14 日 19 时），中、美、英、苏四国政府在重庆、华盛顿、伦敦、莫斯科分别用汉语、英语、俄语通过广播同时宣布：日本政府无条件投降。当天中午，蒋介石在重庆中央广播电台发表《抗战胜利告全国军民及全世界人士书》。一小时后，日本广播中播出了日本天皇宣读《终战诏书》的录音，表示接受《波茨坦公告》。同年 9 月 2 日，日本政府向中、美、英、苏同盟国签署了投降书，无线电广播将这一特大喜讯顷刻间传遍全世界。至此，第二次世界大战宣告结束，中国人民抗日战争暨世界反法西斯战争取得最终的胜利。

1945 年 8 月，中国人民抗日战争的伟大胜利，为我国广播事业的发展带来了新的机遇，有着重大的历史意义。

其一，抗日战争的胜利永远结束了日本帝国主义对中国广播主权的侵犯和日伪广播的殖民奴化宣传。

其二，国民党的官办广播事业在接管了一批日伪广播电台后有了新的发展，国统区的民营广播电台在战后也逐步恢复。

其三，延安台在抗战胜利声中恢复播音，同时，又将接管的一批日伪广播电台改建为人民广播电台，为人民广播事业的再发展奠定了新的基础。

（本文根据本人主编的《中国广播电视通史》中的有关章节改写并做了补充）

（原载《现代传播》2015 年第 11 期）

日本侵华广播史略

赵玉明

今年是中国人民抗日战争暨世界反法西斯战争胜利70周年。人们在欢庆胜利节日的同时，总是伴随着对胜利到来前苦难时日的回忆。此时此刻，作为一名终身从事广播电视史教学工作的教师，又曾一度参与办过新闻节目的广播工作者，深感有责任将日本帝国主义者在中国广播史上犯下的侵略罪行告知国人，特别是中青年一代的广电人，借以激励广电人爱国敬业的精神，倾力办好新时期的广播电视为改革开放的伟大事业服务。

众所周知，1931年，日本侵略者悍然发动九一八事变，逐步侵占了我国东北地区的广大领土，中国人民抗日战争的序幕自此揭开。但鲜为人知的是日本对我国广播主权的侵犯和在我国开办殖民广播的历史，却可追溯到20世纪20年代中期日本在大连建立的广播电台。由此，日本开始了长达20年之久的、对我国广播事业全方位、多层次的侵略活动。

距今120年前，沙皇俄国借清朝政府在甲午战争中失败之机，以"租借地"的名义霸占了我国的辽东半岛（今辽宁省南部）。1905年爆发在我国领土上的日俄战争以俄国的失败而告终。随后，日本强迫清政府将辽东半岛的"租借权"转让与日本。日本随即将辽东半岛作为日本的一个州来统治，称为"关东州"，并设立殖民统治机构——关东都督府，作为进一步侵吞东北继而灭亡中国的跳板。

广播是20世纪20年代初作为新兴传媒工具而问世的。日本的第一座广播电台开办于1925年3月。不久，为配合侵华活动，日本即将它开办到中国。1925年8月9日，由日本"关东州递信局"开办的大连广播电台开始播音，该台呼号为JQAK（第一个英文字母为J，按当时国际有关条例规定为日本无线电台呼号的标志），发射功率500瓦。这是日本侵略者在我国东北境内开办的第一座广播电台。大连台不同于一般外国商人在中国开办的广播电台，它是日本帝国主义的官办电台，是殖民性质的广播电台。起初完全仿照日本国内广播电台，只有日语广播，为日本侵略者服务。后来为了麻痹和毒害中国听众才办起了汉语节目。这是日本帝国主义者侵华广播活动的开端。此后20年间，日本侵华广播活动日益猖獗，概括起来，有以下几个方面：

一、侵占我国广播电台，大量开办日伪广播

1931年九一八事变后，日本在逐步侵占我国东北领土的同时，先后攫取了我国东北仅有的两座广播电台即沈阳广播电台和哈尔滨广播电台，并改办成日伪广播电台。

1932年3月，日本帝国主义扶持的傀儡政权——伪"满洲国"在"新京"（即长春）成立。同年10月，"新京电话局"设立的演播室开始播音。第二年，以之为基础成立了伪"新京放送局"，呼号为MTAY，发射功率为1千瓦。截至1945年日本投降前，日本侵略者在当时伪满境内共建立日伪广播电台26座。

1937年七七事变后，日本陆续侵占我国华北地区，先后掠夺我国在北平、天津、太原和青岛等地的广播电台，办起一批日伪广播电台，并私自将北平改称"北京"，在当地建立了伪"中央广播电台"。1938年，日本入侵当时的绥远省和察哈尔省和山西省北部，先后在张家口、大同和包头等地办起了一批日伪广播电台，按现今华北地区计算，总计办起日伪广播电台16座。

1937年"八一三"淞沪抗战失败后，日本先后占领上海、南京、武汉和广州等地，在今华东和中南地区先后办起日伪广播电台19座，其中南京为汪伪"中央台"所在地。

在此之前，1895年被迫"割让"与日本的台湾地区也于1928年开办日伪"台北广播电台"，而后又在台南、台中、嘉义和花莲等地开办日伪广播电台。此外，1941年太平洋战争爆发后，日本占领香港，将原港英当局的广播电台改办为伪"香港放送局"。

综上所述，日本帝国主义在自1925年起至1945年先后总计在我国境内办起日伪广播电台60多座，遍布和覆盖我国的半壁江山，不但数量上远超过中国的官办广播电台，而且发射功率也十分强大，仅伪满广播的发射功率即达300千瓦左右，而抗日战争时期，国民党官办广播的总发射功率最高不过140多千瓦。

二、组建广播监管机构，严密控制广播电台

日本侵略者把控制通信、广播作为侵略中国的一个重要手段。日本在伪满的内部机密文件中称"把握满洲国的通信权在推行我国的国策上是绝对必要的"。日本关东军司令部炮制的《满洲电信及广播事业统治方案》中规定了控制伪满通信、广播事业的原则及办法，并以之为据于1933年9月，成立了伪"满洲电信电话株式会社"（简称伪"电电"），全面垄断包办了东北地区的电报、电话、广播三项事业的大权。伪"电电"成立后，将上述已成立和将成立的伪满各地的广播电台统一控制起来。随后，在其占领的华北地区先后在北平成立了伪"华北广播协会"（简称伪"华广协"），在张家口成立了伪"蒙疆广播协会"，分别控制了北平、天津、唐山、太原和张家口等地的日伪广播电台。在此之前，还在台湾成立了伪"台湾广播协会"，管辖台湾各地和厦门的日伪广播电台。

1938年3月，日本占领上海后，其军事当局宣布成立伪"上海广播无线电监督处"，并立即"接管"原国民党广播电台，成立伪"大上海广播电台"，宣布"接收"原国民政府"所实施之监督电台、取缔及指导播音等有关之一切事务"，同时勒令上海民营广播电台向其登记。在占领南京之后，1940年3月，日本侵略者策划成立了以汪精卫为首的伪"国民政府"。次年2月，汪伪政权组建了伪"中国广播事业建设协会"

（简称伪"中广协"）。该会声称将要"负责接收各地日军电台"，"统一管理"沦陷区广播电台。伪"中广协"由汪伪宣传部长林柏生兼任理事长，但实际权力仍由日本军方掌握。1941年3月26日，在南京上演了一出日本军方将其控制的伪"南京广播电台"交还伪"中广协"的丑剧。随后伪"中广协"将该台改名为伪"中央广播电台"，呼号XGOA，频率660千赫。其台名、呼号、频率与国民党重庆中央台的完全一致，借以混淆视听、蒙蔽舆论。为此，重庆国民党中央广播事业指导委员会于4月间发出声明，揭露真相，呼吁"全国听众勿为所弄"。1943年6月，汪伪政府炮制的《战时文化宣传政策基本纲要》中更进一步提出，要"强化中国广播事业建设协会，严厉取缔敌性广播，并谋对外宣传之积极与强化"。

在伪"电电"、伪"中广协"等日伪组织的控制下，沦陷区的原国民党广播电台均被"接管"，各地的民营广播电台在遭受到重重打压、迫害下均先后停办，日伪广播之声弥漫在沦陷区的上空。

三、制定广播法规，管控收听范围

日本侵略者在其占领地区扶植的伪政权及上述伪"电电"、伪"中广协"、伪"华广协"等广播管控机构陆续出台了一批伪法规、章程、条例等，其重点除严密控制广播电台的设置、频率的分配等外，还对收听工具和收听范围加以种种限制，如伪满当局强制中国居民购买只能收听到当地日伪广播的廉价收音机，严厉取缔6个电子管以上的收音机，借以限制收听重庆和苏联、欧美的广播。凡发现有收听外台者予以镇压。据报道，伪满当局1940年曾以收听外台为由，一次逮捕19名外国人士。在华北地区，日伪当局同样强制推销廉价收音机，并下令登记收音机用户，按月缴费，同时强令剪去可以收听短波的设备，发现收听非日伪广播者以"国事犯"论处。

南京汪伪政权及伪"中广协"先后制定颁布了《装设无线电收音机登记暂行办法》《无线电收音机取缔暂行条例》及其《实施细则》等法令。按照上述伪法令，据1942年11月统计，不包括租界范围，上海市已登记收音机9972户，同时将短波收音机列为"违禁收音机"严加取缔，勒令持有者到指定地点改装，违者将"处以一年以下徒刑、拘役或3000元以下罚金"。1942年9月，汪伪"行政院"向伪"上海市政府"发出"训令"，内称"为普及广播宣传起见，将向日本定制优良收音机，以最低廉价出售"，计有三灯收音机3000架、四灯机2000架，"通令各军政机关及各级党部酌量购置"。同时还将五灯以上收音机列为"违禁收音机"。并制定"持有特许标准"，成立"特许委员会"审核持有者名单。特许委员会由"中国方面"及"日本方面"代表共五人组成，其成员为伪政权当地最高行政官署及当地警察机关代表各一人，日本当地领事馆、特务机关及宪兵机关代表各一人，由此可见审核之严厉及审核权控制在日本方面。有关档案材料显示，汪伪"上海市政府"秘书长因公需要使用短波收音机，要经伪市长批准，但还需致函日本宪兵队特高课审查核定,其管控收听范围之严,可见一斑。

四、开展殖民奴化宣传,麻痹毒害中国听众

为配合日本军事侵华活动,各地的日伪广播电台大量开办汉语节目,对占领区内的中国听众开展殖民奴化宣传。以伪满为例,1939年出版的伪满《广播年鉴》中声称:"对建国时间不长(指伪'满洲国')国家观念比较薄弱的民众进行民族协和、王道精神、日满一德一心方面的指导,提高国民的国家意识,努力建成东亚协同体,是汉语广播的根本方针。"伪满广播极力为傀儡政权涂脂抹粉,把它说成是"独立的新国家",妄图把我国的东北地区从整个中国分割出去,纳入日本军国主义的"大东亚共荣圈"之内。为毒害东北青少年,1939年伪满"民生部""教育司"还制订三年计划建立中小学校广播网,在伪"电电"协助下,为各校配备收音机,"以便增进教育效果"。

在华北地区,1941年起,日寇先后开展了五次"治安强化运动"。日本华北方面军制订的《"治安强化运动"实施计划》中强调,要利用广播来"宣传东亚新秩序的观念",由汉奸头面人物如伪"华北政务委员会"委员长王揖唐、伪"治安总署"督办齐燮元、伪"教育总署"督办周作人等先后出面作关于"治安强化"的广播讲演,同时还规定由伪"华广协"向"管内及敌地区进行广播,并由地方各电台作为本地新闻进行广播"。日军还特别支援伪"华广协"一批广播发射设备和对重庆广播的定向天线,用来"对重庆进行广播宣传攻势"。

在日本军方和汪伪政权的指导监督下,伪"中广协"在其《组织章程》中宣称:"本会以集中全国官民力量以及联合友邦热心人士倡导社会协助政府发展广播事业,加强广播宣传,以促进国家建设,东亚复兴为宗旨。"汪伪政权为推进"反共睦邻"的投敌卖国的政策,规定汪伪广播中的新闻节目稿件由日本派遣军报道部、日本驻南京"大使馆"情报部和汪伪"中央社"提供。每逢发生重大事件,汪伪"中央台"都安排"临时讲演"节目,借以配合日军的侵略活动。如1941年12月太平洋战争爆发,汪精卫立即到伪"中央台"发表广播讲话,鼓吹协助日本进行"大东亚战争"。汪伪"中央台"还与日本、伪满进行了所谓"交换广播",庆祝"中日满合作"。40年代初,汪伪政权为巩固其汉奸统治,频繁开展所谓"清乡运动",一方面从军事上"围剿"华中地区抗日武装;一方面从政治上、精神上麻痹、毒害中国人民。此时,日伪广播中相继举办"清乡讲座""清乡宣传周"之类的节目,予以配合。

总之,日本侵略者在其占领区内先后开办的60多座日伪广播电台均为日本帝国主义灭亡中国的反动目的服务。其广播内容概括起来不外以下几个方面:第一,配合日寇军事、政治攻势,宣扬所谓"大东亚圣战",鼓吹"建立东亚新秩序";第二,极力贩卖封建法西斯文化思想,以所谓"大和精神"毒害听众,对中国听众进行亡国灭种的文化教育;第三,大量播出如《支那之夜》《满洲姑娘》《蔷薇处处开》等靡靡之音,

腐蚀人们的意志,粉饰日本军国主义的血腥统治。

五、轰炸破坏中国电台,封闭民营广播电台

1937年8月,淞沪抗战爆发,日军飞机开始轰炸南京,设在灵谷寺的国民党中央台短波台遭到袭击而停播,工程师蒋德彰不幸殉职。此后,中央台发射台所在地屡遭轰炸。11月23日起该台停止播音,由长沙广播电台暂替播音。在此前后,中央台的设备开始拆迁西运。在重庆时期的中央台及新建的国际广播电台也屡遭轰炸,但因防范严密,未停止播音。在日寇的军事进攻下,原设在城市中的一些地方台纷纷迁往偏僻地区播音,如福州台迁往永安,改名为福建台。西安台迁南郑改称陕西台,长沙台迁沅陵改称湖南台等。据1938年年底统计,国民党官办广播电台仅剩六七座,发射功率不足11千瓦,损失相当严重。

日伪对其占领区的民营广播电台也极尽迫害之能事。上海是中国民营广播电台的发源地和大本营。1937年"八一三"事变后,日本占领上海的非租界地区,当时上海30多座民营台中,亚美、华美等几座民营台自动拆机停播,以示无声抗议。对大多数尚在播音中的民营台,勒令限期向日军占领当局登记,否则不准继续播音。对在租界继续播音的民营台,日本要求不得有反日宣传的内容,同时又制造借口采取干扰、抢劫、破坏甚至投掷炸弹等手段对民营电台加以威胁、迫害。1941年太平洋战争爆发后,日军占领租界地区,对尚存租界地区虽已登记的民营台一律加以封闭。从此,在日本占领地区内,中国的民营台荡然无存。

六、广泛收集中国广播情报,编印书刊吹嘘日伪广播

近百年以来,日本一直热衷于收集中国的政治、经济、军事和地理情报,与此同时,为配合利用广播开展侵华活动,也注重收集中国有关广播的资料信息。以伪"电电"为例,1936~1937年间编印了多辑《中国广播情势》资料,内容包括当时中国政府有关部门制定的条例、法规,如《中华民国民营广播无线电台放送取缔规则》以及上海、平津等地的广播动态等。其中1937年1月《中国广播情势》第五辑又标为《广播参考资料》卷八,题为《中华民国主要52(个)广播电台一览》,由伪"电电"营业部广播课编印,全部译自国民党中央广播事业管理处编印的《广播周报》第105期(1936年9月22日出版),内容为当时中央台及各地方台的台名、频率、广播节目及播出时间等。中国广播的现状几乎一览无余。上述有关中国广播的资料,无疑为日本广播侵华提供了重要的信息和情报。

此外,各地的日伪广播机构还编印了多种中日文的广播书刊,歪曲、抹杀历史真相,渲染日伪广播的业绩。如伪满的《满洲广播年鉴》(1939年、1940年版),除了以文字、照片、图表等形式记载伪满广播事业的发展情况外,在《邻近诸国的广播事业》栏目中竟然将台湾、"北中国"的广播事业与日本、苏联的广播事业并列,日本侵略者

割裂中国的企图昭然若揭。伪《满洲电信电话株式会社十年史》（1933—1943年，上、下册）、《满洲广播事业说明》（1939年，伪"电电"编）等书刊、小册子中，将名为"株式会社"（中文意即有限责任公司）的伪"电电"，公开宣称是具有与"官厅相等之特权，并有代行国策之重大责务，且一旦有事之际，有直接充任军方一大通信兵力之义务"。书中别有用心地将伪满电台对我国东北和华北地区广播的汉语播音称为"满语"播音，以期契合于伪"满洲国"的需求，分割我国领土的企图，暴露无遗。

有侵略就有反抗。一部中国的近现代史，从某种角度可以说是一部帝国主义侵略中国的历史，也可以说是中国人民反侵略斗争的历史。针对日本广播侵华的种种罪恶行径，在中国人民抗日战争的全部历史中，中国的广播工作者和被侵略、压迫的中国人民也写下了反抗斗争的一页。

以国民党中央台为代表的中国官办的广播电台虽然在抗日战争全面爆发初期遭到了严重的破坏，但中央台在西迁重庆之后，在英美等国的协助下逐步恢复，并于1939年2月正式开办了对国外广播，定名为"国际广播电台"（英文简称VOC，意为"中国之声"），最多时采用20多种语言，面向欧美、苏联、日本、东南亚及我国被占领的东北、华南等地播音。除国际台外，昆明台、贵阳台等也开办了对国外广播，其中以昆明台为最，发射电力为50千瓦。此外，还在重庆建立电波研究所和收音站。国民党当局还创办战地流动广播电台和军中播音总队，担负对敌军广播的任务，此外还注重发展西南、西北地区的广播事业，以适应战时宣传的需求。据1943年上半年统计，官办广播电台已有16座，发射总功率达142千瓦，略超过战前的规模。国民党的广播宣传在抗战时期，总的来说坚持了国共合作共同抗日的大方向，重庆的中央、国际两台举办的广播讲演节目，经常邀请中共代表、抗日将领、爱国人士和国际友人，如周恩来、冯玉祥、李济深、郭沫若、沈钧儒、黄炎培、爱德华（印度援华医疗队队长）等发表抗日广播演讲，呼吁国内外反法西斯力量团结起来，打败德、意、日法西斯，争取世界和平。1938年，汪精卫叛变投敌后，中央、国际两台举办了讨伐汪逆广播节目，国民党政要及各界代表人士纷纷发表广播讲演，谴责汪逆卖国罪行。宋霭龄、宋庆龄、宋美龄三姐妹对美的广播讲话，促进了美国朝野了解中国抗日斗争的进程，对推动美国援华抗日起了积极的作用。国民党广播还与驻重庆的英美广播公司合作编制广播节目，与莫斯科广播电台合作互办对苏、对华音乐节目，促进了两国文化的交流。日本反战同盟的有关人士也在重庆发表广播讲演，劝告日本人民勿受军阀蒙蔽，呼吁他们起来反战。此外，针对日本广播的造谣污蔑，重庆广播电台也予以驳斥和揭露。总之，以中央台为代表的国民党广播的抗日爱国的宣传在大后方和沦陷区有着相当广泛的影响。需要指出的是，国民党广播在抗战宣传中，仍有很大的片面性。广大听众无法从国民党的广播中了解到中共领导下的八路军、新四军等人民军队英勇抗敌的事迹，在国民党顽固派发动反共高潮之际，国民党的广播予以配合，播出污蔑中共及其领导下的人民军队的节目。

中国的民营广播电台在抗战全面爆发初期表现出了极大的抗日救国热情。1937年"八一三"淞沪抗战爆发后，上海的几十座民营台在上海各界抗敌后援会的支持下，邀请各界爱国人士发表抗日救亡讲演，发动市民捐款捐物支援前线抗敌将士，编写抗战歌曲、广播剧反复播出，激励广大听众的爱国抗日斗争。茅盾对此曾著文称赞："无线电播音在抗战宣传上确实起了很大的作用，这方面的工作人员也确实尽了最大的努力。"上海沦陷后，有的民营台拒绝向日本军事当局登记，自动拆迁停播。有的利用租界当局与日本占领当局之间的矛盾，在租界地区坚持播音，播出一些爱国进步的歌曲，动员听众捐款捐物支援前线，为支援抗日做了一些有益的工作。

在中国共产党领导下的陕甘宁边区，1940年12月30日，第一座人民广播电台——"延安新华广播电台"开始播音，尽管延安的无线电技术条件十分困难，但延安台一直断断续续地坚持播音，报道了在中共领导下的八路军、新四军等抗日武装打击歼灭日侵略军的消息和有关评论。不少听众从中受到鼓舞和教育，投身到抗日战争的洪流之中。延安台的播音因技术条件障碍于1943年春暂停了播音。

在沦陷区的中国民众怀着对日本侵略者的仇恨，盼望早日从敌寇铁蹄下解脱出来。不少民众利用自行改装的短波收音机偷听重庆乃至欧美、苏联的广播，从中得到一些有关抗日战争和反法西斯战争的消息。在日伪广播电台工作的怀有爱国心的中国人员，有的用怠工方式表示不满、有的用影射方法编制广播节目揭露日伪的黑暗统治。不少敌占区的居民抵制日伪推销的廉价收音机。老舍的著名小说《四世同堂》以艺术形式再现了沦陷后的北平爱国市民偷听南京（沦陷前）、重庆广播，拒绝购买廉价收音机的情节。上海不少市民被迫深居简出，躲在家里偷听短波广播，盼望早日"天亮"（指抗战胜利到来）。1945年8月10日晚，在南京伪"中央台"工作的富有爱国心的中国人员把重庆广播中播出的日本政府通过瑞士发出照会请求投降的消息通过汪伪"中央台"播送出去，使听到这一胜利消息的市民兴奋不已。

1945年8月，经历了14年艰苦抗战的中国人民终于迎来了抗日战争的伟大胜利。这是近百年来在反对外来侵略斗争中取得的第一次全面性的伟大胜利。

抗日战争的伟大胜利标志着日本侵华广播在中国的彻底终结。从此永远地结束了日本帝国主义对中国广播主权的侵犯和日伪广播的殖民奴化宣传的历史。在抗日战争胜利之际，国民党的官办广播事业由于接收了一批日伪广播电台，获得了新的发展，国统区的民营电台也重获新生，陆续恢复了播出。尤其值得关注的是，在中共领导下一度中断播音的延安新华广播电台恢复了播出，与此同时，东北地区的抗日人民军队还将接收的一批伪满广播电台改建成人民广播电台。所有这些都为中共领导下的解放区广播事业的发展奠定了基础。这在中国广播史上是具有重大意义的事件，值得广大的广电工作者永远纪念。

（原载《中国广播》2015年第5-6期）

（二）

从零起步 从细入手 开展抗战广播史研究

赵玉明

今年是中国人民抗日战争暨世界反法西斯战争胜利70周年。中国传媒大学与中国新闻史学会联合主办的本次"勿忘历史：抗战新闻史"学术研讨会，在新的历史时期，对于抗战新闻史的深入研究，又将再次起到积极的推动作用。这是继十年前中国新闻史学会与南京大学等有关高校联合主办"抗日战争与新闻传播学术研讨会"之后的又一次有关抗战新闻史研究的学术盛会。正因为如此，今天的学术研讨会也可以说是近十年来抗战新闻史研究成果的又一次检阅和交流。我预祝这次研讨会圆满成功。

今天我发言的题目是：从零起步，从细入手，开展抗战广播史研究。

众所周知，广播是20世纪初出现的新兴媒体。在十四年的抗日战争中，广播作为海陆空之外的"第四战线"，在对敌斗争中发挥了不可替代的重要作用。21世纪以来，关于抗战广播史的研究已初步引起学界和业界的关注。例如中国广播电视学会广电史研究委员会主办的2003年"第六次中国广播电视史志研讨会"和2005年"第七次中国广播电视史志研讨会"，均有一批抗战广播史的论文交流。本人主编的《中国广播电视通史》（上卷）中也有涉及抗战广播史的专门章节。为了迎接本次研讨会的召开，今年以来我主编了一本《日本侵华广播史料选编》（中国广播影视出版社2015年8月出版），写了两篇专文，一篇是《日本侵华广播史略》（刊于《中国广播》今年第6—7期，已收入上述《选编》一书）；另一篇是《中国抗战广播史略》（《现代传播》将于今年第11期刊登）。但所有这些相对于我们所期待的一部系统、完整的抗战广播史，只能说是从零开始，作为引玉之砖，呼唤有关同志更多地关注抗战广播史的研究。

今年7月30日，习近平同志在中共中央政治局第二十五次集体学习时，提出要"深入开展中国人民抗日战争研究"，并且特别指出，我们对抗日战争的研究还远远不够，要继续进行深入系统的研究，他强调提出，对抗日战争的研究"总体要深，专题要细"八个字的要求。相对于宏观的中国人民抗日战争史的研究，中国抗战广播史无疑属于专题研究的范畴，应当从"细"字入手，在"细"字上狠下功夫，写出一本"让历史说话，用事实发言"，全面反映中国抗战广播的专题史著作。现根据本人对抗战广播史的初步了解，提出以下一些意见和建议供与会同志参考。

第一，中国抗战广播史的基本内容应包括两个方面：一方面是日本配合军事行动对中国广播领域的侵略（包括建立日伪广播电台、开展殖民奴化广播宣传以及破坏轰炸中国广播电台等）；另一方面是中国广播应对日本侵略采取的相关措施（包括开展抗日宣传及迁移、新建广播电台等）。

第二，中国的抗战广播阵营主要由三个方面组成，即国民党的官办广播电台、民营广播电台和中共领导下的人民广播电台。在国共合作的大背景下，三类广播电台在十四年抗日战争的不同历史阶段，既有相互配合各自开展抗日广播宣传的共性，同时又有各自的特点。

第三，中国的抗战广播是世界反法西斯广播的重要组成部分。在抗日战争时期，重庆作为抗战广播的中心，与苏、英、美广播电台均有不同形式和程度的合作，协同开展与法西斯广播针锋相对的斗争。

第四，中国传媒大学的前身是北京广播学院，多年来作为最早开展广播史研究的院校，理应责无旁贷地担负起领衔抗战广播史研究的重任，同时也要与抗战广播的代表性地区，如南京、上海、重庆、昆明等地的有关高校、科研、档案部门的教研人员，加强联系，密切合作，可考虑联合申请国家或省部级社科项目，共同开展抗战广播史的研究。同时还要加强与港台地区和日本有关学者的沟通与交流，倡议海峡两岸学者共写抗战广播史。

第五，在时间与步骤安排上，可考虑在前述《日本侵华广播史料选编》的基础上，着手选编一本《中国抗战广播史料选编》，在掌握比较充分史料的基础上，编写一本《中国抗战广播史》，期盼能在五年后，中国人民抗日战争胜利75周年时问世。

（本文据2015年10月17日在"勿忘历史：抗战新闻史"学术研讨会上的发言补充、修改而成）

让历史说话　用史实发言：
评赵玉明主编《日本侵华广播史料选编》

庞 亮

近代中日关系史从一个方面来看基本上就是日本侵华史。有史学研究者就提出，近代日本对华关系的基本点就是侵略，主导面也是侵略。可以说，日本侵华史是中日关系史从一方面最本质的概括。回顾日本侵略中国的历史，几乎每一次重大事件发生之后都有人对该事件进行总结与反思。随着时代的变迁，越来越多的人开始重视起距离当下较远的日本侵华历史的研究，即研究昨天、前天以至更久的日本侵华历史。这种迹象表明，我们对历史的反思不断在走向深化，也使得日本侵华史的研究成为一门科学。在中国，由于较早地开展了有关日本侵华史的研究，成果异常丰富，特别是 21 世纪以来，更是有了突飞猛进的发展。

2015 年 7 月 30 日，习近平总书记在主持中共中央政治局第二十五次集体学习时强调，深入开展中国人民抗日战争研究，必须坚持正确历史观、加强规划和力量整合、加强史料收集和整理、加强舆论宣传工作，让历史说话，用史实发言。习近平指出，同中国人民抗日战争的历史地位和历史意义相比，同这场战争对中华民族和世界的影响相比，我们的抗战研究还远远不够，要继续进行深入系统的研究。习近平强调，要加强国家层面的统筹协调，按照"总体研究要深、专题研究要细"的原则，制定中长期规划和具体工作方案，确定研究重点和主攻方向。抗战研究要深入，就要更多地通过档案、资料、事实、当事人证词等各种人证、物证来说话。

传播学基本理论认为，人类文明的发展史，其实就是人类使用传播媒介的历史，也是媒介从简单到复杂的发展历史。这样，在传播媒介变迁的理论框架下去研究日本侵华史便成为一种可能。而广播作为 20 世纪 20 年代初出现的最具代表性的新兴大众传播媒介，通过对日本广播在华传播的全方位透视去研究日本侵华史无疑是非常有价值的探索。日本的第一座广播电台开办于 1925 年 3 月。此后不久，为配合侵华活动，日本即将它开办到中国。1925 年 8 月 9 日，由日本"关东州递信局"开办的大连广播电台开始播音，这是日本侵略者在我国东北境内开办的第一座广播电台。大连台不同于一般外国商人在中国开办的广播电台，它是日本帝国主义的官办电台，是殖民性质的广播电台。起初完全仿照日本国内广播电台，只有日语节目，为日本侵略者服务，后来为了麻痹和毒害中国听众才办起了汉语节目。这是日本帝国主义者侵华广播活动的开端。此后20年间，日本侵华广播活动日益猖獗。

纵观近年来国内外出版的日本侵华史研究，从传播媒介特别是广播的角度专门对日本侵华史进行研究的成果十分鲜见。2015年8月，中国广播影视出版社推出赵玉明主编，哈艳秋等诸多专家、学者参与编写的《日本侵华广播史料选编》，就是在这一领域开展深入研究的最新重要成果。尤其是赵玉明先生，不顾79岁高龄，"老骥伏枥仍奋蹄"，持续在日本侵华广播史的研究园地深耕细作，开拓了中国广播电视史史学研究的新境界，也为中青年学人树立了学习的榜样。粗读该书，在以下三个方面给人留下深刻印象。

其一，该书具有十分鲜明的时代意义。大家常说，历史研究的根本目的，其实只有一个，就是古为今用。理清日本侵华广播的来龙去脉，也是全面认识日本军国主义形成史、日本侵华史的重要内容。从这个意义上说，《日本侵华广播史料选编》就是日本侵华广播的一份"罪案"。该书依据日本侵华广播的历史进程和状况，在内容上分为六个部分：第一部分为伪满广播史料；第二部分为日伪华北广播史料；第三部分为汪伪华东中南广播史料；第四部分为日伪台湾、香港广播史料；第五部分为地方志所载日伪广播史料；第六部分为日文版《战争·广播·记忆》选刊，这是编者为了便于我国学者了解日本学者对日本在华广播的研究成果而特意选译和编入的。应该讲，日本侵华广播史料散存中外，数量众多，但收藏分散，搜求不易，而本书所收有关史料，基本上可以反

映出日本侵华广播的概貌。

当前,日本右翼势力仍然在为军国主义招魂,动辄大放厥词,掩饰侵华罪行,甚至美化侵略战争。对日本侵华历史的清算和追究还远远没有完成,它仍然是中国人民、也是日本人民的长期而又艰巨的课题。2015年恰逢中国人民抗日战争暨世界反法西斯战争胜利70周年,诚如赵玉明在书中所言:"此时此刻,作为一名终身从事广播电视史教学工作的教师,又曾一度参与办过新闻节目的广播工作者,深感有责任将日本帝国主义者在中国广播史上犯下的侵略罪行告知国人,特别是中青年一代的广电人,借以激励广电人爱国敬业的精神,倾力办好新时期的广播电视为改革开放的伟大事业服务。"该书的出版,既是对日本侵华罪行的一次声讨和清算,也是广播史学工作者对抗日战争胜利70周年最好的纪念,生动展示了主编走进历史深处,回应现实关切,倾听未来呼唤的人文情怀。

其二,该书具有填补空白的史料价值。做历史研究的都认为,史料是史学的基础和前提,有了史料,史学才有了生命,成为活生生的现实。新闻史是历史的科学,广播史是新闻史的重要组成部分。占有丰富、翔实的史料是开展包括广播史在内的新闻史研究的力量源泉和不竭动力。但由于各种原因,"文革"以前国内并没有出版过新闻史料一类的专门书籍。改革开放以来,已出版的有代表性的中国新闻史料选的书籍如复旦大学新闻系新闻史教研室编的《中国新闻史文集》,收入了1949年10月以前的有关新闻史的文章100多篇,却没有一篇涉及广播事业的。人民大学新闻学院张之华教授主编的《中国新闻事业史文选》收入的是公元724年至1995年间有关新闻史料,其中现当代部分200多篇,收入涉及广播电视事业的仅有3篇,这对于完整地、全面地研究中国新闻史的确是一种缺憾。

有感于此,2007年6月,汕头大学出版社曾推出赵玉明主编的《中国现代广播史料选编》,成为具有代表性的系统的、专门性的广播史料书籍。此书收入的史料是从20世纪20年代初中国境内出现的第一座广播电台到新中国成立前夕将近三十年间的有代表性的广播史料。赵玉明在该书的编后记中写明"日伪广播史料尚待搜求整理,故《选编》未收入这方面的史料"。如今,八年过去了,《日本侵华广播史料选编》终于面世,使得中国现代广播史料逐步系统和完整起来,为深入开展后续的专门史研究提供了珍贵的第一手资料,从这个意义上说,称得上是"填补空白"。

其三,该书具有非常厚重的学术内涵。就广播电视专门史而言,目前我国尚无一本全面系统地揭露批判日本侵华广播史的专著,为使读者了解日本侵华广播的概貌,在该书附编部分收入了赵玉明撰写的《日本侵华广播史略》一文。此文虽名为"史略",却是他在数十年治现代广播史的基础上,吸收借鉴近年来日本侵华广播史研究成果之后的一次更为深入的系统研究,超越了此前《中国现代广播简史》和《中国广播电视通史》

中的相关研究，彰显了该书厚重的学术内涵。通过系统的研究，赵玉明把日本侵华广播活动凝练概括为六个方面：一是侵占我国广播电台，大量开办日伪广播；二是组建广播监管机构，严密控制广播电台；三是制定广播法规，管控收听范围；四是开展殖民化宣传，麻痹毒害中国听众；五是轰炸破坏中国电台，封闭民营广播电台；六是广泛收集中国广播情报，编印书刊吹嘘日伪广播。

不仅如此，赵玉明明确提出"针对日本广播侵华的种种罪恶行径，在中国人民抗日战争的全部历史中，中国的广播工作者和被侵略、压迫的中国人民写下了反抗斗争的一页"，进而指出"抗日战争的伟大胜利标志着日本侵华广播在中国的彻底终结。从此永远结束了日本帝国主义对中国广播主权的侵犯和日伪广播的殖民化宣传的历史"。多年以来，如何使广播史科学化，进而成为一门科学始终是研究者的终极追求。2004年1月，《中国广播电视通史》推出后，笔者曾撰文称其树立起了广播电视史学研究应当遵循的科学的方法与思路，是我国广播电视史学研究走向成熟、科学的标志。随着《中国现代广播史料选编》《日本侵华广播史料选编》的相继出版，使得广播电视史学的学术基础更加扎实和厚重，广播电视史学科学化的理论内涵日益丰满，将有力推动广播电视史学的繁荣和发展。当然，该书给我们的深刻印象远非以上三个方面所能够涵盖的。从长远来看，日本侵华广播史研究的水平还有很大的提升空间，其根本途径还在于深化研究。这需要我们从多方面去努力，单就使用资料的角度看，一是应尽量利用第一手资料，二是要加强利用日本一方的资料。从这个意义上说，该书特意邀请日语专家李立军副教授选译和编入日本学者对日本在华广播的相关研究成果成为一个大亮点，体现了编者在选材上的匠心独具，也为我们今后持续进行此类研究提供了富有价值的参考。

最后，还要提及的是，赵玉明在该书的出版说明中写道："这本《选编》仅是引玉之书，对于有志于深入研究日本侵华广播活动的中青年学者来说是远远不够的。我期盼若干年后，经过多方搜集史料、深入研究探讨，有一本国人所著的日本侵华广播史问世，这既是对历史的告慰，也是对中国广播史上的不幸一页必要的交代。"希望广大中青年广播史学工作者，能够深入领会赵玉明先生的期冀，扎实工作，不畏艰辛，继续推进这一领域的研究，在可以预见的时间内，推出更多更好日本侵华广播史的专门成果，为广播电视史学的繁荣和发展做出自己的贡献。

(原载《中国广播电视学刊》2015年第10期)

一块沉甸甸的基石

——评赵玉明教授《日本侵华广播史料选编》

高铁军

2015年是中国人民抗日战争胜利暨世界反法西斯战争胜利70周年。这一历史节点也恰恰成了抗战广播史研究的"大年"。但对于国内诸多抗战广播史研究者来说,面临的最大难题在于相关史料的浩繁与分散。赵玉明教授主编的《日本侵华广播史料选编》(以下简称《选编》)则似久旱后的一场甘霖,出版得恰逢其时。

抗战广播史研究虽然带有很多广播学研究的特点,但从本质上来说,仍然属于历史研究的范畴,因此也遵循历史研究的基本规律。在历史研究领域内,无论古今中外,史学家对史料的重视程度都是最高的。在我国,著名的唐代历史学家刘知几在其名著《史通》中就对史料有过专门的论述。他认为,研究历史首要的就是"征求异说,采摭群言"[1],意思是说,做历史研究要将广泛搜集、运用史料作为根本。中国现代历史学家翦伯赞认为:"不钻进史料中去,就不能研究历史。"[2]在西方,英国历史哲学家柯林伍德(Robin George Collingwood)认为:"历史学是通过对证据的解释而进行的,证据在这里是那些个别的叫作文献的东西的总称……历史学的程序与方法根本上就在于解释证据。"[3]马克思也曾经说过:"研究必须充分地占有材料,分析它的各种发展形式,探寻这些形式的内在联系。"[4]可以说离开了扎实、丰富的史料,历史研究就是无根之木、无源之水。但仅有史料是不够的,或者说只是初步的,更重要的是对史料的整理与甄别。因为史料本身不但是零星、分散的,更有部分史料可能是伪造、虚假的。这样的史料不但对于历史研究者来说利用价值较低,甚至还会产生负面影响。因此,对史料的去伪存真、去粗取精也就显得尤为重要。

正是从史料的搜集整理对历史研究的重要作用出发,赵玉明教授主编的《选编》具有三个方面的重要价值。

一为填补空白。近年来,在史学界,抗战史的研究如火如荼,已经成为一门显学,而其背后的重要支撑就是史料的不断扩充以及研究者们对这些史料的整理出版。反观广播史研究,虽然史料建设不断加强,但抗战广播史方面的史料还比较分散,没有形成一本专门的完整史料集。而《选编》的出版则恰恰填补了这一空白,实现了抗战广播史料集从无到有的历史性突破,为抗战广播史的研究奠定了扎实的基础。

二为系统全面。如前文所述,史料不仅要有,还要经过系统的整理,去除虚假的、无关紧要的成分,保留真实的、精华的成分,以便研究者更加高效便捷地利用史料,研究分析历史,《选编》则正是如此。《选编》以日军侵华期间100多种日伪广播史料为主要收录内容,"既是对日本侵华罪行的一次声讨和清算,也是对抗日战争胜利70周年的纪念"⑤。更重要的是,全书并不是对相关史料的一次简单堆砌,而是依据日本侵华广播的历史进程和状况,将史料分为六个部分:伪满广播史料,日伪华北广播史料,汪伪华东中南广播史料,日伪台湾、香港广播史料,地方志载日伪广播史料,日文版《战争·广播·记忆》选刊。这种选编方法既尊重了历史事实。又突出重点,为研究者提供了清晰的研究线索。

三为开拓视角。一直以来,国内学界对于抗战广播史的研究多集中于对国共及民营电台抗战广播宣传的研究,对日军侵华广播情况的研究则相对较少。这其中的原因一方面在于史料的分散,另一个方面则在于语言等因素不易获得日本方面的相关史料。《选编》不但集中了诸多日伪广播史料精华,而且翻译、选编了现存于日本的很多有关史料,拓展了史料的空间,有助于研究者延伸视角,从更加全面、丰富的角度看待日本侵华广播及抗战广播史研究。

站在今天的角度回头看,70年前抗战的胜利对于中国的现代化进程及中华民族伟大复兴的进程都有着极其重大的历史意义。而在20世纪三四十年代的中国社会中,广播则是一种重要的手段与力量,共产党、国民党、社会民众以及日军都将其运用在战争内外的宣传之中,是广播史中浓重的一笔,对这段历史的研究将带给后人很多教训与启示。而《选编》则恰恰是对这段历史进行深入研究分析的一块沉甸甸的基石,值得我们不断研究、不断运用。

注　释

① ④荣孟源:《史料与历史科学》,人民出版社1987年版,第5页。
②翦伯赞:《史料与史学》,北京出版社2005年版,第85页。
③【英】柯林伍德:《历史的观念》,何兆武、张文杰译,商务印书馆1997年版,第37~38页。
⑤赵玉明主编:《日本侵华广播史料选编》,中国广播影视出版社2015年版,第1页。

(原载《中国广播》2016年第1期)

抗战时期国人的"广播战"研究

谢鼎新

民国时期的广播从无到有,1932年,中央广播电台的发射功率达75千瓦,为亚洲第一、世界第三。至1937年抗战前,电台数量已达91座,仅次于美国,为世界第二,[1]广播事业有了一定的积累。抗战爆发,中华民族面临巨大的危机和挑战,需要动员全社会的力量为战争服务,广播事业作为传播媒介投身其间,围绕宣传战开展传播活动,这是历史的选择,也是广播事业的时代使命。从研究的角度考察,战争环境为广播宣传战的研究提供了契机。

一、战时广播的传播

在战争环境中,军事斗争异常激烈,造成各方地域的控制与限制的复杂性,广播传播的时空超越能力,使其在宣传战中尽显电子媒介优势,因此,广播被时人视为是陆、海、空武装力量之外的"第四战线"。

九一八事变后,日本侵略中国的野心已昭然若揭,国难当头,而国防虚弱,有识之士倍感责任重大,1933年,当时的中央广播电台就开办"国民军事常识讲座",聘请军事专家吴光杰主讲。吴早年毕业于保定陆军军官学校,曾在德国军校留学8年,后任中国驻柏林大使馆武官。该讲座从1933年6月开始共讲了50多次,每次约一小时,进行国防军事教育的普及,讲述国内外情态及国民应有的决心、海陆空军建设程序、国民军教育及兵工政策以及兵器、兵种、防毒、防空等军事常识,共18讲。之后整理出版《中央广播电台国民军事常识演讲录》,多达500页,蒋介石为该书题词"军国民教育之宝鑑"。作者希望同胞得到新时代的军事知识,"到着未来国际战争的时候,实际地担起救亡的责任,如此民族复兴的一句口头语,才不至终成虚话"。[2]讲座内容丰富,通过广播形式在一定程度上普及了国民的军事常识,为应对全面抗战做了知识方面的相应准备。

在抗战中,中央广播电台(呼号XGOA,1928年8月成立,抗战期间随民国政府从南京迁重庆)和国际广播电台(呼号XGOY,对北美为XGOX,在中央广播电台短波台基础上于1939年2月成立),专门开辟《抗战讲座》《抗战教育》《战地通信》《民族英雄故事》《敌情论述》《抗战歌曲》等节目,在播音语言上,采用国语、方言(有粤语、沪语、闽语等)、少数民族语(有蒙语、藏语、回语等)、外语(英、法、德、俄、日、荷兰、西班牙、马来西亚、印度、泰国、缅甸、朝鲜、越南等十多种语言）广播，在抗战宣传中，揭露敌人，向全世界报道战况，争取世界舆论同情等方面，做了大量工作，发挥出强大喉舌的作用，是全国和全世界宣传抗战的重要舆论阵地和传播工具，为中国人民抗日战争和世界反法西斯战争的胜利做出了特殊的贡献。

蒋介石、宋庆龄、冯玉祥、周恩来、李济深、沈钧儒、黄炎培、郭沫若、罗家伦等众多党政军要员及社会各界知名人士，都纷纷在中央广播电台发表抗战演讲，激励国人抗战决心。宋美龄女士在七七事变、珍珠港事变后多次用流利的英语对美国发表广播演说，介绍中国同胞在抗战中的英勇和决心，也坦陈困境，呼吁对华援助，为争取国际了解和同情，发挥了积极的作用。日本宣布投降，蒋介石即在陪都重庆发表《以德报怨》广播演说强调："我们中国同胞须知'不念旧恶'及'以德报怨'为我民族至高至贵的德行。我们一贯声言：只认日本黩武的军阀为敌，不以日本人民为敌。……真要到我们的敌人，在理性的战场上为我们所征服，使他们能彻底忏悔，都成为世界上爱好和平的分子，像我们一样之后，才算达到了我们全体人类企求和平及此次世界大战最后的目的。"[3]

中国共产党领导下的第一座广播电台——延安新华广播电台，就是在抗战烽火中诞生。1940年春天，中共中央决定成立广播委员会，领导筹建广播电台工作，延安新华广播电台于1940年12月30日开播，呼号XNCR。1941年12月3日还开办了日语广播，为宣传抗日民族统一战线，揭露顽固派阴谋，瓦解日伪士气，发挥了广播媒介的独到作用。

此时民营广播电台也是可圈可点。有资料显示："平时，那些民营电台是以给商店做广告宣传对象的，而现在各电台的这类营业差不多全停顿了。他们目前工作就是做救亡的播音宣传。一般所播的节目大致是：①战时新闻；②战事常识；③转各报社评论；④征集慰问品和救护用品。"[4]茅盾对当时广播界在抗战中的表现有过观察："上海战事发生以来，播音界确入了战时状态，平剧、大鼓、蹦蹦戏这一类的唱片不再播送了，代替的是救亡歌曲；风花雪月情调的开篇也没有了，代替的是有关抗战的新的东西；什么桂圆大王，什么化妆品的宣传也没有了，代替的是时事消息和慰劳品募集的成绩报告；讲解《古文观止》也停止了，代替的是防空防毒等常识的演说。"并评价道："无线电播音在抗战宣传上确实起了很大的作用，这方面的工作人员也确实尽了最大的努力。"[5]

在日伪方面也制定《战时文化宣传政策基本纲要》，要求"强化中国广播事业建设协会，严厉取缔敌性广播，并谋对外宣传之积极与强化"。日伪广播则进行宣扬"东亚圣战"、鼓吹"建立东亚新秩序"的欺骗宣传。交战各方都充分地利用广播开展激烈的攻防宣传战。

二、广播战研究的领域

抗战中,广播围绕如何运用鼓舞激励己方军民的斗志、打击揭露敌人的阴谋、争取中间势力的支持、团结盟友等方面,宣传战开展得如火如荼,同时,广播与战争的关系成为研究者关注的议题,并展开了多方位的探讨,主要方面有:

1. 广播宣传在战争中的作用及"广播战"的含义

1942年1月,国民党中央宣传部编印了《无线电宣传战》小册子,认为:"在宣传战中发挥着最显著效能的无线电工具已和外交策略、经济压力、军事力量并存不悖,成为对外政策的必备武器之一。"无线电宣传机构已成为各国战时机构中不可缺少的部门,"无线电宣传的工作纲领可以分三方面来说:第一,在国内激励士兵和人民团体精诚团结和勇于牺牲;第二,对中立国家播送言简意赅的短评,专题讲演和新闻报道;第三,对敌人的前后方则大量放送许多驳斥性的谈话和事实证据以达到消沉士气摧毁斗志的目的"。[6]因为"无线电的奇妙使得对敌宣传工作开展比以前更为容易。以前所使用的从飞机和气球上掷宣传单的老法子在地域范围和影响力方面都受着极大的限制。但是无线电可以毫无困难地深入敌人的土地"[7]。

由于广播在战争中的巨大作用,敌我双方都自觉利用广播作为武器,鼓舞士气、打击对方。《十五年来我国广播事业之鸟瞰》(1944年)一文对此进行了描述:"到了此次战争爆发,他的功效更宏,用途更广,在外交宣传军事上的成绩是比平时在新闻教育上的更大。我们只要看每次战役的前后,各国领袖都依赖他发表意见,传递信息。希墨东条几个魔鬼都利用他来说谎造谣,挑拨攻讦,做一个神经战的主体。就可以知道大众公认他为海、陆、空三种之外的第四战线的道理,换句话说,也就是《孙子兵法》上所讲的攻心为上了。"[8]文中提到广播战是一种"神经战",并视其为实现古代兵法中最高境界的现代化手段运用。

还有研究者用"心理作战"来表达广播战的内涵,陈沅在《广播的作用》介绍:"在第二次世界大战中,欧美各国电台都设有心理作战部,用音乐或语言来分化敌方战斗员的意志。我国抗战期间,中央台的短波部分'中国之声',曾经特为增加了对日播音节目,用各种方式来对日寇宣传,来分化日寇的斗志。对欧美的宣传,以博得国际友人的同情而提高了中国的国际地位。"他还特别提到音乐对人的个性、情绪的影响,可以使人消沉,也能激发人心士气,故认为"广播实为宣传之唯一利器"[9]。

2. 广播战中的广播工作与管理研究

随着广播战的进行,其相应的工作部署与管理探讨也同时展开。主要工作环节有:国际广播、国内广播、应变计划、筹划广播网、倡导敷设收音机、灌制录音片、联播与干扰、加强节目效能等方面内容。如加强节目效能分三大项:"为普通性质者;为应战时急需者;为特约广播",同时还提出"对华侨广播及通讯""流动电台播音""充实节目，增加播音时间"等专项问题。[10]此外，广播的战时工作不仅在报道方面，还通过无线电技术直接为军机导航提供安全保障等。

1939年，周凯旋就战时广播宣传战的管理问题，进行了较为深入的探讨。指出只有"严行统制无线电广播宣传"，才能化解敌寇的宣传，增强我们的宣传效果。"自抗战以还，中央广播电台迁渝，各省市公私立电台则受战时影响，或停止广播，或减少电力，致各电台听者顿感困难，而汉奸敌寇之强力电台林立沪上，东北、华北各处敌寇亦有强力电台之设置。一面肆意干扰，妨碍我方电台之广播，一面大肆反宣传，淆乱我方民众之听闻。一般无知民众，因我方广播电台不易收听，乃改收敌方广播，以资反证，遂致以讹传讹，谣言繁兴，抗战信心动摇，抗战勇气消失，抗战情绪衰颓，驯至抗战意识模糊，甚至认识差误，思想反动，顺民与汉奸心理，因以成长。且扰乱后方民心，抗战与建国力量，因而减低。"因此，必须采取措施"严行统制无线电广播宣传"。

文章认为无线电广播统制的方法分为积极的和消极的两大类。积极的措施包括：①"设立广播无线电台网"；②"增强广播电台电力"；③"设立短波无线电台"；消极的措施包括：①"设立电波干扰机"；②"禁止收听反宣传"；③"限制并登记私立广播电台"；④"调查并登记私人装置无线电收音机"；⑤"限制装置收音机灯泡数"等。[11]这些内容既是广播战的规律探讨，也是实践经验的总结。

3. 广播战评价研究

中央广播事业管理处处长吴道一在《胜利还都与我国广播事业》一文中，回顾了广播在抗战中的作为："我国广播事业先天就注定了须得服务于抗战。因此广播事业分担了抗战的沉重职责，分担了随抗战而来的困苦艰辛。抗战八年，历经无数次的危殆震撼，颠簸动荡，然而广播事业始终支撑了全民作战的勇气；无情地揭发敌人的阴谋诡计，积极地粉碎敌人的谣言攻势，对世界友邦发出'中国之声'，向他们报道正确的战况，申述'抗战中国'的需要，争取友邦的了解与同情，信赖与援助；对沦陷区的同胞，广播事业更无疑是政府一支温柔而极有力量的手，时时寄予他们以关切和抚慰，让他们相信所期待的自由光明的日子必将到来。广播事业在抗战期中，施展了最大的力量，充分尽到政府喉舌的责任。"

文章还对在抗战中广播同人的表现给予高度评价："至于广播事业的从业人员，在各自岗位上含辛受苦，奋斗牺牲，屹立不摇的精神，即使与前方的战士相比，也并无逊色。抗战过程中，广播工作人员曾迭有牺牲。……今天，我们收获了抗战胜利的丰美硕果，广播事业在获得胜利的进程中，是有其不可湮没的贡献的。"[12]

在抗战的宣传报道中，因广播的突出表现，发挥出报刊所无法替代的强大功用，从而奠定了其在新闻事业中的地位。有研究专门提及："抗战以来，广播在新闻事业上表现的功能，实为不小。太平洋战争消息传至中国的情形，也许清楚地在人们的记忆中，那就是中国广播对于中国新闻事业最好的贡献。""抗战七年，山河破碎而人心向汉，广播可谓一大功臣。因为不管在东北或其他省份，我沦陷同胞唯一求得正确消息的来源，就是广播。""中国近几年边远各地报纸新闻的来源，凡是没有电台设备的，完全依赖广播消息。"因此，中国新闻学会在1943年"九一"（当时的记者节）举行年会时，通过了包括"确认广播电台之负责新闻广播人员与新闻摄影机关之负责新闻摄影人员为新闻记者"的有关条款。[13]新闻史专家胡道静先生当年亦有概括：自第二次世界大战以后，新闻事业进入了一个新的"广播新闻时代"。[14]

4. 国外的"广播战"介绍研究

国外自第一次世界大战既有广播投入期间，广播战经历丰富，为研究者所关注。杨明在《军事与广播》中，结合战争中各国外的广播案例展开论述；"交战各国无不广增电台，加强电力，采用了数十国的语言，向各国各民族宣传主义，报道新闻，并且特设'侦探电台'，收听敌国的一言一动，藉便分析其内心的反映，可为探测敌国的资料。又有设立一种强电波的'干扰电台'，破坏敌人的广播。苏联则更用一种方法，每于德国广播后，乘其报告员休息之片刻，插语反驳，一方若变换波长，一方即随之改变，如影随形，彼此干扰破坏，此次大战，广播之参加战争阵线，于此可见一斑了。"

文章分析广播战中以弱抗强的效能，"如欧洲各被侵占的弱国，于政治军事崩溃之后，尚可以依此第四战线继续其抵抗行为，以唤起其国人的勇气，当一九三八年，奥国的 HORN 小城中，每于日落后即常有二部运送鸡蛋及牛油的卡车，由车房中开出，至离城五六里的荒地中停止，他们即开始架设天线，而在八时则对传话器报告'奥国自由电台'呼号……法国沦陷后，法人组织秘密电台者亦复不少，所以在诺曼底登陆时，盟军即能那样顺利地扫荡德军，此亦不无原因。"此外，还有介绍国外广播战的技巧，如英国广播对德国人民报道纳粹官员戈培尔多处有豪华私邸，戈林、希姆莱等均为富豪等，指出广播战中："双方在摧毁敌人斗志的攻势中，各向对方人民宣传他们的领袖在平时是如何的贪污腐败，在战时是如何懦弱无能。"[15]这一手法在现今的伊拉克战争、利比亚战争等冲突各方的舆论战中仍屡见奇效。

三、研究集大成者《广播战》的出版

1943年5月，在重庆的中国编译社出版了彭乐善的《广播战》，该书把广播置于国际环境下进行全面深入的考察，是国人对广播战进行较为系统研究的代表性成果。

彭乐善（1906—1988）湖北人，其父亲曾是教会学校杂役，本人得到教会学校的培养，到美国留学，获得博士学位，后曾任国民党国际电台传音科科长。《广播战》由董显光题写书名，曾虚白在序中表示："彭乐善同志从事国际传音工作有年，贡献甚多，近于公余，将其平日研究所得，参以实际服务的经验，著为此书，论述世界各国广播事业的情况，以及广播传音的技术等，精详博瞻，深入浅出……诚为不可多得之佳作。"[16]

全书共九章，159页。第一章无线电波之奇能、第二章"英国眠时"、第三章远东之广播战、第四章伦敦之呼声、第五章莫斯科之广播、第六章西半球之广播、第七章环球广播战之概观、第八章大战中之重要广播人物、第九章广播节目之分析与广播方法。著作大致分三个部分，前两章简述了无线电广播发展，概述了二战初期德国、意大利两国对广播的利用与发展。中间几章详细阐述了各交战国的广播事业，后三章对广播传播现象、规律进行了探讨，对二战期间各国的对敌广播、宣传战略和秘密电台等进行了总结，介绍各国的重要人物的广播，分析广播节目的构成、播出、广播传播的方法等问题。

书中有大量的各国广播事业资料的收集。在分析战争对广播影响时，作者选取了1939年、1940年国外出版的广播数据，比较欧洲大战交战的英国和时为中立国的美国的广播节目，美国音乐歌曲节目为总节目的52.45%，而英国只有44.65%，并分析道："战时广播，即以宣传为主，而国际广播，复需用多种不同之语言，故平时之娱乐或教育性质之音乐节目自然减少。"[17]在"特别转播节目统计"中提到"抗战五年来，我国政府长官及社会名流演说在海外转收"次数表，其中蒋夫人NBC、BBC等广播公司达14次之多。[18]书中第八章"大战中之重要广播人物"，从广播战的最高层次分别介绍了蒋介石、罗斯福、丘吉尔、斯大林、戴高乐等的有关广播演讲的内容与经历。此外，还介绍了当时在广播战中有影响的人物如美国NBC播音员汤姆斯、英国"分析敌谣之广播宣传家"富开逊等。作者认为，"广播人物，在一般人心目中，实具有显然之条件。仅就演说一项言之，广播风度之表现，不外思想新颖，事实确切，写稿多用悦耳之字，讲述富有表情之词，声带圆润，音调清晰，而在传话器前，读稿自然，发音活泼，使远近听众，闻其声而知其人，明其言而行其意。现代政治家之公开演说，舍此无以转变舆论（To swing public opinion），而起预期之作"。[19]

在史实材料基础上，作者还对有关广播传播的问题进行了分析提炼，在探讨广播方法："综合言之，约有四端，即在传话器前注意听者，发音有声有色，备稿先事演读，及播送起止守时是也。"[20]接下来书中结合广播战实例详细阐述了这四个方面的问题，在"起止守时"方面还特别提道："罗斯福、丘吉尔二氏每次广播演说，不过十五分钟，或半小时。如希特勒两小时以上广播，殊难维持听众之兴趣与耐性。是故欲求广播可收最大之效果，宜以前者为法，以后者为戒。"[21]认为：在播讲时"须视面前传话器为听众之'代表'，在想象中，如见其人。使其自然发生深切之兴趣"。[22]这样方可从容发音、谈吐自如，以此克服常见的话筒前的生惧感。书中以广播战为切入点，对广播的传播特点和传播规律进行了归纳、论述，颇有见地。

从广播史和论两方面考察，《广播战》的文献资料的收集丰富完整，对广播媒介形态的把握、传播效果的分析等探讨见解独到，不仅勾勒出第二次世界大战时期国内、国际广播的基本概貌，也是广播学术史研究的重要文献。

四、抗战时广播战研究的特点

通过对抗战时期有关广播战研究文本的考察，可以发现在其探讨问题领域进行逻辑建构和表述的同时，也形成了相应研究的特点，主要有：

1. 广播宣传鼓动作用成为研究之重

战争环境下，各方都要动员包括广播及新闻传播的一切力量，为自己赢得胜利而全力以赴。广播媒介的舆论属性与广播听众的广泛性结合，可以产生强烈的宣传鼓动作用，对比考察，之前的广播研究探讨中似乎忽略了这点，如1934年，有研究者提出广播"三大使命"："第一，慰安之使命，即关于娱乐之广播。第二，报传之使命，即关于新闻消息，经济市况，以及气候预告等之广播。第三，教养之使命，即关于教育，修养等之广播。"[23]类似表达还有广播具有"报告作用""教育作用"和"娱乐作用"三大作用[24]。毫无疑问，宣传鼓动是大众传播媒介的社会功能重要方面，在战争时期更是被聚焦与放大，成为广播研究的重心点。不仅如此，在血与火的洗礼中，研究宣传鼓动作用的风格也显得大刀阔斧、粗犷有力。

2. 具有鲜明立场的两极化思维倾向

广播传播与战争结合，相应的广播研究也以广播战为主题。受到战争思维的影响，广播研究也有两极化倾向。敌我双方阵线分明，代表着侵略与反侵略，黑暗与光明，邪恶与正义，谎言与真理，专制与民主……的对立与冲突。这种军事上的对立，进一步延伸到政治上的领域，形成一种立场坚定、思想统一、具有鲜明的主义思想的以阶级、政党出发，意识形态色彩鲜明的广播及新闻研究取向。面对这些大是大非问题，越来越难以容得处于中间游离状态的研究观点的出现。

3. 军事术语的引入与运用

战争环境下的广播研究，自觉不自觉地使研究语言及相关术语也打上战争的烙印，如大量的军事术语的运用，诸如"战线""阵地""进攻""反击""胜利""失利""挫败""突破"，等等。而对听众的称呼，此时更多是运用"同胞们"或是"官兵弟兄们"，战场喊话的语气味颇浓，也唯此才能与时代及环境气氛合拍。这些军事用语也都在广播研究中折射出来，构成了广播研究中的战争文化的特质。

广播战研究所形成的上述特点，作为某种因子的遗传代码，对以后的广播研究乃至新闻传播学研究都产生一定的影响。

〔本文系江苏省社会科学基金项目《民国时期的广播研究》（编号13XWB009）阶段性成果〕

注 释

[1] 参见殷增芳.中国广播无线电事业[D].燕京大学学士论文,1937:5.

[2] 吴光杰.中央广播电台国民军事常识演讲录·卷头语[M].南京:京华印书馆,1935:4.

[3] 蒋纬国编著.国民革命战史·抗日御侮(第10卷)[M].台北:台湾黎明文化事业公司,1978:92,94.

[4] 莫.抗战中的广播电台[N].救亡日报,1937-10-3.

[5] 茅盾.对于时事播音的一点意见[N].救亡日报,1937-8-28.

[6] 无线电宣传战[M].重庆:国民党中央宣传部,1942:1,2.

[7] 无线电宣传战[M].重庆:国民党中央宣传部,1942:9.

[8] 十五年来我国广播事业之鸟瞰[J].广播通讯,1944(10).

[9] 陈沅.广播的作用[J].电影与播音,1947(1,2).

[10] 参见《抗战中的广播宣传》,为国防部编纂之《抗战全史》提供,其中的《抗战其中之宣传》的部分内容,1947年3月6日送中宣部稿排印.转引赵玉明主编.现代中国广播史料选编[G].汕头:汕头大学出版社,2007:172-182.

[11] 周凯旋.怎样统制无线电广播[J].电教通讯,1939(1)//王文利.中国广播电视新闻研究简史[M].长沙:湖南师范大学出版社,2008:83-84.

[12] 吴道一.胜利还都与我国广播事业[J].广播周报,1946(1).

[13] 参见铿.广播在新闻事业中的地位[J].广播通讯,1944(10).

[14] 胡道静.新闻史上的新时代[M].上海:世界书局,1946:1.

[15] 杨明.军事与广播[M].广播周报,1947(43).

[16] 曾虚白.广播战序[A]//彭乐善.广播战[M].重庆:中国编译社,1943:1.

[17] 参见彭乐善.广播战[M].重庆:中国编译社,1943:135-136.

[18] 参见彭乐善.广播战[M].重庆:中国编译社,1943:33.

[19] 彭乐善.广播战[M].重庆:中国编译社,1943:115.

[20] 彭乐善.广播战[M].重庆:中国编译社,1943:143.

[21] 彭乐善.广播战[M].重庆:中国编译社,1943:147.

[22] 彭乐善.广播战[M].重庆:中国编译社,1943:143.

[23] 黄鉴村.广播无线电之使命[J].无线电,1934,6(1).

[24] 参见铨.广播事业对于国民生活的各种影响[J].无线电,1934,1(3).

〔原载倪延年主编:《民国新闻史研究》(2014),南京师范大学出版社2014年5月出版〕

第六部分　附　编

抗战时期彭乐善的《广播战》研究

谢鼎新

一

抗战爆发，中华民族面临巨大的危机和挑战，需要动员全社会的力量为战争服务，广播事业作为传播媒介之一投身其间，围绕宣传战开展传播活动，这是历史的选择，也是广播事业的时代使命。在战争环境中，军事斗争异常激烈，造成交战各方地域控制的对垒性和多变性，广播传播的时空超越能力，使广播在抗战中的宣传战开展得有声有色，尽显电子媒介优势。因此，当时有一种说法称广播是陆海空武装力量之外的"第四战线"。

1932 年，"中央广播电台"及其"国际广播电台"发射功率已达 75 千瓦，为亚洲第一、世界第三。抗战期间，专门开辟《抗战讲座》《抗战教育》《战地通信》《民族英雄故事》《敌情论述》《抗战歌曲》等节目，采用国语、方言、少数民族语及十多种外语广播。蒋介石、宋庆龄、冯玉祥、周恩来、李济深、沈钧儒、黄炎培、郭沫若、罗家伦等众多党政军要员及社会各界知名人士，都纷纷在广播电台发表抗战演讲，激励国人抗战决心，产生广泛影响。在抗战宣传中，广播发挥出强大的喉舌作用，为中国人民抗日战争暨世界反法西斯战争的胜利做出了特殊的贡献。

在广播宣传战开展得如火如荼之际，有关广播战的研究也随之进行，这是战争环境为广播宣传战的研究提供了契机，也构成了烽火年代广播研究的主题。

1942 年 1 月，同民党中央宣传部编印了《无线电宣传战》小册子，指出："无线电宣传的工作纲领可以分三方面来说：第一，在国内激励士兵和人民团体精诚团结和勇于牺牲；第二，对中立国家播送言简意赅的短评、专题讲演和新闻报道；第三，对敌人的前后方则大量放送许多驳斥性的谈话和事实证据以达到消沉士气摧毁斗志的目的。"[①]

陈沅在《广播的作用》中介绍："在第二次世界大战中，欧美各国电台都设有心理作战部，用音乐或语言来分化敌方战斗员的意志。我国抗战期间，'中央广播电台'的短波部分'中国之声'，曾经特别增加了对日播音节目，用各种方式来对日寇宣传，来分化日寇的斗志；增加了对欧美的宣传，以博得国际友人的同情而提高了中国的国际地位。"②

二

抗战时期，中国的广播业者积极探讨有关广播战的问题，推出一批成果，其中集大成者当属重庆中国编译社 1943 年 5 月出版的、彭乐善著的《广播战》，该书将广播置于二战国际环境下进行全面深入的考察，为国人广播战研究的代表性成果。

彭乐善（1906—1988）湖北人，其父亲曾是教会学校杂役，彭乐善从小接受教会学校教育，后到美国留学，直至获得博士学位，曾任国民党国际电台传音科科长。依据当时电台组织机构设置，"工务科"负责技术设备运行维护，"事务科"负责内部协调管理，"传音科"负责广播业务，包括新闻编辑、节目制作及播音等。故"传音科"在广播节目传播和与听众交流方面具有特殊的地位。彭乐善是广播传播领域的专家，同时也是较早开展广播教育的人士，1943 年在重庆，彭乐善曾担任过顾执中办的"民治新闻专科学校"开设的广播学课程教学工作。

《广播战》由当时中国新闻界名流董显光、曾虚白分别题写书名和作序，序中表示："彭乐善同志从事国际传音工作多年，贡献甚多，近于公余，将其平日研究所得，参以实际服务的经验，著为此书，论述世界各国广播事业的情况，以及广播传音的技术等，精详博赡，深入浅出……诚为不可多得之佳作。"③

全书共九章，159 页。第一章无线电波之奇能、第二章"英国眠时"、第三章远东之广播战、第四章伦敦之呼声、第五章莫斯科之广播、第六章西半球之广播、第七章环球广播战之概观、第八章大战中之重要广播人物、第九章广播节目之分析与广播方法。著作大致分三个部分，前两章简述了无线电广播发展，概述了二战初期德国、意大利两国对广播的利用与发展；第三章至第六章详细阐述了各交战国的广播事业；后三章对广播传播现象、规律进行了探讨，对二战期间各国的对敌广播、宣传战略和秘密电台等进行了总结，介绍各国重要人物的广播，分析广播节目的构成、播出、广播传播的方法等问题。

《广播战》一书中收集了大量的各国广播事业资料。比如：选取了 1939~1940 年国外出版的广播数据，比较战争中的英国和当时的中立国美国的广播节目，数据显示，美国广播的音乐歌曲节目为总节目的 52.45%，而英国只有 44.65%，并分析道："战时广播，既以宣传为主，而国际广播复需用多种不同之语言，故平时之娱乐或教育性质之音乐节目自然减少。"④在特别转播节目统计中提到，抗战五年来，我国政府长官及社会名流演说在海外转收次数表,其中蒋夫人在美国全国广播公司(NBC)、英国广播公司(BBC)等广播公司的演讲被转收达14次之多。⑤

彭乐善在第八章"大战中之重要广播人物"中详细介绍了蒋介石、罗斯福、丘吉尔、斯大林、戴高乐等有关广播演讲的内容与经历。还介绍了当时有影响的广播人物,如美国全国广播公司播音员汤姆斯、英国"分析敌谣之广播宣传家"富开逊等。彭乐善认为:"广播人物,在一般人以目中,实具有显然之条件。仅就演说一项言之,广播风度之表现,不外思想新颖、事实确切,写稿多用悦耳之字,讲述富有表情之词,声带圆润、音调清晰,而在传话器前,读稿自然、发音活泼,使听众闻其声而知其人,明其言而行其意。现代政治家之公开演说,舍此无以转变舆论(To swing public opinion),而起预期之作。"⑥在史实材料基础上,彭乐善还对有关广播传播的问题进行了提炼归纳。如在广播方法专题探讨时认为:"综合言之,约有四端,即在传话器前注意听者,发音有声有色,备稿先事演读,及播送起止守时是也。"⑦接下来书中结合广播战实例详细阐述了这四个方面的问题,在"起止守时"方面还特别提道:"罗斯福、丘吉尔二氏每次广播演说,不过十五分钟,或半小时。如希特勒二小时以上广播,殊难维持听众之兴趣与耐性。是故欲求广播可收最大之效果,宜以前者为法,以后者为戒。"⑧在总结播讲环节业务技巧时提道:"须视面前传话器为听众之'代表',在想象中,如见其人。使其自然发生深切之兴趣。"⑨这样方可从容发音、谈吐自如,以此克服常见的话筒前的生惧感。书中以广播战为切入点,对广播的传播特点和传播规律进行了归纳、论述,颇有见地。

总之,从广播研究的史和论两方面考察,《广播战》的文献资料收集丰富完整,对广播媒介形态的把握、传播效果的分析等探讨见解独到,不仅勾勒出抗战及第二次世界大战时期国内、国际广播的基本概貌,也是广播学术史研究的重要文献。

注 释

① 《无线电宣传战》,国民党中央宣传部编印,1942年版,第1、2页。
② 陈沅:《广播的作用》,《电影与播音》,1947年6月版,第1、2合期。
③④⑤⑥⑦⑧⑨彭乐善:《广播战》,重庆,中国编译社出版,1943年版,第1页序言、第136页、第33页、第115页、第143页、第147页、第143页。

〔本文系江苏省社会科学基金项目《民国时期的广播研究》(编号13XWB009)阶段研究成果〕

(原载《中国广播》2016年第3期)

从抗战史研究看抗战广播史研究

高铁军

2015 年是中国人民抗日战争胜利暨世界人民反法西斯战争胜利 70 周年，这一时间节点对于历史学、新闻史学及广播史学来说都具有重要意义。近年来，国内抗战史学研究无论在史料、理论、方法等方面都取得了诸多进展，这对于基于史学研究并同样处于快速发展期的抗战广播史学研究来说有不少借鉴价值。本文拟综合史学界和广播史学界现有研究成果，对相关问题做初步探讨，以抛砖引玉。

一、近年来抗战史研究趋势

我国史学界在抗日战争爆发后不久就开始关注抗战的相关问题，并在新中国成立后尤其是改革开放后取得了丰硕成果。近年来，随着中国综合国力的不断增强、国际地位的不断提升，抗战史学研究也越来越热，成为一门显学，并表现出如下趋势：

一是抗战史研究更趋向于回归历史研究的本质。历史研究的本质是求真，但此前的抗战史研究受政治因素影响，更多的是在中国革命史、中共党史的范式和话语体系下进行，研究具有较强的倾向性。而如今的抗战史研究则更具民族性、国家性，站在中华民族的角度，站在中国近现代史的角度来研究抗战史。比如，多年以来史学界一直主张并且已经成为时下主流认识的，对国民党正面战场及其他社会阶层抗战的客观评价等。

二是抗战史研究更趋向于回应当今时代的关切。历史研究的重要功能之一就是解释，解释事物的来龙去脉，解释事物深远影响，揭示历史的规律。意大利的历史哲学家克罗齐曾经说过，"一切历史都是当代史"，这其实是强调了在历史研究中研究者的主体性作用，我们通常都是从我们所处时代的角度来反观历史、解释历史，抗战史研究也不例外。比如，时下国内抗战史学界的一个重要研究主张就是要从"长时段"来考察抗战史，将抗战史放在中华民族从屈辱走向复兴的历史语境下研究，研究抗战的历史意义，尤其是其对战后中国带来的深远影响。[①]

三是抗战史研究的视角更趋多元。在以革命史、党史为基本范式研究时期，我国的抗战史研究基本只关注政治史和军事史，但在更关注民族性、国家性的研究阶段，抗战

---

① 李春峰、李忠丽：《"中国抗日战争史研究的回顾与前瞻研讨会"综述》，《教学与研究》，2015 年第 6 期，第 110~112 页。

史研究视角也更具社会性。经济、文化、社会生活等多方面问题都开始为研究者所关注,经济社会史、整体史等理论应用越来越普遍,兼顾宏观、中观与微观。比如对南京大屠杀的研究,既有对被害人数的不断考据论证,也开始有对当时南京各阶层民众日常生活状况的探究,以揭示日军侵华的深层社会影响。有学者还提出了"大抗战史"研究的主张:研究日军侵华战争不仅要研究七七事变、九一八事变之后的历史,还要追溯到日俄战争、甲午战争甚至1874年日本出兵台湾地区,因为侵华行为是日积月累形成的;日本近代史也是重要研究对象,以了解日本是如何确定、策划侵华战争并动员民众等。[①]

四是抗战史研究的史料建设日趋扎实。史料是历史研究的基础和根本,离开真实、丰富的一手材料,历史研究就无法开展。抗战史史料的积累已经非常丰富,并且渠道与类型越来越多样。不但可以在大陆和台湾地区的诸多档案馆中获取相关材料,英、法、美、日、德、俄等国档案馆对于相关主题的史料开放度也相当高,研究者正在不断地对这些材料进行整理出版[②]。除了文字材料外,还有大量的影像史料和图片史料存世。

五是抗战史研究成果日趋丰富。据不完全统计,每年正式出版的以抗战为主题的史学研究专著有数百部,研究论文近千篇[③]。同时,研究的常态化也成为抗战史研究的一个重要特征。

当然,除了上述研究趋势外,抗战史学研究也存在着一些问题。比如在求真方面,虽然少了意识形态和政治因素的影响,但民族主义也是影响历史研究求真的重要因素。在这种情感下,个别研究出现了非历史主义的倾向。在历史的功能方面,一些实证性研究有碎片化倾向,过于关注微观而忽视宏观,从而无法揭示历史的规律性[④]。

二、近年来抗战广播史研究概述

2005年,在黑龙江省哈尔滨市举办了中国人民抗日战争胜利60周年暨世界人民反法西斯战争胜利60周年广播史研讨会。会议梳理总结了一个时期以来抗战广播史研究的成果,并进一步探讨、明确了研究抗战广播史所需要秉持的史观、方法等,为这一个十年来抗战广播史学的研究奠定了一定的基础。在史观方面,有学者指出,研究抗战广播史必须以马克思主义历史观为指导,对历史事实给予全面的、科学的、实事求是的评

---

① 高士华:《坚持做"大抗战史"研究》,《抗日战争研究》,2013年第1期,第5页。
② 李春峰、李忠丽:《"中国抗日战争史研究的回顾与前瞻研讨会"综述》,《教学与研究》,2015年第6期,第110~112页。
③ 董佳:《"中国抗日战争史研究的回顾与前瞻"学术研讨会综述》,《中共党史研究》,2015年第4期,第125~126页。
④ 这段论述主要参考、引用了中国社会科学网上刊载的荣维木《中国抗战史研究的现状与前瞻》一文中的观点,http://ex.cssn.cn/zgs/zgs_jl/201503/t20150316_1548199.shtml.

价，一定要尊重史实、论从史出，不能人为地以主观意志进行取舍。比如，中国共产党创办于1940年的延安新华广播电台，虽然具有标志性意义，但由于其功率小，播出时断时续，影响其实比较有限。而当时规模较大的国民党广播电台和沦陷区的民营广播电台则为宣传抗战、凝聚民族抗争精神出了不少力。① 在治史方法上，有学者指出，要加强对中外新的史学理论的学习与借鉴，要加强抗战史的中外比较研究，要多从政治学、心理学、舆论学等多学科角度对抗战广播史进行研究②。

在诸多新认识和新成果基础上，近年来，国内抗战广播史研究取得了不少新进展。史料是历史研究的基础，尤其对不断发展中的抗战广播史研究更是如此。赵玉明主编的《日本侵华广播史料选编》是国内第一部较为完整的反映出日本侵华广播概貌的史料集。全书依据日本侵华广播的历史进程和状况，共分为六个部分：第一部分为伪满广播史料；第二部分为日伪华北广播史料；第三部分为汪伪华东中南广播史料；第四部分为日伪台湾、香港广播史料；第五部分为地方志载日伪广播史料；第六部分为日文版《战争·广播·记忆》选刊。③ 日本侵华广播史料长期以来都散存于中外，数量很大，但分布广泛，加上语言因素，仅搜集工作就非常不易，选编工作更是难上加难。而该书的系统、全面、翔实，将为抗战广播史的进一步研究奠定非常扎实的基础。通史是历史研究走向成熟的重要标志，广播史通史研究中抗战广播史已经成为重要组成部分。赵玉明在其主编的《中国广播电视通史》《中国广播电视图史》等著作中专门研究了抗日战争时期的广播事业，并按照国统区、沦陷区、抗日根据地三种当时主要的政治势力范围对这一时期不同类型广播电台创办、发展的史实进行了梳理，对其抗战广播宣传的内容及作用进行了研究与评价④。乔云霞的《中国广播电视史》也基本因袭了这种划分模式⑤。此外，在部分地方性广播通史研究中也涉及了抗战广播史的内容。比如，在《厦门广播电视史略（1935—2007）》中就对日伪时期厦门的广播电台有一些研究。⑥

如果把通史比作历史研究的骨架，专题研究则是历史研究的血肉。在马克思主义史学观念的指导下，对国民党抗战广播宣传的研究及其客观评价逐渐增多。易振龙简要梳

---

① 庞亮：《全方位深化抗战广播史的研究——抗日战争广播史研讨会综述》，《中国广播电视学刊》，2005年第9期，第10、25页。
② 同上。
③ 赵玉明主编：《日本侵华广播史料选编》，北京：中国广播影视出版社2015年版。
④ 参见赵玉明主编的《中国广播电视通史》（新一版），北京：中国广播影视出版社，2014年。《中国广播电视图史》，广州：广东南方日报出版社，2008年。此外，在其编著的《中国广播电视通史》（第2版），北京：中国传媒大学出版社，2006年、赵玉明与艾红红合著的《中国广播电视史教程》，北京：中国广播电视出版社，2009年等中都采取了这种划分方式。仅有的差异在于，在部分著作中将苏军与美军抗战时期的在华广播作为单独章节，在部分研究中则将其放在国统区和沦陷区的抗战广播中进行了综合研究。
⑤ 乔云霞：《中国广播电视史》，北京：中国广播电视出版社，2007年。
⑥ 《厦门广播电视史略》编纂委员会编：《厦门广播电视史略（1935-2007）》，厦门：厦门大学出版社2009年版。

理了抗战期间国民党中央广播电台和国际广播电台的宣传情况,并对其作用给予了积极评价[①]。张育仁、张夷驰研究了国民党在抗战时期"陪都"重庆的广播事业的传播特点,并从国民党官方电台其时多次邀请国共双方高层演讲这一事实出发,认为这是抗日民族统一战线的成果,也是国民党广播史上颇为光彩的一页[②]。朱叶、刘敏也对抗战时期国民党在重庆的广播事业发展脉络及内容进行了浅析[③]。牛颜从创建、设备规模及内容对象等角度对抗战时期国民党贵州广播电台进行了研究[④]。戴美政研究了抗战时期国民党创建昆明广播电台的过程及其以抗日救国为主旨的宣传报道[⑤]。赵巧萍则考察了抗战前后广州广播事业发展的概况[⑥]。中国共产党创办的延安新华广播电台也是研究的重点。白生良在分析二战媒介与战争关系的图景下,阐述了延安新华广播电台对外宣传的发展,并将其广播与二战时其他国家地区的广播进行了比较研究[⑦]。卫广益评价了延安新华广播电台在抗战宣传中的贡献[⑧]。民营广播电台的抗战宣传也为学界所关注。汪英以民营上海广播电台发动传媒动员,开创战况新闻播报为例,展示了广播动员整合社会资源的效应[⑨]。在抗战广播史史学的研究方面,苏全有、常城在对国内民国广播史研究的回顾中,对抗战时期的红色广播、国民党广播及日伪广播研究均有所涉及,并指出了仍然存在的问题[⑩]。在其他研究方面,唐国良通过对杜月笙在抗战期间发表的三次广播演讲的内容浅析了其国家民族思想[⑪]。刘家思研究了抗战时期的广播剧[⑫]。

从近年来抗战广播史的研究概况来看,相关研究已经较为成熟,不但有史观、史学方法的反思与创新以及史料方面的积累和通史方面的架构,还有关于国民党广播、共产党广播及民营电台等问题的研究,史学史等研究也有所涉及,初步形成了点、线、面相结合的抗战广播史研究体系。需要说明的是,本文仅是近年来抗战广播史研究的概述,

---

① 易振龙:《被湮灭的抗争:抗战时期国民政府的对敌宣传》,《湖北广播电视大学学报》,第28卷,第8期(2008年8月),第89~90页。
② 张育仁、张夷驰:《抗战时期中国广播事业在重庆的传播特点与历史贡献》,《新闻研究导刊》,2010年第1期,第81~83页。
③ 朱叶、刘敏:《浅谈抗战时期重庆的广播电台》,《魅力中国》,2009年9月(上),第59、62页。
④ 牛颜:《贵州抗战时期广播事业探析》,《今传媒》,2013年第12期,第109~110页。
⑤ 戴美政:《抗战中的昆明广播电台与西南联大(一)》,《云南档案》,2008年第8期,第12~15页。
⑥ 赵巧萍:《略论抗战前后广州的广播事业》,《今日南国》,2009年4月,第181~182页。
⑦ 白生良:《东方反法西斯战场上的媒介主角:论"二战视野"下的延安新华广播电台》,《东南传播》,2009年第12期,第54~55页。
⑧ 卫广益:《延安新华广播电台的诞生及初期贡献》,《中国记者》,2011年第1期,第70~72页。
⑨ 汪英:《传媒动员与"一·二八"淞沪抗战:以上海广播电台为个案的考察》,《军事历史研究》,2007年第3期,第82~90页。
⑩ 苏全有、常城:《对民国广播史研究的回顾与反思》,《河南科技学院学报》,2012年11月,第116~122页。
⑪ 唐国良:《杜月笙的抗战广播演讲》,《世纪》,2013年第2期,第68~69页。
⑫ 刘家思:《论抗战初期的广播剧理论建设》,《绍兴文理学院学报》,2011年3月,第47~52、65页。

受条件、能力等限制,研究内容难免挂一漏万。

三、比较与借鉴

通过将国内抗战史研究的趋势与抗战广播史研究概况进行比较后,可以发现当前抗战广播史存在的一些问题。而抗战广播史同时也可以以抗战史研究中依然存在的问题为鉴。

一是史料积累仍需进一步增强。从抗战史学的史料建设看,目前已经积累得非常丰富,同时在广度上也突破了中国大陆的界限,还包括台湾地区甚至英、法、美、日、俄等二战参战国的相关材料。而抗战广播史史料虽然已经有了初步的积累,但从规模上看,仍然存在不足。此外,目前国内抗战广播史研究史料多为中文材料,对同一时期其他国家和地区材料的搜集、整理和应用还相对偏少。目前仅在赵玉明主编的《日本侵华广播史料选编》中收录了日文相关史料。这一方面是由于相关材料的收集渠道还不成熟,另一方面也是由于目前能够使用多种语言进行抗战广播史研究的学者还比较少。史料的拓展将进一步拓展抗战广播史的研究维度。

二是理论、方法仍需进一步借鉴、创新。广播史是一门交叉学科,既有新闻传播学的基因,又带有历史学的基因,因此也就需要特别关注相关学科最新的研究动态和研究方法。抗战广播史的年代处在抗日战争时期,按照学界一般的断代划分,这一时期的历史属于中国近现代史。也就是说,研究抗战广播史,需要我们熟悉中国近现代史、抗日战争史的内容和热点,并对其理论方法有所借鉴。比如使用抗战史研究中所广泛采用的经济社会史、整体史的视角和方法,可以从受众的角度研究抗战广播宣传对民众日常生活、思想观念等产生的影响。甚至可以借鉴"大抗战史"的思路,进行"大抗战广播史"研究的尝试,探索更大的研究空间。

三是研究规模仍需进一步扩大。广播史本身就是一个比较小的学科,这种客观条件也就决定了从事抗战广播史研究群体的规模。与抗战史积累起来的丰富研究成果相比,抗战广播史研究成果规模偏小。仅以中国知网数据库收录情况为例,以"抗战广播史"为关键词进行检索,专题研究、会议综述、书评等文章内容加起来不过数十篇,其中一些还是将广播与电视甚至多种媒体宣传共同作为研究对象而进行的综合研究。而在通史方面,虽然已经对相关内容多有涉及,但依然没有一部单独的《中国抗战广播史》问世,甚至还没有以抗战广播史为主题的专著问世。此外,学术的积累是一个渐进的过程,抗战史研究已经成为显学并日趋常态化,但抗战广播史的研究则仍需努力。在抗战胜利逢五逢十纪念时成果较为集中,而其他时间则相对偏少。

总而言之,国内抗战广播史史学界目前取得的进步有目共睹,大家的辛勤耕耘已经使很多史实得以清晰,规律得以发现,使学界与社会逐渐意识到广播宣传在抗战中的重要作用和价值。仍然存在的问题则恰恰为今后的研究提供了更加广阔的空间。

参考文献

[1] 赵玉明主编:《中国广播电视通史》(新一版),北京:中国广播影视出版社2014年版。

[2] 龚书铎主编,方敏、马克锋、耿向东编著:《中国近代史(1919-1949)》,北京:中华书局2010年版。

[3] 步平、荣维木:《中国人民抗日战争全史》,北京:中国青年出版社2010年版。

[4] 马卫东主编:《历史学理论与方法》,北京:北京师范大学出版社2009年版。

(原载《"勿忘历史:抗战新闻史"学术研讨会文集》,中国广播影视出版社2016年7月出版)

全面认识抗战历史　大力弘扬抗战精神

赵玉明

今年是中国人民抗日战争暨世界反法西斯战争胜利 70 周年。轰轰烈烈的全民族抗日战争是我国现代史上的重大事件。作为离退休的一代，从中小学课本到大学课堂上不止一次地学习过这段历史，不少离休的老同志还是这场伟大战争的亲身参与者和经历者。但是由于历史的原因和认识上的局限性，很长一段时间对抗日战争历史的认识还存在着一些不够全面、准确、深刻之处。今年以来，借抗战胜利 70 周年之际，翻阅有关书刊，重温抗战历史，匡误反正，获益良多，兹举数例，就教识者。

抗日战争不仅八年

其一是，我们经常说"八年抗战"，这是指从 1937 年七七事变到 1945 年日本投降这段历史。其实，1937 年七七卢沟桥抗战是指日本发动全面侵华战争，中国开始全国抗战。但早在此前，1931 年日本发动九一八事变，挑起局部侵华战争的同时，中国抗日救亡高潮迭起，自东北沦陷区军民打响抗战第一枪开始，宣告了中国局部抗战已经开始。所以抗日战争应该从 1931 年算起，至 1945 年胜利结束前后共计十四年。不能简单地用"八年抗战"说法取代十四年抗战的历史事实。近日，中央电视台在第一套节目黄金时间播出的电视连续剧《东北抗日联军》，即形象地再现了 20 世纪 30 年代以来东北各界爱国军民在白山黑水之间英勇抗敌，涌现出诸如杨靖宇、赵一曼、赵尚志等人以生命和鲜血写下的悲壮史篇。

国共合作抗战到底

其二是，一段时间里，我们出版的有关历史书中讲到抗日战争时期的国民党时，总是说它"消极抗日、积极反共"。而国民党方面则指责共产党"游而不击"。这两种说法，今天看来都是片面的，不符合抗战历史的真相。如果真的是国民党"消极抗日"，共产党"游而不击"，那么日本侵略者是谁打败的呢？历史事实的真相是，在抗日战争时期，国共两党合作，结成广泛的抗日民族统一战线。当时居领导地位的国民党拥有强大的人力、兵力和物质资源，在与日本侵略者的战斗中处于正面战场的地位，先后发动和组织了多次著名的战役，粉碎了日本侵略者企图速战速决占领中国的野心。国民党军的爱国将领和广大士兵英勇奋战、血洒沙场，付出了巨大的牺牲，值得永远纪念。共产党领导的八路军、新四军、华南抗日游击队、东北抗日联军积极开展敌后抗战，开辟了大批抗日根据地，与正面战场在战略上相互配合，不但延缓了日本帝国主义的侵略步伐，而且逐步成为全国抗日的主战场。在抗日战争时期，国民党顽固派虽然有时掀起反共高潮，但不居于主导地位。国共合作共同抗日一直是主流，而且坚持到抗战胜利。

近年来，两岸紧张关系的缓解，逐步走向携手共谋和平发展之路。对抗日战争时期国共合作共同抗日历史事实的认识也渐趋相近。2014年9月1日，经党中央、国务院批准，民政部公布的第一批抗日战争中顽强奋战、为国捐躯的300名著名抗日英烈和英雄群体中既有东北抗日联军、八路军、新四军中广为人知的杨靖宇、左权、马本斋、彭雪枫等先烈，也有国民党军将领佟麟阁、赵登禹、王铭章、张自忠和戴安澜等的英名。在台湾当局有关部门编印的2015年抗战英烈纪念月历中，也将左权列为"国军少将"。

日寇暴行岂止"三光"

其三是，对日本侵华战争中的法西斯暴行揭露得不够全面。通常只是说"三光"政策，即日本侵略军对占领区的中国人民实施"烧光、杀光、抢光"的法西斯暴行。其实，日本侵略军的罪行远不止"三光"政策。还有如残杀我30万无辜同胞的"南京大屠杀"及其他屠戮惨案；对重庆、武汉和多个城乡的野蛮轰炸；违背国际公约，实施细菌战、化学战；掠夺我国大批劳工赴日强制劳动以及摧残中国妇女的"慰安妇"暴行等。除此之外，日本的法西斯暴行还包括对中国经济、教育、文化的刻意摧残，其中包括对我国的新闻、报刊、广播领域的侵略行径。所有这些都有必要经过认真的调查研究，著文成书，公之于众，使日本侵略者的法西斯暴行永远钉在历史的耻辱柱上，让后人永志不忘，绝不容许日本军国主义复活，重演历史悲剧。

这里还需要特别指出，在宣传方面，为配合日本帝国主义对我国军事侵略活动，宣传日本侵华"战果"，渲染日本士兵效忠天皇的武士道精神，鼓吹"大东亚战争"而开展了一系列"软实力"的侵略活动。在日本侵华部队中有一支被称为"笔部队"的报纸、通讯社和广播电台的记者，随日军的侵华活动，活跃在中国各地。此外，早在1931年九一八事变之前，日本就在中国领土上办起了报纸和广播电台，这不是一般意义上的文化交流，而是为日本侵华制造舆论的宣传工具。九一八事变之后，日本在中国办起了一批日伪报刊和广播电台，报刊的情况我不太了解，暂且不谈。仅就广播而言，日本先后在我国东北、华北、华东和中南等地的占领城市中办起日伪广播电台六七十座，影响所及遍布半个中国。日本侵略者还在各地大力推销只能收听当地日伪广播的日制收音机，借以抵消重庆、苏联和欧美的广播影响，麻痹和毒害中国听众的民族意识和反抗精神。此外，日本侵略者还大肆轰炸国民党官办广播电台，摧残封闭我国民营的广播电台，妄图扼杀中国人民的抗日之声。遗憾的是，我们在这方面的研究还远远不够，除将有关的文章结集出版外，尚无全面系统揭露日伪新闻（广播）专著问世。

文武战线全面抗日

其四是，业已出版的多种中国抗日战争史的书籍，着重评述了中国军队包括国民党军队的正面战场和中共领导下的人民军队的敌后战场与日本侵略者进行的军事斗争。这是首要的、毫无疑义的。但与此同时，对文化战线上的抗日斗争的评述却显得薄弱。深入研究文化战线的抗日斗争史，并给予足够的篇幅加以评述是十分必要的。

毛泽东1942年《在延安文艺座谈会上的讲话》中曾说过："在我们为中国人民解放的斗争中，有各种的战线，就中也可以说有文武两个战线，这就是文化战线和军事战线。我们要战胜敌人，首先要依靠手里拿枪的军队。但是仅仅有这种军队是不够的，我们还要有文化的军队。这是团结自己、战胜敌人必不可少的一支军队。"回顾从1931年起的14年的抗日战争可以说是一场全面的战争，既有军事政治方面的斗争，也有经济文教方面的斗争。这是由于日本对中国的侵略是全面的，因而抗日战争也必然是全面的。仅就文化教育战线而言，日本配合其军事侵略活动极力摧残中国的文化教育事业，同时开办日伪文化教育机构，推行"文化殖民"和文化侵略活动，妄图毁灭中华文化，实现"东亚共荣"的"梦想"。日本的软实力侵略活动激发了中国广大爱国知识分子的民族义愤，在国共合作共同抗日的历史背景下，展开了一场针锋相对的有声有色的文化抗战。

令人欣慰的是，在2015年的抗战胜利70周年的纪念活动中，文化抗战的业绩有了进一步的反映。仅以首都两报为例，《人民日报》在8月间先后以"嘹亮的抗战歌声"和"铭记抗战中的音乐"（戏剧、电影、摄影、美术、文学）为题，推出了系列专版文章。《光明日报》于八九月间先是连续刊登了《口述东北文化抗战史》专栏，继而又以多个版面刊登了"抗战中的大学"专刊（4个版面）和"抗战中的文化力量"特刊（10个版面），比较全面地反映了教育、新闻、戏剧、诗歌、电影、科技和美术各条战线的抗日斗争。从上述报道中显示了文化抗战在振奋民族精神、激励前线官兵斗志和培育抗战人才方面发挥的积极作用，为抗战胜利70周年纪念增添了新的光彩。但报刊的文化抗战宣传局限性较大，不够系统、全面，同时也难以保存、查找。我们期盼，在今后抗战胜利的纪念活动中能有一部全面反映中华民族文化抗战史的著作问世，为中国人民抗日战争史谱写新的篇章。

盟国宣布日本投降

其五是，1945年8月日本投降，也即中国人民抗日战争胜利暨第二次世界大战结束。但日本投降一事应如何表述？通行的说法是 1945 年 8 月 15 日中午 12 时，东京广播日本天皇的《终战诏书》（简称《诏书》）宣布日本无条件投降。但这一说法实际上并不准确，也不符合历史的真实情况。

1945 年 7 月 26 日，中、美、英三国发表敦促日本政府无条件投降的《波茨坦公告》（同年 8 月 8 日苏联加入）（简称《公告》）。8 月 9 日，日本政府决定接受《公告》。10 日，日本政府第一次提出乞降请求，但表示希望同盟国保证"不损害天皇陛下作为至高统治者之皇权"。次日，日本政府的上述乞降请求被四国回绝。8 月 14 日，日本政府再次乞降，表示不附带条件接受《公告》。对此，中、美、英、苏四国政府予以同意，并商定于 8 月 15 日早 7 时（重庆时间，华盛顿时间为 8 月 14 日晚 7 时）四国政府分别用汉语、英语、俄语同时在重庆、华盛顿、伦敦、莫斯科通过广播向全世界宣告：日本政府已正式无条件投降。随后（重庆时间上午 9 点），蒋介石在重庆中央广播电台发表《抗战胜利告全国军民及世界人士书》。一小时后，东京时间中午 12 点，日本广播电台播出日本天皇宣读《终战诏书》的录音（这是在前一天录制的），表示接受《波茨坦公告》，但通篇并无"无条件投降"甚至"投降"的字样。

这里首先应当明确的是，日本无条件投降一事，应当由谁来宣布？即应由同盟国宣布，还是应由日本方面宣布？按照国际惯例，战败者可以乞降，但考察其乞降的真伪与否、接受与否，并做出正式决定即拒绝或接受，则是战胜国的权利和荣誉。此前，法西斯德国于 1945 年 5 月 8 日无条件投降是由苏、美、英同盟国正式宣布的。据此，日本无条件投降一事的准确表述应是：1945 年 8 月 15 日，中、美、英、苏四国政府宣布日本无条件投降，或者可以简明地说 1945 年 8 月 15 日，日本无条件投降，但不能说 1945 年 8 月 15 日日本天皇宣读《终战诏书》宣布日本无条件投降。前已言及，因为《诏书》通篇并无"无条件投降"或"投降"的字样，这里有必要对《诏书》加以剖析，认识其真实的面目和意图。

第一，从《终战诏书》的称谓来看，"终战"即终止战争，意即不打了。"不打"并非投降，更不是无条件投降。另，"诏书"是裕仁作为天皇向日本臣民发布的，并非是对中、美、英、苏四国要求日本无条件投降的《波茨坦公告》的答复。

第二，《诏书》中所说的"终战"，乃是指 1941 年开始的与英、美之间"已阅四载"的战争，并不包含 1931 年以来对中国的侵略战争以及对亚洲其他国家的侵略战争。这样《诏书》就从根本上抹杀了第二次世界大战的反法西斯战争的性质，全盘否认了对我国长达十四年的侵略犯下的滔天罪行。

第三，《诏书》对日本为何发动侵略战争的解释是"为希求帝国之自存与东亚之安定"，进而为"东亚解放而努力"。这与当年的日本侵华期间大肆宣扬的建立"大东亚共荣圈"如出一辙，丝毫看不出日本天皇对当年发动的侵略战争有任何悔过之意。

第四，为什么要"终战"？《诏书》的回答并不是因为战败。《诏书》也始终不承认日本战败，而是认为"如仍继续作战，则不仅导致我民族之灭亡，且将破坏人类之文明"。这样一说就把宣称"终战"的日本侵略者打扮成挽救日本民族乃至人类文明的救世主了。

如上所述，作为对当年日本发动侵略战争拥有最终决策权的裕仁天皇的《终战诏书》通篇渗透着皇国史观。它事实上成为今天以安倍晋三为代表的日本极右翼势力为20世纪日本军国主义发动的侵略战争辩解，为其犯下的侵略罪行翻案的精神支柱。不久以前，安倍就公然声称：明治（发动甲午战争时的日本天皇年号）、昭和（裕仁在位时的年号）时期日本人可以做到的事情，"现在的日本人也应该可以做到"，鼓吹复活日本军国主义的面貌昭然若揭。日本于投降70年后的2015年8月15日，首次公开裕仁的《终战诏书》原版录音用意究竟何在？值得深思。

中国抗战贡献巨大

其六是，有的抗战史书中孤立地写日本侵略中国，中国反抗日本侵略，未能全面地将中国人民的抗日战争与世界反法西斯战争结合起来加以研究，进而阐明中国坚持十四年抗日战争对世界反法西斯战争胜利做出的巨大贡献。

中国人民抗日战争是世界反法西斯战争即第二次世界大战的重要组成部分。但由于历史的偏见，西方二战史学者通常将1939年法西斯德国入侵波兰作为二战的开始，而事实上，1931年日本发动九一八事变对华局部侵略，中国开始局部抗战，即已揭开了二战的序幕。在整个二战期间，由于中国万众同心、英勇奋战，牵制了日军的大批军力，使之无力北上侵犯苏联，也推迟了它南下侵略的企图。中国充分发挥了反法西斯战争东方主战场的作用。1941年12月太平洋战争爆发后，以中、美、英、苏为首的同盟国建立了国际反法西斯统一战线。1942年1月，中国战区成立，统一指挥中、英、缅及在越南、泰国的同盟国军队。在此之前，应英国之邀，中国远征军还曾赴缅甸作战，沉重地打击了日本侵略军的嚣张气焰。

综观整个第二次世界大战，在反法西斯的同盟国中，中国对日军的抗战开始最早（1931年）。而德国对波兰及欧洲的侵犯始于1939年，进攻苏联是1941年6月，日本轰炸珍珠港发动太平洋战争是1941年12月。近日公布的调查研究结果显示，中国长达十四年的反抗日本法西斯侵略是苏、美、英反法西斯战争时间的两三倍。中国军队共毙、伤、俘日军150余万，占日军在二战中伤亡总数的70%以上。中国长期坚持独立抗击日本侵略军，是东方唯一的二战战场，为世界反法西斯战争的胜利做出了重大的贡献。毋庸讳言，中国在二战中付出了的牺牲也最大，中国军民伤亡3500万以上，约占世界二战各国伤亡人数总和的三分之一。在二战期间，据不完全统计，按照

1937年的比价，中国官方财产损失和战争消耗达1000多亿美元，间接经济损失5000亿美元。对于日本帝国主义侵略中国犯下的滔天罪行，必须予以彻底调查，对当前日本右翼势力否认侵略的野蛮罪行，必须予以强烈谴责和声讨。

历史是最好的教科书。在抗日战争胜利70周年、我国进一步深化改革开放的今天，重温十四年的抗战历史、大力弘扬抗战精神的历史意义和现实意义就是要求我们不忘历史，牢记国耻，面向未来，为实现中华民族伟大复兴的"中国梦"而不懈奋斗！

（原载《广电老年》2015年第9期）

对日皇裕仁《终战诏书》的剖析

赵玉明

在中国人民抗日战争暨世界反法西斯战争胜利70周年之际，日本8月1日首次公开了1945年8月15日中午12点（东京时间）日本广播电台播出的日本裕仁天皇宣读《终战诏书》的原版录音，全长约4分多钟。多年以来，不少有关著作和文章，对此事都有如下类似的表述：1945年8月15日，日本天皇以播出《终战诏书》的形式宣布日本无条件投降。但细阅所谓《终战诏书》，全篇并无"无条件投降"的字句和含义。

其一，从《终战诏书》的称谓来看，"终战"即终止战争，意即不打了。"不打"，并非投降，更不是无条件投降。另，"诏书"是裕仁作为天皇向日本军民发布的，并非是向中、美、英、苏四国要求日本无条件投降的《波茨坦公告》的答复。

其二，《诏书》中所说的"终战"，乃是指终止1941年开始的与英美之间"已阅四载"的战争，并不包含1931年以来对中国的侵略战争以及对亚洲其他国家的侵略战争，这样《诏书》就从根本上抹杀了第二次世界大战的反法西斯战争的性质，全盘否认了对我国长达十四年侵略犯下的滔天罪行。

其三，《诏书》对日本为何发动侵略战争的解释是为"求帝国之自存与东亚之安定"，进而"解放东亚"。这与当年日本侵华期间大肆宣扬的建立"大东亚共荣圈"如出一辙，丝毫看不出对当年发动的侵略战争有任何悔过之意。

其四，为什么要"终战"？《诏书》的回答并不是因为战败，《诏书》也始终不承认日本战败，而是认为"如仍继续交战，不仅将招致我民族之灭亡，且将破坏人类之文明"，这样一说就把宣称"终战"的日本侵略者打扮成挽救日本民族乃至人类文明的救世主了。

如上所述。作为对当年日本发动侵略战争拥有最终决策权的裕仁天皇的《终战诏书》通篇渗透着皇国史观。它事实上成为今天以安倍晋三为代表的日本极右翼势力为20世纪日本军国主义发动的侵略战争辩解，为其犯下的侵略罪行翻案的精神支柱。不久以前，安倍就公然声称：明治（发动甲午战争时的日本天皇年号）、昭和（裕仁在位时的年号）时期日本人可以做到的事情，现在的日本人也应该可以做到，鼓吹复活日本军国主义的面貌的用心昭然若揭。日本今天首次公开裕仁的《终战诏书》原版录音用意何在？值得深思。

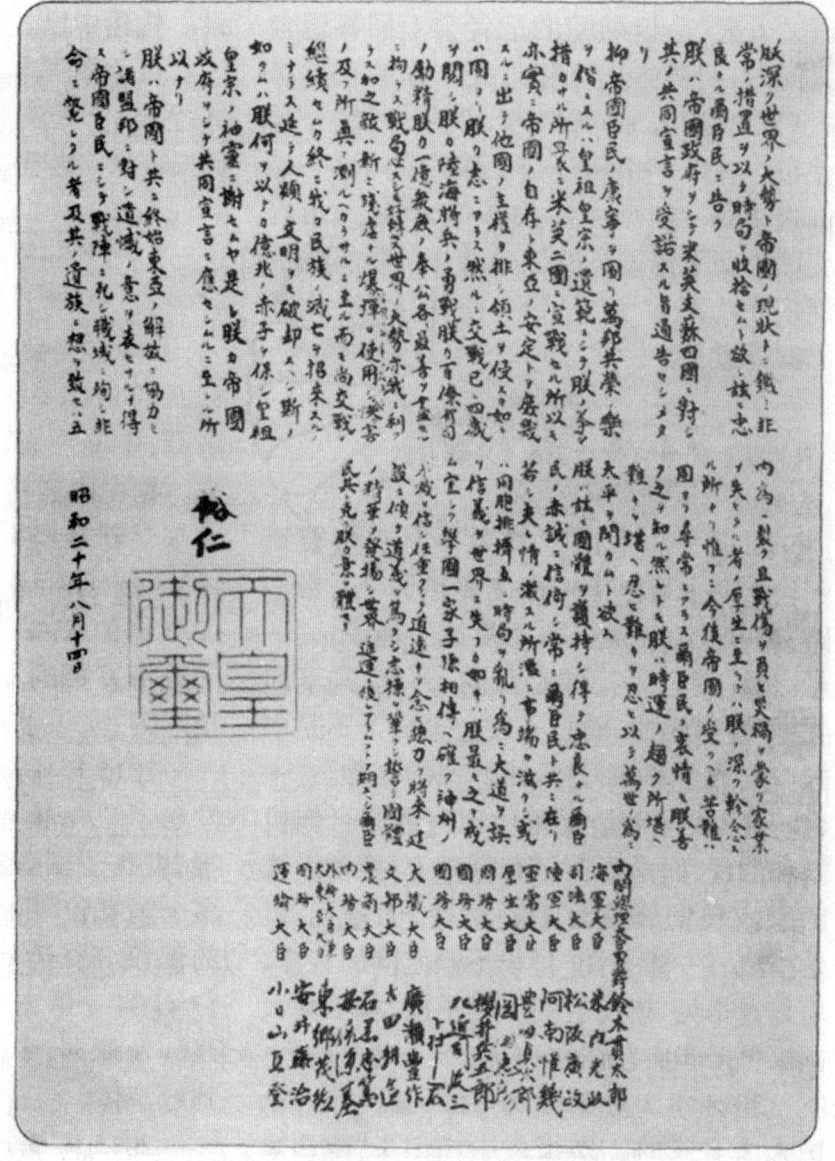

裕仁天皇签名盖章的《终战诏书》

　　日本天皇当年播出《终战诏书》并非意味着日本无条件投降。那么，日本是何时无条件投降的呢？

　　这里首先要明确，日本侵略者作为战败国只能向中、美、英、苏同盟国请求投降，而不能自行宣布投降。接受日本投降与否？要由同盟国来决定并宣布。当年的历史事实是：

　　1945年7月26日，中、美、英三国发表敦促日本政府无条件投降的《波茨坦公告》（同年 8 月 8 日苏联加入）。8 月 10 日，日本政府第一次提出乞降请求，但表示希望同盟国保证"不损害天皇陛下作为至高统治者之皇权"。次日，被四国回绝。8 月 14 日，日本政府再次乞降时不附带条件接受《波茨坦公告》。中、美、英、苏四国政府接受日本政府投降。1945 年 8 月 15 日 7 时（重庆时间，华盛顿时间为 1945 年 8 月 14 日 19 时），中、美、英、苏四国政府通过广播同时宣布：日本政府无条件投降。同年 9 月 2 日，日本政府向中、美、英、苏同盟国签署了投降书。至此，第二次世界大战宣告结束，中国人民抗日战争暨世界反法西斯战争取得最终的胜利。

（原载《广电老年》2015 年第 10 期）

【附】日本裕仁天皇《终战诏书》（供参考）

《终战诏书》（中译文本）

朕深鉴于世界大势及帝国之现状，欲采取非常之措施，收拾时局，兹告尔等忠良臣民：朕已饬令帝国政府通告美、英、中、苏四国，愿接受其联合公告。

盖谋求帝国臣民之康宁，同享万邦公荣之乐，斯乃皇祖皇宗之遗范，亦为朕所眷眷不忘者。前者，帝国之所以向美、英两国宣战，实亦为希求帝国之自存与东亚之安定而出此，至如排斥他国之主权，侵犯他国之领土，固非朕之本志。然交战已阅四载，虽陆海将兵勇敢善战，百官有司励精图治，一亿众庶克己奉公，各尽所能，而战局并未好转，世界大势亦不利于我。加之，敌方最近使用残酷之炸弹，频杀无辜，惨害所及，实难逆料。如仍继续作战，则不仅导致我民族之灭亡，且将破坏人类之文明。如此，则朕将何以保全亿兆赤子，陈谢于皇祖皇宗之神灵乎！此朕所以饬帝国政府接受联合公告者也。

朕对于始终与帝国同为东亚解放而努力之诸盟邦，不得不深表遗憾；念及帝国臣民之死于战阵，殉于职守，毙于非命者及其遗属，则五脏为之俱裂；至于负战伤，蒙战祸，失家业者之生计，亦朕所深为轸念者也。今后帝国所受之苦固非寻常，朕亦深知尔等臣民之衷情，然时运之所趋，朕欲忍所难忍，耐所难耐，以为万世之太平。

朕于兹得以维护国体，信倚尔等忠良臣民之赤诚，并常与尔等臣民同在。若夫为情所激，妄滋事端，或者同胞互相排挤，扰乱时局，因而迷误大道，失信义于世界，此朕所深戒。宜举国一致，子孙相传，确信神州之不灭。念任重而道远，倾全力于未来之建设，笃守道义，坚定志操，誓必发扬国体之精华，不致落后于世界之进化。望尔等臣民善体朕意。

御名御玺
昭和二十年八月十四日

第七部分

参考书目及参考文目

参考书目

△赵玉明主编：《中国广播电视通史》（上、下卷），北京广播学院出版社、中国传媒大学出版社，2004年1月初版，2006年2月第二版初印，2008年7月重印，2011年7月再印。

△赵玉明主编：《中国广播电视通史》（新一版），中国广播影视出版社，2014年9月出版。

△赵玉明主编：《中国广播电视图史》，南方日报出版社，2008年9月出版。

△赵玉明著：《中国现代广播简史》，中国广播电视出版社，1987年12月初版，1995年8月再版，2001年1月修订出版。

△赵玉明、艾红红著：《中国广播电视史简明教程》，中国广播电视出版社，2009年1月出版，2014年6月、2015年5月重印。

△赵玉明主编：《中国现代广播史料选编》，汕头大学出版社，2007年6月出版。

△赵玉明主编：《日本侵华广播史料选编》，中国广播影视出版社，2015年8月出版。

△赵玉明、艾红红、刘书峰主编：《新修地方志早期广播史料汇编》（上、下卷），中国广播影视出版社，2016年3月出版。

△上海市档案局、上海市广电局、北京广播学院编：《旧中国的上海广播事业》，档案出版社、中国广播电视出版社，1985年12月出版。

△汪学起、是翰生编：《第四战线——国民党中央广播电台掇实》，中国文史出版社，1988年7月出版。

△赵玉明主编：《中国解放区广播史》，中国广播电视出版社，1992年5月出版。

△北京广播学院新闻系编选：《中国人民广播回忆录》及续集、第三集、第四集，中国广播电视出版社，1983年5月、1986年11月、1990年12月、1995年10月出版。

△杨兆麟、赵玉明著：《人民大众的号角——延安（陕北）广播史话》及其增订本，中国广播电视出版社，1986年1月、2000年12月出版。

△中央人民广播电台研究室、北京广播学院新闻系编：《解放区广播历史资料选编（1940-1949）》，中国广播电视出版社，1985年8月出版。

△艾红红著：《中国宗教广播史》，台湾花木兰出版社，2014年9月出版。

△艾红红著：《中国民营广播史》，台湾花木兰出版社，2016年3月出版。

△张敬民等著：《划破夜空的灯塔——旷世奇绝的广播史话》，中国国际广播出版社，2012年1月出版。

△哈艳秋主编：《"勿忘历史：抗战新闻史"学术研讨会文集》，中国广播影视出版社，2016年7月出版。

△段京肃主编：《抗日战争与新闻传播学术研讨会、抗战广播史研讨会论文集》，首都师范大学出版社，2006年8月出版。

△中广学会广电史研委会等主编：《第六次中国广播电视史志研讨会专辑》（内部资料），2003年10月编印。

△中广协会广电史研委会等主编：《第七次中国广播电视史志研讨会专辑》（内部资料），2005年12月编印。

△吴道一著：《中广四十年》，台湾中国广播公司编印，1968年8月。

△温世光著：《中国广播电视发展史》，台湾三民书局，1982年1月出版。

△廖远泰、吴疏潭编纂：《中广七十年大事记》（1928—1998年），台湾《广播月刊》社，1998年8月出版。

参考文目

（一）

《中国人民广播回忆录》（共四集）中收录了抗日战争时期中国共产党领导筹建延安新华广播电台及抗战胜利后人民军队接管日伪广播电台的若干回忆文章，现辑录如下。

《中国人民广播回忆录》及其续集、第三集、第四集均由北京广播学院新闻系编选，中国广播电视出版社分别于 1983 年 5 月、1986 年 11 月、1990 年 12 月、1995 年 10 月出版。以下篇目中分别以（1）（2）（3）（4）注明。

△周恩来带回了第一台广播发射机……………………………………师 哲（4-102）
△筹建新华广播电台的最初日子………………………………………阙 明（1-16）
△第一座红色广播电台…………………………………………………傅英豪（3-12）
△"我们的广播电台诞生了"……………………………………………赵 戈（3-20）
△这里同样是对敌斗争的战场
　　——延安新华广播电台机务工作片断回忆………………………徐 路（3-25）
△无线电广播史上的奇迹………………………………………………苟在尚（1-23）
△听到我们自己的广播了………………………………………………丁 戈（1-32）
△在延安台初创的日子里………………………………………………毛动之（2-28）
△创作《XNCR 之歌》的回忆…………………………………………汤翰璋（3-28）
△延安广播的萌芽时期…………………………………………………王唯真（1-43）
△延安播音生活回忆……………………………………………………肖 岩（1-39）
△重返延安忆当年………………………………………………………徐瑞璋（3-33）
△关于延安新华广播电台早期日语广播的回忆………………………………（4-110）
　　延安台开设日语广播的回忆………………………………………毛动之（4-110）
　　张纪明回忆日语广播的编辑工作…………………………………胡耀亭（4-113）
　　原清志谈延安日语广播……………………………………………胡耀亭（4-117）

赵安博回忆日语广播的宣传效果 ················· 胡耀亭（4-125）
△我所听到的天皇的广播
　　——回忆当时的延安 ······················ 【日】野坂参三（4-357）
△恢复播音的日日夜夜 ························· 傅英豪（3-36）
△张家口（晋察冀）新华广播电台始末 ············· 丁一岚等（1-141）
△回忆张家口新华广播电台的建立 ··················· 雷　行（2-108）
△从张家口新华广播电台到晋察冀新华广播电台 ········· 林　爽（3-134）
△记张家口新华广播电台的诞生 ····················· 林　明（3-141）
△东北新华广播电台诞生前后 ······················· 赵乃禾（1-160）
△"八一五"光复后的长春广播 ······················· 王一知（2-112）
△回忆大连广播电台初期的情况 ····················· 康敏庄（2-136）
△为广播而忘我地工作 ··························· 于乐天（4-169）
△争取日侨合作　创建人民广播 ····················· 白全武（3-184）
△和日本朋友相处的日子 ··························· 刘占和（4-169）
△日本朋友忆大连台 ·································· （4-182）
　　回忆在大连电台工作的日子里 ············ 【日】松田德男（4-182）
　　难忘的岁月 ···························· 【日】大山哲夫（4-186）
　　大连是我的第二故乡 ···················· 【日】菅田　正（4-188）
　　我在电台工作的点滴回忆 ················ 【日】熊谷一男（4-190）

△难忘的岁月　艰苦的历程 ······················· 董　林（2-118）
△关于承德新华广播电台的回忆 ············ 【日】酒井重作（3-200）

（二）

　　2005年，在南京大学举行的"抗日战争与新闻传播"学术研讨会后，段京肃主编了本次研讨会及同年在哈尔滨举行的抗战广播史研讨会的论文集，由首都师范大学出版社于2006年8月出版，现将该书中有关抗战广播史的文目汇编如下：

△民族正义战争中的"第四条战线"
　　——抗日战争广播战初探 ································· 刘　亚
△历史告诉了我们什么 ··· 张振华

△抗战期间国民党政府的有关广播宣传管理的政策法规 …………………… 李　煜
△国民党中央广播电台的抗战宣传 ………………………………………… 李佳佳
△抗战时期的广播演讲 ……………………………………………………… 艾红红
△抗战时期国际广播电台节目的构成及其特色 …………………………… 胡耀亭
△抗战中的昆明广播电台及其重要地位与影响 …………………………… 戴美政
△抗战时期上海的广播概述 ………………………………………………… 陆爽年
△抗战时期的湖南广播 ……………………………………………………… 钟镇藩
△抗战时期延安台的广播宣传 ……………………………………… 哈艳秋、周文超

（三）

2015年，在中国传媒大学举行的"勿忘历史：抗战新闻史"学术研讨会后，哈艳秋主编了本次研讨会的文集，由中国广播影视出版社于2016年7月出版，现将该书中有关抗战广播史研究的文目汇编如下：

△从零起步　从细入手　开展抗战广播史研究
　　——"勿忘历史：抗战新闻史"学术研讨会上的发言 ……………… 赵玉明
△弘扬抗战广播的民族精神
　　——2005年纪念中国人民抗日战争胜利六十周年 ………… 赵玉明、庞亮
△抗日战争时期国共合作背景下的广播宣传及其特点 ………… 哈艳秋、张帆
△抗战时期延安台的广播宣传 ……………………………………… 哈艳秋、周文超
△抗战时期国民党国际广播电台节目的构成及其特色 …………………… 胡耀亭
△抗战时期上海的广播概述 ………………………………………………… 陆爽年
△抗战时期的湖南广播 ……………………………………………………… 钟镇藩
△抗战救亡的时代强音：昆明电台与西南联大对抗战广播的重大贡献 … 戴美政
△全方位深化抗战广播史的研究
　　——2005年抗战广播史研讨会综述 …………………………………… 庞　亮

△抗战时期中国对日伪无线电广播的干扰浅探 …………………………… 廖利明

（载倪延年主编《民国新闻史研究》(2016)，南京师范大学出版社2016年11月出版）

图书在版编目（CIP）数据

中国抗战广播史料选编 / 赵玉明，艾红红主编. --
北京：中国广播影视出版社，2017.6
ISBN 978-7-5043-7901-6

Ⅰ. ①中… Ⅱ. ①赵… ②艾… Ⅲ. ①广播事业－新闻事业史－中国－1931-1945 Ⅳ. ①G229.29

中国版本图书馆CIP数据核字(2017)第103840号

中国抗战广播史料选编

赵玉明　艾红红　主编

责任编辑	贺　明
装帧设计	嘉信一丁

出版发行	**中国广播影视出版社**
电　　话	010－86093580　010－86093583
社　　址	北京市西城区真武庙二条9号
邮　　编	100045
网　　址	www.crtp.com.cn
微　　博	http://weibo.com/crtp
电子信箱	crtp8@sina.com

经　　销	全国各地新华书店
印　　刷	河北鑫兆源印刷有限公司

开　　本	787毫米×1092毫米　1/16
字　　数	630(千)字
印　　张	31.75
版　　次	2017年6月第1版　2017年6月第1次印刷

书　　号	ISBN 978-7-5043-7901-6
定　　价	82.00元

（版权所有　翻印必究·印装有误　负责调换）

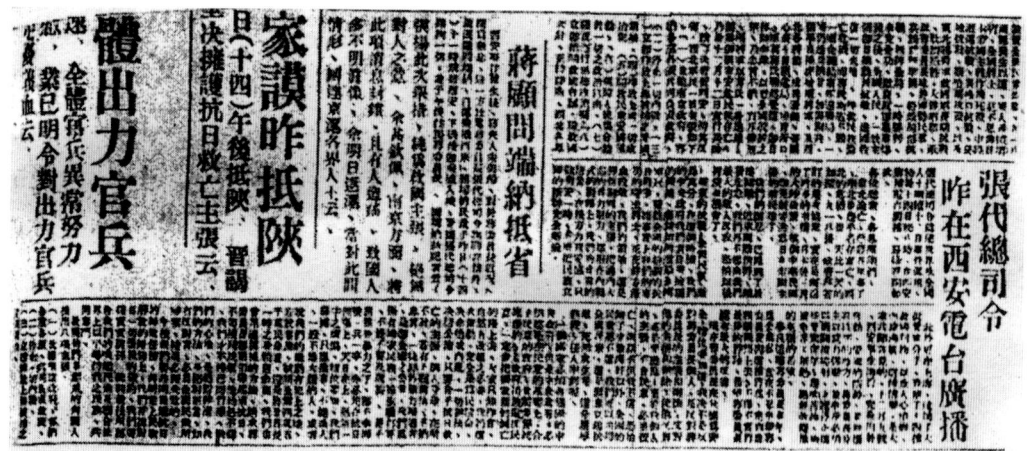

西安《解放日报》1936年12月15日刊登的张学良广播讲话

汉口《新华日报》1938年4月7日　　汉口《新华日报》1938年4月8日

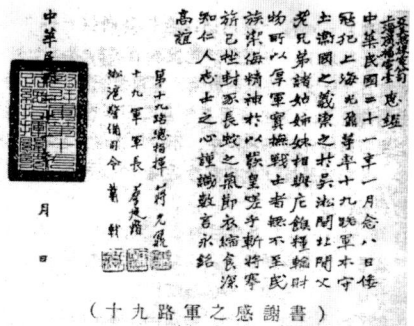

上海《无线电问答汇刊》第19期（1932年10月10日出版）

上海《无线电问答汇刊》第5期（1932年3月5日出版）

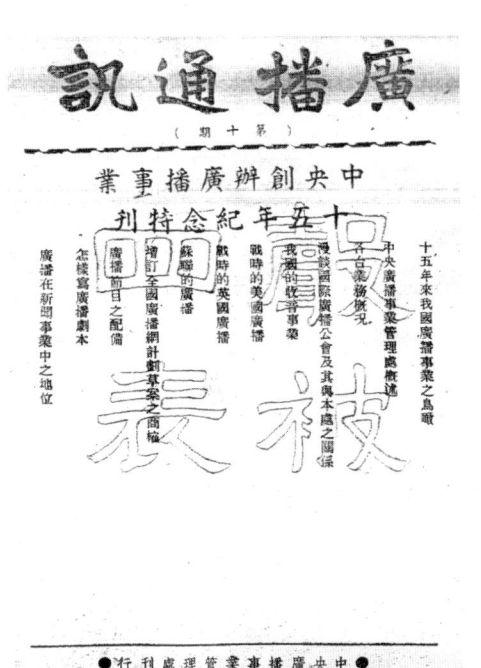
《广播通讯》的纪念特刊

2015年出版的《日本侵华广播史料选编》

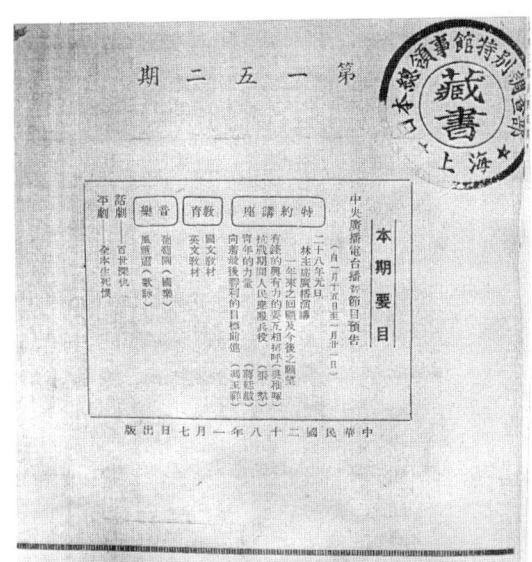
日本驻上海总领事馆特别调查部
收藏的《广播周报》

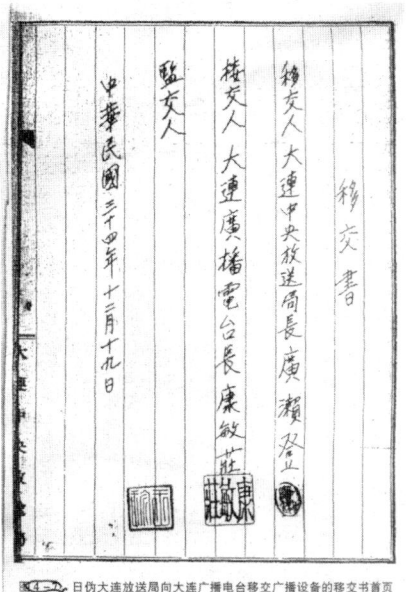
日伪大连放送局向大连广播电台
移交广播设备的移交书首页

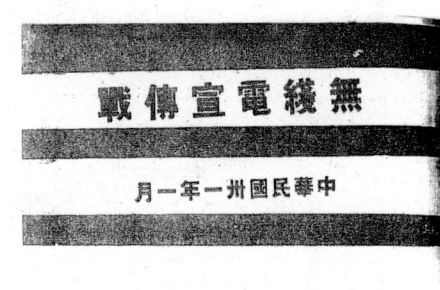

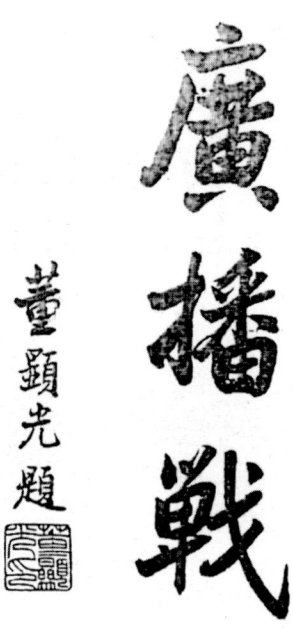

重庆中国编译社 1943 年 5 月出版

1947 年为国防部编印《抗战全史》
提供，全文见本书第四部分

中国文史出版社 1988 年 7 月出版

抗战时期广播事业统计表[①]

抗战期间各台广播对象表（附表四） 根据三十四年记载总计

台　　　名	呼　号	週率 KG	对　　　象
中央广播电台	XGOA	1100 6190 9720	全国，沦陷区，东亚，南洋
国际　〃	XGOY	11700 6130	〃，南洋，欧洲，美洲
昆明　〃	XPRA	690	〃，东亚，南洋
贵州　〃	XPSA	6580 1000	本省，全国，南洋
福建　〃	XGOL	850 10000	〃，南洋
陕西　〃	XKPA	1290	〃，西北各省
西安　〃	XKDA	1000	本市
甘肃　〃	XMRA	1400	本省，西北各省
西康　〃	XRSA	8110	本省及军省
流动　〃	XLMA	6200	第三战区

抗战期间各电台播音时间统计及节目百分比（附表五）

年度	时　　分	新闻	演讲	乐剧
27	10000			
28	15695			
29	20440			
30	22795	41%	22%	
31	21972 30	39%	21%	
32	21130 25	4%	24%	34%
33	20658 40	38%	20%	42%
34	23506	36%	19%	42%

抗战期间各电台应用各种语言统计（附表六）

年度	种类	语　　　言
27	19	国，沪，粤，闽，客，潮，琼，蒙，回，藏，英，日，韩，台，泰，越，缅，缅长，厦门语。
28	20	同　　上　增加川语
29	19	同　　上
30	22	同　　上　增加台语，俄语，法语。
31	19	同　　上
32	20	同　　上　增加西班牙语
33	20	同　　上　增加葡萄语
34	19	同　　上

抗战期间各电台对各对象广播百分比（附表七）

对象	百分比
对国内后方同胞	百分之五十四
对过占同胞	百分之点九
对国内外敌占领区同胞	百分之三三○一
对侨居友邦同胞	百分之二点五
对侨居本国之友邦人民	百分之点九
对美	百分之一点二
对英	百分之一点八
对苏	百分之点二
对远东盟军	百分之一点二
对其他友邦	百分之点六 （如纽澳等地）
对敌伪	百分之二点五

---

① 原载《广播事业》，国民政府行政院新闻局 1947 年 11 月编印。

山东《大众日报》
1941年1月16日

延安王皮湾发射机房旧址

延安王皮湾中国人民广播
诞生地纪念碑

延安王皮湾发射机房工作示意图

延安《解放日报》1945年9月11日
刊登的延安台恢复播音的报道

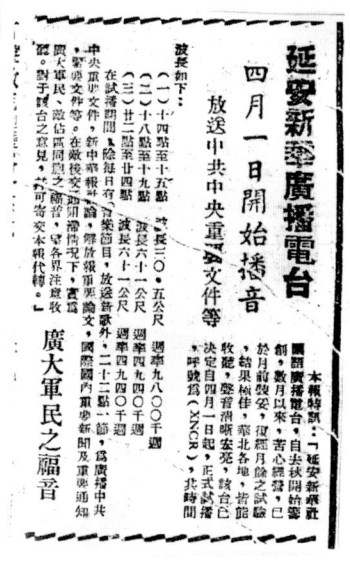
《新华日报》（华北版）
1941年4月3日

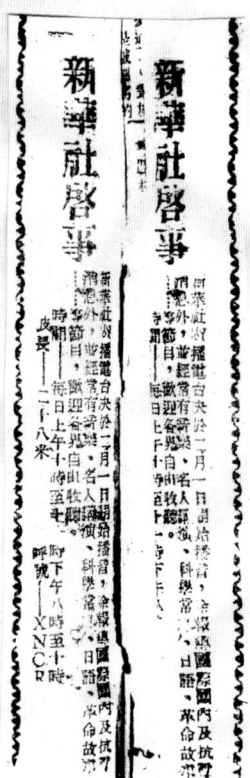
延安《新中华报》
1941年1月26日

1940年4月17日宋庆龄、宋霭龄、宋美龄对美广播　　1944年3月12日宋庆龄对美广播

1945年8月15日，蒋介石向全国发表胜利广播讲话　　《大公报》1945年8月15日

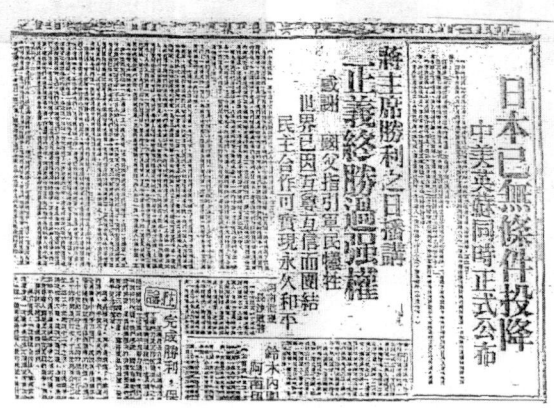

《中央日报》1945年8月16日

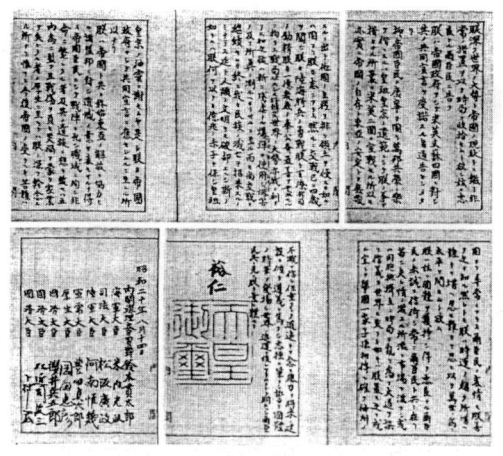 

1945年8月15日,日本天皇录音播出的
《终战诏书》原件

1945年8月15日,日本民众及日本俘虏收听日本天皇《终战诏书》播出的情景
(选自安平著《胜利日》,华文出版社2015年8月出版)

20世纪30~40年代国内流行的收音机
(中国传媒大学传媒博物馆提供)

伪满标准三号收音机

(日本，1939年产)

伪满标准四号收音机

(日本，1939年产)

日本普及型四号收音机

(1937年产)

日本产40年代收音机

英国DYE牌收音机

(1933年产)

GE（美国通用）牌收音机

(30年代中期产)

英国RGD牌166型收音机

(1939年产)